Annotated Instructor's Edition

Edición norteamericana

Curso comunicativo basado en el enfoque por tareas

Ernesto Martín Peris
Neus Sans Baulenas
Julia Caballero Martín

Prentice
Hall

Upper Saddle River, NJ 07458

Publisher: Phil Miller
Senior Acquisitions Editor: Bob Hemmer
Development Editor: Julia Caballero
Assistant Director of Production: Mary Rottino
Production Editor: Claudia Dukeshire
Assistant Editor: Meriel Martínez
Editorial Assistant: Meghan Barnes
Prepress and Manufacturing Manager: Nick Sklitsis

Prepress and Manufacturing Buyers: Tricia Kenny, Brian Mackey
Creative Design Director: Leslie Osher
Line Art Manager: Guy Ruggiero
Director, Image Resource Center: Melinda Reo
Interior Image Specialist: Beth Boyd
Photo Research: Diana Góngora
Image Coordinator: Joanne Dippel

This book was set in 11/13 Stone Sans Semibold by Wanda España/Wee Design Group and was printed and bound by Von Hoffman Press, Inc. The cover was printed by Phoenix Color Corp.

©2003 by Pearson Education, Inc.
Upper Saddle River, New Jersey 07458

All rights reserved. No part of this book may be reproduced, in any form or by any means, without permission in writing from the publisher.

Printed in the United States of America
10 9 8 7 6 5 4 3 2 1

Student Text ISBN: 0-13-110141-2
Annotated Instructor's Edition ISBN: 0-13-110899-9

Pearson Education LTD., London
Pearson Education Australia PTY, Limited, Sydney
Pearson Education Singapore, Pte. Ltd
Pearson Education North Asia Ltd, Hong Kong
Pearson Education Canada, Ltd, Toronto
Pearson Educación de México, S.A. de C.V.
Pearson Education — Japan, Tokyo
Pearson Education Malaysia, Pte. Ltd
Pearson Education, Upper Saddle River, New Jersey

Brief Contents

Scope and Sequence

GRAMMAR	VOCABULARY	MI GENTE
■ Subject pronouns ■ Present tense **ser** ■ Articles (gender and number) ■ Demonstratives ■ Numbers 1-20	■ Numbers ■ Personal interests ■ Hispanic countries ■ Identifying people ■ The alphabet	Los hispanos en los Estados Unidos
■ Present regular verbs ending in **–ar** ■ Adjectives (gender and number) ■ Numbers 20-100 ■ Possessives	■ Nationalities ■ Studies and professions ■ Family ■ Hobbies ■ Physical traits	México
■ **hay/está** ■ **(a mí) me interesa/gusta** ■ **querer/gustar** ■ **preferir/querer** + Infinitive	■ Transportation ■ Places of interest ■ Vacation activities ■ Seasons ■ Months	Puerto Rico
■ **tener** ■ Recycling demonstratives ■ Numbers 100-1000 ■ **¿cuánto cuesta/n?** ■ **tener que + infinitive** ■ Indefinite articles ■ **poder** ■ Direct/Indirect Object Pronouns	■ Shopping ■ Personal items and housewares ■ Furniture and appliances ■ Clothes ■ Colors ■ Holidays and celebrations	España

5 Gente en forma 70–85

FUNCTIONAL OBJECTIVES

- Discussing health habits
- Recommending different foods and exercises

6 Gente e historias 86–101

- Relating biographical and historical data
- Placing events within time frames and specific circumstances

7 Gente que come bien 102–117

- Negotiating in shops and restaurants
- Requesting and giving information about food

8 Gente que viaja 118–135

- Talking about dates, times, and places
- Acquiring information about routes, transportation, and lodging

GRAMMAR	VOCABULARY	MI GENTE
■ Present regular –**er**, -**ir** ■ Present irregular: **dormir, dar, ir, hacer, saber** ■ Negatives ■ Reflexive verbs ■ **Es** + adjective + Infinitive ■ **Hay** + **que** + Infinitive	■ Body parts ■ Exercises ■ Good and bad habits ■ Temporal expressions and days of the week	Colombia
■ Preterit tense of regular verbs ■ Preterit tense of irregular verbs: **ser, tener,** and **estar** ■ Imperfect tense of regular verbs ■ Imperfect tense of irregular verbs: **ser** and **ir** ■ Preterit vs. Imperfect	■ Daily activities ■ Biographies ■ Historical and sociopolitical events	Chile
■ **se** impersonal ■ Quantity ■ Vocabulary expressions: **poco, un poco de, nada, ningún, ninguna, primero, después, luego, al final**	■ Shopping lists ■ Measures ■ Describing, buying, and cooking food ■ Restaurant menus	Argentina
■ Expressions of time and location ■ Interrogatives ■ **ir** + **a** + Infinitive ■ **quisiera** + Infinitive	■ Travel documents ■ Planning a trip ■ Monuments and other tourist sites	República Dominicana

GRAMMAR	VOCABULARY	MI GENTE
■ Comparatives ■ Superlatives ■ Relatives ■ Recycling **(a mí) me gusta/me gustaría** ■ Expressing opinions	■ Public services ■ Commercial and industrial locations	Venezuela
■ Commands (formal and informal) ■ Progressive forms: **estar** + gerund ■ Present indicative and Commands (with and without reflexives)	■ Parts of a house ■ Furniture ■ Describing types of housing ■ Requesting and giving directions in a city ■ Answering the telephone ■ Participating in social events	El Salvador
■ Present perfect ■ Past participles: regular and irregular ■ Expressions of frequency: **una vez, dos veces, dos/tres... veces, muchas veces** ■ Verb **saber**	■ Professions ■ Workplaces ■ Professional characteristics ■ Salary and benefits ■ Making, accepting, and rejecting job offers	Perú
■ Recycling preterit and imperfect ■ Recycling verb **gustar**: **me gusta la idea de que...** ■ **me parece** + adjective + **la idea de (que)**	■ Advice and recommendations for learning Spanish ■ Communication and cultural traits ■ Some useful expressions for the classroom	Paraguay

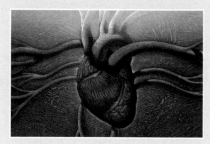

GRAMMAR	VOCABULARY	MI GENTE
■ Recycling verb **gustar** and similar verbs ■ Conditional: regular and irregular verbs ■ Recycling interrogatives	■ Character and personality ■ Likes, pastimes and habits	Nicaragua
■ Vocabulary expressions: **¿qué te/le/os/les apetece + hacer?** ■ Accepting invitations / making excuses ■ **Vale. Es que** + time expression + **no puedo** ■ Recycling conditional	■ Leisure activities ■ Movies and television ■ Entertainment	Uruguay
■ **tú impersonal** ■ Recommendations: **hay que** + Infinitive **tienes que** + Infinitive ■ **si** + present ■ Recycling commands (formal and informal) ■ Recycling verb **poder** ■ Adverbs ending in **–mente**	■ Accidents ■ Wellness and illness ■ Remedies and medicines	Costa Rica
■ Present subjunctive: regular verbs ■ Present subjunctive irregular verbs: **ser/ir/poder**... ■ Recycling direct object pronouns ■ Uses of **se**: Impersonal and unplanned events ■ Recycling relatives (with preposition)	■ Shapes and materials ■ Objects of daily use ■ Clothing and accessories ■ Chores	Cuba

GRAMMAR	VOCABULARY	MI GENTE
■ Pluperfect ■ Recycling preterit and imperfect ■ Temporal expressions: **en aquel momento, un rato antes, al cabo de un rato** ■ Questions about the past: **¿Qué/ Dónde/ A dónde/ Cuándo/ A qué hora/ ...?**	■ Lead and secondary roles and characters ■ Novels ■ Some activities for a modern agenda ■ Emotional states	Ecuador
■ Future regular ■ Future irregular: **tener, salir, venir** ■ Future (uses) ■ Recycling direct and indirect object pronouns	■ Services and companies ■ Jobs and tools ■ Economic terminology ■ Describing and evaluating services and companies	Bolivia
■ Subjunctive (opinion/doubt) ■ Impersonal expressions (subjunctive) ■ **cuando** + subjunctive ■ **seguir** + present participle ■ **dejar de** + Infinitive	■ People and social groups ■ Technology and environment ■ Raw material	Guatemala
■ Subjunctive (emotion) ■ Recycling reflexives ■ Subjunctive (advice and recommendations)	■ Some personal problems ■ Feelings and emotions	Panamá

Preface

Adapted from a highly successful, Spanish-as-a-foreign-language series produced in Spain,[1] *Gente* is a truly task-based, communicative program for students in first-year Spanish courses at colleges and universities in North America. With *Gente*, students learn Spanish in an efficient and pragmatic way, developing an ability to express themselves in real contexts and solve real problems. To a degree unmatched by other textbook programs available in North America, *Gente* provides a rich set of resources through which students can learn by doing!

The North American version of *Gente* is based solidly on the Spanish edition, respecting its approach, following its teaching philosophy, and sharing its content and many of its activities. The changes and additions made for this version are intended to reflect the unique language-learning expectations of North American students and instructors. Much cultural material has been added, so that the text now provides a wide-ranging perspective on Hispanic culture throughout the world. The grammar sequence has been altered slightly, and additional grammar explanations and practice are provided on an interactive tutorial CD-ROM that is available as a supplement to the text. Finally, the North American version of *Gente* provides more explicit guidance on reading, writing, and Internet-based research than its Spanish counterpart.

Learning by Doing— The Task-Based Approach

Gente is defined by its unique, task-based approach. In language teaching, a task is defined as a real-world, communicative act that has non-linguistic goals and outcomes as well as linguistic ones. In a well-designed task, students are placed in a real-world context and required to focus on reaching a specified non-linguistic goal—planning a party, selecting a gift, creating the marketing and advertising campaign for a new company, or interviewing a famous singer. While a given task will naturally lead students to use certain predictable words and phrases, a genuine task does not have a restrictive focus on a single grammatical structure. Instead, students are encouraged to use those structures that they find useful in completing the task—a reflection of the fact that real-world communication normally involves multiple linguistic skills. Students work cooperatively to complete each task, generally creating an oral or written text that reflects the decisions, actions, and learning of the group.

What are the benefits of the task-based approach to language teaching? First, students are motivated and engaged. Tasks are designed so that students will *want* to make active use of Spanish in the language classroom. Second, tasks closely simulate the real-world use of language. Students grasp linguistic structures as they negotiate meaning in visual, social, and linguistic contexts that resemble those they will encounter when they speak Spanish outside the language classroom. Finally, students gain confidence as they successfully complete

[1] *Gente 1*, Ernest Martín Peris and Neus Sans Baulenas, Difusión, Barcelona, Spain. *Gente 2*, Ernesto Martín Peris and Neus Sans Baulenas, Difusión, Barcelona, Spain. The *Gente* series is very successful not only in Spain but also in other European and non-European countries.

the tasks assigned. By achieving the specified non-linguistic goal, they acquire a sense of accomplishment at having actually done something with the language they are learning.

Features of the program

Consistent learning sequence In *Gente*, the learning sequence—from input to guided output to tasks—is consistent throughout all chapters. The chapter-opening, two-page spread activates the learners' previous knowledge and is followed by a series of input-oriented activities (*Contextos*). The next section focuses on grammatical structures and conversational resources, providing learners with the tools they need to express themselves (*Formas y recursos*). Learners then bring it all together as they work on the tasks—the culminating activity for each chapter (*Tareas*). While culture infuses all aspects of the learning sequence, it is the main focus of the sections that round out each chapter (*Contactos* and *Mi gente*).

Classroom manual The *Gente* student textbook has been designed around a single overarching goal: to provide resources for use in a dynamic, communicatively oriented classroom. It is a classroom manual built entirely around a series of activities and tasks that require student collaboration and communication. Its relative brevity is a reflection of the fact that materials designed for use outside the classroom are delivered in other components of the *Gente* program.

Short chapters *Gente* has 22 short chapters, a unique structure which serves to motivate students and give them a sense of accomplishment. Each chapter contains ample activities for instructors to select from and for students to practice different and varied communicative functions, grammatical structures, and vocabulary.

Meaningful activities In addition to the tasks that are the focal point of each chapter, *Gente* also offers many additional activities that practice specific vocabulary items and linguistic structures. All of these activities are designed to focus students' attention on meaning rather than form. Interesting, motivating topics and situations related to the theme of each chapter frame the tasks and keep students focused.

Three points of grammar support *Gente*'s unique approach to grammar allows students to master essential structures while ensuring that valuable class time is devoted to meaningful, communicative use of the target language. The *Student Grammar CD-ROM*, a tutorial resource designed for use prior to class, allows students to watch an instructor explain the grammar, then to practice the forms and pronunciation of the chapter—and get immediate feedback on their work. In-text grammar boxes remind students of what they studied prior to class and serve as a quick in-class reference while they do activities and tasks. Finally, the *Activities Manual* contains a "*consultorio lingüístico*," a grammar guide written from a notional-functional, discourse point of view, which provides students with a deeper understanding of the structures they have learned and practiced before and during class.

Flexible treatment of culture Cultural topics are featured in two different sections of each chapter. The *Contactos*

section provides students an opportunity for in-depth exploration of a cultural topic related to the chapter theme, while the *Mi gente* section offers practice in reading, writing, and Internet-based research, all focused on one or more Hispanic regions or countries.

Process approach to skill-building All of the reading, writing, and research activities in each *Mi gente* section feature a process approach, giving the student guidance before, during, and after each assigned activity.

Unique art The unique art and layout of *Gente* are designed to motivate student learning while conveying a fresh sense of Hispanic visual culture. The artists Ángel Viola and Pere Virgili are well-known in Spain for their avant-garde style and their ability to represent and create engaging situations.

Detailed Teacher's Notes The Annotated Instructor's Edition contains detailed background information and suggestions on teaching with the *Gente* program. Because *Gente* is somewhat different in its approach, unusually thorough explanations have been provided to help instructors understand and implement the task-based approach and facilitate successful classroom experiences. All annotations are in Spanish, so that the instructor has the actual language needed to give directions or examples.

Program components

FOR THE STUDENT

Gente **Student Text**

Student Grammar CD-ROM This unique tutorial component of the *Gente* program offers students a chance to learn and practice grammar interactively, outside of class. An instructional video on the CD-ROM delivers detailed grammar explanations and examples for over 50 grammatical structures. Practice activities follow each explanation. The *Student Grammar CD-ROM* provides students with the linguistic tools that are needed for the next day of class.

Activities Manual The *Gente Activities Manual* offers further practice of each chapter's vocabulary, culture, and grammatical structures through form-based exercises including sentence-building activities, completion exercises, fill-ins, and realia-based activities. All four skills are developed in a series of interesting and personalized activities that ask students to draw on each chapter's vocabulary, grammatical structures, and theme. The *Consultorio lingüístico* gives students yet another pedagogical support as they do their homework. Finally, additional activities encourage students to make connections and comparisons with the Hispanic world.

Activities Manual Answer Key A separate *Answer Key* to the manual activities is available for instructors who want students to check their own work.

In-Text Audio The In-text Audio component consists of the recordings that accompany activities in the student text. This audio material is available both on CD and on the *Gente* Companion Website.

Activities Manual Audio Program The Activities Manual Audio Program contains recordings needed to complete the listening comprehension activities in the Activities Manual. A

variety of comprehension-check and information-processing activities follow each listening passage. This audio material is available both on CD and on the *Gente* Companion Website.

Student Video CD-ROM The *Gente de la calle* video is available to students in CD-ROM format. Each video clip is accompanied by a series of self-correcting comprehension activities.

Gente que lee This accessible supplemental reader is half novel, half comic strip. It was designed so that beginning students could understand the plot and follow the action from the very first page.

Gente que canta Using music to reinforce the development of language skills, this audio CD contains eleven songs that correspond to the first eleven chapters of *Gente.* An activities booklet accompanies each copy of the CD.

Companion Website The Web site (*www.prenhall.com/ gente*) offers additional practice for students, with self-correcting activities, online help, and cultural activities with links to authentic documents from the Spanish-speaking world.

FOR THE INSTRUCTOR

Annotated Instructor's Edition Marginal notations in the *Annotated Instructor's Edition* include information about the content of the activities, responses to convergent activities, teaching tips and hints on effective classroom techniques. Additional notations include notes for expanding on in-class activities.

Teaching with Tasks (La enseñanza por tareas) This booklet describes the benefits of task-based teaching for languages and gives practical and proven tips on teaching with task-based materials.

Instructor's Resource Manual This manual contains sample course syllabi, suggestions for lesson plans and assignment of supplements, and guidance on integrating the Web site into the course. Further sections provide information on additional audio and video resources for the instructor.

Gente de la calle Video Program The videos present authentic clips from Spain. The program consists of videos (delivered on two CDs) that expand on the chapter themes, providing authentic listening practice and a basis for class discussion, while further exposing students to the peoples and cultures of Spain.

Testing Program The *Testing Program* consists of a series of quizzes, chapter tests, and midterm and final examinations, all of which are contextualized according to the textbook's themes. Each test employs a variety of techniques and formats to evaluate students' progress and assimilation of chapter material. By using the floppy disk version of the computerized-testing program (available for both IBM and Macintosh), instructors can mix, match, and modify testing materials according to their needs.

Image Resource Center CD-ROM This CD-ROM contains all of the art (not photos) from *Gente*, organized by chapter and page number, giving instructors maximum flexibility for creating transparencies, power point slides, and assessment tools.

Course management resources *Gente*-specific online content is available in Blackboard and CourseCompass formats.

Acknowledgments

The North American version of *Gente* is the result of careful planning between Prentice Hall and Difusión. I am indebted to all those people whose ideas, suggestions, and criticisms have helped shape this program. I am very grateful to Manel Lacorte for his careful and detailed work with the vocabulary lists. I would especially like to acknowledge and thank:

An Chung Cheng, *University of Toledo*

María J. De la Fuente, *Vanderbilt University*

Ellen Echeverría, *George Washington University*

Kate Funkhouser, *Brazosport College*

Virginia Garlitz, *Plymouth State College*

Teresa Johnson, *Saint Louis University*

Manel LaCorte, *University of Maryland*

Lina Lee, *University of New Hampshire*

Jeff Longwell, *New Mexico State University*

Victoria Martin, *University of North Carolina at Greensboro*

Alberto Morón-Pastor, *George Washington University*

Susan Pechter, *Northwestern University (IL)*

Michelle Petersen, *Arizona State University*

Kimberlee Sallee, *University of Missouri*

I am indebted to my friends and colleagues at Prentice Hall, especially to Bob Hemmer, Senior Acquisitions Editor, for his dedication, insight, and thoughtful advice throughout the editorial process; and to Phil Miller, Publisher, for his belief in the project, and his support and commitment to the success of the text. I would also like to thank the many other people at Prentice Hall who contributed their ideas, efforts, and publishing experience to *Gente:* Roberto Fernández, Media Editor, for his work on the interactive CD-ROM; Meriel Martínez, Assistant Editor, for her efficient and careful work in managing the preparation of the ancillary program; Meghan Barnes, Editorial Assistant, for her hard work and efficiency obtaining reviews and attending to many administrative details. Furthermore, I would like to sincerely thank Mary Rottino, Assistant Production Director; Stacy Best, Marketing Manager, and the Prentice Hall Sales Directors for their outstanding creativity and efforts in coordinating marketing and promotion for the project. Special thanks go to Kristine Suárez, Sr. Director of Market Development, for her unique role in sales and marketing. I also want to thank Claudia Dukeshire, Production Editor, for her dedication and exquisite attention to detail; Camelia Townsend, proofreader, for her careful and professional work; and Wanda España for her excellent job composing the pages.

I am grateful, as well, to the outstanding people of *Difusión*, especially, Detlev Wagner, President, and Jaime Corpas, Editor in Chief, for all their friendship, help, and effectiveness during the whole process of adaptation. I also owe a profound debt of gratitude to the authors of the original texts, Ernesto Martín Peris and Neus Sans Baulenas, for their deep and broad knowledge of language learning and the skillful execution of these outstanding pedagogical materials. Most importantly, I thank my husband and my family for their patience and support.

Julia Caballero
Adapting author
Development editor

Gente-at-a-Glance

The student text of *Gente* contains all the material needed for in-class use.

Real-world, original titles reflect the real-world emphasis of the language and topics used throughout *Gente.*

The beautiful chapter-opening spreads list the learning objectives of each chapter and provide the context for the lesson through visuals.

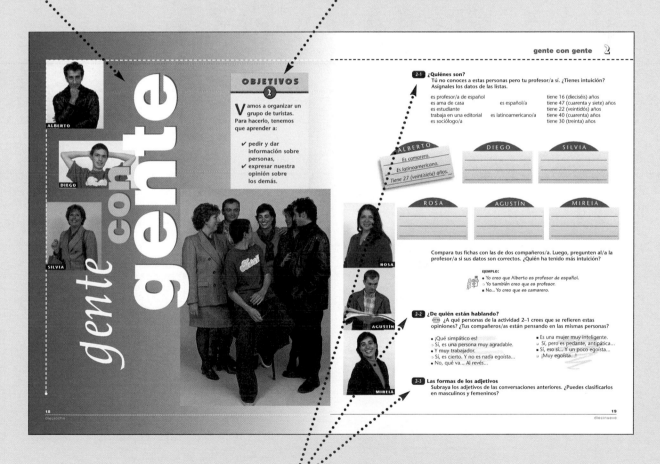

The warm-up activities on the chapter-opening spread activate the student's prior knowledge of the topic through short input-based activities.

In the *Contextos* section (the second two-page spread), learners are presented with rich, culturally authentic input. The activities focus on comprehension and require minimal output from the student. During class, students can use these pages to negotiate meaning.

Visuals, text, audio, and instructor discourse combine to create the broad and varied sources of input.

The focus on forms and functions occurs in the *Formas y recursos* two-page spread that follows the *Contextos.* Here, continued input is combined with structured output. Occasionally, *Formas y recursos* extends to two spreads.

Summary grammar boxes are placed strategically to assist students while they are in class, preparing and executing the activities on the same page. The grammar boxes synthesize and correspond to the structures that are "taught" on the Student Grammar CD-ROM and in the Activities Manual.

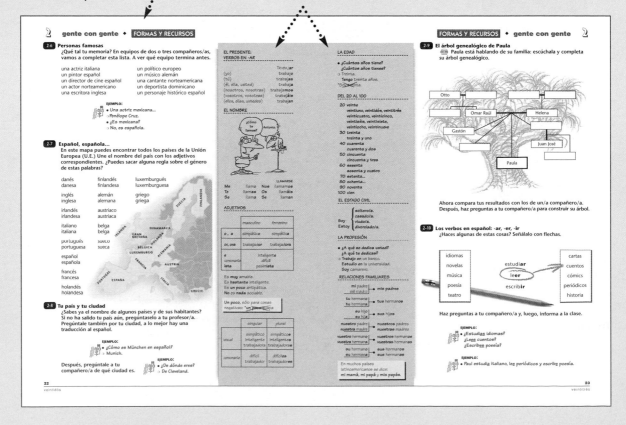

The activities in *Gente* have been designed to promote natural conversation. In this activity, the first step sets up the conversational exchange that follows.

The authors of *Gente* have taken great care not to assume what students may or may not know. The direction lines always encourage students to make reasonable guesses, take risks, and ingore their fears of not knowing the answers, all the while practicing and reinforcing their language skills.

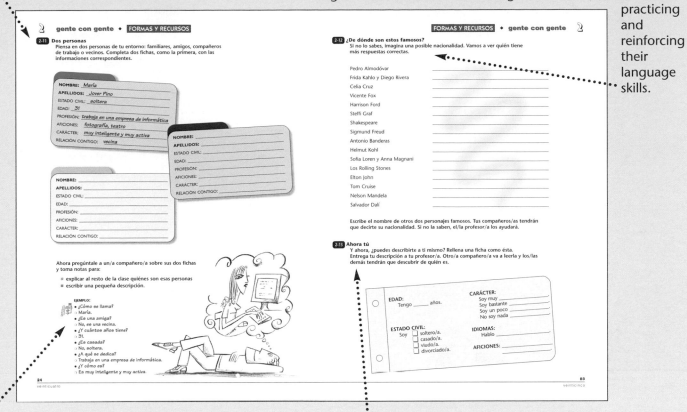

This is an example of natural, extended discourse that students should be able to manage, even early on in the semester.

Activities invite students to personalize and apply their language skills to themselves.

Learners bring together vocabulary, grammar, and culture in completing the real-world tasks in the two-page *Tareas* spread. Students need to make decisions, negotiate meaning, and execute a plan to achieve the goals the task requires.

The *Les será útil* boxes provide additional linguistic expressions that are useful for completing specific activities. The dotted line indicates the particular activity where the information is needed.

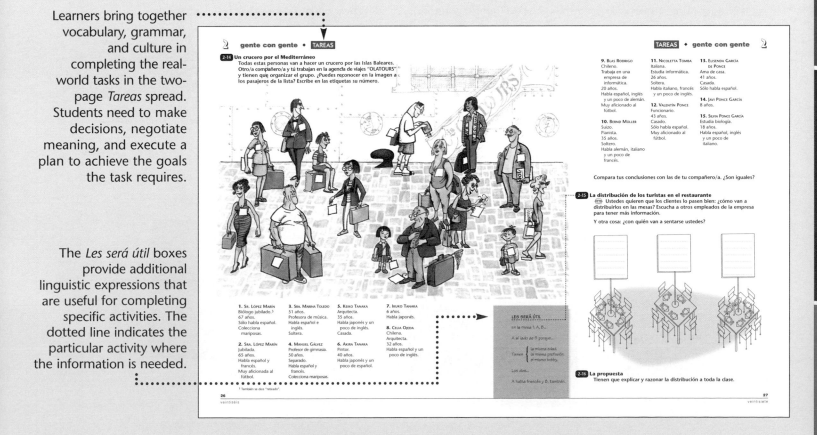

The *Contactos* two-page spreads provide students an opportunity for in-depth exploration of a cultural topic related to the chapter theme.

The unique art and layout of *Gente* are designed to motivate student learning while conveying a fresh sense of Hispanic visual culture. The artists are well-known for their ability to represent and create engaging situations.

This final section of each chapter offers practice in reading, writing, and Internet-based research, all focused on one or more Hispanic regions or countries. The *Mi gente* section in Chapter 1 begins with Spanish-speakers in the United States and is followed by 20 chapters, each focusing on one Spanish-speaking country. The final *Mi gente* incorporates Spanish-speakers in other countries.

Mi gente is comprised of a final multitask activity in which student's practice and reach a final goal that encompass all they have learned in the chapter.

Gente que lee practices reading through pre-, during, and post-reading activities about a topic and country related to the chapter focus.

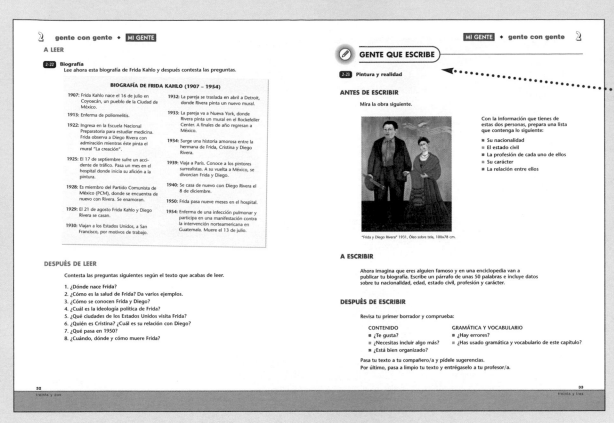

Gente que escribe practices writing through pre-, during, and post-writing activities about a topic and country related to the chapter focus.

Gente en la red integrates the use of the Internet to develop and practice cultural research skills. These activities enable students to find the information they want when they need it, which in many cases will occur long after the completion of the course and their academic career. *Gente en la red* follows the process approach and contains pre-viewing activities in the text and during-, and post-viewing activities about a topic and country related to the chapter focus on the web.

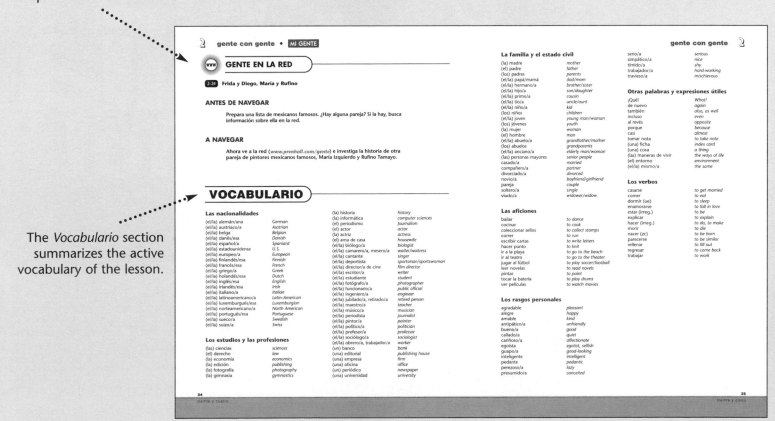

The *Vocabulario* section summarizes the active vocabulary of the lesson.

Notas:

En toda esta edición del profesor, se utilizan las palabras en forma masculina "profesor" y "alumno" para designar un papel que puede ser ejercido tanto por mujeres como por hombres.

Las anotaciones que puede usted encontrar son generalmente de cuatro tipos:

1. Información (datos necesarios para la realización de la actividad)
2. Sugerencias (recomendaciones para hacer la actividad)
3. Respuestas (soluciones a la actividad)
4. Expansión (extensión de la actividad propuesta)

gente que **estudia español**

gente que estudia español 1

1-1 **El primer día de clase**

Esto es una escuela de idiomas en España. Laura, la profesora, está pasando lista: lee los nombres de los estudiantes. ¿Están todos? Pon una cruz (X) al lado de los estudiantes que sí están.

NOMBRE	APELLIDOS
01 Ana	REDONDO CORTÉS
02 Luis	RODRIGO SALAZAR
03 Eva	TOMÁS ALONSO
04 José Antonio	VALLE PÉREZ
05 Raúl	OLANO ARTIGAS
06 Mari Paz	RODRÍGUEZ PRADO
07 Francisco	LEGUINECHE ZUBIZARRETA
08 Cecilia	CASTRO OMEDES
09 Alberto	VIZCAÍNO MORCILLO
10 Silvia	JIMÉNEZ LUQUE
11 Nieves	HERRERO GARCÍA
12 Paz	GUILLÉN COBOS
13 Gerardo	BERMEJO BERMEJO
14 David	BLANCO HERRERO

1-2 **¿Cómo suena el español?**

Escucha otra vez los nombres. Tu profesor/a los leerá despacio. ¿Has oído sonidos "nuevos" para ti? ¿Cuáles son?

OBJETIVOS
1

Vamos a tener un primer contacto con el español y los países en los que se habla.

También vamos a conocer a los compañeros de la clase.

3
tres

Información para la actividad 1-1

La lista de alumnos de la imagen no está ordenada alfabéticamente; es el primer día y la numeración corresponde al orden de inscripción en la matrícula. Más adelante los alumnos tendrán que ordenarla alfabéticamente según el primer apellido.

En la audición aparecen una serie de recursos discursivos muy frecuentes en la lengua oral (Soy yo, sí, ¿cómo?, perdona, ah, vale, gracias, de nada, a ver...). Sin embargo, el alumno no precisa reflexionar sobre los mismos para poder realizar la actividad.

Sugerencias para la actividad 1-1

Puede comentar la existencia de dos apellidos en la cultura hispana y el uso que de ellos se hace: en general, el paterno (el primero) para la mayoría de las situaciones de la vida cotidiana y los dos apellidos (el paterno y el materno) para cualquier cuestión administrativa. Además, algunos hispanohablantes con un primer apellido muy frecuente (Pérez, García, etc.) usan los dos siempre.

Puede comentar asimismo la importancia de la sílaba tónica: Valle - Vallés (un alumno que se llama Vallés corrige a la profesora que ha leído Valle; y añade: con *ese* al final).

Respuestas para la actividad 1-1

No están Mari Paz Rodríguez Prado ni Nieves Herrero García.

Información para la actividad 1-2

Se utiliza el mismo documento que en el ejercicio anterior.

Sugerencias para la actividad 1-2

Lea en voz alta, y a un ritmo pausado pero natural, el nombre y apellidos de cada uno de los alumnos, y deje que sus alumnos escuchen en silencio.

Puede comentar con sus alumnos los sonidos del español que sean nuevos para ellos.

También puede dejar que los lean en voz alta.

Expansión para la actividad 1-2

Puede realizar el siguiente juego: usted lee uno de los nombres de la lista en voz alta y sus alumnos tienen que adivinar de quién se trata y decir los dos apellidos.

Modelo:

Profesor: Cecilia (alumna n° 08 de la lista).

Alumno 1: Castro Omedes (debe encontrar Cecilia, y leer en voz alta los dos apellidos).

Sugerencia para la actividad 1-3

En la columna de vocabulario existen varias palabras que son transparentes: los monumentos, el arte, la política, las fiestas, la naturaleza. Anime a sus alumnos a enfrentarse al aprendizaje del español con imaginación y sin miedo al riesgo; hágales tomar conciencia de que no parten de cero; de que, sin saberlo, ya saben muchas cosas del español.

Sugerencias para la actividad 1-3

Para reforzar esta actitud ante la lengua y su aprendizaje, puede escribir las siguientes palabras en la pizarra o leérselas pausadamente. Sus alumnos seguramente ya conocerán el significado de muchas de ellas:

- el restaurante
- el teatro
- la danza
- la música
- el hotel
- la televisión
- el aeropuerto
- famoso
- simpático
- fabuloso
- internacional
- comercial

Puede también leer o escribir frases como éstas:

Martina Hingis es una tenista fabulosa.

Woody Allen es un famoso director de cine.

Del once al veinte

Aunque los alumnos deben aprender en este capítulo sólo los números del 1 al 20, en la sección Mi gente al final del capítulo trabajarán con números mayores con fines de reconocimiento únicamente.

1 gente que estudia español ◆ CONTEXTOS

1-3 El español y tú

Cada uno de nosotros es diferente y tiene intereses diferentes. Aquí tienes algunas imágenes del mundo hispano. Primero, mira las fotos. Después intenta relacionar los temas con las fotos.

_____ 1 - uno / las playas

_____ 2 - dos / los monumentos

_____ 3 - tres / la gente

_____ 4 - cuatro / el arte

_____ 5 - cinco / la comida

_____ 6 - seis / la política

_____ 7 - siete / los negocios

_____ 8 - ocho / las grandes ciudades

_____ 9 - nueve / las fiestas populares

_____ 10 - diez / la naturaleza

1-4 Tú, ¿qué quieres?

Tú, ¿qué quieres conocer del mundo hispano?

  EJEMPLO:
- Yo, las playas y la comida.

1-5 El español en el mundo

La televisión está transmitiendo el "Festival de la Canción Hispana". Participan todos los países en los que se habla español. Ya sabes, son muchos: se habla español en cuatro continentes.

Ahora, está votando Argentina.

¿Cuántos puntos da Argentina a cada país? Escríbelo en la pantalla. Cierra ahora el libro: ¿puedes decir en español el nombre de cinco países de la lista?

☐ ARGENTINA		
☐ BOLIVIA	☐ COLOMBIA	☐ COSTA RICA
☐ CHILE	☐ CUBA	☐ ECUADOR
☐ ESPAÑA	☐ FILIPINAS	☐ GUATEMALA
☐ GUINEA ECUATORIAL	☐ HONDURAS	☐ MÉXICO
☐ NICARAGUA	☐ PANAMÁ	☐ PARAGUAY
☐ PERÚ	☐ PUERTO RICO	☐ REP. DOMINICANA
☐ EL SALVADOR	☐ URUGUAY	☐ VENEZUELA

Sugerencias para la actividad 1–5

Fíjese en que en la votación, los nombres de los países se enumeran en orden alfabético. Comente a sus alumnos que en la pantalla ilustrada del libro sucede lo mismo, con la particularidad de que el orden va por líneas horizontales y no por columnas verticales.

Se supone que los países que no se nombran no han conseguido ningún punto. Presente aquí la construcción cero puntos.

Un punto/Uno: para los países con 1 punto, los alumnos oirán un punto. Introduzca el término uno para la corrección.

Expansión para la actividad 1–5

Para practicar la pronunciación, puede realizar un juego con distintas variantes:

a) Un alumno dice cinco nombres de países y el siguiente tiene que decir otros cinco.

b) Un alumno dice cinco nombres y el siguiente repite la lista y añade uno.

c) Un alumno dice cinco nombres y el siguiente repite cuatro de esta lista y cambia uno (a su libre elección).

Repuestas para la actividad 1–5

Bolivia: 3	Colombia: 5
Chile: 9	Cuba: 2
España: 1	Guinea: 6
Honduras: 8	Panamá: 7
Paraguay: 4	R. Dominicana: 9
Uruguay: 10	

Sugerencias para la actividad 1–5

Fíjese en que en este juego proponemos que los alumnos lean los números de teléfono de una cifra en una cifra aunque lo habitual es agruparlos de dos en dos o de tres en tres.

La actividad se realiza en dos fases:

a) Uno elige un número al azar y lo lee en voz alta.

b) El otro debe asegurarse de que lo ha entendido (mejor si lo anota por escrito y luego lo repite en voz alta, para comprobarlo). Debe encontrarlo y leer los apellidos correspondientes.

Sugerencias para la actividad 1–6

Puede trabajar con toda la clase proponiendo el siguiente concurso: el profesor lee, con relativa soltura y rapidez, cinco números de teléfono, elegidos al azar. Los alumnos deberán identificarlos escribiendo sólo la letra inicial del nombre. Gana el que más números acierta.

P: 374512.

E1: (anota la inicial del nombre) E.

Puede hacer también otro concurso: lea los números de teléfono y los estudiantes los copian.

Sugerencias para la actividad 1–7

Fíjese en que el modelo del diálogo proporciona, además de los contenidos lingüísticos que se trabajan en esta actividad (Yo creo que..., Esto es...), esquemas conversacionales (¿Perú? No, Perú es...) y entonativos (¿Perú?/ Perú).

Los ocho países que tienen que identificar están marcados en el mapa con una tonalidad de color más intensa.

En la columna de información gramatical encontrará las formas de género y número del demostrativo. En esta actividad sólo se usa la forma neutra, como recurso para señalar un objeto. Las otras se utilizan más adelante.

Sugerencia para la actividad 1–7

Cada pareja debe situar en el mapa los ocho nombres de la lista. La actividad no finaliza hasta que no lo han conseguido.

Si una pareja duda o carece de información suficiente, puede unirse a otra, formando un grupo de cuatro.

Sugerencia para la actividad 1–7

Para la corrección, puede ir pasando por los distintos grupos o parejas. Haga que los alumnos le digan en forma afirmativa sus conclusiones, y en forma interrogativa sus dudas:

Esto es Uruguay.

¿Esto es Uruguay?

Género y número

Los artículos y los demostrativos se presentan juntos con el fin de obtener conversaciones más naturales. Ambas construcciones son necesarias dado que cuando alguien habla de un país específico generalmente quiere hacer referencia al país donde vive. Esta combinación sirve para ayudar a los alumnos a establecer comparaciones entre países de un modo más natural.

1 gente que estudia español ◆ FORMAS Y RECURSOS

1-6 Uno, dos, tres, cuatro, cinco...

Lee uno de estos números: ¿de quién es?

EJEMPLO:

● Tres, seis, cinco, cero, cero, ocho.
○ Pérez Pérez, V.

Pérez Fernández, C. - Pl. de las Gardenias, 7		36 5501
Pérez Medina, M.E. - Río Tajo, 9.		38 7925
Pérez Montes, J.L. - García Lorca, 5		31 3346
Pérez Moreno, F. - Fernán González, 16.		39 4321
Pérez Nieto, R. - Pl. Santa Teresa, 12-14.		30 3698
Pérez Ordóñez, A. - Pl. Independencia, 2.		37 4512
Pérez Pérez, S. - Puente de Toledo, 4.		34 4329
Pérez Pérez, V. - Galileo, 4.		36 5008
Pérez Pescador, J. - Av. del Pino, 3-7.		33 0963
Pérez Pico, L. - Av. Soria, 11.		35 7590

1-7 Un poco de geografía

¿Pueden situar en el mapa estos países?

EJEMPLO:

● (Yo creo que) esto es Perú.
○ ¿Perú? No, esto es Colombia.
■ Sí, creo que es Perú.

CHILE
ARGENTINA
PERÚ
MÉXICO
CUBA
VENEZUELA
COLOMBIA
URUGUAY

SER: EL PRESENTE

(yo)	soy
(tú)	eres
(él, ella, usted)	es
(nosotros, nosotras)	somos
(vosotros, vosotras)	sois
(ellos, ellas, ustedes)	son

GÉNERO Y NÚMERO

	masculino	femenino
singular	**el / este** el país este país	**la / esta** la ciudad esta ciudad
plural	**los / estos** los países estos países	**las / estas** las ciudades estas ciudades
	esto Esto es Chile.	

SÍ, NO

PARA LA CLASE

¿Cómo se escribe?
¿Se escribe con hache / be / uve...?
¿Cómo se dice... en español?
¿Cómo se pronuncia...?
¿Qué significa... en español?

EL ALFABETO

A a	B[1] be	C ce
D de	E e	F efe
G ge	H hache	I i
J jota	K ka	L ele
M eme	N ene	Ñ eñe
O o	P pe	Q cu
R ere/erre	S ese	T te
U u	V[2] uve	W uve doble
X equis	Y i griega	Z zeta

Yo soy
la a.

Yo soy
la zeta.

[1] "Be" es el nombre para la letra "b" en España. En otros países se llama "be grande" o "be larga".

[2] "Uve" es el nombre para la letra "v" en España. En otros países se llama "ve (be) chica" o "ve (be) corta".

1-8 Sonidos y letras

Escucha estos nombres y apellidos. Observa cómo se escriben.

Hugo
Hernández
Hoyo

Carolina
Cueto
Cobos

Jaime
Jiménez
Juárez

Gerardo
Ginés
Gil

Vicente
Víctor
Beatriz

Celia
Ciruelo
Zamora

Rita
Aranda
Parra

Pancho
Chaves
Chelo

Guerra
Guevara
Guillén

Guadalupe
Gala
Gómez

Valle
Llorente
Llave

Toño
Yáñez
Paños

1-9 ¿Qué ciudad es?

Elige una etiqueta y deletréala. Tu compañero/a tiene que adivinar el nombre de la ciudad.

EJEMPLO:
● Be, ce, ene.
○ ¡Barcelona!

 MGA
 GUA
 BOG

 MAD
 PML
 SAL
 ASU

 BCN
 ALC
 SDQ
 LIM

HAV
CCS
 MEX

SOLUCIONES

MGA: Managua
GUA: Guatemala
BOG: Bogotá
MAD: Madrid

PML: Palma de Mallorca
SAL: San Salvador
ASU: Asunción
BCN: Barcelona

ALC: Alicante
SDQ: Santo Domingo
LIM: Lima
HAV: La Habana

CCS: Caracas
MEX: México

Sugerencias para la actividad 1-8

Una vez realizada la audición y la observación de las características de la grafía, puede leerles algunos de estos nombres al azar, y los alumnos deben escribirlos correctamente. Puede formar conjuntos de un nombre y dos apellidos:

Hugo Guerra Gala

Rita Chaves Cobos

...

Sugerencias para la actividad 1-9

Las etiquetas de la compañía aérea GENTE AIR corresponden todas a ciudades del mundo hispano.

Si la actividad resulta difícil para sus alumnos, puede escribir en la pizarra los nombres de las ciudades; de esta forma, tanto el que elige como el que debe acertar tienen una pequeña pista.

8

Sugerencias para la actividad 1–10

Puede hacer el ejercicio en este orden:

a) Los dos alumnos miran el mismo libro, identifican a los diez personajes, y cuando están de acuerdo, escriben delante del nombre el número de la foto.

b) Cada pareja dice en voz alta sus soluciones.

Respuestas para la actividad 1–10

1. García Márquez (escritor colombiano autor de Cien años de soledad)
2. Fidel Castro (dictador cubano)
3. Miguel de Cervantes (escritor español, autor de El Quijote)
4. Jennifer López (actriz y cantante de origen puertorriqueño)
5. Ricky Martin (cantante puertorriqueño autor de "La vida loca")
6. Rigoberta Menchú (lider indigenista de Guatemala y premio Nobel de la Paz en 1992)
7. Shakira (cantante colombiana)
8. Juan Carlos I (Rey de España después de la dictadura de Franco)
9. Gloria Estefan (cantante cubana)
10. Pablo Picasso (pintor español, autor del *Guernica*)

Expansión para la actividad 1–10

Los alumnos trabajan en pequeños grupos. Se dicen mutuamente los nombres de los personajes famosos que conocen. Si sus compañeros de grupo no los conocen, deben deletrearles el nombre y el apellido.

A continuación, y siguiendo el mismo procedimiento, cada grupo informa a la clase.

Sugerencias para la actividad 1–11

Realice la actividad en el siguiente orden:

a) En primer lugar, cada alumno debe adjudicar una puntuación (3-2-1) a los tres países que despierten en él un mayor interés.

b) A continuación van leyendo en voz alta nombres y puntos, y el profesor u otro alumno los va anotando en la pizarra. Al final tendremos los tres países más atractivos.

---

1 gente que estudia español ◆ TAREAS

1-10 ¿Quién es quién?

Éstos son algunos personajes famosos del mundo hispano. ¿Los conoces? Habla con tu compañero/a.

☐ JUAN CARLOS I
☐ PABLO PICASSO
☐ SHAKIRA
☐ MIGUEL DE CERVANTES
☐ JENNIFER LÓPEZ
☐ GARCÍA MÁRQUEZ
☐ FIDEL CASTRO
☐ RIGOBERTA MENCHÚ
☐ RICKY MARTIN
☐ GLORIA ESTEFAN

EJEMPLO:
- Ésta es Jennifer López, ¿no?
- No, creo que es Gloria Estefan. Jennifer López es ésta, la número cuatro.
- ¿Y el uno?
- No sé.
- Yo creo que el uno es...

¿Conoces tú a otros personajes? ¿Cuáles?

1-11 El país más interesante para nuestra clase

¿Cuál es? Vamos a hacer una estadística en la pizarra. Escribe tu elección:

ARGENTINA		
BOLIVIA	FILIPINAS	PARAGUAY
COLOMBIA	GUATEMALA	PERÚ
COSTA RICA	GUINEA ECUATORIAL	PUERTO RICO
CUBA	HONDURAS	REPÚBLICA DOMINICANA
CHILE	MÉXICO	EL SALVADOR
ECUADOR	NICARAGUA	URUGUAY
ESPAÑA	PANAMÁ	VENEZUELA

3 puntos:
2 puntos:
1 punto:

DEL ONCE AL VEINTE

11 once
12 doce
13 trece
14 catorce
15 quince
16 dieciséis
17 diecisiete
18 dieciocho
19 diecinueve
20 veinte

Si quieren, pueden buscar información sobre los países ganadores y presentarla a la clase.

1-12 Nombres y apellidos

¿Puedes clasificarlos en las cajas? Piensa en personajes famosos, en nombres parecidos en tu lengua. Compara, después, tu lista con las de dos compañeros/as.

José	Pablo
García	Miguel
Márquez	Ana
Susana	Ernesto
María	Mateo
Pedro	Juan
Luis	José
Isabel	Villa
Martínez	Castro
Fidel	Felipe
González	Salvador
Plácido	Fernández

NOMBRES

APELLIDOS

EJEMPLO:
- ¿González es nombre o apellido?
- No sé...
- Apellido: Jaime González, por ejemplo.

NOMBRES Y TELÉFONOS

- ¿Cuál es tu número de teléfono?
- (Es el) 344562.

¿Cómo te llamas?

Luigi Caffo.

¿Caffo es nombre o apellido?

1-13 La lista

¿Sabes cómo se llaman todos tus compañeros/as de clase? Vamos a hacer la lista. Tienes que preguntar a cada uno/a cómo se llama: nombre y apellido. Y, luego, pregúntales su número de teléfono. Ahora, alguien puede pasar lista. ¿Cuántos son?

1-14 De la A a la Z

Mira la lista de la actividad 1-1 y ordénala alfabéticamente. Luego, vamos a comparar nuestros resultados.

EJEMPLO:
- Bermejo, Castro...
- No, Bermejo, Blanco, Castro...

Bermejo... Castro
Blanco...

Sugerencias para la actividad 1–12

Muchos nombres pueden funcionar en español como apellido, aunque no a la inversa. De hecho, gran parte de los apellidos son derivados de un nombre (Martínez = De Martín; Rodríguez = De Rodrigo).

Se facilita a los alumnos la estrategia de pensar en personas famosas de la cultura hispana, lo cual puede facilitarles la identificación de lo que es nombre y lo que es apellido.

Sin embargo, hay que tener presente que este mecanismo no siempre funcionará, porque en ocasiones una persona es más conocida por sus dos apellidos. Es el caso, por ejemplo, del escritor García Márquez; esto puede inducir al error de creer que el nombre es García, cuando de hecho es el apellido.

Sugerencias para la actividad 1–13

En esta actividad, cada alumno debe ser capaz de escribir la lista completa de la clase, con nombres, apellidos y números de teléfono. Si algún alumno/a o usted mismo/a se encuentra incómodo/a dando esta información, pídales que den información falsa.

En el apartado "Nombres y teléfonos" encontrará los recursos que necesitarán. Además, en la columna central de la página 7 hay otras construcciones útiles para la realización de esta actividad: ¿Cómo se escribe?, ¿Se escribe con be o con uve?, etc.

Sugerencias para la actividad 1–13

Si sus alumnos se conocen suficientemente entre sí, propóngales que adopten una nueva personalidad para este ejercicio, con nombres y apellidos españoles.

Esta actividad puede ser también una buena ocasión para practicar la pronunciación.

9

Sugerencias para El mundo del Español

Aunque sólo estamos al final del primer capítulo, los alumnos ya están en condiciones de entender la información de este texto. El objetivo de esta lectura es transmitir dicha información y desarrollar estrategias de comprensión lectora. Por eso no es necesario que los alumnos entiendan todas las palabras y expresiones que aparecen.

Pídales a sus alumnos que lean en silencio todo el texto sin detenerse en las expresiones que no entiendan.

Léalo usted después en voz alta, a un ritmo pausado, y pídales que sigan la lectura mirando el texto en silencio: su entonación y pausas les servirán de ayuda.

Pregúnteles luego qué han entendido del mensaje del texto: los alumnos podrán repetir frases tal cual están en el texto, o tal vez las modificarán. No dé importancia a los errores lingüísticos que puedan cometer: lo importante es comprobar lo que se ha entendido. Si tiene una clase monolingüe, pueden usar su propia lengua.

EL MUNDO DEL ESPAÑOL

Todos sabemos algo de los países en los que se habla español: de sus ciudades, de sus tradiciones, de sus paisajes, de sus monumentos, de su arte y de su cultura, de su gente.

Pero muchas veces nuestra información de un país no es completa; conocemos sólo una parte del país: sus ciudades más famosas, sus paisajes más conocidos, sus tradiciones más folclóricas.

El mundo hispano tiene países muy diferentes, y cada país tiene aspectos muy diferentes.

1-15 ¿Puedes decir de qué país son estas fotos?

EJEMPLO:

● ¿La tres es España?

○ No, no es España. Es Latinoamérica, Ecuador o Bolivia, creo.

1-16 El español también suena de maneras diferentes. Vas a escuchar cuatro versiones de una misma conversación.

S O L U C I O N E S

1/ Picos de Europa, España. 2/ Ávila, España. 3/ Quito, Ecuador. 4/ Cataluña, España. 5/ Pirámide de Chichén Itzá, México. 6/ San Pedro de Atacama, Chile. 7/ Tarragona, España. 8/ Cáceres, España.

Sugerencias para la actividad 1–15

Como ya se ha señalado, no todas las fotos responden a imágenes clásicas del mundo hispano. Por eso se ofrecen las soluciones al pie de la página.

Los alumnos trabajarán a partir de su intuición. Fíjese en la respuesta, que finaliza con **creo**, un recurso habitual para evitar afirmaciones contundentes.

Se sugiere que los alumnos formulen preguntas (¿La tres es España?) con la entonación adecuada.

Sugerencias para la actividad 1–16

En la primera versión hablan dos argentinos, en la segunda un canario con una andaluza y, en la tercera, un castellano con una vasca.

El objetivo es únicamente sensibilizar a los alumnos sobre la existencia de distintas formas de pronunciar. Puede decirles por curiosidad el origen de los hablantes, pero sin insistir en los detalles ni pedirles que los identifiquen. Puede ser también el momento de desmitificar la idea de una variante mejor.

1

mi *gente* Los hispanos en los Estados Unidos

ESTRATEGIAS DE LECTURA:
Las palabras

When you read something in a foreign language, you will probably not know all the words. You do need to know some of them; others you can ignore. You can deduce the meaning of others from the context or because they are cognates with English. For example, what does the word **mapa** mean in English? Since it is very similar to English, you can guess the meaning. Double check by asking yourself if the meaning you guess makes sense in this context.

Other times, visual elements can help you to understand more from a text. For example, maps, numbers, symbols (%), charts, etc. can give you hints and clues about the topic, type of text, audience, etc. If you use these strategies whenever you read, soon you will realize you know more Spanish than you think!

 GENTE QUE LEE

ANTES DE LEER

1-17 **Los hispanos en los Estados Unidos**
Mira esta tabla. ¿Crees que los siguientes datos son ciertos? Compruébalo.

V	F	NO SÉ	
—	—	—	La mitad del total de los hispanos vive en dos estados: California y Texas.
—	—	—	El porcentaje más alto de población hispana se encuentra en el sur.
—	—	—	El número de hispanos en el estado de Nueva York es de casi un 20%.
—	—	—	Washington es el estado con menos porcentaje de hispanos.
—	—	—	El estado de Texas tiene el segundo porcentaje más alto de población hispana.

Censo 2000: Los 10 estados con mayor porcentaje de hispanos

31.1
18.9
8.1
7.6
4.3
3.7
3.2
2.2
2.1
1.3

Porcentaje de hispanos

☐ California
■ Texas
■ Nueva York
■ Florida
■ Illinois
■ Arizona
☐ Nueva Jersey
■ Nuevo México
☐ Colorado
■ Washington

US CENSUS BUREAU

Respuestas a la actividad 1–18

1. El Este de Los Ángeles
2. Miami
3. 77%
4. Hialeah
5. Cuatro (Laredo, Brownsville, McAllen, El Paso)

1-18 **En todas partes hay hispanos**

Los hispanos constituyen la mayoría de la población en 19 ciudades con más de 100.000 habitantes. Mira esta tabla y después contesta las preguntas siguientes.

Los 10 lugares con mayor porcentaje (%) de hispanos: 2000

East Los Angeles, CA	97%
Laredo, TX	94%
Brownsville, TX	91%
Hialeah, FL	90%
McAllen, TX	80%
El Paso, TX	77%
Santa Ana, CA	76%
El Monte, CA	72%
Oxnard, CA	66%
Miami, FL	66%

US CENSUS BUREAU

1. ¿Qué ciudad tiene más hispanos?
2. ¿Qué ciudad tiene menos hispanos?
3. ¿Cuántos hispanos hay en El Paso?
4. ¿En qué ciudad de la lista hay 90% de hispanos?
5. ¿Cuántas ciudades de Texas hay en la lista? ¿Cuáles son?

1-19 **Datos sorprendentes**

Mira ahora este último cuadro y analiza los datos. ¿Te sorprenden? ¿Por qué? Habla con tu compañero/a.

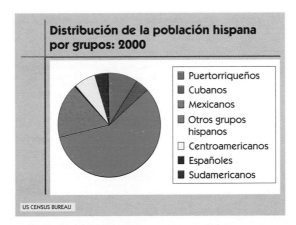

Distribución de la población hispana por grupos: 2000

■ Puertorriqueños
■ Cubanos
■ Mexicanos
■ Otros grupos hispanos
□ Centroamericanos
■ Españoles
■ Sudamericanos

US CENSUS BUREAU

Respuestas a la actividad 1–21

1. Porque viven diversos grupos de hispanos, no sólo cubanos

2. Colombianos, dominicanos, hondureños y otros hispanos

3. Que los puertorriqueños son un poco más numerosos que los cubanos

4. Que no tiene hoy una mayoría cubana

5. Las respuestas varían.

 gente que estudia español ◆ MI GENTE

A LEER

1-20 **Titulares**

Lee ahora esta noticia.

LOS CUBANOS YA NO SON LA MAYORÍA EN MIAMI-DADE

El sur de la Florida se está convirtiendo cada vez más en una micro Latinoamérica con una diversa cantidad de centro y sudamericanos.

Es un cambio estadístico para Miami-Dade, con cifras como éstas: 16.000 inmigrantes colombianos, casi 13.000 dominicanos, 9.000 hondureños y unos 160.000 "otros hispanos".

Por ejemplo, en el condado Broward, los puertorriqueños — casi 55.000 en el año 2000 — son un poco más numerosos que los cubanos. Incluso La Pequeña Habana, durante mucho tiempo símbolo del mundo cubanoamericano, ya no tiene hoy una mayoría cubana.

DESPUÉS DE LEER

1-21 **¿Comprendes?**

Contesta las preguntas siguientes según el texto que acabas de leer.

1. ¿Por qué el autor del artículo compara el sur de la Florida con una micro Latinoamérica?
2. ¿Qué grupos hispanos viven ahora junto con los cubanos en esta zona?
3. ¿Qué ocurre en el condado de Broward?
4. ¿Qué pasa ahora en La Pequeña Habana?
5. ¿Cómo ves tú la situación en el año 2050?

 GENTE QUE ESCRIBE

ANTES DE ESCRIBIR

1-22 **Cambios sociales**

Selecciona uno de los siguientes titulares y después prepara dos ideas que quieres decir de esta noticia. Si necesitas información, consulta la red, artículos de periódico, etc.

La mitad de todos los niños nacidos en California son latinos

Los tres estados estadounidenses con mayor porcentaje de hispanos son California, Texas y Florida

---

A ESCRIBIR

Escribe un párrafo de unas 70 palabras teniendo en cuenta el tema seleccionado.

DESPUÉS DE ESCRIBIR

Revisa tu primer borrador y comprueba:

CONTENIDO
- ¿Te gusta?
- ¿Necesitas incluir algo más?
- ¿Está bien organizado?

GRAMÁTICA Y VOCABULARIO
- ¿Hay errores?
- ¿Has usado gramática y vocabulario de este capítulo?

Pasa tu texto a tu compañero/a y pídele sugerencias.

Por último, pasa a limpio tu texto y entrégaselo a tu profesor/a.

 GENTE EN LA RED

ANTES DE NAVEGAR

1-23 **Nuevas gentes, nuevos amigos**
Paco es un chico hispano que acaba de llegar a los Estados Unidos, no quiere perder contacto con los suyos y quiere saber qué pasa en su país.
Tu compañero/a y tú deciden ayudarlo.
Primero describan a Paco y decidan:

- su nacionalidad
- su edad
- temas que le interesan

A NAVEGAR

Ahora vayan a la red (*www.prenhall.com/gente*) y busquen una noticia interesante para Paco. Visiten algunos sitios de periódicos escritos en español y publicados en los Estados Unidos, y seleccionen una noticia para Paco.

VOCABULARIO

Los números

(el) uno	one
(el) dos	two
(el) tres	three
(el) cuatro	four
(el) cinco	five
(el) seis	six
(el) siete	seven
(el) ocho	eight
(el) nueve	nine
(el) diez	ten
(el) doble	double
(la) mitad	half
(la) mayoría	majority
(el) porcentaje	percentage

Los intereses personales

(el) arte	art
(el) cine	movies;movie theater
(la) comida	food
(la) cultura	culture
(las) fiestas populares	popular festival
(la) gente	people
(las) grandes ciudades	big cities
(los) idiomas	languages
(los) monumentos	monuments
(la) naturaleza	nature
(los) negocios	business
(las) noticias	news
(los) periódicos	newspapers
(las) playas	beaches
(la) política	politics
(la) red	web/internet
(la) televisión	television
(las) tradiciones	traditions

Nombres relacionados con la geografía

(un) estado	state
(la) geografía	geography
(un/a) habiente	inhabitant
(el) mundo	world
(un) país	country
(el) paisaje	landscape
(la) población	population
(el) norte/sur/este/oeste	north/south/east/west

Para identificar a personas

(el) nombre	first name
(el) apellido	last name
¿Cómo te llamas?	What is your name?
¿... es nombre o apellido?	Is ... your first or last name?
¿Cuál es tu número de teléfono?	What is your phone number?
(los) datos personales	personal data

Otras palabras y expresiones útiles

¿Cómo se escribe...?	How do you write...?
¿Cómo se dice... en español?	How do you say... in Spanish?
¿Cómo se pronuncia...?	How do you pronounce...?
¿Qué significa...?	What is the meaning of...?
Tengo una pregunta.	I have a question.
sí	yes
no	no
más	more
menos	less
pero	but
Yo creo que	I think that...
no sé	I do not know
ya sabes...	you know...
por ejemplo	for example, for instance
algo diferente	something different
ahora	now
se habla español	Spanish is spoken
(el/la) compañero/a	classmate
(el) contexto	context
(la) información	information

Los pronombres personales

yo	I
tú	you (singular, informal)
él	he
ella	she
usted	you (singular, formal)
nosotros/as	we
vosotros/as	you (plural, informal)
ellos	they (masculine, plural)
ellas	they (feminine, plural)
ustedes	you (plural, formal)

Los verbos

adivinar	*to guess*
buscar	*to look for*
conocer (zc)	*to know; to be familiar with*
decir (irreg.)	*to say*
elegir (i)	*to choose*
escuchar	*to listen to*
estudiar	*to study*
hablar	*to speak*
leer	*to read*
mirar	*to look*
participar	*to participate*
saber	*to know (a fact)*
ser (irreg.)	*to be*
ver	*to see*
vivir	*to live*

ALBERTO

DIEGO

SILVIA

gente con gente

Vamos a organizar un grupo de turistas. Para hacerlo, tenemos que aprender a:

✔ pedir y dar información sobre personas,
✔ expresar nuestra opinión sobre los demás.

2-1 **¿Quiénes son?**
Tú no conoces a estas personas pero tu profesor/a sí. ¿Tienes intuición?
Asígnales los datos de las listas.

es profesor/a de español		tiene 16 (dieciséis) años
es ama de casa	es español/a	tiene 47 (cuarenta y siete) años
es estudiante		tiene 22 (veintidós) años
trabaja en una editorial	es latinoamericano/a	tiene 40 (cuarenta) años
es sociólogo/a		tiene 30 (treinta) años

ALBERTO
Es camarero.
Es latinoamericano.
Tiene 27 (veintisiete) años.

DIEGO

SILVIA

ROSA

AGUSTÍN

MIREIA

ROSA

Compara tus fichas con las de dos compañeros/a. Luego, pregunten al/a la
profesor/a si sus datos son correctos. ¿Quién ha tenido más intuición?

 EJEMPLO:
● Yo creo que Alberto es profesor de español.
○ Yo también creo que es profesor.
■ No... Yo creo que es camarero.

2-2 **¿De quién están hablando?**
¿A qué personas de la actividad 2-1 crees que se refieren estas
opiniones? ¿Tus compañeros/as están pensando en las mismas personas?

● ¡Qué simpático es!
○ Sí, es una persona muy agradable.
● Y muy trabajador.
○ Sí, es cierto. Y no es nada egoísta...
● No, qué va... Al revés...

■ Es una mujer muy inteligente.
◻ Sí, pero es pedante, antipática...
■ Sí, eso sí... Y un poco egoísta...
◻ ¡Muy egoísta...!

2-3 **Las formas de los adjetivos**
Subraya los adjetivos de las conversaciones anteriores. ¿Puedes clasificarlos
en masculinos y femeninos?

AGUSTÍN

MIREIA

19
diecinueve

Información para la actividad 2-1

Las personas de las fotos no son
modelos profesionales sino personas
que se han prestado para aparecer
en esta página con sus nombres,
edades y profesiones reales. Éstos
son sus datos:

Agustín: 30 años, español, profesor
de español.

Alberto: 27 años, latinoamericano,
camarero.

Diego: 16 años, español, estudiante.

Mireia: 22 años, española, trabaja
en una editorial.

Rosa: 40 años, latinoamericana,
socióloga.

Silvia: 47 años, española, ama
de casa.

Información para la actividad 2-1

En esta primera fase, cada alumno
trabaja individualmente, escribiendo
sus fichas con los datos que tiene en
las columnas. Lo importante es que
entiendan las expresiones y las
asignen a un personaje; acertar o no
es secundario.

El juego consiste en encontrar
los datos correctos basándose
únicamente en su intuición. Ello es
sólo una excusa para introducir
vocabulario.

Sugerencia para la actividad 2-1

En grupos de tres, los alumnos
intercambian sus puntos de vista
siguiendo el esquema que se les
ofrece (adaptándolo, lógicamente, a
la conversación), y apoyándose en
las fichas que han rellenado.

Expansión para la actividad 2-1

Puede practicar la entonación
interrogativa para la comprobación
de los datos:

E1: ¿Agustín es estudiante?

P: No, es profesor de español.

Sugerencia para la actividad 2-2

En esta actividad se presenta la
valoración de personas para su
comprensión, sin dar aún el paso a
la expresión: vocabulario,
estructuras y entonación son nuevos
para los alumnos.

Al igual que en la actividad
anterior, la respuesta se basa en la
apreciación subjetiva de los
alumnos. Puede presentarles la
forma de expresar dicha valoración:
Yo creo que están hablando de...

A1: Yo creo que están hablando de
Agustín y de Rosa.

A2: Pues yo creo que están
hablando de Diego y de Mireia.

Sugerencia para la actividad 2-3

Debe estimular a los alumnos para
que formulen hipótesis sobre las
formas lingüísticas. Lo importante no
es que den con la respuesta correcta
(ésta se la puede facilitar usted
luego) sino que se acostumbren a
hacerse preguntas y darse respuestas
sobre las formas lingüísticas.

De los textos de la audición,
pueden deducir que algunos adjetivos

tienen una única forma: *agradable,
egoísta, pedante, inteligente.*

Si no conocen el concepto de
"adjetivo", puede introducirlo con
las expresiones del texto:

persona agradable
mujer inteligente

Puede hacerles observar que los
adjetivos pueden estar en diversos
grados: *muy agradable, poco
agradable, nada agradable.*

Respuestas para la actividad 2-3

Masculinos: *simpático, trabajador.*

Femeninos: *antipática.*

Formas comunes en masculino y en
femenino: *agradable, egoísta,
inteligente, pedante.*

Sugerencias para la actividad 2–4

En esta doble página se presentan los contenidos lingüísticos básicos de la secuencia. Todas las actividades son fundamentalmente receptivas.

Con el vocabulario de este apartado puede hacer a sus alumnos preguntas como las siguientes (sin agotar el texto), para que las contesten mirando la imagen:

P: ¿En qué casa vive un niño / una niña / una persona mayor / una persona que toca el piano...?

E1: En el número X.

Puede enriquecer la actividad introduciendo la lectura de los textos de las dos páginas, como una continuación del diálogo anterior:

P: ¿Y cómo se llama ese niño / esa niña...?

E1: Manuel.

Luego, los alumnos pueden jugar (en pequeños grupos, o todos juntos) repitiendo este mismo esquema de conversación, pero siendo uno de ellos quien hace las preguntas. Le será útil presentar expresiones como éstas para que las utilicen los alumnos:

¿Cómo dices?

¿Puedes repetir la pregunta?

2 gente con gente ◆ CONTEXTOS

2–4 La gente de la calle Picasso

Toda esta gente vive en la calle Picasso. Son personas muy diferentes: hombres y mujeres; niños, jóvenes y personas mayores; casados y solteros; españoles y de otros países... El sábado por la mañana están todos en casa.

Si miras la imagen y lees los textos, puedes saber muchas cosas de estas personas. Busca gente con estas características y escribe su nombre.

un niño: _____

una persona que hace deporte: _____

una señora mayor: _____

un hombre soltero: _____

una chica que estudia: _____

una persona que no trabaja: _____

casa 1

MARIBEL MARTÍNEZ SORIA
Es ama de casa.
Es española.
Hace aeróbic y estudia historia.
Es muy sociable y muy activa.

JUANJO RUIZ PEÑA
Trabaja en un banco.
Es español.
Corre y hace fotografías.
Es muy buena persona pero un poco serio.

MANUEL RUIZ MARTÍNEZ
Juega al fútbol.
Es muy travieso.

EVA RUIZ MARTÍNEZ
Toca la guitarra.
Es muy inteligente.

casa 2

BEATRIZ SALAS GALLARDO
Es periodista.
Es española.
Juega al tenis y estudia inglés.
Es muy trabajadora.

JORGE ROSENBERG
Es fotógrafo.
Es argentino.
Colecciona sellos.[1]
Es muy cariñoso.

DAVID ROSENBERG SALAS
Come mucho y duerme poco.

¿Cómo? A ver... Sí, sí, soy yo.

casa 3

RAQUEL MORA VILAR
Estudia Económicas.
Es soltera.
Juega al squash.
Es un poco pedante.

SARA MORA VILAR
Estudia Derecho.
Es soltera.
Toca el piano.
Es muy alegre.

casa 4

JOSÉ LUIS BAEZA PUENTE
Es ingeniero.
Está separado.
Toca la batería.
Es muy callado.

UWE SCHERLING
Es profesor de alemán.
Es soltero.
Toca el saxofón.
Es muy simpático.

casa 5

LORENZO BIGAS TOMÁS
Trabaja en IBERIA[2].
Es divorciado.
Es muy tímido.

SILVIA BIGAS PÉREZ
Es estudiante.
Baila flamenco.
Es un poco perezosa.

casa 6

ADRIANA GULBENZU RIAÑO
Trabaja en una farmacia.
Es viuda.
Pinta.
Es muy independiente.

TECLA RIAÑO SANTOS
Está jubilada.
Es viuda.
Hace punto y cocina.
Es muy amable.

2-5 **Escucha a dos vecinas**
¿De quién están hablando? ¿Qué dicen?

HABLAN DE...	ES / SON...
1. _____	1. _____
_____	_____
2. _____	2. _____
_____	_____
3. _____	3. _____
_____	_____
4. _____	4. _____
_____	_____
5. _____	5. _____
_____	_____
6. _____	6. _____
_____	_____

[1] Otra palabra usada en Latinoamérica para **sellos** es **estampillas**.
[2] Iberia es la compañía aérea más importante de España.

Respuestas para la actividad 2-5

1. Hablan de *Uwe Sherling* y *José Luis Baeza*. Son *buenos chicos.*

2. Hablan de *Beatriz Salas* y *Jorge Rosenberg*. Son *muy simpáticos y muy majos.*

3. Hablan de *Maribel Martínez*. Es *muy trabajadora.*

4. Hablan de *Raquel* y *Sara Mora*. Son *gemelas.*

5. Hablan de *Silvia Bigas*. Es *muy guapa.*

6. Hablan del *novio de Tecla*. Es *pintor.*

Sugerencia para la actividad 2–6

Hasta el momento, los alumnos han estado usando los tiempos verbales acompañados de sujetos, bien pronombres personales (yo creo, yo pienso...), bien demostrativos (éste, esto). Ahora empiezan a usar verbos sin necesidad de mencionar el sujeto (mencionado ya por otro interlocutor) ni de poner el pronombre personal.

Si prevé que sus alumnos no van a conocer suficientes nombres, puede asegurarse de que el ejercicio se desarrolle con más facilidad facilitándoselos de antemano, escritos en la pizarra. La mecánica, entonces, consistirá en que un alumno elija uno de los nombres y se refiera a él, para que los otros lo adivinen. A continuación tiene algunos posibles ejemplos:

Una actriz italiana: Sofia Loren, Giuletta Massina, Isabella Rossellini...

Un pintor español: Salvador Dalí, Pablo Picasso, Joan Miró, Francisco de Goya...

Un director de cine español: Pedro Almodóvar, Alejandro Amenábar, Fernando Trueba...

Un actor norteamericano: Paul Newman, Brad Pitt, Harrison Ford...

Una escritora inglesa: Agatha Christie, Emily Brontë, Virginia Wolf...

Un político europeo: Helmut Kohl, François Miterrand, Tony Blair...

Un músico alemán: L. Van Beethoven, J. S. Bach, R. Wagner...

Una cantante norteamericana: Sheryl Crow, Pink, Mariah Carey...

Un deportista dominicano: Juan Marichal, Alex Rodríguez, Sammy Sosa...

Un personaje histórico español: Isabel la Católica, Hernán Cortés, Miguel Servet...

Sugerencia para la actividad 2–7

Se facilitan únicamente los nombres de algunas nacionalidades europeas. A partir de la regla establecida para ellos, puede facilitar generalizaciones: chino/china, japonés/japonesa, chipriota/chipriota.

Sugerencia para la actividad 2–7

Para facilitar el trabajo de sus alumnos, puede dar el primer paso para la obtención de la regla, proponiéndoles los tres grupos:

	Masculino		Femenino
Cambian:	- o	→	- a
Añaden:	+ a		
No cambian:	- a	→	- a

Puede añadir al tercer grupo los acabados en -e (*nicaragüense*) y

---

2–6 **Personas famosas**

¿Qué tal tu memoria? En equipos de dos o tres compañeros/as, vamos a completar esta lista. A ver qué equipo termina antes.

una actriz italiana
un pintor español
un director de cine español
un actor norteamericano
una escritora inglesa

un político europeo
un músico alemán
una cantante norteamericana
un deportista dominicano
un personaje histórico español

EJEMPLO:
- Una actriz mexicana...
- Penélope Cruz.
- ¿Es mexicana?
- No, es española.

2–7 **Español, española...**

En este mapa puedes encontrar todos los países de la Unión Europea (U.E.) Une el nombre del país con los adjetivos correspondientes. ¿Puedes sacar alguna regla sobre el género de estas palabras?

danés
danesa

inglés
inglesa

irlandés
irlandesa

italiano
italiana

portugués
portuguesa

español
española

francés
francesa

holandés
holandesa

finlandés
finlandesa

alemán
alemana

austriaco
austriaca

belga
belga

sueco
sueca

luxemburgués
luxemburguesa

griego
griega

2–8 **Tu país y tu ciudad**

¿Sabes ya el nombre de algunos países y de sus habitantes? Si no ha salido tu país aún, pregúntaselo a tu profesor/a. Pregúntale también por tu ciudad, a lo mejor hay una traducción al español.

EJEMPLO:
- ¿Cómo es München en español?
- Munich.

Después, pregúntale a tu compañero/a de qué ciudad es.

EJEMPLO:
- ¿De dónde eres?
- De Cleveland.

EL PRESENTE:
VERBOS EN -AR

TRABAJar

(yo)	trabajo
(tú)	trabajas
(él, ella, usted)	trabaja
(nosotros, nosotras)	trabajamos
(vosotros, vosotras)	trabajáis
(ellos, ellas, ustedes)	trabajan

EL NOMBRE

¿Cómo te llamas? Antonio.

			LLAMARSE
Me	llamo	Nos	llamamos
Te	llamas	Os	llamáis
Se	llama	Se	llaman

ADJETIVOS

	masculino	femenino
o, a	simpático	simpática
or, ora	trabajador	trabajadora
e / consonante / ista		inteligente / difícil / pesimista

Es **muy** amable.
Es **bastante** inteligente.
Es **un poco** antipática.
No es **nada** sociable.

Un poco, sólo para cosas negativas: *un poco guapa*

	singular	plural
vocal	simpático inteligente trabajadora	simpáticos inteligentes trabajadoras
consonante	difícil trabajador	difíciles trabajadores

---

en -í (*marroquí*).

Puede recuperar la mecánica del ejercicio anterior para que sus alumnos jueguen a adivinar nombres de famosos de distintos países.

Puede presentarles algunos gentilicios latinoamericanos: *mexicano, costarricense, salvadoreño, hondureño, nicaragüense, panameño, guatemalteco, cubano, puertorriqueño, dominicano, colombiano, venezolano,*

boliviano, brasileño, peruano, ecuatoriano, chileno, argentino, paraguayo, uruguayo.

Sugerencia para la actividad 2–8

Puede facilitar a sus alumnos los gentilicios propios de los miembros del grupo, así como aquellos en los que ellos tengan un interés particular.

Puede indicarles que existe la

alternativa con la preposición *de* más el nombre de la ciudad: *Soy de Nueva York.*

veintitrés

LA EDAD

- ¿Cuántos años tiene?
  ¿Cuántos años tienes?
- Treinta.
  Tengo treinta años.
- *Soy treinta.

DEL 20 AL 100

20 **veinte**
  veintiuno, veintidós, veintitrés
  veinticuatro, veinticinco,
  veintiséis, veintisiete,
  veintiocho, veintinueve
30 **treinta**
  treinta y uno
40 **cuarenta**
  cuarenta y dos
50 **cincuenta**
  cincuenta y tres
60 **sesenta**
  sesenta y cuatro
70 **setenta...**
80 **ochenta...**
90 **noventa**
100 **cien**

EL ESTADO CIVIL

Soy { soltero/a.
Estoy { casado/a.
       { viudo/a.
       { divorciado/a.

LA PROFESIÓN

- ¿A qué se dedica usted?
  ¿A qué te dedicas?
- **Trabajo en** un banco.
  Estudio en la universidad.
  Soy camarero.

RELACIONES FAMILIARES

mi padre / mi madre	• **mis padres**
tu hermano / tu hermana	• **tus** hermanos
su hijo / su hija	• **sus** hijos

nuestro padre / **nuestra** madre	**nuestros** padres / **nuestras** madres
vuestro hermano / **vuestra** hermana	**vuestros** hermanos / **vuestras** hermanas
su hermano / su hermana	**sus** hermanos / **sus** hermanas

En muchos países
latinoamericanos se dice:
mi mamá, mi papá y **mis papás.**

2–9 **El árbol genealógico de Paula**

 Paula está hablando de su familia: escúchala y completa su árbol genealógico.

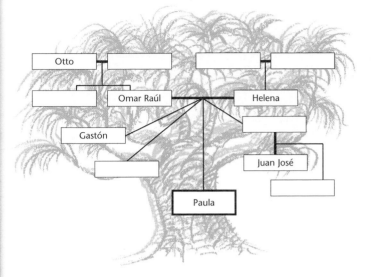

Otto

Omar Raúl   Helena

Gastón

Juan José

Paula

Ahora compara tus resultados con los de un/a compañero/a.
Después, haz preguntas a tu compañero/a para construir su árbol.

2–10 **Los verbos en español: -ar, -er, -ir**
¿Haces algunas de estas cosas? Señálalo con flechas.

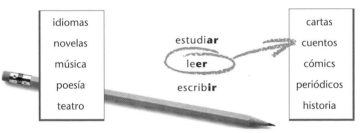

idiomas
novelas
música
poesía
teatro

estudi**ar**
l**eer**
escrib**ir**

cartas
cuentos
cómics
periódicos
historia

Haz preguntas a tu compañero/a y, luego, informa a la clase.

EJEMPLO:

- ¿Estudi<u>as</u> idiomas?
  ¿Le<u>es</u> cuentos?
  ¿Escrib<u>es</u> poesía?

EJEMPLO:
- Paul estudi<u>a</u> italiano, le<u>e</u> periódicos y escrib<u>e</u> poesía.

23

Sugerencia para la actividad 2–9

Sus alumnos pueden tener más dificultades en entender los nombres propios que el resto de la conversación. Puede usted facilitárselos por escrito, para que cuando los oigan los puedan escribir en el lugar que les corresponde: Gustavo, Victoria, Cristóbal, Ana María, Cuqui, Luciano, Juan José.

Puede activar primero los conocimientos léxicos de las relaciones familiares, pidiéndoles que escriban las palabras correspondientes a las líneas que contiene la imagen.

Antes de realizar la actividad, puede trabajar las expresiones que deben utilizar, bien facilitándoselas usted, bien haciendo que ellos las propongan:

¿Cómo se llama el padre / la madre / el hermano /... de Paula / Helena...?

¿Quién es Gustavo?

¿Cómo se llama tu madre?

Sugerencia para la actividad 2–10

Se presentan aquí las tres conjugaciones del sistema verbal. Se limitan, sin embargo, a las tres formas del Infinitivo y a su variación en la segunda y tercera personas del singular. El Manual de actividades contiene las formas correspondientes a todas las personas de las tres conjugaciones, tanto en singular como en plural.

Las muestras de diálogos ejemplifican el contraste entre la segunda persona del singular y la tercera, que son las que los alumnos practican en esta actividad. La forma de tercera persona para *usted* está indicada en el apartado LA PROFESIÓN de la columna gramatical de esta misma página, pero aquí no se practica.

2-11 **Dos personas**

Piensa en dos personas de tu entorno: familiares, amigos, compañeros de trabajo o vecinos. Completa dos fichas, como la primera, con las informaciones correspondientes.

NOMBRE: _María_

APELLIDOS: _Jover Pino_

ESTADO CIVIL: _soltera_

EDAD: _31_

PROFESIÓN: _trabaja en una empresa de informática_

AFICIONES: _fotografía, teatro_

CARÁCTER: _muy inteligente y muy activa_

RELACIÓN CONTIGO: _vecina_

NOMBRE: _____

APELLIDOS: _____

ESTADO CIVIL: _____

EDAD: _____

PROFESIÓN: _____

AFICIONES: _____

CARÁCTER: _____

RELACIÓN CONTIGO: _____

NOMBRE: _____

APELLIDOS: _____

ESTADO CIVIL: _____

EDAD: _____

PROFESIÓN: _____

AFICIONES: _____

CARÁCTER: _____

RELACIÓN CONTIGO: _____

Ahora pregúntale a un/a compañero/a sobre sus dos fichas y toma notas para:

- explicar al resto de la clase quiénes son esas personas
- escribir una pequeña descripción.

EJEMPLO:

- ● ¿Cómo se llama?
- ○ María.
- ● ¿Es una amiga?
- ○ No, es una vecina.
- ● ¿Y cuántos años tiene?
- ○ 31.
- ● ¿Es casada?
- ○ No, soltera.
- ● ¿A qué se dedica?
- ○ Trabaja en una empresa de informática.
- ● ¿Y cómo es?
- ○ Es muy inteligente y muy activa.

2-12 ¿De dónde son estos famosos?
Si no lo sabes, imagina una posible nacionalidad. Vamos a ver quién tiene
más respuestas correctas.

Pedro Almodóvar _____

Frida Kahlo y Diego Rivera _____

Celia Cruz _____

Vicente Fox _____

Harrison Ford _____

Steffi Graf _____

Shakespeare _____

Sigmund Freud _____

Antonio Banderas _____

Helmut Kohl _____

Sofia Loren y Anna Magnani _____

Los Rolling Stones _____

Elton John _____

Tom Cruise _____

Nelson Mandela _____

Salvador Dalí _____

Escribe el nombre de otros dos personajes famosos. Tus compañeros/as tendrán
que decirte su nacionalidad. Si no la saben, el/la profesor/a los ayudará.

2-13 Ahora tú
Y ahora, ¿puedes describirte a ti mismo? Rellena una ficha como ésta.
Entrega tu descripción a tu profesor/a. Otro/a compañero/a va a leerla y los/las
demás tendrán que descubrir de quién es.

> **EDAD:**
> Tengo _____ años.
>
> **ESTADO CIVIL:**
> Soy ☐ soltero/a.
> ☐ casado/a.
> ☐ viudo/a.
> ☐ divorciado/a.
>
> **CARÁCTER:**
> Soy muy _____.
> Soy bastante _____.
> Soy un poco _____.
> No soy nada _____.
>
> **IDIOMAS:**
> Hablo _____.
>
> **AFICIONES:** _____
> _____.

Respuestas para la actividad 2–12
1. español
2. mexicanos
3. cubana
4. mexicano
5. americano/estadounidense
6. alemana
7. inglés
8. alemán
9. español
10. alemán
11. italianas
12. americanos/estadounidenses
13. inglés
14. americano/estadounidense
15. africano
16. español

26

Sugerencia para la actividad 2–14

En una primera fase, los alumnos pueden leer los textos individualmente. Cada alumno deberá realizar un trabajo interpretativo y buscar en el diccionario las palabras que no entienda.

Seguidamente puede ayudarlos a organizar la búsqueda de información haciendo un trabajo conjunto, en el que usted formula preguntas como éstas:

Hay una niña y un niño. ¿Cómo se llama la niña? ¿De dónde es? ¿Qué número le ponemos?

¿Hay otros japoneses? ¿Quiénes son?

Hay dos personas jubiladas. ¿Cómo se llaman?

 gente con gente ◆ TAREAS

2-14 **Un crucero por el Mediterráneo**
Todas estas personas van a hacer un crucero por las Islas Baleares. Otro/a compañero/a y tú trabajan en la agencia de viajes "OLATOURS" y tienen que organizar el grupo. ¿Puedes reconocer en la imagen a los pasajeros de la lista? Escribe en las etiquetas su número.

1. SR. LÓPEZ MARÍN
Biólogo jubilado.[3]
67 años.
Sólo habla español.
Colecciona
 mariposas.

2. SRA. LÓPEZ MARÍN
Jubilada.
65 años.
Habla español y
 francés.
Muy aficionada al
 fútbol.

3. SRA. MARINA TOLEDO
51 años.
Profesora de música.
Habla español e
 inglés.
Soltera.

4. MANUEL GÁLVEZ
Profesor de gimnasia.
50 años.
Separado.
Habla español y
 francés.
Colecciona mariposas.

5. KEIKO TANAKA
Arquitecta.
35 años.
Habla japonés y un
 poco de inglés.
Casada.

6. AKIRA TANAKA
Pintor.
40 años.
Habla japonés y un
 poco de español.

7. IKUKO TANAKA
6 años.
Habla japonés.

8. CELIA OJEDA
Chilena.
Arquitecta.
32 años.
Habla español y un
 poco de inglés.

[3] También se dice "retirado".

9. BLAS RODRIGO
Chileno.
Trabaja en una
  empresa de
  informática.
20 años.
Habla español, inglés
  y un poco de alemán.
Muy aficionado al
  fútbol.

10. BERND MÜLLER
Suizo.
Pianista.
35 años.
Soltero.
Habla alemán, italiano
  y un poco de
  francés.

11. NICOLETTA TOMBA
Italiana.
Estudia informática.
26 años.
Soltera.
Habla italiano, francés
  y un poco de inglés.

12. VALENTÍN PONCE
Funcionario.
43 años.
Casado.
Sólo habla español.
Muy aficionado al
  fútbol.

**13. ELISENDA GARCÍA
  DE PONCE**
Ama de casa.
41 años.
Casada.
Sólo habla español.

14. JAVI PONCE GARCÍA
8 años.

15. SILVIA PONCE GARCÍA
Estudia biología.
18 años.
Habla español, inglés
  y un poco de
  italiano.

Compara tus conclusiones con las de tu compañero/a. ¿Son iguales?

2-15 **La distribución de los turistas en el restaurante**
Ustedes quieren que los clientes lo pasen bien: ¿cómo van a
distribuirlos en las mesas? Escucha a otros empleados de la empresa
para tener más información.

Y otra cosa: ¿con quién van a sentarse ustedes?

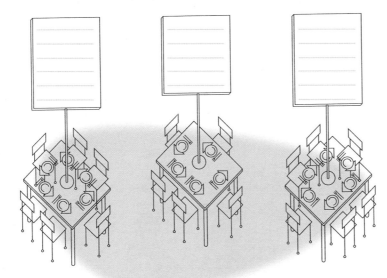

LES SERÁ ÚTIL

En la mesa 1: A, B...

A al lado de B porque...

Tienen { la misma edad.
         la misma profesión.
         el mismo hobby.

Los dos...

A habla francés y B, también.

2-16 **La propuesta**
Tienen que explicar y razonar la distribución a toda la clase.

Sugerencia para la actividad 2–15

Hay 17 personajes en total (15
pasajeros más los dos alumnos).
    Antes de oír la audición, puede
pedir a sus alumnos que realicen
una primera agrupación de
pasajeros por afinidades, sin tener
demasiado en cuenta el número
resultante en cada grupo.
    Una vez oída la grabación,
pueden confirmar o modificar la
primera agrupación.
    Seguidamente, cada alumno
decide con quién quiere sentarse.
    Finalmente, con todos los datos
disponibles, se realiza la distribución
por mesas.

Sugerencia para la actividad 2–16

Las expresiones del recuadro "Les
será útil" pueden ser útiles para
realizar la tarea de la actividad 2-15
y para la exposición ante la clase.

Texto e imagen proporcionan información sobre la diversidad de las regiones de España. Algunas cosas pueden resultar familiares a sus alumnos pero otras no. Cada uno puede fijarse en aquellas que más le llaman la atención.

**Información para la actividad
¿De dónde es usted?**

1. En la costa gallega se encuentran numerosos astilleros de construcción naval.

2. La Catedral de Santiago de Compostela, situada en la plaza del Obradorio, es una de las catedrales románicas más bellas de España.

3. Una de las industrias más importantes de Galicia es la conservera (sardinas, atún...)

4. La pesca de marisco es típico de Galicia.

5. Cuenta la leyenda que el apóstol Santiago está enterrado en Santiago de Compostela. Por esta razón, miles de peregrinos cruzan los Pirineos en dirección Santiago siguiendo el así llamado "Camino de Santiago."

6. La sidra es una bebida alcohólica de baja graduación típica de Asturias que se obtiene de la manzana.

7. Las minas de carbón y la industria siderometalúrgica son características de Asturias.

8. Las Cuevas de Altamira (Cantabria) contienen pinturas rupestres policromadas (bisontes, jabalíes y ciervos) fechadas desde el periodo auriñaciense al magdaleniense.

9. La pesca es también importante en Cantabria.

10. El Guernica de Picasso representa el ataque de la aviación nazi a la población vasca de Guernica.

11. La siderometalúrgica es una de las industrias más importantes de Euskadi.

12. En el País Vasco hay una gran tradición gastronómica y el bacalao es una de las máximas especialidades. Es costumbre que los hombres se agrupen en sociedades gastronómicas en las que se dedican básicamente a cocinar y a comer.

13. Cortar troncos es uno de los deportes rurales vascos más arraigados. Los que lo practican reciben el nombre de aizkolaris.

---

2 gente con gente ◆ CONTACTOS

¿DE DÓNDE ES USTED?

Dos españoles se conocen en una fiesta, o en un tren, o en la playa, o en un bar... ¿De dónde es usted? o ¿De dónde eres? son, casi siempre, las primeras preguntas. Luego, lo explican con muchos detalles. Por ejemplo: "Yo soy aragonés, pero vivo en Cataluña desde el 76... Mis padres son de Teruel y..." bla, bla, bla.

Y es que cada región española es muy diferente: la historia, las tradiciones, la lengua, la economía, el paisaje, las maneras de vivir, incluso el aspecto físico de las personas.

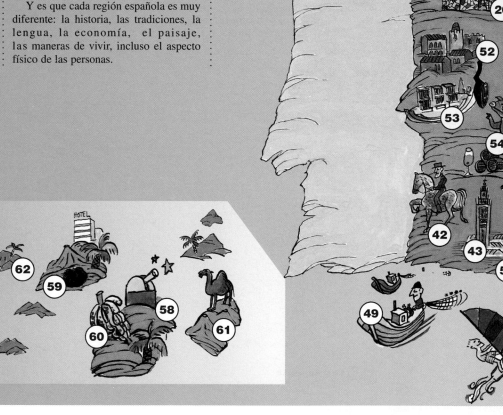

---

14. San Fermín es una de las fiestas populares más conocidas de España; en los famosos "encierros", los mozos corren por las calles de Pamplona delante de los toros que van a ser lidiados por la tarde.

15. La Basílica de Nuestra Señora del Pilar es el símbolo de la ciudad de Zaragoza.

16. Aragón es una zona eminentemente agrícola (cereales, vid, olivos...).

17. El Pirineo cuenta con numerosas iglesias románicas y modernas estaciones de esquí.

18. Nacido en Figueras (Gerona), Salvador Dalí fue un célebre pintor surrealista.

19. La Costa Brava es una zona costera y turística de gran belleza.

20. Cataluña fue la región española donde la revolución industrial tuvo sus primeras manifestaciones. Actualmente es una de las zonas industrialmente más desarrolladas de España.

2-17 Lee el texto. ¿También es así en tu país?

2-18 Mira el mapa. ¿Qué reconoces (regiones, ciudades, monumentos, costumbres...)?

2-19 ¿Conoces a españoles? ¿Cómo son? Haz una lista de adjetivos. Seguro que no todos tenemos la misma imagen de los españoles.

29
veintinueve

21. El pintor Joan Miró, creador de un universo simbólico propio, fue un pintor catalán de gran prestigio internacional.

22. La Sagrada Familia de Barcelona es una de las construcciones más conocidas del célebre arquitecto modernista Antoni Gaudí.

23. Formar castillos humanos es una de las tradiciones catalanas más espectaculares y arraigadas. Los atrevidos que lo hacen reciben el nombre de castellers.

24. El Penedés es una zona famosa por producir buen cava (vino espumoso elaborado de modo similar al champán).

25. La Universidad de Salamanca es una de las más prestigiosas y antiguas de España.

26. Las murallas de Ávila datan del s. XII y han sido incluidas en el patrimonio mundial.

27. El cultivo de cereales es uno de los más importantes de toda la meseta.

28. En la ciudad de Valladolid se encuentra la factoría de Fasa-Renault.

29. El Cid Campeador es el nombre con el que se conoce al héroe castellano Rodrigo Díaz de Vivar, noble al servicio de Sancho de Castilla. En su vida se basó uno de los primeros poemas escritos en lengua castellana: el "Poema del Mío Cid".

30. La Rioja es mundialmente conocida por el vino que produce.

31. Las Meninas de Velázquez y otras obras claves de la pintura mundial están expuestas en el Museo del Prado de Madrid.

32. Torre España, popularmente conocida como "el pirulí", es el centro de operaciones de Televisión Española.

33. La Puerta de Alcalá es uno de los monumentos más característicos de Madrid. Fue construida en época de Carlos III.

34. En Toledo se encuentran numerosas pinturas de El Greco, como El caballero de la mano en el pecho.

35. Don Quijote y Sancho Panza, personajes de El Quijote de Cervantes, tuvieron como marco de sus aventuras las áridas tierras de La Mancha, famosas por sus molinos de viento.

Continúa en las páginas 30 y 31

36. Las fallas es la fiesta más conocida del País Valenciano. Tiene lugar el día de San José y en ella se realiza una espectacular quema de monumentos y figuras de cartón.

37. La paella es el plato típico valenciano. Se hace a base de arroz.

38. La Torre de Miguelet es el edificio gótico más conocido de Valencia.

39. Las fiestas de moros y cristianos son muy típicas en varios pueblos del País Valenciano: algunos vecinos se disfrazan de moros y otros de cristianos para rememorar las batallas de la Reconquista.

40. La pesca de anguilas es característica de Valencia.

41. La huerta murciana posee una de las agriculturas más productivas del país.

42. Hay una gran tradición de cría de ganado y rejoneo en la zona occidental de Andalucía.

43. La Giralda de Sevilla es una obra emblemática del arte al-mohade. En un principio alminar de la mezquita de Sevilla, hoy es la torre de la catedral.

44. El flamenco es el género músical más representativo de Andalucía y, por extensión, de España. Se suele tocar flamenco con una guitarra española y, normalmente, los músicos están sentados . El baile es también muy peculiar, debido al movimiento de brazos y al típico zapateado. Se suelen utilizar también las castañuelas.

45. En Semana Santa suele haber procesiones por todo el país; algunas de las más vistosas tienen lugar en Andalucía. Los penitentes que se visten con túnica morada son los llamados nazarenos.

46. Hay una gran producción de aceitunas y aceite de oliva en Jaén y Córdoba.

47. Sierra Nevada es la estación de esquí más conocida e importante del sur de España.

48. Tarifa es un importante centro de windsurf debido a los fuertes vientos que azotan el estrecho de Gibraltar.

49. Es habitual la pesca en las aguas del estrecho de Gibraltar.

50. La Alhambra de Granada, un impresionante conjunto de palacios, fortalezas y jardines construidos en el siglo XIII, es uno de los monumentos más fascinantes de España.

51. La fiesta de los toros es probablemente la más emblemática de España.

52. El núcleo antiguo de Cáceres, rodeada de murallas de origen almohade, es patrimonio cultural de la Humanidad.

53. Mérida cuenta con un impresionante conjunto arqueológico romano (templos, arcos, puentes, acueductos...) en el que destaca especialmente el Teatro Romano.

54. En Extremadura, Andalucía y otros lugares de España se cría una raza autóctona y exquisita de cerdos, el cerdo ibérico, conocida como "pata negra".

55. Mallorca es una isla turística que cuenta con bellísimas calas y playas.

56. La isla de Menorca fue una colonia inglesa durante casi un siglo; uno de los vestigios de esta influencia es la producción de una ginebra autóctona.

57. Ibiza fue uno de los paraísos del movimiento hippy en los años 60 y actualmente es uno de los centros de la cultura de la música electrónica y de la "fiesta".

58. El Observatorio de Maspalomas es la estación de seguimiento de satélites más importante del país.

59. Las Canarias son unas islas eminentemente turísticas.

60. Las Canarias son conocidas también por los exquisitos plátanos y tomates que producen.

61. En Fuerteventura se encuentran camellos.

62. Las islas de la izquierda son de arriba abajo: La Palma, Gomera y Hierro.

63. Avión de la compañía aérea Iberia.

ESTRATEGIAS DE LECTURA:
El título

When reading a text, understanding the title can help you understand the text. A title can have different purposes. First, the title can help you anticipate the topic of the text and give you an idea of the content. For example, if you see the title **Biografía**, you would probably guess that the text would contain data with dates, places, and interesting facts about someone's life. Second, the title can serve to organize the information in the text. For example, **Biografía: Vida, obras y muerte de Cervantes** tells you the type of information you will find about this Spanish author and the order it will be presented. Third, the title can help catch the reader's attention.

Before starting to read a text, spend a couple of minutes thinking about the title. Think about all the possibilities the title could suggest. If you use this technique, soon you will realize you can understand more about the text than you probably thought you did!

 GENTE QUE LEE

ANTES DE LEER

2-20 **Frida Kahlo y Diego Rivera**
Mira estas dos fotografías y a continuación intenta contestar las siguientes preguntas. Si no sabes algunas respuestas, trata de adivinarlas.

30
treinta

1. **La nacionalidad de estas dos personas es:**
   ☐ mexicana
   ☐ española
   ☐ china

2. **La mujer tiene aproximadamente:**
   ☐ 20 años
   ☐ 70 años
   ☐ 30 años

3. **La expresión de la mujer es:**
   ☐ alegre
   ☐ triste
   ☐ simpática

4. **La relación entre estas dos personas es de:**
   ☐ hermano/hermana
   ☐ padre/hija
   ☐ esposo/esposa

2-21 **Autorretrato con mono**
Mira ahora este autorretrato de Frida Kahlo, contesta las siguientes preguntas y comenta con tus compañeros/as.

Autorretrato con mono 1940.

¿Crees que Frida...

■ **es una mujer antipática?**
■ **tiene una expresión feliz?**
■ **es egoísta?**
■ **es bióloga?**

Sugerencias para la actividad 2–17
Tal vez algunos alumnos quieran manifestarse sobre la pregunta. Proporcióneles en ese caso recursos como:
En mi país también es así.
En mi país no es así.
Cada región de mi país también es diferente.

Sugerencias para la actividad 2–18
No es el objetivo prioritario de esta actividad el aprendizaje de todo el vocabulario que las imágenes puedan suscitar. Más bien se trata de que aquellos alumnos que disponen de alguna información sobre España puedan reconocerla en el dibujo y referirse a ella, incluso en su lengua materna si así lo prefieren.
  Cuando un alumno desee comentar algo, ayúdelo con el vocabulario mínimo necesario. A veces la ayuda consistirá en facilitar la traducción de lo que ya sabe, otras veces en hacer notar la correcta pronunciación de las palabras que surjan.
  Puede aprovechar la actividad para centrar la atención de los alumnos en la fonética del español, con los nombres más conocidos por sus alumnos.

Sugerencias para la actividad 2–19
Para realizar esta actividad, los alumnos dispondrán de un mínimo de información: o bien su experiencia personal o bien los tópicos que suelen existir. El objetivo de la actividad es reflexionar sobre el hecho de que en todas las culturas hay personas muy diversas.
  Sus alumnos disponen de un vocabulario muy reducido. Para realizar esta actividad tendrán que recurrir al uso del diccionario. Si no lo tienen en la clase, puede usted traducirles los adjetivos que ellos necesiten.
  De forma individual, los alumnos elaboran una lista de adjetivos que después pondrán en común con el resto de la clase.

Respuestas a la actividad 2–20
1. mexicana
2. 30 años
3. triste
4. esposo/a

Respuestas a la actividad 2–22

1. En Coyoacán, Ciudad de México.

2. Es esferma. Poliomelitis, accidente de tráfico, una deformación de la pierna derecha, está enferma de una infección pulmonar.

3. En la Escuela Nacional Preparatoria.

4. Comunista.

5. San Francisco, Detroit y Nueva York.

6. La hermana de Frida. Son amantes y cuñados.

7. Frida pasa nueve meses en el hospital.

8. En 1954, en Guatemala enferma de una infección pulmonar.

2 gente con gente ◆ MI GENTE

A LEER

2–22 **Biografía**

Lee ahora esta biografía de Frida Kahlo y después contesta las preguntas.

BIOGRAFÍA DE FRIDA KAHLO (1907 – 1954)

1907: Frida Kahlo nace el 16 de julio en Coyoacán, un pueblo de la Ciudad de México.

1913: Enferma de poliomelitis.

1922: Ingresa en la Escuela Nacional Preparatoria para estudiar medicina. Frida observa a Diego Rivera con admiración mientras éste pinta el mural "La creación".

1925: El 17 de septiembre sufre un accidente de tráfico. Pasa un mes en el hospital donde inicia su afición a la pintura.

1928: Es miembro del Partido Comunista de México (PCM), donde se encuentra de nuevo con Rivera. Se enamoran.

1929: El 21 de agosto Frida Kahlo y Diego Rivera se casan.

1930: Viajan a los Estados Unidos, a San Francisco, por motivos de trabajo.

1932: La pareja se traslada en abril a Detroit, donde Rivera pinta un nuevo mural.

1933: La pareja va a Nueva York, donde Rivera pinta un mural en el Rockefeller Center. A finales de año regresan a México.

1934: Surge una historia amorosa entre la hermana de Frida, Cristina y Diego Rivera.

1939: Viaja a París. Conoce a los pintores surrealistas. A su vuelta a México, se divorcian Frida y Diego.

1940: Se casa de nuevo con Diego Rivera el 8 de diciembre.

1950: Frida pasa nueve meses en el hospital.

1954: Enferma de una infección pulmonar y participa en una manifestación contra la intervención norteamericana en Guatemala. Muere el 13 de julio.

DESPUÉS DE LEER

Contesta las preguntas siguientes según el texto que acabas de leer.

1. ¿Dónde nace Frida?
2. ¿Cómo es la salud de Frida? Da varios ejemplos.
3. ¿Cómo se conocen Frida y Diego?
4. ¿Cuál es la ideología política de Frida?
5. ¿Qué ciudades de los Estados Unidos visita Frida?
6. ¿Quién es Cristina? ¿Cuál es su relación con Diego?
7. ¿Qué pasa en 1950?
8. ¿Cuándo, dónde y cómo muere Frida?

GENTE QUE ESCRIBE

2-23 **Pintura y realidad**

ANTES DE ESCRIBIR

Mira la obra siguiente.

"Frida y Diego Rivera" 1931, Óleo sobre tela, 100x78 cm.

Con la información que tienes de estas dos personas, prepara una lista que contenga lo siguiente:

- Su nacionalidad
- El estado civil
- La profesión de cada uno de ellos
- Su carácter
- La relación entre ellos

A ESCRIBIR

Ahora imagina que eres alguien famoso y en una enciclopedia van a publicar tu biografía. Escribe un párrafo de unas 50 palabras e incluye datos sobre tu nacionalidad, edad, estado civil, profesión y carácter.

DESPUÉS DE ESCRIBIR

Revisa tu primer borrador y comprueba:

CONTENIDO
- ¿Te gusta?
- ¿Necesitas incluir algo más?
- ¿Está bien organizado?

GRAMÁTICA Y VOCABULARIO
- ¿Hay errores?
- ¿Has usado gramática y vocabulario de este capítulo?

Pasa tu texto a tu compañero/a y pídele sugerencias.
Por último, pasa a limpio tu texto y entrégaselo a tu profesor/a.

GENTE EN LA RED

2-24 Frida y Diego, María y Rufino

ANTES DE NAVEGAR

Prepara una lista de mexicanos famosos. ¿Hay alguna pareja? Si la hay, busca información sobre ella en la red.

A NAVEGAR

Ahora ve a la red (*www.prenhall.com/gente*) e investiga la historia de otra pareja de pintores mexicanos famosos, María Izquierdo y Rufino Tamayo.

VOCABULARIO

Las nacionalidades

(el/la) alemán/ana	German
(el/la) austriaco/a	Austrian
(el/la) belga	Belgian
(el/la) danés/esa	Danish
(el/la) español/a	Spaniard
(el/la) estadounidense	U.S.
(el/la) europeo/a	European
(el/la) finlandés/esa	Finnish
(el/la) francés/esa	French
(el/la) griego/a	Greek
(el/la) holandés/esa	Dutch
(el/la) inglés/esa	English
(el/la) irlandés/esa	Irish
(el/la) italiano/a	Italian
(el/la) latinoamericano/a	Latin-American
(el/la) luxemburgués/esa	Luxemburgian
(el/la) norteamericano/a	North American
(el/la) portugués/esa	Portuguese
(el/la) sueco/a	Swedish
(el/la) suizo/a	Swiss

Los estudios y las profesiones

(las) ciencias	sciences
(el) derecho	law
(la) economía	economics
(la) edición	publishing
(la) fotografía	photography
(la) gimnasia	gymnastics

(la) historia	history
(la) informática	computer sciences
(el) periodismo	Journalism
(el) actor	actor
(la) actriz	actress
(el) ama de casa	housewife
(el/la) biólogo/a	biologist
(el/la) camarero/a, mesero/a	waiter/waitress
(el/la) cantante	singer
(el/la) deportista	sportsman/sportswoman
(el/la) director/a de cine	film director
(el/la) escritor/a	writer
(el/la) estudiante	student
(el/la) fotógrafo/a	photographer
(el/la) funcionario/a	public official
(el/la) ingeniero/a	engineer
(el/la) jubilado/a, retirado/a	retired person
(el/la) maestro/a	teacher
(el/la) músico/a	musician
(el/la) periodista	journalist
(el/la) pintor/a	painter
(el/la) político/a	politician
(el/la) profesor/a	professor
(el/la) sociólogo/a	sociologist
(el/la) obrero/a, trabajador/a	worker
(un) banco	bank
(una) editorial	publishing house
(una) empresa	firm
(una) oficina	office
(un) periódico	newspaper
(una) universidad	university

La familia y el estado civil

(la) madre	*mother*
(el) padre	*father*
(los) padres	*parents*
(el/la) papá/mamá	*dad/mom*
(el/la) hermano/a	*brother/sister*
(el/la) hijo/a	*son/daughter*
(el/la) primo/a	*cousin*
(el/la) tío/a	*uncle/aunt*
(el/la) niño/a	*kid*
(los) niños	*children*
(el/la) joven	*young man/woman*
(los) jóvenes	*youth*
(la) mujer	*woman*
(el) hombre	*man*
(el/la) abuelo/a	*grandfather/mother*
(los) abuelos	*grandparents*
(el/la) anciano/a	*elderly man/woman*
(las) personas mayores	*senior people*
casado/a	*married*
compañero/a	*partner*
divorciado/a	*divorced*
novio/a	*boyfriend/girlfriend*
pareja	*couple*
soltero/a	*single*
viudo/a	*widower/widow*

Las aficiones

bailar	*to dance*
cocinar	*to cook*
coleccionar sellos	*to collect stamps*
correr	*to run*
escribir cartas	*to write letters*
hacer punto	*to knit*
ir a la playa	*to go to the beach*
ir al teatro	*to go to the theater*
jugar al fútbol	*to play soccer/football*
leer novelas	*to read novels*
pintar	*to paint*
tocar la batería	*to play drums*
ver películas	*to watch movies*

Los rasgos personales

agradable	*pleasant*
alegre	*happy*
amable	*kind*
antipático/a	*unfriendly*
bueno/a	*good*
callado/a	*quiet*
cariñoso/a	*affectionate*
egoísta	*egotist, selfish*
guapo/a	*good-looking*
inteligente	*intelligent*
pedante	*pedantic*
perezoso/a	*lazy*
presumido/a	*conceited*

serio/a	*serious*
simpático/a	*nice*
tímido/a	*shy*
trabajador/a	*hard-working*
travieso/a	*mischievous*

Otras palabras y expresiones útiles

¡Qué!	*What!*
de nuevo	*again*
también	*also, as well*
incluso	*even*
al revés	*opposite*
porque	*because*
casi	*almost*
tomar nota	*to take note*
(una) ficha	*index card*
(una) cosa	*a thing*
(las) maneras de vivir	*the ways of life*
(el) entorno	*environment*
(el/la) mismo/a	*the same*

Los verbos

casarse	*to get married*
comer	*to eat*
dormir (ue)	*to sleep*
enamorarse	*to fall in love*
estar (irreg.)	*to be*
explicar	*to explain*
hacer (irreg.)	*to do, to make*
morir	*to die*
nacer (zc)	*to be born*
parecerse	*to be similar*
rellenar	*to fill out*
regresar	*to come back*
trabajar	*to work*

Para su información

Las fotografías corresponden a: (de arriba abajo y de izquierda a derecha)

El Monasterio de Poblet: situado en la provincia de Tarragona, es un conjunto conventual de gran belleza fundado por Ramón Berenguer IV y encomendado a la orden del cister. Fue incluido por la UNESCO en el patrimonio cultural mundial.

El Palacio Nacional: situado al pie de la montaña olímpica de Montjuic (Barcelona), en su interior se encuentra el Museo Nacional de Arte de Cataluña.

La Costa Brava: esta bella zona turística catalana cuenta con numerosas calas y playas y comprende el litoral de la provincia de Gerona.

La Sagrada Familia: obra del arquitecto modernista catalán Antoni Gaudí, es uno de los símbolos de la ciudad de Barcelona. Empezada a construir en 1883, constituye un claro precedente de la arquitectura funcional y de las modernas tendencias organicistas.

La Feria de San Isidro: considerada la feria taurina más importante del mundo, se celebra todos los años en la madrileña plaza de Las Ventas entre los meses de mayo y junio.

El Museo Nacional Centro de Arte Reina Sofía: situado en el antiguo Hospital General de Madrid, constituye uno de los centros de arte contemporáneo más importantes de España.

Los molinos de la Mancha: es la imagen clásica de esta región de España. Fueron popularizados por Cervantes en su célebre obra El Quijote.

La Puerta de Alcalá: construida en época de Carlos III, es uno de los monumentos más característicos de Madrid.

OBJETIVOS

3

Vamos a organizar unas vacaciones en grupo. Aprenderemos a:

- ✔ expresar gustos y preferencias,
- ✔ hablar de lugares.

gente **de vacaciones**

3-1 Un viaje: ¿Madrid o Barcelona?
Mira las fotos con tu compañero/a y señala las que conoces.

EJEMPLO:
 • Esto es la Sagrada Familia.
○ No, esto es la Puerta de Alcalá. Y esto, la Sagrada Familia.

Luego lee las excursiones que ofrece viajes Iberia.
¿Qué prefieres? ☐ Ir a Madrid.
  ☐ Ir a Barcelona.

VIAJES IBERIA

Querido cliente:

¡Enhorabuena! Ha ganado usted uno de
los viajes que sort...

MADRID

Visita de la ciudad en autocar.

Visita al Museo del Prado
o al Reina Sofía.

Excursión a Toledo o
al Monasterio de El
Escorial.

Entrada al Teatro de
la Zarzuela o corrida de
toros.

BARCELONA

Visita de la ciudad en autocar.

Excursión a la Costa
Brava o al Monasterio
cisterciense de Poblet.

Visita al Museo Picasso o
a la Sagrada Familia.

Concierto en el Palau de
la Música o partido de
fútbol.

3-2 Tus intereses
Escribe los nombres de los tres lugares o excursiones que más te interesan.

En primer lugar _____
Y también _____ y _____

Habla con tus compañeros/as. Utiliza estas expresiones:

• Yo quiero visitar _____, _____ y _____
○ Yo, también.
■ Pues yo, _____

37

37

Sugerencias para la actividad 3–1

Puede empezar planteando algunas preguntas sobre las imágenes. Debe animar a sus alumnos a que pongan en común las informaciones que ya tienen.

P: ¿Esto es la Sagrada Familia?
E1: Sí/No, esto es...

Probablemente sus alumnos tienen algunas referencias de estas ciudades, pero les faltan otras. Puede pedirles que le hagan preguntas (así practican la entonación interrogativa) y usted les da las respuestas correctas. Se producirán intercambios como éstos:

E1: ¿Esto es Barcelona?
P: Sí, la Sagrada Familia.
E1: ¿Y esto también es Barcelona?
P: No, esto es Madrid, el Reina Sofía.

Expansión para la actividad 3–1

Los alumnos pueden imaginar que han recibido una carta de Viajes Iberia, en la que les comunican que han ganado un viaje en un sorteo. Pueden elegir entre ir a Madrid o a Barcelona, y en cada caso hay tres actividades con dos opciones cada una. El alumno leerá las opciones, elegirá e informará a sus compañeros.

Sugerencia para la actividad 3–2

Puede provocarse entre los alumnos el mismo tipo de intercambios, referidos a otras ciudades o lugares del mundo hispano, a partir de una lista que usted proporcione.

Sugerencia para la actividad 3–3

Cada alumno marca primero sus respuestas, y luego debe ser capaz de enlazar todas las informaciones sirviéndose del ejemplo.

Expansión para la actividad 3–3

Puede realizar un juego para fijar el vocabulario; en grupos de cuatro, un alumno empieza al azar diciendo una palabra: *el tren.*

El siguiente la repite y añade otra: *el tren, el verano.*

El tercero, una más: *el tren, el verano, el avión.*

Y así sucesivamente hasta que uno falla al no recordar la serie o al no saber añadir ninguna más.

Información para la actividad 3–4

Los diálogos contienen mucha información, pero no es necesario entenderla toda para resolver la tarea.

Puede advertir a sus alumnos que es importante que se habitúen a escuchar con atención pero sin obsesionarse por entenderlo todo. Por eso se les facilitan conversaciones extensas, para que acostumbren su oído al español.

Información para la actividad 3–4

Vallromanes: pueblo del Vallés (una comarca muy cercana a Barcelona).

Port de la Selva y Llançà: dos pueblos de la Costa Brava, muy próximos a la frontera con Francia.

Malgrat de Mar: pueblo de playa situado en la comarca del Maresme, al norte de Barcelona.

Expansión para la actividad 3–4

Si el grupo lo permite, tras esta actividad de comprensión auditiva, puede animarlos a explicar, de modo menos dirigido que en el ejercicio anterior, qué cosas hacen en vacaciones. Aunque disponen todavía de muy pocos recursos, quizá algunos alumnos asuman el riesgo.

También puede pedirles qué palabras clave (camping, playa, etc.) los han ayudado a realizar la tarea.

Respuestas para la actividad 3–4

Isabel: 2   Clara: 1   Toni: 3

---

3   **gente de vacaciones** ◆ **CONTEXTOS**

3-3 **Tus vacaciones**

¿Qué haces normalmente en vacaciones? Márcalo en los cuadros.
Después habla con tus compañeros/as.

EJEMPLO:

● ¿Qué hacen ustedes para las vacaciones de verano?
○ Yo voy a la playa con mi familia.
■ ¡Yo también!
□ Pues, yo no. Yo voy con mis amigos a la montaña.

 ☐ solo/a
 ☐ con los amigos
 ☐ con la familia
 ☐ en viajes organizados
 ☐ con mi novio/a

☐ en coche
☐ en avión
☐ en tren
☐ en bicicleta
☐ en moto

☐ a la montaña
☐ a países o ciudades diferentes
☐ a la playa

 ☐ en primavera
 ☐ en verano
 ☐ en otoño
 ☐ en invierno

3-4 **Las vacaciones de Clara, de Isabel y de Toni**

Clara y la prima Ester, preparadas para un paseo en bici. Los del jardín son tía Julia y tío Andrés.

Verano del 93, fiestas del pueblo, preparados para ir a bailar. Isabel con su novio y más amigos.

Camping de Malgrat, verano de 1993, Toni y unos amigos suizos.

Mira estas fotos y habla con tus compañeros/as. Después responde las preguntas:

■ ¿Dónde están Clara, Isabel y Toni?
■ ¿Con quién?

Ahora vas a oír tres conversaciones. Clara, Isabel y Toni hablan de sus vacaciones. Dicen muchas cosas. Tú sólo tienes que hacer una cosa: saber quién habla en cada conversación.

Completa:

Conversación nº		
Isabel _____	Clara _____	Toni _____

¹ En España y en otros países hispanos es común cortar algunas palabras. Por ejemplo, bicicleta → bici, televisión → tele, discoteca → disco.

3–5 **Se busca compañero/a de viaje**

Estás preparando tus vacaciones. Has encontrado estos tres anuncios. Son tres
viajes muy diferentes.
¿Te interesa alguno de estos anuncios?
Vas a hablar con tu compañero/a. Pero antes tienes que prepararte. Elige alguna
de estas frases para poder expresar tus preferencias y explicar los motivos:

PREFERENCIAS:
A mí me interesa...
   - el viaje a Latinoamérica.
   - el apartamento en Tenerife.
   - el viaje a Andalucía.

MOTIVOS:
Me gusta...
   - la aventura.
   - conocer otras culturas.
Me gustan...
   - los viajes organizados.
   - las vacaciones tranquilas.
Quiero...
   - visitar Centroamérica.
   - conocer Andalucía.

¿Te interesan:
la historia,
la cultura,
las costumbres
de otros pueblos?

Plaza libre en viaje
organizado a Andalucía.
Avión ida y vuelta a Sevilla.
Viaje en autocar a Granada
y Córdoba.
Visitas con guía a todos
los monumentos.
Muy barato.
Llamar al 4867600.

● ● ●

¿ERES AVENTURERO?
¿TE INTERESA
LATINOAMÉRICA?

Tenemos dos plazas libres para un viaje a
Nicaragua
y Guatemala.

AVIÓN + JEEP

Interesados,
llamar al 4631098.

SOL, MAR Y
TRANQUILIDAD

Ocasión: apartamento
muy barato en Tenerife.
1-15 de agosto.
Para 5 personas.
Muy cerca de la playa.
Viajes Solimar.
Tlf. 4197654

Ahora puedes hablar con tus compañeros/as:

EJEMPLO:

● A mí me interesa el apartamento en Tenerife.
  Me gustan las vacaciones tranquilas.
○ Pues a mí me interesa el viaje a
  Centroamérica, porque quiero
  conocer Nicaragua.

Sugerencias para la actividad 3–5

El vocabulario de los anuncios se
ofrece para su comprensión, pero
no se activa en la producción más
allá de lo que resulta necesario para
realizar la actividad.

Se introduce aquí el verbo *gustar*
(y el verbo *interesar*) para que lo
usen de un modo muy guiado,
según las estructuras que se ofrecen:
sólo referido a la primera persona, y
con la flexión singular/plural.

El pronombre referido al
hablante aparece en las preferencias
(*A mí me interesa*) pero no en los
motivos (*me gusta/quiero*). Puede
hacerles notar que si se empieza por
dar los motivos y luego se expresan
las preferencias, el pronombre
personal seguirá apareciendo en el
primer verbo: *Yo quiero/A mí me
gusta... Por eso me interesa...*

Sugerencias para la actividad 3–5

Puede preparar la comprensión de
los anuncios en dos fases.

a) Una primera fase en la que cada
   alumno elige teniendo en
   cuenta únicamente el lugar de
   destino. A partir de la pregunta
   del primer anuncio (*¿Te interesa
   Latinoamérica?*) puede
   plantearles estas otras:

   *¿Qué te interesa más para tus
   vacaciones: Latinoamérica,
   Andalucía o Tenerife?*

   *¿Qué te gusta más: visitar
   monumentos o tomar el sol en
   la playa?*

b) Una vez elegida una de las
   opciones anteriores, puede
   pedirles que lean los demás
   anuncios y que confirmen o
   modifiquen su elección.

39

El texto contiene expresiones en las que se puede observar la oposición *hay/está(n)* y la presencia o ausencia del artículo indefinido con *hay*. En esta primera actividad es conveniente limitarse a su interpretación y a la asimilación del vocabulario. En las actividades siguientes se podrá trabajar más con las estructuras gramaticales.

Respuestas para la actividad 3–6

De arriba abajo: *el ayuntamiento, la oficina de correos, el bar, el supermercado, la farmacia, la escuela.*

Sugerencias para la actividad 3–7

Esta actividad puede realizarse en tres fases:

a) Los alumnos han de tomar como modelo las frases del texto del Ejercicio 3–6. Pero no es necesario que escriban un texto, sino frases sueltas.

A1: ¿Hay cine en este pueblo?
A2: Sí.
A1: ¿Y dónde está?
A2: En la Calle Mayor.

b) Luego, puede pasar a la expresión escrita. Para que vean la mecánica, escriba una frase cualquiera en la pizarra:

En este pueblo, la estación de tren está en la Plaza de España.

c) Pídales a sus alumnos que le digan otras dos o tres frases en voz alta. Si son correctas, las escribe en la pizarra. A continuación, cada pareja escribe las frases.

---

3 **gente de vacaciones** ◆ FORMAS Y RECURSOS

3-6 **Un típico pueblo español**
Mira la imagen y lee el texto. ¿Sabes qué nombre tiene cada lugar? Lee la descripción y escríbelo en el recuadro correspondiente.

En un pueblo español suele haber una calle que se llama Calle Mayor y una plaza que se llama Plaza de España. En el centro, generalmente en la Plaza de España, están el ayuntamiento y la iglesia. En casi todos los pueblos hay escuela y oficina de correos, pero no todos tienen estación de ferrocarril o farmacia; actualmente en casi todos hay también una oficina de una Caja de Ahorros o un banco, y un ambulatorio de la seguridad social. Y siempre hay un bar o una cafetería (o más).

3-7 **¿Quién puede escribir más frases?**
Trabajen en parejas: escriban frases sobre el pueblo del dibujo. Sólo valen las frases ciertas y correctas. La pareja que más frases escriba, gana.

3-8 **¿Qué hay en el pueblo?**
Habla con tu compañero/a sobre el dibujo. Puedes hacerle preguntas como éstas:

EJEMPLO:
• ¿Hay supermercado en el pueblo?
• ¿Cuántas farmacias hay en el pueblo?
• ¿Cuántos bares hay?
• ¿Dónde está la escuela?

QUÉ HAY Y DÓNDE ESTÁ

En el pueblo **hay** un supermercado.

El supermercado **está** en la Calle Mayor.

La iglesia y el ayuntamiento **están** en el centro.

	ESTAR
(yo)	estoy
(tú)	estás
(él, ella, usted)	está
(nosotros, nosotras)	estamos
(vosotros, vosotras)	estáis
(ellos, ellas, ustedes)	están

¿Dónde está la oficina de turismo?
En el ayuntamiento.

¿Hay una farmacia por aquí?
Sí, en la Plaza Mayor.

HAY

	Singular
HAY	Hay una farmacia. No hay escuela.
	Plural
	Hay dos farmacias. Hay varias farmacias.

Y, NI, TAMBIÉN, TAMPOCO

En el pueblo **hay** un hotel **y** dos bares.
También hay un casino.

En el pueblo **no hay** cine **ni** teatro.
Tampoco hay farmacia.

YO/A MÍ: DOS CLASES DE VERBOS

QUERER

(yo)	quiero
(tú)	quieres
(él, ella, usted)	quiere
(nosotros, nosotras)	queremos
(vosotros, vosotras)	queréis
(ellos, ellas, ustedes)	quieren

GUSTAR

(a mí)	me gusta
(a ti)	te gusta
(a él, ella, usted)	le gusta
(a nosotros, nosotras)	nos gusta
(a vosotros, vosotras)	os gusta
(a ellos, ellas, ustedes)	les gusta

Me gusta { viajar en tren.
          { este pueblo.

Me gustan los pueblos pequeños.

3-9 Tu barrio
Anota en una lista las cosas que hay en tu barrio y las que no hay; luego, explícaselo a tus compañeros/as.

 Hay: - 2 bares
      - 3 farmacias
No hay: - parques
        - cines

EJEMPLO:
● En mi barrio hay dos bares y tres farmacias. Pero no hay parques ni cines.

3-10 Las vacaciones de tus compañeros/as
Haz una lista con las cosas y servicios que hay en el lugar de vacaciones de uno/a de tus compañeros/as.

EJEMPLO:

● ¿Dónde pasas normalmente tus vacaciones?
○ En un camping, en Mallorca.
● ¿Hay pistas de tenis?
○ Sí.
● ¿Y piscina? ¿Hay piscina?
○ No, piscina no hay.

hotel
apartamento
camping

piscina	pista de tenis
sauna	discoteca
supermercado	peluquería

3-11 Gente joven de vacaciones
Estos amigos están hablando de las vacaciones. Coinciden bastante en sus gustos. Antes de escucharlos, imagínate lo que les gusta:

■ ¿Ir a otros países? ¿Conocer gente?
■ ¿Ir solos o en viajes organizados? ¿A hoteles, a albergues, a campings...?

EJEMPLO:

● Normalmente les gusta ir a campings.
○ Sí, no les gustan los viajes organizados.

Ahora, escucha la grabación. Compara lo que dicen con tu respuesta. ¿Qué razones dan estos amigos para justificar sus preferencias?

3-12 Describe
Describe ahora tus gustos respecto a estos temas. Usa **me interesa/n, no me interesa/n, me encanta/n, me gusta/n mucho, no me gusta/n nada**, etc.

viajar en moto   los restaurantes chinos   leer poesía   el jazz

las discotecas   las playas desiertas   la política

Bach y Vivaldi   aprender idiomas   el cine americano   trabajar

jugar al rugby   la historia de España   la televisión

41

Sugerencias para la actividad 3–9
Puede pedirles a sus alumnos que produzcan frases con más datos y que las unan con también/tampoco, según proceda.

Sugerencias para la actividad 3–10
Los establecimientos están en el globo azul, y los servicios en el cuadro.
El esquema conversacional contiene recursos y expresiones frecuentes en la interacción oral (orden de la frase, repeticiones, etc.):
¿Y piscina? ¿Hay piscina?
No, piscina no hay.

Sugerencias para la actividad 3–11
La grabación es una conversación espontánea, por lo que sus alumnos no podrán entenderlo todo, pero sí lo suficiente para realizar la actividad. De hecho, en el ejercicio se presentan muestras de lengua que los alumnos podrán reconocer cuando las oigan: ir a otros países, conocer gente, ir solos, ir en viajes organizados, ir a hoteles, a albergues, a campings...

Respuestas para la actividad 3–11

Preferencias	Razones
Les gusta conocer a la gente del lugar.	Para conocer otras maneras de ser.
No les gustan los viajes organizados.	Para conocer la cultura de esa gente. Porque no pueden ir solos y tienen que ir siempre con la misma gente.

41

Sugerencias para la actividad 3–13

Déles a sus alumnos tiempo de preparar individualmente su exposición.

Cuando hayan finalizado la fase de exposición, introduzca la formación de grupos eligiendo al azar a uno de los últimos alumnos en hablar y preguntándole:

¿Con quién puedes formar grupo? ¿Por qué?

Con varias de estas preguntas, tendrá la base para la distribución de alumnos en grupos, 3 ó 4 personas por grupo es el número ideal.

Antes de realizar la exposición pública de sus preferencias, puede ser útil que practiquen en pequeños grupos las frases que van a decir.

Sugerencias para la actividad 3–14

Empiece con una actividad de comprensión lectora individual, guiando la lectura de los dos textos mediante preguntas relativas a su contenido, como por ejemplo:

¿Dónde está Morillo de Tou? ¿Qué podemos hacer si vamos de vacaciones allí? ¿Cómo podemos llegar hasta allí?

¿Qué podemos hacer si vamos a Cancún? ¿Dónde podemos alojarnos? ¿Cómo podemos llegar hasta allí?

Cada uno de los grupos, ya formados, debe realizar dos actividades sucesivas:

a) Elegir entre Cancún y Morillo de Tou. Para eso deben leer los textos de los dos anuncios y tomar una decisión personal. Luego, toman una decisión en grupo utilizando las muestras de conversación que se presentan en el libro.

b) Decidir acerca de fechas, alojamiento y actividades. Para ello utilizarán las muestras que se ofrecen en el recuadro "Les será útil".

Información para la actividad 3–14

CC.OO. son las siglas del sindicato Comisiones Obreras.

En la provincia de Huesca, al norte de Zaragoza, existen muchos pequeños pueblos que, durante la segunda mitad de este siglo, se despoblaron por la emigración de sus habitantes a zonas urbanas. Morillo de Tou es uno de ellos.

 gente de vacaciones ◆ TAREAS

3-13 Vacaciones en grupo
Marca tus preferencias entre las siguientes posibilidades.

Viaje: ☐ en coche particular
☐ en tren
☐ en avión
☐ en autostop

Alojamiento: ☐ hotel
☐ camping
☐ caravana
☐ albergue de juventud

Lugar: ☐ playa
☐ montaña
☐ campo
☐ ciudad

Intereses: ☐ naturaleza
☐ deportes
☐ monumentos
☐ museos y cultura

Formula tus preferencias:

EJEMPLO:

● A mí me interesan los museos y la cultura. Por eso quiero ir a visitar una ciudad. Quiero ir en coche particular y alojarme en un hotel.

Escucha lo que dicen tus compañeros/as. Anota los nombres de los que tienen preferencias más próximas a las tuyas.

3-14 Morillo de Tou o Yucatán
En primer lugar, formen grupos según los resultados del ejercicio anterior. Para sus vacaciones en grupo, pueden elegir una de estas dos opciones. Lean los anuncios.

CENTRO DE VACACIONES
Morillo de Tou
(España)

Pueblo del siglo XVIII, abandonado en los años 60 y rehabilitado en los 80 por la Comunidad de Aragón.

Instalaciones: centro social, en la antigua iglesia del pueblo (gótico cisterciense, restaurada), bar-restaurante, piscina, 4 posibilidades de alojamiento: camping con caravanas, albergues-residencia, casas de pueblo rehabilitadas para alojamiento y hostal.

A 4 Km., la ciudad de Aínsa, conjunto histórico-artístico: castillo, murallas, iglesia románica del s. XII.

A 50 Km., el Parque Nacional de Ordesa: deportes de montaña y esquí.

Sugerencias para la actividad 3–15

Los alumnos, en grupos, completan el esquema según sus preferencias.

Luego, un portavoz del grupo explica ante la clase el plan de viaje. Seguidamente, diferentes alumnos exponen las distintas partes del plan.

El esquema les sirve para su exposición oral pública. Lo ideal es que sean capaces de realizarla sin leerlo, pero puede servirles de apoyo.

Playas de Cancún
(México)

Un fabuloso y exótico viaje de tres semanas a la península de Yucatán.

Vuelo en Aeroméxico, Madrid-México D.F.- Cancún. Alojamiento en Cancún: apartamentos u hotel con instalaciones deportivas. Visita a los monumentos de la cultura maya (siglos VI-X de nuestra era): Pirámide de El Castillo, Observatorio astronómico de El Caracol, Pirámide de El Adivino.

Información de interés:
La península de Yucatán está en el Sur de México. El clima es semitropical. Entre junio y septiembre, las lluvias intermitentes provocan un calor húmedo. Temperaturas entre 20 y 28 grados en enero, y entre 24 y 33 en agosto. Las carreteras entre las playas turísticas y los monumentos mayas son buenas, y el viaje es rápido. Los hoteles y muchas agencias organizan excursiones a estos lugares, pero también es posible alquilar un coche, por unos 65 dólares EE.UU. diarios.

LES SERÁ ÚTIL...

• Yo prefiero ir en junio, porque hago mis vacaciones en verano.
○ Yo, en diciembre.

• A mí me gusta más ir a un camping.
○ Yo prefiero un hotel.

• Yo quiero { practicar deportes de montaña.
alquilar un coche y hacer una excursión. }

PreferIR	
(yo)	prefiero
(tú)	prefieres
(él, ella, usted)	prefiere
(nosotros, nosotras)	preferimos
(vosotros, vosotras)	preferís
(ellos, ellas, ustedes)	prefieren

Preferir como querer son irregulares: e / ie.

EJEMPLO:
• Yo prefiero el viaje a México. Me interesan mucho los monumentos de la cultura maya.
○ A mí, no. Yo prefiero ir a Morillo de Tou.
■ Yo también prefiero México.
○ Bueno, pues vamos a México.
□ De acuerdo. Vamos a México.

ENERO FEBRERO MARZO ABRIL MAYO JUNIO JULIO AGOSTO SEPTIEMBRE OCTUBRE NOVIEMBRE DICIEMBRE

Deben ponerse de acuerdo sobre:
■ las fechas,
■ el alojamiento,
■ las actividades.

3–15 **El plan de cada grupo**
Cada grupo explica a la clase la opción que ha elegido y las razones de su elección.

Nuestro plan es	ir a _____
	salir el día _____ y regresar el día _____
Queremos	alojarnos en _____
	pasar un día / X días en _____
Preferimos	visitar / estar en _____
... porque	a _____ le gusta/interesa mucho visitar _____
	nos gusta/interesa _____

3-16 Una agencia de publicidad ha elaborado este anuncio. Escúchalo y léelo.

VEN A CONOCER CASTILLA Y LEÓN

Sus ciudades, llenas de historia y de arte: Ávila y sus murallas, Salamanca y su universidad, Segovia y su acueducto; León, Burgos: sus catedrales góticas. Ven a pasear por sus calles y visitar sus museos.

El campo castellano: la Ruta del Duero, el Camino de Santiago. Sus castillos: Peñafiel, La Mota. Sus monasterios: Silos, Las Huelgas. Pueblos para vivir y para descansar.

Castilla y su gente: ven a conocernos.

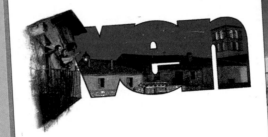

Ven a conocer Castilla y León

Elaboren en grupos anuncios parecidos a éste sobre sus ciudades. Escriban el texto y el eslogan, y piensen qué imágenes pueden utilizar. Luego, seleccionen el que más les guste.

3-17 Uno de ustedes debe elegir un nombre que figure en el mapa y preguntar dónde está. Si alguien lo sabe, gana un punto. Al final gana quien más puntos ha obtenido. Si los compañeros/as no lo encuentran, da pistas como:

Es:	un río.	Está:	al Norte.	Está:	cerca de...
	un lago.		al Sur.		lejos de...
	una ciudad.		al Este.		
	una montaña.		al Oeste.		
	una isla.		en el centro.		

VEN A CONOCER LATINOAMÉRICA

EJEMPLO:
● ¿Dónde está Maracaibo?
○ En Venezuela, cerca de Colombia.

45

Sugerencia para la actividad 3–17

La selección de nombres propios se ha realizado de forma arbitraria. Existen algunos de muy relativa importancia, pero son necesarios para darle aliciente al juego: si todos fueran muy conocidos no habría posibilidad de jugar.

Los nombres de accidentes geográficos son nuevos (*río, lago, montaña, isla...*) así como los puntos cardinales (*Norte, Sur, Este, Oeste*).

Respuestas a la actividad 3–18

La isla del encanto = Puerto Rico

La perla del Caribe = Cuba

La costa del Sol = España

La tierra del fuego = Chile

3

mi *gente* Puerto Rico

ESTRATEGIAS DE LECTURA:

El contexto

When you see an unfamiliar word, whose meaning you are unsure of, look at the surrounding words for contextual clues.

1. Look for definitions, synonyms, or explanations. These generally appear very close to the unfamiliar word and sometimes are very explicit.
2. Search for contrasting phrases and words of opposite meaning. These could be also found very close to the unfamiliar word.
3. Study the overall meaning of the sentence and try to substitute this word with other words or expressions you know.
4. Test the meaning you have guessed based on the context. Does it make sense?

For example, in the sentence "Puerto Rico le ofrece magníficas playas con bellas palmeras y con grandes **olas** para los amantes del surf," you probably do not know the meaning of the word **ola**. However, if you look at the surrounding words to search for cognates or other words, you will find: **playas**, **grandes**, **surf**. Because these words mean *beaches, big, surf,* you may have guessed (correctly) that **ola** means *wave.*

If you use this technique, soon you will realize you can understand more about the text than you probably thought you did!

 GENTE QUE LEE

ANTES DE LEER

3–18 **La isla del encanto**

Asocia estos lugares con sus definiciones para ver cuánto sabes.

1. Cuba	La Isla del Encanto
2. España	La perla del Caribe
3. Chile	La Costa del Sol
4. Puerto Rico	La Tierra del Fuego

Respuestas a la actividad 3–19

1. F
2. F
3. V
4. V
5. V

Respuestas a la actividad 3–20

Bahamas
Jamaica
Islas Caimanes
Islas Vírgenes
Barbados

3-19 **Nuestro vecino: Puerto Rico**
¿Cuáles de las siguientes afirmaciones son verdaderas (V) o falsas (F)? Habla con un/a compañero/a de clase y comprueba quién sabe más de esta isla vecina.

_____ Puerto Rico es un estado de los Estados Unidos.

_____ En Puerto Rico el clima es muy variado.

_____ La lengua oficial de Puerto Rico es el español.

_____ La capital de Puerto Rico es San Juan.

_____ El Yunque es un bosque de lluvia tropical.

_____ En el oeste de la isla se puede hacer surf.

3-20 **Un crucero por el Caribe**
¿Cuánto sabes de geografía? Pon una cruz (X) al lado de las islas que puedes visitar si haces un crucero por el Caribe desde Puerto Rico.

Bahamas	_____	Tahití	_____
Islas Canarias	_____	Jamaica	_____
Islas Caimanes	_____	Islas Baleares	_____
Islas Seychelles	_____	Islas Vírgenes	_____
Barbados	_____	Islas Malvinas	_____

A LEER

3-21 **A la vuelta de la esquina**

Respuestas a la actividad 3–22

1. En 1493
2. "Todas las islas son muy hermosas... pero ésta supera a las otras en belleza."
3. Por la belleza de Puerto Rico y su posición estratégica
4. La antigua Borinquen
5. San Juan
6. Con bellas palmeras que invitan al descanso y con grandes olas para los amantes del surf
7. En la montaña
8. Un Puerto Rico histórico y cultural un Puerto Rico natural
9. Entre el Atlántico y el Caribe, a la vuelta de la esquina
10. Turístico

3 gente de vacaciones ◆ MI GENTE

Tus amigos y tú tienen vacaciones de primavera (*spring break*) y necesitan un descanso. Todos quieren ir a Puerto Rico, pero tú no estás muy seguro/a y prefieres ir a Cancún. Tus amigos te muestran este folleto (*brochure*) para convencerte de que Puerto Rico es la mejor opción. Lee la información para conocer más cosas sobre la isla y luego decide si vas con tus amigos o no.

¿QUIERE CONOCER EL ENCANTO?

VENGA A PUERTO RICO, CONOZCA PUERTO RICO, SIENTA PUERTO RICO SÓLO... EN PUERTO RICO

Cuando Cristóbal Colón llega a Puerto Rico en 1493 escribe en su cuaderno de viaje "Todas las islas son muy hermosas... pero ésta supera a las otras en belleza". La belleza de Puerto Rico y su posición estratégica hacen que la isla sea un atractivo hoy después de muchos siglos.

La antigua Borinquen no es muy conocida porque todos los visitantes se quedan en San Juan, la capital, y en las playas cercanas. Sin embargo, en la isla hay encantos para todas las personas y para todos los gustos. Si le gustan los conventos, las catedrales, los fuertes, los museos, las playas, la naturaleza, los deportes, la música y la gastronomía, todo esto está en Puerto Rico.

Sus costas están divididas entre el Atlántico y el Caribe y ofrecen magníficas playas con bellas palmeras que invitan al descanso y con grandes olas para los amantes del surf. Si prefiere la montaña, la parte interior de la isla le ofrece bosques tropicales y caminos para hacer senderismo.

¡Anímese, Puerto Rico tiene de todo! Entre sus opciones usted puede elegir entre un Puerto Rico histórico y cultural, un Puerto Rico natural... pero además puede descubrir un país moderno y cosmopolita, con folclore, excelente gastronomía, intensa vida nocturna y mucho más. ¡VENGA!

PUERTO RICO ESTÁ...
A LA VUELTA DE LA ESQUINA

DESPUÉS DE LEER

3-22 ¿Comprendes?

Contesta las preguntas siguientes según el texto que acabas de leer.

1. ¿En que año llegó Cristóbal Colón a Puerto Rico?
2. ¿Qué escribe sobre esta isla?
3. ¿Por qué es tan atractiva?
4. ¿Cuál es el nombre antiguo de Puerto Rico?
5. ¿Cuál es la capital de Puerto Rico?
6. ¿Qué tipo de playas se pueden encontrar en la isla?
7. ¿Dónde se puede hacer senderismo?
8. ¿Cuáles son las opciones que ofrece Puerto Rico? ¿Cuántos tipos de Puerto Rico hay?
9. ¿Dónde está Puerto Rico?
10. ¿Qué tipo de texto es éste: histórico, turístico, editorial?

GENTE QUE ESCRIBE

3-23 **Agencia de viajes "El coquí"**
Estás trabajando en una agencia de viajes y tienes que preparar información
sobre varios lugares turísticos para tus clientes.

ANTES DE ESCRIBIR

1. Piensa en varios lugares turísticos y haz una lista.

2. Elige uno de esos lugares y prepara un folleto para tu agencia de viajes.
   Antes de empezar, ten en cuenta:

- A quién va dirigido el folleto (a personas mayores, a jóvenes, a familias, a estudiantes, etc.)

- Dónde está situado este lugar

- El tiempo que hace en las diferentes épocas del año

- Los diferentes medios de transporte para llegar allí

- Los deportes y actividades que se pueden hacer en este lugar

- La razón por la que deben viajar a este lugar

- Algún dato curioso e interesante sobre este lugar

A ESCRIBIR

Prepara un folleto de unas 70 palabras en el que describes el lugar ideal
para unas vacaciones.

DESPUÉS DE ESCRIBIR

Revisa tu primer borrador y comprueba:

CONTENIDO

- ¿Te gusta?

- ¿Necesitas incluir algo más?

- ¿Está bien organizado?

GRAMÁTICA Y VOCABULARIO

- ¿Hay errores?

- ¿Has usado gramática y vocabulario de este capítulo?

Pasa tu texto a tu compañero/a y pídele sugerencias.

Por último, pasa a limpio tu texto y entrégaselo a tu profesor/a.

(www) **GENTE EN LA RED**

3-24 **¿Puerto Rico o...?**
Todavía no estás muy seguro/a de si Puerto Rico es el lugar dónde quieres ir de vacaciones. Necesitas ver más fotografías para convencerte.

ANTES DE NAVEGAR

Piensa en algunos monumentos, lugares o edificios que te gustaría visitar y haz una lista. Además de esta lista, prepara otra con algunos deportes que te gustaría practicar. Por último, prepara una agenda con las actividades para cada día.

A NAVEGAR

Ve a la red (*www.prenhall.com/gente*) y visita virtualmente la isla del encanto para ver si quieres ir a Puerto Rico.

VOCABULARIO

Los medios de transporte y los servicios públicos

ir a pie	to go on foot, walk
(el) autobús, autocar	bus
(el) avión	plane
(el) barco	boat
(la) bicicleta	bicycle
(el) coche	car
(la) moto	motorcycle

Los lugares de interés

(la) avenida	avenue
(el) barrio	neighborhood
(la) calle	street
(el) camino	path
(la) carretera	road
(el) centro	city center, downtown
(la) plaza	square
(el) ayuntamiento	city hall
(la) caja de ahorros	savings bank
(el) campo	countryside
(la) escuela	school
(la) estación (FF.CC.)	train station

(la) iglesia	church
(el) jardín	garden
(el) lago	lake
(el) mar	sea
(la) montaña	mountain
(la) oficina de correos	post office
(la) oficina de turismo	visitor center
(el) parque	park
(la) piscina	swimming pool
(la) plaza de toros	bullfight ring
(el) polideportivo	sports hall
(el) pueblo	town
(el) río	river

Las actividades en las vacaciones

alquilar un coche	to rent a car
dar un paseo	to take a walk
hacer autostop	to hitch-hike
hacer un viaje	to travel
hacer una excursión	to go on a trip; to take a tour
ir a conciertos	to go to concerts
tomar el sol	to sunbathe

Las estaciones y los meses del año

(la) primavera	*spring*
(el) verano	*summer*
(el) otoño	*fall*
(el) invierno	*winter*
enero	*January*
febrero	*February*
marzo	*March*
abril	*April*
mayo	*May*
junio	*June*
julio	*July*
agosto	*August*
septiembre	*September*
octubre	*October*
noviembre	*November*
diciembre	*December*

Para expresar gustos y preferencias

me interesa(n)	*I am interested in …*
no me interesa(n)	*I am not interested in …*
me gusta(n)...	*I like …*
no me gusta(n)	*I do not like …*
(la) elección	*choice*
(el) gusto	*taste*
(la) preferencia	*preference*

Para hablar sobre lugares y viajes

(un/a) compañero/a de viaje	*fellow traveler*
(un/a) guía	*guide*
(el) alojamiento	*accommodation*
(el) servicio	*service*
(la) entrada	*entrance*
(la) ida	*one way trip*
ida y vuelta	*round trip*
cerca (de)	*close, next to*
lejos (de)	*far (from)*
antiguo/a	*old*
artístico/a	*artistic*
exótico/a	*exotic*
fabuloso/a	*fabulous*
húmedo/a	*humid*
lleno/a	*full*
seco/a	*dry*
tranquilo/a	*calm*

Otras palabras y expresiones útiles

actualmente	*at present*
en realidad	*actually*
generalmente	*generally*
de acuerdo	*in agreement*
con	*with*
en primer lugar	*first*
¡Enhorabuena!	*Congratulations!*
preparado/a	*ready*
querido/a	*dear*
solo/a	*alone*

Verbos

alojarse	*to lodge*
alquilar	*to rent*
descansar	*to rest*
elegir	*to choose*
encontrar (ue)	*to find*
ganar	*to win*
llamar	*to call*
pasear	*to walk*
querer (ie)	*to want*
salir	*to go out*
utilizar	*to use*
venir	*to come*
viajar	*to travel*
visitar	*to visit*

Vamos a buscar regalos adecuados para algunas personas. En este capítulo vamos a aprender a:

✔ describir y valorar objetos,
✔ ir de compras.

gente **de compras**

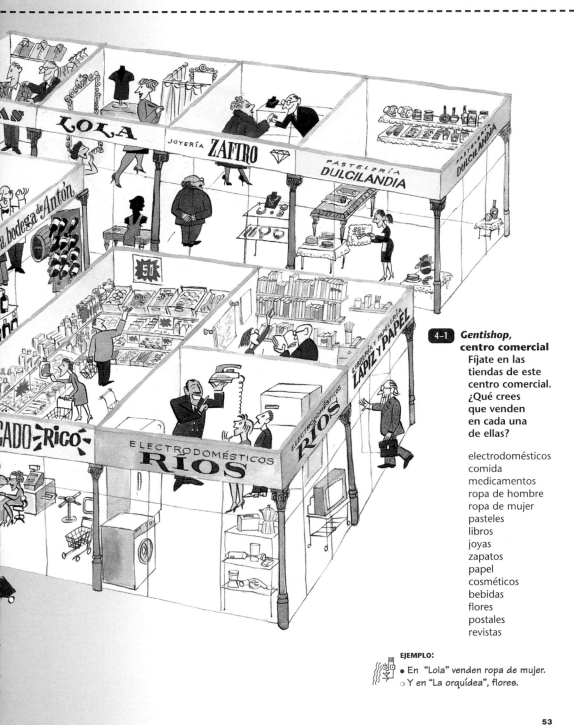

4-1 **Gentishop, centro comercial**
Fíjate en las tiendas de este centro comercial. ¿Qué crees que venden en cada una de ellas?

electrodomésticos
comida
medicamentos
ropa de hombre
ropa de mujer
pasteles
libros
joyas
zapatos
papel
cosméticos
bebidas
flores
postales
revistas

EJEMPLO:
● En "Lola" venden ropa de mujer.
○ Y en "La orquídea", flores.

Sugerencia para la actividad 4–1
La lista de palabras que aparece aquí no recoge todos los artículos que se ven, sirve sólo como una primera introducción al vocabulario relacionado con las compras. Si los alumnos quieren saber más, pídales que intenten describir el objeto y entonces usted les dará la palabra.

Sugerencia para la actividad 4–1
Comience con una actividad conjunta en la que usted hace preguntas sobre las palabras más fáciles de comprender. Por ejemplo, *¿dónde venden vino? ¿dónde venden medicinas? ¿qué venden en la librería?*

Expansión para la actividad 4–1
En parejas, pida a los estudiantes que añadan más objetos a las tiendas. Para esto pueden usar el diccionario, lo cual será una buena ocasión para enseñarles a usarlo correctamente.

Sugerencia para la actividad 4–2

Explique a sus estudiantes que la mayoría de las tiendas en español forman el nombre tomando el producto que venden y añadiendo el sufijo -ía. Por ejemplo, zapatos → **zapatería**, libros → **librería**, pan → **panadería**, flores → **floristería**, etc. Pídales que, aplicando esta regla, preparen una lista con otros nombres de tiendas. Usted puede escribir una lista en la pizarra y aprovechar la ocasión para presentar las excepciones (bodega, farmacia, etc.)

Respuestas para la actividad 4–2

2 botellas de cava
   a un supermercado o a una bodega

americana
   a una tienda de ropa de hombre

espuma de afeitar
   a una perfumería

aspirinas
   a una farmacia

desodorante
   a una perfumería

pilas
   a un supermercado

cinta de vídeo
   a una tienda de electrodomésticos

comida para el gato
   a un supermercado

calcetines
   a una tienda de ropa de hombre o de mujer

sobres
   a una papelería

periódico
   a un quiosco

regalo para Lidia
- un pañuelo:
   a una tienda de ropa de mujer
- un reloj:
   a una joyería

pastel de cumpleaños
   a una pastelería

flores
   a una floristería

Expansión para la actividad 4–2

Pídales a los estudiantes que observen las listas y de acuerdo con lo que cada una de estas personas tiene que comprar hagan una pequeña descripción de la personalidad de cada una de ellas.

Sugerencia para la actividad 4–4

Aproveche esta ocasión para explicar a sus estudiantes que, en España, *espuma de afeitar*, *jabón*, *champú* y otros productos para el aseo o el baño se venden en las perfumerías y no en las farmacias como en los Estados Unidos.

54

---

 gente de compras ◆ **CONTEXTOS**

4–2 **La lista de Daniel**

Daniel tiene que hacer muchas compras y va al centro comercial *Gentishop*. Además, Lidia, su novia, cumple 30 años y él quiere darle una sorpresa. Lleva una lista para no olvidar nada.
¿A qué tiendas tiene que ir Daniel? Señálalo con una cruz (X).

- ☐ a una librería
- ☐ a una perfumería
- ☐ a una papelería
- ☐ a un quiosco
- ☐ a un supermercado
- ☐ a una tienda de ropa de hombre
- ☐ a una tienda de ropa de mujer
- ☐ a una tienda de deportes
- ☐ a una bodega
- ☐ a una farmacia
- ☐ a una pastelería
- ☐ a una joyería
- ☐ a una floristería²
- ☐ a una tienda de electrodomésticos
- ☐ a una tienda de muebles

> 2 botellas de cava
> americana¹
> espuma de afeitar
> aspirinas
> desodorante
> pilas
> cinta de vídeo
> comida para el gato
> calcetines
> sobres
> periódico
> regalo para Lidia
> (¿un pañuelo? ¿un reloj?)
> pastel de cumpleaños
> flores

4–3 **Tu lista**

¿Y tú? ¿Tienes que comprar algo hoy o mañana? Haz una lista. Puedes usar el diccionario o preguntar al/a la profesor/a.

4–4 **Tus tiendas**

¿En qué tiendas de *Gentishop* puedes hacer tus compras? Explícalo a tus compañeros/as.

 EJEMPLO:

- Yo tengo que ir a la farmacia. Necesito aspirinas.

---

¹ **Americana** es el término usado en España para *jacket*. Sin embargo, la palabra más común es **chaqueta**. En algunas partes de Latinoamérica se llama **saco**.
² Otra palabra es *florería*.

Sugerencia para la actividad 4–4

Para el último paso de la actividad puede proponer a sus estudiantes que además de decir a qué tipo de tienda tienen que ir, especifiquen el nombre del establecimiento.

4-5 Las compras de Daniel

A veces comprar no es nada fácil. Hay que buscar, elegir, pagar...
Hoy Daniel tiene algunos problemas.

Escucha las conversaciones y di en cuáles Daniel hace estas cosas.

Daniel: en las conversaciones nº...

- pregunta el precio
- busca un regalo para su novia
- se prueba una americana
- se compra algo para él
- va a pagar

Al final, Daniel compra todo esto:

```
* GENTISHOP *
Gracias por su visita
2 botellas de cava   ...........24 €.
americana............................90 €.
espuma de afeitar ...............2 €.
tubo de aspirinas ...................1 €.
bolsa de comida para gatos........22 €.
pastel de cumpleaños .............10 €.
1 orquídea.........................5 €.
reloj......................536 €.
```

4-6 El ticket de la compra

Ahora mira el ticket de la compra de Daniel.
¿Qué cosas te parecen caras o baratas?

EJEMPLO:
- La espuma es muy barata.
  ○ Sí, mucho.
  ■ En cambio, el reloj es un poco caro.
  ◆ Sí, un poco.

4-7 ¿Caro o barato?

Usa la tabla de cambio y prepara un ticket de compra, en dólares ($) para saber exactamente el precio de la compra de Daniel.

1 €. ≈ $0.86

55

Sugerencia para la actividad 4–5

Antes de escuchar las conversaciones, proponga a sus estudiantes que miren las imágenes y que imaginen qué ocurre en cada una de ellas.

Sugerencia para la actividad 4–5

Pídales a sus estudiantes que expliquen qué tipo de problemas tiene Daniel en cada viñeta y que digan en qué tienda del centro comercial se encuentra.

Respuestas para la actividad 4–5

pregunta el precio
   en la conversación nº1

busca un regalo para su novia
   en las conversaciones nº1 y 2

se prueba una americana
   en la conversación nº3

se compra algo para él
   en las conversaciones nº 3 y 5

va a pagar
   en la conversación nº 6

Explíqueles a sus estudiantes que el *euro* es la nueva moneda única europea que es efectiva desde enero de 2002.

Expansión para la actividad 4–8

En grupos de 4 estudiantes asigne el papel de Daniel a uno de ellos y otros 3 harán el papel de empleados. Para ampliar el ejercicio, Daniel irá preguntando el precio (en dólares, en euros, en pesetas, etc.) y el color de algunas cosas adicionales para completar su lista. Puede hacer un concurso para ver qué grupo ha sido el más creativo.

 gente de compras ◆ FORMAS Y RECURSOS

4-8 **¿Tienes ordenador?**
Arturo es el típico "consumista". Le gusta mucho comprar y tiene todas estas cosas. ¿Y tú? Señala cuáles de estas cosas no tienes.

ordenador	bicicleta	microondas
lavavajillas[3]	tienda de campaña	esquís
cámara de vídeo	moto	lavadora
CD-ROM	patines	teléfono móvil[4]

¿Necesitas alguna de estas cosas? Coméntalo con tus compañeros/as.

 EJEMPLO:

- Yo no tengo ordenador pero quiero comprarme uno.
- Yo sí tengo ordenador.
- Yo también.

4-9 **¿Éste?**
Con un compañero/a, piensen cómo es su profesor/a y elijan uno de estos relojes para él/ella. Después expliquen su selección.

 EJEMPLO:

- ¿Éste?
- No, tiene colores muy vivos y el profesor es muy clásico.
- ¿Qué tal éste otro?
- ¡No...!
- Pues éste.
- ¡Sí, es perfecto!

4-10 **Objetos**
Algunas personas están hablando de unos calcetines, una chaqueta, unas botellas de cava y un perfume. Escribe cada cosa en el lugar correspondiente.

CUANDO DICEN:	ESTÁN HABLANDO DE:
Éste es un poco fuerte, ¿no?	_____
A mí me gusta ésta.	_____
Éstas son muy caras.	_____
Y éstos, ¿cuánto valen?	_____

[3] **Lavavajillas** es la palabra usada en España para **lavaplatos**.
[4] **Teléfono móvil** es el equivalente a **teléfono celular**, usado en Hispanoamérica y en Estados Unidos por influencia del inglés.

TENER

(yo)	tengo
(tú)	tienes
(él, ella, usted)	tiene
(nosotros, nosotras)	tenemos
(vosotros, vosotras)	tenéis
(ellos, ellas, ustedes)	tienen

- ¿Tienes coche?
- Sí, tengo un BMW.

¿Tienes coche?

No, no tengo.

DEMOSTRATIVOS

Mencionamos el nombre del objeto:
este jersey
esta cámara
estos discos
estas camisetas

Señalamos con referencia a su nombre:
éste
ésta
éstos
éstas

Señalamos sin referencia a su nombre:
esto

Me gustan estos pantalones.

¿Éstos?

DE 100 A 1.000

100 - cien
200 - doscientos/as
300 - trescientos/as
400 - cuatrocientos/as
500 - quinientos/as
600 - seiscientos/as
700 - setecientos/as
800 - ochocientos/as
900 - novecientos/as
1.000 - mil

MONEDAS Y PRECIOS

un dólar	un euro
un peso	una libra
un colón	una corona

● ¿Cuánto **cuesta** esta camisa?
○ Cincuenta libras.

● ¿Cuánto **cuestan** estos zapatos?
○ Doscientos euros.

NECESIDAD U OBLIGACIÓN

TENER	QUE	Infinitivo
Tengo		ir de compras.
Tienes	que	llevar corbata.
Tiene		trabajar.

COLORES

blanco/a	azul	verde
amarillo/a	gris	rosa
rojo/a	marrón	naranja
negro/a		

UN/UNA/UNO

Primera mención:

● Quiero { un libro.
una cámara.
unos esquís.
unas botas.

Ya sabemos a qué nombre nos referimos:

○ Yo también quiero { uno.
una.
unos.
unas.

FORMAS Y RECURSOS ◆ **gente de compras** 4

4-11 Cien mil millones
Fíjate en esta serie del 3. Cada pareja hace una serie con otro número. Después, la lee y el resto de la clase la escribe.

3	tres
33	treinta **y** tres
333	tres**cientos** treinta **y** tres
3.333	tres **mil** tres**cientos** treinta **y** tres
33.333	treinta **y** tres **mil** tres**cientos** treinta **y** tres
333.333	tres**cientos** treinta **y** tres **mil** tres**cientos** treinta **y** tres
3.333.333	tres **millones** tres**cientos** treinta y tres **mil** tres**cientos** treinta **y** tres

4-12 ¿Cuánto cuesta?
Tu profesor/a va a leer algunos de estos precios. Trata de identificarlos y señálalos con una cruz.

☐ 58 dólares	☐ 29 euros	☐ 70 dólares
☐ 4.246 pesos	☐ 28 dólares	☐ 30.706 euros
☐ 892 euros	☐ 14.624 pesos	☐ 37.630 dólares
☐ 1.400 euros	☐ 111 libras	☐ 14.000 libras

4-13 Cosas y colores
¿Qué cosas relacionas con cada color? Utiliza el diccionario si lo necesitas.

COSAS AZULES	COSAS NEGRAS	COSAS BLANCAS	COSAS VERDES
El mar			
Unos vaqueros⁵			

COSAS MARRONES	COSAS AMARILLAS	COSAS ROJAS	COSAS ROSAS

Después compara tus respuestas con las de tu compañero/a para ver cuántas tienen en común.

⁵ **Vaqueros** es la palabra que se usa en España para *jeans*.

Sugerencia para la actividad 4–11

Haga que sus alumnos lean las cantidades cambiando el género. Por ejemplo, *botellas*: *trescientas treinta y tres botellas*; *relojes*: *trescientos treinta y tres relojes*, etc.

Expansión para la actividad 4–12

Cuando usted haya terminado de leer algunas de las cantidades, pida a sus estudiantes que escriban una lista con algunas cantidades y se la lean a sus compañeros.

Sugerencia para la actividad 4–12

Realice la misma actividad con cualquier tipo de imagen (obtenida de catálogos o revistas, por ejemplo) o con objetos presentes en la propia clase (bolsos, chaquetas, etc.).

Sugerencia para la actividad 4–14

Puede ampliar o adaptar la lista con objetos que tengan sus alumnos/as en clase.

4 gente de compras ◆ FORMAS Y RECURSOS

4-14 Ropa adecuada

Estas personas van a diferentes sitios. ¿Qué crees que tienen que ponerse? Escríbelo y luego discútelo con tus compañeros/as.

MARÍA
Va a una reunión de trabajo.

PABLO
Va a una discoteca.

JUAN
Va a casa de unos amigos en el campo.

ELISA
Va a un restaurante elegante.

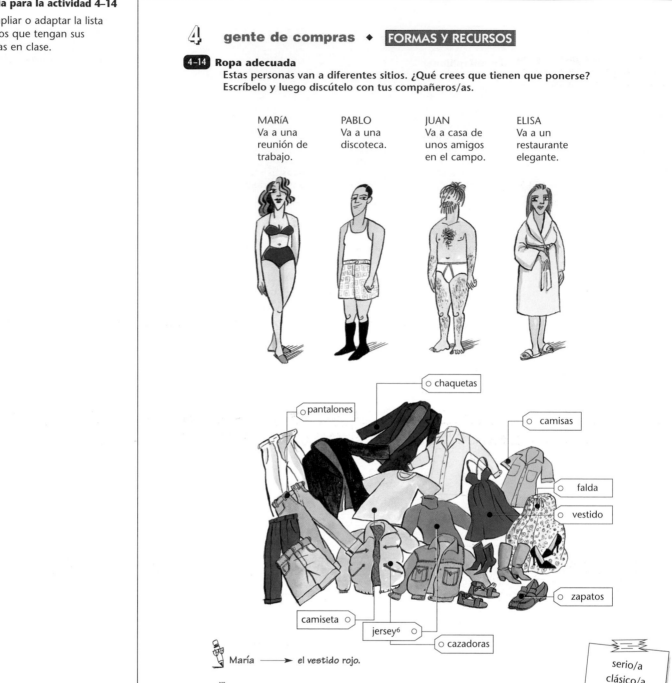

chaquetas

pantalones

camisas

falda

vestido

zapatos

camiseta

jersey⁶

cazadoras

María ——→ el vestido rojo.

EJEMPLO:

● Yo creo que María tiene que ponerse el vestido rojo.
○ No... Es demasiado elegante. Mejor unos pantalones.
■ Sí, mejor.

⁶ Otra palabra para **jersey** es **suéter**.

serio/a
clásico/a
informal
juvenil
elegante

4-15 **Colores e impresiones**

Estas cosas no tienen color, pero
seguro que a ti te sugieren uno.

El verano, lo veo _____

La primavera, _____

El otoño, _____

El invierno, _____

¿Y los diferentes días de la semana? ¿Ves
algunos días de un color especial? ¿Y los
meses del año? Escribe alguno de ellos.

El domingo, lo veo _____

El mes de julio, lo veo, _____

Comenta con tus compañeros/as tus
impresiones. Seguro que cada uno de
ustedes ve las cosas de diferente color.

4-16 **Descripciones**

Mira el dibujo y lee las informaciones. ¿A quién se refieren estas frases?
Ponte de acuerdo con tu compañero/a.

1. Lleva ropa muy juvenil. Hoy lleva una camiseta blanca y una falda azul y blanca.
   Y siempre, botas.
2. Le gusta la ropa clásica y elegante, pero cómoda. Hoy lleva una chaqueta y una
   falda marrones y unos zapatos de tacón, marrones también.
3. Le gusta la ropa informal. Lleva siempre pantalones vaqueros y camiseta blanca.
4. Siempre va muy elegante. Lleva pantalones grises, chaqueta azul, camisa blanca
   y pajarita.
5. Es muy clásico. Siempre con pantalones, chaleco y chaqueta.
6. Lleva un vestido largo azul y unos zapatos rojos.

Sugerencia para la actividad 4–15

Tenga presente que la percepción
es subjetiva. Sus estudiantes
pueden tener apreciaciones
diferentes sobre un mismo vestido
o un mismo acontecimiento. Lo
importante es que sus alumnos/as
sean conscientes de ello.

Expansión para la actividad 4–15

Una vez que los estudiantes hayan
comparado sus listas, pídales que
compartan con toda la clase lo que
tienen en común. A continuación
usted pondrá en la pizarra los
resultados para ver cuáles son las
asociaciones que la mayoría de la
clase tiene en común.

Expansión para la actividad 4–16

Proponga una actividad más
personalizada. En parejas, pida
que sus estudiantes se hagan
preguntas como las siguientes:
*¿Qué llevas normalmente cuando
vas a una discoteca/ un
restaurante/ una boda, etc.?*

Expansión para la actividad 4–17

Traiga un mapa a la clase y pídales a sus estudiantes que elijan un lugar al que les gustaría visitar y que no conocen todavía. En parejas, cada estudiante le dice el lugar ideal al otro y su compañero/a debe darle consejos sobre el equipaje que necesita para cada caso.

Sugerencia para la actividad 4–18

Realice la actividad en tres fases. En la primera, cada uno/a decide las cosas que puede aportar con el fin de practicar el vocabulario. En la segunda fase, los estudiantes trabajan en pequeños grupos para completar las dos primeras columnas: lo que se tiene y lo que se necesita. En la tercera fase, los estudiantes discuten cuánto quieren gastarse para cada cosa (tercera columna) y quién se encarga de comprarlo o de proporcionarlo (cuarta columna).

4 gente de compras ◆ TAREAS

4-17 **Ropa y viajes**

Otro/a estudiante y tú van a hacer un viaje a uno de los siguientes lugares.

- Unas vacaciones de dos semanas en Canadá en noviembre
- Un viaje de trabajo a Cuba
- Cuatro semanas en Argentina en diciembre
- Tres días en Caracas

Elijan uno de los viajes y decidan qué equipaje mínimo necesitan. Anoten la ropa que van a llevar y otros posibles objetos.

Den la lista a su profesor/a. Él/ella va a leer las listas de todos los grupos y ustedes tienen que adivinar (*to guess*) adónde van sus compañeros/as.

4-18 **Una fiesta**

Vamos a imaginar que la clase organiza una fiesta. Decidan en pequeños grupos qué tienen, qué necesitan, cuánto quieren gastar en cada cosa y quién se encarga de cada cosa. Pueden añadir otras cosas a la lista.

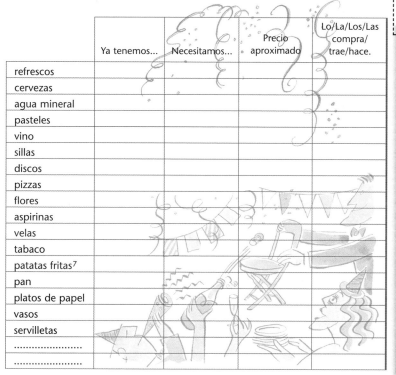

	Ya tenemos...	Necesitamos...	Precio aproximado	Lo/La/Los/Las compra/ trae/hace.
refrescos				
cervezas				
agua mineral				
pasteles				
vino				
sillas				
discos				
pizzas				
flores				
aspirinas				
velas				
tabaco				
patatas fritas[7]				
pan				
platos de papel				
vasos				
servilletas				
....				
....				

EJEMPLO:

- ¿Necesitamos sillas?
- No, yo tengo sillas.
- ¿Y platos de papel?

- Tampoco. Puedo traerlos yo.
- Vale.

[7] **Patatas** es el equivalente usado en España para **papas**.

LES SERÁ ÚTIL...

¿Quién puede traer...?

Yo puedo { traer flores.
hacer pizzas.
comprar cervezas.

No necesitamos velas.

PODER

(yo)	puedo
(tú)	puedes
(él, ella, usted)	puede
(nosotros, nosotras)	podemos
(vosotros, vosotras)	podéis
(ellos, ellas, ustedes)	pueden

PRONOMBRES OD Y OI

Pronombres Objeto Directo
lo   la   los   las

- Yo compro los platos.
- No, los platos **los** compro yo.

Pronombres Objeto Indirecto
le   les

- ¿Qué **les** compras a María y a Eduardo?
- A María **le** regalo una mochila, y a Eduardo **le** compro un disco.

TAREAS ◆ gente de compras 4

4-19 Premios para elegir
En un sorteo (*contest*) de la galería comercial *Gentishop* recibes tres premios (*prizes*). Puedes elegir entre estas cosas para ti o para un familiar o amigo/a. ¿Qué eliges? ¿Para quién? ¿Por qué? Explícaselo a tus compañeros/as.

EJEMPLO:
- Yo, el sofá y el teléfono móvil. El teléfono móvil para mi novio porque necesita uno...

LES SERÁ ÚTIL...

Yo quiero...

esto para
{ mí.
  mi mujer.
  mi novio.
  ... }

porque
{ necesita/o { uno/a.
  me/le gusta/n mucho. }

4-20 ¿Qué le regalamos?

Estos amigos buscan un regalo para alguien. Haz una lista con las cosas que proponen.

¿Qué crees que deciden comprar?

CONVERSACIÓN A

CONVERSACIÓN B

4-21 Felicidades
En parejas, tienen que elegir regalos de cumpleaños para cuatro compañeros/as de clase. Tienen que pensar también cuánto cuestan, más o menos.

EJEMPLO:

Nosotros le queremos comprar ___una chaqueta___ a ___Scott___
porque ___le gusta mucho la ropa___
Cuesta unos/unas ___120 dólares___

4-22 De compras
En parejas preparen una situación en la que uno/a es un/a vendedor/a y el/la otro/a un/a cliente. Decidan primero:

- El tipo de tienda (zapatería, floristería, joyería, etc.)
- Los productos que venden (zapatos, joyas, flores, etc.)
- Los precios (en dólares, en euros o en la moneda del país donde estén comprando)
- El lugar (centro comercial, tienda pequeña, mercado, etc.)
- Forma de pago (Visa, American Express, dinero en efectivo, etc.)
- Otras cosas

Después preparen su diálogo y representen la escena a la clase.

61

Respuestas para la actividad 4–20

Lista de cosas que proponen:
CONVERSACIÓN A: *un libro, un disco, un póster, una película de Woody Allen*
CONVERSACIÓN B: *un pañuelo, un peluche, un libro, zapatos, una bolsa*

¿Qué crees que deciden comprar?
CONVERSACIÓN A: *un póster*
CONVERSACIÓN B: *una bolsa grande*

Sugerencia para la actividad 4–20

Para realizar una actividad más interpretativa, pídales a sus estudiantes que imaginen cómo son los protagonistas de la situación en cada una de las dos conversaciones. Por ejemplo, puede preguntarles: *¿Para quién creen que compran un regalo? ¿Cómo creen que es esa persona? ¿Qué gustos tiene? ¿Qué relación tienen con ella las personas que hablan?*

Sugerencia para la actividad 4–21

Para averiguar si el regalo que han elegido sus estudiantes es adecuado o no dígales que se dirijan al/ a la destinatario/a y confirmen su elección con algunas preguntas. Por ejemplo, si el regalo que han pensado es una cámara fotográfica, la pregunta podría ser *¿te gusta hacer fotos?* Pídales a sus estudiantes el precio en euros y en dólares.

Para facilitar la tarea, escriba en la pizarra una lista de posibles regalos o traiga a la clase catálogos o fotografías de algunas revistas.

61

Sugerencia para la actividad 4–23

Explique a sus estudiantes que es costumbre decir a los niños que si se portan mal que los Reyes Magos les traerán carbón en lugar de juguetes. En realidad, en las pastelerías se puede adquirir un azúcar especial que imita al carbón para ponerlo al lado de los juguetes como una pequeña broma. Dígales también que la imagen muestra a un paje real que suele instalarse en las principales ciudades en la víspera del 6 de enero para que los niños le entreguen sus cartas.

Sugerencia para la actividad 4–23

Puede pedirles a sus estudiantes que siguiendo el texto escrito introduzcan las modificaciones necesarias para informar sobre los regalos de Navidad en su país.

FELIZ NAVIDAD

Cada país, cada cultura, tiene costumbres propias respecto a los regalos. En España, por ejemplo, los regalos de Navidad los traen los tres Reyes Magos: Melchor, Gaspar y Baltasar vienen de Oriente en sus camellos y llegan a todos los pueblos y ciudades españolas la noche del día 5 de enero. Los niños les escriben cartas y les piden lo que quieren.

En los últimos años, en la noche del 24 de diciembre (la Nochebuena) también llega a algunas casas españolas Papá Noel.

5 de enero de

Queridos Reyes Magos:

Estas Navidades quiero para mí una muñeca muy grande, que se llama Virginia, la que sale en la Televisión. También quiero unos patines en línea como los de mi hermano Javier. Y otra cosa: un ordenador de juguete Playgentix.

Para mi papá, lo mejor es un coche nuevo. Y para mamá, una tele. Tenemos tele pero ella quiere una para su habitación.

Para mi hermano Javi, mucho carbón, que es muy malo.

Y para los abuelitos, un apartamento en Benidorm.

Muchos besos para los tres y muchas gracias.

Tina

4-23 **¿Y tú? ¿Por qué no escribes tu carta a los Reyes?**
Escribe una carta a los Reyes y pídeles las cosas que quieres para ti, para tus familiares y amigos más íntimos. Puedes incluir cosas materiales o no, y no te preocupes por el dinero.

4-24 **Regalos y culturas**

En todas las culturas hacemos regalos pero tal vez (*perhaps*) elegimos cosas distintas para las mismas situaciones. Completa este cuadro y coméntalo con tus compañeros/as.

En España, cuando...	En mi país...
... nos invitan a comer a casa unos amigos, llevamos vino o pasteles.	
... es el cumpleaños de un familiar, le regalamos ropa, colonia, un electrodoméstico...	
... queremos dar las gracias por un pequeño favor, regalamos un disco, un libro, un licor...	
... se casan unos amigos, les regalamos algo para la casa o dinero.	
... visitamos a alguien en el hospital, le llevamos flores, un libro...	

Sugerencia para la actividad 4–24

Esta actividad sirve para presentar diferencias culturales entre la cultura de los estudiantes y la española. Lo que importa es que los estudiantes sean conscientes de que pueden existir diferencias y que las convenciones no son fijas. Dentro de una misma cultura, hay cambios con la evolución de las sociedades y estas diferencias pueden ser distintas en diferentes regiones del mismo país, en zonas rurales o zonas urbanas, en ambientes juveniles o entre personas mayores, en diferentes clases sociales, etc.

ESTRATEGIAS DE LECTURA:

La primera oración de cada párrafo

Generally, the first sentence of each paragraph of a periodical provides you information about the paragraph. This main sentence serves to introduce the topic and to organize the text. The subsequent sentences support this main idea with additional information, explanations, examples, comparisons, etc.

Let's read the following paragraph:

El Departamento de Consumo y Salud Nacional ha realizado (made) *un estudio a jóvenes españoles: el objetivo, conocer la influencia de la publicidad en diferentes medios de comunicación.*

The first sentence "El Departamento de Consumo y Salud Nacional ha realizado *(made)* un estudio a jóvenes españoles," provides you complete information about this study and tells you who, what, and to whom was made this survey. The second sentence expands the information and provides you the objective of such study. As you see, analyzing the structure of a paragraph could serve you to identify the main idea, know how the text and paragraph is organized and to understand better the topic and subtopics of a text.

If you use this technique, soon you will realize you can understand more about the text than you probably thought you did!

 GENTE QUE LEE

ANTES DE LEER

4-25 **Compras, compras, compras**
Haz una lista de las cosas que te gusta comprar y otra lista con las cosas que no te gusta comprar. Después compara las dos listas con las de tu compañero/a. ¿Qué tienen en común? ¿En qué son diferentes?

4-26 **Gustos en común**
Con un compañero/a discutan las preguntas siguientes.

- ¿Te gusta comprar? ¿Por qué?
- ¿Con quién te gusta o no te gusta ir de compras? ¿Por qué?
- ¿Crees que la publicidad influye en tus decisiones al comprar? Da algunos ejemplos.
- ¿Qué medio (televisión, radio, prensa, Internet, etc.) te influye más o tiene más impacto cuando compras? ¿Por qué?

A LEER

4-27 **Los jóvenes españoles y la publicidad**
Lee el texto siguiente sobre la influencia de la publicidad en los jóvenes españoles.

SEGÚN UN ESTUDIO RECIENTE, SÓLO UN 40% DE LOS JÓVENES ESPAÑOLES COMPRAN LOS PRODUCTOS DE LOS ANUNCIOS QUE MÁS LES IMPACTAN

El Departamento de Consumo y Salud Nacional ha realizado (*made*) un estudio con 400 encuestas (*polls*) a jóvenes españoles de 16 a 18 años; el objetivo, conocer la influencia de la publicidad en diferentes medios de comunicación.

Una de las principales conclusiones de este estudio es que los jóvenes españoles no se consideran influenciados por la publicidad. Calidad, comodidad y precio son los motivos y cualidades que les influyen en la decisión al comprar un producto.

Otra de las cuestiones estudiadas es el tiempo que dedican los jóvenes a los medios de comunicación, los anuncios que más recuerdan y si son productos que compran regularmente. Este estudio revela que la televisión es, con diferencia, el medio de comunicación al que más horas dedican los jóvenes españoles, una media (*average*)

de 19 horas semanales. Le sigue la radio con 10 horas, Internet 5 horas, cine 3 horas y media, y por último la prensa (*newspapers*) con 3 horas semanales.

Con relación a los anuncios más recordados, existen grandes diferencias, según el medio. Los automóviles, refrescos, alimentación y telecomunicaciones son los más recordados en la televisión; los anuncios de discotecas y las promociones de discos son más recordados en la radio; en prensa, anuncios de cosméticos y ocio; en Internet, anuncios de portales y páginas; en cine, promociones de otras películas; y, por último, en vallas y carteles (*billboards*) destacan los anuncios de tabaco, textil y ropa interior.

Según los resultados de este estudio, la mayoría de los jóvenes españoles son conscientes de que la publicidad les informa de que existe un producto, pero no les induce a comprarlo.

Respuestas para la actividad 4–28

1. En España, el Departamento de Consumo y Salud Nacional
2. Conocer la influencia de la publicidad en diferentes medios de comunicación
3. Entre 16-18 años
4. La televisión, 19 horas semanales
5. Televisión = automóviles, refrescos alimentación y telecomunicaciones

   Radio = discotecas y promociones de discos

   Prensa = cosméticos y ocio

   Internet = portales y páginas

   Cine = promociones de otras películas

   Carteles/vallas = tabaco, textil y ropa interior

 gente de compras ◆ **MI GENTE**

DESPUÉS DE LEER

 ¿Comprendes?
Contesta ahora las preguntas siguientes según el texto que acabas de leer.

1. ¿Dónde se ha hecho este estudio? ¿Quién lo ha hecho?
2. ¿Cuál es el objetivo principal de este estudio?
3. ¿Qué edades tienen las personas de la encuesta?
4. ¿Cuál es el medio de comunicación al que dedican más tiempo los jóvenes españoles? ¿Cuántas horas semanales dedican?
5. De acuerdo con el medio de comunicación, nombra los productos más recordados por estos jóvenes

TELEVISIÓN	RADIO	PRENSA	INTERNET	CINE	CARTELES/ VALLAS

 Ahora te toca a ti
Tomando como modelo la tabla anterior entrevista a cinco compañeros/as y pregúntales cuáles son los cinco productos que más recuerdan según los distintos medios de comunicación.

GENTE QUE ESCRIBE

ANTES DE ESCRIBIR

 E-bay en español
Selecciona un producto que te guste y escribe un texto para venderlo en *E-bay* en español. Ten en cuenta los aspectos siguientes para organizar tu escrito.

- El tipo de producto
- Una descripción del producto
- El mensaje para convencer
- A quién va dirigido (a jóvenes, a niños, a adultos, a personas mayores, a mujeres, a hombres, etc.)
- El lenguaje que vas a utilizar
- Las ventajas de tu producto en relación con otros similares (precio, calidad, etc.)

A ESCRIBIR

Tu producto
Escribe ahora el texto teniendo en cuenta todos los aspectos anteriores.

DESPUÉS DE ESCRIBIR

Revisa tu primer borrador y comprueba:

CONTENIDO
- ¿Te gusta?
- ¿Necesitas incluir algo más?
- ¿Está bien organizado?

GRAMÁTICA Y VOCABULARIO
- ¿Hay errores?
- ¿Has usado gramática y vocabulario de este capítulo?

Pasa tu texto a tu compañero/a y pídele sugerencias.

Por último, pasa a limpio tu texto y entrégaselo a tu profesor/a.

GENTE EN LA RED

Tu mejor amiga, Belén Lozano, se va a casar dentro de un mes con Carlos Moreno y todavía no tienes su regalo. Belén y Carlos tienen su lista de bodas en El Corte Inglés así que debes comprar su regalo en estos grandes almacenes de España.

ANTES DE NAVEGAR

4-31 El regalo
Piensa en las personalidades de Belén y Carlos y recuerda sus gustos y preferencias. La tabla siguiente te ayudará con la compra del regalo. Marca con una cruz (X) cómo es Belén y Carlos, y las cosas que les gusta a cada uno.

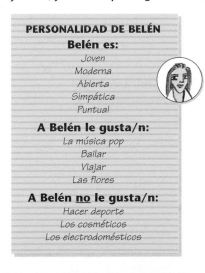

PERSONALIDAD DE BELÉN
Belén es:
Joven
Moderna
Abierta
Simpática
Puntual

A Belén le gusta/n:
La música pop
Bailar
Viajar
Las flores

A Belén no le gusta/n:
Hacer deporte
Los cosméticos
Los electrodomésticos

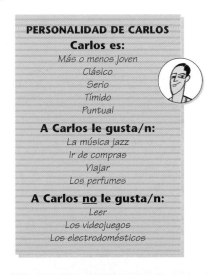

PERSONALIDAD DE CARLOS
Carlos es:
Más o menos joven
Clásico
Serio
Tímido
Puntual

A Carlos le gusta/n:
La música jazz
Ir de compras
Viajar
Los perfumes

A Carlos no le gusta/n:
Leer
Los videojuegos
Los electrodomésticos

Sugerencia para la actividad 4–31
Recoja todos los anuncios y póngalos en el *bulletin board*. Pida a sus estudiantes que voten por el mejor anuncio y el ganador de ese anuncio recibirá un premio. Si se trata de un anuncio de un producto asequible puede regalarle al estudiante el producto anunciado. Si es un producto caro, algo representativo del producto anunciado servirá como premio.

Información para Gente en la Red
Explique a sus estudiantes que *El Corte Inglés* es el nombre de los almacenes más importantes de España. Aunque hace unos años *El Corte Inglés* compartía el mercado español con otros almacenes como *Galerías Preciados*, *Sepu*, etc. hoy día *El Corte Inglés* es un monopolio ya que son los únicos grandes almacenes de este país. Su éxito radica en la calidad y variedad de sus productos así como en el excelente servicio al cliente.

Sugerencia para la actividad 4–32
Antes de empezar la actividad puede discutir los siguientes temas en clase: *ventajas y desventajas de comprar en los grandes almacenes o en las tiendas pequeñas y especializadas, comprar por catálogo o comprar directamente en la tienda, tipos de tiendas, tiendas favoritas*, etc.

gente de compras ◆ **MI GENTE**

4-32 **El regalo perfecto**
Ahora que ya recuerdas sus gustos y preferencias, prepara una lista de los posibles regalos que puedes hacerles y recuerda que tienes un presupuesto *(budget)* de 150 euros.

A NAVEGAR

El Corte Inglés
Ve a la red (*www.prenhall.com/gente*) y deja que El Corte Inglés te ayude a comprarles el mejor regalo a Belén y a Carlos.

VOCABULARIO

Las tiendas

(la) bodega	*wine cellar, grocery store*
(el) centro comercial	*mall*
(la) farmacia	*pharmacy*
(la) floristería	*flower shop*
(la) joyería	*jeweler's shop*
(la) librería	*bookstore*
(la) papelería	*stationary store*
(la) pastelería	*pastry shop*
(la) peluquería	*hairdresser's, barber's (shop)*
(la) perfumería	*perfumery*
(el) quiosco	*kiosk*
(el) supermercado	*supermarket*
(la) tienda de calzados	*shoe store*
(la) tienda de deportes	*sport store*
(la) tienda de muebles	*furniture store*

Los productos domésticos y los artículos personales

(la) bolsa	*bag*
(la) botella	*bottle*
(los) cosméticos	*cosmetics*
(el) desodorante	*deodorant*
(la) espuma de afeitar	*shaving-foam*
(la) flor	*flower*
(la) joya	*jewel*
(el) libro	*book*
(el) medicamento	*medicine*
(la) mochila	*backpack*
(el) ordenador, la computadora	*computer*
(el) papel	*paper*

(los) patines	*roller blades*
(el) perfume	*perfume*
(la) postal	*postcard*
(el) reloj	*watch*
(la) revista	*magazine*
(el) secador de pelo	*hair-dryer*
(la) servilleta	*napkin*
(el) sobre	*envelope*
(el) teléfono móvil	*cellular phone*
(el) vaso	*glass*
(la) vela	*candle*

Los muebles y los electrodomésticos

(la) cafetera	*coffee pot*
(la) cinta de vídeo	*videocassette*
(los) cubiertos	*silverware*
(la) lavadora	*washer*
(el) lavavajillas	*dishwasher*
(el) microondas	*microwave*
(la) pila	*battery*
(el) plato	*plate*
(la) silla	*chair*

Las prendas de vestir

(la) americana, cazadora	*jacket*
(el) calcetín	*sock*
(la) camisa	*shirt*
(la) camiseta	*t-shirt*
(la) corbata	*tie*
(la) falda	*skirt*
(el) jersey	*pullover*
(los) pantalones	*pants, trousers*
(el) pañuelo	*scarf*
(el) pendiente	*earring*

(la) ropa	clothes
(la) ropa interior	underwear
(el) vestido	dress
(un) zapato	shoe

Los colores

amarillo/a	yellow
azul	blue
blanco/a	white
gris	gray
marrón	brown
naranja	orange
negro/a	black
rojo/a	red
rosa	pink
verde	green

Las fiestas y las celebraciones

(el) cumpleaños	birthday
(el) juguete	toy
(el) regalo	gift
(la) sorpresa	surprise
(la) tarjeta	card
(la) comida	food
(el) pan	bread
(el) pastel	pie
(las) patatas fritas	chips, fries
(la) bebida	beverages
(el) agua mineral	mineral water
(el) cava	champagne
(la) cerveza	beer
(los) refrescos	sodas
(la) Nochebuena	Christmas' Eve
(la) Nochevieja	New Year's Eve
Feliz Navidad	Merry Christmas
Papá Noel	Santa Claus
los Reyes Magos	the three Kings
cumplir años	to have a birthday
dar una sorpresa	to give a surprise
hacer un regalo	to make a gift

Para buscar y valorar productos

(la) calidad	quality
(la) comodidad	comfort
(el) precio	price
(la) talla	size
(el) dinero	money
(las) ofertas/rebajas	sales
(el) presupuesto	budget
(la) tarjeta de crédito	credit card
(las) ventajas	advantages
(la) moneda	currency
(un) dólar	dollar
(una) libra	pound sterling

barato/a	cheap
bueno/a	good
caro/a	expensive
disponible	available
clásico/a	classic
elegante	elegant
malo/a	bad
nuevo/a	new
pequeño/a	small
precioso/a	beautiful
serio/a	serious
preguntar/pedir el precio	to ask the price
probarse (ue)	to try on

Otras palabras y expresiones útiles

demasiado	too much
a veces	sometimes
fácil/difícil	easy/difficult
nada/todo	nothing/everything
alguien/nadie	someone, somebody/ no-one, nobody
noche	evening, night
mañana	morning, tomorrow
hoy	today
lo siento	(I am) sorry
gracias por su visita	thank you for your visit
(el) problema	problem
(un) anuncio	advertisement
(una) valla, (un) cartel	billboard

Verbos

comprar	to buy, to purchase
ir (irreg.)	to go
llevar	to take, to carry
necesitar	to need
olvidar	to forget
pagar	to pay
poder (ue)	to be able
tener (ie)	to have
tener que (+ infinitivo)	to have to (+ infinitive)
vender	to sell

OBJETIVOS

5

En esta unidad vamos a elaborar una guía para vivir 100 años en forma. Aprenderemos a:

✔ informar sobre nuestros hábitos diarios relativos a la salud, y valorarlos,
✔ recomendar actividades físicas y alimentos.

gente
en
forma

5-1 **Para estar en forma**

En esta lista hay unas costumbres buenas para estar en forma y otras malas. ¿Cuáles tienes tú? Marca dos buenas y dos malas. Puedes añadir algunas cosas que haces y que no están en la lista.

Duermo poco.
Voy en bici.
Como pescado a menudo.
Trabajo demasiadas horas.
Bebo mucha agua.
Como mucha fruta.
Ando poco.
Fumo.
No bebo alcohol.
Tomo demasiado café.
No tomo medicamentos.
Como poca fibra.
Hago yoga.
No hago deporte.
Juego al tenis.
Como muchos dulces.
Estoy mucho tiempo sentado/a.
Como mucha carne.
No tomo azúcar.
Como sólo verduras.

_____

_____

Ahora contrasta tus costumbres con tres de tus compañeros/as.

EJEMPLO:

• Yo voy en bici y no bebo alcohol, pero duermo poco y como mucha carne.
○ Pues yo tampoco bebo alcohol.
■ Yo tampoco. Yo hago yoga.
• Yo también.

5-2 **¿Qué haces tú?**

Busca en clase a personas que hacen estas cosas y escribe el nombre a la derecha. ¡Atención! No puedes usar el mismo nombre más de dos veces.

	NOMBRE DE TU COMPAÑERO/A
(Viajar) en avión todos los meses:	_____
No (comer) nunca carne:	_____
(Jugar) al golf de vez en cuando:	_____
(Hablar) tres idiomas o más:	_____
(Bañarse) todos los fines de semana:	_____
(Leer) todas las noches antes de dormir:	_____
(Ir) muchas veces al cine cada semana:	_____
(Ducharse) siempre antes de acostarse:	_____

71

setenta y uno

Sugerencia para la actividad 5–1

Los alumnos tienen a su disposición las expresiones lingüísticas con los verbos en la forma conjugada. No necesitan más que entender su significado y enlazar apropiadamente (*y, pero, pues*) las distintas frases. También deben utilizar apropiadamente los pronombres de sujeto. Todo ello lo tienen ejemplificado en la muestra de diálogo.

Lógicamente, si lo desean pueden modificar apropiadamente las frases:

Duermo mucho, como mucho pescado/mucha fibra...

También pueden añadir alguna información aportada por ellos mismos:

Tomo mucho zumo de frutas, como muchas naranjas....

Sugerencia para la actividad 5–3

Puede empezar comentando la imagen para introducir parte del vocabulario:

P: *¿Qué actividades de éstas hacen? Yo, por ejemplo, siempre subo las escaleras a pie. Es muy bueno para las piernas.*

E1: *Yo voy en bicicleta.*

P: *También es bueno para las piernas. Y para el corazón.*

E2: *Yo...*

5 gente en forma ◆ CONTEXTOS

5-3 **El cuerpo en movimiento**

Ésta es la página de salud del suplemento semanal de un periódico. En ella hay información sobre ejercicios físicos para estar en forma e instrucciones para realizarlos.

¿Cómo se llaman las partes del cuerpo? Puedes saberlo si lees los textos y miras las imágenes de estas dos páginas.

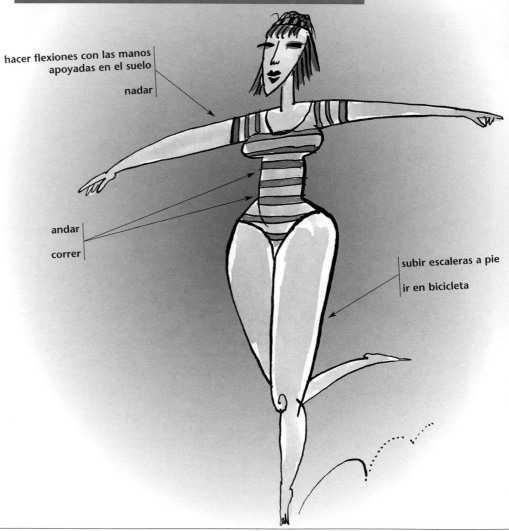

Mantenerse en FORMA

Una buena dieta es fundamental para estar en forma y el ejercicio físico es el complemento ideal: ayuda a perder peso y mantiene el tono de los músculos.

hacer flexiones con las manos apoyadas en el suelo

nadar

andar

correr

subir escaleras a pie

ir en bicicleta

Es muy FÁCIL

No es necesario recurrir a la práctica de deportes complicados y sofisticados: los ejercicios más simples son los más recomendables y los más efectivos. Cada uno puede practicar en su casa actividades como éstas:

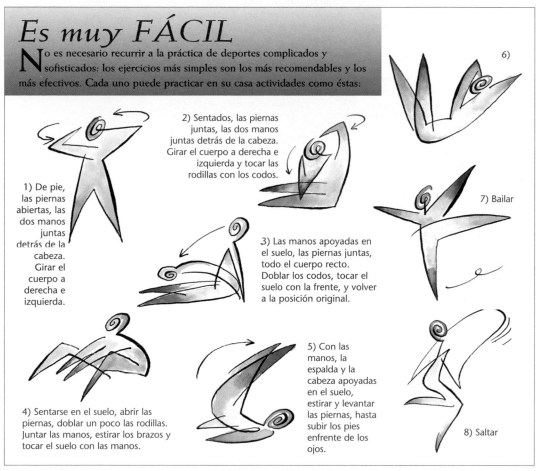

1) De pie, las piernas abiertas, las dos manos juntas detrás de la cabeza. Girar el cuerpo a derecha e izquierda.

2) Sentados, las piernas juntas, las dos manos juntas detrás de la cabeza. Girar el cuerpo a derecha e izquierda y tocar las rodillas con los codos.

3) Las manos apoyadas en el suelo, las piernas juntas, todo el cuerpo recto. Doblar los codos, tocar el suelo con la frente, y volver a la posición original.

4) Sentarse en el suelo, abrir las piernas, doblar un poco las rodillas. Juntar las manos, estirar los brazos y tocar el suelo con las manos.

5) Con las manos, la espalda y la cabeza apoyadas en el suelo, estirar y levantar las piernas, hasta subir los pies enfrente de los ojos.

6)

7) Bailar

8) Saltar

5-4 Describe
Ahora seguro que puedes describir la imagen 6 a un/a compañero/a.

5-5 ¿Y 7 y 8?
También puedes decirle para qué son buenas las actividades 7 y 8.

| piernas | brazos | cintura |
| espalda | corazón | circulación |

EJEMPLO:
● Saltar es bueno para las piernas y para...

5-6 ¿Hacen deporte los españoles?
La radio ha salido a la calle. Quieren saber si los españoles hacen deporte. Preguntan a las personas que pasan por allí.

Escucha las entrevistas. Según esta encuesta, ¿hacen mucho deporte los españoles?

☐ mucho   ☐ bastante   ☐ no mucho

5-7 ¿Y tú?
Ahora hazle la entrevista a tu compañero/a. Luego expliquen al resto de la clase:

- las cosas que hacen los dos,
- las cosas que sólo hace cada uno de ustedes.

EJEMPLO:
● Los dos jugamos al tenis.
○ Y los dos vamos en bici.
● Y él/ella juega al fútbol, pero yo no.

73
setenta y tres

Sugerencia para la actividad 5–4
Para hacer esta actividad, puede guiar a sus estudiantes con preguntas como las siguientes:

¿De pie? ¿Sentados? ¿Con la espalda en el suelo?
¿Las piernas, cómo: abiertas o cerradas? ¿En el suelo o levantadas?
¿Y la cabeza?
¿Y las manos?

Expansión para la actividad 5–5
Puede hacer un juego en el que un alumno describa una de las imágenes en los mismos términos en que lo hace el texto, pero alterando su orden. Los demás deben adivinar cuál es, sólo escuchando (sin leer). Cada uno elige una de antemano y la prepara. Puede darles un modelo; si elige, por ejemplo, el número 2:

Las manos, juntas,
Las piernas, también.
Sentados en el suelo.
Las manos, detrás de la cabeza.
Girar el cuerpo de derecha a izquierda.
Con los codos, tocar las rodillas.

Puede utilizar las imágenes para reforzar este vocabulario.
Al final, puede pedirles a los alumnos que digan para qué son buenas cada una de las actividades físicas que aparecen escritas alrededor de la ilustración.

Sugerencia para la actividad 5–6
Antes de realizar la audición, puede preparar la actividad clarificando la apreciación del valor de mucho, bastante, no mucho. Puede hacerlo mediante preguntas referidas a las actividades físicas de los propios alumnos:

¿Tú haces mucho deporte?
¿Qué es para ti mucho deporte?

Expansión para la actividad 5–6
Puede realizar una nueva audición en la que los alumnos deberán obtener información detallada de cada uno de los entrevistados.
Puede pedirles que razonen su respuesta imitando el modelo siguiente:
Yo creo que hacer natación media hora cada día es mucho deporte.

Sugerencias para la actividad 5–8

El interlocutor que hace las preguntas se limita a conjugar en segunda persona y a dar la entonación interrogativa a los verbos que van en Infinitivo. El que responde tiene que ponerlos en primera persona. En la columna central tienen los modelos de conjugación.

Puede preguntarles si conocen otras causas de estrés para ampliar la lista y proponerles que intenten formularlas en español.

También puede pedirles que, en relación con la lista dada, formulen las cosas que hay que hacer para prevenir y combatir el estrés:

Comer cada día a una hora distinta → Hay que comer a la misma hora cada día.

Sugerencias para la actividad 5–9

Escuchando la audición, los alumnos deberán obtener todos los datos, y luego formular una recomendación o un consejo apropiados para cada entrevistado.

Estructure la actividad en dos fases:

a) En primer lugar, realice una audición para la obtención de datos.

b) Seguidamente, los alumnos deberán formular los consejos adecuados según los datos que hayan obtenido.

En cada fase, realice los pasos que considere oportunos: ejercicios de pre-audición a partir de lo que les sugiera la imagen, comprobación de los datos, preparación de las recomendaciones, puesta en común, etc.

5 gente en forma ◆ FORMAS Y RECURSOS

5-8 Causas del estrés

El estrés no ayuda nada a estar en forma. Tiene muchas causas y síntomas. Algunos están en esta lista. Hazle una encuesta a tu compañero/a y anota las respuestas que te da.

- ☐ Comer cada día a una hora distinta.
- ☐ De vacaciones o durante el fin de semana, pensar frecuentemente en asuntos del trabajo.
- ☐ Ir siempre deprisa a todas partes.
- ☐ Desayunar de pie y haciendo otras cosas al mismo tiempo.
- ☐ Ponerse nervioso en los atascos de tráfico.

- ☐ Ir inmediatamente al médico ante cualquier síntoma.
- ☐ Dormir menos de 7 horas al día.
- ☐ Leer mientras comes.
- ☐ Discutir frecuentemente con la familia, con los amigos o con los colegas.
- ☐ No levantarse y acostarse cada día a la misma hora.

EJEMPLO:
- ● ¿Comes cada día a una hora distinta?
- ○ No, siempre como a la misma hora.

¿Crees que tu compañero/a puede sufrir estrés? ¿Por qué?

5-9 Malas costumbres para una vida sana

Escucha lo que dicen las personas en estas entrevistas de la radio y anota lo que hacen. ¿Qué consejo le damos a cada una?

**PRESENTES REGULARES
E IRREGULARES**

Regulares:

HABLAR	COMER	VIVIR
hablo	como	vivo
hablas	comes	vives
habla	come	vive
hablamos	comemos	vivimos
habláis	coméis	vivís
hablan	comen	viven

Irregulares:

DORMIR	DAR	IR	HACER
duermo	doy	voy	hago
duermes	das	vas	haces
duerme	da	va	hace
dormimos	damos	vamos	hacemos
dormís	dais	vais	hacéis
duermen	dan	van	hacen

Como **dormir**: jugar, poder, acostarse...
       u / ue   o / ue

LA FRECUENCIA

siempre
muchas veces
de vez en cuando
nunca

Nunca voy al gimnasio por la tarde.
No voy **nunca** al gimnasio por la tarde.

	lunes
	martes
	miércoles
los	jueves
	viernes
	sábados
	domingos
los fines de semana	

todos los días
todas las semanas

VERBOS REFLEXIVOS

LEVANTARSE

Me	levanto	Nos	levantamos
Te	levantas	Os	levantáis
Se	levanta	Se	levantan

Son verbos reflexivos: acostarse, dormirse, despertarse, ducharse...

Tengo que levantar**me** a las seis.
Hay que levantar**se** pronto.
No queremos levantar**nos** tarde.
Podéis levantar**os** a las 9h.

LA CUANTIFICACIÓN

Duermo **demasiado**.
Estás **demasiado** delgada.

Trabajo demasiado.

Come { **demasiado** chocolate.
demasiada grasa.
demasiadas patatas.
demasiados dulces.

Estás **muy** delgada.
Trabaja **mucho**.

Tiene **mucha** experiencia.
mucho trabajo.
Trabaja **muchas** horas.
muchos domingos.

RECOMENDACIONES Y CONSEJOS

Personal:

No descansas bastante. **Tienes que dormir más.**
Tienes mucho estrés. **Tienes que trabajar menos.**

Impersonal:

Hay que
Es necesario
Es bueno } hacer ejercicio.
Es importante

5-10 **La cabeza, el pie, la boca...**
Un/a alumno/a da la orden y el resto la sigue. Otro/a alumno/a modifica la postura con una nueva orden, y así sucesivamente. El/La que se equivoca, queda fuera. Gana el/la último/a.

tocarse (con **la** mano): **el** pie, **la** cabeza, **la** espalda
doblar: **las** rodillas, **el** codo, **la** cintura
estirar: **los** brazos, **las** piernas
abrir/cerrar: **la** mano, **la** boca
levantar/bajar: **el** brazo derecho

EJEMPLO:

● Tocarse la cabeza con la mano derecha y abrir la boca.
○ Cerrar la boca y tocarse la cabeza con la mano izquierda.
■ Levantar la rodilla derecha y estirar los brazos hacia delante.

¿EL PIE DERECHO O EL IZQUIERDO?

5-11 **Más ideas para estar en forma**
Escribe con un/a compañero/a una lista de consejos. ¿Cuál es la pareja que tiene la lista más larga?

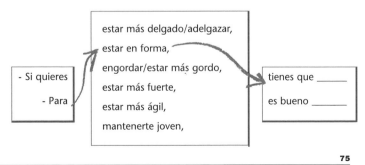

- Si quieres
- Para

estar más delgado/adelgazar,
estar en forma,
engordar/estar más gordo,
estar más fuerte,
estar más ágil,
mantenerte joven,

tienes que _____
es bueno _____

Sugerencia para de actividad 5–10

Como los alumnos no conocen todavía el Imperativo, la actividad se ejecuta en Infinitivo. Puede indicarles a sus alumnos que es una forma impersonal de dar instrucciones que, según los contextos, alterna con el Imperativo.

Expansión para la actividad 5–11

Finalizada la actividad en los términos en que la plantea el libro, puede proponer a los alumnos que, a partir de las frases aisladas que han elaborado, escriban en parejas un texto uniéndolas todas ellas con los conectores que han aprendido en lecciones anteriores (*y, también, tampoco, pero, ni...*).

Pueden concebirlo como si fuera un programa de radio y redactarlo en la forma *ustedes* o en la forma *vosotros*.

En esta actividad se introducen tres condiciones para mantener una vida sana, que en la actividad siguiente se tratan en tres textos que los alumnos deberán leer.

Puede añadir algunas recomendaciones sobre alguno de los tres ámbitos para que los alumnos marquen a qué campo pertenecen: alimentación sana, ejercicio físico o equilibrio anímico. Puede extraer las ideas de los textos que luego leerán los alumnos, lo que facilitará su comprensión:

No estar demasiado tiempo sentados.

No consumir alimentos con muchas grasas.

Comer los alimentos preparados a la plancha, mejor que con salsas.

Tener una visión positiva de la vida y de las cosas.

Sugerencias para la actividad 5–13

A cada alumno de la clase se le asigna uno de los tres textos, que lee con la ayuda del diccionario y después completa la ficha.

Seguidamente, se forman grupos de tres. Los alumnos de cada grupo ponen en común la información de cada uno de los textos y elaboran una guía conjunta.

---

5 gente en forma ◆ TAREAS

5-12 Nuestra guía para vivir 100 años en forma

Para vivir 100 años en forma hay que comer bien, hacer ejercicio físico y vivir sin estrés. En otras palabras, son importantes tres cosas:

A: la alimentación sana
B: el ejercicio físico
C: el equilibrio anímico

¿A cuál de estas tres cosas corresponde cada una de las reglas siguientes?
Marca con una X la casilla correspondiente.

	A	B	C
Comer pescado.			
No tomar bebidas alcohólicas.			
Controlar el peso.			
Darle al dinero la importancia que tiene, pero no más.			
Consumir menos y vivir mejor.			
Disfrutar del tiempo libre.			
Llevar una vida tranquila.			
Tener tiempo para los amigos.			
Tener relaciones agradables en la familia y en el trabajo.			
Dar un paseo diario.			
Tener horarios regulares.			
Tomarse las cosas con calma.			
Ir a dormir y levantarse cada día a la misma hora.			

Piensa un poco, y con ayuda del diccionario o de tu profesor/a, seguro que puedes añadir alguna idea más. Después, muéstrasela a tus compañeros/as.

5-13 Vamos a informarnos

¿Qué podemos hacer para llevar una vida sana? Trabajaremos en grupos de tres. Pero antes, realizaremos una tarea individual de lectura. Cada miembro del grupo debe tomar un texto de los tres que hay a continuación: lo lee, extrae las ideas principales y completa la ficha.

Texto número: _____   Idea principal: Para llevar una vida

sana es importante... _____

Razones: _____

Formas de conseguirlo: _____

1

EL EJERCICIO FÍSICO

Actualmente en nuestras ciudades mucha gente está sentada gran parte del tiempo: en el trabajo, en el coche[1], delante de la televisión... Sin embargo, nuestro cuerpo está preparado para realizar actividad física y, además, la necesita. Por eso, conviene hacer ejercicio en el tiempo libre, ya que no lo hacemos en el trabajo.

No es necesario hacer ejercicios físicos fuertes o violentos. El golf, por ejemplo, es un deporte ideal para cualquier edad. Un tranquilo paseo diario de una hora es tan bueno como media hora de bicicleta. Es importante realizar el ejercicio físico de forma regular y constante: todos los días, o tres o cuatro veces por semana.

[1] **Coche** es la palabra que se usa en España para *car*. En México y otros países latinoamericanos se llama **carro**. En otros países hispanos se usa **auto**.

2 LA ALIMENTACIÓN

Conviene llevar un control de los alimentos que tomamos. Normalmente, las personas que comen demasiado engordan, y estar gordo puede ser un problema; de hecho, en las sociedades modernas occidentales, hay gente que está enferma a causa de un exceso de comida. Para controlar el peso es aconsejable:

- No tomar grasas. Si comemos menos chocolate y menos pasteles, podemos reducir la cantidad de grasa que tomamos. También es bueno comer más pescado y menos carne. El pescado es muy rico en proteínas, y no tiene tantas grasas como la carne o el queso. Para una dieta sana, es aconsejable tomar pescado dos veces por semana, como mínimo. La forma de preparar los alimentos también ayuda a reducir la cantidad de grasas: es mejor comer la carne o el pescado a la plancha que fritos o con salsa.

- Comer frutas y las verduras. Las frutas y las verduras contienen mucha fibra, que es muy buena para una dieta sana. La Organización Mundial de la Salud recomienda tomar un mínimo de 400 gramos diarios de frutas y verduras.

3 EL EQUILIBRIO ANÍMICO

El equilibrio anímico es tan importante para una buena salud como el ejercicio físico. Tener un carácter tranquilo es mejor que ser impaciente o violento. Ser introvertido tiene más riesgos que ser extrovertido. Realizar el trabajo con tranquilidad, sin prisas y sin estrés, es también muy importante.

Por otra parte, hay muchos estudios e investigaciones que establecen una relación entre las emociones negativas y la mala salud. La preocupación por las enfermedades y por la muerte contribuye a aumentar las emociones negativas. Ver la vida de forma positiva y evitar los sentimientos de culpabilidad puede ser una buena ayuda para conseguir el equilibrio anímico.

Finalmente, hay que señalar que unos hábitos regulares suponen también una buena ayuda: acostarse y levantarse cada día a la misma hora, y tener horarios regulares diarios para el desayuno, la comida y la cena.

5-14 **El contenido de nuestra guía**
Los tres miembros de cada grupo exponen sucesivamente las ideas principales de su texto. Con esa información, discuten y deciden cuáles son las diez ideas más importantes. Pueden añadir otras.

5-15 **¿Elaboramos la guía?**
Éste será nuestro texto. La introducción ya está escrita. Sólo falta formular las recomendaciones.

LES SERÁ ÚTIL...

Para mí... { lo más importante es...

lo mejor es...

SUSTANTIVOS EN -CIÓN, -DAD Y -OMA, -EMA

femeninos {
la alimentación
la relación
la emoción
...
la actividad
la tranquilidad
la enfermedad
...
}

masculinos {
el problema
el tema
el síntoma
...
}

La esperanza de vida es cada vez mayor. Pero no sólo es importante vivir más: todos queremos también vivir mejor. Para eso es necesario adoptar costumbres y formas de vida que nos preparen para una vejez feliz. En otras palabras, debemos llevar ahora una vida sana si queremos después vivir en forma. ¿Cómo? Nosotros hemos seleccionado diez consejos. Son éstos:

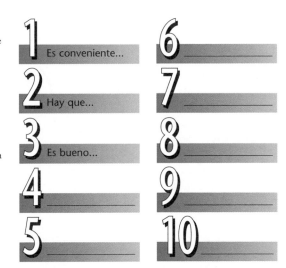

1 Es conveniente...
2 Hay que...
3 Es bueno...
4
5
6
7
8
9
10

Sugerencias para la actividad 5–14

Para realizar este ejercicio hay que recurrir a todas las ideas que han ido saliendo hasta ahora. Cuantos más datos tenga a su disposición cada grupo, tanto más rentable será el ejercicio.

Puede resultar útil proponer una puesta en común general de toda la clase a modo de "tormenta de ideas": los alumnos van diciendo las ideas que consideran importantes para una vida sana y usted las va anotando en la pizarra.

Si realiza esta actividad con los libros cerrados, estará practicando el vocabulario trabajado. Luego pueden abrir los libros y buscar lo que se les haya podido olvidar.

Según la dinámica de cada grupo, puede optar por detener la actividad en la selección de las diez ideas más importantes, o bien continuar e intentar agruparlas de mayor a menor importancia, estableciendo, por ejemplo, tres grandes grupos: las tres más importantes, las tres menos importantes y cuatro intermedias.

Sugerencias para la actividad 5–15

El objetivo es que cada grupo elabore su guía. Lo más apropiado es que sigan trabajando los grupos iniciales, pero si previamente ha habido fases de trabajo de toda la clase, pueden abordar esta tarea en grupos formados con alumnos distintos.

Las recomendaciones van introducidas por tres fórmulas que exigen el verbo en Infinitivo. De esta forma, los alumnos pueden realizar la tarea con mayor facilidad. Pueden elegir a su propio criterio la fórmula que utilizarán en cada una de las diez recomendaciones de entre las tres ejemplificadas (*es conveniente, hay que, es bueno*) u otras que han ido apareciendo a lo largo de la secuencia (*es importante, es necesario, es aconsejable, lo mejor es...*).

Expansión para la actividad 5–15

Una forma de enriquecer el texto es enlazar las recomendaciones con los conectores que ya conocen.

77

Información para *Se levantan solos*

Este texto es una adaptación de un reportaje publicado en la prensa española; los datos corresponden a los resultados obtenidos en un estudio estadístico.

Información para se levantan solos

Vivir en pareja es una expresión muy frecuente en los últimos años porque permite obviar la alusión al estado civil de las personas de que se habla (solteros o casados). El término *pareja* se usa en dos sentidos:

a) Para designar a dos personas que viven juntas, es decir, como equivalente del término *matrimonio* en expresiones como: *Son pareja.*

b) Para referirse a uno de los dos por relación al otro:

Desayuna con su pareja (= su marido/su novio, su mujer/su novia). En las presentaciones se usan también otros términos:

Mira, éste es Sergio, mi compañero.
Te presento a Sara, mi compañera.

Sugerencias para la actividad 5–16

Puede presentar la actividad con una práctica que facilite el vocabulario con preguntas como por ejemplo:

P: *¿Qué hacen a las nueve y media de la noche?*

Los alumnos deben consultar los relojes de la imagen y dar con la respuesta:

A1: *Cenan.*

La fase de comparación con los hábitos del país de origen será lógicamente distinta si se trata de un grupo uniforme o heterogéneo. En el primer caso, puede establecerse un minidebate sobre el tema, porque no todos los alumnos perciben su realidad del mismo modo.

Sugerencias para la actividad 5–16

Hágales observar a sus alumnos la importancia de las comidas (almuerzo y cena), en el sentido de que marcan la división de la jornada:

MAÑANA → comida o almuerzo ← TARDE → cena ← NOCHE

Aunque la expresión de la hora se introduce en lecciones posteriores, los alumnos pueden comprender el texto. Para realizar este ejercicio bastará con que sepan estas tres cosas, que usted puede introducir:

Verbo + a las:
Se acuestan a las doce.

A las + hora + y + minutos:
A las once y veinticinco.

A las + hora + menos + minutos:
A las once menos diez.

Y cuarto / Y media / Menos cuarto.

A las ... de la mañana / de la tarde / de la noche.

5 **gente en forma** ◆ CONTACTOS

SE LEVANTAN SOLOS

La mitad de los españoles que viven en pareja se levantan solos. Una encuesta sobre cómo usan su tiempo las familias muestra una homogeneidad importante en cuanto a la hora de levantarse, comer y acostarse. Después de la cena, la gran mayoría de los españoles sólo ve la televisión.

1. LEVANTARSE
La mayoría se levanta a las 8.15 h (54%). El 25% se levanta después de las 9.00 h. El 51% lo hace sólo y el 22%, en compañía en su pareja.

2. DESAYUNO
A las 8.50 h. (hora media). El 90% lo toma en casa. El 52% solo y el 16% con su pareja.

3. ACTIVIDAD MATINAL
El 40% de los hombres va al trabajo. El 46% de las mujeres hace tareas domésticas.

4. COMIDA
Se come a las 14.00 h. El 85% lo hace en casa.

5. LA TARDE
El 21% ve la televisión. El 17% vuelve al trabajo y el 19% (de mujeres) recoge la cocina.

6. CENA
A las 21.30 h. El 90% cena en casa con la familia.

Los datos corresponden al tipo de familia más común: una pareja con hijos.

5-16 ¿Cómo sería esta información referida a tu país? Trata de imaginarlo y cuéntaselo a tus compañeros/as.

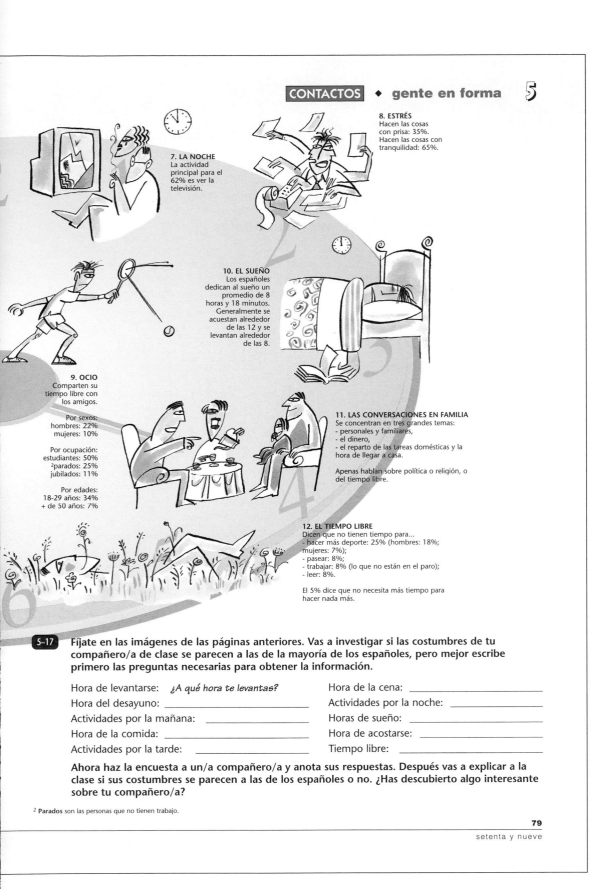

8. ESTRÉS
Hacen las cosas
con prisa: 35%.
Hacen las cosas con
tranquilidad: 65%.

7. LA NOCHE
La actividad
principal para el
62% es ver la
televisión.

10. EL SUEÑO
Los españoles
dedican al sueño un
promedio de 8
horas y 18 minutos.
Generalmente se
acuestan alrededor
de las 12 y se
levantan alrededor
de las 8.

9. OCIO
Comparten su
tiempo libre con
los amigos.

Por sexos:
hombres: 22%
mujeres: 10%

Por ocupación:
estudiantes: 50%
²parados: 25%
jubilados: 11%

Por edades:
18-29 años: 34%
+ de 50 años: 7%

11. LAS CONVERSACIONES EN FAMILIA
Se concentran en tres grandes temas:
- personales y familiares,
- el dinero,
- el reparto de las tareas domésticas y la
hora de llegar a casa.

Apenas hablan sobre política o religión, o
del tiempo libre.

12. EL TIEMPO LIBRE
Dicen que no tienen tiempo para...
- hacer más deporte: 25% (hombres: 18%;
mujeres: 7%);
- pasear: 8%;
- trabajar: 8% (lo que no están en el paro);
- leer: 8%.

El 5% dice que no necesita más tiempo para
hacer nada más.

5-17 Fíjate en las imágenes de las páginas anteriores. Vas a investigar si las costumbres de tu compañero/a de clase se parecen a las de la mayoría de los españoles, pero mejor escribe primero las preguntas necesarias para obtener la información.

Hora de levantarse: *¿A qué hora te levantas?*

Hora del desayuno: _____

Actividades por la mañana: _____

Hora de la comida: _____

Actividades por la tarde: _____

Hora de la cena: _____

Actividades por la noche: _____

Horas de sueño: _____

Hora de acostarse: _____

Tiempo libre: _____

Ahora haz la encuesta a un/a compañero/a y anota sus respuestas. Después vas a explicar a la clase si sus costumbres se parecen a las de los españoles o no. ¿Has descubierto algo interesante sobre tu compañero/a?

² **Parados** son las personas que no tienen trabajo.

mi *gente* Colombia

ESTRATEGIAS DE LECTURA:
Interpretación de elementos visuales

When reading a text, pay attention to visual clues: the charts, size, layout, or other elements may give you some idea about the type of text, the type of information, the writer, the audience, and so on to help you to understand many things about the text before reading it.

Let's see the following example:

Señor editor:

Mi opinión es que para un mercado ideal debe ser el usuario el que tenga la posibilidad de elegir dónde quiere que le atiendan.

Atentamente,
María Bustamante
Profesora de Sociología
mariab@yahoo.co

As you probably have guessed, this text is a letter. Words like **editor** and **mi opinión** tell you it is a letter from a reader to a magazine or a newspaper to express a view. What are the elements that create the shape of a letter? The first line contains a formula of salutation and the end contains a closing formula, and an e-mail address. Without any doubt, this text is a letter to a newspaper or magazine, sent electronically.

Before reading a text, spend a couple of minutes looking at the visual elements. Think about all the possibilities these elements could suggest. Use this technique and soon you will realize you can understand more about the text than you probably thought you did!

GENTE QUE LEE

ANTES DE LEER

5-18 **Tu salud es lo primero**

¿Eres una persona saludable? ¿Cómo es tu salud? ¿Cuánto sabes de tu salud? Marca con una palomita (✓) lo que corresponde y después intercambia la información con tu compañero/a.

SÍ	NO	NO SÉ	
_____	_____	_____	Mi nivel de colesterol es alto.
_____	_____	_____	Tengo azúcar en la sangre.
_____	_____	_____	Mi tensión es normal.
_____	_____	_____	El número de mis pulsaciones es bajo.
_____	_____	_____	Mi nivel de estrés es normal.
_____	_____	_____	Mi seguro médico cubre un chequeo anual.

5-19 **Tu opinión es importante**

Con un/a compañero/a escojan <u>uno</u> de los siguientes temas de salud y den su opinión al respecto. Den ejemplos en los casos que puedan para apoyar sus opiniones.

- En todas las escuelas de los Estados Unidos deben existir cursos de salud.
- El gobierno debe aprobar más programas de fomento, promoción y prevención de la salud.
- Las vacunas deben ser gratuitas en todos los casos.
- Todas las personas tienen derecho, si trabajan o no, a un seguro médico.
- Los seguros médicos deben cubrir todo lo relacionado con la salud dental.
- La visita al oculista debe ser anual, obligatoria y gratuita.

A LEER

5-20 **Los lectores opinan**

Lee las siguientes opiniones que algunos colombianos han escrito en la revista *Colombia Salud* y después contesta las preguntas.

Respuestas a la actividad 5–21

1. Es una revista médica en la red electrónica. Porque usa palabras como "editor" (carta 2), "revista" (carta 3) y "portal y red" (carta 4).

2. Carta 1 = empleado de Banca

   Carta 2 = profesora de Sociología

   Carta 3 = estudiante de Enfermería

   Carta 4 = estudiante de Medicina

   Carta 5 = psicóloga

3. Temas médicos y de salud

4. Porque está buscando estadísticas sobre las condiciones de salud y saneamiento en Antioquia para su proyecto de investigación.

5. ana@universidad.co Piensa que esta revista es una fuente informativa única, no sólo porque trata temas de interés sino para estar actualizado sobre la situación de la salud en Colombia y en otros países de América Latina.

6. Porque tiene la oportunidad de encontrar temas que ayudan a informar a los colombianos de los cambios en la salud en Colombia y él y otras personas están entendiendo este mundo de la ciencia de la salud.

7. Piensa que para un mercado ideal debe ser el usuario el que tenga la posibilidad de elegir dónde quiere que le atiendan. Dice que con unos precios regulados, esto puede ser una realidad y el PCS (Plan de Colombia Salud) puede competir con otros sistemas de salud. El cliente quizá no conoce la ley pero sí reconoce una buen atención.

8. Necesita información sobre la situación de la salud mental en Colombia antes y después de la implementación de la Ley 100 y sobre el funcionamiento de los diferentes hospitales, ambulatorios y otros centros de salud de la zona de Medellín.

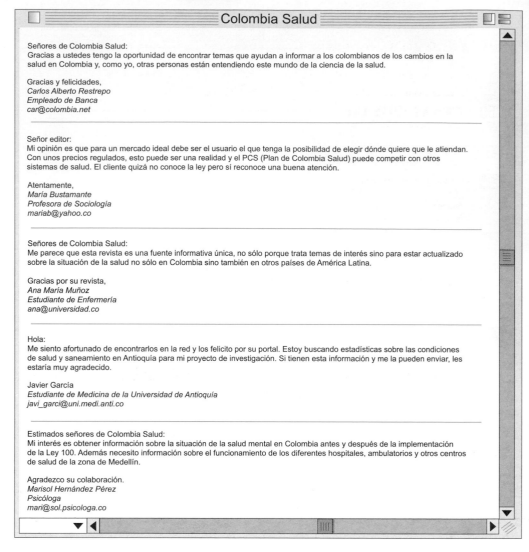

Colombia Salud

Señores de Colombia Salud:
Gracias a ustedes tengo la oportunidad de encontrar temas que ayudan a informar a los colombianos de los cambios en la salud en Colombia y, como yo, otras personas están entendiendo este mundo de la ciencia de la salud.

Gracias y felicidades,
Carlos Alberto Restrepo
Empleado de Banca
car@colombia.net

Señor editor:
Mi opinión es que para un mercado ideal debe ser el usuario el que tenga la posibilidad de elegir dónde quiere que le atiendan. Con unos precios regulados, esto puede ser una realidad y el PCS (Plan de Colombia Salud) puede competir con otros sistemas de salud. El cliente quizá no conoce la ley pero sí reconoce una buena atención.

Atentamente,
María Bustamante
Profesora de Sociología
mariab@yahoo.co

Señores de Colombia Salud:
Me parece que esta revista es una fuente informativa única, no sólo porque trata temas de interés sino para estar actualizado sobre la situación de la salud no sólo en Colombia sino también en otros países de América Latina.

Gracias por su revista,
Ana María Muñoz
Estudiante de Enfermería
ana@universidad.co

Hola:
Me siento afortunado de encontrarlos en la red y los felicito por su portal. Estoy buscando estadísticas sobre las condiciones de salud y saneamiento en Antioquía para mi proyecto de investigación. Si tienen esta información y me la pueden enviar, les estaría muy agradecido.

Javier García
Estudiante de Medicina de la Universidad de Antioquía
javi_garci@uni.medi.anti.co

Estimados señores de Colombia Salud:
Mi interés es obtener información sobre la situación de la salud mental en Colombia antes y después de la implementación de la Ley 100. Además necesito información sobre el funcionamiento de los diferentes hospitales, ambulatorios y otros centros de salud de la zona de Medellín.

Agradezco su colaboración.
Marisol Hernández Pérez
Psicóloga
mari@sol.psicologa.co

DESPUÉS DE LEER

5-21 **¿Entendiste?**
Contesta las preguntas siguientes según el texto que acabas de leer.

1. ¿Qué es *Colombia Salud*? ¿Cómo lo sabes? Da algunos ejemplos.

2. ¿Cuál es la profesión de cada una de las personas que escriben las cartas?

3. ¿Qué temas trata **Colombia Salud**?

4. ¿Por qué escribe Javier?

5. ¿Cuál es la dirección de correo electrónico de Ana? ¿Qué opinión tiene de **Colombia Salud**?

6. ¿Por qué felicita y da las gracias Carlos Alberto a **Colombia Salud**?

7. ¿Cuál es la opinion de María sobre el sistema de salud?

8. ¿Qué necesita Marisol?

GENTE QUE ESCRIBE

5-22 **La carta**

ANTES DE ESCRIBIR

Tu mejor amigo, Daniel, es un poco hipocondríaco y va a hacer un viaje de estudios a Colombia. Antes de viajar quieres darle a Daniel información sobre el sistema de salud en ese país. Prepara una lista con las cosas que quieres preguntar y saber sobre la salud en Colombia. Para ello incluye y prepara lo siguiente:

- El inicio de la carta
- Los temas sobre los que quieres información
- Las preguntas que vas a hacer. Por ejemplo, información sobre direcciones, teléfonos, nombres de personas, hospitales, etc.
- Los datos que quieres dar a **Colombia Salud**
- El estilo que vas a usar en tu carta
- La despedida de la carta

A ESCRIBIR

Escribe una carta a **Colombia Salud** de unas 100 palabras y pide información sobre la salud en Colombia.

DESPUÉS DE ESCRIBIR

Revisa tu primer borrador y comprueba:

CONTENIDO	GRAMÁTICA Y VOCABULARIO
■ ¿Te gusta?	■ ¿Hay errores?
■ ¿Necesitas incluir algo más?	■ ¿Has usado gramática y vocabulario de este capítulo?
■ ¿Está bien organizado?	

Pasa tu texto a tu compañero/a y pídele sugerencias.

Por último, pasa a limpio tu texto y entrégaselo a tu profesor/a.

GENTE EN LA RED

5-23 Daniel, el hipocondríaco

ANTES DE NAVEGAR

Daniel no cree que tu carta vaya a darle toda la información necesaria por si se enferma. Necesita más. Ayuda a Daniel y marca la/s fuente/s de información donde Daniel puede obtener más información de este país.

_____ La red electrónica

_____ El consulado de Colombia

_____ La embajada de Colombia

_____ La organización de Naciones Unidas (ONU)

_____ El hospital más cerca de tu casa

_____ Tu médico

_____ Periódicos colombianos: *El espectador*, *El tiempo*

_____ El departamento de español de tu universidad

A NAVEGAR

Daniel piensa que la red electrónica es la fuente donde puede conseguir más información. Ve a la red (*www.prenhall.com/gente*) y lee el primer portal de la salud en Colombia para poder ayudar a Daniel.

VOCABULARIO

Las partes del cuerpo

(la) boca	mouth
(el) brazo	arm
(la) cabeza	head
(la) cara	face
(la) cintura	waist
(el) codo	elbow
(el) corazón	heart
(la) espalda	back
(la) frente	forehead
(la) mano	hand
(el) músculo	muscle
(el) ojo	eye
(el) pie	foot
(la) pierna	leg
(la) rodilla	knee
(la) sangre	blood

Las actividades físicas

andar	to walk
dar un paseo	to go for a walk
hacer ejercicio	to do exercise
hacer flexiones	to do push-ups
hacer yoga	to do yoga
ir en bici	to bike ride
nadar	to swim
subir y bajar escaleras	to climb stairs, to go downstairs

Los buenos y los malos hábitos

(los) atascos	traffic jams
(las) costumbres regulares	regular habits
(el) ejercicio físico	physical exercise
(el) equilibrio anímico	mental balance

(la) práctica	*practice*
(una) vida sana	*a healthy life*
adelgazar	*to lose weight*
comer fruta	*to eat fruit*
disfrutar del tiempo libre	*to enjoy free time*
dormir la siesta	*to take a nap*
engordar	*to gain weight*
estar sentado/a	*to be seated*
fumar	*to smoke*
hacer dieta	*to be on a diet*
mantenerse en forma	*to keep fit*
perder peso	*to lose weight*
tomar demasiado café	*to drink too much coffee*
trabajar muchas horas	*to work for many hours*

Las expresiones temporales y los días de la semana

(los) días laborables	*workdays*
(el) fin de semana	*weekend*
(el) horario	*schedule*
semanal	*weekly*
quincenal	*biweekly*
mensual	*monthly*
por la mañana	*in the morning*
por la tarde	*in the afternoon/evening*
por la noche	*in the evening/night*
de vez en cuando	*from time to time*
todos los días	*every day*
todas las semanas	*every week*
normalmente	*normally*
frecuentemente	*frequently*
inmediatamente	*immediately*
al mismo tiempo	*at the same time*
deprisa	*quickly*
pronto	*soon*
con calma	*calmly*
(el) lunes	*Monday*
(el) martes	*Tuesday*
(el) miércoles	*Wednesday*
(el) jueves	*Thursday*
(el) viernes	*Friday*
(el) sábado	*Saturday*
(el) domingo	*Sunday*

Para hablar sobre actividades físicas y alimentos

ágil	*agile, flexible*
complicado/a	*complicated*
delgado/a	*thin*
efectivo/a	*effective*
fuerte	*strong*
gordo/a	*fat*
necesario/a	*necessary*
recomendable	*advisable*
sano/a	*healthy*
violento/a	*tough*
(el) azúcar	*sugar*
(la) carne	*meat*
(el) dulce	*sweet, candy*

(la) fibra	*fiber*
(la) fruta	*fruit*
(la) grasa	*fat*
(el) pescado	*fish*
(el) queso	*cheese*
(las) salsas	*sauces*
(la) verdura	*vegetables*

Otras palabras y expresiones útiles

de hecho	*in fact*
en otras palabras	*in other words*
en cuanto a	*regarding*
a menudo	*often*
un poco	*a little, a bit*
poco/a/os/as	*few*
demasiado/a/os/as	*too many*
a la derecha	*to the right*
a la izquierda	*to the left*
detrás (de)	*behind*
enfrente (de)	*in front of*
ante	*before*
hacia delante	*forward*
junto a	*next to*
recto	*straight*
(el) asunto	*matter*
(el) consejo	*advice*
(las) instrucciones	*directions*
(el) suelo	*floor*
(la) tensión	*pressure*
(un) seguro médico	*health insurance*
(una) vacuna	*vaccine*

Verbos

abrir	*to open*
cerrar	*to close*
conseguir	*to get, to obtain*
desayunar	*to have breakfast*
despertarse	*to wake up*
dormirse	*to fall asleep*
ducharse	*to take a shower*
estirar	*to stretch*
evitar	*to avoid*
girar	*to turn*
juntar	*to join*
levantar	*to lift*
levantarse	*to get up*
mantener	*to maintain*
realizar	*to make*
saltar	*to jump*
sentarse	*to sit down*
tomar	*to take*

Vamos a escribir la biografía de una persona de nuestro país. Aprenderemos a:

✔ referirnos a datos biográficos e históricos,
✔ situar los acontecimientos en el tiempo,
✔ indicar las circunstancias en que se produjeron.

gente e **historias**

6-1 Fechas importantes

¿Puedes relacionar cada titular con su fecha correspondiente? Luego, compara tus respuestas con las de otros/as compañeros/as.

9/11/89
15/12/55
21/7/69
11/9/73
12/10/68
22/12/75
9/12/80
4/2/45
24/1/73
19/8/91
21/4/56

EJEMPLO:

- • Yo creo que la caída del muro de Berlín fue en el noventa y uno.
- ○ ¡Noooo! Fue en el ochenta y nueve.
- ■ Es verdad, fue en noviembre del ochenta y nueve.
- □ Sí, fue el nueve de noviembre de mil novecientos ochenta y nueve. Lo recuerdo perfectamente.

CAÍDA DEL MURO DE BERLÍN

Coronación de Juan Carlos I

Inauguración de los Juegos Olímpicos de México

Golpe de estado contra Allende en Chile

Ingreso de España en la ONU

GOLPE DE ESTADO EN LA UNIÓN SOVIÉTICA CONTRA M. GORBACHOV

ASESINATO DE JOHN LENNON

ACUERDOS DE PARÍS: RETIRADA DE EE.UU. DE VIETNAM

Conferencia de Yalta entre Stalin, Roosevelt y Churchill

Éxito de Elvis Presley: número 1 en las listas

Llegada del Apolo XI a la luna

6-2 ¿Y en tu país?

 ¿Hay alguna fecha especialmente importante en tu ciudad, en tu país? ¿Cuál?

87

ochenta y siete

Sugerencia para la actividad 6–1

La referencia a acontecimientos se presenta aquí con el Pretérito **fue** referido al nombre del acontecimiento y seguido de la fecha. En esta lección se introduce el uso del Pretérito.

También se introduce el Imperfecto. La visión del sistema de referencias del pasado está eminentemente orientada a la comprensión de dicho sistema. Los aspectos productivos están muy limitados y se presentan con fuertes apoyos.

Sugerencias para la actividad 6–1

Introduzca la actividad preguntándoles a sus alumnos si reconocen los acontecimientos de las imágenes (caída del muro de Berlín, coronación del Rey Juan Carlos, Juegos Olímpicos de México 68), y pidiéndoles que den fechas aproximadas. O puede sugerirles que busquen en las páginas 86 y 87 los nombres y las fechas correspondientes a estas imágenes.

Si sus alumnos tienen problemas para recordar las fechas de estos acontecimientos, vea la sugerencia de MÁS COSAS.

MÁS COSAS

Los alumnos pueden formular preguntas sobre acontecimientos recientes a los que se sientan más vinculados:

A1: *¿Cuándo fue la última final de la Liga de campeones?*
A2: *El 20 de mayo del año pasado.*

Sugerencia para la actividad 6–1

Aproveche esta ocasión para explicar a sus alumnos las diferencias en las fechas entre los Estados Unidos y los países hispanos.

Estados Unidos: mes/día/año
01/28/76

Países hispanos: día/mes/año
28/01/76

Respuestas para la actividad 6–1

- • Caída del Muro de Berlín: *9/11/89*
- • Coronación de Juan Carlos I: *22/12/75*
- • Inauguración de los Juegos Olímpicos de México: *12/10/68*
- • Golpe de Estado contra Allende en Chile: *11/10/73*
- • Ingreso de España en la ONU: *15/12/55*
- • Golpe de Estado en la Unión Soviética contra M. Gorbachov: *19/8/91*
- • Asesinato de John Lennon: *9/12/80*

- • Acuerdos de París: Retirada de EE.UU. de Vietnam: *24/1/73*
- • Conferencia de Yalta entre Stalin, Roosevelt y Churchill: *4/2/45*
- • Éxito de Elvis Presley: número 1 en las listas: *21/4/56*
- • Llegada del Apolo XI: *21/7/69*

Sugerencia para la actividad 6–2

Si sus alumnos han realizado estas actividades con cierta facilidad y rapidez, puede introducir ya uno de los usos del Imperfecto con los verbos **estar** o **tener**. Retomando la última frase del Ejemplo de la actividad 6–1, los alumnos pueden ampliar la información:

Lo recuerdo perfectamente. Yo tenía 9 años.

Lo recuerdo perfectamente. Ese día / Ese año yo estaba de viaje...

Información para la actividad 6–3

La clave para la resolución del problema planteado está en las referencias históricas que aparecen en los textos de los diarios, es decir, los acontecimientos citados por los adolescentes y que han de corresponder a los años 1953, 1978 y 1995 (que hay que añadir a la fecha que encabeza cada diario).

Aunque ni usted ni sus alumnos recuerden las fechas exactas de los acontecimientos mencionados, éstos se han elegido de manera que puedan asignarse con facilidad a una de las tres épocas en que se escriben los diarios (principios de los años 50, finales de los 70, mediados de los 90).

Sugerencias para la actividad 6–3

Puede empezar trabajando la imagen y hablando sobre cada uno de los personajes:

¿Qué edad tiene ahora, en la foto actual?

¿Qué edad tenía en la otra foto?

¿Qué recuerdas tú de esos años: en cine, en deportes, en política...?

A continuación puede pedirles que hagan una lectura rápida de los textos de los diarios, a ver si encuentran algún dato que puedan relacionar con esas fechas. Puede guiar la lectura por intereses:

¿A quién le gusta mucho el cine / la música pop / el fútbol?

En el diario A/B/C puedes encontrar una referencia de ese tema.

Finalmente pueden leer los tres diarios y resolver la tarea.

CLAVE DE RESPUESTAS

Diario	Año	Claves
A	1953	Cine: *Cantando bajo la lluvia* NO-DO Reconocimiento del régimen de Franco por EE.UU. y entrada de España en la ONU Di Stefano al Real Madrid No se menciona la televisión
B	1978	Cine: *Encuentros en la tercera fase* Música: The Police Ya hay televisión Primer vuelo del Concorde Primer bebé probeta Constitución española del 78
C	1995	Cine: *Forrest Gump, Balas sobre Broadway* Sarajevo: guerra en Bosnia Chirac: elecciones en Francia Música: Prince

88

---

6 **gente e historias** ◆ **CONTEXTOS**

6–3 **1953, 1978, 1995: diarios de adolescentes españoles**

Estos diarios pertenecen a las personas de las fotos. Los escribieron en su adolescencia, en los años 1953, 1978 y 1995. En cada diario tenemos el mes y el día, pero no el año.

Lee primero los tres diarios y luego contesta las preguntas siguientes.

¿Qué foto corresponde a cada diario? ¿Por qué? Discútelo con un compañero/a.

EJEMPLO:

● Yo creo que el diario B es el de Javier.

● No... "Encuentros de la tercera fase" no es de los años 50...

Javier Burgos de la Fuente. Jubilado, nacido en 1935.

Javier en 1953, año al que corresponde su diario.

María Luisa Guzmán Ferrer. Ama de casa, nacida en 1961.

María Luisa en 1978, año del diario.

Juan Mora Sánchez. Ingeniero Técnico de Telecomunicaciones, nacido en 1977.

Juan a los 18 años, en 1995.

Información para la actividad 6–4

Se facilita una primera aproximación al uso de estos dos tiempos verbales, presentándolos junto a un marcador temporal.

Lo importante es, por un lado, el valor particular del Imperfecto frente al pretérito; y por otro lado, el reconocimiento de la morfología de los dos tiempos.

A

Domingo, 4 de octubre de 19 ____.

Ayer fui con Cecilia al cine y vimos "Cantando bajo la lluvia". Es una película muy bonita, nos gustó mucho. Al salir vimos a Anita, estaba con Jaime. También estaban con ellos Gerardo y Esperanza.

En el NO-DO¹ hablaron de la firma de un acuerdo entre Franco y los Estados Unidos; esto puede ser el primer paso para la entrada de España en la ONU.

También hablaron de fútbol, de la llegada a España del futbolista argentino Alfredo Di Stefano, para jugar en el Real Madrid.

Después del cine fuimos a dar un paseo con Anita y Jaime. En el parque no había nadie, hacía mucho frío. Entramos en una cafetería y tomamos un chocolate con churros.

B

Domingo, 3 de diciembre de 19 ____.

Ayer comí con Fernando y luego fuimos al cine, a la primera sesión. Vimos "Encuentros en la tercera fase". A él no le gustó mucho, a mí me encantó. Al salir, fuimos al Corte Inglés, que aún estaba abierto, y compramos un disco de Police para Marta, que hoy es su cumpleaños y le gustan mucho. Después, fuimos a cenar a casa de Fernando. Sus padres estaban viendo en la tele el Informe Semanal; había un reportaje muy interesante sobre el primer vuelo del Concorde, y otro sobre Louise Brown, el primer bebé probeta. El último fue sobre la nueva Constitución y el referéndum de la semana que viene. Fernando y su padre se pusieron a discutir de política, como siempre. Después fuimos a la fiesta de cumpleaños de Marta; mi regalo le gustó mucho. Tienen una casa muy bonita y muy grande, en una urbanización de las afueras; estaba todo preparado en el jardín, pero como hacía frío, la fiesta fue en el interior. Lo pasamos muy bien.

C

Domingo, 7 de mayo de _____

El viernes fuimos al cine con Fermín y Carmina y vimos "Forrest Gump". El sábado fui a ver "Balas sobre Broadway" de W. Allen, que es mucho mejor. Lo que no entiendo es cómo le dieron tantos Oscars a "Forrest Gump".

A la salida del cine me encontré con una manifestación por Sarajevo. Me uní a la marcha. Bajamos por el Paseo de Miramar, y luego por la Avenida Príncipes de España. Cuando llegamos a la Plaza de España, ya era de noche; allí terminó la manifestación con un minuto de silencio. Me encontré con Mariluz y Juanjo, que también estaban en la manifestación. Fuimos a tomar una cerveza; en el bar tenían la tele puesta y daban los resultados de las elecciones en Francia. El presidente es Chirac. También dijeron en las noticias que este verano va a venir a España Prince, en una gira que organiza por toda Europa.

6-4 **Tiempos pasados**

Los textos anteriores tienen dos formas verbales distintas para hablar del pasado. Son éstas: el Pretérito y el Imperfecto.

Una de estas formas se usa con el adverbio *ayer*, ¿sabes cuál es? Márcalo con una cruz (X) en la columna correspondiente. Mira los verbos del texto A si necesitas ayuda. Ahora ya los podemos identificar. Su uso lo aprenderemos progresivamente.

TEXTO A:

Pretérito	Imperfecto
fui	estaba
vimos	estaban
nos gustó	había
hablaron	hacía
fuimos	
entramos	
tomamos	

¹ En España, el **NO-DO** es la marca de las películas documentales nacionales, formada por las dos primeras sílabas de las palabras "**no**ticiario **do**cumental".

Información para le actividad 6–5

El recuadro facilita todas las formas verbales, conjugadas en primera persona, necesarias para resolver la actividad.

Sugerencias para la actividad 6–5

Presente la actividad con un trabajo de toda la clase, para que los alumnos entiendan la mecánica:

En 1975 Diana terminó sus estudios; el día 8 de enero.

¿Alguien más en la clase terminó sus estudios ese año?

¿Alguien de la clase recuerda el año en que terminó sus estudios?

¿Para alguien el 1975 es un año importante?

Según las respuestas de los alumnos, se escriben las fechas en la casilla correspondiente.

Luego los alumnos continúan en pequeños grupos.

Finalizada la actividad, los grupos informan a la clase del contenido de su cuadro. En la columna central tienen la conjugación del Pretérito, con cuya ayuda pueden preparar la presentación en tercera persona.

En nuestro grupo, Claudia entró en la universidad en 1996 y John se fue a vivir a San Francisco en 1998.

Información para la actividad 6–6

No se dice la fecha de todos los acontecimientos que se mencionan. En la CLAVE DE RESPUESTAS tiene la relación de aquellos de los que sí se dice.

El texto facilita mucha más información de la que se les pide a los alumnos que reconozcan.

Respuestas para la actividad 6–6

Recuerdos	Fecha
Vio el plástico por primera vez	año 54 ó 55
Visita de Eisenhower a España (acuerdos con Franco)	1955
Visita de Eva Perón	1956
Muerte de Che Guevara	1967
Muerte de M. L. King	1968
Muerte de J. F. Kennedy	1963
Llegada a la Luna	21/7/1969

6 gente e historias ◆ FORMAS Y RECURSOS

6-5 Años importantes en la vida de nuestro grupo
Rellena con tus compañeros/as el cuadro de abajo, con las fechas importantes de sus vidas.

EJEMPLO:
- Yo empecé mis estudios en 1990.
- Yo conocí a mi novio en 1993.
- Yo me casé en 1982.
- En 1989 nació mi hija pequeña.

6-6 Recuerdos en la radio

Javier Burgos habla de sus recuerdos. Toma notas de lo que dice y del año en que sucedió.

6-7 Tus recuerdos

Imagina que en tu trabajo o en tu escuela te piden que respondas a este cuestionario. Contesta las preguntas y luego pregúntale a un compañero/a.

¿En qué año nació usted? _____

¿Cuándo empezó la escuela primaria? _____

¿Cuál fue su primer trabajo? _____

¿Cuándo empezó a estudiar español? _____

6-8 ¿Cómo era la vida en tu infancia?

Haz una lista de las cosas que no existían cuando tú eras niño/a. Después, coméntalo con tus compañeros/as.

EJEMPLO:
- Cuando yo era niño, no había teléfonos móviles.
- Cuando yo era niña, tampoco.

En	las casas las ciudades en los pueblos las escuelas	no (sí)	había _____ , teníamos	por eso...

EL PRETÉRITO

Verbos regulares:

TERMINAR	CONOCER, VIVIR
terminé	conocí
terminaste	conociste
terminó	conoció
terminamos	conocimos
terminasteis	conocisteis
terminaron	conocieron

Verbos irregulares:

SER/IR	TENER	ESTAR
fui	tuve	estuve
fuiste	tuviste	estuviste
fue	tuvo	estuvo
fuimos	tuvimos	estuvimos
fuisteis	tuvisteis	estuvisteis
fueron	tuvieron	estuvieron

EL IMPERFECTO

Verbos regulares:

ESTAR	TENER, VIVIR
estaba	tenía
estabas	tenías
estaba	tenía
estábamos	teníamos
estabais	teníais
estaban	tenían

Verbos irregulares:

SER	IR
era	iba
eras	ibas
era	iba
éramos	íbamos
erais	ibais
eran	iban

FECHAS

¿Cuándo
¿En qué año } nació?
¿Qué día } se fue?

Nació } en 1987/en el 87.
Se fue } en junio.
} el día 6 de junio de 1987.

6-9 El concurso

🔊 Escucha las respuestas de dos concursantes del programa "¿Cuándo fue?". ¿Cuál de los dos tiene más respuestas correctas? Éstas son las fichas de las preguntas.

Respuestas para la actividad 6–9

	Primer concursante	correcto	incorrecto	Segundo concursante	correcto	incorrecto
1ª pregunta		✔				✔
2ª pregunta			✔		✔	
3ª pregunta		✔				✔
TOTAL		2	1		1	2

AVANCES DE LA CIENCIA Y LA TÉCNICA

1969: N. Amstrong pone el pie en la Luna.
1961: Gagarin, primer "hombre del espacio".
1919: Leonardo Torres Quevedo inventa el transbordador de las Cataratas del Niágara.
1923: J. de la Cierva inventa el autogiro, precursor del helicóptero.
1864: Narcís Monturiol crea el Ictíneo, uno de los primeros submarinos del mundo.

VIDAS DE FAMOSOS

1956: Boda de Rainiero y Grace Kelly.
1968: Boda de Jacqueline Kennedy con A. Onassis.
1997: Muerte de Lady Di.
1997: Boda en Barcelona de la Infanta Cristina y el jugador de balonmano Iñaki Urdangarín.

MAGNICIDIOS

1986: Olof Palme
1995: Isaac Rabin
1978: Aldo Moro
1967: Che Guevara

PREMIOS NOBEL Y CIENTÍFICOS

1983: Walesa, premio Nobel de la Paz.
1982: García Márquez, premio Nobel de Literatura.
1955: Muere Albert Einstein.
1906: Santiago Ramón y Cajal, Premio Nobel de Medicina.
1959: Severo Ochoa, Premio Nobel de Medicina.

ACONTECIMIENTOS SOCIALES Y POLÍTICOS

1968: Dimisión de De Gaulle.
1978: Acuerdos de Camp David entre Egipto e Israel.
1945: Conferencia en Yalta. Stalin, Roosevelt y Churchill. Acuerdo sobre la creación de la ONU.
1945: Firma de la carta de la ONU, en San Francisco.
1957: Tratados de Roma: nacimiento de la CEE y del Euratom (Europa de los Seis).
1962: Independencia de Argelia.

	Primer concursante	correcto	incorrecto	Segundo concursante	correcto	incorrecto
1ª pregunta						
2ª pregunta						
3ª pregunta						
TOTAL						

6-10 ¿Como fue?

Escribe, en español, tres fechas importantes en tu vida. ¿Qué te pasó? ¿Dónde? ¿Con quién estabas? Si no te apetece decir la verdad, inventa historias.

FECHA	¿QUÉ PASÓ?	¿CON QUIÉN ESTABAS?	¿DÓNDE?	¿QUÉ TIEMPO HACÍA?
el 3 de julio de 1988	Tuve un accidente de coche.	Iba con Richard Gere.	Íbamos a esquiar a los Alpes.	Llovía.

EJEMPLO:

● ¿Qué te pasó el 3 de julio de 1988?
○ Tuve un accidente de coche...

En clase, entrega un papel con tus fechas a tres compañeros/as. Ellos/as te harán preguntas.

91

CONTRASTE DE USOS

Pretérito: información presentada como acontecimientos, con estos marcadores:

Ayer
Anteayer
Anoche
El otro día
El lunes/martes... } fui a Madrid.
El día 6...
La semana pasada
El mes pasado
El año pasado

Imperfecto: información presentada como circunstancias.

● **Iba** a Madrid y tuve un accidente.

Imperfecto: contraste ahora/antes:

Ahora } todo el mundo
Actualmente } tiene tele.

Antes
Cuando yo era niño, } no **teníamos**
Entonces } tele.
En esa época

RELACIONAR ACONTECIMIENTOS

No llevaba } Por eso } no pudo entrar.
llaves. } Así que }

Luego
Después } llamó a los vecinos.
Entonces

91

Información para la actividad 6–11

Para que la fase final sea efectiva (cada grupo lee ante la clase la biografía de su personaje) debe procurar que no todos los grupos elijan los mismos personajes.

Son personajes ficticios, y cualquier biografía es imaginable. Pero tiene que ser coherente, creíble y apropiada a lo que sugiere la imagen.

En esta actividad, los distintos grupos construyen una biografía imaginaria a partir de lo que les sugiere la imagen y los datos que hay en los cuadros. Los personajes tienen en común el haber vivido la España del siglo XX.

Sugerencias para la actividad 6–11

Puede empezar interpretando la imagen:

¿Qué tienen en común estas personas?

¿En qué se distinguen?

Y a continuación pueden trabajar por grupos, en dos fases: una primera, de selección de los datos, y una segunda, de escritura del texto.

En la primera fase pueden considerar los seis apartados (A-F) o inventar datos. Estos seis apartados contienen todos los datos que podemos usar. Existe libertad total de elección, así como de orden de inclusión de los datos.

En la segunda, conviene trabajar primero con los cinco primeros (A-E) y dejar el apartado F para el final, introduciéndolo en el texto con la frase *Hablamos con ... que vivió con intenso interés*. Esta fase cumple la función de completar la imagen del personaje y facilitar más datos para su identificación.

 gente e historias ◆ TAREAS

6–11 **Historias personales de españoles**

¿Cuál puede ser la historia de los personajes de las imágenes? En grupos de tres: cada grupo elige un personaje y construye su historia.

¿Cómo? Con la ayuda de las frases de las listas A, B, C, D y E: busca y elige las que quieras. También puedes modificarlas a tu gusto.

Cuando la historia esté terminada, un/a alumno/a de cada grupo la lee en voz alta. El resto de la clase escucha y tiene que adivinar a qué persona corresponde.

A

Nació en 1915, en Zaragoza, de padres anarquistas.
•
Nació en 1920, en Bilbao.
•
Nació en 1917, en Alcalá de Guadaira, en la provincia de Sevilla.
•
Nació hace 85 años, en Corcubión, un pueblecito gallego cerca de Finisterre, en una familia de pescadores.
•
Sus padres eran campesinos muy pobres.
•
Su familia pertenecía a la burguesía industrial de la ciudad.

B

De niño/a no fue a la escuela.
•
De niño/a tuvo una vida muy fácil.
•
Se educó en la escuela libertaria Natura, en el Pirineo aragonés.
•
Estudió bachillerato en uno de los mejores colegios de la ciudad.

C

A los 18 años entró en el cuerpo de funcionarios de Correos.
•
Cuando estalló la guerra civil, en el 36, se alistó voluntario/a en las milicias de la república.
•
A los 24 años terminó la carrera de Historia en la Universidad, pero nunca ha trabajado.
•
No se casó, pero desde 1935 vive con su actual compañero/a.
•
A los 26 años se casó.
•
Con la llegada de la democracia formó un grupo ecologista libertario.

D

En aquellos años no había suficientes alimentos ni medicinas.
•
Entonces muy pocas mujeres iban a la universidad.
•
Entonces no había libertad de asociación política ni sindical.
•
En el país ya había más libertad para expresar las opiniones políticas.
•
En el campo no había trabajo para todos.

E

Su familia se trasladó a Barcelona, donde su padre encontró trabajo en SEAT[2].

•

Estuvo en la cárcel por participar en actividades sindicales.

•

La posguerra fue muy dura para toda su familia.

•

Vivió una temporada en París, donde conoció a su marido/mujer.

Podemos completar las biografías con este apartado: "La semana pasada hablamos con él/ella y nos dijo que recuerda especialmente estos acontecimientos, que vivió con intenso interés..."

F

El bombardeo de Hiroshima (1945).

•

El ingreso de España en la ONU (1955).

•

El premio Nobel de Literatura a J. R. Jiménez (1956).

•

La independencia de Argelia (1962).

•

El mayo francés de 1968.

•

La boda de Jacqueline Kennedy con A. Onassis (1968).

•

La Revolución de los Claveles en Portugal (1974).

•

La muerte de Franco (1975).

•

La legalización del Partido Comunista de España después de la muerte de Franco (1977).

•

El Referéndum de la Constitución de 1978.

•

El asesinato de J. Lennon (1980).

•

La huelga de Solidaridad en los astilleros de Gdansk, en Polonia (1980).

•

El intento de golpe de estado de Tejero (1981).

6-12 **Un personaje conocido nuestro**

Ahora vamos a escribir la historia de una persona que conocemos. Formen grupos según sus preferencias:

- ■ un personaje público conocido internacionalmente
- ■ una persona anónima que pueda ser representativa de la gente de su país o ciudad
- ■ una persona de su círculo de amigos o conocidos (colegio, escuela, empresa...)

¿Cómo trabajamos? Las listas del ejercicio anterior nos sirven de guía: ponemos los datos, las fechas, los acontecimientos y las circunstancias adecuados a nuestro personaje.

Al final, cada grupo presenta a la clase a su nuevo personaje.

LES SERÁ ÚTIL...

a los... años
cuando tenía... años
al terminar la guerra

de niño/niña/joven/mayor

Desde 1986 **hasta** 1990
vivió en París.
Vivió en París cuatro años.

● Eso fue en los años 40.
○ No, fue mucho después,
  hacia los 60.

Fue **el año en el que...**
Fue **la época en la que...**

[2] **SEAT** es una marca de coches de fabricación española. Significa Sociedad Española de Automóviles de Turismo.

93

Sugerencias para la actividad 6–12

Conviene primero formar grupos en torno a personajes.

Para facilitarles la tarea de elegir a un personaje, puede escribir una lista en la pizarra, con los nombres de aquellos personajes que sugieran los propios alumnos y que usted mismo puede ampliar.

Una vez formados los grupos y elegido el personaje, hay que proceder a la selección de datos. Para ello, los apartados A-E de la actividad anterior pueden ser muy útiles ya que pueden sugerir los datos que vamos a poner (por analogía o por contraste entre los personajes) y presentan, además, las estructuras y el vocabulario necesarios.

Al igual que en la actividad anterior, hay que añadir el apartado F. Aquí necesitaremos datos históricos relevantes para los nuevos personajes. Puede proceder nuevamente a la elaboración de una lista general con las sugerencias de los alumnos y los datos que usted pueda añadir.

93

Información para la actividad 6–13

Julio Llamazares nació en León, provincia del norte de España en la que hay unas minas de carbón a las que alude el texto. En la novela *Escenas de cine mudo*, el autor recrea el mundo de su infancia en Olleros, uno de los pueblos mineros de León.

Información para la actividad 6–13

Julio Llamazares nació en León, provincia del norte de España en la que hay unas minas de carbón a las que alude el texto. En la novela *Escenas de cine mudo*, el autor recrea el mundo de su infancia en Olleros, uno de los pueblos mineros de León.

Sugerencia para la actividad 6–13

Para la respuesta a la pregunta sobre la edad, hay datos objetivos en el texto "Extraños en la noche" (la infancia, la escuela...). Para la segunda pregunta, los alumnos deben recurrir a su imaginación y basarse en una atenta lectura del fragmento de la novela.

Sugerencia para la actividad 6–13

Puede empezar pidiéndoles a sus alumnos que comenten diversos aspectos: la imagen, el título del texto ("Extraños en la noche") y su primera frase (*Son las doce de la noche. Noticias en Radio Nacional de España*), con la que se abrían los noticiarios radiofónicos durante la dictadura del general Franco.

A continuación puede pedirles que busquen en el texto los motivos de la imagen: la cena, la radio y la ventana abierta a la noche, los edificios de Moscú, el mapa de Andorra (entre Francia y España), las imágenes del Papa y de Kennedy.

Finalmente pueden realizar una lectura más atenta.

Información para la actividad 6–14

Augusto Monterroso nació en Guatemala y ha vivido exiliado en México desde 1944. Escribe relatos breves y fábulas llenos de fantasía y humor, con una visión de la vida irónica, amarga y tierna a la vez.

Sugerencia para la actividad 6–14

Posibles preguntas serían:

- ¿Quién despertó?
- ¿Qué hacía allí?
- ¿Por qué estaba allí?
- ¿Dónde es allí?
- ¿Cuándo despertó?
- ¿Cómo despertó?

Después de tener todas las preguntas, pídales a sus alumnos que imaginen una respuesta.

EXTRAÑOS EN LA NOCHE

Son las doce de la noche. Noticias en Radio Nacional de España. El murmullo de la radio acompaña (...) como una banda sonora, el recuerdo de las noches de mi infancia. (...) Yo la escuchaba mientras cenaba o, mientras me dormía, desde la cama e imaginaba cómo serían los países y las ciudades desde los que llegaban aquellas voces que cada noche venían a acompañarme. Pensaba que aquellas voces no eran reales, o por lo menos no como la mía, pues siempre decían lo mismo y sonaban casi iguales, pero a mí eso, entonces, no me importaba. Lo que me importaba a mí era saber cómo sería Madrid, o París, o el Vaticano, cuya emisora mi padre conectaba algunas noches para escuchar al Papa, y, sobre todo, aquel extraño país que se llamaba *el Principado de Andorra* y que yo imaginaba tan irreal como la voz de su locutora porque, aparte de sonar a país de cuento, ni siquiera venía en el mapa. Y en esos pensamientos iban pasando las noches, todas iguales y repetidas, todas igual de monótonas que las voces de la radio.

Una noche, sin embargo, una noticia vino a romper la rutina de la radio y de mi casa. Recuerdo aún que estábamos cenando. De repente, la música se interrumpió y una voz grave anunció escuetamente, tras la correspondiente señal de alarma, que el presidente de los Estados Unidos había sido asesinado. (...)

Yo no sabía lo que pasaba. Sabía que era algo grave por el tono de voz de los locutores y por la seriedad y el miedo de mis padres, pero no comprendía qué tenía que ver el presidente de los Estados Unidos con ellos ni por qué les preocupaba tanto (casi tanto como la muerte del abuelo, que había sucedido meses antes) lo que acabara de pasar en un país que, como el Principado de Andorra, imaginaba que tampoco vendría siquiera en el mapa. (...)

Al día siguiente, en la escuela, descubrí con sorpresa que nadie sabía nada: ni quién era Kennedy, ni en qué país gobernaba, ni lo que le había pasado. Y, sobre todo, lo más sorprendente, que a nadie le importaba nada. (...)

(Recuerdo que) su nombre quedó impreso en mi memoria, y unido para siempre al de la radio, porque fue gracias a él como yo supe que aquellas voces que hasta aquel día creía irreales porque siempre decían lo mismo y sonaban casi igual eran voces de personas que existían realmente, (...) igual que también lo eran los países de que hablaban, aunque algunos, como Andorra, ni siquiera figuraran en el mapa. Es decir: que, mientras yo vivía en Olleros rodeado de minas y de montañas, había gente que vivía, trabajaba y moría, como nosotros, en otros muchos lugares.

J. Llamazares, *Escenas de cine mudo*

6–13 ¿Qué edad crees que tiene el protagonista en el momento de publicarse la novela *Escenas de cine mudo*?

¿Cómo te lo imaginas en el momento que relata: edad, aspecto físico, ropa que lleva, habitación donde está...?

6–14 **Un cuento muy breve.** Léelo. Después prepara cinco preguntas para tu compañero/a.

EJEMPLO:

- ¿Quién despertó?

El dinosaurio

C uando despertó, el dinosaurio todavía estaba allí.

A. Monterroso,
El Eclipse y otros cuentos

mi *gente* Chile

ESTRATEGIAS DE LECTURA:

Las cinco preguntas

The five basic questions in journalism are who? what? when? where? and why? (**¿quién? ¿qué? ¿cuándo? ¿dónde? y ¿por qué?**). These are the questions authors use when writing a text.

You can also use these questions to guide your readings and to prepare your compositions. When reading, if you look for the answers to these questions, it will be easier for you to understand what the article says.

Let's try to find the answers to these questions in the following paragraph:

Felipe Hermoso encontró a su segunda esposa en el tren de Santiago a Concepción. En cuanto Felipe vio a Marta, no pudo dejar de pensar en ella. Siguen juntos y tomando el mismo tren desde aquella tarde lluviosa de junio de 1991.

Who: Felipe Hermoso, su segunda esposa
What: encontró
When: junio de 1991
Where: en un tren de Santiago a Concepción
Why: no pudo dejar de pensar en ella

As you see, this technique will give you some of the basic information you need to know. This would help you when reading the whole article because you can concentrate on other aspects of the text.

 GENTE QUE LEE

ANTES DE LEER

6-15 **El primer amor**
¿Cuándo fue la primera vez que te enamoraste? ¿Lo recuerdas? Marca con una palomita (✓) cómo y dónde fue, y después intercambia la información con tu compañero/a.

_____ Fue en un viaje.	_____ Fue muy especial.
_____ Fue en un programa de televisión.	_____ Fue un poco ridículo.
_____ Fue en la universidad.	_____ Fue un flechazo, un amor a primera vista.
_____ Fue en una fiesta.	_____ Fue con un/a amigo/a de toda la vida.
_____ Fue en casa de unos amigos.	_____ Otras circunstancias.

6-16 **¿Eres romántico/a?**
Selecciona la respuesta más apropiada y después
comparte la información con tu compañero/a. Él/Ella te
dirá si eres romántico/a.

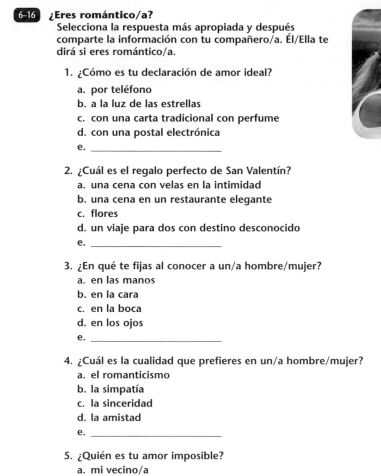

1. ¿Cómo es tu declaración de amor ideal?

   a. por teléfono
   b. a la luz de las estrellas
   c. con una carta tradicional con perfume
   d. con una postal electrónica
   e. _____

2. ¿Cuál es el regalo perfecto de San Valentín?
   a. una cena con velas en la intimidad
   b. una cena en un restaurante elegante
   c. flores
   d. un viaje para dos con destino desconocido
   e. _____

3. ¿En qué te fijas al conocer a un/a hombre/mujer?
   a. en las manos
   b. en la cara
   c. en la boca
   d. en los ojos
   e. _____

4. ¿Cuál es la cualidad que prefieres en un/a hombre/mujer?
   a. el romanticismo
   b. la simpatía
   c. la sinceridad
   d. la amistad
   e. _____

5. ¿Quién es tu amor imposible?
   a. mi vecino/a
   b. un/a cantante famoso/a
   c. la/el hermana/o de mi mejor amigo/a
   d. un/a actor/actriz
   e. _____

A LEER

6-17 **Y ustedes, ¿cómo se conocieron?**
Lee el siguiente texto para descubrir cómo se conocieron algunos chilenos y
después contesta las preguntas.

Respuestas a la actividad 6–18

1. El amor llega cuando uno menos lo espera. Ejemplos: un viaje, un accidente, la universidad, el tren, el hospital, la rutina diaria o la aventura.

2. Estudiaba cine y francés. Conoció a Colette Lacroix cuando ella conducía su Renault y Jorge estaba haciendo dedo.

3. En un programa de televisión.

4. En el tren de Santiago a Concepción. Fue un amor a primera vista.

5. Miguel tenía 28 y Julia 25.

6. Fernando manejaba un camión con vacas cuando estuvo a punto de chocar con el Peugeot que manejaba Beatriz. Él quería casarse en quince días. Se casó en once meses.

7. Que los hombres y las mujeres siempre se encuentran.

8. Las respuestas varían.

 gente e historias ◆ MI GENTE

Primeros encuentros

El amor siempre llega cuando uno menos lo espera: un viaje, un accidente, la universidad, el tren, el hospital, la rutina diaria o la aventura. Viene de pasada o se queda para siempre. Pero, todos coinciden en lo mismo: no hay recetas, el amor impone sus propias reglas y no discrimina.

Jorge Lutero, estudiante chileno de cine y francés, obtuvo una beca y se fue a estudiar a París. Sin dinero, decidió ir a Cannes haciendo dedo. Una bella francesa lo encontró en la autopista, le abrió la puerta de su Renault y le ofreció llevarlo a su destino. Colette Lacroix era la conductora. Fueron dos años de escribirse cartas y ya tienen doce de matrimonio.

Ana Martell estaba desesperada porque no encontraba el verdadero amor. Decidió participar en un programa de televisión. Entre todos los participantes, conoció a Pancho, un chileno de gustos modernos, el hombre de su vida.

Felipe Hermoso encontró a su segunda esposa en el tren de Santiago a Concepción. En cuanto Felipe vio a Marta, no pudo dejar de pensar en ella. Siguen juntos y tomando el mismo tren desde aquella tarde lluviosa de junio de 1991.

Miguel Fontecha, se enamoró perdidamente a los 19 años. Tanto, que incluso cambió su decisión de estudiar filosofía en Valparaíso, por seguir medicina en Santiago. Dieciséis años tenía Julia; nueve años después se casaron.

Fernando Arrieta manejaba un camión cargado de vacas cuando estuvo a punto de chocar con el Peugeot que manejaba Beatriz Soler. Le cedió el paso caballerosamente y ella le respondió con una sonrisa. Él quería casarse en quince días; tuvo que esperar once meses.

Las historias son múltiples y nunca faltan. Cada romance tiene su propia historia: trágica, cómica. Al final, como en los cuentos de hadas, hombres y mujeres siempre se encuentran.

DESPUÉS DE LEER

6-18 **¿Entendiste?**

Contesta las preguntas siguientes según el texto que acabas de leer.

1. ¿Cuándo llega el amor? ¿Estás de acuerdo? Da algunos ejemplos.

2. ¿Qué hacía Jorge en París? ¿A quién conoció? ¿Cómo la conoció?

3. ¿Dónde encontró Ana Martell a su verdadero amor?

4. ¿Cómo se conocieron Felipe y Marta?

5. ¿Cuántos años tenía Miguel cuando se casó con Julia? ¿Y Julia?

6. ¿Cómo se conocieron Fernando y Beatriz? ¿Cuándo quería casarse él? ¿Cuándo se casó en realidad?

7. ¿Qué pasa en los cuentos de hadas?

8. ¿Crees que estas historias son comunes o extraordinarias? ¿Por qué?

GENTE QUE ESCRIBE

6-19 Tu historia

ANTES DE ESCRIBIR

Prepara tu mejor historia de amor. Puede ser realidad o ficción. Para ello, escribe primero una lista que contenga lo siguiente:

■ el nombre de la persona
■ lugar del primer encuentro
■ hora, día de la semana, mes, año
■ descripción física de él/ella
■ qué hacía en ese momento
■ primeros gestos
■ primeras palabras

A ESCRIBIR

Escribe y describe tu historia con aproximadamente 200 palabras.

DESPUÉS DE ESCRIBIR

Revisa tu primer borrador y comprueba:

CONTENIDO

■ ¿Te gusta?

■ ¿Necesitas incluir algo más?

■ ¿Está bien organizado?

GRAMÁTICA Y VOCABULARIO

■ ¿Hay errores?

■ ¿Has usado gramática y vocabulario de este capítulo?

Pasa tu texto a tu compañero/a y pídele sugerencias.

Por último, pasa a limpio tu texto y entrégaselo a tu profesor/a.

GENTE EN LA RED

6-20 Pablo Neruda, 20 canciones de amor y una canción desesperada

ANTES DE NAVEGAR

Pablo Neruda es uno de los poetas chilenos más importantes. Una de sus obras más famosas es *20 poemas de amor y una canción desesperada*. De acuerdo con este título, contesta las siguientes preguntas:

99
noventa y nueve

1. ¿Cuáles crees que son los temas que trata Pablo Neruda en sus poemas? Nombra por lo menos tres.

2. ¿Cuál crees que es el tono de la obra? ¿Triste? ¿Serio? ¿Cómico? ¿Alegre? ¿Político? Razona tu respuesta.

3. ¿A quién crees que están dirigidos estos poemas?

A NAVEGAR

Ve a la red (*www.prenhall.com/gente*) y lee el poema "Te recuerdo como eras en el último otoño". A continuación, pulsa en "Escuche a Neruda recitar el Poema 6".

VOCABULARIO

Las actividades cotidianas

encontrarse con alguien	*to meet someone*
hablar de deportes	*to talk about sports*
tomar algo	*to have a drink*
pasarlo bien, disfrutar	*to enjoy*
ponerse a trabajar	*to start working*
terminar de trabajar	*to finish working*

La biografía de una persona

(el) nacimiento	*birth*
(la) infancia	*childhood*
(la) amistad	*friendship*
(el) amor	*love*
(la) boda	*wedding*
(la) jubilación	*retirement*
(la) muerte	*death*
(el) destino	*destiny*

Los acontecimientos históricos y político-sociales

(el) acuerdo	*agreement*
(el) asesinato	*assassination*
(la) conferencia	*conference*
(la) constitución	*constitution*
(la) coronación	*coronation*
(la) democracia	*democracy*
(las) elecciones	*elections*
(la) firma	*signing, signature*
(el) golpe de estado	*coup d'état*
(la) guerra civil	*civil war*
(la) huelga	*strike*
(la) inauguración	*inauguration, opening*
(el) ingreso	*entry*
(la) libertad política	*political freedom*
(la) manifestación	*demonstration*
(el) referéndum	*referendum*
(la) retirada	*retirement*
(el) sindicato	*labor union*

Para relacionar y conectar acontecimientos

hoy	*today*
esta mañana	*this morning*
esta semana	*this week*
este mes	*this month*
ayer	*yesterday*
anteayer	*the day before yesterday*
anoche	*last night*
el otro día	*the other day*
el lunes pasado	*last Monday*
la semana pasada	*last week*
el mes pasado	*last month*
el año pasado	*last year*
hace seis meses	*six months ago*
hace dos años	*two years ago*
antes	*before*
entonces	*then*
después, luego	*afterwards, later*
más tarde	*later*
en esa época	*at that time*
cuando	*when*
de repente	*suddenly*
pero	*but*
sin embargo, no obstante	*however*
por eso	*for that reason*
así que	*so, therefore*
al final, finalmente	*finally*
desde… hasta…	*from… until…*
al día siguiente	*the following day*
nueve meses después	*nine months later*

Otras palabras y expresiones útiles

contra	*against*
correspondiente	*corresponding*
escuetamente	*plainly*
extraño/a	*strange*
sin embargo	*however*
sobre todo	*above all*
sorprendente	*surprising*
(el) pensamiento	*thought*

Verbos

acompañar	*to accompany*
anunciar	*to announce*
comprender	*to understand*
divorciar(se)	*to divorce*
educarse	*to become educated*
enamorarse	*to fall in love*
estallar	*to explode*
fijarse	*to pay attention*
interrumpir	*to interrupt*
jubilarse, retirarse	*to retire*
morir	*to die*
pertenecer	*to belong*
preocupar	*to worry*
relacionar	*to relate*
trasladarse	*to move*
unirse a	*to join*

OBJETIVOS

7

Vamos a hacer el "Libro de cocina" de nuestra clase con nuestras mejores recetas.

Aprenderemos a desenvolvernos en tiendas y restaurantes:

✔ refiriéndonos a los alimentos,
✔ informándonos sobre las características de un plato.

gente que
come bien

7-1 **Productos españoles**

Muchos de estos productos se exportan a otros países y algunos de ellos son ingredientes de la cocina española. ¿Sabes cómo se llaman? Intenta descubrirlo en la lista y compruébalo con un/a compañero/a o con el/la profesor/a.

EJEMPLO:

 • ¿Qué es esto?
○ Garbanzos.

 • ¿Cómo se dice "wine" en español?
○ Vino.

¿Cuáles te gustan? Márcalos con estos signos.

+	=	Me gusta/n.
−	=	No me gusta/n.
?	=	No lo sé, no lo he comido nunca.

- ☐ garbanzos
- ☐ gambas
- ☐ aceite de oliva
- ☐ jamón serrano
- ☐ uvas
- ☐ limones
- ☐ centollo
- ☐ chorizos
- ☐ almendras

- ☐ sardinas
- ☐ espárragos
- ☐ vino
- ☐ cava
- ☐ fresas

- ☐ naranjas
- ☐ plátanos
- ☐ tomates
- ☐ avellanas

7-2 **Coincidimos**

Coméntalo con dos compañeros/as. Luego expliquen al resto de la clase en qué coinciden.

EJEMPLO:

 • Las naranjas, las fresas y el cava nos gustan a los tres.
○ Las sardinas y el chorizo no nos gustan a ninguno de los tres.
• Ninguno de los tres ha comido nunca centollo.

Información para la actividad 7-1

Desde la entrada de España en la Unión Europea, el tradicional "champán" ha pasado a denominarse **cava**, al no poderse utilizar el nombre de la denominación de origen francesa.

Sugerencias para la actividad 7-1

Puede plantear el ejercicio en tres fases:

a) Primero, los alumnos reconocen el vocabulario. Pueden servirse del diccionario.

b) Seguidamente, en grupos de tres discuten gustos personales.

c) Finalmente, explican los gustos y preferencias del grupo ante toda la clase.

Para la segunda fase, los alumnos necesitan saber qué nombres van en plural. En la lista no hay ningún nombre en singular que termine en -s. Pero aun así, es conveniente que antes de realizar la segunda fase, escriban el artículo delante del nombre.

También deberán flexionar adecuadamente el complemento objeto directo *lo/la/los/las* en la oración *No lo he comido nunca.*

En esta fase puede facilitarles reglas de uso de los pronombres personales:

A mí las gambas no me gustan.

A mí, tampoco.   *Pues a mí, sí.*
Pues a mí, sí.   *Y a mí, también.*

Puede unir las dos primeras fases si considera que su grupo es capaz de hacerlo. Si, por el contrario, prefiere dar un ritmo más pausado, desglose la fase B en dos pasos: primero, individualmente, marcan sus gustos al tiempo que repasan el vocabulario. Posteriormente, trabajan en grupos de tres.

El modelo para la fase C prevé una intervención de cada uno de los tres miembros de cada grupo. Lógicamente, no es necesario reproducirlo exactamente, pero sí es conveniente que cada grupo prepare la información para las tres intervenciones.

104

Información para la actividad 7–3

Las dos tarjetas amarillas con la lista de la compra presentan el vocabulario de los pesos y medidas (*kilos, gramos,* etc.), los envases (*botella, lata, paquete,* etc.) y los productos (*naranjas, huevos, queso,* etc.).

Sugerencia para la actividad 7–3

Antes de realizar la audición, puede presentar el vocabulario aprovechando las dos listas y los productos de la fotografía, con un diálogo con sus alumnos. Cada uno debe marcar aquellos productos que se compran en su casa semanalmente, y aquellos que no se compran nunca. Después, usted pregunta:

¿Quién compra naranjas/tomates/zanahorias/huevos/leche/espagueti/...?

¿Qué cantidad?

Sugerencia para la actividad 7–4

Agrupe a los alumnos en parejas o pequeños grupos por especialidades. Así prepararán conjuntamente la lista de ingredientes y cantidades. Puede ser un buen momento para estimular el uso del diccionario aunque es posible que no encuentren todos los ingredientes. En ese caso, pídales que expliquen al resto de la clase de qué producto se trata, si los compañeros no lo conocen:

Es un producto de mi país que no existe en España. Es una especie de cebolla/patata/manzana...

Sugerencia para la actividad 7–5

Para realizar la simulación en parejas, un/a alumno/a adopta el papel del cliente que llama por teléfono y el otro el de un empleado del supermercado. Después, pueden invertir los papeles.

El cliente encarga aquellos ingredientes que tiene en su lista (con excepción de los que no existen en España).

El empleado anota correctamente nombres y cantidades.

Tras la simulación, los/las dos alumnos/as pueden comparar sus notas y comprobar así la comprensión.

Sugerencias para la actividad 7–6

Puede sugerir a sus alumnos que elaboren diferentes carteles con el "menú del día" (dos primeros, dos segundos y un postre), cada uno con aquellos platos que más les gustan, de su país o de otros países. Nuevamente, tendrán que recurrir al diccionario.

Si cree que sus alumnos están preparados, puede pedirles que, a partir de dichos carteles realicen una pequeña simulación en la que representen en pequeños grupos los papeles de camarero (un autor de un "menú del día", que lo presente y de explicaciones) y de los clientes que eligen los platos.

---

7   **gente que come bien** ◆ **CONTEXTOS**

7-3 **Supermercado Blasco**
En el supermercado Blasco, Gema, la dependienta, está hablando por teléfono con una cliente, la Sra. Millán, y anota su pedido. Luego, tiene un problema: no sabe cuál de estas listas es la de la Sra. Millán.

¿Puedes ayudar a Gema? ¿Cuál es la lista de la Sra. Millán?

2 kg de naranjas
1/2 docena de huevos
200 g de queso manchego
2 cartones de leche entera Asturivaca
1 botella de vino Castillo Manchón tinto
6 latas de cocacola
1 paquete de azúcar

2 kg de naranjas
1/2 docena de huevos
150 g de jamón york
2 cartones de leche entera Asturivaca
6 latas de cocacola
12 cervezas Danbier
2 botellas de vino Castillo Manchón blanco
1 paquete de espaguetis de 1/2 kg

7-4 **Tu lista**
Escribe una lista con lo que necesitas para cocinar tu especialidad, incluye ingredientes y cantidades.

7-5 **Llamada al Super**
Un/a compañero/a será ahora Gema. Tú llamas al supermercado para hacer tu pedido. Tu compañero/a va a anotarlo.

7-6 **Cocina mexicana**
Amalia, una española, va a comer a un restaurante mexicano. No conoce la cocina mexicana y la camarera le explica qué es cada plato.

Lee el menú y escucha la grabación.

de primero, _____

Amalia toma,   de segundo, _____

de postre, _____

7-7 **Ingredientes**
¿Puedes hacer una lista de algunos ingredientes de estos platos?

7-8 **El Menú**
Imagina que tú vas a este restaurante. Encarga tu menú.

EJEMPLO:
• Yo, de primero, caldo.

7-9 **Platillos mexicanos**
¿Cuántos nombres de alimentos y platos típicos mexicanos conocen? En grupos, escriban una lista. ¿Qué grupo hace la lista más larga?

RESTAURANTE DON PANCHO
MENÚ DEL DÍA
Quesadillas
Caldo de cola de buey
Mole pueblano
Chiles en nogada
Capirotada

CONTEXTOS ◆ gente que come bien **7**

 **7-10 Dieta mediterránea**

En la revista *Gente de hoy* han entrevistado al famoso dietista Ignacio Rebollo. El profesor Rebollo comenta algunas modas, tópicos e ideas que existen sobre la dieta.

Antes de leer la entrevista, vamos a ver cuáles son nuestras costumbres en el tema de la alimentación. Haz a un/a compañero/a las preguntas siguientes.

P: Doctor Rebollo, ¿se come bien en España?
R: En general, sí. Tenemos una dieta mediterránea: se toma mucha fruta, mucha verdura, mucho pescado. No se come mucha carne, se come bastante cordero... Además, tomamos vino y cocinamos con aceite de oliva.

P: ¿Vino?
R: Sí, un cuarto de litro al día no es malo.

P: Pero mucha gente hace dieta, quiere adelgazar, está preocupada por la comida...
R: Sí, es verdad. La gente quiere reglas, recetas mágicas... Pero la mayoría de nosotros podemos solucionar nuestros problemas de dos maneras: comer un poco menos y hacer un poco más de ejercicio.

P: Otra moda: beber mucha agua.
R: El organismo necesita unos dos litros y medio al día. Un litro nos llega con los alimentos. O sea, que hay que tomar un litro y medio de líquido al día.

P: ¿Hay que beber leche?
R: La leche aporta dos cosas importantes: calcio y proteínas. Hay que tomar medio litro de leche al día, leche o queso o yogur, lácteos.

P: ¿Cuántos huevos se pueden comer al día?
R: Una persona adulta sana puede comer tres huevos por semana, sin problemas. Las proteínas del huevo son las mejores.

P: ¿Qué opina de la comida rápida, del llamado "fast food"?
R: El problema de la comida rápida es que se toma demasiada grasa y demasiada sal.

P : ¿Se puede vivir siendo vegetariano, sin comer carne?
R: Por supuesto: el secreto es combinar bien las legumbres y los cereales.

Algunas veces por mes

CARNE ROJA

DULCES

HUEVOS

AVES DE CORRAL

PESCADO

Algunas veces por semana

QUESO Y YOGUR

ACEITE DE OLIVA

FRUTA | LEGUMBRES Y FRUTOS SECOS | HORTALIZAS

PAN, PASTA, ARROZ, CUSCÚS, POLENTA, OTROS CEREALES Y PATATAS

A diario

 7-11 Algunos consejos

Lee el texto y compara las respuestas de tu compañero/a con la información que da el doctor Rebollo. ¿Puedes darle algún consejo? ¿Tiene que cambiar algún hábito?

EJEMPLO:
● Tienes que comer más pescado y cocinar con aceite de oliva.

	SÍ	NO
¿Comes mucho pescado?		
¿Comes mucha verdura?		
¿Comes mucha carne?		
¿Bebes vino?		
¿Cocinas con aceite de oliva?		
¿Bebes mucha agua?		
¿Bebes leche?		
¿Comes muchos huevos?		
¿Consumes comida rápida?		
¿Comes legumbres?		

105

ciento cinco

Sugerencia para la actividad 7–10

Puede empezar trabajando el vocabulario de la pirámide preguntando a los alumnos si corresponde a sus hábitos:

¿Tú comes cada día yogur y queso?

Sugerencias para la actividad 7–10

Cada alumno puede, luego, hacer una pirámide que sí refleje sus hábitos reales. Puede eliminar productos o cambiarlos de lugar, o también, sustituirlos y añadir otros.

Si cree que sus alumnos son capaces, puede inventar una entrevista con otro doctor que no comparta las opiniones del Dr. Rebollo. En parejas, manteniendo las preguntas, preparan otras respuestas. Luego, lo escenifican ante la clase. Los alumnos deberán escoger al doctor que tenga más aceptación.

105

Respuestas para la actividad 7–12

1. GAZPACHO
2. COCIDO
3. PISTO
4. PAELLA

Respuestas para la actividad 7–13

Pimientos, mejillones, guisantes, arroz, pollo, alcachofas, gambas.

7 gente que come bien ◆ FORMAS Y RECURSOS

7-12 Platos típicos

Lee estas definiciones de platos típicos españoles. ¿Sabes cómo se llama cada uno?

☐ PISTO   ☐ PAELLA   ☐ COCIDO   ☐ GAZPACHO

1
Es una sopa fría, de origen andaluz. Se hace con tomates, pimientos, cebolla, pan, ajo, aceite, vinagre y agua. Se toma especialmente en verano.

2
Es un plato típico de Madrid. Lleva muchísimas cosas: garbanzos, chorizo, carne de cerdo, verduras, etc. Primero se toma una sopa de fideos y, luego, las verduras y las carnes con las que se ha hecho la sopa. Se come especialmente en invierno porque es un poco pesado.

3
Son trozos de tomate, pimiento, cebolla y otras verduras, cocinados muy despacio. Se toma con huevos fritos. Es un plato muy típico de La Mancha.

4
Es el plato español más conocido: el ingrediente principal es el arroz, pero lleva muchas otras cosas: se puede poner pescado, pollo, conejo u otras clases de carne. Lleva algunas verduras y, muchas veces, marisco. Su origen está en Valencia, pero se toma en todo el país.

Describe tú ahora dos platos típicos de tu país. Luego, explícaselos a tus compañeros/as.

7-13 La paella

En una paella, ¿cuáles de estos ingredientes puedes encontrar? Señálalo y discútelo con tus compañeros/as.

☐ nueces   ☐ mejillones   ☐ arrroz   ☐ queso
☐ garbanzos   ☐ sardinas   ☐ pollo   ☐ zanahorias
☐ pimientos   ☐ guisantes   ☐ alcachofas   ☐ gambas
☐ huevo duro   ☐ jamón   ☐ almendras

EJEMPLO:
● ¿La paella lleva nueces?
○ No, no, nueces, no.

¿Conoces otros ingredientes posibles de la paella?

7-14 Programa de adelgazamiento

El hotel balneario Gente Sana ofrece un programa de adelgazamiento. Los clientes pueden adelgazar seis kilos en tres días, pero de una forma sana. ¿Puedes elaborar el menú? Haz una propuesta para discutirla con tus compañeros/as.

★ ★ ★ HOTEL BALNEARIO GENTE SANA ★ ★ ★			
	VIERNES	SÁBADO	DOMINGO
Desayuno			
Almuerzo Primer plato: Segundo plato: Postre:			
Cena Primer plato: Segundo plato: Postre:			

PARA EL RESTAURANTE

Por favor, un poco más de pan y otra cerveza.

● ¿Qué van a tomar?
○ Yo, de primero, …
      de segundo, …
      de postre, …

● ¿Para beber?
○ Vino tinto/blanco/rosado.
   Agua con gas/sin gas.
   Cerveza.

¿Tomarán café?

Sí, un café solo y un cortado.

Y nos trae la cuenta, por favor.

asado/a
frito/a
hervido/a
guisado/a

a la plancha
a la brasa
al horno

¿Es carne o pescado?
¿Es fuerte/picante/graso?
¿Qué lleva?
¿Lleva salsa?

LA FORMA IMPERSONAL

Se come demasiada grasa.
Se comen muchos dulces.

CANTIDADES

Llevan {
demasiado arroz.
mucho arroz.
suficiente arroz.
poco arroz.

demasiados huevos.
muchos huevos.
suficientes huevos.
pocos huevos.
}

No llevan arroz.
No llevan huevos.

> **un poco de** =
> una pequeña cantidad

No llevan **nada de** arroz.
No llevan **ningún** huevo.
No llevan **ninguna** botella de agua.

PESOS Y MEDIDAS

100 gramos de...
200 gramos de...
300 gramos de...

un cuarto de kilo / litro de...
medio kilo / litro de...
tres cuartos de kilo / litro de...
un kilo / litro de...

un paquete de arroz / sal / azúcar / harina...
una botella de vino / agua mineral / aceite...
una lata de atún / aceitunas / tomate...

7-15 Buenas y malas costumbres

Piensa en los hábitos alimentarios de tu país. Luego, si quieres, puedes volver a leer la entrevista del Dr. Rebollo. Anota en estas listas tres costumbres sanas y tres malas costumbres. Luego, se lo comentas a tus compañeros/as.

 demasiado alcohol

EJEMPLO:
● En mi país se toma
  demasiado alcohol.

7-16 Comida de excursión

La familia Zalacaín se va a pasar cuatro días de acampada a la montaña. Son cinco personas, tres adultos y dos niños. Se llevan toda la comida porque allí no hay tiendas. Ésta es la lista que han hecho. ¿Qué te parece? ¿Olvidan algo importante? Tacha o añade cosas y coméntalo con tus compañeros/as.

100 g de mantequilla
10 l de leche
1/2 l de aceite
2 kg de patatas
3 kg de espaguetis
1 lata de tomate
24 yogures
7 kg de carne
50 g de queso
3 plátanos
12 kg de manzanas
100 g de azúcar
1 l de vino

NO LLEVAN HUEVOS

SÍ, ES VERDAD. Y LLEVAN POCO AZÚCAR ¿NO?

SÍ, MUY POCO

EJEMPLO:
● No llevan huevos.
○ Sí, es verdad. Y llevan poco azúcar, ¿no?
● Sí, muy poco.

Sugerencias para la actividad 7–15

Si trabaja con alumnos procedentes de varios países, la actividad puede propiciar un pequeño debate, dado que lo que es considerado bueno o malo varía en las diferentes culturas.

Si cree que puede facilitar la actividad, proponga antes de empezar una lista de hábitos alimentarios en base a la cual los alumnos valorarán los hábitos alimentarios de su país de origen.

Sugerencias para la actividad 7–16

Para que los alumnos sean capaces de llevar a cabo esta actividad antes se debería trabajar recursos para expresar cantidad: *Es poco, es mucho, no es suficiente,* etc.

Puede preparar el ejercicio basándose únicamente en la situación y preguntando a los alumnos qué llevarían ellos para cuatro días de acampada, en las mismas condiciones del ejercicio: tres adultos y dos niños.

Luego pueden comparar su lista con la que hay en el ejercicio.

También se puede proponer esta actividad como final del ejercicio. Cada grupo, después de prepararla, lee su lista al resto de la clase.

Sugerencias para la actividad 7-17

El texto sobre la tortilla puede tratarse como un juego de vocabulario y memoria de la forma siguiente: los alumnos lo leen en silencio dos veces. Usted calcula el tiempo que crea que necesitan, y les indica los minutos de que disponen. Pasados éstos, usted hace una señal y ellos cierran los libros. Entre todos deben reconstruir el máximo número de informaciones sobre la tortilla. Seguidamente vuelven a abrir los libros y a leer el texto. Ahora se resuelven los problemas de comprensión que quedaron pendientes.

La receta sobre la tortilla puede trabajarse como comprensión lectora primero y auditiva después. Los alumnos taparán el texto escrito, usted leerá desordenadamente fragmentos del mismo, y los alumnos deberán señalar a cuál de las cuatro imágenes corresponde cada uno.

En último lugar proceda a la audición y comprensión de la grabación, ya muy preparada en las fases anteriores.

Respuestas para la actividad 7-17

La sartén tiene que estar... *muy caliente.*

Las patatas tienen que llevar... *mucho aceite.*

Las patatas hay que cortarlas... *finas.*

Las patatas hay que freírlas... *a fuego lento.*

Hay que sacar un poco de... *aceite.*

Hay que añadir a las patatas un poco de... *cebolla.*

La tortilla hay que comerla con un poquito de... *vino y un poquito de pan.*

7   gente que come bien   ◆   TAREAS

7-17   **La tortilla española**
Para aprender un poco de cocina española, lee estos textos.

Se come en todas las regiones de España. Y a cualquier hora del día, fría o caliente: por la mañana para desayunar, a media mañana en el bar de la esquina, o de pie a la hora del aperitivo. Pero también como entrante o como segundo plato en la comida. O a media tarde, para merendar. O para cenar. Y en el campo, cuando vamos de picnic. Se come sola o con pan. Es un alimento completo y equilibrado: proteínas, fécula, grasa vegetal... Los ingredientes son baratos y casi siempre los tenemos en casa. Y le gusta a casi todo el mundo. En resumen: un plato perfecto.

TORTILLA ESPAÑOLA

DIFICULTAD: media
TIEMPO: 20 minutos
INGREDIENTES (para 6 personas):
8 huevos
750 g de patatas[1] peladas y cortadas en rodajas finas
1 cebolla grande, pelada y picada
1 taza de aceite de oliva
sal

Calentar el aceite en una sartén y echar las patatas y la cebolla. Salar. Hacerlas a fuego lento durante 40 minutos hasta que las patatas están blanditas (hay que moverlas a menudo y así no se pegan). Escurrirlas.
Batir los huevos, salarlos, añadir las patatas y la cebolla, y mezclar todo muy bien.
Poner una cucharada de aceite en una sartén. Echar la mezcla y dejarla en el fuego 5 minutos por cada lado, más o menos. Darle la vuelta con un plato.

[1] Recuerda que **patatas** es la palabra que se utiliza en España para *potatoes*. En Hispanoamérica se usa la palabra **papas**.

TAREAS ◆ gente que come bien 7

🔊 Ahora escucha cómo lo explica este español. Da algunos trucos.

La sartén tiene que estar _____

Las patatas tienen que llevar _____

Las patatas hay que cortarlas _____

Las patatas hay que freírlas _____

Hay que sacar un poco de _____

Hay que añadir a las patatas un poco de _____

Hay que comer la tortilla con un poquito de _____

y _____

LES SERÁ ÚTIL...

Se pone/n en una sartén.
una olla.
una cazuela.
una fuente.

Se pone un huevo.
Se ponen tres huevos.

se echa/n   se añade/n
se fríe/n   se asa/n
se hierve/n   se pela/n
se corta/n   se saca/n
se mezcla/n

con mantequilla
sin grasa

Primero, ...
después, ...
luego, ...
Al final, ...

7-18 **Recetas**
Formen pequeños grupos. Cada grupo va a escribir una receta. Puede ser un plato fácil o que alguno sabe hacer. Primero, tienen que elegir un plato y completar esta ficha.

Ahora, hay que escribir la receta. Fíjense en la de la tortilla. Puede servirles de modelo. Pueden trabajar con un diccionario.

DIFICULTAD: _____
TIEMPO: _____
INGREDIENTES: _____
_____
_____
_____
_____
_____
_____

7-19 **La lista de la compra**
Un/a alumno/a de otro grupo va a ser el/la encargado/a de las compras. Hay que dictarle la lista.

EJEMPLO:
 ● Necesitamos medio kilo de harina, tres huevos...

7-20 **El "Libro de cocina" de la clase**
Cada grupo explica a toda la clase el modo de preparación de la receta que ha escrito. Al final, podemos pegarlas en el tablón de la clase o fotocopiar todas las recetas y hacer un libro con nuestras especialidades.

109
ciento nueve

Sugerencias para la actividad 7-18

Los alumnos deberán aportar el vocabulario de los ingredientes propios de la receta elegida.

La ficha LES SERÁ ÚTIL les proporciona el vocabulario general de las recetas y los recursos gramaticales necesarios.

Existen muchas formas de escribir recetas: en Imperativo, en primera persona del plural o segunda del singular del Presente de Indicativo, en Infinitivo, o en forma impersonal. Excepto el Imperativo, que todavía no se ha presentado, los alumnos pueden utilizar cualquiera de ellas. Puede usted dejarles que usen la que prefieran y, una vez finalizada la escritura de la receta, transformarla: de cualquiera de las formas personales o con Infinitivo a forma impersonal, o a la inversa.

Sugerencias para la actividad 7-18

Cada grupo elige el plato cuya receta quiere escribir. También pueden elegir los platos individualmente, y luego agruparse por afinidades.

Puede proponer que cada grupo escriba las recetas en una ficha, reproduciendo el modelo de la actividad 7-17. Cada grupo firma su ficha con los nombres de todos sus miembros.

Sugerencias para la actividad 7-19

Forme parejas mixtas, con alumnos pertenecientes a grupos distintos de los formados para la tarea anterior.

Cada alumno debe tener una copia de la receta de su grupo. Un alumno dicta las cantidades que necesita y el otro toma notas. Puede hacerlo en forma abreviada, lo importante es entender lo que oye. Luego, se invierten los papeles. Al final, comparan sus listas para comprobar que lo han entendido bien.

Sugerencia para la actividad 7-20

Se expondrán todas las recetas para que todos los alumnos puedan leerlas y tomar notas de aquellas cosas sobre las que quieren hacerles preguntas a los autores: ingredientes desconocidos, origen del plato, datos que echen en falta en la ficha (tiempo de cocción, alguna fase de la preparación...).

Al final se vota la receta más atractiva. Pueden completar las recetas con dibujos.

Como se indica en el Ejemplo, el modo de contrastar las costumbres consiste en buscar en el texto cosas que sus alumnos nunca suelen hacer.

Puede aprovechar este momento para comentar costumbres y normas sociales asociadas a las comidas:

¿Se dice algo al empezar a comer o al terminar? (En español, *que aproveche* se usa al empezar a comer o cuando otros empiezan, pero no sistemáticamente.)

¿Se sigue alguna regla en cuanto a cuándo empezar, cómo servirse, etc.?

¿Hay tabúes: no hablar de determinados temas, no hacer determinadas cosas?

7 gente que come bien ◆ CONTACTOS

HOY NO CENO

Son las nueve de la noche. Pepe y Elvira ya están en casa.
—Nada, hoy no ceno -dice Pepe a Elvira, su mujer—. Me ha sentado mal algo, me parece. No estoy nada bien...
Pepe come casi todos los días en Casa Juana, al lado de la oficina, con algunos compañeros de trabajo. En Casa Juana tienen un menú baratito, que está bastante bien.
—Seguramente ha sido el bacalao. Bueno, no sé... Estaba rico, con unos pimientos y unas patatitas...
—¿Y de primero, qué has tomado? —pregunta Elvira.
—Una ensalada...
—¿Y por la mañana?
—Lo normal, el café con leche en casa y... A media mañana, a las once, hemos ido a desayunar al Bar Rosendo con Pilar y Gonzalo y me he tomado un bocadillo de atún y otro café.
—¿Y el aperitivo?
—No, hoy no hemos bajado...
—Pues a lo mejor sí ha sido el bacalao... Y yo he puesto pescado para cenar... Y verdura.
—Ufff... Nada, nada, yo no quiero nada. Una manzanilla, quizá. Estoy fatal...

7-21 **Pepe Corriente es una persona muy normal, un español medio. Señala aquellas cosas que hace Pepe y que tú nunca haces. Seguro que descubres alguna costumbre típicamente española.**

EJEMPLO:
● *Yo nunca desayuno con los compañeros de trabajo.*

7-22 En grupo, y con el diccionario, tienen que escribir la lista de palabras que les sugiere un determinado alimento, por ejemplo: el pan, el vino, el limón, el chocolate, la fresa...

Después, con estas palabras, intentaremos escribir un poema como éstos de Pablo Neruda.

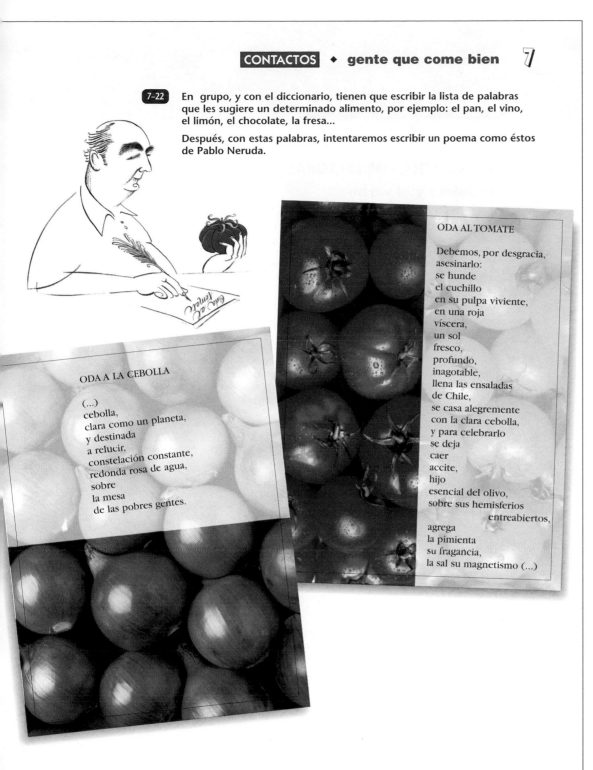

ODA A LA CEBOLLA

(...)
cebolla,
clara como un planeta,
y destinada
a relucir,
constelación constante,
redonda rosa de agua,
sobre
la mesa
de las pobres gentes.

ODA AL TOMATE

Debemos, por desgracia,
asesinarlo:
se hunde
el cuchillo
en su pulpa viviente,
en una roja
víscera,
un sol
fresco,
profundo,
inagotable,
llena las ensaladas
de Chile,
se casa alegremente
con la clara cebolla,
y para celebrarlo
se deja
caer
aceite,
hijo
esencial del olivo,
sobre sus hemisferios
entreabiertos,
agrega
la pimienta
su fragancia,
la sal su magnetismo (...)

Sugerencias para la actividad 7–22

En los dos poemas aparecerá vocabulario que no es necesario memorizar, pues sólo cumple la función de hacer posible la actividad (*relucir, constelación, pulpa, víscera, entreabierto, ...*). Si usted hace hincapié en los aspectos vivenciales de la actividad, y recalca que algunos de los contenidos lingüísticos son muy secundarios, probablemente será más fácil llevarla a cabo.

Sugerencias para la actividad 7–22

El ejercicio puede realizarse en dos fases:

a) En primer lugar, se realiza una asociación de ideas a partir de las palabras que se ofrecen.

b) Seguidamente, los alumnos leen los poemas individualmente.

Léales en voz alta y pausadamente cada uno de los dos poemas, mientras ellos siguen la lectura en el libro.
Para la comprensión de las palabras que no entiendan puede recurrir a la traducción de los términos.

Expansión para la actividad 7–22

Pregúnteles qué metáforas les han gustado especialmente:

cebolla - planeta

cebolla - rosa de agua redonda

disfrutar del tomate - necesidad de asesinarlo

tomate - víscera roja

tomate - sol fresco

tomate y cebolla - boda, celebración con el aceite, la pimienta, la sal...

mi *gente* Argentina

ESTRATEGIAS DE LECTURA:

El sujeto y el verbo

In Spanish, the order of the words that make up a sentence is quite flexible although sentences with different word orders do not have the same meaning. This means that the subject could appear before or after the verb. The following sentences are acceptable in Spanish; however, the second and the third sentence do not have an acceptable equivalent in English.

1. Juan me llama todos los días.   *John calls me every day.*

2. Me llama Juan todos los días.   ** Me calls John every day.*

3. Todos los días me llama Juan.   ** Everyday me calls John.*

Also in Spanish, the subject is not always necessary since the verb endings tell us about the subject. As a strategy, look for the subject. Where might you find it? Then, look for verb ending. Who/What does it refer to? Let's see the following example:

Tienes que saber cocinar para solicitar   **Have to know how to cook in*
   el puesto.   *order to apply for the job*

While in English, the use of the subject pronouns is always necessary, in Spanish the verb ending **–s** tells us that the subject is **tú**.

If you know how to identify the subjects of the verbs, you will be able to understand the Spanish texts more easily.

GENTE QUE LEE

ANTES DE LEER

7-23 **Tipos de comida**

¿Qué tipo de comida te gusta? Completa la siguiente tabla y marca los tipos de comida que te gustan, los que no te gustan y los que no conozcas. Después intercambia la información con tu compañero/a.

ME GUSTA	NO ME GUSTA	NO LA CONOZCO	TIPOS DE COMIDA
_____	_____	_____	china
_____	_____	_____	española
_____	_____	_____	mexicana
_____	_____	_____	argentina
_____	_____	_____	francesa
_____	_____	_____	japonesa

_____	_____	_____	italiana
_____	_____	_____	rusa
_____	_____	_____	hindú

7-24 **¿Cocinero, chef o parrillero?**

¿Crees que tu compañero/a podría trabajar en un restaurante? En tu ciudad van a abrir un restaurante argentino y a él/ella le gustaría trabajar allí. Hazle las siguientes preguntas y decide si el trabajo puede ser para él/ella.

1. ¿Sabes cocinar? ¿Qué plato preparas mejor? Descríbelo.

2. ¿Te gustaría ser cocinero/a o chef? ¿Por qué?

3. ¿Conoces la comida argentina? ¿Te gusta? Nombra un plato típico.

4. ¿Te gusta la carne? ¿Sabes qué es una parrilla? ¿De qué país es típico este plato? ¿Hay parrillas cerca de tu casa?

5. ¿Cuál es tu tipo de comida favorita? ¿Por qué?

A LEER

7-25 **¿Parrillas en China?**

Lee el siguiente texto que apareció en un periódico argentino y conoce los nuevos gustos culinarios en China. Después contesta las preguntas.

SE NECESITA PARRILLERO PORTEÑO EN CHINA

El aviso apareció en un restaurante de comida china de la calle Corrientes 17 en la capital argentina. Se necesita ir a trabajar a un restaurante de Shanghai. Se ofrecen 800 pesos mensuales, viaje, alojamiento y comida. Hasta ahora sólo unas pocas personas se presentaron. Las que lo hicieron no cumplieron con los requisitos.

"Se necesita parrillero argentino para trabajar en China" éste es el aviso. Hoon Chai, el propietario del restaurante, dice que se necesitan personas para trabajar en Shanghai, en un restaurante que es de su primo. Entre los requisitos se cuentan el de ser soltero, de entre 25 y 45 años y, por supuesto, tener el pasaporte al día.

Nos cuenta Hoon Chai que hasta el día de hoy sólo unas pocas personas se presentaron y ninguna con los requisitos: "o eran casados o no tenían pasaporte".

Según indican los especialistas, la prosperidad económica y la globalización de las costumbres determinan que en algunas regiones de la costa de China se incorporen nuevos hábitos alimentarios. Hoon Chai, por su parte, señala que en China gusta mucho la carne, pero no se sabe cocinarla a la parrilla.

En los últimos meses, la Cámara de Comercio Argentino-China reportó la existencia de tres proyectos para la instalación de restaurantes típicos argentinos en esas regiones. Muchos empleados de compañías multinacionales que hoy viven en ciudades como Pekín o Shanghai piden platos internacionales, aunque esto no cambia determi-

nadas tendencias culturales. La dieta china sólo contiene históricamente 4 kilos anuales de proteínas de carne de vaca. El principal componente sigue siendo el arroz aunque la mejora económica de los últimos 15 años permitió incorporar otros cereales, como el trigo y el maíz.

Se estima que cada habitante de China consume un promedio anual de 24 kilos de proteínas animales. De ellos, 20 provienen del consumo de carnes de chivo, pato y pollo. Sólo los otros 4 corresponden a carne de vaca, que China importa desde Australia.

Mientras tanto, para Hoon Chai, encontrar al parrillero es sólo una cuestión de tiempo y señala que no le importa demasiado si el parrillero tiene experiencia. Lo importante, eso sí, es que sepa hacer buenos asados. ■

Respuestas a la actividad 7-26

Respuestas a la actividad 7-26

1. (Se) necesitan parrilleros para ir a trabajar a Shanghai.

2. El propietario de un restaurante de comida china de la calle Corrientes 17. Su nacionalidad es china y Hoon vive en Argentina.

3. Porque quiere un parrillero para trabajar en el restaurante de su cuñado en Shangai. El annuncio ofrece 800 pesos mensuales, viaje, alojamiento y comida. El anuncio apareció en el restaurante de Hoon Chai.

4. Los requisitos son: ser soltero, de entre 25 y 45 años, y tener el pasaporte al día. Se presentaron sólo unas pocas personas y eran casados o no tenían pasaporte.

5. Reportó tres proyectos para la instalación de restaurantes típicos argentinos en las costas de China.

6. Porque muchos empleados de compañías multinacionales que hoy viven en ciudades como Pekín o Shanghai piden platos internacionales.

7. La dieta china contiene 4 kilos anuales de proteínas de carne vacuna. El principal componente es el arroz.

8. Consume un promedio anual de 24 kilos de proteínas animales. De ellos, 20 provienen del consumo de carnes de chivo, pato y pollo. Sólo los otros 4 corresponden a carne vacuna, que China importa desde Australia.

9. Lo más importante para él es que el parrillero sepa hacer buenos asados.

10. Las respuestas varían.

---

 gente que come bien ◆ MI GENTE

DESPUÉS DE LEER

 ¿Entendiste?
Contesta las preguntas siguientes según el texto que acabas de leer.

1. ¿Qué necesitan en China?
2. ¿Quién es Hoon Chai? ¿Cuál es su profesión, nacionalidad y país de residencia?
3. ¿Por qué pone un aviso? ¿Qué ofrece el aviso? ¿Dónde apareció?
4. ¿Cuáles son los requisitos para solicitar el puesto? ¿Quiénes se presentaron?
5. ¿Qué reportó la Cámara de Comercio Argentino-China en los últimos meses?
6. ¿Por qué se están incorporando nuevos hábitos alimentarios en las costas de China?
7. Según el artículo, ¿qué contiene la dieta china? ¿Cuál es su principal componente?
8. ¿Cuántas proteínas animales consume anualmente cada habitante de China? ¿De dónde provienen?
9. ¿Qué es lo más importante para Hoon Chai con respecto a este puesto en estos momentos?
10. ¿Piensas que un restaurante argentino tendría exito en China? ¿Por qué?

 GENTE QUE ESCRIBE

 Tu aviso

ANTES DE ESCRIBIR

En el lugar donde vives no hay muchos restaurantes exóticos y te gustaría abrir uno. Tienes dinero pero no sabes cocinar, así que necesitas el mejor cocinero o el mejor chef para que tu restaurante sea un éxito.

Piensa en el tipo de restaurante que quieres abrir (argentino, chino, vegetariano, etc.) y prepara primero una lista con lo que ofreces.

- salario
- viaje
- alojamiento

- comida
- otros

Después prepara una segunda lista con los requisitos que debe tener tu chef.

- edad
- estado civil
- nacionalidad
- experiencia

- especialidad
- platos típicos que debe saber cocinar
- idiomas
- otros conocimientos

A ESCRIBIR

Escribe un anuncio que contenga 100 palabras aproximadamente.

DESPUÉS DE ESCRIBIR

Revisa tu primer borrador y comprueba:

CONTENIDO	GRAMÁTICA Y VOCABULARIO
■ ¿Te gusta?	■ ¿Hay errores?
■ ¿Necesitas incluir algo más?	■ ¿Has usado gramática y vocabulario de este capítulo?
■ ¿Está bien organizado?	

Pasa tu texto a tu compañero/a y pídele sugerencias.

Por último, pasa a limpio tu texto y entrégaselo a tu profesor/a

GENTE EN LA RED

7-28 **Aprende a cocinar**

ANTES DE NAVEGAR

Señala con una cruz (X) cuál de las siguientes categorías te describe mejor.
Puedes marcar más de una si lo necesitas.

_____ Soy uno/a de los/las que quiere aprender a cocinar porque no me gusta
la comida preparada y me acuerdo mucho de la comida que hacía mi mamá.

_____ Soy un/a amante de la buena mesa que quiere descubrir los secretos de
las cocinas de diferentes países.

_____ Soy una persona que tiene que preparar cada día la comida para mi familia.

_____ Soy un/a cocinero/a profesional y busco perfeccionarme y actualizar mis
técnicas culinarias.

_____ Soy un/a empresario/a que se inicia en el difícil y complejo negocio de la
restauración y necesita una formación culinaria para poder manejar mejor
y colaborar con el personal especializado de mi empresa.

_____ Soy de los/las que piensa que como porque hay que comer.

_____ Soy de los/las que vivo para comer.

_____ Soy de los/las que como para vivir.

A NAVEGAR

El aviso de Hoon Chai te interesó mucho y decides solicitar el puesto. Sin
embargo, antes debes aprender a cocinar comida argentina. Ve a la red
(*www.prenhall.com/gente*) y selecciona uno los cursos de cocina que te
ofrece esta escuela argentina.

115

VOCABULARIO

La lista de la compra

(el) ajo	*garlic*
(el) arroz	*rice*
(la) carne de ternera	*veal*
(la) cebolla	*onion*
(los) cereales	*cereals*
(las) especias	*spices*
(los) frutos secos	*nuts*
(la) harina	*flour*
(el) huevo	*egg*
(el) jamón	*ham*
(la) leche	*milk*
(las) legumbres	*pulse*
(el) maíz	*corn*
(la) mantequilla	*butter*
(el) marisco	*seafood*
(el) pan	*bread*
(la) pasta	*pasta*
(el) pollo	*chicken*
(el) queso	*cheese*
(la) sal	*salt*
(las) verduras	*vegetables*
(el) yogur	*yogurt*
(la) cerveza	*beer*
(el) vino tinto	*red wine*
(el) vino rosado	*rose wine*
(el) vino blanco	*white wine*
(el/la) dependiente/a	*store clerk*
(el) pedido	*order*

Las medidas y los envases

(la) cantidad	*quantity*
(el) peso	*weight*
(la) medida	*measure*
(un) cuarto (de litro)	*quarter (liter)*
(una) docena	*dozen*
(un) kilo	*kilo*
(un) litro	*liter*
medio kilo	*half kilo*
(una) taza	*cup*
(una) botella	*bottle*
(un) cartón de leche	*carton of milk*
(una) lata	*can*
(un) paquete de cigarrillos	*pack of cigarettes*
(un) ramo de flores	*bunch of flowers*
(una) rodaja	*slice*

Para describir, comprar y cocinar alimentos

(la) comida basura	*junk food*
(la) comida rápida	*fast food*
(el) ingrediente	*ingredient*
(los) utensilios de cocina	*utensils*
(la) cazuela	*casserole*
(la) cuchara	*spoon*
(el) cuchillo	*knife*
(la) fuente	*platter*
(la) olla	*pot*
(la) sartén	*frying pan*
(el) tenedor	*fork*
agregar	*to add*
añadir	*to add*
asar	*to roast*
batir	*to beat*
calentar	*to heat*
cocinar	*to cook*
cortar	*to cut*
escurrir	*to drain*
freír	*to fry*
hervir	*to boil*
llenar	*to full*
mezclar	*to mix*
remover	*to stir*
salar	*to salt*

El menú de un restaurante

(las) angulas	*young eel*
(el) entrante	*appetizer*
(el) bacalao	*cod*
(el) bocadillo	*sandwich*
(el) caldo	*broth*
(el) cocido madrileño	*stew*
(el) cordero	*lamb*
(la) ensalada	*salad*
(la) escalope milanesa	*escalope*
(el) gazpacho	*cold soup*
(los) macarrones	*macaroni*
(los) mejillones	*mussels*
(la) parrilla	*grill*
(la) tortilla española	*Spanish omelet*
(un) aperitivo	*aperitif*
(un) café solo	*espresso coffee*
(un) café con hielo	*iced coffee*
(un) café con leche	*white coffee*
(un) cortado	*coffee with a dash of milk*
(una) manzanilla	*chamomile*
(los) licores	*spirits*

Para pedir en un restaurante

(el/la) camarero/a; mesero/a	*waiter/waitress*
(el/la) cocinero/a	*cook*
(el) plato	*dish*
(el) primer plato	*first course*
(el) segundo plato	*main course*
de postre	*for dessert*
(la) cuenta	*check; bill*
a la brasa	*grilled*
a fuego lento	*low light*
al horno	*baked*
asado/a	*roasted*
blando/a	*smooth, flabby*
caliente	*warm, hot*
fino/a	*thin*
fresco/a	*fresh*
frío/a	*cold*
frito/a	*fried*
fuerte	*strong*
graso/a	*greased*
guisado/a	*stew*
hervido/a	*boiled*
pelado/a	*peeled*
picado/a	*chopped*
picante	*hot, spicy*
rico/a	*tasteful*
salado/a	*salty*
soso/a	*tasteless*

Otras palabras y expresiones útiles

alegremente	*happily*
de dos maneras	*in two ways*
esencial	*essential*
por desgracia	*unfortunately*
quizá	*perhaps*
requisitos	*requirements*
vegetariano/a	*vegetarian*

Verbos

anotar	*to take notes*
aportar	*to contribute*
caer	*to fall*
cenar	*to have dinner*
dejar	*to leave*
entrevistar	*to interview*
merendar (ie)	*to have an afternoon snack*
opinar	*to give one's opinion*
sacar	*to take out*
solucionar	*to solve*

En esta secuencia vamos a organizar viajes. Aprenderemos a:

- ✔ indicar fechas, horas y lugares,
- ✔ obtener información sobre rutas, transporte y alojamiento.

gente que viaja

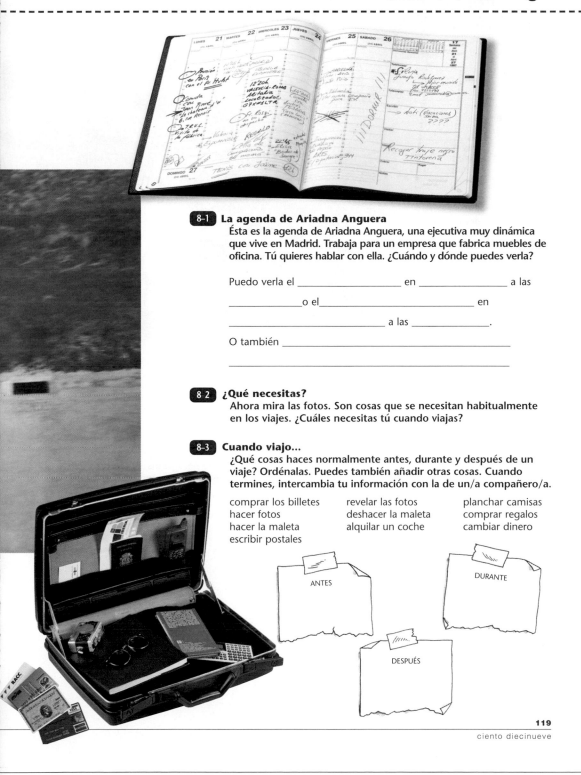

gente que viaja 8

8-1 La agenda de Ariadna Anguera

Ésta es la agenda de Ariadna Anguera, una ejecutiva muy dinámica
que vive en Madrid. Trabaja para un empresa que fabrica muebles de
oficina. Tú quieres hablar con ella. ¿Cuándo y dónde puedes verla?

Puedo verla el _____ en _____ a las

_____ o el_____ en

_____ a las _____.

O también _____

_____

8-2 ¿Qué necesitas?

Ahora mira las fotos. Son cosas que se necesitan habitualmente
en los viajes. ¿Cuáles necesitas tú cuando viajas?

8-3 Cuando viajo...

¿Qué cosas haces normalmente antes, durante y después de un
viaje? Ordénalas. Puedes también añadir otras cosas. Cuando
termines, intercambia tu información con la de un/a compañero/a.

comprar los billetes   revelar las fotos   planchar camisas
hacer fotos   deshacer la maleta   comprar regalos
hacer la maleta   alquilar un coche   cambiar dinero
escribir postales

ANTES

DURANTE

DESPUÉS

119

Sugerencia para la actividad 8–1

Para realizar esta actividad, los
alumnos deben imaginar que viven
en Madrid. También deben
suponer que pueden desplazarse a
las ciudades a las que ha de viajar
Ariadna Anguera. En este caso,
bastará con tener en cuenta los
compromisos que ella tiene en
cada lugar.

Los alumnos utilizarán todo el
vocabulario que aparece en las dos
páginas, más el relativo a aquellas
otras cosas que cada uno necesita
habitualmente en los viajes y que
no aparece indicado en las
imágenes (mapas de carreteras,
planos de ciudades, maquinilla de
afeitar, bolsa de aseo...). Para esta
actividad necesitarán el diccionario
o en su lugar, la traducción que
usted les dé.

Información para la actividad 8–4

Jaume es la forma catalana de las formas castellanas *Jaime y Santiago*; y estos tres, al igual que *Yago* y el resto de nombres que aparecen, son diversas formas de la evolución de *Jacob*.

Cuando la festividad de Santiago (25 de julio) cae en domingo, es tradicional realizar el peregrinaje a la ciudad de Santiago de Compostela siguiendo la ruta de los peregrinos europeos, que hacían este peregrinaje en la Edad Media. En Roncesvalles (Navarra), cerca de la frontera con Francia, confluían dos rutas que venían de Europa, y el camino seguía ya una única ruta hasta Santiago.

Sugerencias para la actividad 8–4

El texto introductorio que acompaña la imagen no es necesario para la realización de la actividad, pero contribuye a establecer el contexto y suministra información cultural complementaria.

En las informaciones (que los alumnos deben comprender relacionándolas con los distintos personajes de la imagen), se introducen los siguientes elementos léxico-gramaticales: *acabar de / estar a punto de + INFINITIVO, ya, todavía*. La realización de la actividad debería ser suficiente para su comprensión.

Una vez realizada una lectura individual, la actividad puede resolverse en pequeños grupos, o toda la clase en conjunto. Elija usted la opción que mejor se ajuste a su grupo de alumnos.

Sugerencias para la actividad 8–4

Si prevé que sus alumnos van a tener muchas dificultades con el vocabulario, introduzca paulatinamente los distintos recursos. Tome a dos personajes fácilmente identificables (el de la bicicleta y el del caballo, por ejemplo), y presente algunos recursos:

El de la bicicleta está cerca de Santiago, está a punto de llegar.

El del caballo está lejos; acaba de cruzar la frontera.

Luego, con otros personajes:

El de la camisa blanca y gorro amarillo ya ha pasado por León y Burgos, el de la camisa amarilla aún no.

Puede pedir a los alumnos que sitúen algún personaje más con el que se identificarán, en algún punto del Camino. Los compañeros harán preguntas para poder localizarlo.

8 gente que viaja ◆ CONTEXTOS

Según la leyenda, el apóstol Santiago está enterrado en Santiago de Compostela. Desde la Edad Media hasta hoy, miles de peregrinos cruzan los Pirineos y viajan hacia el oeste, hasta la tumba del Santo.

Los peregrinos van a pie, a caballo o en bicicleta; por motivos religiosos, turísticos o culturales. Algunos viajan solos y otros en grupo, con amigos o con la familia. De Roncesvalles a Compostela encuentran iglesias románicas, catedrales góticas, pueblos pintorescos, paisajes muy variados...; y cada pocos kilómetros, una posada, un lugar donde dormir gratis, normalmente con camas y duchas. En total son unos 835 km, o sea, unos 28 días a una media de 30 km/día.

En 1993, el Consejo de Europa definió el Camino de Santiago como el Primer Itinerario Cultural Europeo y la UNESCO declaró la ciudad de Santiago de Compostela Patrimonio Cultural de la Humanidad.

8-4 El Camino de Santiago

Jaime, Santi, Jaume, Yago, Jack, Jacques, Jacob y Jim son ocho peregrinos que van a Santiago de Compostela. Están en diferentes puntos del Camino.

Mira el mapa y lee las informaciones. Así sabrás quién es cada uno.

- Santi acaba de cruzar la frontera. Todavía está muy lejos de Compostela.
- Jacob todavía no ha pasado por Burgos.
- Jaime ya ha pasado por Villafranca del Bierzo pero no ha llegado a Ligonde.
- Yago está entre Sahagún y Frómista.
- Jack está a punto de llegar a Compostela.
- Jacques está a 5 km de Nájera.
- Jaume ya ha visitado León. Esta noche quiere dormir en Astorga.
- Jim ha estado esta mañana en Burgos.

A1: *¿Ya has pasado por Frómista?*

A2: *Sí.*

A3: *¿Estás muy lejos de Compostela?*

A2: *No.*

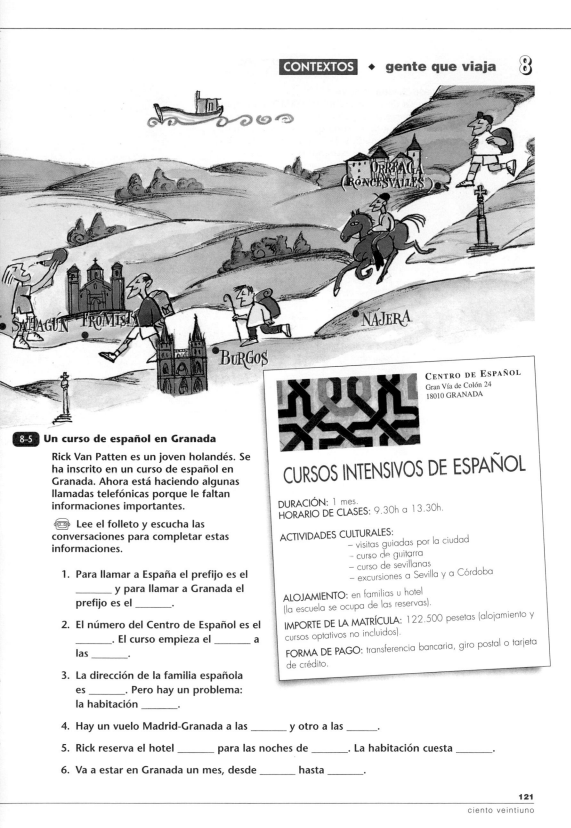

CENTRO DE ESPAÑOL
Gran Vía de Colón 24
18010 GRANADA

CURSOS INTENSIVOS DE ESPAÑOL

DURACIÓN: 1 mes.
HORARIO DE CLASES: 9.30h a 13.30h.

ACTIVIDADES CULTURALES:
— visitas guiadas por la ciudad
— curso de guitarra
— curso de sevillanas
— excursiones a Sevilla y a Córdoba

ALOJAMIENTO: en familias u hotel
(la escuela se ocupa de las reservas).

IMPORTE DE LA MATRÍCULA: 122.500 pesetas (alojamiento y cursos optativos no incluidos).

FORMA DE PAGO: transferencia bancaria, giro postal o tarjeta de crédito.

8-5 **Un curso de español en Granada**

Rick Van Patten es un joven holandés. Se ha inscrito en un curso de español en Granada. Ahora está haciendo algunas llamadas telefónicas porque le faltan informaciones importantes.

Lee el folleto y escucha las conversaciones para completar estas informaciones.

1. Para llamar a España el prefijo es el _____ y para llamar a Granada el prefijo es el _____.

2. El número del Centro de Español es el _____. El curso empieza el _____ a las _____.

3. La dirección de la familia española es _____. Pero hay un problema: la habitación _____.

4. Hay un vuelo Madrid-Granada a las _____ y otro a las _____.

5. Rick reserva el hotel _____ para las noches de _____. La habitación cuesta _____.

6. Va a estar en Granada un mes, desde _____ hasta _____.

Sugerencia para la actividad 8–5

La grabación contiene seis llamadas telefónicas de Rick Van Patten, un joven holandés que va a hacer un curso de español en Granada. Rick se encuentra con las siguientes situaciones:

• En la primera llamada marca mal el número del abonado.
• En la segunda, llama al Centro de Español pero la comunicación se corta.
• En la la tercera, habla de nuevo con el mismo centro.
• En la cuarta, habla con el servicio de información de las líneas aéreas.
• En la quinta, con un hotel.
• En la sexta llamada, deja grabado un mensaje en el contestador automático de un amigo.

Conviene preparar la audición con la lectura del folleto. Los alumnos pueden hacer una pequeña lista de las informaciones que faltan para prever algunas de las preguntas de Rick. Luego, podrá proceder a realizar la actividad que se propone en el libro.

Más sugerencias para la actividad 8–5

En una segunda audición de las llamadas telefónicas, una vez resuelta la tarea de comprensión, puede llamar la atención a los alumnos sobre fórmulas muy habituales al teléfono: *Lo siento, se equivoca, aquí es..., dígame, se ha cortado*, etc.

Estas conversaciones también incluyen recursos de uso muy frecuente para dar y solicitar información, sobre los que puede llamar la atención a sus alumnos: *Quisiera saber, otra cosa, tome nota, te llamaba para decirte...*, etc.

Respuestas para la actividad 8–5

1. Para llamar a España el prefijo es el *34*, y para llamar a Granada el prefijo es el *58*.
2. El número del Centro de Español es el *223445*. El curso empieza el *día 2* a las *9.30*.
3. La dirección de la familia española es *Pza. Mariana Pineda, 6*. Pero hay un problema: la habitación *está libre a partir del día 3*.
4. Hay un vuelo Madrid-Granada a las *12.35* y otro a las *17.15*.
5. Rick reserva el hotel *Generalife* para las noches del *1 y 2 de marzo*. La habitación cuesta *8.300 ptas.*
6. Va a estar en Granada un mes, desde *el 1 de marzo* hasta *el 3 de abril*.

Sugerencias para la actividad 8–6

Para este juego, cada grupo necesitará un dado. Asegúrese de llevar unos cuantos a clase. En su defecto, puede usar cartulinas, recortadas en forma hexagonal, y atravesadas en su punto central por un palillo, o un lápiz corto. En cada lado del hexágono escribirán un número del 1 al 6; haciendo girar la cartulina como una peonza, se produce el mismo efecto que con los dados.

Lo más fácil para marcar las posiciones de los jugadores puede ser escribir la inicial del nombre en la casilla donde se encuentra. Se consigue así que los alumnos estén obligados a estar atentos ante las explicaciones de sus compañeros.

Antes de empezar el juego, se deben leer bien todas las instrucciones y hacer un par de pruebas. (Observe que la comprensión de las propias reglas es por sí mismo un trabajo lingüístico.)

En cada tirada de dados, el jugador tiene que explicar el recorrido que le ha marcado la suerte.

Un cuatro. O sea 200 Km en tren. De Ciudad Real hasta...

El ganador puede optar a un premio especial si es capaz de recordar y explicar todas las incidencias del juego. Por ejemplo:

He salido de Oviedo en coche y he llegado hasta Palencia. De Madrid a Sevilla he ido en avión...

Sugerencias para la actividad 8–7

Debe dejar claro el objetivo (conseguir el máximo número de fechas de cumpleaños), la mecánica (circular por la clase, preguntar y anotar en un papel) y las condiciones (tiempo límite).

Para realizar esta actividad, toda la clase debe ponerse de pie: cada alumno tiene que hablar con el máximo número de compañeros en un tiempo límite.

Ajuste el tiempo máximo (5 minutos según el libro) a la realidad de su grupo, reduciéndolo o aumentándolo si es preciso.

Información para la actividad 8–7

Los españoles hablan de los "meses sin erre". Como coinciden con un período del año (mayo-agosto), suelen servir para formular distintos consejos relacionados con las labores agrícolas, la salud y otros aspectos relacionados con el ciclo anual.

También existen muchos proverbios relacionados con los meses: "abril, aguas mil".

122

---

8 gente que viaja ◆ FORMAS Y RECURSOS

8–6 Un juego: Oviedo-Sevilla-Oviedo

Una famosa marca de tabaco, DROMEDARIO, ha organizado un rally por una parte de España. Formen pequeños grupos, de tres o cuatro. Gana la persona que termina la vuelta primero. Pero, ojo, los medios de locomoción y la velocidad se deciden con los dados de este modo:

si a un estudiante le sale un...	tiene que ir	y en esa jugada puede recorrer
1	= A PIE	20 Km
2	= EN BICICLETA	40 Km
3	= EN MOTO	100 Km
4	= EN TREN	200 Km
5	= EN COCHE	400 Km
6	= EN AVIÓN	de una ciudad a la siguiente

En algunos lugares tendrán que esperar un turno:

 - si vas a salir en moto o coche, no tienes gasolina.

 - si vas a salir en moto o coche, tienes una avería.

 - si vas a salir en moto, coche o bicicleta, tienes un pinchazo.

 - si les sale un 6, sólo pueden salir de las ciudades que tienen aeropuerto.

 - Paso por ciudad

EJEMPLO:
 ● Un cinco.
○ En coche... Cuatrocientos kilómetros. De Madrid hasta...

8–7 ¿Cuándo es tu cumpleaños?

¿Sabes las fechas de cumpleaños de los/las compañeros/as de clase? A ver quién consigue, en cinco minutos, anotar más nombres y fechas de cumpleaños, como en el ejemplo.

EJEMPLO:
● ¿Cuándo es tu cumpleaños, María?
○ El veintiuno de abril.   21 de abril: María

122
ciento veintidós

DISTANCIAS

● ¿Cuánto hay desde/de Madrid a/hasta Sevilla?

o 520 kilómetros.

Madrid está a 520 km de Sevilla.

DÍAS Y MESES

¿Qué día
¿Cuándo } te vas/llegan/...?

el (día) veintitrés
el veintitrés de mayo
el viernes (próximo)

la semana
el mes } que viene
el año

enero, febrero, marzo, abril, mayo,
junio, julio, agosto, septiembre,
octubre, noviembre, diciembre

YA, TODAVÍA, TODAVÍA NO

- **¿A qué hora llega el avión de Sevilla?**
- **Ya ha llegado.**

¿Todavía no han abierto?

No, todavía está cerrado.

HORAS

- **¿A qué hora** abren/cierran/ empiezan/...?

- A las
  - **ocho.**
  - **ocho y cinco.**
  - **ocho y cuarto.**
  - **ocho y veinte.**
  - **ocho y media.**
  - **ocho y veinticinco.**
  - **nueve menos cuarto.**
  - **nueve menos cinco.**

a las diez **de la mañana** = 10h
a las diez **de la noche** = 22h

Para informaciones de servicios (medios de comunicación, transportes, etc.) se dice también: **a las veintidós horas, a las dieciocho horas,** etc.

Está abierto **de** ocho **a** tres.
Está cerrado **de** tres **a** cinco.

- **¿Qué hora es?**
- **Las cinco y diez.**

Perdone, ¿tiene hora?

Sí, las cinco y diez.

Gracias.

8-8 **Hotel Picos de Europa**

Eres el/la recepcionista de un pequeño hotel en la montaña. El hotel sólo tiene nueve habitaciones. Algunos clientes quieren hacer reservas, cambiarlas o confirmarlas. Escucha la audición. ¿Qué cambios u observaciones tienes que anotar en el libro de reservas?

habitación número	viernes, 11	sábado, 12	domingo, 13
1	GONZÁLEZ	GONZÁLEZ	-
2	MARQUINA	MARQUINA	MARQUINA
3	VENTURA	-	-
4	-	MAYORAL	MAYORAL
5	SÁNCHEZ PINA	SÁNCHEZ PINA	SÁNCHEZ PINA
6	-	-	IGLESIAS
7	LEÓN	SANTOS	COLOMER
8	-	-	-
9	BENITO	BENITO	-

8-9 **De 9h a 14h**

En este mismo momento, mientras ustedes están en clase, ¿cuáles de estos establecimientos están abiertos?

RIZOS Peluquería
10h-20h (sábados 10h-14h)

Gestoría PALOMO
9h-14.30h   17h-20h

Restaurante EL ARENQUE
13.30h-16h

discoteca ACUARIO
de 21h a 6h

AYUNTAMIENTO
8h-15h

Farmacia IBÁÑEZ
9.30h-13h   16h-20h

Dr. Sánchez Trueba
CLÍNICA DENTAL
9h-12h Lu, mi, vi 18h-20h

Supermercado PENÍNSULA
8.30h -14h 16h-20.30h

Gimnasio en forma
Fitness aeróbic artes marciales
8h-23h

¿Son parecidos estos horarios a los de tu país o son muy diferentes?

Sugerencia para la actividad 8–8

Si lo considera oportuno, pida que sus alumnos hagan pequeñas simulaciones, representando situaciones parecidas a las de la grabación: un alumno es un cliente que reserva o anula y otro el recepcionista que le atiende.

Respuestas para la actividad 8–8

Viernes: - *anular Marquina*
          - *anular Benito*
Sábado: - *reservar Sánchez*
          - *anular Benito*
Domingo: - *reservar Sánchez*
          - *reservar Cebrián*

Sugerencias para la actividad 8–9

Los horarios que aparecen escritos en la imagen están expresados de cero a veinticuatro horas y de cero a sesenta minutos. En el ejercicio, los alumnos deben utilizar las formas conversacionales habituales (*de una a doce horas de la mañana/tarde/noche*) y las expresiones (*las 11 y cuarto/veinte/media, las 11 menos cuarto/veinticinco...*).

Hay que tener presente también el día de la semana.

8-10 Viajes en septiembre

Una agencia de viajes propone estos viajes para el mes de septiembre.

DESTINO	VIAJE	DURACIÓN	SALIDA	TRANSPORTE	PRECIO	ALOJAMIENTO
FILIPINAS FASCINANTE		14 días	12 y 19/IX	avión y autocar	$2.500	hoteles ****
NEPAL		17 días	13/IX	avión y coche	$2.775	hoteles * y tiendas
PARÍS MONUMENTAL Y DISNEYLAND		6 días	2 y 6/IX	avión y autocar	$780	hoteles **
KENIA MINISAFARI		8 días	todos los miércoles	avión y 4x4	$1.999	hoteles ****
GUATEMALA		16 días	5, 19 y 26/IX	avión y 4x4	$3.200	tiendas y bungalows
CUBA		15 días	diario	avión y barco	$999	hoteles *** y bungalows

📷 Fotografía   🏛 Cultura   🏊 Mar y playa   🤿 Buceo   ⛺ Aventura   🌲 Naturaleza   🚶 Trekking

Unos clientes te explican sus necesidades y sus preferencias. ¿Qué viaje le aconsejas a cada uno? Hay varias posibilidades. Razónalo.

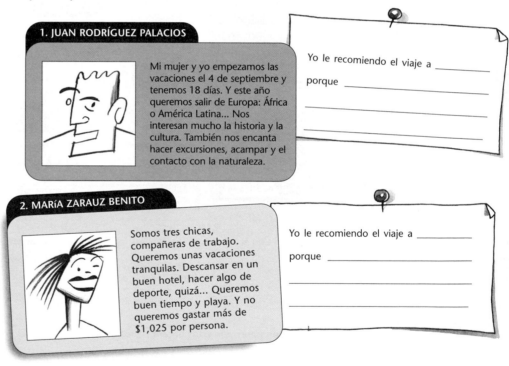

1. JUAN RODRÍGUEZ PALACIOS

Mi mujer y yo empezamos las vacaciones el 4 de septiembre y tenemos 18 días. Y este año queremos salir de Europa: África o América Latina... Nos interesan mucho la historia y la cultura. También nos encanta hacer excursiones, acampar y el contacto con la naturaleza.

Yo le recomiendo el viaje a _____

porque _____

2. MARÍA ZARAUZ BENITO

Somos tres chicas, compañeras de trabajo. Queremos unas vacaciones tranquilas. Descansar en un buen hotel, hacer algo de deporte, quizá... Queremos buen tiempo y playa. Y no queremos gastar más de $1,025 por persona.

Yo le recomiendo el viaje a _____

porque _____

3. ÁNGEL TOLOSA DÍAZ

Viajamos dos parejas y tres niños. Y, claro, hay que encontrar un viaje para todos. Algo para los niños y algo para los mayores. Queremos estar una semana, más o menos, la primera semana de septiembre.

Yo le recomiendo el viaje a _____

porque _____

_____

_____

4. BERTA IBÁÑEZ SANTOS

Somos un grupo de amigos y queremos viajar unas dos semanas. Empezamos las vacaciones el día 9 de septiembre. Nos gustaría ir a un sitio diferente, especial, pero estar en hoteles buenos, cómodos. Somos todos mayores y no queremos mucha aventura, ¿sabe usted?

Yo le recomiendo el viaje a _____

porque _____

_____

_____

Pero a lo mejor tienes todavía dudas para recomendarles un viaje adecuado.
Formúlales algunas preguntas para estar seguro/a de sus gustos.

1. ¿_____?

2. ¿_____?

3. ¿_____?

4. ¿_____?

8-11 En la agencia de viajes

Ahora en parejas representen la conversación en la agencia del ejercicio anterior.
Un/a alumno/a hará de uno/a de los clientes y el/la otro/a de empleado/a.

Sugerencia para la actividad 8–12

En primer lugar, habrá que leer la ficha con la agenda de trabajo y comprobar las fechas con el calendario. Así sabremos el día de salida y el de regreso.

A partir de ahí, cada pareja tendrá ya su trabajo encauzado. Déjeles abordar la tarea según sus propios criterios. Tendrán que discutir y razonar en español los pasos que van a seguir. Usted puede observar a las distintas parejas y prestar la ayuda necesaria para que ninguna de ellas se bloquee.

Puede pedir a una pareja de voluntarios que exponga el plan de viaje en público. Las demás parejas comprueban si los planes coinciden. Si no se da el caso, se comprobará si las distintas alternativas son viables, o si hay alguna que no lo es.

Más sugerencias para la actividad 8–12

Esta actividad sólo puede realizarse con un alumno cada vez. Lo ideal será proceder del siguiente modo:

a) Las mismas parejas preparan la llamada telefónica a la agencia de viajes, sólo lo que tendrá que decir el personaje que hace la llamada.

b) Un voluntario representa en público la llamada. El profesor hace de empleado.

c) Se forman nuevas parejas. Un alumno es el que hace la llamada y otro el que la responde. Así practica toda la clase a la vez.

---

8 gente que viaja ◆ TAREAS

8-12 Un viaje de negocios

Ustedes son las/los secretarias/os del Sr. Berenstain. Es un ejecutivo que trabaja en Frankfurt y que viaja mucho. En parejas, tienen que organizarle un viaje a España: elegir los vuelos. Conocen su agenda de trabajo, sus "manías" y, además, tienen un fax con los horarios de los vuelos.

El día 13 está en Frankfurt.

El próximo día 14 tiene una reunión en Madrid a las 16.15h (en el Paseo de la Castellana).

Tiene una reunión en San Sebastián el día 16 a las 9h.

Tiene que estar en su oficina en Frankfurt el día 17 antes de las 18h.

No le gusta viajar de noche.

En Madrid quiere alojarse en un hotel céntrico y no muy caro.

En San Sebastián va a alojarse en casa de unos amigos.

Ahora hagan la reserva[1]. El/la profesor/a va a simular que es el/la empleado/a de una agencia de viajes.

[1] **Reserva** es la palabra usada en España para *reservation*. El resto de los países hispanos utilizan **reservación** por influencia del inglés.

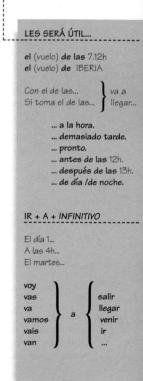

LES SERÁ ÚTIL...

el (vuelo) *de las* 7.12h
el (vuelo) *de* IBERIA

Con el de las... ⎫ va a
Si toma el de las... ⎭ llegar...

... a la hora.
... demasiado tarde.
... pronto.
... antes de las 12h.
... después de las 13h.
... *de día /de noche.*

IR + A + INFINITIVO

El día 1...
A las 4h...
El martes...

voy
vas
va   a   salir
vamos   llegar
vais   venir
van   ir
               ...

8-13 El hotel

También tienen que reservar hotel. Éstos son los que les propone la
agencia. ¿Cuál van a reservar? Escucha la audición para tener más información.

HOTEL UNIVERSIDAD
* * *
- A un paso de la Ciudad Universitaria
y de los centros de negocios.
- A 10 minutos del Paseo de la Castellana.
- 120 habitaciones con aire acondicionado.
- Tranquilo y bien comunicado.
- Sauna y Fitness.

HOTEL SAN PLÁCIDO
ℋ𝒫
* * * *
EN EL CENTRO DE MADRID
Un "cuatro estrellas" muy especial...
• Aire acondicionado • Música • Teléfono
• Caja fuerte • Antena parabólica • Jacuzzi
Plaza de Santo Domingo, 5 - 28013 MADRID
Tel.: 91- 544 88 00 - Fax: 91- 546 79 78

M-30

HOTEL TRAP
• Situación estratégica con relación a:
Estación de FF.CC. de Chamartín,
Recinto Ferial y Aeropuerto
• Entre la M-30 y la N-II
(Carretera de Barcelona)
• Aparcamiento propio

Ahora uno/a de ustedes llama por teléfono para reservar la habitación
del Sr. Berenstain. Otro/a alumno/a será el/la recepcionista.

LES SERÁ ÚTIL...

Quisiera reservar...
... un billete para San
Sebastián, en el
vuelo de las...

... una habitación
para el día...

8-14 Un fax para el jefe

Tienen también que preparar el texto de un fax para su jefe,
explicándole el plan del viaje:

- cómo y cuándo va a viajar   - dónde va a alojarse y por qué

Como es su primer viaje a España, pueden darle algunas
recomendaciones o informaciones útiles.

Sugerencias para la actividad 8–13

Para realizar esta actividad han de
tener presentes los datos que
obtienen a partir de las
informaciones de tres hoteles:

a) las tarjetas de los tres hoteles,

b) los datos que facilita la
grabación,

c) el plan de viaje que cada pareja
ha fijado en la actividad
anterior.

Puede proceder de manera similar
a como se ha indicado en la
actividad anterior.

Sugerencias para la actividad 8–14

El resultado de esta actividad
puede variar según la mayor o
menor complejidad que cada
pareja desee darle:

a) La más sencilla: el plan de viaje,
muy esquemático.

b) El plan de viaje y unas
recomendaciones e
informaciones útiles, también
formuladas esquemáticamente.

c) Una carta con encabezamiento y
despedida, en la que se incluyen
las recomendaciones y las
informaciones útiles. El plan de
viaje se adjunta en un esquema.

Sugerencias para la actividad 8–15

Puede pedir a sus alumnos que hagan una lista de tópicos y clichés sobre los españoles.

También pueden hacerla sobre su país o su ciudad, o sobre algún país vecino o alguna otra ciudad.

Finalmente, puede suscitar la reflexión sobre la falta de fundamento en la creación de esos lugares comunes, y sobre el peligro de valorar otras costumbres y conductas cuyas pautas culturales quizá desconozcamos. Puede ser un buen momento para comentar con los alumnos la indisociabilidad entre las cuestiones culturales y las lenguas.

¡QUÉ RAROS SON!

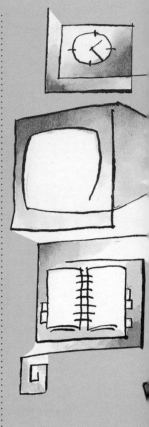

Cuando viajamos siempre descubrimos cosas diferentes, maneras diferentes de ser, de actuar, de comunicarse. Es lo que les pasa al Sr. Blanco y al Sr. White.

Julián Blanco es un ejecutivo español que trabaja para una multinacional. Tiene que trabajar a veces con el Sr. White, un norteamericano que trabaja para la misma multinacional. Blanco va a veces a los Estados Unidos y White visita de vez en cuando España. A veces, Blanco piensa: "qué raros son estos norteamericanos". Lo mismo piensa White: "qué curiosos son los españoles".

Sin pretender caer en estereotipos, no se puede negar que existen culturas empresariales diferentes. En las reuniones de trabajo hay algunos problemas. El estadounidense dice: "Éstas son mis condiciones, aquí está el acuerdo, y yo salgo en avión mañana por la mañana". El americano es extremo: es tiempo, tiempo, tiempo. Y el tiempo es dinero. El español necesita primero conocer un poco a la persona con la que va a tratar, establecer una relación y con-fiar en ella, antes de empezar a hablar de negocios.

"Los españoles siempre hablan de negocios en los restaurantes" dice White. "Primero, comen mucho al mediodía, beben vino y hablan de cosas personales. Y luego, al final de la comida, empiezan a hablar de trabajo". "En Estados Unidos no se come", explica Blanco a su mujer: "una ensalada, o un sándwich, al mediodía, y nada más…Y luego, a las 7, a cenar".

Respecto a la forma de trabajar también hay mal entendidos: "¿Para qué nos reunimos? Lo llevan todo escrito, todo decidido… Papeles y papeles" dice Blanco.

"Los españoles no preparan las reuniones" piensa White. "Hablan mucho y muy deprisa, y todos al mismo tiempo".

"Son un poco ingenuos, son como niños", explica Blanco a sus compañeros de oficina. "Muy responsables y muy serios pero…un poco sosos… Sólo hablan de trabajo…"

"Son muy afectivos, muy simpáticos pero un poco informales y maleducados, nunca dicen perdón ni gracias", piensa White.

¿Quién tiene razón? Seguramente los dos. Cada cultura organiza las relaciones sociales y personales de formas distintas, ni peores ni mejores, simplemente distintas.

Aprender un idioma extranjero significa también conocer una nueva forma de relacionarse, de vivir y de sentir.

8-15 Cómo piensa un ejecutivo de tu país? ¿Como White o como Blanco?
- respecto al trabajo
- respecto a las comidas
- respecto a la comunicación

mi *gente* República Dominicana

ESTRATEGIAS DE LECTURA:
Títulos y subtítulos

Encountering a long text in Spanish can often be overwhelming. But when a long text has subtitles or section heads as they normally do, you can gain some control over the reading by first making sure you understand these built-in organizers. In essence, the title, subtitle and section heads will provide you with an outline of the text. Look at the following structure:

República Dominicana

Requisitos de visas para viajes de negocios por un corto plazo

    Requisitos generales

    Requisitos específicos

Documentación requerida para visa de visitante

Visa de entrada múltiple

Notice the repetition of words and word roots. Notice the outline and how much information you can gain about this text before you even begin to read it. What do you think this text is about? You probably have a good idea at this point!

It is also helpful to write a brief summary of each section after reading it. This helps you control the amount of information you are processing at any one time and will also help you remember the most important information while reading the next section.

If you have guessed that the text you are going to read is about the requirements you need in order to travel to the Dominican Republic and the type of visas you need to get depending on the purpose of your trip, you were correct! What you probably will find in each section will be the specifications on each type of visa and more details about how to obtain it.

If you look for the titles, headings, and subheadings of a text, you will be able to understand the Spanish texts more easily.

GENTE QUE LEE

ANTES DE LEER

8-16 **Viajar al extranjero**
Contesta las siguientes preguntas y después intercambia la información con
tu compañero/a.

- ¿Te gusta viajar? ¿Por qué?
- ¿Prefieres viajar en tu propio país o prefieres ir al extranjero?
  Nombra algunas ventajas de tu elección.
- ¿Prefieres viajar solo/a o acompañado/a? ¿Por qué?
- ¿Cuál es tu lugar ideal para pasar una vacaciones?
- ¿Cuál es el lugar más lejos de casa que has visitado?
- ¿Dónde y cuándo es el próximo viaje que vas a hacer? ¿Con quién lo vas a hacer?
  Si no lo sabes todavía, piénsalo y decídelo en este momento.

8-17 **Preparando el viaje**
Tu amigo Marcos y tú van a ir de vacaciones a la República Dominicana.
Alguien les dijo que los pasajes de avión son muy baratos, que las playas
son maravillosas y los dominicanos muy alegres y simpáticos. Antes de viajar
necesitan preparar algunos documentos legales para poder entrar al país.
¿Cuáles de estos documentos piensas que necesitan? Marca con una cruz
(X) todos los que correspondan.

_____ pasaporte	_____ certificado de salud
_____ visa	_____ permiso de trabajo
_____ tarjeta de turismo	_____ carta de la compañía explicando el motivo del viaje
_____ licencia de conducir	_____ carta de la universidad explicando el motivo del viaje
_____ certificado de nacimiento	_____ carta de un familiar explicando el motivo del viaje

A LEER

8-18 **¿Visa o no visa?**
Lee el siguiente texto para conocer qué documentos necesitas para entrar en la República Dominicana y después contesta las preguntas.

República Dominicana

Los siguientes países requieren una visa de visitante para estar en tránsito:

Belice, Costa Rica, Guatemala, Nicaragua, Bolivia, Ecuador, Guyana, Panamá, Colombia, El Salvador, Honduras

Los ciudadanos de los siguientes países *no* requieren una visa de visitante para estar en tránsito o entrar en la República Dominicana pero deben comprar una tarjeta de turismo a la llegada:

Antigua y Barbuda, Chile, México, San Vicente y las Grenadinas, Argentina, Dominica, Paraguay, Trinidad y Tobago, Bahamas, EE.UU., Perú, Uruguay, Barbados, Granada, San Kitts y Nevis, Venezuela, Brasil, Haití, Santa Lucía, Canadá, Jamaica, Surinám

Requisitos de visas para viajes de negocios por un corto plazo

Requisitos generales
Las reglas de inmigración de la República Dominicana permiten la entrada de personas al país para llevar a cabo ciertos negocios o actividades comerciales sin necesidad de un permiso de trabajo, ya que no se considera que estas personas entren a trabajar en el país. Algunos ejemplos de estas personas son: representantes que vengan a vender bienes de otra forma que no sea al público en general; empleados de una organización que vengan a hacer consultorías; representantes de una firma internacional que vengan a comprar bienes o servicios y personas que vengan a una reunión o a negociar un contrato.

Requisitos específicos
Carta de la compañía explicando el motivo del viaje.

Documentación requerida para visa de visitante

Todas las personas deben estar en posesión de un pasaporte válido para entrar en la República Dominicana, excepto los ciudadanos de Canadá y de EE.UU. que tengan documento de identidad apropiado, como una licencia de conducir o un certificado de nacimiento.

Un pasaporte válido | 4 fotos
Fotocopia del pasaporte | Billete de avión de ida y vuelta
Formulario de solicitud | Certificado de salud

Método para depositar la solicitud

La solicitud se debe hacer en persona en el consulado (o en el departamento de servicios consulares de la embajada).

Tiempo de procesamiento

De 2 a 4 días para las Tarjetas de Turismo; De 6 a 8 semanas para las visas de turismo y de negocios que tienen que ser aprobadas por las autoridades en la República Dominicana.

Visa de Entrada Múltiple

Visas de Turismo. Visas sencillas y múltiple, y visas de negocios.

Validez/Extensión. Las visas de turismo sencillas y las visas de negocios son válidas por 60 días. Las visas de múltiple entrada y de negocios son válidas hasta por 1 año. Las Tarjetas de Turismo son tramitadas para visitantes en República Dominicana con propósitos de turismo para estadías de hasta 90 días. Costo de la solicitud: US$17.

Para más información:

Comuníquese con la Embajada

o con el Departamento de

Servicios Consulares de la Embajada

DESPUÉS DE LEER

8-19 **¿Entendiste?**

Contesta las preguntas siguientes según el texto que acabas de leer.

1. ¿Qué países requieren una visa de visitante para entrar en la República Dominicana? Nombra por lo menos tres.

2. Los ciudadanos de los Estados Unidos no necesitan visa de visitante pero, ¿qué documento necesitan para poder entrar al país?

3. Señala cuál de los siguientes países necesitan visa de visitante en la República Dominicana:

_____	Guatemala	_____	Panamá	_____	Colombia
_____	Perú	_____	Ecuador	_____	Brasil
_____	México	_____	Venezuela	_____	Canadá

4. ¿Qué requisitos (generales y específicos) necesita una persona que está de negocios por un corto plazo en la República Dominicana?

5. ¿Qué documentos necesita un hondureño que quiere pasar unas vacaciones en Santo Domingo?

6. ¿Cuánto cuesta la solicitud de una visa de entrada múltiple? ¿Cuánto tiempo es válida una visa de este tipo?

7. Según el artículo, ¿dónde puedes informarte si necesitas más información?

GENTE QUE ESCRIBE

8-20 **Pedir información**

ANTES DE ESCRIBIR

Tu amigo Marcos es español y en el folleto que acabas de leer no hay información sobre los requisitos o documentos legales que necesita un ciudadano de España. Escribe una carta a la embajada de la República Dominicana en la que solicites dicha información para que Marcos pueda ir contigo de vacaciones.

Primero piensa en toda la información que quieres solicitar y prepara una lista de temas.

- información sobre Marcos: edad, nacionalidad, estado civil, profesión, etc.
- los documentos que necesita: visa, pasaporte, fotos, etc.
- el precio
- los días de estancia
- el motivo del viaje
- ciudades que va a visitar
- otros temas

Después prepara las preguntas específicas que quieres hacer.

Respuestas a la actividad 8-19

1. Las repuestas varían.
2. Deben comprar una tarjeta de turismo a la llegada a la República Dominicana.
3. Guatemala, Panamá, Ecuador y Colombia.
4. Requisitos generales: No es necesario un permiso de trabajo, sólo un pasaporte válido. Requisitos Específicos: Carta de la compañía explicando el motivo del viaje.
5. Una visa de visitante.
6. Cuesta US$17. Las visas de múltiple entrada y de negocios son válidas hasta por 1 año.
7. En la Embajada o en el Departamento de Servicios Consulares de la Embajada.

A ESCRIBIR

Escribe una carta a la embajada o al consulado de la República Dominicana que contenga 250 palabras aproximadamente.

DESPUÉS DE ESCRIBIR

Revisa tu primer borrador y comprueba:

CONTENIDO	GRAMÁTICA Y VOCABULARIO
■ ¿Te gusta?	■ ¿Hay errores?
■ ¿Necesitas incluir algo más?	■ ¿Has usado gramática y vocabulario de este capítulo?
■ ¿Está bien organizado?	

Pasa tu texto a tu compañero/a y pídele sugerencias.

Por último, pasa a limpio tu texto y entrégaselo a tu profesor/a.

GENTE EN LA RED

8-21 **¡A la República Dominicana!**

ANTES DE NAVEGAR

Marcos (tu compañero de clase) y tú ya están listos para viajar pero todavía quedan algunos detalles. Habla con Marcos sobre los siguientes temas y tomen decisiones.

- ■ Vacaciones: caras, baratas, hotel de cinco estrellas, todo incluido, etc.
- ■ Atracciones: actividades, sitios y lugares que visitar, etc.
- ■ Hoteles: tipo de hotel, ubicación, etc.
- ■ Agencias de viaje: paquetes y ofertas de viajes, excursiones, etc.
- ■ Alquiler de coches: tipo de coche, número de días de alquiler, etc.

A NAVEGAR

Marcos y tú están de acuerdo pero necesitan saber con exactitud lo que van a hacer exactamente en la República Dominicana cuando lleguen allí. Vayan a la red (*www.prenhall.com/gente*) y exploren lo que este país tiene que ofrecerles.

VOCABULARIO

Los documentos y complementos de viaje

(el) certificado de nacimiento	*birth certificate*	(el) billete de ida y vuelta	*round-trip ticket*
(el) certificado de salud	*health certificate*	(el) pasaporte	*passport*
(el) cheque de viajero	*traveler's check*	(el) permiso de trabajo	*permission to work*
(los) documentos legales	*legal documents*	(la) tarjeta de crédito	*credit card*
(la) licencia de conducir	*driver's license*	(la) tarjeta de turismo	*tourism card*
(el) billete de avión	*plane ticket*	(la) visa, (el) visado	*visa*

(la) agenda	*calendar*
(la) cámara de fotos	*camera*
(las) gafas de sol	*sunglasses*
(el) mapa de carreteras	*highway map*
(la) mochila	*back-pack*
(la) tienda de campaña	*tent*

Los preparativos y las actividades en un viaje

comprar los billetes	*to buy the tickets*
hacer la maleta	*to pack*
facturar las maletas	*to check bags*
pasar por la aduana	*to go through customs*
reclamar el equipaje (perdido)	*to claim (lost) luggage*
recoger las maletas	*to pick up bags*
solicitar un visado	*to apply for a visa*
cambiar dinero	*to exchange money*
comprar regalos	*to buy gifts*
escribir postales	*to write postcards*
hacer fotos	*to take pictures*
ir a museos	*to go to museums*
ir a una exposición	*to go to an exhibition*
revelar fotos	*to develop pictures*
visitar la catedral	*to visit the cathedral*

Los puntos turísticos de interés

(un) albergue juvenil	*hostel youth*
(un) parador nacional	*parador, state-owned hotel*
(una) pensión	*a lodging house*
(una) posada	*inn*
(un) castillo	*castle*
(una) catedral	*cathedral*
(un) centro de negocios	*business center*
(un) conjunto histórico	*historic area*
(un) monasterio	*monastery*
(un) parque natural	*nature reserve*
(un) puerto deportivo	*yachting port*
(un) zoológico	*zoo*

Para pedir información general durante un viaje

(el) itinerario	*itinerary*
(la) dirección	*address*
(la) estancia	*stay*
(el) punto de partida	*starting point*
(el) destino, punto de destino	*destination*
(la) llegada	*arrival*
(la) salida	*departure*
(el) folleto	*prospect, brochure*
(la) llamada (telefónica)	*phone call*
(el) prefijo	*area code*

(el) requisito	*requirement*
(la) visita guiada	*guided tour*
en tránsito	*in transit*
(una) avería	*failure, breakdown*
(una) cancelación	*cancellation*
(un) pinchazo	*flat tire*
(un) retraso	*delay*
(un) robo	*theft*

Para reservar billetes y hotel

(la) recepción	*reception desk*
(el/la) recepcionista	*receptionist*
(la) reserva	*reservation*
(la) forma de pago	*method of payment*
(la) transferencia bancaria	*bank transfer*
(el) giro postal	*money order*
(los) gastos de servicio	*service charges*
(el) aire acondicionado	*air conditioned*
(la) caja fuerte	*cashbox, safe*
(el) servicio despertador	*wake-up service*
(la) oferta	*sale*
todo incluido/a	*all-in*

Otras palabras y expresiones útiles

(el) despacho	*office*
(el) malentendido	*misunderstanding*
(el) negocio	*business*
(el/la) extranjero/a	*foreigner*
(el/la) peregrino/a	*pilgrim*
(el/la) visitante	*visitor*
a corto/medio/largo plazo	*short/medium/long term*
al mismo tiempo	*at the same time*
gratis	*free*
siguiente	*following*
estar listo/a (para)	*to be ready (for)*
tener razón	*to be right*
todavía	*still*
todavía no	*not yet*
ya	*already*

Verbos

cruzar	*to cross*
declarar	*to declare*
descubrir	*to discover*
empezar (ie)	*to start*
esperar	*to wait*
fijar	*to fix*
inscribirse	*to register*
ocuparse (de)	*to take care of*
recoger	*to pick up*
reunirse	*to meet*

Vamos a discutir los problemas de una ciudad y establecer prioridades en sus soluciones.
  Para ello aprenderemos a:

✔ describir, comparar y valorar lugares,
✔ opinar y debatir.

gente de **ciudad**

gente de ciudad

9-1 **Cuatro ciudades donde se habla español**
¿A qué ciudades crees que corresponden estas informaciones? Hay
algunas que pueden referirse a varias ciudades. Márcalo en el cuadro.

	a	b	c	d	e	f	g	h	i	j	k	l	m	n	ñ	o	p
Las Palmas																	
Bogotá																		
Sevilla																		
Buenos Aires																		

a. Tiene unos tres millones de habitantes
   pero su área metropolitana tiene
   casi once millones.
b. Es una ciudad con muchas fiestas
   populares: la Feria de Abril,
   la Semana Santa...
c. Está en una isla.
d. Es una ciudad con mucha vida
   nocturna.
e. Tiene unos seis millones y medio
   de habitantes.
f. Tiene muy buen clima. La temperatura
   es de unos 20 grados centígrados, tanto
   en invierno como en verano.
g. En verano, hace muchísimo calor.
h. Es una ciudad muy turística.
i. Es la capital de Colombia.
j. Muchos de sus habitantes son de origen
   español, italiano, inglés, alemán...
k. Está a 2.264 metros sobre el nivel
   del mar.
l. Su centro es la Plaza de Mayo,
   donde están la catedral y la Casa
   Rosada, sede del gobierno.
m. Es un puerto importante.
n. Hay mucha industria pesquera
   y tabacalera.
ñ. Su primer recurso económico
   es el turismo.
o. Es el centro administrativo, cultural
   y económico de Andalucía.
p. Está en la costa.

**Compara tus respuestas con las
de tus compañeros/as.**

EJEMPLO:
● A ver qué has puesto tú...
○ Las Palmas C, G...
● ¿G? No, en Las Palmas
no hace mucho calor.

137

Información para la actividad 9-1

En el texto aparece vocabulario
nuevo para los alumnos, aunque
por el contexto pueden intuir su
significado. Además, aparecen
también los siguientes recursos para
referirse a cantidades aproximadas
(unos tres millones, unos 20 grados,
casi once millones...) que no es
necesario trabajar activamente,
aunque puede llamar la atención
sobre su significado.

Sugerencias para la actividad 9-1

Los alumnos, individualmente o en
pequeños grupos, eligen una foto y
realizan las siguientes actividades:

a) En primer lugar, aportan algún
   dato que no esté en la lista de
   la actividad sobre una de las
   cuatro ciudades.

b) Seguidamente, buscan en la
   foto tres detalles no demasiado
   aparentes.

c) Luego dicen el dato y quien
   acierte a qué ciudad se refiere el
   compañero, suma dos puntos. Si
   nadie lo acierta, tendrán que
   añadir información obtenida a
   partir de la observación de las
   fotos. Quien lo acierte en esta
   fase, consigue sólo un punto.
   Obviamente, gana el equipo o el
   alumno que más puntos obtiene.

La actividad puede realizarse con la
ayuda de algún texto de tipo
enciclopédico, en español o en la
lengua de los alumnos.

Respuestas para la actividad 9-1

FOTOS	CIUDAD	DATOS
3	Las Palmas	c - f - h - n - ñ - p
1	Bogotá	e - i - k
2	Sevilla	b - g - h - o
4	Buenos Aires	a - d - j - l - p

137

La mayor parte del vocabulario del cuestionario es activo. En la actividad 9–2, lo utilizan pasivamente, pero activamente en la 9–3. Además, volverán a necesitarlo en la actividad 9–4.

Aunque las respuestas de los alumnos son abiertas, por estar vinculadas a su propio entorno real, en la actividad 9–3 se ofrece un modelo de intervención que puede servirles de guía.

Sugerencias para la actividad 9–3

Para realizar la actividad, llámeles la atención a sus alumnos sobre el esquema de intervención:

Yo le he dado un ...

A mí me parece que ... y además ...

Por otra parte, ...

Puede suceder que los alumnos no estén lo suficientemente informados sobre el lugar donde se encuentran. En ese caso pueden aplicar la encuesta a un pueblo o ciudad que conozcan bien. Lo ideal es que siempre haya dos o tres alumnos que elijan una misma ciudad, para poder contrastar sus opiniones. Si tampoco se da el caso, cada alumno puede informar sobre la puntuación que le merece la ciudad que haya elegido.

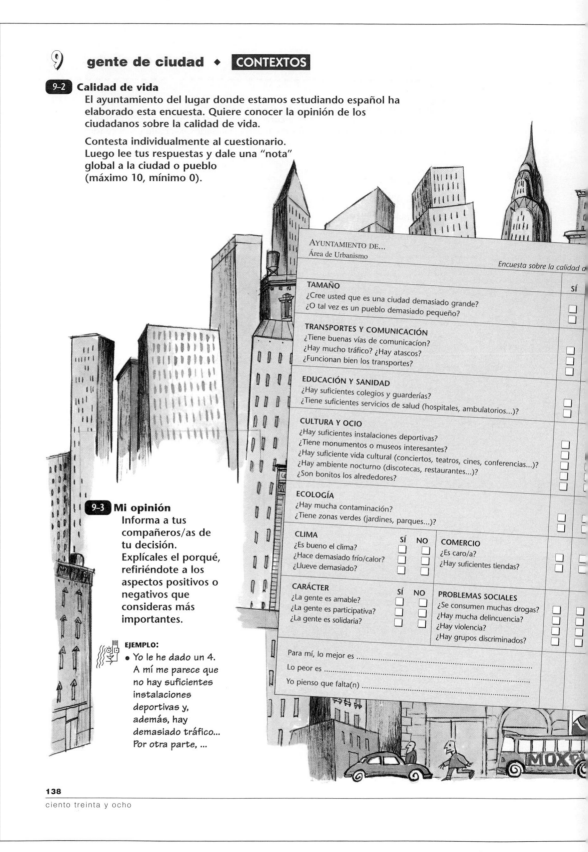

9 **gente de ciudad** ◆ **CONTEXTOS**

9–2 **Calidad de vida**

El ayuntamiento del lugar donde estamos estudiando español ha elaborado esta encuesta. Quiere conocer la opinión de los ciudadanos sobre la calidad de vida.

Contesta individualmente al cuestionario. Luego lee tus respuestas y dale una "nota" global a la ciudad o pueblo (máximo 10, mínimo 0).

AYUNTAMIENTO DE...
Área de Urbanismo

Encuesta sobre la calidad d...

TAMAÑO | SÍ
¿Cree usted que es una ciudad demasiado grande?
¿O tal vez es un pueblo demasiado pequeño?

TRANSPORTES Y COMUNICACIÓN
¿Tiene buenas vías de comunicación?
¿Hay mucho tráfico? ¿Hay atascos?
¿Funcionan bien los transportes?

EDUCACIÓN Y SANIDAD
¿Hay suficientes colegios y guarderías?
¿Tiene suficientes servicios de salud (hospitales, ambulatorios...)?

CULTURA Y OCIO
¿Hay suficientes instalaciones deportivas?
¿Tiene monumentos o museos interesantes?
¿Hay suficiente vida cultural (conciertos, teatros, cines, conferencias...)?
¿Hay ambiente nocturno (discotecas, restaurantes...)?
¿Son bonitos los alrededores?

ECOLOGÍA
¿Hay mucha contaminación?
¿Tiene zonas verdes (jardines, parques...)?

CLIMA | SÍ | NO | **COMERCIO**
¿Es bueno el clima? | | | ¿Es caro/a?
¿Hace demasiado frío/calor? | | | ¿Hay suficientes tiendas?
¿Llueve demasiado?

CARÁCTER | SÍ | NO | **PROBLEMAS SOCIALES**
¿La gente es amable? | | | ¿Se consumen muchas drogas?
¿La gente es participativa? | | | ¿Hay mucha delincuencia?
¿La gente es solidaria? | | | ¿Hay violencia?
| | | ¿Hay grupos discriminados?

Para mí, lo mejor es ....

Lo peor es ....

Yo pienso que falta(n) ....

9–3 **Mi opinión**
Informa a tus compañeros/as de tu decisión. Explícales el porqué, refiriéndote a los aspectos positivos o negativos que consideras más importantes.

EJEMPLO:
• Yo le he dado un 4. A mí me parece que no hay suficientes instalaciones deportivas y, además, hay demasiado tráfico... Por otra parte, ...

CONTEXTOS ◆ gente de ciudad

9-4 Dos ciudades para vivir

Imagina que, por razones de trabajo, tienes que vivir dos años en una de estas dos ciudades. Tu empresa te deja elegir.

¿Qué es lo más importante para ti de una ciudad? Repasa los conceptos (ecología, clima, etc.) de la encuesta de 9-2 y establece tus prioridades.

Para mí, lo más importante es _____,

y también _____.

9-5 Elige

Lee los textos y deci41de dónde preferirías pasar dos años. Explica a tus compañeros/as las razones

Valparaíso (Chile)

Está situada al oeste de Santiago de Chile, en la costa del Océano Pacífico. Con 255.286 habitantes y un clima templado, Valparaíso es el segundo centro económico de Chile. Es también uno de los principales puertos del Pacífico sudamericano. Tiene una intensa actividad industrial, una universidad y un importante patrimonio cultural.

Su mayor atractivo son los 45 cerros que la rodean: los barrios han crecido sobre las colinas y la arquitectura se ha adaptado al relieve. Sus calles, estrechas y empinadas, con sus 15 pintorescos ascensores, le dan a Valparaíso un encanto especial. Se le conoce como un anfiteatro colorido que mira al mar.

Valparaíso ha recibido una gran influencia europea ya que muchos alemanes e ingleses se instalaron en la ciudad en el siglo XIX.

Cartagena de Indias (Colombia)

Cartagena de Indias, con sus 491.368 habitantes y su clima tropical (temperatura media: 28 grados) es, sin lugar a dudas, la capital turística de Colombia.

Su arquitectura colonial, declarada Patrimonio de la Humanidad en 1985, es una de las más importantes de Latinoamérica.

Por una parte, está la ciudad histórica, con el castillo militar más grande de América. Por otra, las zonas turísticas de Bocagrande y El Laguito junto a las playas, con edificios modernos de apartamentos, restaurantes, casinos, centros comerciales y hoteles. Por último, están las islas del Rosario, un complejo de islotes con playas coralinas, que forman parte de uno de los parques naturales más importantes de Colombia.

Cartagena se ha convertido en sede de eventos internacionales importantes, como el Festival de Cine, uno de los más importantes de América Latina, y el Festival de Música del Caribe, que reúne cada marzo a lo más representativo de los ritmos caribeños (reggae, salsa, socca, etc.).

El carácter acogedor de su gente es otro de sus atractivos.

139

ciento treinta y nueve

Sugerencias para la actividad 9–4

La actividad 9–2 sirve de preparación para la lectura de los dos textos, de manera que funciona como enlace.

Los alumnos podrán obtener, en los propios textos, el vocabulario que utilizarán activamente para justificar su opción.

Puede indicarles el uso restringido de algunos de los términos que aparecen y facilitarles, si lo desean, los términos más generales: *cerros, colinas (montañas), islotes (islas), eventos (acontecimientos)...*

139

Sugerencias para la actividad 9–6

Se trata de un ejercicio en dos fases, la primera individual y la segunda con la clase entera. Primero debe completarse correctamente la tabla con los nombres de los tres municipios. Sólo se podrá realizar la segunda fase si los alumnos han completado el cuadro correctamente.

Para la segunda fase tienen que utilizar todos los recursos que aparecen en la columna de gramática bajo los epígrafes COMPARAR, INDICAR SUPERIORIDAD e INDICAR IGUALDAD. Para facilitarles el trabajo, puede ejemplificar la mecánica formando sucesivamente frases con elementos de los tres epígrafes.

Respuestas para la actividad 9–6

Nombre del municipio: *Rocalba, Villajuán, Aldehuela.*

Sugerencias para la actividad 9–7

Inicie la actividad proponiendo algunas ciudades a modo de ejemplo. De este modo, puede proporcionar ideas y recursos lingüísticos que faciliten la tarea. Pueden servir también otros elementos que ya conocen, como los puntos cardinales, la referencia a ríos, lagos o mares, etc.

P: *Es una ciudad que tiene un metro muy bonito.*

A1: *Tokio.*

P: *No. Está en Europa.*

A2: *Munich.*

P: *No, está en un país más grande.*

A3: *París.*

P: *No. Está más lejos de España que París y en un país más grande que Francia.*

A4: *Moscú.*

P: *¡Sí!*

9–6 **Villajuán, Aldehuela y Rocalba**
En las oficinas del gobierno regional se han hecho un lío con algunos datos estadísticos sobre estas tres ciudades. ¿Puedes ayudarles?

Aldehuela tiene menos bares que Villajuán.
Rocalba tiene más escuelas que Villajuán.
Aldehuela tiene más escuelas que Villajuán.
Villajuán tiene menos habitantes que Rocalba.
Rocalba y Aldehuela tienen el mismo número de museos.
Rocalba tiene el doble de iglesias que Villajuán.
Rocalba y Aldehuela tienen el mismo número de hospitales.

NOMBRE DEL MUNICIPIO	....	....	....
habitantes	25.312	21.004	18.247
escuelas	8	6	7
cines	4	4	3
museos	3	1	3
iglesias	6	3	4
bares	21	15	12
centros comerciales	2	1	1
hospitales	2	1	2

Ahora vamos a comparar todos los servicios de las tres ciudades. Un/a alumno/a compara dos, pero sin decir el nombre de la primera. A ver quién adivina más rápido a qué ciudad se refiere.

EJEMPLO:
● Tiene dos escuelas menos que Rocalba.
○ ¡Villajuán!

● Tiene tantos hospitales como Aldehuela.
○ ¡Rocalba!

9–7 **Ciudades del mundo**
Un/a alumno/a dice algo de un lugar (un país, una ciudad, una región, un pueblo) que puedan conocer los/las compañeros/as. Los demás intentan adivinar qué lugar es.

EJEMPLO:
● Es una ciudad donde hay muchos rascacielos.
○ ¡Nueva York!
● No. Está en el Océano Pacífico.
■ Singapur...
● ¡Sí!

COMPARAR

Madrid (M): 3.084.673 habitantes
Barcelona (B): 1.681.132 habitantes

M tiene **más** habitantes **que** B.
B tiene **menos** habitantes **que** M.

M es **más** grande **que** B.
B es **más** pequeña **que** M.

más bueno/a ──────➤ mejor
más malo/a ──────➤ peor

INDICAR SUPERIORIDAD

Madrid es **la** ciudad **más** grande de España.

INDICAR IGUALDAD

Luis y Héctor tienen
- **la misma** edad.
- **el mismo** color de pelo.
- **las mismas** ideas.
- **los mismos** problemas.

Este piso tiene
- **tanto** espacio
- **tanta** luz
- **tantos** metros **como** el otro.
- **tantas** habitaciones

Barcelona **no** es **tan** grande **como** Madrid.

Son iguales.

No, son parecidos. Éste no es tan pequeño.

ORACIONES DE RELATIVO

Es una ciudad...
- **en la que** / **donde** se vive muy bien.
- **que** tiene muchos museos.

ME GUSTARÍA...

Me gusta mucho La Habana.

Me gustaría ir a Lima.
          visitar Lima.
          conocer Lima.

Me gusta vivir aquí.

Le gusta vivir cerca del mar.

Me gustaría vivir cerca del mar.

Le gustaría vivir cerca del mar.

EXPRESAR OPINIONES

A mí me parece que...

Yo (no) estoy { con Juan.
de acuerdo   { contigo.
             { con eso.

A mí me parece que se vive mejor en el campo.

Sí, es verdad.

FORMAS Y RECURSOS ◆ gente de ciudad

9-8 **Me gustan las ciudades grandes**
¿Qué clase de ciudades te gustan? Completa estas frases:

A mí me gustan **las ciudades** _____
A mí me gustan **las ciudades en las que** _____
A mí me gustan **las ciudades que** _____
A mí me gustan **las ciudades con/sin**_____

Ahora, entre todos, hagan una lista de sus preferencias en la pizarra. A partir de sus propuestas describan "nuestra ciudad ideal".

9-9 **¿París, Londres o Roma?**
Elige ciudades para completar las frases.

París   **Chicago**   **Berlín**   Moscú

Rabat   Ciudad del Cabo   **Lima**   **La Habana**

Teherán   **Acapulco**   Montecarlo   Amsterdam

Dublín   Hong Kong   **Managua**   Las Vegas

Helsinki   **Ginebra**   Viena   Jerusalén

Madrid   Calcuta   **Tokio**   Londres

- A mí me gustaría pasar unos días en _____ porque _____
- A mí me gustaría ir de vez en cuando a _____ porque_____
- Yo quiero visitar _____ porque _____
- A mí me gustaría trabajar una temporada en _____ porque _____
- A mí me gustaría vivir en _____ porque _____
- No me gustaría nada tener que ir a _____ porque _____

9-10 **¿Campo o ciudad?**
Piensa en las ventajas y desventajas de vivir en el campo o en la ciudad. Aquí tienes algunas ideas. Elige una de éstas o formula una opinión tuya. Luego, anota los nombres de los/las compañeros/as con los/las que estás de acuerdo.

- la vida es más dura
- la vida es más cara
- se come mejor
- hay problemas de transporte
- la gente es más cerrada

- necesitas el coche para todo
- hay menos oferta cultural
- hay mayor calidad de vida
- te aburres

- vives de una forma más sana
- te sientes solo
- tienes más relación con los vecinos
- tienes menos intimidad

EJEMPLO:
• A mí me parece que en el campo necesitas el coche para todo.

141

Sugerencias para la actividad 9–8

Al realizar esta actividad, los alumnos pueden activar todo el vocabulario que ha aparecido hasta ahora en este capítulo y en los anteriores. Sin embargo, puede que los alumnos quieran decir cosas para las que carecen del vocabulario necesario. Puede ayudarlos o indicarles que consulten el diccionario.

La anotación de preferencias en la pizarra se realiza en frases sueltas pero la actividad oral de descripción conjunta de la ciudad ideal requerirá el uso de conectores textuales (*y también, ni tampoco, pero, además...*). Escríbalos en la pizarra en una columna aparte e indique a sus alumnos que los utilicen cuando lo consideren apropiado.

Sugerencias para la actividad 9–9

La forma *me gustaría*, como expresión de un deseo de cumplimiento incierto, se contrasta con otras dos formas alternativas: *me gusta*, como expresión de gustos (ejercicio anterior), y *quiero*, como expresión de intenciones (una de las frases de este ejercicio).

Pida a sus alumnos que hagan una lista de intenciones firmes para el próximo fin de semana (con *quiero* y razonando las intenciones con *me gusta*), y otra de deseos de más difícil cumplimiento (con *me gustaría*).

Sugerencia para la actividad 9–10

La lista de sugerencias incluye diversos recursos de impersonalidad: se + tercera persona, verbo en segunda persona del singular del Presente de Indicativo, *la gente*. No es necesario que los trabaje activamente, basta con que los alumnos los comprendan.

141

Información para la actividad 9–11

La imagen y los textos de esta actividad proporcionan el contexto necesario para la realización de la tarea de este capítulo, que está enunciada en la actividad 9–12. Así pues, la lectura y la audición estarán guiadas por el propósito de la tarea.

Es importante darse cuenta de que son los propios alumnos quienes, a partir de la información obtenida, establecen las prioridades del municipio.

Sugerencias para la actividad 9–11

Explique a sus alumnos el propósito de la tarea: distribuir el presupuesto municipal según las prioridades que previamente se habrán establecido.

Los alumnos realizan una primera lectura con el objetivo de familiarizarse con la realidad de Villarreal. Antes de la lectura puede trabajar con la imagen. Pida a sus alumnos que describan el pueblo interpretando el plano.

Seguidamente, cada alumno lee el texto, comprueba si su contenido se corresponde con la descripción que se ha hecho en la clase y señala los datos nuevos que aporta.

Luego, puede realizar una segunda lectura guiada por el propósito de la tarea: cada alumno elaborará una lista con los principales problemas cuya solución debe abordarse en el próximo pleno municipal. Si lo prefieren, pueden, ya en esta fase, trabajar en pequeños grupos.

Más sugerencias para la actividad 9–11

En la encuesta radiofónica, varios habitantes de Villarreal manifiestan sus opiniones. Cada alumno deberá decidir, a partir de ese abanico de opiniones y de la información que han obtenido del texto, cuáles son los problemas más acuciantes de esta ciudad.

En la fase de corrección, pídales que relacionen los datos de la audición con los del texto.

A partir de todos los datos que tienen los alumnos en las notas que han ido tomando, cada grupo debe decidir cuáles son los cuatro problemas más urgentes. En la discusión, y luego en la exposición pública de sus conclusiones, pueden utilizar los recursos de la ficha "Les será útil".

142

 gente de ciudad ◆ **TAREAS**

9–11 **Villarreal**

Villarreal es una ciudad imaginaria que se parece a algunas pequeñas ciudades españolas. Lee estas informaciones que ha publicado recientemente la prensa local. Tus compañeros/as y tú van a tener que tomar decisiones importantes sobre el futuro de la ciudad.

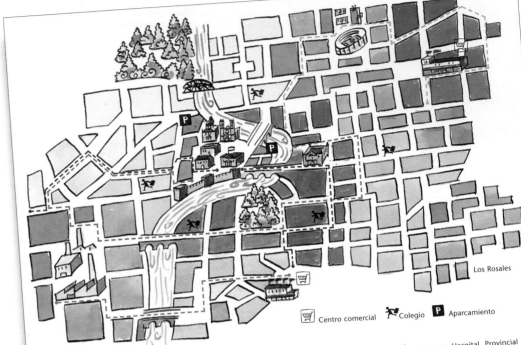

Los Rosales

🛒 Centro comercial   🏃 Colegio   🅿 Aparcamiento

VILLARREAL

Número de habitantes: 45.800
Índice de paro de la población activa:
- hombres 11%,
- mujeres 24%.

TRANSPORTES Y COMUNICACIÓN

- Existen 6 líneas de autobuses. El Barrio de Los Rosales no tiene transporte público.
- En el casco antiguo se producen con frecuencia atascos y graves problemas de aparcamiento, ya que sólo existen 2 aparcamientos públicos con capacidad para 300 coches. Recientemente, el Ayuntamiento ha propuesto crear una zona peatonal alrededor de la Catedral, proyecto que ha sido muy criticado por los comerciantes de la zona.

COMERCIO

- Se han instalado recientemente 2 grandes superficies comerciales. El comercio del centro de la ciudad está en crisis. Un nuevo centro comercial ha solicitado permiso de construcción.

CULTURA Y OCIO

- Hay un sólo museo, el Museo de Historia de la Ciudad.
- Hay 6 cines y 1 teatro. El teatro tiene graves problemas económicos y el edificio está en muy mal estado.
- Instalaciones deportivas: Estadio del Villarreal Fútbol Club, una piscina descubierta municipal y un Polideportivo (baloncesto, tenis y gimnasio).

VIVIENDA

- Hay 1.800 viviendas desocupadas.
- La vivienda (alquiler o compra) representa 1/3 de los ingresos de las familias.

EDUCACIÓN Y SANIDAD

- Hay 3 colegios privados y 2 públicos, 2 guarderías municipales y 3 privadas, y 2 institutos de enseñanza secundaria.
- Hay un Hospital Provincial (200 camas) y 2 clínicas privadas (245 camas).
- Crece el número de toxicómanos. Se estima en la actualidad en unos 130. No hay centro de atención a toxicómanos.
- No hay ninguna residencia de ancianos.
- En el último año, 55 niños de menos de 3 años no han conseguido plaza en las guarderías.
- No hay universidad.

ECOLOGÍA Y SEGURIDAD

- En el polígono industrial, hay una fábrica de plásticos que contamina el río. En ella trabajan 260 personas.
- La delincuencia ha aumentado un 22% respecto al año anterior.

LES SERÁ ÚTIL...

Para mí/nosotros...

lo más { grave / urgente / importante / necesario } es...

Es { urgente / fundamental / importante } { hacer / construir ... }

Yo pienso que...
Nosotros pensamos que...

A mí me parece que...
A nosotros nos parece que...

Eso es verdad, pero...
Eso no es verdad.

Escucha ahora la encuesta radiofónica. Escriban cuáles son los problemas que tiene la ciudad.

1._____ 2._____
3._____ 4._____
5._____ 6._____

Formen grupos de tres y decidan cuáles son los cuatro problemas más urgentes de la ciudad. Después informen a la clase.

EJEMPLO:
● Nosotros pensamos que
los problemas más graves son...

9-12 Las finanzas de Villarreal

Ahora hay que hacer los presupuestos generales del próximo año.
En grupos, miren el plano de la ciudad, repasen el informe de la prensa y las notas que han tomado con la encuesta.

Disponen de un presupuesto de 1.000 millones de "villarreales" para invertir en infraestructura nueva. ¿Cuánto destinan a cada concepto?

EJEMPLO:
● Vamos a invertir 100 millones en construir una escuela porque pensamos que es urgente.

Concepto	Cantidad

Un portavoz va a defender los presupuestos de su grupo en una sesión del Ayuntamiento. Los otros pueden criticarlos.

9-13 Cambios en nuestra ciudad

¿Y nuestro pueblo real o nuestra ciudad, qué cambios necesita? Hagan una lista.

Sugerencias para la actividad 9–12

La actividad se compone de dos fases:

a) En primer lugar, cada grupo de alumnos elabora una propuesta de distribución del presupuesto según su propio criterio.

b) En segundo lugar, la clase en conjunto debate las distintas propuestas.

Pida a cada grupo que presente su propuesta en un documento escrito, de modo que toda la clase lo tenga a la vista en la fase de discusión. Si trabaja con retroproyector, puede darles folios transparentes para que la escriban en ellos; también pueden escribirla en la pizarra o en carteles, que se pueden colgar en las paredes de la clase.

Sugerencias para la actividad 9–13

En esta actividad, los problemas y las propuestas de resolución adquirirán un carácter mucho más vivencial y, por tanto, probablemente mucho más motivador.

Se podrán reutilizar todos los recursos lingüísticos trabajados en este capítulo.

¿QUÉ ES UNA CIUDAD?

Calles, plazas, avenidas, paseos y callejones. (Y personas). Luces, anuncios, semáforos, sirenas. (Y personas). Mercados, supermercados, hipermercados. (Y personas). Coches, motos, camiones, bicicletas. Música, cláxones, y voces. (De personas). Perros, gatos y canarios. (Y personas). Policías, maestros, enfermeras, funcionarios, empresarios, vendedores, mecánicos, curas y obreros. (Y personas). Teléfonos, antenas, mensajeros. (Y personas). Periódicos, carteles, neones. Teatros, cines, cabarets. Restaurantes, discotecas, bares, tabernas y chiringuitos. (Y personas). Ventanas, puertas, portales. Entradas y salidas. (Y personas). Ruidos, humos, olores. Hospitales, monumentos, iglesias. Historias, noticias y cuentos. Mendigos, ejecutivos y bomberos. Políticos y banqueros. Prisas, alegrías y sorpresas. Ilusiones, esperanzas y problemas. Áticos y sótanos. Amores y desamores. (De personas). Razas, culturas, idiomas... Y personas.

9-14 Mira estas fotos. Son de tres ciudades hispanoamericanas: Oaxaca (México), Buenos Aires (Argentina) y Baracoa (Cuba). ¿Cómo crees que son? ¿Con qué elementos de esta lista asocias cada una de ellas?

- zona caribeña
- ciudad misteriosa
- playa
- actividad cultural
- isla
- ciudad colonial
- todo tipo de espectáculos
- ciudad que no duerme
- salas de teatro y cines
- enclave arqueológico

9-15 🎧 Ahora escucha a tres personas que hablan de estas ciudades. Comprueba si tenías razón. ¿Es lo que tú habías dicho en la actividad 9–14?

9-16 Por último, con un/a compañero/a, comparen las características de tu ciudad o lugar de origen con estas tres ciudades.

9-17 Escribe ahora un folleto de tu región. Puedes trabajar con uno/a o varios/as compañeros/as.

- Busca información sobre los lugares más interesantes.
- Escribe una breve descripción general (ubicación, clima, características geográficas y económicas generales).
- Si te apetece, busca fotos o imágenes para completar tu trabajo y enséñaselas a otros/as compañeros/as.
- Inventa un eslogan.

145

Sugerencias para la actividad 9–14

En esta actividad, los alumnos trabajan a partir de su intuición y de la relación entre imágenes y vocabulario.

El texto es una extensa respuesta a la pregunta del título. Puede pedirles a sus alumnos que sinteticen dicha respuesta en una sola frase de no más de dos líneas. También puede elegir las 10 palabras del texto que, en opinión de cada alumno, mejor representan lo que es una ciudad.

Respuestas para la actividad 9–15

Baracoa: zona caribeña, ciudad misteriosa, isla, playa.

Oaxaca: ciudad colonial, enclave arqueológico.

Buenos Aires: actividad cultural, salas de teatro y cines, todo tipo de espectáculos, ciudad que no duerme.

Sugerencias para la actividad 9–16

Ésta es una actividad de expresión libre, en la que cada alumno utilizará los recursos lingüísticos de los que dispone. Es posible que necesite otros, que el profesor podrá ir suministrando, pero conviene que sus alumnos conversen libremente y resuelvan conjuntamente los problemas de comprensión que eventualmente puedan surgir.

Si no se ha trabajado con la clase en conjunto (parejas o pequeños grupos) puede pedir a distintos alumnos que expliquen a todo el grupo qué es lo que más les ha interesado de lo que les han explicado sus compañeros.

mi *gente* Venezuela

ESTRATEGIAS DE LECTURA:
La idea principal

When reading, it is important to identify the main idea of a paragraph or any other section of the text. Following these steps is one way to help you grasp the main idea:

1. Look to see if the first or last sentence of the paragraph seems to state the main idea.
2. Skim the paragraph to see if any word or words are repeated.
3. If you think you have found a main idea, compare it to the section head. Ask yourself how they are connected.
4. Then as you read each sentence of the paragraph, ask yourself how each detail or sentence relates to the previous one.
5. Ask yourself what these details are telling you about the topic.
6. Finally, if you cannot state the main idea, reread the paragraph asking yourself: What point the author is trying to make.

Keep asking these questions as you continue reading the following paragraph. Do not wait until you reach the end of a paragraph, section, or selection. With this strategy, you will soon find that you are able to understand the Spanish texts easily.

 GENTE QUE LEE

ANTES DE LEER

9-18 **Ciudades**
Contesta las siguientes preguntas y después intercambia la información con tu compañero/a.

- ¿Dónde naciste? ¿Dónde vives ahora?
- ¿Cuál de estos dos lugares prefieres? ¿Por qué? Compara uno con el otro.
- ¿Dónde te gustaría vivir? ¿Por qué? ¿Qué tiene de atractivo este lugar?
- ¿Dónde *no* te gustaría vivir? ¿Por qué? ¿Qué tiene de malo este lugar?
- Nombra tres ciudades o países que te gusten y tres que no te gusten.

9-19 **Ventajas y desventajas de la ciudad**
Prepara dos listas. En una, escribe las ventajas de vivir en una ciudad grande. En la otra, escribe las desventajas de vivir en una ciudad grande. Cuando termines las dos listas, compara la información con la de tu compañero/a. ¿En qué coinciden? ¿En qué no están de acuerdo?

A LEER

9–20 **Viejas ciudades, nuevas ciudades**
En una revista de actualidad venezolana han publicado el siguiente texto periodístico sobre algunos de los problemas que afectan a la capital de Venezuela y algunas de las soluciones que se han propuesto. Léelo y después contesta las preguntas.

ZUVE: LA CAPITAL INTERNACIONAL DEL SIGLO XXI

Zuve nació para que vivir en Venezuela sea posible.

El arquitecto José Mendoza y el ingeniero Andrés Torrecilla son dos de los encargados del nuevo proyecto urbanístico.

La ciudad de Caracas, con 120 Km², fundada el 25 de julio de 1567 por Diego de Losada en el Valle de los Toromaimas, es una ciudad colapsada, desordenada, invivible y con un alto riesgo sísmico. Zuve, por otra parte, es una ciudad nueva de 20.000 Km² concebida para cuatro millones de habitantes distribuidos ordenadamente en unas 150.000 hectáreas y ubicada en el centro geográfico de Venezuela, sobre el macizo de Guayana, donde el ser humano puede convivir con el hábitat natural en perfecta armonía.

El caos de Caracas es irreparable

La extensión del valle donde se ubica Caracas es de 25 kilómetros de este a oeste. Según el arquitecto Mendoza, "la parte antigua de la ciudad se conservó casi intacta por más de tres siglos. Luego, la ciudad se fue transformando y en los últimos 40 años rebasó los límites tradicionales, con urbanizaciones en las áreas planas y en todas las colinas a su alrededor".

Desde 1964 se observa el problema del urbanismo irracional y el crecimiento desordenado de la ciudad, desdibujándose su planificación original. Según Mendoza, "los movimientos de tierras para construir viviendas en microparcelas han originado grandes deslizamientos de tierra, agrietamiento de viviendas, rotura de colectores de aguas, pavimentos, etc., lo cual ha llevado al colapso de forma irrevocable". El ingeniero Torrecilla en su estudio señala que el crecimiento de Caracas se puede observar en la gran cantidad de multifamiliares, lo cual ha dado como resultado escasez de terrenos, altos costos y explosión demográfica. Así es cómo comenzó el caos de Caracas, con el crecimiento de barrios marginales.

Zuve: solución para el siglo XXI

Con todos los problemas de Caracas y el elevado presupuesto económico que supondría resolverlos, un grupo de expertos propone solucionar el crecimiento de la capital con la creación de un gran desarrollo al Sur del Río Orinoco, se trata de Zuve.

En Zuve, no hay contaminación ambiental ni humana; no hay problemas geológicos, geotécnicos, ni geosísmicos. Su localización es óptima: zona con materiales excelentes de construcción; agua en abundancia y gas industrial; cerca de la faja petrolífera del Orinoco y de la zona del hierro; y un área con gran potencial turístico.

Según Torrecilla, los estudios y proyectos se realizarán entre los años 1999 y 2002; las construcciones básicas entre 2002 y 2007; y la ciudad será totalmente habitable en 2015.

El objetivo es construir una ciudad donde el hombre pueda convivir en perfecta armonía con el hábitat natural, y esto sólo puede lograrse con la correcta planificación.

El concepto de la Ciudad de Brasilia servirá como modelo. Cada cierto número de habitantes vivirá en edificios de baja altura y contará con todos los servicios en esa área.

Habrá también un máximo de áreas verdes, condominios, hoteles, grandes centros comerciales y residenciales. La idea es que el conjunto sea un verdadero atractivo.

Zuve: entre tres estados

Zuve se encuentra entre los estados Guárico, Anzoátegui y Bolívar, tiene las condiciones necesarias y cumple con los requisitos básicos para que una ciudad ofrezca las relaciones nacionales e internacionales necesarias para el desarrollo ecológico de la Amazonia y la expansión con el Mercosur.

Respuestas a la actividad 9–21

1. Zuve es una nueva ciudad de 20 mil kilómetros cuadrados. Está ubicada entre tres estados, en el centro geográfico de Venezuela, sobre el macizo de Guayana.

2. José Mendoza y Andrés Torrecilla son dos de los encargados de este proyecto. Mendoza es arquitecto y Torrecilla es ingeniero.

3. El caos de Caracas comenzó en 1964 con el problema del urbanismo irracional y el crecimiento desordenado de la ciudad. El caos empieza con el crecimiento de barrios marginales. El crecimiento de Caracas se puede observar en la gran cantidad de multifamiliares, lo cual ha ocasionado escasez de terrenos, altos costos y explosión demográfica.

4. En Zuve: no hay contaminación ambiental ni humana; no hay problemas geológicos, geotécnicos, ni geosísmicos. Su localización es óptima: zona con materiales excelentes de construcción; agua en abundancia y gas industrial; está cerca de la faja petrolífera del Orinoco y de la zona del hierro; es un área con gran potencial turístico.

5. 1999-2002 = se realizarán los estudios y proyectos

   2002-2007 = se realizarán las construcciones básicas

   2015 = la ciudad será habitable

6. La ciudad de Brasilia servirá como modelo. Cada cierto número de habitantes vivirá en edificios de baja altura y contará con todos los servicios en esa área. Habrá también un máximo de áreas verdes, condominios, hoteles, grandes centros comerciales y residenciales.

---

 gente de ciudad ◆ MI GENTE

DESPUÉS DE LEER

 ¿Entendiste?

Contesta las preguntas siguientes según el texto que acabas de leer.

1. ¿Qué es Zuve? ¿Dónde está situada?

2. ¿Quiénes son José Mendoza y Andrés Torrecilla? ¿Cuál es la profesión de cada uno de ellos?

3. ¿Cómo y cuándo comenzó el caos de Caracas? ¿Cuáles son algunas de las razones de este caos?

4. ¿Por qué Zuve es la solución a los problemas de la ciudad de Caracas? Nombra, por lo menos, cinco ventajas de Zuve.

5. ¿Qué ocurre en las siguientes fechas?

   1999-2002
   2002-2007
   2015

6. ¿Por qué es importante la ciudad de Brasilia para este proyecto?

 GENTE QUE ESCRIBE

9-22 **Tu ciudad**

ANTES DE ESCRIBIR

El proyecto de Zuve te parece muy interesante porque tu ciudad se encuentra en una situación parecida: muchísimo tráfico, altos niveles de contaminación, basura en las calles, etc. Decides escribir una carta al departamento de urbanismo para exponer los problemas y ofrecer alguna solución.

Primero, haz una lista de todos los problemas que tiene tu ciudad (o tu barrio) en la actualidad.

Despúes haz otra lista con las posibles soluciones.

Por último, decide a quién quieres dirigirle esta carta para informarle de este proyecto:

- al alcalde
- al gobernador
- al delegado de desarrollo y urbanismo
- al representante de tu comunidad
- al presidente de la asociación de vecinos
- a un grupo ecologista
- a otros grupos o personas

A ESCRIBIR

Escribe una carta a una de las personas que has elegido en la que expliques los problemas que sufre la zona donde vives, informes del proyecto Zuve, compares tu ciudad con Caracas y des soluciones para resolver los problemas del área afectada.

DESPUÉS DE ESCRIBIR

Revisa tu primer borrador y comprueba:

CONTENIDO	GRAMÁTICA Y VOCABULARIO
■ ¿Te gusta?	■ ¿Hay errores?
■ ¿Necesitas incluir algo más?	■ ¿Has usado gramática y vocabulario de este capítulo?
■ ¿Está bien organizado?	

Pasa tu texto a tu compañero/a y pídele sugerencias.

Por último, pasa a limpio tu texto y entrégaselo a tu profesor/a.

GENTE EN LA RED

9-23 Caracas tuya

ANTES DE NAVEGAR

Tu mejor amigo/a es de Caracas y no está de acuerdo con la descripción negativa sobre su ciudad que presenta el artículo que has leído. Él/Ella sabe que Caracas es una ciudad con mucha historia, con personajes históricos, como Simón Bolívar, y con muchos monumentos históricos y atractivos turísticos.

Antes de visitar la red, mira la lista siguiente y marca lo que crees que Caracas ofrece.

_____ restaurantes típicos

_____ salas de baile

_____ arquitectura moderna

_____ museos

_____ teatros

_____ parques

_____ carreras de caballos

_____ corridas de toros

A NAVEGAR

La información que tienes sobre Caracas es un poco contradictoria. El artículo la presenta como una ciudad inhabitable y tu amigo/a dice lo contrario. Para averiguarlo, decides ir a la red. Visita (*www.prenhall.com/gente*) y descubre la realidad de Caracas.

VOCABULARIO

Los servicios públicos

(la) administración pública	the Civil Service
(la) asociación de vecinos	neighborhood association
(la) cultura y el ocio	culture and leisure
(la) educación	education
(la) enseñanza secundaria	secondary school
(las) fiestas populares	public festivities
(las) obras (públicas)	work, construction
(la) sanidad	health
(la) sede del gobierno	government headquarters
(los) transportes (públicos)	(public) transportation
(la) vivienda	housing
(la) clínica	clinic
(el) colegio	school
(el) estadio	stadium
(la) guardería	kindergarten
(el) jardín	garden
(la) residencia de ancianos	nursing home
(la) zona peatonal	pedestrian zone
(la) zona verde	green zone

Las actividades comerciales e industriales

(el) chiringuito	outdoor bar
(el) comercio	commerce
(los) espectáculos	shows
(el) gimnasio	gym
(la) industria	industry
(el) polígono industrial	industrial zone
(el) puerto	harbor
(la) taberna	tavern
(la) vida nocturna	nightlife

Para describir una ciudad

(la) acera	sidewalk
(el/la) alcalde, alcaldesa	mayor
(los) alrededores	surroundings, outskirts
(el) área metropolitana	metropolitan area
(los) barrios marginales	marginal areas
(el) casco antiguo	old part of a city
(el/la) ciudadano/a	citizen, inhabitant
(el) clima	climate, weather
(la) costa	coast
(el) pavimento	pavement
(la) población	population
(el) rascacielo	skyscraper
(el) urbanismo	city planning
(la) urbanización	housing development
acogedor/a	cozy
bien/mal situado/a	well/badly located
colapsado/a	collapsed
colorido/a	colorful
desordenado/a	chaotic
empinado/a	stiff
estrecho/a	narrow
habitable	habitable
industrial	industrial
inhabitable	uninhabitable
misterioso/a	mysterious
templado/a	warm

Problemas de ciudad

(los) atascos de tráfico	*traffic jams*
(la) calidad de vida	*quality of life*
(la) contaminación	*pollution*
(la) delincuencia	*delinquency*
(la) droga	*drugs*
(la) escasez de terrenos	*lack of building land*
(la) falta de intimidad	*lack of intimacy*
(el) índice de paro	*unemployment rate*
(los) ingresos anuales	*annual income*
(los) mendigos	*beggars*
(la) prostitución	*prostitution*
(la) raza	*race*
(los) recursos económicos	*economic resources*
(el) ruido	*noise*
(la) seguridad ciudadana	*law and order*
(la) violencia	*violence*

Otras palabras y expresiones útiles

(el) acontecimiento, evento	*event*
(la) alegría	*joy*
(la) basura	*trash*
(el) caos	*chaos*
(el) cerro, (la) colina	*hill*
(el) encanto	*charm, enchantment*
(la) encuesta	*poll*
(la) esperanza	*hope*
(las) finanzas	*finances*
(el) humo	*smoke*
(el) informe	*report*
(la) intimidad	*intimacy*
(el) nivel del mar	*sea level*
(el) ocio	*leisure*
(el) olor	*smell*
(el) permiso de construcción	*building permit*
(el) presupuesto	*budget*
(el/la) representante	*representative*
(el) ritmo	*rhythm*
(el) tamaño	*size*
(la) temporada	*season*
con frecuencia	*often*
grave	*serious*
lo peor	*the worst*
sin lugar a dudas	*without a doubt*

Verbos

aburrirse	*to get bored*
contaminar	*to contaminate*
crecer (zc)	*to grow*
criticar	*to criticize*
desdibujar	*to become blurred*
destinar	*to assign*
disponer (de)	*to have*
faltar	*to be lacking*
funcionar	*to function*
instalar	*to install*
instalarse	*to settle down*
invertir (ie)	*to invest*
llover	*to rain*
producirse, ocurrir	*to happen*
rebasar	*to exceed*
recibir	*to receive*
rodear	*to surround*

OBJETIVOS
10

Vamos a visitar a una familia española en su casa. Aprenderemos a:

✔ saludar y despedirnos,
✔ hacer presentaciones,
✔ interesarnos por nuestros amigos y por sus familiares.

gente
en
casa

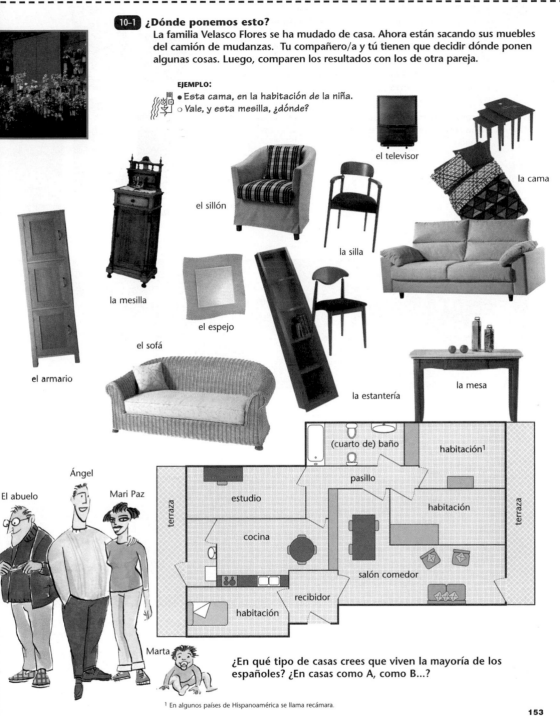

10-1 **¿Dónde ponemos esto?**

La familia Velasco Flores se ha mudado de casa. Ahora están sacando sus muebles del camión de mudanzas. Tu compañero/a y tú tienen que decidir dónde ponen algunas cosas. Luego, comparen los resultados con los de otra pareja.

EJEMPLO:

● Esta cama, en la habitación de la niña.
○ Vale, y esta mesilla, ¿dónde?

el televisor

la cama

el sillón

la silla

la mesilla

el espejo

el sofá

el armario

la estantería

la mesa

(cuarto de) baño

habitación[1]

pasillo

estudio

habitación

terraza

cocina

terraza

salón comedor

recibidor

habitación

El abuelo

Ángel

Mari Paz

Marta

¿En qué tipo de casas crees que viven la mayoría de los españoles? ¿En casas como A, como B...?

[1] En algunos países de Hispanoamérica se llama recámara.

Imformación para la actividad 10–1

El piso de referencia es el del plano, que está a medio amueblar. El criterio de distribución de los muebles fotografiados es triple: por un lado, el tipo de habitación al que pertenecen (dormitorio, comedor, aseo...). Por otra parte, hay que considerar la identidad del ocupante de cada habitación (el abuelo, la pareja o Marta). Finalmente, se debe tener en cuenta qué muebles hay ya en las habitaciones.

Sigue tratándose, sin embargo, de un ejercicio abierto: cualquier propuesta es válida en la medida en que parezca razonable al grupo.

Sugerencia para la actividad 10–1

Puede empezar comprobando la comprensión del vocabulario (partes de la casa y mobiliario) con toda la clase, a partir del plano del piso mediante preguntas como las siguientes:

¿Qué muebles hay ya en el comedor?

¿Cuál es la habitación de Ángel y Mari Paz? ¿Y la de Marta?

Luego, puede dejar que en parejas resuelvan la distribución de los muebles.

Sugerencias para la actividad 10–1

Los distintos tipos de casas de la página 152 representan estilos de vivienda de distintas zonas (rurales o urbanas, del centro urbano o de barrios populares, de regiones soleadas y de regiones húmedas...).

El ejercicio no tiene una única respuesta. Su objetivo es doble: estimular la imaginación de los alumnos para que se pronuncien al respecto y transmitir una imagen de la diversidad de España.

Si sus alumnos no se muestran muy activos, puede guiar su producción con preguntas de este tipo:

¿Las casas de D les parecen casas del sur de España o del norte?

¿Cuáles creen que pueden estar en la misma ciudad, y cuáles no?

Expansión para la actividad 10–1

Puede realizar un trabajo en parejas: un alumno describe a un compañero la forma y el contenido de su habitación o de una de las habitaciones de su casa. El compañero deberá ir dibujando muebles en un plano. Podrá pedir más información si la necesita.

A1: *A la derecha hay una ventana y una mesa...*

A2: *¿Una mesa grande?*

A1: *No, no muy grande.*

Después, comprobarán juntos con el dibujo hasta qué punto es correcto y lo corregirán con más explicaciones.

A1: *La mesa está más cerca de la cama.*

A2: *¿Aquí?*

A1: *Sí.*

Información para la actividad 10–2

En algunos de los fotogramas está marcada la hora en que se desarrolla la acción, lo que proporciona a los alumnos información cultural sobre los horarios de los españoles.

Sugerencias para la actividad 10–2

A partir del contexto y de la foto de las seis personas, pídales a sus alumnos que identifiquen quién es quién y qué relación pueden tener entre ellos.

Realice después la actividad. Para ello, puede trabajar primero a partir de la comprensión lectora. En la mayor parte de los fotogramas, sólo será posible distinguir las réplicas correspondientes a los papeles sociales (*anfitriones - invitados*). Posteriormente, con el texto sonoro, podrán distinguir las personas concretas, a partir de las voces masculinas y femeninas.

Finalmente realice la segunda parte de la actividad, que se puede secuenciar de la forma siguiente:

a) Primero, haga observar formas de comportamiento en el tipo de situaciones que se ejemplifican (tanto lo que se hace como lo que no se hace). Los posibles temas de contraste son: el tratamiento (tú/usted), el contacto corporal en los saludos y despedidas, los obsequios (botella de vino, ramo de flores, caja de bombones) de los invitados y la reacción de los anfitriones, el enseñar la vivienda, los elogios (del barrio, de la vivienda, de los muebles, de las personas...) y las correspondientes reacciones, y los horarios (de la cena, de la sobremesa y de la despedida).

b) Seguidamente, fije la atención de los alumnos en los intercambios ritualizados: qué se dice en los saludos, en las presentaciones, en las despedidas, para elogiar, etc.

Respuestas para la actividad 10–2

1. *Mari Paz - Hanna - Ángel - Paul*
2. *Mari Paz - Hanna - Ángel*
3. *Paul - Mari Paz*
4. *Ángel - Hanna - Celia*
5. *Ángel - Mari Paz - Paul - Hanna - Ángel*
6. *Hanna - Mari Paz*
7. *Germán - Ángel - Paul - Germán*
8. *Hanna - Paul - Ángel - Mari Paz - Hanna*
9. *Mari Paz - Hanna - Ángel*

154

10 **gente en casa** ◆ CONTEXTOS

10-2 **Una película: de visita en casa de unos amigos**
Unos extranjeros residentes en España visitan a sus amigos españoles. Éstas son las imágenes de la película. Los diálogos los tienes escritos debajo de cada fotograma.

 ¿Quién habla en cada ocasión? Escribe delante de cada frase la letra inicial del nombre de la persona que la dice.

Observa qué hacen y qué dicen estos personajes. ¿Qué sería diferente en una situación similar en tu país?

Ángel · Paul · Celia · Hanna · Mari Paz · Germán

_____ Hola, qué tal.
_____ Hola, muy bien, ¿y tú?
_____ Hola, ¿cómo estáis?
_____ ¿Qué tal?

_____ Pasad, pasad.
_____ ¿Por aquí?
_____ Sí, sí, adelante.

_____ Toma, pon esto en el frigorífico.
_____ Si no hacía falta...

_____ Ésta es Celia, una sobrina. Está pasando unos días con nosotros.
_____ Hola, mucho gusto.
_____ Encantada.

_____ Sentaos, sentaos.
_____ ¿Habéis encontrado bien la dirección?
_____ Sí, sí, sin problema. Nos lo has explicado muy bien.
_____ Vivís en un barrio muy agradable.
_____ Sí, es bastante tranquilo.

_____ ¡Qué salón tan bonito!
_____ ¿Os gusta? Venid, que os enseño la casa.

_____ Hola, buenas noches.
_____ Hola, papá. Ven, mira, te presento a Hanna y Paul. Mi padre, que vive con nosotros.
_____ Hola, qué tal.
_____ Mucho gusto.

_____ Bueno, se está haciendo tarde...
_____ Sí, tenemos que irnos...
_____ ¿Ya queréis iros?
_____ Si solo son las once...
_____ Es que mañana tengo que madrugar...

_____ Pues ya sabéis dónde tenéis vuestra casa.
_____ A ver cuándo venís vosotros.
_____ Vale, nos llamamos y quedamos.

10-3 Piso en alquiler

Una persona ha visto estos anuncios y llama por teléfono para alquilar un piso. Luego lo visita.

Mira los anuncios: ¿en qué se distinguen los dos pisos?

Primero, escucha la conversación telefónica y di:

- ¿A cuál crees que ha llamado?
- ¿Qué va a hacer? ¿Por qué?

Segundo, escucha la conversación en el piso. ¿Sabes ahora más cosas del piso? ¿Crees que está bien? ¿Por qué?

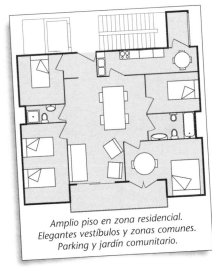

Amplio piso en zona residencial. Elegantes vestíbulos y zonas comunes. Parking y jardín comunitario.

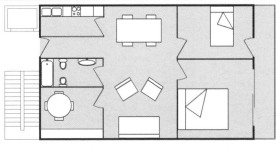

Avda. América-Diputación. 100 m², calefacción, parking opcional. Luminoso, tranquilo y soleado.

Sugerencias para la actividad 10–3

En una primera fase los alumnos describen, a partir de los planos, las características de los dos pisos.

En una segunda fase, se procede a la audición y los alumnos tratan de averiguar a qué piso se refieren.

En un tercer momento, escuchan la conversación entre la propietaria y el posible inquilino del piso. Los alumnos pueden tomar notas de otras características del piso.

Respuestas para la actividad 10–3

Ha llamado al piso de la izquierda (tiene cuatro habitaciones, un aseo con ducha y un cuarto de baño con bañera).

Lo que va a hacer es visitarlo, porque le gusta el piso.

Pero cada alumno puede interpretar otras intenciones: lo va a comprar, o lo va a alquilar, o va a verlo y luego mirará otros, etc.

Sí. Sí. Tiene una buena vista, está en una zona con poca contaminación, tranquila y sin ruidos, la propietaria está dispuesta a alquilarlo por 80.000 ptas. al mes.

La valoración del piso (_¿Crees que está bien?_) es subjetiva. Cada alumno puede expresar y razonar su opinión.

Expansión para la actividad 10–3

Puede realizar otra audición prestando atención a la personalidad, la situación profesional y familiar, los intereses y los gustos de la persona que quiere alquilar el piso. En grupos realizarán una ficha imaginaria con el máximo número de datos que puedan imaginarse.

Si el nivel del grupo lo permite, puede pedirles que hagan una dramatización similar a la de la audición: algunos alumnos simularán mostrar su piso a otro compañero con el fin de vendérselo.

Información para la actividad 10–4

Los ordinales se usan de dos formas: en masculino para referirse al piso y en femenino para referirse a la puerta (*3º 1ª: tercer piso, primera puerta*), aunque las puertas también se identifican a veces mediante letras (*A, B, C...*) o con *izquierda/derecha*.

Entre el nombre genérico (*calle, plaza, avenida, paseo...*) y el nombre propio (*Cervantes, Isaac Peral, Acacias,* etc.), es vacilante la presencia u omisión de la preposición *de: Plaza Cervantes* o *Plaza de Cervantes*.

Respuestas para la actividad 10–4

C/ Cervantes, 13, 3º A

Avda. Isaac Peral, 97

Pº de las Acacias, 29, ático izquierda

Pza. del Rey Juan Carlos, 83, esc. A, entlº 1ª

Sugerencias para la actividad 10–5

Se presenta y se practica el Imperativo afirmativo. La actividad, sin embargo, puede realizarse sin usar verbos (como se ejemplifica en la primera muestra de INSTRUCCIONES EN LA CIUDAD en la columna gramatical). También puede realizarse con la forma perifrástica *tener que* + Infinitivo, o incluso con el Presente de Indicativo.

Puede practicar primero sin verbos, prestando atención a los otros recursos necesarios (*Por..., hasta..., allí, y luego...; la primera/la segunda, a la derecha/izquierda, todo recto, hasta el final*).

Luego puede seguir practicando como más oportuno le parezca: con los verbos en Presente para pasar luego al Imperativo, con los verbos directamente en Imperativo, o dejando a sus alumnos que elijan la forma que prefieran.

Sugerencias para la actividad 10–6

Se presenta aquí la forma **estar** + Gerundio y los recursos habituales en los recados al teléfono.

Después de que los alumnos completen el cuadro, puede efectuar una nueva audición y pedirles que presten atención y anoten las distintas formas de responder al teléfono y dejar un recado.

10–4 Direcciones

🎧 Vas a oír cuatro conversaciones en las que unos españoles dan sus direcciones. Son cuatro de éstas. ¿Cuáles?

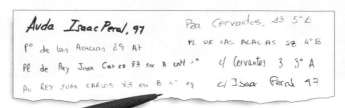

¿Te has fijado en las abreviaturas?
¿Puedes leer ahora todas las direcciones de la lista?
Luego, practica con dos o tres compañeros/as.
Pregunta sus direcciones y las escribes.

10–5 La primera a la derecha

Mira este plano y elige una de las direcciones señaladas del 1 al 10 (sin decir cuál). Tienes que explicar a otro/a compañero/a cómo llegar. Él o ella tiene que adivinar qué dirección has elegido. Vamos a imaginar que salimos de la Plaza de España.

EJEMPLO:
● Sigue por esta calle y toma la segunda a la derecha. Luego todo recto hasta el final.

Ahora, si quieres, explica a tus compañeros/as cómo ir a tu casa desde la clase.

10–6 ¿Está Alejandro?

🎧 Escucha estas conversaciones y completa el cuadro.

	¿Dónde está? ¿Qué está haciendo?	¿Quién le llama?
MARUJA		
ELISABETH		
GUSTAVO		
EL SEÑOR RUEDA		

DIRECCIONES

● ¿Dónde vives?
○ En la calle Pelayo, 21, 1º-1ª.

● ¿Me das/tu dirección?
○ (Sí) Calle Duero, 21, 1º-B.

MANDATOS

	TOMAR	BEBER	SUBIR
(tú)	toma	bebe	sube
(vosotros/vosotras)	tomad	bebed	subid
(usted)	tome	beba	suba
(ustedes)	tomen	beban	suban

Con pronombres: siénta**te** siénte**se**
sient**aos** siénte**nse**

El imperativo sirve sobre todo para: ofrecer cosas, dar instrucciones y dar permiso.

INSTRUCCIONES EN LA CIUDAD

Por la Avenida de Goya **hasta** el Paseo Sagasta. **Allí** a la izquierda y **luego**, la tercera a la derecha.

Toma el metro, dirección Plaza de la Estrella y **baja en** Callao, allí **tienes que cambiar** y **coger** la línea 5 hasta Ruiz Jiménez.

ESTAR + GERUNDIO

estoy	estamos	
estás	estáis	trabajando
está	están	

Gerundio	
hablar	hablando
comer	comiendo
salir	saliendo

Respuestas para la actividad 10–6

	¿Dónde está? ¿Qué está haciendo?	¿Quién lo/la llama?
Maruja	en la ducha	Luisa, una compañera de oficina
Elisabeth	durmiendo	Miguel, un compañero de la escuela
Gustavo	en el club, jugando al tenis	su hermano David
El señor Rueda	en Bilbao, de viaje	Maribel Botero, de Campoamor Abogados

PRESENTACIONES

● Mira/e, ésta es *Gloria*, una amiga.
  te/le presento a Gloria.
  Mirad/miren, *os/les presento
  a Jesús.*

○ Mucho gusto. / Encantado/a. /
  Hola, ¿qué tal?

TÚ/USTED

tú	usted
tienes	tiene
pasa	pase
siéntate	siéntese
tus padres	sus padres
te presento a...	le presento a...

vosotros	ustedes
tenéis	tienen
pasad	pasen
sentaos	siéntense
vuestros padres	sus padres
os presento a...	les presento a...

● ¿Tienes sed?
● ¿Quieres tomar algo?

AL TELÉFONO

● Diga[1].
  ¿Sí?

○ ¿Está *Carmelo*?
  ¿*Carmelo*?

● Sí, soy yo.
  No está. ¿De parte de quién?
  No se puede poner. Está duchándose.
  Está hablando por otra línea.
  ¿Quiere/s dejarle algún recado?

○ Sí, por favor dile que Juan le llamó.
              dígale

[1] Las fórmulas para contestar el teléfono varían
  según el país. Algunas son: bueno, aló, hola y
  mande, por ejemplo.

10-7 **¿Tú o usted?**

Observa qué tratamiento usan los personajes de estas viñetas y
marca en los textos cómo lo sabes.

● Mira, Luis, te presento a Ramón Ezquerra,
  de la oficina central.
○ Hola, ¿qué tal?
■ Encantado.

● Milagros, éste es el Sr. Fanjul.
○ ¿Cómo está usted?
■ Muy bien, ¿y usted?

● Su dirección, por favor.
○ ¿Perdone?
● ¿Dónde vive?
○ Ah...Valencia, 46.

● Perdón, ¿sabe cuál es la calle Vigo?
○ Mire, siga por esta calle y luego, allí en la
  plaza, a la derecha.

● Coja el teléfono, por favor, Carmela.
○ Sí, señora, voy...

● Abuelo, te presento a Juan, un amigo de
  la Facultad.
○ Hola, ¿cómo estás?
■ Muy bien, ¿y usted?

La elección entre **tú** o **usted** es muy difícil. Depende de
muchos factores. Mira las situaciones de las viñetas anteriores.
¿Por qué elige cada personaje el tratamiento que usa? ¿Qué
factores crees que intervienen? ¿Sería igual en tu lengua en
estos contextos?

Escucha ahora otras conversaciones y observa si usan **tú** o
usted. O **vosotros** o **ustedes**, si es plural.

157

ciento cincuenta y siete

Información para la actividad 10–7

En los últimos años, en España se ha
extendido mucho el uso del tuteo y
cada vez se usa menos la forma
usted. Puede afirmarse que en
algunos lugares (especialmente en
ciudades como Madrid), la forma
usted ha desaparecido de muchas
conversaciones, incluso en radio y
televisión, y ha quedado limitada a
contextos muy formales (juicios,
discursos oficiales, relaciones muy
jerarquizadas, etc.).

Sugerencia para la actividad 10–7

Las viñetas gráficas y el texto escrito
que las acompaña representan
situaciones y diálogos distintos a los
que contiene la grabación.
  Lo primero consiste en
reconocer las formas *tú* y *usted* (del
Presente de Indicativo y del
Imperativo) en textos escritos, con
sus correspondencias en otros
sistemas: el posesivo (*su* dirección /
tu dirección), los pronombre átonos
(*te* presento / *le* presento), el uso
del nombre propio o el apellido,
solos o precedidos de *Sr./Sra.*
  Después, realizan otra actividad
consistente en analizar las razones
para la elección entre una u otra de
las dos formas de tratamiento.
  Seguidamente, los alumnos
deberán discriminar los tratamientos
a partir de una audición. Los diálogos
grabados ofrecen nuevas muestras
de la diversidad de opciones que los
hablantes pueden tomar.
  Como se indica en el comentario
del libro, esta cuestión presenta una
cierta complejidad, que se ve
acrecentada por factores de tipo
social y geográfico, así como de
preferencias personales.

Respuestas para la actividad 10–7

Los factores generales que los
hablantes toman en consideración
para elegir el tratamiento son:

*el grado de conocimiento y
familiaridad*; con conocidos, amigos,
familiares y vecinos, se suele tutear.

la jerarquía: entre personas de
diferente estatus se usa *usted*.

la edad: a los niños, siempre se les
tutea; a los ancianos, con los que no
hay relación de parentesco, se les
suele tratar de *usted*.

Hay que tener en cuenta que
estos factores se combinan e
interrelacionan de modo que la
casuística resultante es bastante
compleja.

158

Información para la actividad 10–8

En esta actividad se crea el contexto necesario para la realización de la tarea prevista en la actividad 10–9 de este capítulo.

Para ello se fijan los roles sociales: anfitrión/a español/a, invitado/a extranjero/a.

Los alumnos A adoptarán la personalidad de los anfitriones españoles: por eso, se les proporciona un nombre (según sea hombre o mujer el alumno concreto).

Los alumnos B se representan a sí mismos, pero también adoptan una situación ficticia, puesto que van a tener un amigo/a o pareja de entre los otros alumnos B de la clase.

Sugerencias para la actividad 10–8

Divida su clase en dos mitades: una mitad con todos los A y otra con todos los B.

Pídales que preparen en parejas o en pequeños grupos su intervención, ayudándose de las fichas del ejercicio y del apartado "Les será útil".

Tienen que elegir en el plano de la ciudad la dirección donde viven. En esta fase de preparación será bueno elegir más de una, y prepararse distintas preguntas e instrucciones desde diversas posibilidades.

Cuando ya estén preparados, póngales de dos en dos (un alumno A y un alumno B) para que simulen la llamada telefónica. Si quiere respetar al máximo las condiciones de comunicación en una llamada, haga que las parejas se sienten dándose la espalda; así se evita el contacto visual y, por consiguiente, la comunicación no lingüística, tal y como sucede en la realidad.

---

10 gente en casa ◆ TAREAS

10-8 Invitados en casa: una llamada de teléfono
Trabajen en parejas. Hablen por teléfono representando los papeles de las fichas.

ALUMNO A

- Eres un español que se llama Juan Ramón o una española que se llama Elisa.
- Llamas por teléfono a un compañero/a de trabajo extranjero/a que vive en España.
- Lo invitas a tu casa con su pareja o algún amigo/a (a comer o a cenar, el sábado o el domingo: lo que mejor les vaya a ellos).
- Le das la dirección y le indicas cómo llegar. Inventa dónde vives y márcalo en el plano.

ALUMNO B

- Recibes una llamada de Juan Ramón o Elisa, que te invita a su casa con tu pareja o un amigo/a.

- Tienes que aceptar la invitación e informarte sobre la hora y el lugar.

- Toma notas y escribe la información que te dé.

LES SERÁ ÚTIL...

Hacer invitaciones:
● ¿Por qué no vienen a comer este fin de semana? Así nos conocemos los cuatro.

● Mira, te llamaba para invitarles a casa este fin de semana. Así les enseñamos la casa nueva.

○ Ah, muy bien/estupendo, muchas gracias.
● ¿Les va bien el sábado?

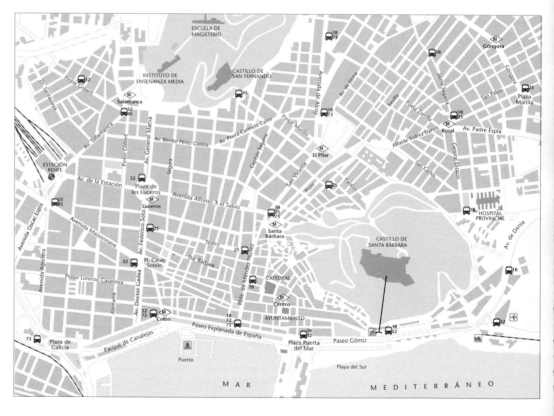

10-9 La visita: preparación del guión

Trabajen en parejas según el papel que van a representar: por un lado, Juan Ramón o Elisa con su pareja. Por otro lado, los dos extranjeros.
¿Qué van a decir?
Ésta es la secuencia aproximada de la visita (pueden incluir otras cosas):

- Llegada y saludos.
- Presentaciones.
- Cumplidos de anfitrión y de huésped (les será útil: ofrecer algo de beber, invitar a sentarse, hacer alusiones a la casa y al barrio...).
- Enseñar la casa (habitación por habitación).
- Despedida.

Algunos de los alumnos mantienen su anterior papel (Juan Ramón o Elisa y el chico/a extranjero/a que ha aceptado la invitación por teléfono). Otros cambian de papel, ya que pasan a ser la pareja de Juan Ramón o Elisa, o el amigo/a o pareja del chico/a extranjero/a.

Forme las parejas de anfitriones y de huéspedes que luego vayan a escenificar la visita.

Si el número de alumnos no es múltiple de cuatro, forme algunos grupos de tres (de invitados o de anfitriones), y dígales que asignen un papel determinado a la tercera persona.

Cada pareja decide qué papel va a representar cada uno de sus componentes.

De las dos fases que sugiere el ejercicio, asegúrese de que todos los grupos realizan la primera. En la segunda, la representación en público, bastaría con que un grupo la escenificara voluntariamente. Sin embargo, puede animar a otros grupos a que hagan también su escenificación; de este modo podrán aparecer diferencias en la representación que pueden ser interesantes de comentar.

LES SERÁ ÚTIL...

Ofrecimientos:

Pase, pase, siéntese.

● ¿Quieren tomar algo: una cerveza, un refresco..?
○ Sí, gracias, una cerveza.

Entregar un obsequio:
● Toma, esto es para Uds.
○ Pero, no tenías que hacerlo.

Cumplidos:
¡Qué piso tan bonito!
¡Qué habitación tan grande!
¡Qué barrio tan tranquilo!

¿Qué tal { tus padres?
         tu hija?
         tu marido?

Dále/les recuerdos de mi parte.

¿UN POCO MÁS DE TARTA?

VENGA, SÍ UN POQUITO MÁS.

NO, NO, GRACIAS ESTÁ MUY RICA, PERO NO QUIERO MÁS.

BUENO, YA QUE INSISTES.

10-10 La visita: a escena

Cada grupo de cuatro representa la escena por su cuenta, como si fuera un ensayo de una película.
Al final, un grupo voluntario la escenifica en público.
El profesor u otro/a alumno/a hará de director/a.

Sugerencias para la actividad 10–11

Pida a sus alumnos que identifiquen los tres tipos de clientes que aparecen en el texto: pareja joven de profesionales sin hijos, grupo de estudiantes universitarios y ejecutivos extranjeros.

Seguidamente, puede proponerles que, en pequeños grupos, realicen un pequeño retrato-robot de las expectativas de cada uno de estos grupos en relación con la vivienda.

Luego, tienen que buscar en los anuncios la vivienda más apropiada para cada uno.

VIVE BIEN
AGENCIA INMOBILIARIA

Anamari y Felipe trabajan en una agencia inmobiliaria. Su jornada transcurre recibiendo a los clientes, enseñándoles pisos y apartamentos y, de vez en cuando, consiguiendo alquilarles uno. Hay muchos clientes, pero la competencia también es muy grande.

A Felipe no le gusta mucho este trabajo; a Anamari, sí, dice que así se conoce muy bien a la gente.

—Hoy ha venido una pareja joven. Profesionales sin hijos.

—¿Les has enseñado el piso del Paseo de la Estación?

—Huy: Son jóvenes y guapos, con dinero... Aspiran a algo mejor.

Felipe, por su parte, ha atendido a un estudiante universitario. Buscaba algo para un grupo de cinco o seis amigos:

—Estos universitarios son una clientela muy buena. Contrato por un año y sin muchas exigencias.

—Sí, pero cuidan poco la casa.

—¿Poco, dices? Mucho mejor que muchas familias...

Anamari y Felipe casi nunca están de acuerdo.

—Los mejores son los ejecutivos de fuera. Vienen aquí, la empresa les paga, y no miran gastos.

—Sí, pero algunos son muy exigentes. ¿Recuerdas el de ayer?

—Sí, ése que sólo tiene dos hijos y todas las casas le parecen pequeñas.

—Es que necesita espacio para los coches, los perros y el billar...

ALQUILERES				
CHALETS UNIFAMILIARES ALTO STANDING	lavadero, bodega, solarium, 3 terrazas. Piscina, jardín, calefacción y aire acondicionado. Excelentes vistas a la sierra.	450 m². Garaje 4 coches, sala de juegos, cuarto de lavado, trastero, salón con chimenea, cocina office, 6 habitaciones, estudio, piscina. Jardín. Preciosas vistas.	particular. Paseo de la Estación. Casa adosada 200 m². 3 habitaciones, estudio de 40 m², salón-comedor de 30 m² a dos niveles, 2 baños completos, terraza, parking, amplio trastero. Jardín.	coches, calefacción, vistas al mar, cerca estación FFCC.
Zona residencial. Superficie de 1.200 m², edificado 600 m². Salón-comedor de 65 m², gran cocina, biblioteca-despacho de 20 m², 8 habitaciones, 3 baños, 2 salones de 50 m² cada uno, garaje para 3 coches y motos, galería-	Zona tranquila. Terreno de 500 m², 230 construidos. Garaje 3 coches, salón con chimenea, cocina office, 4 habitaciones, 2 baños, calefacción. Jardín.	**CASAS ADOSADAS** — Paseo Acacias. Casa adosada 230 m². 4 habitaciones (1 en planta baja), 2 baños y 1 aseo, jardín 20 m², piscina y gimnasio comunitarios, garaje	Avda. Constitución. Casa adosada. 180 m², 4 habitaciones, 2 baños y 1 aseo, salón-comedor 25 m², cocina con salida terraza y jardín. Estudio 15 m², solarium, garaje 3	**PISOS, APARTAMENTOS Y ESTUDIOS** — Zona Pza. España. Piso 85 m², salón con chimenea, cocina, 3 habitaciones con armarios empotrados, 1 baño, 1 aseo.
	Zona ajardinada. Solar 624 m². Construidos			C/ Santa Ana. Piso 3 habitaciones dobles, salón-comedor, 4 balcones, suelo de parquet y terrazo. Exterior y soleado. Céntrico. Zona Reyes Católicos. Piso 70 m², comedor, cocina, 2 habitaciones exteriores, 1 baño y 1 aseo. Calefacción. Piscina y jardín comunitarios. Tranquilo y soleado. Casco antiguo. Estudio totalmente renovado. 40 m². Ascensor. Exterior, con terraza y balcón. Tranquilo.

10-11 ¿Quién crees que va a elegir cada una de estas viviendas?

Vas a ir a vivir a Barcelona. Un amigo te recomienda estos pisos. ¿Te gustan? ¿Qué cosas necesitas y cuáles no?

MARINA PARK 2

VIVA EN LA CIUDAD FRENTE AL MAR Y JUNTO A EXTENSAS ZONAS VERDES.

MARINA PARK 2 ES UN EDIFICIO DE VIVIENDAS SITUADO EN UNA ZONA PRIVILEGIADA DE LA CIUDAD, CON UNAS VISTAS EXCEPCIONALES, PARA QUE USTED Y SU FAMILIA DISFRUTEN DE UNA CALIDAD DE VIDA INMEJORABLE. SITUADA FRENTE AL PULMÓN NATURAL DE LA CIUDAD, EL MAR, Y RODEADA DE EXTENSAS ZONAS VERDES Y DE RECREO, MARINA PARK 2 ES EL LUGAR IDEAL PARA VIVIR CON SU FAMILIA.

3-4 DORMITORIOS + TRASTERO
CALEFACCIÓN INDIVIDUAL A GAS
PUERTA DE ACCESO A LA VIVIENDA BLINDADA
COCINA EQUIPADA CON MUEBLES ALTOS Y BAJOS
HORNO ELÉCTRICO Y CAMPANA EXTRACTORA
MICROONDAS
VÍDEO-PORTERO
ANTENA PARABÓLICA
JUNTO AL PUERTO OLÍMPICO
PARKING EN EL MISMO EDIFICIO

161

Sugerencias para la actividad 10–12

Trabaje primero los aspectos relativos al exterior y a la situación; aquí puede comparar el texto del anuncio con el pequeño plano que reproduce.

Trabaje después los aspectos relativos al interior de las viviendas.

Puede trabajar con las cuatro fotografías de viviendas que hay en la parte central de las dos páginas: pisos modernos (la fotografía es de la Villa Olímpica de Barcelona), casas adosadas, casas de un pueblo y casa de campo. Los alumnos pueden hablar de las ventajas e inconvenientes de cada una y de sus preferencias personales.

Puede organizar el siguiente juego: cada alumno escribe un anuncio por palabras, similar a los de esta lección, en el que describe su vivienda actual o una imaginaria. Luego se intercambian los anuncios. Cada alumno debe leer qué piso le ha tocado y decidir si le convendría o no y por qué.

Éste es demasiado pequeño para mí. Sólo tiene una habitación y yo tengo tres hijos.

161

mi *gente* El Salvador

ESTRATEGIAS DE LECTURA:
Organización textual

When reading, it is important to recognize the organization of the text and its paragraphs.

Remember, for example, the subtitles and section heads that you have already studied.

Newspapers generally print in 6 or 8 columns on a page, novels one column, letters are organized with date and address. Other texts, like classifieds, have a repetitive organization and follow almost the same structure.

COLONIA CIUDAD SATÉLITE

Cisterna de 9 mts3, cochera para 2 vehículos, 3 habitaciones, 2 baños, 2 salas, comedor, cocina, estudio, 2 niveles, jardín interior, línea telefónica, topografía PLANA.

1.118.055,58 Colones

COLONIA ESCALÓN

Cochera para 2 vehículos, 7 habitaciones, sala, cocina, 2 niveles, topografía PLANA.

1.093.750 Colones

These classified texts for renting an apartment follow the same structure:

1. Location
2. Number of rooms
3. Other features
4. Price

Visualizing the structure and organization of a text will help you understand and grasp the main ideas. With this strategy, you will soon be able to understand the texts in Spanish more easily.

GENTE QUE LEE

ANTES DE LEER

10-13 **Tipos de vivienda**
Lee la siguiente lista y escribe una definición de los distinos tipos de propiedades que puedes encontrar en El Salvador. Puedes utilizar un diccionario si lo necesitas. Después compara tus respuestas con las de un compañero/a.

- Casa:
- Apartamento:
- Bodega:
- Residencia:
- Lote:

10-14 **Tus gustos**
Contesta las siguientes preguntas y después intercambia la información con tu compañero/a.

- ¿En qué tipo de vivienda vives ahora?
- ¿En qué tipo de vivienda vivías cuando eras pequeño/a?
- ¿En qué tipo de vivienda quieres vivir? ¿Por qué?
- ¿Cómo es tu vivienda ideal? Descríbela.

A LEER

10-15 **Anuncios clasificados**
Te acabas de graduar y has encontrado un trabajo fantástico. La compañía con la que vas a trabajar te ha dicho que tu destino es El Salvador. Lee el siguiente texto para saber más sobre los tipos de vivienda en ese país. Después contesta las preguntas.

SALVAVIVIENDA

Empresa de Bienes raíces establecida en 1987. Le ofrecemos los mejores servicios como agentes de ventas, alquiler y servicios financieros. Somos la mejor empresa de El Salvador. ¡No lo dude y venga a visitarnos!

Condominio Plaza Alemania, Local LA-16 Calle la Reforma, San Salvador. El Salvador.

Alquileres De momento no disponemos de casas de alquiler.

Ventas

COLONIA CIUDAD SATÉLITE
Cisterna de 9 mts^3, cochera para 2 vehículos, 3 habitaciones, 2 baños, 2 salas, comedor, cocina, estudio, 2 niveles, jardín interior, línea telefónica, topografía Plana.
1.118.055,58 Colones

COLONIA ÁVILA
Cisterna de 8 mts^3, cochera para 4 vehículos, 3 habitaciones, 2 baños, 1 sala, 1 comedor, 1 cocina, 1 estudio, 1 nivel, 1 jardín interior, 1 línea telefónica, topografía Plana
1.944.444,42 Colones

COLONIA URB. PALOMO
Cochera para 1 vehículo, 3 habitaciones, 2 baños, 1 sala, 1 cocina, 1 nivel, 1 jardín interior, 1 línea telefónica, topografía Plana.
972.222,20 Colones

COLONIA ESCALÓN
Cochera para 2 vehículos, 7 habitaciones, 1 sala, 1 cocina, 2 niveles, topografía Plana.
1.093.750 Colones

COLONIA CENTRO
Cisterna de 6 mts^3, cochera para 3 vehículos, 5 habitaciones, 4 baños, 1 sala, 1 comedor, 1 cocina, 1 estudio, 2 niveles, 1 jardín interior, forma RECTANGULAR, topografía Plana.
1.500.000 Colones

COLONIA LAYCO
Cochera para 4 vehículos, 4 baños, 1 nivel, 3 líneas telefónicas, topografía Plana.
780.000 Colones

SAN ANTONIO ABAD
Cochera para 2 vehículos, 3 habitaciones, 2 salas, 1 estudio, 2 niveles, 1 línea telefónica.
1.900.000 Colones

COLONIA ESCALÓN
Cochera para 2 vehículos, 3 habitaciones, 2 baños, 2 salas, 1 comedor, 1 cocina, 1 estudio, 2 niveles, 1 jardín interior, 1 línea telefónica.
480.000 Colones

COLONIA SN. MATEO
Cochera para 4 vehículos, 3 habitaciones, 2 baños, 1 sala, 1 comedor, 1 cocina, 1 estudio, 1 nivel, 1 jardín exterior, 1 línea telefónica, forma rectangular, topografía Plana.
4.861.111,15 Colones

SI UD. NO ENCUENTRA UNA CASA QUE LE GUSTE, NOSOTROS LE BUSCAMOS UNA. MÁNDENOS LAS CARACTERISTICAS QUE UD. DESEA Y NOSOTROS SE LA BUSCAMOS COMPLETAMENTE GRATIS

DESPUÉS DE LEER

10-16 **¿Entendiste?**
Contesta las preguntas siguientes según el texto que acabas de leer.

1. ¿Cuántos alquileres hay en Salvavivienda?

2. ¿Cuándo se fundó esta empresa?

3. ¿Cuál es la casa más barata? ¿Cuántos colones cuesta?
¿Dónde está? Descríbela.

4. ¿Cuántas casas puedes conseguir por menos de 1.000.000 de colones?
¿En qué zonas se encuentran?

5. Elige la casa dónde vas a vivir y descríbela. Incluye las características
y el precio.

GENTE QUE ESCRIBE

10-17 **Tu casa**

ANTES DE ESCRIBIR

Ya has elegido la casa dónde te gustaría vivir pero necesitas más
información. Ponte en contacto con la inmobiliaria salvadoreña y haz todas
las preguntas que sean necesarias.
Piensa primero si quieres alquilar o comprar tu casa y después haz una lista
de todas las cosas que necesitas y te gustaría saber.

- medidas (en metros o en pies cuadrados)
- tipo de zona en la que está ubicada
- vecinos (profesiones, edades aproximadas, etc.)
- gastos de comunidad (y otros gastos)
- distancia del centro
- medios de transporte
- seguridad
- áreas deportivas
- escuelas
- parques
- financiamiento
- etc.

A ESCRIBIR

Escribe un correo electrónico a la inmobiliaria en el que hagas las preguntas
anteriores y expliques tu situación y tus preferencias.

Respuestas a la actividad 10–16

1. En Salvavivienda no hay
ninguno en este momento.

2. En 1987

3. Está en COLONIA ESCALÓN.
Cuesta 480.000 Colones.
Tiene cochera para 2 vehículos,
3 habitaciones, 2 baños, 2
salas, comedor, cocina,
estudio, 2 niveles, jardín
interior y línea telefónica.

4. Tres. Están en Urb. Palomo,
Colonia Layco y Colonia Escalón.

5. Las respuestas varían.

DESPUÉS DE ESCRIBIR

Revisa tu primer borrador y comprueba:

CONTENIDO	GRAMÁTICA Y VOCABULARIO
■ ¿Te gusta?	■ ¿Hay errores?
■ ¿Necesitas incluir algo más?	■ ¿Has usado gramática y vocabulario de este capítulo?
■ ¿Está bien organizado?	

Pasa tu texto a tu compañero/a y pídele sugerencias.

Por último, pasa a limpio tu texto y entrégaselo a tu profesor/a.

 GENTE EN LA RED

10-18 Una casa en El Salvador

ANTES DE NAVEGAR

La inmobiliaria te ha escrito describiéndote la casa pero no estás muy convencido/a. Por eso, decides consultar otra inmobiliaria que te ofrezca algo diferente.

Antes de visitar la red, haz un presupuesto y calcula el total de lo que quieres y puedes pagar, el número de pagos, los años de préstamo, el porcentaje de los intereses y los pagos mensuales.

A NAVEGAR

Ve ahora a la dirección de la inmobiliaria y consulta sus páginas en la red (*www.prenhall.com/gente*) para calcular el préstamo y ver si puedes comprar la casa.

VOCABULARIO

Las partes de la casa

(el) ascensor	*elevator*	(el) estudio	*studio*
(el) aseo	*toilet*	(la) habitación	*bedroom*
(el) balcón	*balcony*	(el) pasillo	*corridor*
(la) calefacción	*heat*	(la) piscina	*swimming pool*
(la) chimenea	*chimney*	(la) planta baja	*first floor*
(la) cocina	*kitchen*	(el) recibidor	*entrance hall*
(el) comedor	*dining room*	(la) sala de juegos	*game room*
(el) (cuarto de) baño	*bathroom*	(el) salón	*living room*
(el) cuarto de lavado	*laundry room*	(la) terraza	*terrace*
(el) dormitorio	*bedroom*	(el) vestíbulo	*lobby; foyer*
(el) estacionamiento	*parking space*		

Los muebles

(el) armario	closet
(la) biblioteca	library
(el) billar	billiard
(la) bodega	wine cellar
(la) campana extractora	hood
(el) espejo	mirror
(la) estantería	shelves
(el) frigorífico	fridge
(la) galería-lavadero	laundry
(el) garaje	garage
(el) horno (eléctrico)	(electric) oven
(la) mesa	table
(la) mesilla de noche	bedside table
(el) microondas	microwave
(la) puerta blindada	reinforced door
(la) silla	chair
(el) sillón	armchair
(el) sofá	sofa
(el) televisor	television

Para describir las viviendas

(la) casa adosada	semi-detached house
(el) chalet unifamiliar	single chalet
(el) condominio	condominium
(una) cuadra, (una) manzana	block
(el) dúplex	duplex
(el) piso, (el) apartamento	apartment
(el) solar	lot; ground
(el) terreno	land
(la) zona residencial	residential area
luminoso/a	luminous
privilegiado/a	privileged
renovado/a	renovated
soleado/a	sunny
tranquilo/a	peaceful

Para pedir y dar direcciones en la ciudad

(la) dirección	address
cruzar la calle	to cross a street
doblar/girar a la derecha/ izquierda	turn to the right/left
seguir todo recto	to continue straight
hasta el final	to the end
al lado de...	next to ...
delante de...	in front of ...
detrás de...	behind ...
entre...	between ...
en la esquina de...	at the corner of ...
frente a...	across from ...

Para participar en encuentros sociales

(el/la) anfitrión/ona	host
(el) cumplido	compliment
(la) despedida	farewell
(el/la) invitado/a	guest
(el) ofrecimiento	offer
(el) obsequio	present; gift
(la) tarta, (el) pastel	cake

Otras palabras y expresiones útiles

(la) agencia inmobiliaria	real-estate agency
(los) bienes raíces	real-estate
(la) clientela	clients
(la) competencia	competitors
(el) contrato	contract
(el) financiamiento	financing
(los) gastos	costs; expenses
(la) inmobiliaria	real-estate agency
(el) saludo	greetings
(el/la) vecino/a	neighbor
(la) vista	view
a dos niveles	two levels
de mi parte	from me

Verbos

cambiar	to change
enseñar, mostrar	to show
estrenar	to use for the first time
exigir	to demand
irse	to leave
madrugar	to get up early
molestarse	to bother
poner	to put
presentar	to introduce
quedar en	to meet
recordar (ue)	to remember
sentarse (ie)	to sit down
tomar notas	to take notes

gente que **trabaja**

OBJETIVOS

11

Distribuiremos diferentes trabajos entre un grupo de personas. Aprenderemos a:

✔ hablar de nuestra vida profesional,
✔ valorar cualidades y aptitudes.

11-1 **Las profesiones y las cualidades de las personas**
Ésta es la entrada a un edificio comercial y de oficinas. Hay mucha gente que entra y sale: unas personas trabajan aquí, otras vienen a comprar o a la consulta del médico, otras vienen a ver a un abogado, a estudiar idiomas, etc.
Mira la imagen y escribe la letra correspondiente delante del nombre de cada profesión. Luego compara tus respuestas con las de dos compañeros/as.

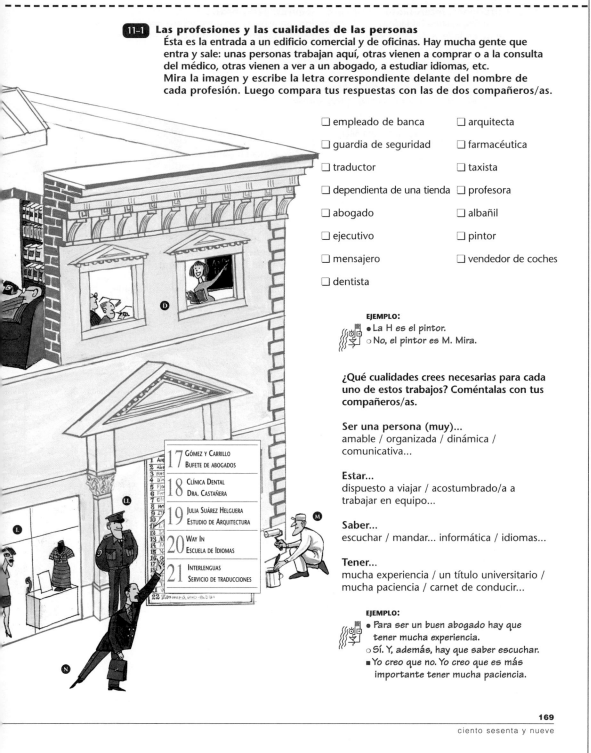

❑ empleado de banca
❑ arquitecta
❑ guardia de seguridad
❑ farmacéutica
❑ traductor
❑ taxista
❑ dependienta de una tienda
❑ profesora
❑ abogado
❑ albañil
❑ ejecutivo
❑ pintor
❑ mensajero
❑ vendedor de coches
❑ dentista

EJEMPLO:
● La H es el pintor.
○ No, el pintor es M. Mira.

¿Qué cualidades crees necesarias para cada uno de estos trabajos? Coméntalas con tus compañeros/as.

Ser una persona (muy)...
amable / organizada / dinámica / comunicativa...

Estar...
dispuesto a viajar / acostumbrado/a a trabajar en equipo...

Saber...
escuchar / mandar... informática / idiomas...

Tener...
mucha experiencia / un título universitario / mucha paciencia / carnet de conducir...

17 GÓMEZ Y CARRILLO
BUFETE DE ABOGADOS
18 CLÍNICA DENTAL
DRA. CASTAÑERA
19 JULIA SUÁREZ HELGUERA
ESTUDIO DE ARQUITECTURA
20 WAY IN
ESCUELA DE IDIOMAS
21 INTERLENGUAS
SERVICIO DE TRADUCCIONES

EJEMPLO:
● Para ser un buen abogado hay que tener mucha experiencia.
○ Sí. Y, además, hay que saber escuchar.
■ Yo creo que no. Yo creo que es más importante tener mucha paciencia.

169

Información para la actividad 11-1
En el modelo de producción de la primera fase (*El H es el pintor*) se utiliza una estructura que sirve para reconocer dentro de un grupo a un individuo que tiene una determinada característica, en este caso la profesión. En otros momentos se practicará la forma *H es pintor* para informar sobre la profesión de alguien.

Los nombres de profesiones se presentan en concordancia de género con las personas de la imagen. Eso facilita la tarea de los alumnos, ya que es una ayuda para la selección de la imagen correspondiente. Puede introducir luego el género opuesto (en la fase de corrección, por ejemplo).

En la producción de la segunda fase se utilizan expresiones aprendidas: *Hay que / Es (más) importante + INFINITIVO.*

Sugerencia para la actividad 11-1
Puede realizar la actividad en dos fases:

a) En primer lugar, los alumnos aprenden el vocabulario de las profesiones.

b) En segundo lugar, hablan de las cualidades para cada profesión.

Puede ser el momento para que los alumnos, si no lo han hecho anteriormente, intercambien información sobre sus respectivas profesiones. Puede provocar intercambios como el siguiente:

P: *Tú, Paul, ¿a qué te dedicas? o ¿qué quieres ser?*

A1: *Yo soy ingeniero.*

P: *¿Y tú, Laura?*

A2: *Yo quiero ser profesora.*

Lógicamente deberá proporcionarles vocabulario según las necesidades específicas de cada grupo de alumnos.

Respuestas para la actividad 11-1
un/a empleado/*a* de banca K
un/a dentista B
un/a guardia de seguridad LL
un/a arquitecto/*a* F
un/a traductor/*a* A
un/a farmacéutico/*a* E
un/a dependiente/*a* de una tienda L
un/a taxista G
un/a abogado/*a* C
un/a profesor/*a* D
un/a ejecutivo/*a* N
un/*a* albañil H
un/a mensajero/*a* J
un/a pintor/*a* M
un/a vendedor/*a* I

169

Información para la actividad 11–2

Los objetos de la imagen tienen como finalidad facilitar la comprensión del vocabulario de algunas de las profesiones, y no necesariamente el nombre del objeto. Pero puede que sus alumnos tengan curiosidad por conocerlo: *una azada* (agricultor/ora), *el símbolo de los farmacéuticos, una rueda de coche* (camionero/a), *unas cartas* (cartero/a), *una paleta* (albañil), *las notas* (músico/a), *una gorra* (policía), *el código civil* (abogado/a), *un diván* (psicólogo/a o psiquiatra).

La interacción oral, en grupos de tres, permite introducir los conectores: *Y además, Sí, pero...*

Sugerencias para la actividad 11–2

A modo de calentamiento, se puede empezar combinando parte del vocabulario que se ofrece en las actividades con el del cuadro de profesiones.

P: *¿Quiénes tienen un trabajo muy creativo?*

A1: *Los músicos.*

P: *¿Y quiénes tienen una profesión peligrosa?*

A2: *Los policías.*

P: *¿Y quiénes conocen a mucha gente?*

...

Luego puede pasar al trabajo individual: cada alumno completa el cuadro.

Finalmente puede realizar el trabajo en pequeños grupos.

11 gente que trabaja ◆ CONTEXTOS

11-2 **Profesiones: interesantes, aburridas, seguras, peligrosas...**
Primero, escribe, al lado de cada profesión, un aspecto positivo y otro negativo. Luego, fíjate en la lista de ideas y compara tus respuestas con las de dos compañeros/as.

EJEMPLO:
● Los mensajeros tienen una profesión peligrosa.
○ Y además no ganan mucho dinero.
■ Sí, pero es un trabajo muy independiente.

 ES UN TRABAJO MUY...

creativo
interesante
seguro
independiente
autónomo

LOS TAXISTAS/MÉDICOS...

conocen a mucha gente
conocen muchos países
ganan mucho dinero
tratan con personas agradables
ayudan a personas con problemas

 ES UN TRABAJO MUY...

monótono
duro
aburrido
peligroso

LOS TAXISTAS/MÉDICOS...

pueden tener accidentes
están fuera de casa mucho tiempo
ganan poco dinero
tratan con personas desagradables

PROFESIÓN	ASPECTO POSITIVO	ASPECTO NEGATIVO
farmacéutico/a		
músico/a		
agricultor/ora		
asistente social		
camionero/a		
albañil		
intérprete		
cartero/a		
abogado/a		
maestro/a		
policía		
psicólogo/a		
mi profesión:		

11-3 **Maribel busca un nuevo trabajo**

Maribel quiere cambiar de trabajo. Ahora está hablando de sus experiencias pasadas y de sus proyectos, del tipo de trabajo que busca, de dónde quiere vivir, etc.

 Primero, escucha lo que dice Maribel y completa la ficha.

Ha vivido en _____

Ha estado en _____

Ha trabajado en _____

Tiene experiencia en _____

Habla _____

Ahora, discute con tus compañeros/as qué empleo puede solicitar.

EJEMPLO:

● Yo creo que puede solicitar el 1.
  Ha estudiado medicina.
○ Pero no quiere viajar por el
  extranjero. Mejor, el 3.
■ Sí, pero no habla francés. Mejor el...

1

EMPRESA MULTINACIONAL DEL SECTOR HOSPITALARIO SOLICITA

VENDEDOR/A

para MADRID

PERFIL REQUERIDO:
- Experiencia en ventas.
- Disponibilidad para viajar.
- Buena presencia y don de gentes.
- Edad entre 25 y 45 años.
- Conocimientos de inglés.

OFRECEMOS:
- Contrato laboral y alta en Seguridad Social desde el momento de su incorporación.
- Formación a cargo de la empresa.
- Sueldo fijo más comisión.
- Agradable puesto de trabajo.
- Vehículo de la empresa.
- Gastos pagados.

Escribir A MANO carta
y Curriculum MECANOGRAFIADO a:

CESERAM

Balmes, 145, ático 1ª - 08003 BARCELONA.

2

Máximo Duque

PRECISA

ENCARGADO/A

Para sus tiendas de ropa en Madrid.
- Edad entre 23 y 35 años.
- Experiencia en un puesto similar y acostumbrado a liderar grupos.
- Buena presencia.
- Incorporación inmediata.

Interesados enviar urgentemente C.V. al nº de fax: (91) 345 55 11

3

Importante empresa multinacional necesita para su sede en Madrid
TITULADO SUPERIOR

Se requiere:
- Licenciatura universitaria.
- Dominio del francés hablado y escrito. Conocimientos del italiano y/o portugués hablados.
- Capacidad de trabajo y de liderar grupos.

Se ofrece:
- Remuneración según experiencia del candidato/a.
- Formación técnica y comercial.
- Contrato laboral de un año de duración.

Los candidatos interesados deberán remitir urgentemente un detallado Curriculum Vitae, fotografía reciente y teléfonos de contacto. Escribir a: Apartado de Correos 27007 - 28080 MADRID.

Sugerencias para la actividad 11–3

Para realizar la actividad, los alumnos deben obtener información por dos vías: comprensión auditiva de la primera parte de la actividad, y comprensión lectora de las condiciones de los anuncios de puestos de trabajo.

Respuestas para la actividad 11–3

Ha vivido en... *Roma, Lisboa y Londres.*

Ha estado en... *Florencia.*

Ha trabajado en... *restaurantes, dando clases de español a niños, en tiendas (como vendedora) y en unos laboratorios farmacéuticos.*

Tiene experiencia en... *ventas, restaurantes, la enseñanza, laboratorios.*

Habla... *italiano, portugués e inglés* (no se afirma explícitamente en el texto pero se deduce de él por haber residido y trabajado en países donde se hablan estas lenguas).

171

Información para la actividad 11–4

Se presenta el Presente Perfecto en el contexto de la experiencia profesional.

Los alumnos lo practican fijándose únicamente en la correcta entonación de la pregunta.

Conviene que el alumno encargado de hacer las preguntas las elija al azar, y no se limite a seguir la lista. De lo contrario, los demás no necesitan prestar atención a lo que dice, ya que se pueden guiar por la lectura.

Se plantea el juego a modo de competición.

Sugerencias para la actividad 11–4

Vaya anotando el orden en que terminan los distintos grupos. Antes de proclamar a un grupo vencedor, habrá que verificar que sus respuestas son todas correctas. En caso contrario, gana el segundo grupo más rápido, siempre que tenga menos errores que el primero.

Para realizar la comprobación, repita usted el procedimiento haciendo las preguntas en voz alta y al azar. Todos los grupos deben responder a todas las preguntas. Así se contabilizan los aciertos y los errores.

Respuestas para la actividad 11–4

Ha ganado el trofeo de Roland Garros: *Arantxa S. Vicario*

Ha jugado en los cinco continentes: *Arantxa S. Vicario*

Ha ganado todos los premios, el Oscar, el Tony, etc.: *Rita Moreno*

Es mexicano: *Octavio Paz*

Ha vendido muchos discos en Miami: *Gloria Estefan*

Ha escrito *La casa de los espíritus*: *Isabel Allende*

Es de origen cubano: *Gloria Estefan*

Ha sido presidenta de Nicaragua: *Violeta Chamorro*

Ha estado muy enfermo: *José Carreras*

Se ha casado con una actriz americana: *Antonio Banderas*

Ha cantado con Pavarotti y Plácido Domingo: *José Carreras*

Ha sido secretario general de la ONU: *Javier Pérez de Cuéllar*

Ha obtenido el Premio Nobel de Literatura: *Octavio Paz*

Ha trabajado con Pedro Almodóvar: *Antonio Banderas*

Ha sido presidenta de Argentina: *Eva Perón*

Es peruano: *Javier Pérez de Cuéllar*

11 gente que trabaja ◆ FORMAS Y RECURSOS

11–4 ¿Quién ha hecho estas cosas?

Trabajen en pequeños grupos. Uno de ustedes es el/la secretario/a, tiene que hacer las preguntas y escribir las respuestas en su lugar correspondiente. ¿Qué grupo termina el primero?

Arantxa S. Vicario	José Carreras
Rita Moreno	Gloria Estefan
Violeta Chamorro	Octavio Paz
Evan Perón	Antonio Banderas
Isabel Allende	Javier Pérez de Cuéllar

EJEMPLO:
● ¿Quién ha estado muy enfermo?
○ José Carreras.
■ ¿Estás seguro/a? Yo creo que es Octavio Paz.
○ No, no. Es José Carreras. Estoy seguro/a.

DATOS	NOMBRE
Ha ganado el trofeo de Roland Garros.	
Ha jugado en los cinco continentes.	
Ha ganado todos los premios, el Oscar, el Tony, etc.	
Es mexicano.	
Ha vendido muchos discos en Miami.	
Ha escrito *La casa de los espíritus*.	
Es de origen cubano.	
Ha sido presidenta de Nicaragua.	
Ha estado muy enfermo.	
Se ha casado con una actriz americana.	
Ha cantado con Pavarotti y Plácido Domingo.	
Ha sido secretario general de la ONU.	
Ha obtenido el Premio Nobel de Literatura.	
Ha trabajado con Pedro Almodóvar.	
Ha sido presidenta de Argentina.	
Es peruano.	

11–5 Hablamos del pasado

En la actividad anterior hemos usado los verbos en presente perfecto. Subráyalos y escribe el Infinitivo.

EJEMPLO:
PRESENTE PERFECTO → INFINITIVO
ha ganado → ganar

11–6 ¿Sabes hacer estas cosas?

Primero señálalo en el cuadro y, luego, escribe cinco frases.

	muy bien	bien	regular	no sé
cocinar				
bailar				
patinar				
jugar al tenis				
nadar				
esquiar				
hacer tartas				
cantar				
escuchar a los demás				
hablar en público				
mentir				
disimular				
dibujar				
escribir				
contar chistes				

172

ciento setenta y dos

PRESENTE PERFECTO

HABLAR
he
has
ha
hemos } hablado
habéis
han

	Participio
hablar →	hablado
tener →	tenido
vivir →	vivido

PARTICIPIOS IRREGULARES

ver →	visto
hacer →	hecho
escribir →	escrito
decir →	dicho

¿HAS ESTADO ALGUNA VEZ EN...?

He estado una vez.
dos/tres/... veces.
muchas veces.
varias veces.
No, no he estado nunca.

HABLAR DE HABILIDADES

¿Saben tocar algún instrumento?

Yo sé tocar el piano.
Yo toco la guitarra.
Yo no toco ningún instrumento

Puedo tocar el piano.

Juego el piano.

Expansión para la actividad 11–4

Para darle más aliciente, puede crear un sistema que compense los errores en las respuestas con la buena pronunciación de los nombres. Por ejemplo, el grupo que mejor pronuncie sus respuestas, puede obtener tres puntos positivos, el segundo, dos y el tercero, uno.

Sugerencias para la actividad 11–5

En las columnas gramaticales los alumnos tienen la explicación (incluyendo los Participios irregulares más frecuentes) que les permitirá realizar esta actividad.

El ejercicio está planteado para ser resuelto individualmente, pero puede sugerirles que trabajen en equipo, bien en parejas, bien en grupos de tres.

LOS IDIOMAS

el *griego*
el *árabe*
el *francés*
el *alemán*

Es **griega**.
Habla **griego**.

● **Entiendo** el japonés, pero lo **hablo**
muy poco. Y no lo **escribo**.
● Hablo **un poco de** italiano.

● ¿Habla usted inglés?
○ Sí, **bastante bien**.

SABER

sé	sabemos
sabes	sabéis
sabe	saben

VALORAR HABILIDADES

muy bien
bastante bien
regular
bastante mal
muy mal

Elvira toca
el piano muy bien.
Yo, regular.

11-7 **¿Y tu compañero/a?**

Pregunta ahora a un/a compañero/a sobre su lista del ejercicio anterior y compara tus habilidades y las suyas.

EJEMPLO:
● ¿Tú sabes dibujar?
○ No, no dibujo nada bien. ¿Y tú?
■ A mí me gusta mucho dibujar. Dibujo bastante bien, creo.

11-8 **No he estado nunca en Sevilla**

Practica con dos compañeros/as. Tú les preguntas y anotas sus respuestas afirmativas (+) o negativas (-) en cada caso:

EJEMPLO:
● ¿Han estado alguna vez en Sevilla?
○ Yo sí. He estado muchas veces.
■ Yo no. No he estado nunca.

Visitar México.
Hablar con un argentino/a.
Comer paella.
Bailar un tango.
Bailar flamenco.
Perder una maleta en un
aeropuerto.
Ganar un premio.
Hacer teatro.
Escribir un poema.
Ir en globo.
Enamorarse a primera vista.
Hacer un viaje a la selva.
Ir a...

COMPAÑERO/A A	COMPAÑERO/A B

11-9 **¿Verdad o mentira?**

Tienes que escribir tres frases sobre tu vida: cosas que has hecho o que sabes hacer. Una por lo menos debe ser verdad; las otras pueden ser mentira. Puedes utilizar las expresiones siguientes.

Sé japonés / ruso / chino / árabe...
He vivido tres años en Japón.

Toco el piano / la guitarra / el saxofón...
He estudiado dos años en el conservatorio.

Escribo poesía. He escrito dos libros.

Hago teatro / yoga / cine / ballet clásico...

Trabajen en grupos de cuatro. Cada uno/a lee ante el grupo las frases que ha escrito. Los demás deben adivinar cuáles son verdad y cuáles no.

EJEMPLO:

● Entiendo el chino. He hecho varios viajes a Pekín.

■ Eso no es verdad.

○ Yo creo que no es verdad.

● Sí, sí es verdad.

Sugerencias para la actividad 11–8

En la lista de experiencias aparecen verbos con Participio irregular: *hacer, escribir...*

La lista es abierta para que los alumnos puedan sugerir otras experiencias. Por esta razón, a lo mejor debe proporcionar vocabulario según sus necesidades.

Antes de la interacción oral, puede repasar con toda la clase la formación de los Participios de la lista.

Puede presentar también la expresión de la frecuencia, y la negación *no .... nunca.* En el apartado HABLAR DE HABILIDADES de la columna gramatical pueden encontrar otro ejemplo de doble negación: *Yo no toco ningún instrumento.*

Un alumno hace la pregunta en plural, y los otros dos responden sucesivamente.

Suerencias para la actividad 11–9

Las muestras de producción oral contienen una frase en Presente (relativa a la habilidad) y otra en Presente Perfecto (explica la razón). Procure que los alumnos se ajusten a este esquema.

Si lo considera oportuno, puede animar a sus alumnos a hacer un juego similar referido a personas de su entorno para que practiquen las formas de la tercera persona:

A1: *Mi marido sabe kárate. Ha ganado una medalla en las Olimpiadas.*

A2: *Yo creo que eso no es verdad.*

174

Información para la actividad 11–10

Toda la información necesaria está contenida en la grabación. Se trata de un programa de radio dirigido al público joven, en el que se comenta la instalación en la ciudad de una empresa que va a crear muchos puestos de trabajo.

Para facilitar la tarea de los alumnos, se ofrecen las cuatro fichas correspondientes a cada uno de los perfiles de puestos de trabajo que va a ofrecer la empresa.

Las líneas en blanco de cada ficha se completan con la lista de términos que aparece en la misma página.

La tarea de comprensión auditiva queda limitada a la identificación de las distintas características para cada puesto de trabajo.

Por otra parte, la grabación está estructurada de tal forma que trata por separado cada uno de los perfiles. De hecho, podría trabajarse como cuatro audiciones separadas.

Una vez completadas, las cuatro fichas de esta página sirven de documento de trabajo para la actividad 11–11.

Sugerencias para la actividad 11–10

Antes de proceder a la audición, puede pedir a sus alumnos que vean de cuántas formas distintas podría rellenarse cada ficha. De este modo, selecciona de antemano los contenidos posibles para cada línea, al tiempo que facilita la comprensión del nuevo vocabulario.

Puede pedirles a sus alumnos qué otras cualidades (que no se mencionan en el anuncio de la empresa) valorarían más ellos para cada uno de los puestos.

VENDEDORES/AS
Se valorará *la experiencia.*
Abierto al trato *con la gente.*

ADMINISTRATIVOS/AS
Persona *muy organizada.*
Conocimiento de *programas informáticos.*
Idiomas: francés o inglés a *nivel de lectura.*

DECORADORES/AS
Edad: 22/28 años.
Formación especializada en decoración y presentación de escaparates.
Capacidad de *trabajo en equipo.*

MOZOS DE ALMACÉN
Edad: *20/30 años.*
Buena disposición *para el trabajo.*
Voluntad *de progresar.*

---

11 gente que trabaja ◆ TAREAS

11-10 Anuncios de trabajo: ¿qué piden?

Estás en casa y escuchas en la radio un programa para jóvenes. En él hablan de una empresa nueva que se instala en una ciudad española. Va a crear muchos puestos de trabajo.

Primero, escucha lo que dicen y, después, rellena estas fichas. En la columna de la izquierda tienes las palabras que faltan.

para el trabajo

la experiencia

de progresar

programas informáticos

20/30 años

muy organizada

trabajo en equipo

nivel de lectura

con la gente

edad

formación especializada

VENDEDORES/AS

Edad: 20/26 años.
Se valorará _____
Carácter amable y buena presencia.
Abierto al trato _____
Voluntad de progresar.
Capacidad de trabajo en equipo.

ADMINISTRATIVOS/AS

Edad: 22/35 años.
Se valorará la experiencia.
Persona _____
Conocimiento de _____
a nivel de usuario (Windows...).
Idiomas: francés o inglés a _____
_____

DECORADORES/AS

_____: 22/28 años.
_____ en decoración y presentación de escaparates.
Aptitud y sensibilidad para presentar el producto.
Capacidad de _____

MOZOS DE ALMACÉN

Edad: _____
Buena disposición _____
Voluntad _____

LES SERÁ ÚTIL...

Hemos seleccionado a... para el puesto de...

Silvia puede ser vendedora.

Sí, y también decoradora. Sabe pintar...

Sí, pero no tiene experiencia.

11-11 **Selección de candidatos/as**

Dos compañeros/as y tú trabajan en una empresa de selección de personal. Tienen que seleccionar empleados/as para **HOME & COMFORT**. Los puestos de trabajo son los que tienen en las fichas de la Actividad 11–10. De momento tienen cuatro solicitudes. ¿Qué puesto le dan a cada uno/a? Tienen que ponerse de acuerdo y seleccionar al/a la mejor candidato/a para cada puesto.

Apellidos: *Pellicer Alpuente*
Nombre: *Silvia*
Lugar y fecha de nacimiento:
Gijón (Asturias),
25-4-71
Domicilio actual:
Pza. Doctor Garcés, 8-3º-
28007 Madrid.
Teléfono: *375 42 10*
Estudios: *licenciada en*
psicología.
Idiomas: *inglés, bastante*
bien, y un poco de francés.
Experiencia de trabajo: *6*
meses administrativa, Jofisa (Oviedo). 1 año
vendedora, Gijón.
Resultados test psicotécnico: *comunicativa, sociable,*
organizada.
Otros: *pintura, informática (Windows, WordPerfect).*

Apellidos: *Ríos Gómez*
Nombre: *Isidro*
Lugar y fecha de nacimiento:
Madrid, 18-8-76
Domicilio actual:
Núñez de Arce, 253,
Ático 1ª -
28012 Madrid
Teléfono: *416 42 38*
Estudios: *BUP¹*

Idiomas: *ninguno*

Experiencia de trabajo:
Construcción (2 años);
Empresa Autobuses (6 meses).
Resultados test psicotécnico: *trabajador, capacidad de*
iniciativa, introvertido.
Otros: *permiso conducir (camión).*

Apellidos: *Fernández Rico*
Nombre: *Nieves*
Lugar y fecha de nacimiento:
Tudela (Navarra);
14-2-1972
Domicilio actual: *Alonso*
Ventura, 49-6º-A.
28022 Madrid
Teléfono: *408 67 45*
Estudios: *BUP y FP²*
(artes gráficas).
Idiomas: *muy bien*
francés, bastante
bien italiano, un poco de alemán.
Experiencia de trabajo: *6 meses en una tienda de ropa*
Resultados test psicotécnico: *tímida e introvertida.*
Organizada.
Otras aptitudes: *informática (Windows, WP,*
PaintBrush).

Apellidos: *Sanjuán*
Delgado
Nombre: *Alberto*
Lugar y fecha de nacimiento:
Betanzos (La Coruña),
15-9-71
Domicilio actual:
Hermanos Escartín, 25-
1º-C - 28015 Madrid
Teléfono: *367 98 76*
Estudios: *EGB³, FP*
(carpintería).
Idiomas: *un poco de francés.*
Experiencia de trabajo:
taxista (cinco años). Recepcionista en un hotel.
Resultados test psicotécnico: *comunicativo y amable.*
Organizado.
Otras aptitudes: *informática (Word Perfect).*

 11-12 **Tu ficha**

Ahora elabora tu propia ficha. ¿A qué puesto prefieres presentarte?

¹ **BUP** son las siglas que corresponden a **B**achillerato **U**nificado **P**olivalente. Este título se obtenía al terminar los estudios de la escuela secundaria en España.
² **FP** son las siglas que corresponden a **F**ormación **P**rofesional. Este título se obtenía al terminar la escuela técnica en España.
³ **EGB** son las siglas que corresponden a **E**nseñanza **G**eneral **B**ásica. Este título se obtenía al terminar los estudios de la escuela primaria en España.

175

Información para la actividad 11–11

El sistema educativo español se compone de los siguientes ciclos:

Enseñanza Infantil: 3-6 años (no obligatoria).

Enseñanza Primaria: 6-12 años (obligatoria).

ESO (leído Eso), Enseñanza Secundaria Obligatoria: 12-16 años.

Bachillerato: 16-19 años.

FP (leído Efepé): Formación Profesional: 16-19 años.

Hasta finales de los años 90, el sistema educativo se componía de:

EGB (leído Egebé), Educación General Básica: 6-14 años. Era obligatoria y si se superaba, se obtenía el Graduado Escolar y se podía pasar a BUP. Si no se superaba, se pasaba a FP.

BUP (leído Bup), Bachillerato Unificado y Polivalente: 15-18 años. Si se superaba se podía pasar a COU.

COU (leído Cou), Curso de Orientación Universitaria: un año. Si se superaba, se podían realizar las pruebas de "Selectividad" para acceder a la Universidad.

FP (leído Efepé), Formación Profesional: 14-18 años.

Sugerencias para la actividad 11–11

Realice el ejercicio en tres fases:

a) Primero, los alumnos estudian las fichas del currículum, y dan su opinión sobre el puesto de trabajo más adecuado para cada uno.

b) Luego, comprueban si los candidatos cumplen los requisitos exigidos por la empresa (fichas de la actividad anterior).

c) Finalmente, se ponen en común y se discuten las diferentes conclusiones.

Sugerencia para la actividad 11–12

Los alumnos siguen la estructura de las fichas del ejercicio anterior 11–11.

No es necesario que digan la verdad sino que pueden inventarse una personalidad.

Puede jugar con la idea de que los alumnos han elaborado una ficha con una identidad ficticia, y en pequeños grupos habrá que adivinar a quién corresponde cada ficha.

175

Feminismo paradójico: Joaquín Aragón. No quiere para su mujer la vida que lleva su madre.

Compromiso social: Rocío Martínez. Actividades en "Gesto por la paz".

Ilusión por progresar profesionalmente: Francisco Gayurt. Quiere llegar más lejos en la vida, hacer algo más que ser un simple camarero.

Polifacética: Inge Schweiger. Música, estudiante, hospital de niños, escritora en castellano y en alemán.

Información para la actividad 11–14

Las becas *Erasmus* y *Sócrates* son otorgadas por la Unión Europea para favorecer la movilidad de estudiantes y profesores entre universidades de distintos países de la Unión.

Gesto por la Paz es un grupo creado a principios de los años 90 para luchar por la paz civil en el País Vasco.

Gaditanos son los habitantes de la ciudad de Cádiz.

"Bakalao" es un tipo de música de discoteca (tecno duro) iniciada en Valencia en los años 80 que se puso muy de moda en toda España a mediados de los años 90.

La Macarena es un barrio de la ciudad de Sevilla, y el *Betis* uno de los dos equipos de fútbol de esta ciudad.

La alusión de Francisco Gayurt al derecho de los extranjeros al trabajo tiene que ver con la existencia de movimientos xenófobos contrarios a la inmigración, especialmente a la de países africanos y del Este de Europa.

---

11 gente que trabaja ◆ CONTACTOS

JÓVENES ESPAÑOLES A LOS 20 AÑOS

El periódico español EL PAÍS nació en 1976, el día 4 de mayo. Con ocasión de su XX aniversario, el 5 de mayo de 1996 publicó un número extraordinario de 490 páginas. La última sección de ese número extraordinario consiste en el retrato de 20 jóvenes que nacieron el mismo año que el periódico, es decir, en 1976. Vamos a conocer algunos de ellos, su situación laboral o profesional, sus puntos de vista, sus opiniones...

Rocío Martínez

En la cabeza de R. Martínez ya está escrito el guión de su vida en los próximos años: solicitar una beca Erasmus para estudiar en Europa, acabar la carrera antes de cumplir los 22 y, después, buscar trabajo.

Mientras tanto, esta bilbaína del barrio de Deusto reparte su tiempo entre la universidad, las horas de estudio, la asociación de estudiantes de empresariales AIESEC, las actividades del grupo pacifista Gesto por la Paz y la participación ocasional en una tertulia radiofónica.

Va a menudo al teatro con sus padres, sale los fines de semana con sus amigas y encuentra en dos sesiones semanales de kárate la válvula de escape a la adrenalina que le sobra. Escucha indistintamente a Aute o a Rod Stewart; apenas ve la televisión ni le gusta el cine.

"No se puede pasar la juventud vegetando", dice: por eso se unió a Gesto por la Paz.

EL PAIS

Feminismo paradójico

Compromiso social

Ilusión por progresar profesionalmente

Polifacética

11-13 ¿Puedes asignar uno de estos eslóganes a cada texto? Para ello no es necesario que realices una lectura a fondo; te bastará con una lectura por encima.

11-14 Busca en cada texto las frases que reflejan el punto de vista o las opiniones de los jóvenes. ¿Con cuál de ellos estás más de acuerdo? ¿Estás en desacuerdo con alguna de ellas?

En los textos pueden aparecer referencias a la realidad española que tal vez no conoces bien. Tu profesor/a te facilitará esta información.

Joaquín Aragón

Los días no tienen nombre para Juaqui: qué más da. No estudia ni trabaja. Ser gaditano del barrio obrero de Loreto y parado es casi la misma cosa.

Se levanta a la hora que se despierta. Se ducha, desayuna, hace la cama y baja a la plaza. Allí pasa las horas, fumando, hablando, tomando zumos y fantas, con sus amigos, parados todos -"menos uno, que está de camarero". No bebe alcohol. Después de comer se acuesta o pone la tele.

"La política no me gusta: creo que a lo mejor con una mujer de presidente no pasarían estas cosas." No milita en ningún partido ni organización; es ecologista y solidario "pero de nacimiento".

Le gusta el cine, aunque apenas va, y bailar bakalao con su novia. Le encantan los reportajes de animales, ir al campo, pescar. Lo que quiere es encontrar trabajo, casarse y tener dos hijos. "Espero que mi mujer no tenga que trabajar. Para trabajar estoy yo." Esta frase anacrónica tiene su explicación: su madre sale de casa todas las mañanas para ir a limpiar oficinas.

Inge Schweiger

Vive en Tres Cantos, muy cerca de Madrid, y su jornada es una carrera contrarreloj. Apenas despierta, toca un rato el violín y luego corre a las clases de música; por la tarde va al instituto, vuelve a casa y practica de nuevo, y todavía tiene tiempo para leer el periódico. Además, los domingos colabora en un hospital de niños, una actividad asociada a la iglesia evangélica, adonde suele ir con su madre.

Su fórmula es simple: organizarse bien; así, aún puede ir de gira con orquestas juveniles de España y de Alemania, leer hasta altas horas de la madrugada y salir de juerga. "Vamos a discotecas a bailar, pero siempre salgo con un dolor de cabeza impresionante. Prefiero los bares."

Inge también es escritora: escribe cuentos, relatos cortos; uno de éstos, *Ella*, fue seleccionado por la editorial Alfaguara para la antología *Realidades paralelas*. Era su primer intento de escribir en castellano; antes lo redactaba todo en alemán, la lengua de su padre, que estudió durante once años.

Francisco Gayurt

Trabaja de camarero y al mismo tiempo estudia hostelería en un instituto de formación profesional. Invierte la mitad de su salario -700 pesetas[4] a la hora- en perfeccionar idiomas: francés e inglés. En un año ha cambiado de trabajo en seis ocasiones.

Quiere llegar más lejos en la vida, hacer algo más que ser un simple camarero: "No me pasaré toda la vida ejerciendo de simple camarero, quiero llegar a ocupar algún puesto de responsabilidad", afirma este joven, vecino del barrio de la Macarena, seguidor del Betis, enemigo de la música bakalao de discoteca y amante del cine de acción.

Se presenta a sí mismo como tranquilo y trabajador. Su vida es rutinaria: de casa al trabajo y del trabajo a casa; los fines de semana, sale a dar una vuelta con su novia y una pareja de amigos. Es todo lo contrario del típico andaluz: no le gusta la Feria de Sevilla, la Semana Santa ni los toros. Está en contra de las actitudes racistas y xenófobas. Piensa que los extranjeros tienen derecho a trabajar en España: "El trabajo está aquí, es de todos. Que se lo quede el que esté más preparado".

---

4 700 pesetas corresponden actualmente a 6 euros aproximadamente.

mi *gente* Perú

ESTRATEGIAS DE LECTURA:

Hojear (o leer por encima) una lectura

When reading a text in Spanish, you do not need to interpret word by word to understand what the text is about. Before reading in detail, you can follow two processes depending on what your goal is:

Skimming: Quickly running one's eyes across a whole text to get the gist. It gives you the advantage of being able to predicate the purpose of the passage, the main topic. Check the words in boldface, italics, and the headings to get the main idea.

Scanning: Quickly searching for some particular pieces of information in a text. You can look for names or dates, find a definition of a key concept, or list a certain number of supporting details. The purpose of scanning it is to extract certain specific information without reading through the whole text.

Look at the following example:

> Con el objetivo de mejorar la atención al cliente y la calidad de los productos que comercializan, los empresarios de los supermercados **Cuscomarket, Mercado peruano** y **Limacomercio** acaban de iniciar una singular campaña denominada *La Pequeña y Mediana Empresa (PYME) Para la Oreja.*

The main three emphasized words in the paragraph are **Cuscomarket, Mercado peruano** and **Limacomercio.**

They are in bold and italics, which could give you a hint about what the topic of this paragraph is. These words are telling you that the text is about business and commerce in Lima, Peru.

When skimming and scanning a text follow the next steps:

1. Visualize mentally the words or numbers you want to look for.
2. Do not read the other words.
3. Glance at the text until you find the words or numbers you were looking for.
4. After you find them, read the sentences that include these words.

With this strategy, you will soon find out you will be able to understand the Spanish texts more easily.

GENTE QUE LEE

ANTES DE LEER

11-15 **El mundo del trabajo**
Lee la siguiente lista de palabras relacionadas con el mundo del trabajo y escribe una breve definición de cada una de ellas. Después compara tus respuestas con las de un compañero/a.

- empresa:
- cliente:
- mercado:
- comercio:
- consumidor:
- productos:

11-16 **El cliente siempre tiene la razón**
Contesta las siguientes preguntas y después intercambia la información con tu compañero/a.

- ¿Crees que el cliente siempre tiene la razón? ¿Por qué?
- ¿Piensas que los consumidores reciben la atención que merecen? ¿Por qué?
- ¿Sabes qué es un "libro de reclamaciones"? ¿Crees que debe ser obligatorio en cualquier negocio? ¿En qué casos no es necesario? ¿Por qué?
- Da uno o varios ejemplos que te han ocurrido a ti o a una persona que conoces en el que la empresa o la compañía no te/la ha tratado bien. ¿Qué pasó? Da detalles.

A LEER

11-17 **"La oreja" empresaria**
Lee el siguiente texto para saber qué han decidido hacer en Perú para mejorar la atención al cliente. Después contesta las preguntas.

Respuestas a la actividad 11–18

1. La Pequeña y Mediana Empresa

2. La campaña tiene el propósito de que el consumidor tenga la oportunidad de dar su opinión sobre artículos, mercancías, servicios y facilidades que encuentran a la hora de comprar sus productos.

3. Los empresarios de los supermercados Cuscomarket, Mercado peruano y Limacomercio.

4. Las opiniones son filmadas en una carpa, el público puede entrar en ella y expresar sus opiniones.

5. Conocidos actores y actrices, cantantes y otros famosos peruanos

6. Todos los días desde el sábado 16 hasta el sábado 23 de abril de 4:00 a 8:00 de la tarde en las puertas de los establecimientos Cuscomarket y Mercado Peruano

7. El propósito es sensibilizar a los empresarios a tomar algunas acciones en favor del público comprador, así como a las autoridades gubernamentales para facilitar el desarrollo comercial de la zona, con más seguridad, limpieza y orden.

8. En Trujillo y en Lima. En la esquina de la Avenida del Libertador y en la Plaza de la Independencia en Trujillo, y en la esquina de la calle Ayacucho en Lima.

9. Sí, de momento, la campaña ha empezado en estas dos ciudades pero las orejas viajarán por todo el Perú llegando a todos los centros urbanos.

10. Las respuestas varían.

 gente que trabaja ◆ MI GENTE

Una "oreja" para los consumidores

Con el objetivo de mejorar la atención al cliente y la calidad de los productos que comercializan, los empresarios de los supermercados *Cuscomarket*, *Mercado peruano* y *Limacomercio* acaban de iniciar una singular campaña denominada *La Pequeña y Mediana Empresa (PYME) Para la Oreja*.

La campaña tiene el propósito de que el consumidor tenga la oportunidad de dar su opinión sobre artículos, mercancías, servicios y facilidades que encuentran a la hora de comprar sus productos.

Las opiniones son filmadas en una carpa, y para motivar al público a entrar en ella y expresar sus opiniones, dos orejas de tres metros de altura cada una, están siendo exhibidas en *Cuscomarket* y en el *Mercado Peruano*. Conocidos actores y actrices, cantantes y otros famosos peruanos están todos los días de 4:00 a 8:00 de la tarde en las puertas de estos establecimientos invitando a los clientes a entrar en las carpas.

La campaña ha sido organizada por la Comisión para la Promoción de la Pequeña Empresa y por los empresarios de los lugares comerciales mencionados, todo ello como parte de la semana del consumidor que ha realizado el Instituto del Consumidor del Perú.

El material fílmico servirá para sensibilizar a los empresarios a tomar algunas acciones en favor del público comprador, así como a las autoridades gubernamentales para facilitar el desarrollo comercial de la zona, con más seguridad, limpieza y orden.

El público podrá decirle a la oreja todo lo que desee a partir del sábado 16 hasta el sábado 23 de abril.

Las orejas están ubicadas en la esquina de la Avenida del Libertador y en la Plaza de la Independencia en Trujillo y en la esquina de la calle Ayacucho en Lima.

De momento, la campaña ha empezado en estas dos ciudades pero las orejas viajarán por todo el Perú llegando a todos los centros urbanos.

DESPUÉS DE LEER

11–18 **¿Entendiste?**
Contesta las preguntas siguientes según el texto que acabas de leer.

1. ¿Qué es la PYME?

2. ¿En qué consiste la campaña denominada *La Pequeña y Mediana Empresa Para la Oreja*? ¿Cuál es el propósito?

3. ¿Quiénes han sido los responsables de esta campaña?

4. ¿Dónde y cómo pueden expresar los consumidores sus opiniones?

5. ¿Quiénes están invitando a los consumidores a entrar a las carpas?

6. ¿Qué horas y qué días pueden ir los consumidores peruanos a expresar sus opiniones?

7. ¿Cuál es el propósito de este material fílmico? ¿A quién puede ayudar? ¿Cómo?

8. ¿En qué dos ciudades están situadas las orejas? ¿En qué calles exactamente?

9. ¿Podrán otros peruanos expresar también sus opiniones en otras ciudades que no sean estas dos que menciona el artículo? ¿Dónde?

10. ¿Cuál es tu opinión sobre esta campaña? ¿Piensas que es una buena idea? Por qué?

 ## GENTE QUE ESCRIBE

11-19 **Tu opinión**

ANTES DE ESCRIBIR

A ti te encantaría poder contarle a "la oreja" tus experiencias y darle tu opinión sobre algunos artículos, mercancías, servicios y facilidades que has encontrado cuando has comprado algunos productos en tu lugar habitual. Sin embargo, en tu ciudad no hay la posibilidad de hablar con "la oreja" sino una oficina a la que puedes escribir expresando tus ideas.

Prepara primero una lista de lo que quieres expresar en la carta.

- Cuándo ha ocurrido
- Cuántas veces ha pasado
- Qué ha pasado exactamente
- Dónde ha pasado: nombre del establecimiento, ubicación, etc.
- Quién te ha atendido: nombre, título o cargo, descripción de la persona (si es necesario)
- Qué producto/s has comprado y los problemas que has tenido
- Qué quieres obtener de esta oficina
- Otros hechos, opiniones o ideas que tu crees importantes en el trato a los clientes

A ESCRIBIR

Escribe una carta a la oficina del consumidor contando una experiencia (agradable o desagradable) que te ha ocurrido.

DESPUÉS DE ESCRIBIR

Revisa tu primer borrador y comprueba:

CONTENIDO	GRAMÁTICA Y VOCABULARIO
■ ¿Te gusta?	■ ¿Hay errores?
■ ¿Necesitas incluir algo más?	■ ¿Has usado gramática y vocabulario de este capítulo?
■ ¿Está bien organizado?	

Pasa tu texto a tu compañero/a y pídele sugerencias.

Por último, pasa a limpio tu texto y entrégaselo a tu profesor/a.

(www) GENTE EN LA RED

11-20 Quejas de los peruanos

ANTES DE NAVEGAR

La carta que has mandado no ha tenido mucho efecto y has decidido expresar tus quejas por Internet. Un amigo te ha dicho que hay un sitio en Internet en el que puedes formular tus quejas.

Antes de visitar la Red, completa el texto siguiente con la información necesaria sobre tu queja.

EJEMPLO:
Queja
- Categoría: PUBLICIDAD ENGAÑOSA
- Nombre: María Barrios
- Correo electrónico: mbarr@cusco.net
- Título: CuscoDona
- Queja: Esta mañana fui a CuscoDona y he pedido una oferta que estaba anunciada en una foto, la cual consistía en un chocolate caliente y una dona. Cuando me lo entregaron, la dona no correspondía a la de la foto, reclamé y me dijeron que la de la foto costaba un sol más. Protesté y al final tuvieron que devolverme el dinero.

Queja
- Categoría:
- Nombre:
- Correo electrónico:
- Título:
- Queja:

A NAVEGAR

Ahora ve a la dirección (*www.prenhall.com/gente*) y lee algunas de las quejas de los peruanos.

VOCABULARIO

Los nombres de profesiones

(el/la) abogado/a	*lawyer*	(el/la) contable	*accountant*
(el/la) administrativo/a	*administrative*	(el/la) decorador/a	*decorator*
(el/la) agricultor/a	*agriculturalist; farmer*	(el/la) dentista	*dentist*
(el/la) albañil	*bricklayer*	(el/la) ejecutivo/a	*executive*
(el/la) arquitecto/a	*architect*	(el/la) encargado/a (de)	*person in charge*
(el/la) asistente social	*social worker*	(el/la) farmacéutico/a	*pharmacist*
(el/la) camionero/a	*truck driver*	(el/la) guardia de seguridad	*security guard*
(el/la) cartero/a	*postman/woman*	(el/la) intérprete	*interpreter*

(el/la) mensajero/a	*messenger*
(el/la) policía	*policeman/woman*
(el/la) psicólogo/a	*psychologist*
(el/la) recepcionista	*front desk attendant*
(el/la) taxista	*taxi driver*
(el/la) técnico/a	*technician*
(el/la) traductor/a	*translator*
(el/la) universitario/a	*university student*
(el/la) vendedor/a	*salesman/woman*

Los lugares de trabajo

(el) almacén	*warehouse*
(el) bufete de abogados	*law office*
(el) camión	*truck*
(la) carpintería	*carpenter shop*
(la) clínica dental	*dental clinic*
(la) construcción	*construction*
(la) escuela de idiomas	*language school*
(los) establecimientos	*places of business*
(el) estudio de arquitectura	*architectural firm*
(la) hostelería	*hostelry*
(el) servicio de traducciones	*translation services*

Los perfiles y las características profesionales

acostumbrado/a	*accustomed*
amable	*kind, thoughtful*
autónomo/a	*autonomous*
comunicativo/a	*communicative*
creativo/a	*creative*
despierto/a	*awake*
dinámico/a	*dynamic*
monótono/a	*monotonous*
organizado/a	*organized*
paciente	*patient*
peligroso/a	*dangerous*
preparado/a	*prepared*
(la) buena presencia	*good presence*
(la) capacidad de trabajo	*industriousness*
(el) compromiso	*commitment*
(el) conocimiento	*knowledge*
(la) disponibilidad	*availability*
(el) dominio del español	*mastery of Spanish*
(el) don de gentes	*socially adept*
(la) experiencia	*experience*
(la) ilusión, (el) entusiasmo	*illusion, enthusiasm*
(la) iniciativa	*leadership*
(la) sensibilidad	*sensitivity*
(el) título universitario, (la) carrera	*university degree*

La información y las condiciones laborales

(los) beneficios adicionales	*perks*
(las) condiciones laborales	*working conditions*
(la) comisión	*commission*
(el) contrato laboral	*contract*
(el) currículum vitae	*C.V., resume*
(el) empleo, puesto de trabajo	*job, employment*
(la) empresa	*company, firm*
(el) equipo	*team*
(la) formación profesional	*professional training*
(los) gastos pagados	*paid expenses*
(la) jornada de trabajo	*workday*
(el) proyecto	*project*
(la) Seguridad Social	*Social Security*
(el) sueldo, salario	*salary*
(el) test psicotécnico	*response test*
(el) trabajo en equipo	*team work*

Otras palabras y expresiones útiles

(la) beca	*scholarship, fellowship*
(el) código civil	*civil code*
(el) consumidor	*consumer*
(el) punto de vista	*point of view*
(la) sede	*headquarters*
(el) usuario	*user*
escrito/a	*written*
hablado/a	*spoken*
mecanografiado/a	*typed*
a mano	*handwritten*
a primera vista	*at first sight*
a tiempo parcial	*part-time*
a tiempo completo	*full-time*
de inmediato/a	*immediately*
urgentemente	*urgently*

Verbos

acabar	*to finish*
consistir en	*to consist of*
ejercer	*to practice*
enviar	*to send*
devolver	*to return*
disimular	*to pretend, conceal*
ganar	*to win, to earn money*
invertir	*to invest*
llegar a ser	*to become*
mentir (ie)	*to lie, to tell lies*
ofrecer	*to offer*
perder (ie)	*to lose*
perfeccionar	*to perfect*
precisar	*to specify*
repartir	*to distribute*
sobrar	*to exceed*
solicitar	*to apply*
tratar con	*to deal with*

gente y lenguas

OBJETIVOS 12

Vamos a elaborar una lista de recomendaciones para llegar a ser un "buen estudiante de español". Practicaremos maneras de:

- ✔ explicar sensaciones y sentimientos,
- ✔ dar consejos y sugerir soluciones,
- ✔ valorar actividades para aprender idiomas.

12-1 Un test de entrada para los cursos de español

Responde a este test y luego comenta tus respuestas con tu compañero/a.

IDIOMAS GENTILINGUA

Departamento de español para extranjeros

TEST DE ENTRADA

1. ¿POR QUÉ QUIERE APRENDER ESPAÑOL?
(Marque una o varias respuestas)

☐ Me interesan la lengua y la cultura de los países de habla hispana.

☐ Viajo frecuentemente a un país de habla española.
¿A cuál? ....

☐ Me interesa la literatura hispanoamericana.

☐ Necesito el español en mi trabajo o en mis estudios.

☐ Otros motivos: ....
....

2. ¿PARA QUÉ VA A USAR EL ESPAÑOL?
(Marque una o varias respuestas)

☐ Mantener una conversación.

☐ Entender los textos habituales en la vida cotidiana (anuncios, rótulos en la calle, listas de precios, menús de los restaurantes...).

☐ Leer periódicos y revistas.

☐ Leer documentos y textos profesionales.

☐ Leer novelas.

☐ Ver películas y programas de TV.

☐ Oír programas de radio.

☐ Entrar en las páginas en español de Internet.

☐ Escribir cartas personales.

☐ Escribir cartas y otros documentos en mi trabajo.

☐ Otros objetivos: ....

3. SU NIVEL ACTUAL DE ESPAÑOL: AUTOEVALUACIÓN.
(Marque (+) sus puntos más fuertes, (-) sus puntos más débiles y (=) sus capacidades medias)

☐ Hablar.

☐ Entender lo que oigo.

☐ Escribir.

☐ Gramática.

☐ Vocabulario.

☐ Pronunciación.

4. ¿CUÁLES DE LOS ASPECTOS ANTERIORES SON MÁS IMPORTANTES?

12-2 ¿Qué le pides a un libro de idiomas?

Del último libro que has usado para aprender español, señala las dos cosas que te han gustado más (+), y las dos que te han gustado menos (-).

☐ los textos grabados en audio

☐ las actividades para hacer en parejas

☐ las imágenes de los países de habla española

☐ los documentos reales

☐ los ejercicios de vocabulario

☐ las explicaciones gramaticales

☐ los ejercicios de lectura

☐ las situaciones y los personajes de las lecciones

☐ otras: ....

Ahora, coméntalo con tus compañeros/as.

EJEMPLO:
● A mí lo que más me gustó fueron las actividades en pequeños grupos.
○ ¿Y lo que menos te gustó?
● El audio.
○ Pues a mí, lo que más me gustó fueron las explicaciones gramaticales.

185
ciento ochenta y cinco

Información para la actividad 12–1

Una de las primeras condiciones para ser un buen estudiante consiste en ser consciente de los propios objetivos, motivaciones, intereses y necesidades de aprendizaje. Su conocimiento es también para el profesor una información muy útil ya que le permite adaptar el curso a las necesidades de sus alumnos.

Otro de los aspectos importantes que contribuye a un mejor aprendizaje de lenguas es precisamente el concepto que se tenga de lo que es hablar una lengua y lo que es aprenderla. En los documentos de esta lección se trabaja con informaciones científicas a este respecto.

Sugerencias para la actividad 12–1

La actividad que aquí se propone, un test de entrada en una escuela imaginaria, puede ayudar a los alumnos a hablar sobre sus intereses y a desarrollar una conciencia en ese sentido.

Exponga a sus alumnos las ideas anteriores.

Los alumnos contestan individualmente el cuestinario.

Seguidamente, comentan con un compañero sus respuestas; aproveche para mantener un breve intercambio de opiniones entre toda la clase. Esto le servirá para conocer las creencias de sus alumnos sobre lo que es aprender una lengua, y las expectativas que tienen con respecto al curso.

Sugerencias para la actividad 12–2

Los materiales didácticos con los que trabajamos son una útil ayuda para el aprendizaje. Cada alumno tiene unas determinadas expectativas sobre lo que un libro puede y debe ofrecer. Mediante la actividad que aquí se propone, podrá usted dar razón de algunas de las prácticas de tipo comunicativo que puedan resultarles más sorprendentes, según cuál haya sido la experiencia previa de aprendizaje de lenguas de sus alumnos.

No se trata tanto de convencerles, cuanto de que entiendan el porqué de determinados planteamientos didácticos.

Al propio tiempo, sabiendo cuáles son las preferencias de sus alumnos, podrá usted adecuar mejor su práctica docente a éstas.

Los alumnos marcan con un signo positivo (+) o negativo (-) la valoración que tienen del último libro de curso que han utilizado.

A continuación, en parejas, comentan el porqué de sus impresiones.

186

Información para la actividad 12–3

No hay una correspondencia única entre las afirmaciones de la actividad y las frases concretas del texto. Trate con flexibilidad las posibles relaciones que los alumnos establecen entre las distintas formas de referirse a los diferentes conceptos.

Sugerencias para la actividad 12–3

Antes de trabajar con el texto, lea la introducción al artículo y pregúnteles por qué una lengua "indudablemente es algo mucho más complejo" que una gramática, un vocabulario, unos sonidos y un alfabeto.

Proponga una lluvia de ideas y escriba en la pizarra qué otros aspectos asocian al aprendizaje de una lengua.

A continuación, llámeles la atención sobre el hecho de que hay un apartado (en el círculo de color salmón) que habla del valor del silencio.

Más información para la actividad 12–3

¿Para qué usamos el silencio?

Como una pequeña pausa, para resaltar algo que acabamos de decir.

O, también, para llamar la atención sobre lo que vamos a decir a continuación

En otras ocasiones, para manifesar nuestra reacción ante las palabras de nuestro interlocutor: sorpresa, desaprobación, desconfianza..., según una serie de condiciones que se dan en cada caso en particular.

Pídales que pongan algún ejemplo que hayan observado del valor del silencio.

Observe también los periódicos de la imagen. Teniendo presente que entender una lengua no es únicamente entender sus frases, busque un titular de la prensa de hoy en su ciudad (no importa que sea en su propia lengua) y, sin decir a sus alumnos de dónde lo ha tomado, escríbalo en la pizarra.

¿Qué necesitan saber, además de la gramática y el vocabulario, para entender la frase?

Por último, los alumnos leen el texto y relacionan la información condensada en las frases "A" con algunos fragmentos del mismo.

---

12 gente y lenguas ◆ CONTEXTOS

12-3 La riqueza de las lenguas

Lee el texto y subraya las partes en las que se desarrollan las siguientes afirmaciones:

1. En una conversación la comunicación no verbal es tan importante como la verbal o más.
2. El dominio de la gramática, del vocabulario y de la pronunciación no son suficientes para comunicarse en una lengua extranjera.
3. La comunicación no verbal se puede aprender del mismo modo que se puede aprender la comunicación verbal.
4. Las reglas propias de la conversación no son iguales en todas las culturas.
5. Con personas distintas, decimos las mismas cosas de maneras diferentes.

La riqueza DE LAS LENGUAS

¿QUÉ ES UNA LENGUA? ¿UNA GRAMÁTICA Y UN VOCABULARIO? ¿UNOS SONIDOS Y UN ALFABETO? INDUDABLEMENTE ES ALGO MUCHO MÁS COMPLEJO.

MOVIMIENTOS DE LA CARA

La mayor capacidad expresiva del ser humano está en la cara: sus músculos pueden realizar más de 20.000 (veinte mil) movimientos diferentes. Hay movimientos de cejas que duran sólo millonésimas de segundo.

Las reglas de la conversación

Para participar en una conversación no sólo hay que saber hablar: también hay que saber callar y saber escuchar, saber tomar la palabra y cederla a otro interlocutor.

Si observamos una conversación sin escuchar las palabras, descubriremos el valor de las miradas, los gestos, las posturas; veremos que los interlocutores se mueven en una especie de ballet. Son los elementos paralingüísticos, que transmiten hasta un 60 ó 65% del significado. Las palabras transmiten sólo el 30 ó el 35% restante. También la posición de los interlocutores interviene en la comunicación humana. Generalmente

evitamos situamos frente a frente; pero, además, en distintas situaciones preferimos distintas posiciones: en una cafetería, por ejemplo, con amigos o conocidos, nos sentamos al lado de nuestro interlocutor, mientras que en una biblioteca solemos adoptar una distribución en diagonal.

Lengua y cultura

El lenguaje de los gestos, de las posturas y del espacio, lo aprendemos de pequeños imitando a los mayores. Cada sociedad tiene regulada tácitamente la distancia para hablar con los demás; a quién se le puede mirar directamente a los ojos y a quién no, el tiempo que puede durar la mirada, la

postura que conviene adoptar (de pie, sentado, las manos en los bolsillos...), si se puede o no se puede tocar al interlocutor, etc. Cuando aprendemos una lengua extranjera hemos de aprender también algunas de esas reglas, especialmente si son distintas de las de nuestra cultura. ■

EL VALOR DEL SILENCIO

En cada cultura el valor del silencio y de su duración puede ser distinto. En las modernas culturas occidentales, por ejemplo, "quien calla, otorga", y no contestar a quien nos hace una pregunta es una falta grave de educación. En otras culturas no es así: el silencio puede ser una forma de manifestar indirectamente desaprobación. Entre los indios de la reserva de Warm Springs de Oregón no existe la obligación de contestar inmediatamente; uno puede responder o puede callarse, también puede tardar cinco o diez minutos en dar la respuesta.

Expansión para la actividad 12–3

Pídales a sus alumnos que pongan algún ejemplo, sacado de su experiencia, que confirme las afirmaciones que acaban de leer.

12-4 **Anécdotas en la comunicación intercultural**
Cuatro personas nos explican sus experiencias.

Escucha las anécdotas y completa el siguiente cuadro:

	el vocabulario
	la distancia física
La 1ª persona tuvo problemas con...	la gramática
La 2ª persona tuvo problemas con...	las miradas
La 3ª persona tuvo problemas con...	el tono de voz
	la postura
	las fórmulas de cortesía

¿Tienes experiencias semejantes, o conoces a alguien con experiencias semejantes? Comparte esta información con un/a compañero/a.

12-5 **¿Quién aprende mejor español?**
Lee el texto siguiente y comenta con tus compañeros/as qué cosas de la lista hacen ustedes.

Los/las alumnos/as que aprenden bien una lengua no son necesariamente los/as más inteligentes, sino los/las que hacen determinadas cosas. Los investigadores en aprendizaje de lenguas los han observado y han elaborado listas de lo que les han visto hacer. Se refieren a estas personas como "los buenos estudiantes de lenguas".

El/La buen/a estudiante de lenguas es alguien que...

- está dispuesto/a a comunicarse y a aprender en situaciones de comunicación,

- se fija en el contexto para entender el significado de lo que oye o lee,

- intenta descubrir por sí mismo/a reglas de la lengua que estudia, no le importa cometer errores cuando practica y sabe que sin cometer errores no se aprende,

- conoce y aplica diversas técnicas para aprender, para memorizar el vocabulario, para fijar estructuras gramaticales, para perfeccionar la pronunciación y la entonación, para corregir sus errores,

- observa que la lengua se usa de diversas maneras, cada una de ellas apropiada a las diversas circunstancias y situaciones: en textos escritos, oralmente, entre amigos, entre desconocidos, etc.

Información para la actividad 12–4

El contenido de la grabación se centra en aspectos no estrictamente lingüísticos que son necesarios para la comunicación; en concreto, en las convenciones sociales que regulan determinados comportamientos en el uso de la lengua.

Sugerencias para la actividad 12–4

Los alumnos escuchan la grabación y completan las frases eligiendo un elemento de la columna de la derecha.

Respuestas para la actividad 12–4

La 1ª persona tuvo problemas con las miradas.

La 2ª persona tuvo problemas con las fórmulas de cortesía.

La 3ª persona tuvo problemas con la distancia física.

Sugerencias para la actividad 12–5

Deje que los alumnos lean individualmente el texto, y asegúrese de que lo entienden.

A continuación, puede optar por hacer un comentario en pequeños grupos o para toda la clase. En cualquier caso, pídales que concreten un poco más alguna de las cosas que suelen hacer al aprender lenguas.

APRENDER + nombre sin artículo: aprender música, historia, idiomas, ...

APRENDER + A + verbo en infinitivo: aprender a tocar el piano, nbadar ...

APRENDERSE (retener algo en la memoria) + artículo + nombre: una lección, el programa completo. El camino de regreso, ...

Hay alumnos que utilizan inadecuadamente el verbo PODER para preguntar sobre habilidades aprendidas. Por ejemplo ¿Puedes tocar el piano?

Llame la atención de los alumnos sobre el uso del verbo SABER en español en estos casos.

Sugerencias para la actividad 12–6

En principio, los alumnos podrían hablar de las imágenes y utilizar las siguientes estructuras:

Está aprendiendo violín.

Está aprendiendo a tocar el violín.

Se aprendió de memoria la partitura de la canción.

Proponga una lluvia de ideas sobre diferentes habilidades que se suelen aprender.

Los alumnos, en pequeños grupos, relatan cómo aprendieron a hacer esas diferentes actividades.

Podrían preguntarse entre ellos: *¿Sabes tocar el piano? ¿Cómo aprendiste?*

Sugerencias para la actividad 12–7

Las frases de la muestra del esquema conversacional combinan el uso de gerundios y el de expresiones de la columna gramatical VALORAR ACTIVIDADES.

Puede empezar con los contenidos de esta columna, haciendo que los utilicen para aplicarlos a las distintas actividades de aprendizaje que se enumeran en la lista del ejercicio.

Luego, asegúrese de que saben formar los gerundios que aparecen: leyendo, yendo, aprendiéndome...

Finalmente, los alumnos practican en grupos con el esquema que se propone.

Circule entre los grupos para corregir los posibles errores que aparezcan, y resolver las dudas que surjan.

---

 12 **gente y lenguas** ◆ **FORMAS Y RECURSOS**

12-6 **Aprender cosas, aprender a hacer cosas**
En la vida, una persona aprende muchas cosas. ¿Cuáles has aprendido tú? ¿Recuerdas cómo?

EJEMPLO:

● Yo aprendí a nadar en un río, en mi pueblo, cuando era pequeño. Entonces no había piscina.
○ Yo aprendí latín en el colegio. Teníamos que aprendernos de memoria las listas de los verbos.
● Yo aprendí a esquiar de mayor. Pasé unas Navidades en la nieve con unos amigos, y me apunté a un cursillo de esquí.

12-7 **¿Cómo has aprendido lenguas?**
¿Cómo has aprendido hasta ahora? Marca las cosas que has hecho con más frecuencia en tu aprendizaje del español (o de otras lenguas extranjeras).

- Practicar la conversación en clase. Participar siempre activamente.
- Hacer muchos ejercicios gramaticales.
- Además del libro de clase, usar otros libros de ejercicios y actividades.
- Tener una gramática para extranjeros y consultarla frecuentemente.
- Estudiar y practicar mucho fuera de clase.
- Preguntar al/a la profesor/a todo lo que no entiendo.
- Leer mucho. Aprovechar todas las ocasiones para leer fuera de clase: carteles, anuncios, titulares de periódicos...
- Escuchar español siempre que puedo: canciones, televisión...
- Ir a menudo al laboratorio de idiomas.
- Aprenderme de memoria frases enteras, o canciones.

EJEMPLO:

● Yo he aprendido mucho leyendo. Leer me parece muy útil.
○ Yo, sobre todo, hablando y haciendo ejercicios de gramática.
■ Yo, trabajando en el laboratorio de idiomas; y pasando las vacaciones en España: para mí eso es lo más útil.

188
ciento ochenta y ocho

SENSACIONES, SENTIMIENTOS Y DIFICULTADES

Noto que...
Veo que...
Me doy cuenta de que...
 ...los demás no me entienden.

Me cuesta...
Me canso de...
 ...hacer ejercicios de gramática.
 ...leer en español.

Me da miedo cometer errores.

VALORAR ACTIVIDADES

Para mí es pesado/útil/aburrido...
Me ⌠ parece pesado/útil/aburrido...
   ⌡ pareció
 ...estudiar gramática.
 ...leer.
 ...trabajar en grupo.

Me ⌠ parece...
   ⌡ pareció
 ...aburrida la literatura.
 ...divertido el trabajo en grupo.

Me ⌠ parecen...
   ⌡ parecieron
 ...pesadas las audiciones.

Me resultó fácil/difícil/aburrido...

CONSEJOS Y SOLUCIONES

Lo que tienes que hacer es hablar.
¿Por qué no intentas hacer frases más cortas?
Intenta hacer frases más cortas.
Procura hacer frases más cortas.

EXPRESIONES ÚTILES EN EL AULA

¿En qué página está eso?

¿En qué ejercicio?

¿En qué párrafo/columna/línea?

¿Qué significa esta palabra?
esta frase?
"grabar"?

¿Es correcto decir: "Soy soltero"?

¿Cómo { has dicho: Valencia o Palencia?
       { dijiste

¿Vigo se escribe con uve de Venecia?

Por favor,
¿puedes repetir eso que has dicho?
No lo { he entendido bien.
       { entendí

¿puedes hablar más despacio?

¿puedes escribirlo en la pizarra?

¿puedes traducir esto?

12-8 **Me resulta muy útil**
Clasifica esta lista de actividades de clase según tu opinión.
Luego coméntalo con tus compañeros.

Me pareció divertido y útil para aprender	Me gustó mucho pero me resultó muy difícil	Fue bastante útil pero fue muy aburrido	No me pareció útil
++	+	o	–

- [ ] Hablar en español de cosas interesantes
- [ ] Escuchar conversaciones grabadas
- [ ] Repetir en voz alta
- [ ] Observar ejemplos de reglas
- [ ] Escribir redacciones en casa o en clase
- [ ] Jugar en español
- [ ] Leer textos interesantes de la prensa
- [ ] Aprender listas de palabras
- [ ] Traducir textos

- [ ] Tratar de descubrir reglas de la lengua
- [ ] Leer novelas fáciles
- [ ] Ver las noticias de la tele
- [ ] Escenificar situaciones
- [ ] Hablar y grabarnos en vídeo
- [ ] Cantar en español
- [ ] Hacer dictados
- [ ] Leer textos en voz alta delante de la clase

¿Quieres añadir alguna actividad?

EJEMPLO:

● A mí, traducir textos no me resultó útil.
○ A mí me gusta mucho, pero me resultó muy difícil.
● Yo creo que puede ser útil pero fue muy aburrido.

12-9 **Problemas y consejos**
 Estas personas estudian idiomas y tienen problemas.
Escucha y marca en el cuadro si a ti te pasa lo mismo.

	1	2	3	4	5	6	7	8
Me pasa lo mismo								

Ahora vuelve a escuchar las intervenciones y trata de formular un consejo para cada una. Aquí tienes una lista de ideas que pueden inspirarte.

Tener confianza en sí mismo/a.
Estar interesado/a en lo que se aprende.
Ser constante en el estudio y la práctica.
Estar atento/a a lo que se hace.
Saber superar las dificultades: no abandonar a la primera.
No desanimarse con los errores.
Tener curiosidad: hacer preguntas y hacerse preguntas.
Correr riesgos: aventurarse y experimentar.

EJEMPLO:
● Lo que tiene que hacer es pasar unas vacaciones en México para practicar.
○ Y debería hablar más en clase.

Sugerencias para la actividad 12–8

Aquí se trabaja con los contenidos de las dos columnas gramaticales: SENSACIONES, SENTIMIENTOS Y DIFICULTADES, y VALORAR ACTIVIDADES.

Los alumnos responden individualmente al ejercicio en los términos en que está planteado en el libro.

A continuación, relacione los contenidos de este ejercicio con las dos columnas gramaticales; con estas expresiones podrán razonar o justificar sus respuestas al ejercicio.

En pequeños grupos, hablan sobre sus preferencias siguiendo el modelo.

Sugerencias para la actividad 12–9

En este ejercicio puede trabajar las columnas CONSEJOS Y SOLUCIONES, y EXPRESIONES ÚTILES EN EL AULA.

Trabaje, en primer lugar, la comprensión auditiva, con solución personalizada en las respuestas.

A continuación, introduzca las expresiones de CONSEJOS Y SOLUCIONES.

Ponga nuevamente la grabación, y deténgase en cada una de las intervenciones: los alumnos deberán pensar en consejos y soluciones. Pueden numerar en el libro los consejos que aparecen en la lista, en relación con el orden de las audiciones.

Finalmente, forme pequeños grupos. Introduzca las EXPRESIONES ÚTILES EN EL AULA. Pase nuevamente la audición, esta vez toda seguida. Cada grupo elegirá dos intervenciones y debatirá los consejos y soluciones que se les ocurran. En esta fase deberán utilizar algunas de las expresiones introducidas.

189

ciento ochenta y nueve

Información para la actividad 12–10

En estos textos encontrarán nuevas ideas relacionadas con los temas sobre los que venimos trabajando. Hay un contraste entre los aspectos más sociales y humanísticos del aprendizaje de lenguas (presentes en el anuncio del Ayuntamiento), y los más relacionados con aspectos prácticos (recogidos en los de las escuelas de idiomas).

En el esquema conversacional que se ofrece de muestra se recogen los contenidos de la columna LES SERÁ ÚTIL y algunos de los que se han trabajado en las páginas anteriores (en especial, el gerundio).

Sugerencias para la actividad 12–10

Los alumnos leen el anuncio del Ayuntamiento y dicen con cuál de sus ideas se identifican más.

Luego, deben elegir entre los anuncios de escuelas el que más les gusta y el que menos, y decir por qué.

Finalmente, puede introducir la columna LES SERÁ ÚTIL y hacerles observar las estructuras del esquema conversacional. Podrán entonces practicarlo en grupos de tres.

---

 gente y lenguas ◆ TAREAS

12–10 Una campaña publicitaria: "Aprende idiomas"
El ayuntamiento de una ciudad española ha lanzado una campaña para impulsar a la gente a aprender idiomas.

> ¿QUIERES LO MEJOR PARA TUS HIJOS?
> AYÚDALOS A CONSEGUIRLO EN **VARIAS LENGUAS.**
>
> PORQUE **MULTILINGÜISMO** ES DIÁLOGO, COOPERACIÓN, CONVIVENCIA INTERNACIONAL.
>
> PORQUE QUIEN APRENDE UNA **NUEVA LENGUA** ENTIENDE MEJOR EL MUNDO QUE LO RODEA.
>
> PORQUE APRENDER **IDIOMAS** ES ENRIQUECER NUESTRO HORIZONTE PERSONAL.
>
> PORQUE UN PAÍS DE **MONOLINGÜES** ES UN PAÍS POBRE.
>
>
>
> AYUNTAMIENTO DE ASO
> *Departamento de Cultura*

Las escuelas de idiomas de la ciudad también hacen publicidad.

GENTILINGUA

Aprenda con nosotros: hable la lengua del país, conozca a la gente, siéntase como en su propio país.

YES IDIOMAS

Entre hablando una lengua y salga hablando dos (o tres, o cuatro).

EUROIDIOMAS

Estudie idiomas y aumente así sus oportunidades profesionales.

WAY OUT

Venga a nuestra escuela y descubra la aventura de las lenguas.

LES SERÁ ÚTIL...

Me gusta la idea de (que)...
Me parece bonita la idea de (que)...

A mí me parece interesante la idea de que con una nueva lengua se entiende mejor el mundo.

Sí, y a mí me gusta la idea de entender mejor las otras culturas.

¿Qué opinas tú? Comenta tus puntos de vista con tus compañeros/as.

EJEMPLO:

● A mí me gusta la idea de Way Out: "Aprender una lengua es como una aventura".
○ A mí también; pero me gusta más la idea de que multilingüismo es diálogo.
■ A mí me gusta la idea de aprender una lengua conociendo a la gente.

12-11 Condiciones óptimas de aprendizaje

Los investigadores han estudiado cuáles son los factores que condicionan el aprendizaje en el aula. Lee las siguientes afirmaciones y señala cuáles crees que son verdaderas y cuáles falsas.

1 Todas las personas aprenden espontáneamente y sin esfuerzo a hablar su propia lengua. Una lengua extranjera también puede aprenderse espontáneamente y sin esfuerzo. Sólo hay que seguir el método adecuado.

2 Lo mejor para el aprendizaje en el aula es crear situaciones de comunicación: los alumnos aprenden la lengua usándola.

3 Hay que hacer al menos una estancia en el país donde se habla la lengua.

4 No hay que frustrarse si, en el contacto con la lengua auténtica, no es posible entenderlo todo desde el primer día. El buen estudiante tiene en cuenta el contexto, la situación y otros elementos para interpretar el sentido de lo que oye o lee.

5 Un factor clave: la motivación. Participar activamente en las tareas de clase y tomar la iniciativa.

6 Una buena medida: tratar temas interesantes. De otro modo, baja la motivación.

7 El aprendizaje de una lengua extranjera es, exclusivamente, un proceso intelectual. Por esa razón, la función principal del profesor es explicar la gramática.

8 Es muy importante el desarrollo de la conciencia intercultural: cada comunidad y cada sociedad tiene diferentes modos de organizar la vida social, y esto se refleja en los usos de la lengua.

9 Y una última ayuda: no sólo hay que aprender la lengua, sino también "aprender a aprenderla". Conocerse a uno mismo como aprendiz y potenciar el uso de más estrategias es muy útil.

[texto invertido:]

CLAVE
VERDAD: 2-4-5-6-8-9 **MENTIRA:** 1-3-7

1: Aprender una lengua extranjera es una tarea compleja, que requiere esfuerzo y constancia. Sin embargo, todo el mundo puede aprenderla.
3: Una estancia en el país es una gran ayuda, pero no es necesaria. El contacto con la lengua auténtica sí lo es, y en el aula puede conseguirse con grabaciones, en vídeo o películas, textos y documentos reales...
7: Se trata de un proceso que implica la globalidad de la persona "cuerpo y alma, entendimiento y sentimiento, cabeza, manos y corazón", y no únicamente su dimensión intelectual.

Ahora, comenta tus respuestas con tus compañeros/as.

12-12 Entrevista con un especialista en aprendizaje de lenguas extranjeras

Escucha esta entrevista. ¿Cuáles son las ideas principales? Anótalas. Te serán útiles para crear la lista de recomendaciones para ser un/a buen/a estudiante de español.

12-13 En pequeños grupos van a elaborar su lista de recomendaciones

Elijan los consejos y recomendaciones que consideren más importantes para aprender bien español.

Elaboren su lista como más les guste: en forma de documento escrito (artículo periodístico con ilustraciones, como decálogo...), en forma de mural, como un anuncio publicitario, mediante un reportaje en el que pueden contar sus experiencias, etc.

Piensen en un título o eslogan al estilo de los que aparecen en la actividad 12-10.

Sugerencias para la actividad 12–11

Los alumnos leen el texto y deciden si cada uno de los apartados es verdadero o falso.

Luego, haga un comentario con todo el grupo de clase. Puede aprovechar para aclarar o reforzar algunas de las ideas que ya han ido surgiendo, y otras que aparecen aquí.

Sugerencias para la actividad 12–12

Primera audición: identificar los temas que trata el experto.

Segunda audición: extraer sus informaciones y recomendaciones sobre cada uno de los temas.

Respuestas para la actividad 12–12

Primer tema: punto de partida en el aprendizaje.
Información: siempre partimos de unos conocimientos que ya tenemos.
Recomendación: aprender cuáles de esos conocimientos son aplicables a la nueva lengua.

Segundo tema: cambios en la metodología de enseñanza de lenguas.
Información: no basta con la gramática y el vocabulario.
Recomendación: aprender los usos.

Tercer tema: Nuevas técnicas y métodos.
Información: tres etapas. 1ª: aprendizaje de lengua igual a otros aprendizajes escolares; 2ª etapa: práctica de las formas; 3ª etapa: práctica de formas unida a significado.
Recomendación: practicar el idioma en determinadas situaciones de comunicación.

Sugerencias para la actividad 12–13

Haga una primera revisión general de todas las ideas que se han expuesto hasta el momento.

A continuación, los alumnos, en pequeños grupos, deciden el formato de su lista de recomendaciones para aprender una nueva lengua, y pasan a su elaboración.

Expongan en la clase los trabajos, y elijan por separado:

El mejor título o eslogan.

La mejor lista de recomendaciones.

Si los alumnos han decidido darle al documento un formato de póster, podrían exponerlos en la pared para hacer la selección.

Las tres respuestas que ofrece el ejercicio son una síntesis de su contenido. Cada alumno se habrá fijado en unos determinados aspectos, que le llevarán a preferir una de las tres síntesis. Advierta a los alumnos de ello.

Admita cualquiera de las tres respuestas y anime a sus alumnos a exponer las razones que le han llevado a elegir una respuesta determinada.

Pídales que aporten más ideas sobre cosas que hacemos al usar la lengua.

A modo de ejemplo:

¿En cuántas situaciones distintas podemos decir Sí (o: SÍ QUIERO)? ¿Qué consecuencias se derivarán de ese Sí?

En pequeños grupos: cada grupo elige una pareja de la imagen y crea un pequeño diálogo. Lo lee en voz alta, y los demás adivinan de cuál se trata.

Luego cambian algunos de los rasgos de los personajes: en vez de músicos de una orquesta, el batería y el guitarra eléctrica de un conjunto de rock; en vez de un caballero y una dama del siglo XVII, dos yuppies del s. XX; en vez de un profesor y un niño, un guardia de tráfico y un conductor. Nuevamente, escriben el diálogo, indican cuáles son los personajes originales, leen el diálogo en voz alta y el resto de la clase debe adivinar quiénes son los nuevos.

La lengua y las personas

El lenguaje es un fenómeno esencialmente enlazado con la vida. La mayor parte de las cosas que hacemos en la vida, las hacemos a través de la lengua: actuar, negociar, jurar, odiarnos y amarnos. Por la lengua llegamos a ser quienes somos, gracias a ella aprendemos y nos desarrollamos como personas. Con ella nos ocultamos o nos mostramos a los demás. Ella nos identifica y en ella compartimos una cultura y un mundo. Aprendemos a jugar con las palabras y a entender la belleza de decir y de hacer un poema. Por la lengua somos y nos realizamos, luchamos por comunicarnos y creamos discursos que son nuevas realidades que nos envuelven, nos miman y nos atrapan. No podía ser que toda esta riqueza y toda esta complejidad se explicase únicamente por unas reglas (...) Y, efectivamente, no es así (...) Más allá de todas las ortodoxias, e incluso más allá de todos los especialistas que han escrito sobre el lenguaje y sus usos, su riqueza continúa, desbordada e inalcanzable. (Castellà, J.M.)

12-14 **¿Cuál de estas tres frases sintetiza mejor el texto de Castellà?**

a) La lengua no se puede reducir a una serie de reglas gramaticales. Es algo más vivo.

b) La lengua sirve para entendernos con los demás, aunque también es causa de muchos malentendidos.

c) Los lingüistas no pueden explicar toda la complejidad del fenómeno de la lengua.

12-15 **¿Qué te sugieren las palabras "desayuno", "pan" y "vino"?**

Escribe las primeras palabras que te vienen a la mente al oír cada una de ellas.

Ahora, escucha a estos españoles y compara lo que les sugieren a ellos con lo que sugieren a la clase.

Como ven, las palabras no son algo aislado que se puede trasladar de una lengua a otra de modo universal; no se puede aprender el léxico fuera del contexto cultural en que se usa.

12-16 **El poder evocador de los sonidos de la lengua**

El poeta francés A. Rimbaud escribió un poema en el que asociaba las vocales con distintos colores. Intenta establecer tú estas relaciones y mira después si coinciden con las de Rimbaud.

> "Responder a una pregunta es contestar a una persona, no a un enunciado."
>
> (Edmonson)

A	naranja
	blanco
E	
	azul
I	
	verde
O	
	rojo
U	
	negro
	amarillo

La respuesta de Rimbaud es: A negro, E blanco, I rojo, O azul, U verde.

Información para la actividad 12–15

Las imágenes representan las tres palabras del título, en un contexto español. Se ha intentado salir del estereotipo y provocar curiosidad en los alumnos al presentar imágenes de aspectos culturales poco conocidos internacionalmente.

Churros: fritura de forma alargada que se hace con una masa de agua, harina y sal, frita en aceite que se recubre finalmente de azúcar. Se suele tomar como desayuno o merienda, sobre todo en la zona de Madrid.

Migas: plato típico de La Mancha hecho con pan desmenuzado, humedecido y frito. Se le añade pimientos, uvas, chorizo, etc.

Sugerencias para la actividad 12–15

Con el libro cerrado dígales en voz alta, sucesivamente, cada una de las tres palabras.

Tras cada una de ellas, déles unos segundos para pensar en imágenes o conceptos que les evoquen esas palabras.

Escriba una lista en la pizarra con las ideas de los alumnos.

Expansión para la actividad 12–15

Trabajando en pequeños grupos y aún sin abrir el libro, haremos lo siguiente: vamos a presentarnos a un concurso de ideas para un cartel publicitario. El cartel llevará como título una de estas tres palabras (la que nosotros elijamos). Los alumnos deberán decidir: *¿Qué objetos podemos elegir como tema de la foto?*

Seguidamente, ya con el libro abierto, cada grupo comparará su tema de foto con el que aparece en el libro. Entre todos comentan si les causa sorpresa los objetos seleccionados para las fotos del libro.

Finalmente, escuchen la grabación. Lean el comentario del libro (*Como ven... contexto cultural en que se usa*).

Pídales que relacionen estas ideas con el contenido de algunos de los textos que han oído.

Sugerencia para la actividad 12–16

¿Cómo entiende cada alumno la cita de Edmonson?

mi *gente* Paraguay

ESTRATEGIAS DE LECTURA:

El ensayo y la tesis

An essay is a type of text that is written from a subjective point of view about a topic. The author of an essay presents his or her argument and information in a way that supports his/her opinion.

Good readers will try to recognize what devices the author of an essay has used to express his or her opinion in a convincing way in order to make the conclusion more believable.

Some of the questions you can ask yourself when reading an essay are:

1. What is the author's intention and perspective?
2. What is the author's thesis?
3. Are there other secondary or even covert purposes in addition to the main purpose?
4. What type of information does the author include?
5. What kind of tone does the author use?
6. How has the author organized the essay?
7. Does the author present the thesis in a convincing way? How? Why not?

Answering these questions can help you understand the author's intentions better. Attempting to get at what is behind a text is a useful strategy and one that will enable you to understand Spanish texts more easily.

 GENTE QUE LEE

ANTES DE LEER

12-17 **Lenguas**
En la siguiente tabla señala con una cruz (X) tus conocimientos de otras lenguas y después compara tus respuestas con las de un/a compañero/a.

	HABLO	ENTIENDO	LEO	ESCRIBO
	bien/regular/mal	*bien/regular/mal*	*bien/regular/mal*	*bien/regular/mal*
español				
inglés				
francés				
alemán				
japonés				
chino				
portugués				
árabe				
_____				

12-18 **¿Cuántas lenguas hablas?**
Contesta las siguientes preguntas y a continuación comparte la información con un/a compañero/a.

- ¿Cuántas lenguas hablas?
- ¿Dónde las aprendiste?
- ¿Cuánto tiempo hace que las hablas?
- ¿Cómo y por qué las aprendiste?
- ¿Cuándo las usas?
- ¿Te consideras bilingüe? ¿Por qué?
- ¿Cuántas lenguas se hablan en tu ciudad o comunidad? ¿Cuáles son?
- ¿Qué grupos sociales usan esas lenguas? ¿En qué contextos?

A LEER

12-19 **Paraguay bilingüe**
Lee el siguiente texto que apareció en un periódico paraguayo para conocer la situación lingüística en ese país.

1. Uno americano, otro europeo: guaraníes y españoles.

2. El guaraní en toda la extensión del país. La lengua española, usada en casi todo el continente, cuenta con menor número de hablantes, calculado en poco más de la mitad de la población. La lengua guaraní se usa más en el campo, donde reside la mayoría de la población, y el castellano se usa más en las áreas urbanas.

3. El 90% de la población habla guaraní y el solo el 55% habla castellano.

4. No. La razón es que no se enseña a leer y escribir en guaraní.

5. Adivinanzas, proverbios, relaciones, relatos, fábulas, mitos y leyendas. Se cuentan en guaraní y corren de boca en boca entre los campesinos.

6. Porque se incluyó al guaraní como lengua oficial de Paraguay.

7. Debe hacerse en la lengua materna en los tres primeros grados y enseñar la segunda lengua como lengua extranjera. Además se deben elegir las variedades de guaraní y español que sean más adecuadas y funcionales.

8. Las respuestas varían.

  gente y lenguas ◆ MI GENTE

Paraguay, un país bilingüe

La población paraguaya actual es el resultado de la mezcla de dos tipos étnicos y culturales diferentes: uno americano, otro europeo: guaraníes y españoles, mezcla que ha dado como resultado la actual cultura paraguaya.

En Paraguay se usa un idioma indígena (el guaraní) en toda la extensión del país. La lengua española, como en casi todo el continente, se usó también en el país desde su origen y cuenta con un número de hablantes considerable, calculado en poco más de la mitad de la población.

Mientras el guaraní se usa más en el campo, donde reside la mayoría de la población, el castellano se usa más en las áreas urbanas, por eso, se podría decir que en Paraguay existe una cultura rural y otra urbana. Sin embargo, la gran movilidad social entre campo y ciudad produce una situación en la que las dos culturas siempre están en permanente contacto. En Paraguay, el 90% de la población habla guaraní y solo el 55% habla castellano, según el censo de 1982.

Para algunos, la única cultura verdaderamente nacional y paraguaya es la que se expresa en guaraní. Los que también hablan castellano participan de la cultura hispana, de manera semejante a la de los demás países de América Latina y es próxima a otras culturas europeas. Esa cultura, sin embargo, no es una cultura verdaderamente paraguaya; es cultura europea y universal.

Por otro lado, la literatura en guaraní es escasa porque no se enseña a leer y escribir en esta lengua. Sin embargo, existe una rica "literatura" oral: adivinanzas, proverbios, relaciones, relatos, fábulas, mitos y leyendas que se cuentan en guaraní y corren de boca en boca entre los campesinos.

Mientras el castellano fue la lengua usada en documentos oficiales y relaciones con el gobierno, el guaraní se usaba en las relaciones íntimas, familiares y laborales, situación que persiste hoy en día. Si bien el guaraní todavía puede considerarse como lengua usada en situaciones informales, su situación está empezando a cambiar por la reciente inclusión como lengua oficial en la Constitución Nacional de 1992, así como por la inclusión en ella del artículo referente a su uso en la educación.

Por su parte, el castellano continúa siendo la lengua de mayor prestigio porque su conocimiento es importante y necesario para las relaciones con los países vecinos, el acceso a la educación, la justicia, el gobierno, los puestos de trabajo y a la prosperidad económica. Sin embargo, el guaraní se considera índice de la nacionalidad paraguaya y se considera extranjero a todo el que no lo habla.

Por eso, para que la educación dé los resultados esperados en una sociedad bilingüe debe hacerse en la lengua materna en los tres primeros grados y enseñar la segunda lengua como lengua extranjera. Además se deben elegir las variedades de guaraní y español que sean más adecuadas y funcionales.

DESPUÉS DE LEER

12–20 **¿Entendiste?**

Contesta las preguntas siguientes según el texto que acabas de leer.

1. ¿Cuáles son los dos tipos étnicos y culturales que se pueden encontran en Paraguay?

2. ¿En qué áreas se usa el guaraní? ¿Y el castellano?

3. Según el censo de 1982, ¿cuántos hablantes hay en cada caso?

4. ¿Existe mucha literatura en guaraní? Explica cuál es la razón.

5. Nombra cinco ejemplos de "literatura" oral. ¿Cómo y quiénes transmiten este tipo de literatura?

6. ¿Por qué es importante la Constitución Nacional de 1992?

7. ¿Qué es necesario para que la educación dé los resultados esperados en una sociedad bilingüe?

8. ¿Cuál es tu opinión sobre la situación de bilingüismo en Paraguay?

GENTE QUE ESCRIBE

 Tu opinión

ANTES DE ESCRIBIR

Aunque no vives en Paraguay, muchas de las ideas que has leído en el artículo anterior son similares a la situación en otros países y en algunas áreas de Estados Unidos. Escribe un artículo en el que expreses tu opinión con respecto a dos lenguas en contacto.

Antes de empezar a escribir, prepara una lista con las ideas que quieres expresar en tu artículo.

- Selecciona el área (ciudad, comunidad, estado, etc.) de la que quieres hablar
- Señala las lenguas en contacto y las situaciones y/o contextos en los que se usan
- Haz un perfil de las personas que hablan cada una de esas lenguas:
    - nacionalidad
    - edad
    - nivel de estudios
    - nivel económico
    - profesión
    - razones de uso
    - otras características
- Algunos problemas o conflictos ocurridos por el uso de alguna de estas lenguas
- Algunas ventajas o beneficios ocurridos por el uso de estas lenguas
- Tu opinión sobre la educación bilingüe
- Otras ideas que tú creas importantes

A ESCRIBIR

Escribe un artículo de opinión para el periódico local expresando tus ideas sobre la educación y la situación de las lenguas en contacto en el área que has elegido.

DESPUÉS DE ESCRIBIR

Revisa tu primer borrador y comprueba:

CONTENIDO	GRAMÁTICA Y VOCABULARIO
■ ¿Te gusta?	■ ¿Hay errores?
■ ¿Necesitas incluir algo más?	■ ¿Has usado gramática y vocabulario de este capítulo?
■ ¿Está bien organizado?	

Pasa tu texto a tu compañero/a y pídele sugerencias.

Por último, pasa a limpio tu texto y entrégaselo a tu profesor/a.

GENTE EN LA RED

12-22 **A aprender guaraní**

ANTES DE NAVEGAR

Después de leer el artículo sobre el guaraní has decidido aprender esta lengua. El mejor lugar es, por supuesto, Paraguay. No hay demasiados lugares donde aprender guaraní pero uno de los lugares donde puedes aprender es en la Universidad Nacional de Asunción. Matricúlate en el curso pero antes de ir a la Red para ver la información que te ofrecen, haz una lista con la información que te gustaría tener antes de matricularte.

- Duración del curso
- Requisitos de matriculación
- etc.

A NAVEGAR

Ahora ve a la dirección (*www.prenhall.com/gente*) y lee la información que la Universidad Nacional de Asunción ofrece. Una vez allí, ve a Facultades y centros y pulsa en "Instituto superior de lenguas".

VOCABULARIO

Las actividades de aprendizaje de una lengua

(el) artículo periodístico	*journalist article*
(la) audición	*audition*
(la) autoevaluación	*self-evaluation*
(el) dictado	*dictation*
(el) documento escrito	*written document*
(el) ejercicio de vocabulario	*vocabulary activity*
(la) explicación gramatical	*grammar explanation*
(la) grabación	*recording*
(la) ilustración	*illustration*
(el) juego	*game*
(la) lectura de textos literarios	*reading literature texts*
(el) libro de clase	*textbook*
(el) libro de ejercicios	*workbook*
(la) redacción	*composition*

Las recomendaciones y los consejos para estudiar el español

apuntarse a un cursillo	*to register for a course*
cometer errores	*to make mistakes*
conocerse a uno/a mismo/a	*to know oneself*
corregirse a sí mismo/a	*to correct oneself*
correr riesgos	*to take risks*
escuchar cintas (audio)	*to listen to cassettes*

estar atento/a a las explicaciones	*to be attentive to the explanations*
estar interesado/a en la lengua	*to be interested in the language*
fijar estructuras	*to reinforce (grammatical) structures*
hacer esquemas	*to prepare outlines*
hacer preguntas	*to ask questions*
imitar la entonación	*to imitate the intonation*
mantener una conversación	*to have a conversation*
memorizar expresiones	*to memorize (conversational) expressions*
potenciar estrategias de aprendizaje	*to develop learning strategies*
practicar con personas conocidas	*to practice with acquaintances*
sentirse motivado/a	*to feel motivated*
ser expresivo/a	*to be expressive*
tener confianza en sí mismo/a	*to have self-confidence*
tener curiosidad	*to be curious*
tomar la iniciativa	*to take the initiative*
trabajar en grupo	*to work in groups*
traducir de una lengua a otra	*to translate from one language to the other*
usar el laboratorio de idiomas	*to use the language lab*

Los aspectos lingüísticos y culturales

(las) adivinanzas	*riddle*
(las) anécdotas	*anecdotes*
(el/la) aprendiz	*learner*
(la) comunicación no verbal	*non verbal communication*
(la) distancia física	*physical distance*
(la) educación	*manners, education*
(el) elemento paralingüístico	*paralinguistic element*
(el) entendimiento	*understanding*
(las) fábulas	*fables*
(la) fórmula de cortesía	*formula of courtesy*
(el) habla	*speech*
(el) lector	*reader*
(la) lengua extranjera	*foreign language*
(la) lengua materna	*mother tongue*
(la) lengua segunda	*second language*
(las) lenguas en contacto	*languages in contact*
(las) leyendas	*legends*
(la) mirada	*look*
(los) mitos	*myths*
(el) multilingüismo	*multilinguism*
(la) postura	*posture*
(las) proverbios	*proverbs*
(los) relatos	*stories*
(la) situación de comunicación	*communicative situation*

Verbos

acordarse (ue) de	*to remember*
aprovechar	*to benefit from*
aumentar	*to increase*
callarse	*to keep/remain quiet*
ceder	*to hand over*
darse cuenta de (que)	*to realize*
desarrollar(se)	*to develop*
desanimarse	*to get discouraged*
durar	*to last*
enlazar	*to link*
frustrarse	*to get frustrated*
hacerse un lío (con)	*to get all mixed up (with)*
implicar, involucrar	*to involve*
moverse (ue)	*to move*
ocultarse	*to hide*
procurar/intentar + inf.	*to try*
reflejarse	*to reflect*
situarse	*to place*
venir a la mente	*to come to mind*

Otras palabras y expresiones útiles

(el) esfuerzo	*effort*
(el) factor clave	*key factor*
(la) función principal	*main reason*
(el) punto (más) fuerte/débil	*strong/weak point*
(el) punto de vista	*point of view*
al menos	*at least*
apropiado/a a las circunstancias	*appropriate to the circumstances*
complejo/a	*complex*
con más frecuencia	*with more frequency*
de maneras diferentes	*in different ways*
del mismo modo	*in the same way*
frente a frente	*face to face*
no sólo... sino también	*not only... but also*
atentamente	*attentively*
diagonalmente, en diagonal	*diagonally*
efectivamente	*really, exactly*
esencialmente	*essentially*
espontáneamente	*spontaneously*
exclusivamente	*exclusively*
(in)directamente	*(in)directly*
indudablemente	*certainly*
oralmente, de boca en boca (trad.)	*orally*
tácitamente	*tacitly*

Información para la actividad 13–1

Jordi es el nombre catalán de Jorge. *Juanjo* y *Trini* son hipocorrísticos, es decir, formas familiares que se dan a ciertos nombres. Juanjo es el de Juan José y Trini, el de Trinidad. *Mireia* es una versión del nombre María. En Cataluña se escribe con I y en el resto de España, con Y. *Pol* es una variante catalana del nombre Pablo.

Sugerencias para la actividad 13–1

Es posible que no todos sus alumnos conozcan las formas y usos del tiempo verbal que aparece aquí (condicional simple).

En el modelo de lengua que se da, los hablantes empiezan con *Yo... / Pues yo...* Llame la atención de sus alumnos sobre el hecho de que en las frases en las que se usa el verbo *gustar* deben decir *A mí me gustaría... / Pues a mí...*

Se usa el verbo *parece* (= tiene el aspecto de...) y no la forma *me parece* (= creo que es...).

Antes de empezar el ejercicio trabaje directamente con las imágenes. Cada alumno elige un par de fotos, y se imagina cómo puede ser la vida de las personas que aparecen en ellas: profesión, gustos, origen, carácter, etc. Todo ello, de una manera muy libre. Déles tiempo, un par de minutos, para que se preparen y luego invíteles a poner en común sus impresiones en parejas o pequeños grupos.

A continuación, pregunte en voz alta a uno de sus alumnos:

¿Con qué foto has trabajado? ¿Qué te sugiere? ¿Te gustaría trabajar con esa persona? ¿Por qué?

Al dar la respuesta su alumno, aproveche para introducir la expresión *Parece una persona interesante, antipática...*; así podrá trabajar el vocabulario que aparece en el cuadro del libro.

Cada alumno rellenará individualmente el cuadro del ejercicio. Explíqueles el uso del condicional en estas expresiones a partir de la pregunta *¿Con quién harías estas cosas?* y dé una respuesta como muestra: *Yo iría a cenar con Martín.*

Luego trabajan en parejas, utilizando como modelo la muestra de lengua.

Expansión para la actividad 13–1

Pregunte a algunos de los alumnos qué les ha dicho el compañero con el que han practicado. Compruebe cuáles son las personas de las fotos que más éxito han tenido en el grupo.

Otra opción sería llevar a la clase fotos de personas famosas de diferentes campos profesionales (actores, políticos, futbolistas...) y trabajar el ejercicio en torno a ellas.

OBJETIVOS
13

Estamos en clase y queremos conocernos. En grupos, vamos a elaborar un test para saber cómo son nuestros/as compañeros/as de clase. Practicaremos:

✔ la expresión de los gustos y las preferencias,
✔ la descripción de caracteres y de hábitos.

Martín en casa de unos amigos

Mireia e Iván en una discoteca

Aurora y Laura hace unos años

María y Gerardo el día de su boda

Pol, Sara y Sam de excursión

Daniel, Juanjo, Alba y Trini en casa de Daniel

Laura en Arrabales

gente
que se
conoce

200
doscientos

Ernesto y Aurora en San Sebastián

...cuando la tulu

Jordi el bueno

Trotsky y Frida

gente que se conoce 13

13–1 Gente diversa

Mira las personas de las fotos. ¿Con quién harías estas cosas? ¿Por qué?

	NOMBRE	PARECE UNA PERSONA
Iría a cenar con...		
Iría de compras con...		
No me gustaría trabajar con...		
Compartiría casa con...		
Pasaría unas vacaciones con...		
Me gustaría conocer a...		

EJEMPLO:

- Yo iría a cenar con Martín porque parece una persona muy simpática.
- Pues yo iría con Juanjo porque parece una persona agradable.

> interesante   amable
> agradable   simpático/a
> con sentido del humor
> con buen gusto   divertido/a
> antipático/a   autoritario/a   inteligente

13–2 Un test

Los autores de este libro han contestado un test. Házselo tú a un/a compañero/a y, entre todos/as, a su profesor/a.

TEMAS	ERNESTO	NEUS	JULIA	UN COMPAÑERO/A
un lugar para vivir	el Mediterráneo	el Mediterráneo	Madrid	
un libro	Malena es nombre de tango	rojo y negro	El nombre de la rosa	
una película	Dersu Uzala	Manhattan	Casablanca	
un plato	el bacalao al pil-pil	el pollo con gambas	la tortilla de patatas	
una ciudad	San Sebastián	Barcelona	Nueva York	
una manía	no desordenar las hojas del periódico	llevar siempre gafas de sol		
una cualidad que admira	el saber estar	la generosidad	el orden	
un defecto que odia	la avaricia	la vanidad	la integridad	
un problema que le preocupa	la incomunicación entre culturas	el crecimiento demográfico	la propotencia	
una estación del año	la primavera	el otoño	los niños del 3er mundo	
no le gusta	fregar los platos	limpiar cristales	la primavera	
una prenda de vestir	jersey de cuello redondo	pantalones vaqueros	cocinar	
un color que no le gusta	el marrón	el rosa	zapatos	
un actor/una actriz	Ángela Molina	Dustin Hoffman	el verde	
un pintor	Gustav Klimt	Picasso	Harrison Ford	
un género musical que no soporta	la zarzuela	la música tecno	Dalí	
			el country	

Sugerencias para la actividad 13–2

La intención de este cuestionario es que los alumnos se conozcan mejor entre sí, al averiguar aspectos relacionados con sus gustos, preferencias, actitudes...

Los alumnos, al trabajar en parejas, pueden utilizar simplemente la entonación interrogativa para preguntar sobre cada uno de los temas: *¿Un lugar para vivir? ¿Un libro?* Por eso, sería conveniente practicar la entonación interrogativa con esta estructura, utilizando todos los ítems del cuestinario.

Fíjese en que todo son frases nominales excepto una: *no le gusta.* Podría transformarla en *¿Algo que no le gusta?*

En primer lugar, los alumnos, individualmente, leen los temas del cuestionario y las respuestas de los autores.

Los alumnos en parejas se hacen el cuestionario. Anotan en el libro la respuesta del compañero.

Finalmente, puede guiar la puesta en común con algunas preguntas como estas:

¿Alguien coincide en alguna de las cosas con uno de los autores? ¿Con cuál de ellos? ¿Quién coincide en más cosas?

Para el trabajo en parejas en el que deben rellenar la parte de la ficha correspondiente a su compañero, puede pedirles que el que responde no mire el libro y preste sólo atención a las palabras de su compañero, y que éste formule sus preguntas en un orden arbitrario, sin seguir el orden en que aparecen en la ficha.

Información para la actividad 13–2

El bacalao al pil-pil es un plato muy común en el País Vasco.

La zarzuela es una obra de asunto ligero en la que se declama y se canta de forma alternativa. Fue muy popular en España durante los años cuarenta y cincuenta.

Información para la actividad 13–3

En el documento de la encuesta a Antonia Moya, los colores rojo y negro se utilizan para señalar lo que le gusta (rojo) y lo que odia (negro); en la sección siguiente, también se usa el rojo para indicar lo que prefiere.

Para el flamenco, se usan las formas *cantaor / a* y *bailaor / a*. Para el resto de los estilos, se usa *cantante* y *bailarín / a*.

Por *asignatura pendiente* entendemos algo que nos gustaría hacer o aprender y que todavía no hemos hecho o aprendido.

Sugerencias para la actividad 13–3

Antes de leer ningún texto, puede empezar trabajando las imágenes, primero la foto grande y luego las pequeñas. Con la foto grande (Antonia Moya en el escenario), proponga una lluvia de ideas combinada con asociograma a partir de lo que les evoque la imagen de una bailarina de flamenco. Con las fotos pequeñas (Antonia Moya en su vida cotidiana, fuera del escenario), pida a sus alumnos que, en pequeños grupos, confeccionen una lista de toda la información que podemos obtener mirando las fotos. Pueden distinguir entre los que son datos ciertos y los que imaginen como probables.

Los alumnos leen ahora el texto. Pídales que lo conviertan en una ficha, con las fechas (aproximadas cuando sea el caso) y los acontecimientos de la vida de esta arista:

Nacimiento en Granada.

Estudios de Psicología en la Universidad de Granada.

Traslado a los Estados Unidos.

Sus comienzos como bailaora profesional.

En primer lugar, los alumnos hacen una lectura individual, guiada por la pregunta que se formula en el libro: *¿Tienes algo en común con ella?*

A continuación, en pequeños grupos ponen en común las coincidencias con Antonia tomando como modelo la frase que se ofrece en el libro. Llame la atención de sus alumnos sobre las diferentes posibilidades que pueden emplear:

Para mí, la clave de la felicidad también es tomarse la vida con calma.

A mí tampoco me gustaría cambiar ningún rasgo de mi físico.

Mi peor vicio también es comer dulces.

Yo también estoy negado / a para planchar.

Etc.

202

 13 **gente que se conoce** ◆ **CONTEXTOS**

 Antonia Moya

Lee la siguiente entrevista que el periódico El planeta le hizo a Antonia Moya. ¿Tienes algo en común con ella? Señálalo. Luego explícaselo a tus compañeros/as.

EJEMPLO:
● Yo también odio los "reality shows".

Antonia Moya nació en Granada en el año 1958. Estudió Psicología en la Universidad de esta misma ciudad. A los 22 años, terminada la carrera, se trasladó a Nueva York con la intención de matricularse en un programa del Hunter College para especializarse en terapias a través del baile; pero el reencuentro con el flamenco, paradójicamente tan lejos de Andalucía, le hizo cambiar de planes. De vuelta a España, se dedicó íntegramente al estudio del flamenco. Bailaora profesional desde 1984, ha actuado en los más prestigiosos tablaos de Madrid, y ha participado en varios espectáculos de danza contemporánea. Actualmente imparte cursos de flamenco en España, Suiza, Italia y Alemania y combina la enseñanza con sus giras artísticas. Está casada con un músico suizo y tiene un hijo y una hija.

Antonia **MOYA**

202
doscientos dos

CONTEXTOS ◆ **gente que se conoce** 13

13-4 Preguntas personales

Lee ahora las respuestas de Antonia Moya a las "Preguntas muy personales". ¿Cómo crees que es? Elige entre estos adjetivos los que en tu opinión mejor la caracterizan. Después, comenta tus observaciones con un/a compañero/a.

PREGUNTAS MUY PERSONALES

La clave de la felicidad es... tomarse la vida con calma.
¿Qué rasgo de su personalidad le gustaría cambiar? La inseguridad.
¿Y de su físico? Ninguno.
Su mayor defecto es... la impaciencia.
Su peor vicio... comer dulces.
Está negada para... planchar.
Se considera enemiga de... la avaricia.
Le preocupa... la ecología.
Su asignatura pendiente es... la danza contemporánea.
Le gustaría conocer a... Mario Benedetti.
A una isla desierta se llevaría... una tortilla de patatas y un buen vino tinto.
¿Qué cualidad aprecia más en un hombre? La generosidad.
Le da vergüenza... hablar en público.
¿Cree en la pareja? Sí.
Antes de dormir le gusta... leer un poco.
Si no fuera bailaora sería... cantaora.
Le pone nerviosa... el ruido de las motos.
Una manía... ordenar zapatos.
Le da miedo... caminar sola por una calle oscura en una gran ciudad.
Su vida cambió al... volver a España para estudiar flamenco en Madrid.

LE GUSTAN / ODIA...

prenda de vestir:	los pantalones	la minifalda
actor:	Al Pacino	Antonio Banderas
película:	El padrino	Rambo
deporte:	la natación	ninguno
en su tiempo libre:	ir al zoo	hacer pasatiempos
comida:	los erizos de mar	las mollejas
género musical:	el flamenco	la canción española

PREFIERE...

la izquierda o la derecha
de día o de noche
de copas o en casa
París o Nueva York
el agua o el whisky
los Beatles o los Rolling Stones

la ciudad o el campo
el cine o el teatro
un ordenador o un bolígrafo
el Papa o el Dalai Lama
Woody Allen o Spielberg
el jamón o el caviar

el test

Le emociona más...
a. ✓ el flamenco
b. el blues
c. Mozart

¿Qué soporta peor?
a. ✓ la mentira
b. la infidelidad
c. la superficialidad

Para un sábado por la noche prefiere...
a. ✓ una buena película
b. un buen libro
c. bailar

Le dedicaría unas bulerías a...
a. Bill Clinton
b. Bill Gates
c. ✓ Prince

¿Qué le indigna más?
a. las pruebas nucleares
b. el culto al dinero
c. ✓ el racismo

Cambia de canal en la tele cuando tropieza con...
a. una película violenta
b. ✓ un "reality show"
c. un partido de fútbol

En la vida ha encontrado mucha...
a. ✓ amistad
b. envidia
c. hipocresía

optimista
pesimista
sin complicaciones
complicada
tranquila
nerviosa
segura
insegura
tradicional
moderna
sociable
tímida
simpática
antipática
conservadora
progresista
valiente
miedosa

EJEMPLO:
● Yo creo que es una persona sociable. Dice que en la vida ha encontrado mucha amistad.
○ Yo también creo que es sociable.

13-5 ¿Cómo eres tú?
Hazle ahora la misma encuesta a un/a compañero/a. ¿Cómo es él/ella?

Sugerencias para la actividad 13-4

Lo más importante es que los alumnos sean capaces de llegar a mantener un diálogo como el que se ofrece de muestra. Para eso es importante que realicen una nueva y atenta lectura de los distintos apartados de la entrevista, así como del texto sobre la vida de Antonia.

En parejas comentan sus opiniones sobre la bailaora. Los alumnos deberían explicar en qué basan sus impresiones, aunque no será necesario justificar rigurosamente las opiniones emitidas.

Podría abrirse un debate con todo el grupo de clase para llegar a un acuerdo sobre el carácter de Antonia.

Sugerencias para la actividad 13-5

Los alumnos, en parejas, realizan la misma encuesta.

Sugerencias para la actividad 13–6

Antes de la lectura de los tres textos, introduzca el tema de los amigos y el llevarse bien o mal con alguien. Haga preguntas generales como:

¿Hay algo que te molesta especialmente de otras personas? ¿Algo que te pone nervioso/a ?

Los alumnos pueden guiarse por la columna EXPRESAR SENTIMIENTOS para sus respuestas.

Los alumnos leen los textos. A continuación, individualmente, completan la ficha.

Revise y corrija los textos de los alumnos a medida que éstos escriben.

Finalmente, todo el grupo pone en común sus impresiones, guiado por las preguntas del profesor como:

¿Quién se llevaría bien con Felipe? ¿Por qué?

Sugerencia para la actividad 13–8

Los alumnos pueden realizar esta actividad individualmente, en parejas o en grupos. Esto puede decidirlo usted según el número de alumnos que tenga en la clase.

Sería conveniente que en total se leyeran entre cinco y seis fichas.

Revise y corrija los textos de los alumnos a medida que éstos escriben; así, cuando lo lean en alto para todo el grupo, el ejercicio ganará en agilidad.

204

 13 **gente que se conoce** ◆ **FORMAS Y RECURSOS**

13-6 **Gente que se lleva bien**
Todas estas personas han escrito a una agencia de relaciones para encontrar amigos. ¿Con quién te llevarías bien? ¿Con quién no? ¿Por qué?

ANA ÁLVAREZ BADAJOZ
Gustos: No soporta a los hombres que roncan ni a la gente cobarde.
Le encantan el riesgo, la aventura y conocer gente.
Le gusta la música disco y el cine de acción.
Es vegetariana.
Costumbres: Estudia por las noches, sale mucho y, en vacaciones, hace viajes largos.
Aficiones: "Puenting", esquí de fondo y parapente.
Manías: Tiene que hablar con alguien por teléfono antes de acostarse.
Carácter: Es un poco despistada y muy generosa. Tiene mucho sentido del humor.

SUSANA MARTOS DÍAZ
Gustos: Odia la soledad y las discusiones.
Le encanta la gente comunicativa, bailar y dormir la siesta.
Cocina muy bien.
No soporta limpiar la casa.
Costumbres: No está casi nunca en casa. Se aburre en casa.
Aficiones: Colecciona libros de cocina y juega al póquer.
Tiene tres hamsters.
Manías: No puede salir a la calle sin maquillarse y ponerse mucho perfume.
Carácter: Es muy desordenada y siempre está de buen humor.

FELIPE HUERTA SALAS
Gustos: No soporta a la gente que habla mucho ni el desorden.
Le encantan la soledad, el silencio y la tranquilidad.
Le gusta la música barroca y leer filosofía.
Come muy poco.
Costumbres: Lleva una vida muy ordenada. Se levanta muy pronto y hace cada día lo mismo, a la misma hora.
Aficiones: Colecciona sellos y arañas. También tiene en casa un terrario con dos serpientes.
Manías: Duerme siempre con los calcetines puestos.
Carácter: Es muy serio y un poco tímido.

ME LLEVARÍA BIEN CON _____ PORQUE _____

ME LLEVARÍA MAL CON _____ PORQUE _____

EJEMPLO:
 ● Yo me llevaría mal con Felipe porque a mí me gusta mucho hablar y soy un poco desordenada.

13-7 **Mis gustos**
Elige un elemento de cada caja y haz mímica hasta que tus compañeros/as descubran lo que quieres decir y formulen una frase correcta.

dar risa   dar pena   poner nervioso   encantar   indignar   molestar   no soportar
divertir   odiar   emocionar   preocupar   dar igual   caer bien/mal

los extraterrestres   el ballet   el Papa   los recién nacidos   los machos latinos
estar enfermo   comer carne   la telebasura   la Navidad   el cine de Spielberg
los toros   los dentistas   bailar salsa   dejar propinas   viajar en avión

204
doscientos cuatro

EXPRESAR SENTIMIENTOS

No soporto a la gente hipócrita.
La gente falsa me cae muy mal.
Las personas falsas me caen muy mal.

A mí la publicidad me divierte.
A mí ir al dentista me da miedo.

A mí los anuncios me encantan.
A mí las visitas al dentista no me gustan nada.

Otros verbos que funcionan como **gustar:**
me gusta/n (mucho)
me cae/n (muy) bien/mal
me da/n (mucha) risa
me da/n (un poco de/mucho) miedo
me interesa/n (mucho)
no me interesa/n (nada)
me pone/n (muy/un poco) nervioso/a
me preocupa/n (mucho/un poco)
me molesta/n (mucho/un poco)
me emociona/n
me indigna/n

Los verbos anteriores funcionan igual que **gustar** y llevan los mismos pronombres:

a mí	me
a ti	te
a él/ella/usted	le
a nosotros/as	nos
a vosotros/as	os
a ellos/ellas/ustedes	les

Yo	adoro	la publicidad.
	odio	ir al dentista.
	no soporto	los anuncios.
	no aguanto	la política.

CONDICIONAL

Se forma con el Infinitivo más las terminaciones ía/ías/ía/íamos/íais/ían.

	LLEVARSE
(yo)	me llevaría
(tú)	te llevarías
(él, ella, usted)	se llevaría
(nosotros/as)	nos llevaríamos
(vosotros/as)	os llevaríais
(ellos, ellas, ustedes)	se llevarían

Algunos verbos de uso muy frecuente tienen el condicional irregular.

PODER	podr
SABER	sabr ía/ ías/ ía/
TENER	tendr + íamos/ íais/
QUERER	querr ían
HACER	har

Sirve para hablar de acciones y situaciones hipotéticas.

Yo, con Felipe, no me llevaría nada bien.
(= no tengo que vivir con él)

Tiene otros usos: dar consejos, suavizar peticiones, expresar deseos, etc.

Ahora mismo me iría de vacaciones.
(= me gustaría pero no puedo irme)

INTERROGATIVAS

¿A qué hora te acuestas?

¿Qué deporte praticas?
periódico lees?
haces en vacaciones?

¿Cuál es tu deporte preferido?
tu color favorito?

¿Qué tipo de literatura te gusta?
música te gusta?
cine te gusta?

¿Dónde pasas las vacaciones?

¿Con quién vives?

SUSTANTIVOS FEMENINOS:
-DAD, -EZA, -URA, -ÍA

Los sustantivos acabados en **-dad, -eza, -ura, -ía** normalmente derivan de un adjetivo y son femeninos.

bueno	la bondad
honesto	la honestidad
bello	la belleza
blando	la blandura
tierno	la ternura
simpático	la simpatía
pedante	la pedantería

 Mi persona(je)
Ahora rellena tú la ficha con la descripción de una persona que conoces, o inventa un personaje.

Gustos: _____
Costumbres: _____
Aficiones: _____
Manías: _____
Carácter: _____

El/la profesor/a recogerá todas las descripciones y las repartirá entre todos los miembros de la clase. Imagina que tienes que hacer un viaje con la persona descrita. ¿Te llevarías bien con el/ella? ¿Por qué?

13-9 **Cosas en común**
Haz preguntas a tus compañeros/as para encontrar personas con las que compartes estas cosas.

	NOMBRE
Se acuesta aproximadamente a la misma hora que tú	
Tiene el mismo hobby que tú	
Le gusta la misma música que a ti	
Hace lo mismo que tú en vacaciones	
Su color favorito es el mismo que el tuyo	
Lee el mismo periódico que tú	

EJEMPLO:
● ¿A ti te gusta la salsa?
○ No, no mucho.

13-10 **Cualidades y defectos**
¿Cuáles de estas cualidades aprecias más? ¿Y qué defectos te parecen más graves? Elige dos cualidades y dos defectos para cada caso y coméntalo.

	EN UNA RELACIÓN DE PAREJA	EN UNA RELACIÓN PROFESIONAL	PARA COMPARTIR PISO
LO PEOR			
LO MÁS IMPORTANTE			

la simpatía	la sensibilidad	la inteligencia	el egoísmo	la ternura	la belleza
la insolidaridad	la fidelidad	la sinceridad	la infidelidad	la generosidad	
la hipocresía	la modestia	la estupidez	la superficialidad	la coherencia	
la honestidad	la pedantería	la seriedad	la tenacidad	la bondad	la avaricia

EJEMPLO:
● Para mí lo peor en una relación de pareja es el egoísmo.

 Gente con cualidades
Sitúa en este peculiar termómetro las opiniones que oirás sobre una serie de personas. Cuanto más negativa la opinión, más a la izquierda.

205
doscientos cinco

Sugerencias para la actividad 13-9

Prepare la actividad ayudándose de la información que ofrece la columna INTERROGATIVAS. Pida a los alumnos que añadan otras posibles informaciones a cada una de las partículas interrogativas que van en negrita.

La frases de la ficha están en tercera persona del singular, y deben formularse preguntas en segunda persona. Pida a sus alumnos que preparen las preguntas antes de empezar la actividad.

Los alumnos, de pie, entre todos o en pequeños grupos se formulan preguntas como por ejemplo:

¿A qué hora te acuestas?

Cuando cada alumno encuentra a un compañero que cumple una condición (por ejemplo, la de acostarse a la misma hora que él), escribe su nombre en la columna de la derecha y continúa formulando las otras preguntas hasta encontrar a un compañero para cada una de ellas.

Sugerencias para la actividad 13-10

Puede haber problemas de vocabulario, por lo que sería aconsejable el uso del diccionario.

Como actividad introductoria, con toda la clase, pida a los alumnos que respondan a lo que pregunta el ejercicio a partir del conocimiento del vocabulario que ya posean.

La simpatía, ¿es importante para una relación de pareja? ¿Y para compartir piso? ¿Mucho? ¿Poco?

A continuación, los alumnos buscan en el diccionario las palabras que desconocen.

Cada alumno rellena las casillas tal como pide el libro.

Finalmente, en parejas o pequeños grupos comentan sus preferencias.

Expansión para la actividad 13-10

Puede reforzar el vocabulario de este ejercicio formando frases en las que aparecen los adjetivos derivados de estos nombres. Lea diez frases semejantes a las que le proponemos; los alumnos deben escucharlas y escribir los nombres correspondientes a los adjetivos. En cada frase puede haber más de un adjetivo. El primer alumno que haya escrito quince nombres, gana un premio.

No puedo soportar a la gente insolidaria e hipócrita, pero quienes me indignan son los estúpidos.
Admiro a las personas inteligentes y modestas, pero odio a las pedantes.

Sugerencias para la actividad 13-11

Antes de la audición, diga a sus alumnos que piensen en dos personas concretas que conozcan: una sobre la que tienen una opinión muy favorable y otra sobre la que su opinión no es tan favorable. *¿Qué cosas dirían sobre ellas?*

Pase la audición: decidan entre toda la clase cuáles son las opiniones favorables (1, 4 y 5) y cuáles, las desfavorables (2 y 3).

En una segunda audición, cada alumno sitúa las cinco opiniones en la escala del termómetro.

Respuestas para la actividad 13-11

2 - 3 - 5 - 4 - 1

Sugerencias para la actividad 13–12

Esta sección ofrece una buena oportunidad para repasar y aclarar dudas sobre las frases interrogativas en español y sobre el uso de partículas como *¿Qué / Cuál...?*

Puede preparar la audición proponiendo una lluvia de ideas sobre:

¿Qué expresiones puede utilizar un periodista para preguntar a la entrevistada sobre cada uno de los temas del cuadro?

Escriba en la pizarra las frases que propongan los alumnos.
En una primera audición, los alumnos marcan los temas que se tratan en la entrevista.
En una segunda audición, los alumnos identifican las expresiones con las que el periodista ha preguntado por cada uno de los temas, y las comparan con las propuestas que ellos habían hecho.

Respuestas para la actividad 13–12

El amor, la profesión, las experiencias pasadas, los hobbies, los proyectos, los gustos y el carácter.

Sugerencias para la actividad 13–13

Ésta no es una actividad con una única solución. Se trata de valorar la coherencia de las preguntas que escriban los alumnos, así como la corrección de aquellas en las que utilizan partículas interrogativas.

En una primera audición, los alumnos escuchan de una vez todo el ejercicio. A continuación, toda la clase, en grupo, dice los temas sobre los que ha dado respuesta la entrevistada.

En una segunda audición, pueden escuchar cada una de las respuestas por separado; haga una pausa tras las respuestas para que los alumnos escriban las preguntas.

En pequeños grupos, los alumnos ponen en común sus preguntas. Entre ellos pueden corregirse si creen que alguna de ellas está mal formulada. Es un buen momento para que el profesor revise las frases de los alumnos y les anime a reformular las que son erróneas.

Trabajando en parejas o en pequeños grupos, los alumnos pueden reconstruir el texto de la entrevista, prestando atención a que las intervenciones de periodista y entrevistada se alternen y encadenen de manera natural.

13 gente que se conoce ◆ TAREAS

13-12 Entrevistando a la cantante Trini García

Escucha la primera parte de la entrevista y di sobre qué temas formula preguntas el periodista. Márcalo en el cuadro.

- ☐ EL AMOR
- ☐ LA PROFESIÓN
- ☐ LAS EXPERIENCIAS PASADAS
- ☐ LOS HOBBIES
- ☐ LA INFANCIA
- ☐ LAS OPINIONES
- ☐ LOS PROYECTOS
- ☐ LOS GUSTOS
- ☐ EL CARÁCTER
- ☐ LAS IDEAS
- ☐ LAS COSTUMBRES

13-13 Problemas técnicos

En esta segunda parte de la entrevista se han borrado las preguntas. Trata de escribirlas tú y, después, compara tus preguntas con las de un/a compañero/a.

¿Qué es lo más importante de tu profesión?

_____

_____

_____

_____

_____

_____

_____

_____

_____

_____

_____

206
doscientos seis

Respuestas para la actividad 13–13

¿Qué es lo más importante en tu profesión?

Y dime, ¿dónde estás trabajando actualmente?

¿Qué es lo peor de tu profesión?

¿Tienes un color preferido? / ¿Cuál es tu color preferido?

¿Y una estación del año? / ¿Cuál es tu estación preferida?

¿Tu flor preferida?

Algo que aprecias / que temes / que te da miedo / que...

¿Dónde te gustaría vivir / pasar unas vacaciones / ...?

Oye, y tú, ¿cómo eres? ¿Tienes un carácter alegre, optimista, o más bien eres un poco pesimista?

Y en cuanto a ideas, sabemos que eres más bien conservadora ¿no?

¿Qué música te gusta más?

¿Y de libros, qué tipo de lectura prefieres?

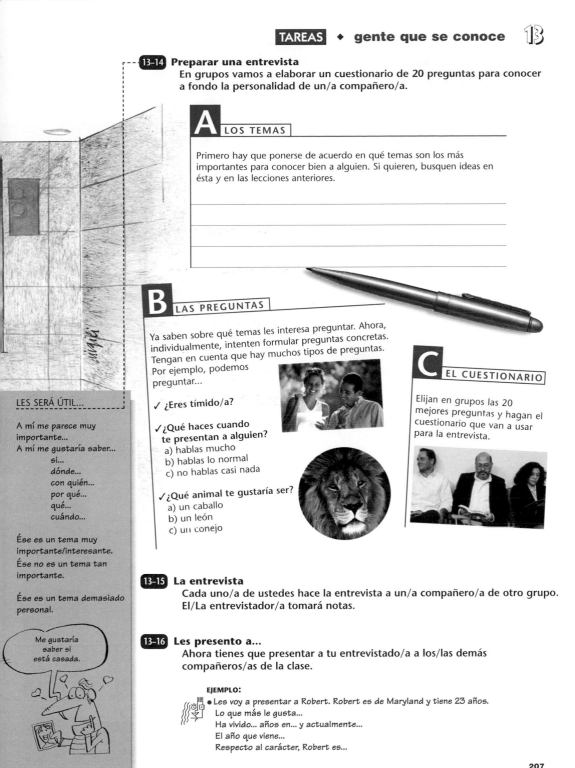

TAREAS ◆ **gente que se conoce** 13

13-14 **Preparar una entrevista**

En grupos vamos a elaborar un cuestionario de 20 preguntas para conocer a fondo la personalidad de un/a compañero/a.

A LOS TEMAS

Primero hay que ponerse de acuerdo en qué temas son los más importantes para conocer bien a alguien. Si quieren, busquen ideas en ésta y en las lecciones anteriores.

B LAS PREGUNTAS

Ya saben sobre qué temas les interesa preguntar. Ahora, individualmente, intenten formular preguntas concretas. Tengan en cuenta que hay muchos tipos de preguntas. Por ejemplo, podemos preguntar...

✓ ¿Eres tímido/a?

✓ ¿Qué haces cuando te presentan a alguien?
a) hablas mucho
b) hablas lo normal
c) no hablas casi nada

✓ ¿Qué animal te gustaría ser?
a) un caballo
b) un león
c) un conejo

C EL CUESTIONARIO

Elijan en grupos las 20 mejores preguntas y hagan el cuestionario que van a usar para la entrevista.

LES SERÁ ÚTIL...

A mí me parece muy importante...
A mí me gustaría saber...
si...
dónde...
con quién...
por qué...
qué...
cuándo...

Ése es un tema muy importante/interesante.
Ése no es un tema tan importante.

Ése es un tema demasiado personal.

Me gustaría saber si está casada.

13-15 **La entrevista**

Cada uno/a de ustedes hace la entrevista a un/a compañero/a de otro grupo. El/La entrevistador/a tomará notas.

13-16 **Les presento a...**

Ahora tienes que presentar a tu entrevistado/a a los/las demás compañeros/as de la clase.

EJEMPLO:

● Les voy a presentar a Robert. Robert es de Maryland y tiene 23 años.
Lo que más le gusta...
Ha vivido... años en... y actualmente...
El año que viene...
Respecto al carácter, Robert es...

207
doscientos siete

Sugerencias para la actividad 13-14

La actividad tiene tres fases, cada una de ellas con un objetivo propio. En la sección A, los alumnos deberán debatir en el interior de cada grupo acerca de los temas que consideren importantes y pertinentes. Para hacer sus propuestas y referirse a las de sus compañeros, pueden consultar LES SERÁ ÚTIL.

Antes de dividir a los alumnos en grupos, puede proponer un ejercicio de lluvia de ideas con toda la clase, acerca de los temas que pueden aparecer en una entrevista a un compañero. Puede escribir en la pizarra el modelo que le proponemos en mayúsculas, y los alumnos sugerirán ideas como las que van en minúsculas:

LE PREGUNTAREMOS

POR su familia, sus amigos, su país (su barrio, su ciudad), sus gustos,...

DÓNDE empezó a estudiar español, conoció a su novio/a...

CUÁNDO nació...

QUÉ le gusta hacer en su tiempo libre...

CÓMO viene a clase

SI habla otros idiomas

POR QUÉ estudia español

(A/CON/...) QUIÉN le gustaría pasar un fin de semana...

Sección A: Los alumnos trabajan en pequeños grupos y deciden los temas. Aquí lo importante es de lo que se va a hablar.

Sección B: Individualmente deciden el formato de la entrevista (preguntas abiertas o de respuesta múltiple) y la formulación de las preguntas concretas.

Pase usted por cada uno de los grupos con el fin de:
Comprobar que hay la suficiente variedad en los temas y formato.
Ayudarles en la revisión y corrección de las frases escritas.

Sección C: Cada grupo elige las veinte preguntas que formarán su entrevista. Cada alumno debe escribirlas en un papel, dejando espacio para las respuestas que obtendrá en la actividad siguiente, al entrevistar a un compañero.

Sugerencia para la actividad 13-15

Por parejas, que provienen de grupos distintos, se entrevistan mutuamente. Insista en que es necesario tomar notas de las respuestas porque después tendrán que utilizarlas.

Sugerencias para la actividad 13-16

Cada alumno deberá transformar en lenguaje oral aquello que tiene como entrevista escrita.

Antes de hacer la presentación pública, déles unos momentos para que se preparen.

Pueden ponerse de acuerdo en seleccionar un número limitado de datos informativos, cinco frases por ejemplo. Si el grupo es muy numeroso, podrían reducirse a dos.

Puede tomar nota de aquellos errores que aparezcan de forma más generalizada, y, una vez finalizada la actividad, llamar la atención de los alumnos sobre ellos. Generalmente, es preferible no interrumpirles mientras están haciendo la presentación, con el fin de evitar que se pongan más nerviosos y cometan más errores. La corrección posterior puede ser más eficaz, al permitir a los alumnos prestar más atención al contenido.

Si el grupo es numeroso, puede usted realizar esta intervención cuando hayan hablado la mitad de los alumnos. De este modo, en la segunda tanda pueden beneficiarse todos (hablantes y oyentes) de esta reflexión sobre la forma.

1. **Verónica Forqué:** actriz española. Ha trabajado como protagonista en algunas series de televisión. Fue protagonista en la película *Kika*, dirigida por Pedro Almodóvar.

2. **Carmen Linares:** Nació en Linares (Jaén) en 1951. Es una de las grandes voces femeninas del cante de este tiempo. Se inició profesionalmente en los tablaos de Madrid. Es una intérprete conocedora de prácticamente todos los estilos del flamenco.

3. **Pedro Guerra:** es un cantautor nacido en Tenerife. Su primera experiencia discográfica fue en 1985. Ha cantado a dúo con otros cantautores como: Silvio Rodríguez, Luis Eduardo Aute, etc. En un principio sus letras estaban comprometidas con la tierra y los intereses canarios, en la actualidad se ha abierto al tema de los sentimientos y las relaciones amorosas. Es uno de los cantautores más conocidos en España.

4. **Carmen Maura:** actriz española de cine y televisión. Se hizo muy famosa al actuar en varias películas dirigidas por Almodóvar como: *Mujeres al borde de un ataque de nervios, ¿Qué he hecho yo para merecer esto?*.

5. **Xavier Sardá:** periodista español. Trabajó mucho tiempo en la radio en programas de tertulia y entrevistas. Ha trabajado también como presentador de televisión.

6. **Pep Guardiola:** jugador de fútbol en equipos como el Barça y la Selección Española. Fuel el capitán del Barça durante una larga temporada.

7. **Miguel Ríos:** cantante y compositor español. Su carrera comenzó en el año 1962 y saltó a la fama con el *Himno a la alegría*, una canción basada en el cuarto movimiento de la Novena Sinfonía de Beethoven. Desde entonces se ha mantenido como una de las figuras más destacadas del rock español.

---

13 gente que se conoce ◆ CONTACTOS

ESPAÑOLES DE HOY

Grabó su primer disco a los 17 años y llegó a vender siete millones de copias de su mayor éxito: "El himno de la alegría". Tiene una manía: entrar en el escenario, cuando va a actuar, con el pie derecho. Se considera una persona transparente y le pone nervioso la gente que se cree en posesión de la verdad.
Le preocupa el deterioro ambiental y se declara enemigo de la insolidaridad.

La noche anterior a un partido coloca en la mesilla un talismán secreto. Es un regalo que le hicieron hace tiempo. Apenas ve la televisión, va mucho al teatro y al cine, y lee mucho. Ha salido por la tele anunciando una marca de leche. Le gusta mucho dormir.

Le angustia ver el mundo en el que van a vivir sus hijas y se siente comprometida con la gente que sufre injusticias. Pero la vida le ha enseñado que sólo hay dos o tres cosas realmente importantes y que a las demás no hay que darles tantas vueltas. Se considera tímida, perfeccionista y demasiado sensible. No soporta a la gente falsa ni a los envidiosos. Tiene una manía: antes de salir al escenario se tiene que quitar el reloj. Le gustan los vaqueros, el jazz y el color verde.

Es canario y defiende la autodeterminación de Canarias. Admira a Caetano Veloso, a Silvio Rodríguez y a Dylan. Le gustan los ordenadores, navegar por Internet y escribir canciones. Se considera un poco tímido y un algo egoísta.

Ha hecho televisión, teatro y cine. Ha trabajado con los directores más importantes del cine español. En *Ay, Carmela, Mujeres al borde de un ataque de nervios* y otras muchas películas ha creado personajes inolvidables para los amantes del cine español. La cualidad que más aprecia en un hombre es el sentido del humor inteligente. Piensa que para triunfar hay que tener talento e insistir: ser cabezota.
Necesita dos horas de soledad al día.

La inmensa mayoría de los españoles conoce su voz y la del señor Casamajor, un misterioso y divertido personaje que nunca ha visto nadie, pero que siempre lo acompaña en sus programas de radio. Tiene una manía: hacer las cosas bien. Es hiperactivo y tiene siempre la agenda muy apretada.

Ha sido y es una de las más populares actrices de comedia. De vez en cuando se retira a un monasterio de la India para meditar. Se considera perfeccionista, cariñosa, buena persona y fiel. Le preocupan mucho las guerras y no ve las noticias de la tele porque la deprimen.

(Información obtenida de la sección "Radiografía" de El País)

1. Verónica FORQUÉ, actriz

5. Xavier Sardá, periodis[ta]

13-17 ¿Quién es quién? A ver si adivinas a quién corresponden las descripciones. Relaciona cada foto con un texto. Si no las adivinas todas no te preocupes y mira las soluciones en la página siguiente.

13-18 De estas personas, ¿cuál te parece más interesante? Escribe algunas preguntas que le harías en una entrevista.

13-19 ¿Coincides tú en algo con estas personas? ¿En qué?

208
doscientos ocho

Sugerencias para la actividad 13–17

Es evidente que la actividad tiene una sola respuesta correcta (la que aparece en el apartado SOLUCIONES de la página 209), puesto que se trata de fotografías y descripciones tomadas de la prensa. Puede suceder, sin embargo, que sus alumnos no dispongan de la información suficiente para dar con

esa respuesta, aunque también es cierto que en el texto hay claves lingüísticas para aproximarse bastante a ella.

Los alumnos leen los textos y relacionan cada uno de ellos con uno de los personajes de las fotos.

Explican en qué claves del texto se han basado para establecer la relación.

Expansión para la actividad 13–18

El profesor puede llevar fotos de personas famosas del país en el que está enseñando español con información parecida a la que aparece en los textos.

Se puede proponer a los alumnos que piensen en personajes famosos de su país y que escriban una pequeña reseña sobre ellos.

2. Carmen LINARES, cantaora

3. Pedro GUERRA, cantautor

4. Carmen MAURA, actriz

6. Pep GUARDIOLA, futbolista

7. Miguel RÍOS, rockero

SOLUCIONES:
7, 6, 2, 3, 4, 5, 1

mi *gente* Nicaragua

ESTRATEGIAS DE LECTURA:
La (auto)biografía

A biography is a history of an individual's life. When reading a biography, you can expect the following features.

Organization: The author generally presents and develops the facts in chronological order accompanied by analysis and explanation. Look for dates and names of places. The information should be complete and cohesive.

Style: The tone is most often neutral, with clear and concise details about all aspects of the person's life.

Grammar: As a rule the verbs will be in third person, in a biography and in the first person in an autobiography.

Vocabulary: The majority of the vocabulary words should be of special concern to facts and topics related to the different life stages.

Paying attention to these characteristics should help you understand the author's intention when writing a biography.

 GENTE QUE LEE

ANTES DE LEER

13-20 **Amigos y conocidos**
Contesta las siguientes preguntas y después compara tus respuestas con las de un/a compañero/a.

- ¿Tienes muchos amigos? ¿Cuántos?
- ¿Te gustaría conocer más? ¿Por qué?
- ¿Quién es tu mejor amigo/a? ¿Cómo lo/la conociste?
- Descríbelo/la.

13-21 **Relaciones de amistad**
Mira la siguiente lista y marca la respuesta que más se acerque a tu situación. Después explica el por qué de cada respuesta a un compañero/a de clase.

ME GUSTARÍA	POR CARTA	POR TELÉFONO	POR INTERNET	EN PERSONA
conocer a un nicaragüense				
encontrar a mi pareja				
mantener más contacto con mi compañero/a de clase				
entablar una buena amistad				
comunicarme una vez con mi actor/actriz favorito/a				
_____				

A LEER

13–22 **Nicacontactos**

Estás en una web nicaragüense para hacer amigos. Lee los siguientes textos para saber cómo se conocen estos nicaragüenses por correo electrónico y después contesta las preguntas.

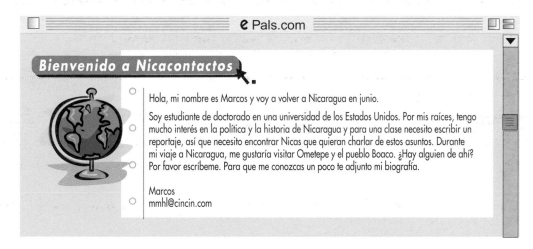

e Pals.com

Bienvenido a Nicacontactos

Hola, mi nombre es Marcos y voy a volver a Nicaragua en junio.

Soy estudiante de doctorado en una universidad de los Estados Unidos. Por mis raíces, tengo mucho interés en la política y la historia de Nicaragua y para una clase necesito escribir un reportaje, así que necesito encontrar Nicas que quieran charlar de estos asuntos. Durante mi viaje a Nicaragua, me gustaría visitar Ometepe y el pueblo Boaco. ¿Hay alguien de ahí? Por favor escríbeme. Para que me conozcas un poco te adjunto mi biografía.

Marcos
mmhl@cincin.com

Respuestas a la actividad 13–23

1. Marcos y Antonia. Son de Nicaragua; Marcos, de Metapa y Antonia, de Boaco. Se escriben porque Marcos tiene interés en la política y la historia de Nicaragua, y para una clase necesita escribir un reportaje. Necesita encontrar Nicas que quieran charlar de estos asuntos.

2. Es estudiante de doctorado en una universidad de los Estados Unidos.

3. Nació en el pequeño pueblo de Metapa, del departamento de Matagalpa, de la República de Nicaragua, el 28 de enero de 1976.

4. Es "Ciudad Darío". Cambió de nombre en homenaje a la memoria del poeta Rubén Darío.

5. Fue en el año 1926 por disposición del Congreso Nacional de Nicaragua.

6. Sus padres fueron Pedro, originario de la ciudad de León, y Angustias, originaria de la ciudad de Chinandega, del departamento del mismo nombre. Creció sin el amor de sus padres porque el matrimonio fue por conveniencia, acordado por los parientes.

7. No. Su infancia fue dolorosa pues creció con sus tíos, quienes le proporcionaron la oportunidad de asistir a una Escuela de Primeras Letras.

8. **1995:** Se graduó de periodismo.

   1996: Escribió varios artículos para el periódico político "La Verdad" y colaboró en el Diario de El Ferrocarril y El Porvenir.

   1998: Decidió viajar a los Estados Unidos y consiguió una beca para estudiar doctorado en periodismo político.

9. Le responde que está en el sitio indicado ya que hay muchos nicaragüenses, que estudian ciencias políticas en la Universidad Nacional Autónoma de Nicaragua en Managua y le gustaría charlar con él sobre temas políticos de su país.

10. Que se celebran las fiestas patronales de Santiago de los Caballeros (el santo patrón).

13 **gente que se conoce** ◆ **MI GENTE**

Biografía de Marcos García Sarmiento

Nací en el pequeño pueblo de Metapa, del departamento de Matagalpa, de la República de Nicaragua, el 28 de enero de 1976. Ese pueblo hoy es conocido como "Ciudad Darío", cuyo nombre se le dio en homenaje a la memoria del poeta Rubén Darío, en el año 1926 por disposición del Congreso Nacional de Nicaragua.

Mis padres fueron: Pedro, originario de la ciudad de León y Angustias, originaria de la ciudad de Chinandega, del departamento del mismo nombre.

Crecí sin el amor de mis padres, porque su matrimonio fue de conveniencia, acordado por los parientes.

De mis padres, recuerdo muy poco o casi nada. Mi infancia fue dolorosa pues crecí con mis tíos, quienes hicieron durante las veces de padres y me proporcionaron la oportunidad de asistir a una Escuela de Primeras letras.

Me gradué de periodismo en 1995. En 1996 escribí varios artículos para el periódico político "La Verdad" y colaboré en el diario *El Ferrocarril* y *El Porvenir*.

En 1998 decidí viajar a Estados Unidos y conseguí una beca para estudiar mi doctorado en periodismo político.

Bienvenido Marcos.

Estás en el sitio indicado ya que aquí hay muchos nicaragüenses y todos estamos muy orgullosos de nuestro país. Yo soy de Boaco y es un lugar muy pintoresco. En julio se celebran las fiestas patronales de Santiago de los Caballeros (el santo patrón). Yo estudio ciencias políticas en la Universidad Nacional Autónoma de Nicaragua en Managua y me gustaría charlar contigo sobre temas políticos de nuestro país. Bueno, no te pierdas y escríbeme pronto.
Recibe un saludo Nica.

Antonia

DESPUÉS DE LEER

13-23 **¿Entendiste?**
Contesta las preguntas siguientes según el texto que acabas de leer.

1. ¿Quiénes son las personas que escriben estos correos electrónicos? ¿De dónde son? ¿Por qué se están escribiendo?

2. ¿Dónde está Marcos ahora y que está haciendo?

3. ¿Dónde y cuándo nació Marcos?

4. ¿Cuál es el nombre actual de esta ciudad? ¿Por qué se ha cambiado de nombre?

5. ¿Cuándo y quién le cambió el nombre a esta ciudad?

6. ¿Quiénes fueron los padres de Marcos y cómo fue su relación con ellos?

7. ¿Fue feliz la infancia de Marcos? ¿Cómo lo sabes?

8. ¿Por qué son importantes para Marcos las siguientes fechas: 1995, 1996 y 1998?

9. ¿Qué le responde Antonia? ¿Puede ayudar a Marcos? ¿Por qué?

10. ¿Qué ocurre en Boaco durante el mes de Julio?

GENTE QUE ESCRIBE

13-24 Tu biografía

ANTES DE ESCRIBIR

La biografía de Marcos te ha recordado que para la clase de español, tu profesor/a te ha pedido que escribas con detalle tu autobiografía. Fíjate en la biografía de Marcos y prepara un esquema con tus datos biográficos más sobresalientes.

- Lugar y fecha de nacimiento
- Información sobre tus padres y hermanos
- Descripción de las etapas de tu vida: niñez, juventud, etc.
- Estudios y profesión
- Otros hechos que consideres importantes e interesantes

A ESCRIBIR

Escribe tu biografía usando como modelo la de Marcos.

DESPUÉS DE ESCRIBIR

Revisa tu primer borrador y comprueba:

CONTENIDO	GRAMÁTICA Y VOCABULARIO
■ ¿Te gusta?	■ ¿Hay errores?
■ ¿Necesitas incluir algo más?	■ ¿Has usado gramática y vocabulario de este capítulo?
■ ¿Está bien organizado?	

Pasa tu texto a tu compañero/a y pídele sugerencias.

Por último, pasa a limpio tu texto y entrégaselo a tu profesor/a.

gente que se conoce ◆ MI GENTE

 GENTE EN LA RED

13-25 Respuesta a Antonia

ANTES DE NAVEGAR

A ti, como a Marcos, también te interesa conocer Nicaragua. Para tu clase de español necesitas escribir un trabajo sobre este país y, además de lo que puedas encontrar en los libros, te interesa tener la opinión de los nicaragüenses. Prepara una lista con los temas que te interesan y las preguntas que quieres hacer para realizar tu trabajo.

- Historia
- Política
- Sociedad
- Economía

A continuación, escribe un breve mensaje para los cibernautas nicaragüenses en el que expliques por qué quieres hablar y mantener contacto con ellos.

A NAVEGAR

Ahora ve a la dirección (*www.prenhall.com/gente*) y lee algunos mensajes que han escrito los nicaragüenses.

VOCABULARIO

Los rasgos personales

autoritario/a	*authoritarian*
bello/a	*beautiful*
cabezota, tozudo/a	*stubborn*
cobarde	*coward*
conservador/a	*conservative*
desordenado/a	*unmethodical, untidy*
despistado/a	*absent-minded*
divertido/a	*funny*
envidioso/a	*jealous*
falso/a	*false*
fiel	*faithful*
hiperactivo/a	*hyperactive*
hipócrita	*hypocritical*
honesto/a	*honest*
inseguro/a	*insecure*
miedoso/a	*fearful*
progresista	*liberal*
sensible	*sensitive*
tierno/a	*tender, soft*
tradicional	*traditional*
valiente	*brave*

El carácter y la personalidad

(la) amistad	*friendship*
(la) avaricia	*greed*
(la) bondad	*goodness*
(la) calma	*calm; tranquility*
(la) coherencia	*coherence*
(el) defecto	*fault, defect*
(el) egoísmo	*egoism*
(la) envidia	*envy*
(la) estupidez	*stupidity*
(la) felicidad	*happiness*
(la) generosidad	*generosity*
(la) impaciencia	*impatience*
(la) incomunicación	*lack of communication*
(la) inseguridad	*insecurity*
(la) pedantería	*pedantry*
(la) presencia	*presence*
(el) sentido del humor	*sense of humor*
(la) simpatía	*warmth, charm*
(la) superficialidad	*superficiality*
(el) talento	*talent*
(la) tenacidad	*tenacity*
(la) vanidad	*vanity*
(el) vicio	*vice*
(la) virtud	*virtue*

Los gustos, las aficiones y las manías

caminar por sitios oscuros	to walk around dark areas
compartir casa	to share apartment
dar sustos a la gente	to scare people
dormir la siesta	to take a nap
fregar (ie) (los platos)	to wash dishes
hablar en público	to speak in front of people
ir a cenar	to go to dinner
morderse las uñas	to bite one's nails
navegar por Internet	to surf the Internet
planchar	to iron
poner(se) nervioso/a	to make/get nervous
tener miedo de los compromisos	to be afraid of commitment
ver la tele(visión)	to watch television
(las) arañas y (las) serpientes	spiders and snakes
(los) ataques de nervios	nervous attacks
(el) baile contemporáneo	(contemporary) dance
(las) injusticias	injustice; unfairness
(las) personas insolidarias	self-interested people
(el) talismán	talisman
(la) terapia	therapy

Para expresar sentimientos

me cae(n) bien/mal…	I like/I dislike …
me da(n) risa…	it makes me laugh …
me divierte(n)…	it amuses me …
adoro…	I love/adore …
me encanta(n)…	I love …
me interesa(n)…	I am interested in …
me da(n) igual…	it does not make any difference to me …
me molesta(n)…	it bothers me …
no aguanto…	I cannot stand …
me preocupa(n)…	it worries me …
me da(n) pena…	it makes me sad …
me indigna(n)…	it angers me …
odio…	I hate …

Otras palabras y expresiones útiles

(la) asignatura pendiente	matter pending
aproximadamente	approximately
de buen gusto	in good taste
estar de vuelta	to be back
íntegramente	integrally
paradójicamente	paradoxically
sin complicaciones	uncomplicated

Verbos

actuar	to perform
angustiar	to distress
anunciar	to announce
apreciar	to notice, to appreciate
borrar	to delete, to erase
considerarse	to consider something about oneself
creer(se)	to believe oneself
deprimir	to depress
emocionar	to excite, to touch
especializarse (en)	to specialize (in)
indignar	to anger
matricularse	to register
meditar	to meditate
odiar	to hate
preocupar	to worry
roncar	to snore
soportar	to stand
suavizar	to smooth
tener algo en común	to have something in common
tropezar (ie) con	to run into

OBJETIVOS

14

Vamos a planificar un fin de semana en una ciudad española. Para ello, practicaremos:

✔ el intercambio de información sobre actividades de ocio,

✔ maneras de acordar actividades y concertar citas.

gente que lo **pasa bien**

TEATRO
CLÁSICO

Director: Adolfo Marsillach

Lope de Vega
El Acero de Madrid

Pedro Moreno   *José Luis Castro*   *Quico Gutiérrez*

Antonio Andrés Lapeña

Paco Aguilera

LES LUTHIERS

"Les Luthiers,
Grandes Hitos"
Antología

DEL 8 AL 19 DE NOVIEMBRE
a las 9'30 de la Noche

10 UNICOS DIAS

BAR**Round
midnight**

Copas y cervezas
de importación en un
ambiente muy especial

Actuaciones de jazz y blues todos los
viernes y sábados
Martes a domingo 21.00-03.00
General Jáuregui, 14

DISCOTECA

CINE

CABARET

BAR

MUSIC·HALL
JAZZ

TEATRO

Pasión Gitana

CINEGUÍA

VIERNES DÍA 7

TERRITORIO COMANCHE

ARTURO PÉREZ-REVERTE

IMANOL ARIAS
CARMELO GÓMEZ

Territorio Comanche
es el lugar donde
el limista dice
que para el coche
y des media vuelta.

GERARDO HERRERO

CONSULTAR CARTELERAS

Ven a nuestras cenas mágicas
y vive una noche muy especial en

La mandrágora

El primer restaurante mágico y esotérico

MENÚ SELECCIONADO astrológicamente para cada día
A LA HORA DE LAS BRUJAS, actos mágicos y parapsicológicos
realmente espectaculares
CARTA ASTRAL para cada uno de los comensales
RESPUESTAS A SUS PREGUNTAS con las artes adivinatorias del tarot

SHOW DE HIPNOSIS Y MENTALISMO
Y TODO ELLO POR UN PRECIO ÚNICO Y AJUSTADÍSIMO
Calabria, 171. Reservas individuales y grupos. Tel. 226 42 53 - 226 60 42

14-1 Para pasarlo bien

Echa un vistazo a estos documentos. ¿Qué anuncian?

una película   un concierto   un restaurante   una obra de teatro
un bar   una discoteca   un espectáculo de danza/magia...

 Escucha a estas personas. ¿Qué actividad de las que aparecen en los anuncios les gustaría hacer el fin de semana?

1. MARTA: _____
2. PABLO: _____
3. JUAN ENRIQUE: _____
4. LORETO: _____
5. CARMIÑA: _____

¿Y a ti? ¿Cuál de estos planes te interesa más?

EJEMPLO:
● A mí me gustaría oír a los tres tenores.
○ Pues a mí me gustaría ir a ver a Joaquín Cortés.

14-2 Los sábados por la noche

¿Qué sueles hacer los sábados por la noche? ¿Alguna de estas cosas?
Coméntalo con tus compañeros/as.

	normalmente	a veces	nunca
voy a algún concierto			
voy al teatro			
voy al cine			
voy a tomar algo			
salgo a cenar			
me quedo en casa viendo la tele			
voy a casa de amigos			
voy a bailar			
otras cosas:			

EJEMPLO:
● Yo, normalmente, los sábados por la noche me quedo en casa: veo la tele, leo...
○ Yo salgo con amigos a tomar algo, o voy al cine.

217
doscientos diecisiete

Información para la actividad 14–1

Les Luthiers es un grupo musical argentino que combina la canción con el humor, un humor muy sutil y elaborado, con textos llenos de ingenio y juegos de palabras. Empezaron actuando con instrumentos musicales fabricados por ellos mismos (de ahí su nombre), con objetos reciclados.

Joaquín Cortés es un gitano español, uno de los más famosos bailarines de flamenco.

Territorio Comanche es una película basada en una novela de Arturo Pérez-Reverte, novelista y periodista español, corresponsal de Televisión Española en la guerra de Los Balcanes, que plasmó en la novela sus experiencias en aquella guerra.

La Compañía Nacional de Teatro Clásico es una compañía dependiente del Ministerio de Cultura que programa teatro clásico español. Adolfo Marsillach fue su director durante un largo período en torno a finales de los años 80 y principios de los 90.

Los tres tenores que aparecen en la foto de izquierda a derecha son: José Carreras, Plácido Domingo y Luciano Pavarotti.

Sugerencias para la actividad 14–1

Trabaje con la imagen. Pregunte a sus alumnos si conocen a alguno de los artistas o alguna de las obras que se anuncian. Si alguno de ellos ha visto alguna de las obras, podría explicar a los compañeros sus impresiones sobre ellas.

Utilice la información para animar el coloquio.

Después de la comprensión auditiva, los alumnos hablan en parejas sobre los planes que les resultan más atractivos.

Respuestas para la actividad 14–1

Marta.- Teatro: *El acero de Madrid*

Pablo.- Bar: *Round Midnight*

Juan Enrique: *Flamenco: Joaquín Cortés*

Loreto.- Cine: *Territorio Comanche.*

Carmiña.- Música clásica: *Los tres tenores.*

Sugerencias para la actividad 14–2

El vocabulario relativo a estas actividades puede usarse con tres verbos:
IR (+ a algún lugar)
QUEDARSE (+ en casa) = No salir
SALIR (+ solo / con alguna persona) + (a cenar / a tomar unas copas / a dar una vuelta)

En español se prefieren los verbos VER y OÍR a MIRAR y ESCUCHAR, respectivamente, para las actividades de ocio, en expresiones como éstas:
Ver un programa de tele, una película, una obra de teatro, un partido de tenis...
Oír la radio, un concierto, una conferencia...

La última columna contiene frases negativas, que pueden adoptar diversas formas según dónde se coloque el adverbio NUNCA.
No voy *nunca* a ningún concierto.

Nunca voy a ningún concierto.

Recuerde a los alumnos el vocabulario que le facilitamos en la sección anterior para que puedan usarlo en al apartado OTRAS COSAS de la ficha.

Los alumnos rellenan la ficha individualmente.

A continuación, en pequeños grupos hablan sobre sus costumbres y preferencias, durante su tiempo libre.

Todos los elementos de la imagen de la doble página están relacionados entre sí.

El personaje central es Valentín, que aparece en la mitad superior de la página 218, donde se da información sobre sus aficiones, gustos y circunstancias. Los alumnos tendrán que pensar un plan para él para el viernes por la noche.

Los anuncios de la *Guía del Ocio* (en la página 219) se refieren a los locales a los que van a ir los personajes de la mitad inferior de la página 218 (dibujos 1-4), todos ellos amigos de Valentín. De estos personajes tenemos información visual (las cuatro viñetas) y auditiva (los diálogos que oiremos en la actividad).

El conjunto de funciones relacionadas con el tiempo libre se introduce mediante un doble procedimiento: con expresiones que los alumnos deberán identificar en un ejercicio de comprensión auditiva (actividad 14-6), y con otras expresiones, pertenecientes a los mismos diálogos, que aparecen transcritas en los bocadillos de los personajes de las imágenes 1-4 de la página 218.

Se introduce la expresión QUEDAR CON ALGUIEN para referirse a una cita. En la página anterior se ha trabajado el mismo verbo, en forma reflexiva y con otro significado.

Sugerencia para la actividad 14–3

Los alumnos escuchan la audición y anotan los planes de cada uno de los personajes.

Respuestas para la actividad 14–3

Tina: *va a salir con Elena.*
Clara: *le apetece ir al cine o salir a tomar algo con Tina.*
Claudia y Lola: *van a ir al cine, a ver "Ángeles caídos", y a tomar una pizza.*
Federico y Alejandro: *van a ir al Habana Club.*
Ramón y Beatriz: *van a ir a cenar al Séptimo Cielo.*

---

14 gente que lo pasa bien ◆ CONTEXTOS

14-3 La fiebre del viernes por la noche

Es viernes y esta noche Valentín no sabe qué hacer. Tiene ganas de salir y ha escuchado a unos compañeros suyos de trabajo que hacen planes.

Escucha las cuatro conversaciones de los compañeros de trabajo de Valentín. ¿Qué van a hacer?

Tina Va a salir con Elena.
Clara _____
Claudia y Lola _____
Federico y Alejandro _____
Ramón y Beatriz _____

■ GUÍA DEL OCIO ■

■ ÁNGELES CAÍDOS

General Ramos, 3. Cócteles, humor y karaoke hasta las 3 de la madrugada. Tarjetas. Lunes cerrado.

■ EL SÉPTIMO CIELO

Cenas con música clásica. Venus, 15 (esquina Peligro) tel. 234 56 11. Parking clientes.

Especialidad en buey a la parrilla y marisco. Menú gastronómico: **42 €.** Abierto de 8h a 1.30h. Viernes y sábados hasta 2.30h.

■ RESTAURANTE PIZZERÍA MASTROPIERO

Cocina italo-argentina. Ensaladas, pizzas y carnes. Tel. 232 46 78.

HABANA CLUB

Tapas y copas

Salsa y jazz en vivo

Precios jóvenes en un ambiente tropical
Mahón, 21 (metro Bilbao/ bus 45 y 32)

RETRANSMISIÓN DESDE EL ESTADIO SANTIAGO BERNABÉU

REAL MADRID F.C. BARCELONA

HOY a las 22.00 en Antena 5

14-4 La cita de Valentín

Fíjate en la información que tienes sobre Valentín. ¿Con quién crees que puede salir esta noche?

	sí	no	¿Por qué?
con Clara			
con Tina			
con Claudia y con Lola			
con Federico y con Alejandro			
con Ramón y con Beatriz			

14-5 ¿Y tú?

¿Con quién saldrías esta noche? ¿Por qué?

Yo saldría con _____ porque _____.

14-6 Cuatro conversaciones

¿Te has fijado en cómo se hacen las siguientes cosas en estas cuatro conversaciones? Vuelve a escucharlas y trata de anotarlo.

1. Expresar el deseo de hacer algo.
2. Proponer una cita.
3. Proponer una actividad.
4. Rechazar una invitación.

219

doscientos diecinueve

Sugerencias para las actividades 14–3, 14–4, 14–5

Empiece con una lluvia de ideas a partir del título de la actividad.

Continúe el trabajo con la situación de Valentín. Teniendo en cuenta sus circunstancias:

¿Cuál es su estado de ánimo y qué cosas le diríamos, si fuera amigo nuestro?

Trabaje luego, la imagen de las cuatro viñetas de la página 218:

¿Cómo creen que continúa cada una de las cuatro conversaciones?

Sugerencias para las actividades 14–4, 14–5

Puede proponer realizar una nueva audición (una misma para las dos actividades) de los mismos diálogos.

Los alumnos tienen que argumentar sus respuestas.

Sugerencia para la actividad 14–6,

En este caso es conveniente parar la audición para dar tiempo a los alumnos a anotar las frases.

Respuestas para la actividad 14–6

1. Expresar el deseo de hacer algo: Me apetece + infinitivo.
2. Proponer una cita: ¿Te va bien a las (hora) en (lugar)?
3. Proponer una actividad: ¿Y si + presente de indicativo? / Presente de indicativo.
4. Rechazar una invitación: No puedo. Es que...

Información para la actividad 14–7

Los títulos de las películas están en su versión original o en el que se les puso en la versión española:

Cowboy de medianoche - Midnight Cowboy

Memorias de África - Out of Africa

La guerra de las galaxias - Star Wars

El apartamento

El paciente inglés - The English patient

2001 Odisea en el espacio

Lo que el viento se llevó - Gone with the Wind

El Padrino - The Godfather

Las amistades peligrosas - Dangerous liaisons

La vida es bella - Life is Beautiful

Eva al desnudo - All About Eve

Indiana Jones y el templo maldito - Indiana Jones and the Temple of Doom

En la columna VALORAR Y DESCRIBIR UN ESPECTÁCULO tiene una lista de expresiones referidas a los géneros de películas.

Sugerencias para la actividad 14–7

Empiece con el primero de los dos diálogos que propone el ejercicio. Introduzca la segunda parte de la columna VALORAR Y DESCRIBIR UN ESPECTÁCULO.

Un alumno elige un título y da datos sobre esa película a toda la clase. Los demás tienen que adivinar de qué película se trata.

A continuación, los alumnos intercambian impresiones en parejas sobre las películas que han visto.

Si sus alumnos no conocen la mayor parte de estos títulos, proponga rehacer la lista con películas que los alumnos hayan visto el último año. Escriba los títulos en la pizarra, los alumnos trabajarán con la lista elaborada entre todos.

Sugerencias para la actividad 14–8

Aquí se trabaja con los contenidos de la primera parte de la columna VALORAR Y DESCRIBIR UN ESPECTÁCULO.

Decida usted si va a trabajar sobre el cine o bien si, en el caso de que a sus alumnos el cine no les diga nada, va a elegir otro tipo de actividad.

A continuación, introduzca el primer diálogo de este ejercicio, adaptado, si es el caso, a los otros contenidos que usted haya decidido.

Antes de que sus alumnos empiecen a practicar, pídales que cada uno de ellos piense en dos películas distintas (o conciertos, u obras de teatro...): una para las expresiones positivas (genial, interesante...) y otra para las negativas (un rollo, muy mala...).

---

14 gente que lo pasa bien ◆ FORMAS Y RECURSOS

14-7 Clásicos del cine

Seguro que has visto algunas de estas películas. Di alguna cosa de una de ellas sin mencionar el título. Tus compañeros/as tienen que adivinarla.

EJEMPLO:

● Es una película de aventuras y sale Harrison Ford. Es buenísima.
○ ¡Indiana Jones!
● Sí.

COWBOY DE MEDIANOCHE   La vida es bella

Eva al desnudo   **Memorias de África**

Todo sobre mi madre

Blade Runner   *Psicosis*   Fresa y chocolate

La guerra de las galaxias   EL APARTAMENTO

El paciente inglés   2001 ODISEA EN EL ESPACIO

Como agua para chocolate

Indiana Jones y el templo maldito   Casablanca

Lo que el viento se llevó   *El Padrino*

Titanic   Las amistades peligrosas

Ahora imagina que esta noche puedes ver una de ellas. ¿Cuál elegirías? ¿Por qué? ¿Cuál es la película que más gusta en nuestra clase? ¿Votamos?

EJEMPLO:

● A mí la que más me gustaría volver a ver es Blade Runner. Es una película de ciencia ficción muy original.

14-8 ¿Han visto *Belle époque*?

Si te gusta el cine, seguro que puedes recomendar alguna película a tus compañeros/as. Descríbela y da tu opinión.

EJEMPLO:

● ¿Han visto Belle époque? Es una comedia de Fernando Trueba muy divertida, los actores son muy buenos... Está muy bien... A mí me encantó.
○ Yo no la he visto.
■ Yo sí. A mí también me gustó mucho.

También puedes recomendar un restaurante o algún espectáculo (teatro, concierto...).

EJEMPLO:

● Pues el otro día fui a cenar a un restaurante muy bueno...
○ ¿Ah sí? ¿Dónde?
● Al lado de la Catedral. ¡Pedí un solomillo que estaba...!

220
doscientos veinte

VALORAR Y DESCRIBIR UN ESPECTÁCULO

●¿Han visto Forrest Gump?
○ Yo no la he visto.
   Yo sí, es...
   ... genial/buenísima/divertidísima.
   ... bastante buena/interesante.
   ... un rollo.
   ... muy mala.

A mí me encantó.
   me gustó bastante.
   no me gustó nada.

Es un tipo de cine que no soporto.
      teatro
      concierto
      música

No soporto ese tipo de películas.
      teatro.

Es una comedia.
   un thriller.
   una película de acción.
      del oeste.
      de aventuras.
      de guerra.
      de terror.
      de ciencia ficción.
      policíaca.

El director es Carlos Saura. =
Es una película de Carlos Saura.

El protagonista es Antonio Banderas.
      Andy García.

Sale Victoria Abril.

Trata de un periodista que va a Bosnia y... = Va de un periodista que va a Bosnia y...

PONERSE DE ACUERDO PARA HACER ALGO

Preguntar a los demás
¿A dónde podemos ir?
¿Qué te/le/os/les apetece hacer?
¿A dónde te/le/os/les gustaría ir?

Proponer
¿Por qué no vamos al cine?
¿Y si vamos a cenar por ahí?
¿Te/os/le/les apetece ir a tomar algo?

Asimismo podrán aplicarles las valoraciones "A mí me encantó" "Es un tipo de cine que no soporto."

Información para la actividad 14–9

En España, se puso de moda referirse a la televisión como "la caja tonta" para aludir a la escasa calidad de sus contenidos.

TV1 y **La 2** son los nombres comerciales de las dos cadenas de la televisión pública (TVE, Televisión Española). Las distintas comunidades autónomas disponen también de cadenas públicas: Telesur en Andalucía, TV3 y Canal 33 en Cataluña, TVGH en Galicia, Telemadrid en la Comunidad Autónoma de Madrid, Euskal Telebista en el País Vasco, Canal 9 en Valencia.

Además, en España hay tres cadenas privadas: Antena 3, Canal + y Tele 5.

TVE emite en su canal internacional una programación especial para países extranjeros.

Los principales informativos de la noche se dan a las 9; los de la tarde, a las 3. Los programas de sesión de noche empiezan sobre las 10. Una película que empieza a esa hora, si lleva cortes publicitarios, puede terminar a las doce y media o más tarde.

220

14-9 La caja tonta

Esto es una programación de la hora de mayor audiencia de varias cadenas de TV españolas. ¿Puedes adivinar qué tipo de programas son los señalados?

un noticiario   una película   una serie   un reportaje   un concurso

un "reality show"   un debate   una retransmisión deportiva

TV1	La 2	TELE 5
21.00 Telediario 2	21.00 Los pueblos: "San Millán de la Cogolla"	21.30 Más que amigos: "Recalentados". Víctor y Mar buscan piso para irse a vivir juntos, pero él cada vez se siente más insatisfecho con su situación laboral.
21.25 El tiempo	21.30 Índico 2: "Sri Lanka"	
21.30 Sólo goles	22.15 Rally París-Granada-Dakar	22.30 La ruleta de la fortuna
22.00 ¡Qué grande es el cine español!: "El Sur"	22.30 Gol norte	23.00 Expediente X (nueva temporada) Capítulo 1.
	23.30 Estudio Estadio	

¿Es una programación parecida a la de las cadenas de mayor audiencia de tu país? ¿Puedes recomendar a tus compañeros/as un programa de televisión?

EJEMPLO:

● Yo, los martes por la mañana, sigo en Antena 5 un curso de español. Está bastante bien.
○ ¿A qué hora?
● A las 8.30h. Se llama "Hola, ¿qué tal?"

14-10 Me encantaría pero...

En la vida, muchas veces hay que dar excusas. Para practicar cómo excusarnos cuando nos invitan, jugaremos un poco. Escribe en seis papelitos:

■ tres propuestas o invitaciones
■ tres excusas para esas propuestas

El/la profesor/a las mezclará y las volverá a repartir. Entre todos vamos a relacionarlas.

EJEMPLO:

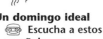
● ¿Te apetece ir al cine esta tarde? A mí me gustaría ver *Vanilla Sky*.
○ Esta tarde no me va bien. Tengo que ir al médico...

14-11 Un domingo ideal

 Escucha a estos españoles que describen su domingo ideal. ¿De cuáles de estos momentos hablan?

	1	2	3	4	5
HORA DE LEVANTARSE					
DESAYUNO					
DURANTE LA MAÑANA					
COMIDA					
DESPUÉS DE COMER					
DURANTE LA TARDE					
CENA					
POR LA NOCHE					

Imaginemos ahora que el próximo domingo puedes hacer todo lo que más te gusta, esas cosas que muchas veces no puedes hacer. ¿Qué harías? Piénsalo un poco y, luego, explícaselo a tus compañeros/as.

EJEMPLO:

● Yo me levantaría muy tarde, a las once o a las doce...
  Luego desayunaría en la cama...

221
doscientos veintiuno

Aceptar

Vale.

OK.

Buena idea. Me apetece.

Excusarse

Es que hoy   no puedo.
        esta noche   no me va bien.

> Hoy no puedo. Pero podemos quedar para otro día.

> Es que esta tarde me va fatal. ¿Nos llamamos y quedamos para otro día?

> Pues no sé si voy a poder... Si veo que puedo, te llamo, ¿vale?

DESEOS DE HACER ALGO

Me gustaría   dormir todo el día.
.   ir a nadar.
               ver esa película.

Me apetece   ir a un concierto.

> Podemos ir a bailar. A ti te encanta bailar...

> Sí, pero hoy no me apetece nada.

Apetecer funciona como **gustar**:

Me **apetece** ir al cine.

Me **apetecen** unas aceitunas.

Sugerencias para la actividad 14-9

Los alumnos, individualmente, relacionan los diferentes tipos de programas con lo que les sugieren los títulos del recorte de periódico.

A continuación, en pequeños grupos, hablan sobre las diferencias de esa programación con respecto a la de sus país, y comentan sus gustos y preferencias.

Puede comparar los horarios de emisión de ciertos programas en España con los del país de sus alumnos, y de qué manera éstos reflejan diferentes costumbres y horarios.

Respuestas para la actividad 14-9

Un noticiario: Telediario 2

Una película: "El Sur"

Una serie: Más que amigos.

Un reportaje: Los pueblos: "San Millán de la Cogolla".

Un concurso: La ruleta de la fortuna.

Un "reality show": ——

Un debate: ——

Una retransmisión deportiva: Rally París-Granada-Dakar.

Sugerencias para la actividad 14-10

En este ejercicio se trabaja con las expresiones y el vocabulario de las columnas PONERSE DE ACUERDO PARA HACER ALGO y DESEOS DE HACER ALGO.

Cada alumno debería tener seis papelitos. Tres de ellos marcados con la letra A y tres con la letra B.

De forma individual, cada alumno escribe tres invitaciones en los papelitos marcados como A, y tres excusas para esas invitaciones en los papelitos marcados con B.

Durante la fase de trabajo individual, circule entre los alumnos comprobando lo que escriben y ayudándoles con consejos y correcciones.

Cada alumno le entregará a usted seis papeles, tres con la letra A y tres con la letra B. Pídales que utilicen el máximo de variedad de temas y de expresiones en sus propuestas.

Usted debe hacer dos paquetes: uno con las invitaciones (A) y otro con las excusas (B). Mezcle bien los papeles de cada paquete, y vuelva a distribuirlos entre sus alumnos, al azar.

Un alumno leerá una de las A, y quien tenga una B que valga como respuesta, la leerá también en voz alta. El resultado debe ser un diálogo coherente.

Sugerencias para la actividad 14-11

Pida a sus alumnos que traten de imaginar en qué parte del día se suelen realizar las actividades de que hablan las distintas personas.

Anime a los alumnos a que hablen sobre lo que suelen hacer el domingo por la mañana, por la tarde y por la noche.

Pase la audición. Los alumnos escuchan y marcan con una cruz la fila sobre la parte del día de que se habla en la grabación.

Respuestas para la actividad 14-11

Hora de levantarse	1	-	3	4	5
Desayuno	1	-	-	4	-
Durante la mañana	-	2	3	4	5
Comida	1	-	-	4	5
Después de comer	-	-	-	-	-
Durante la tarde	1	2	3	-	5
Cena	-	-	-	-	-
Por la noche	-	-	-	4	5

Sugerencias para la actividad 14–12

Como preparación, con el libro cerrado, lea en voz alta a los alumnos los nombres que aparecen en el documento escrito, agrupados tal como a continuación le proponemos, y pregúnteles cuáles de ellos conocen, qué creen que son, y qué se imaginan que pueden ser aquellos que no conocen:

1. *Calles y Monumentos:*
   El Madrid de los Austrias
   La Gran Vía
   El Barrio de Salamanca
   El Parque de El Retiro
   El Palacio de Oriente
   La Puerta del Sol
   El Barrio de Malasaña

2. *Nombres del espectáculo y el mundo de la cultura:*
   Barón Rojo
   Pablo Milanés
   Víctor Manuel
   Gabriel García Márquez
   Museo del Prado
   Tyssen-Bornemisza
   Centro de Arte Reina Sofía

3. **Otros:**
   Láser
   Taberna Casa Patas
   El Puchero

A continuación, los alumnos leen en el texto de la página 222 (y mitad superior de la página 223) el apartado VISITAS DE INTERÉS: cada alumno debe buscar la información que desconocía en la actividad anterior y confirmar aquella que ya conocía.

En una primera lectura del fragmento de introducción de la página 222, cada alumno selecciona la información que personalmente le parece más relevante.

Con una segunda lectura de los dos apartados, tal como indica el libro, cada alumno señala sus preferencias para los distintos momentos del fin de semana.

Finalmente, con la audición del programa de radio cada alumno puede obtener una información más completa y modificar sus planes si lo cree conveniente.

Para realizar esta actividad es importante que cada alumno haya elaborado su plan de actividades y lo tenga por escrito. Sería útil disponer de una plantilla para organizar la informción. Escriba en la pizarra un modelo:

	VIERNES	SÁBADO	DOMINGO
Por la mañana			
La comida			
Por la tarde			
Por la noche			

222

---

14 gente que lo pasa bien ◆ TAREAS

14-12 Un fin de semana en Madrid

Vamos a imaginar que toda la clase pasa un fin de semana en Madrid. Hay que planear las actividades. Lee todas estas informaciones que aparecen en la revista "Gente de Madrid".

MADRID DÍA Y NOCHE

Madrid es una de las ciudades con más vida de Europa. El clima y el carácter de los madrileños han hecho proliferar muchos locales dedicados al ocio. Además de las posibilidades de diversión concretas -zoo, parques de atracciones, museos, etcétera- hay innumerables bares, discotecas, cabarets, "after hours" y locales de música en vivo. En especial, si visita la capital de España en primavera o verano, prepárese para acostarse muy tarde, pues poquísimas ciudades en el mundo tienen una vida nocturna como la de Madrid. En Madrid se sale a cenar entre las 10 y las 11. Se acude a un bar hasta más o menos las 2 y luego se va a una o varias discotecas. Algunas cierran ya amanecido.

VISITAS DE INTERÉS

EL MADRID DE LOS AUSTRIAS
Los edificios más antiguos de Madrid (s. XVI). Pequeñas plazas y las calles más encantadoras de la ciudad, ideales para recorrer a pie.

LA GRAN VÍA
El centro de Madrid por excelencia, una calle que nunca duerme. Cafeterías, restaurantes, tiendas y librerías siempre llenas.

LA PLAZA DE SANTA ANA
Centro favorito de reunión de los turistas y estudiantes extranjeros. Ofrece una enorme variedad de bares de tapas, restaurantes, cafés, clubs de jazz, pensiones y hoteles.

EL BARRIO DE SALAMANCA
Una de las zonas más elegantes de Madrid. Tiendas lujosas en calles como Serrano o Velázquez y buenos restaurantes.

EL PARQUE DE EL RETIRO
Un parque enorme con agradables paseos y un lago para remar.

EL PALACIO DE ORIENTE (s. XVIII)
En su interior se pueden admirar cuadros de Goya y obras de artistas franceses, italianos y españoles. Calle Bailén. De 9 a 18h de lunes a sábados. Festivos, de 9 a 15h.

LA PUERTA DEL SOL
El centro oficial del territorio español, donde se halla el Km 0 de la red viaria. Bares, tiendas y mucha animación.

EL BARRIO DE MALASAÑA
Ambiente bohemio y "underground" en bares de rock y cafés literarios abiertos hasta la madrugada.

EL PASEO DE RECOLETOS Y LA CASTELLANA
Los edificios más modernos de Madrid, como las sedes de los grandes bancos, la Torre Picasso o las Torres KIO.

EN CARTEL

BARÓN ROJO
Unos históricos del heavy español, Barón rojo, vuelven a la carga este viernes en La Sala (Nuestra Señora de Fátima, 42) a las 22.30h. Entradas a 9 euros.

PABLO MILANÉS Y VÍCTOR MANUEL
"En blanco y negro". Plaza de toros de Las Ventas. Viernes, sábado y domingo a las 22h. Precio de la entrada: 15 euros. La canción de autor española y la Nueva Trova Cubana unidas en uno de los conciertos más esperados del año.

ARTE Y CULTURA
GABRIEL GARCÍA MÁRQUEZ
Conferencia del escritor G. García Márquez en el Círculo de Bellas Artes: "El concepto de realidad en la narrativa hispanoamericana". Domingo a las 18h.

MUSEO DEL PRADO
Paseo del Prado. Tel. 420 37 68. Horario: de martes a domingo, de 9 a 19h. Lunes cerrado. La mejor pinacoteca del mundo. Posee las incomparables colecciones de Goya, Velázquez, El Greco, Murillo, Rubens, Tiziano, Durero o El Bosco.

TYSSEN-BORNEMISZA
Paseo del Prado, 8. Tel. 369 01 51. Martes a domingo de 10 a 19h. La mejor colección privada de pintura europea.

CENTRO DE ARTE REINA SOFÍA
Santa Isabel, 52. Tel. 4675062. Cierra los martes. Organiza interesantes exposiciones de arte contemporáneo que incluyen las últimas vanguardias.

DE NOCHE
LÁSER
Discoteca Láser. Las últimas tendencias en música electrónica en el local más innovador de la ciudad. De 23 a 6h.

GOURMET
TABERNA CASA PATAS
Casa Patas ofrece las noches de flamenco con más duende de Madrid, con artistas de la talla de Chaquetón, Remedios Amaya, Chano Lobato, Niña Pastori y muchos más, en un tablao nunca saturado por los autobuses de turistas. Antes y durante el espectáculo servimos tapas de jamón, queso, lomo o chorizo, platos de pescadito frito, entrecots y la especialidad de la casa: rabo de toro. Cañizares, 10. Metro: Antón Martín. Reservas: 369 04 96 y 429 72 89.

Horario de restaurante de lunes a domingo: de 12 a 17h y de 20 a 2h. Espectáculo: L, M, X y J a las 22.30h. V y S a las 24h.

EL PUCHERO
Restaurante de cocina española y tapas. Albóndigas, callos, almejas a la marinera, morcillas de Burgos.

DEPORTES
WIMBLEDON
Retransmisión de la final femenina de Wimbledon el sábado a partir de las 15h.

LIGA DE CAMPEONES
Final de la Champions League en Madrid. Sábado a las 21h. Estadio Santiago Bernabéu. Entradas: 222 23 45

Ahora escribe tus preferencias para el fin de semana.

viernes por la noche	sábado por la mañana	comida del sábado
sábado por la tarde	sábado por la noche	domingo por la mañana
comida del domingo	domingo por la tarde	

🔊 Puedes obtener más información escuchando el programa de radio "Gente divertida", así podrás completar o modificar tus planes para el fin de semana.

14-13 **¿Qué quieren hacer?**
Cada uno/a explica las cosas que más le apetece hacer y busca compañeros/as para hacerlas. Luego, tienen que organizar las citas: decidir la hora, el lugar, quién reserva o saca las entradas, etc.

EJEMPLO:

● Pues a mí, el sábado por la mañana me gustaría ir de compras al barrio de Salamanca. ¿A alguien más le apetece?
○ A mí.
● Pues podemos ir juntos, si quieres.
○ Vale, ¿a qué hora quedamos? ¿A las 10?
● Mejor un poco más tarde, ¿qué tal a las 11?
○ Perfecto.

Para acordarte de todo, puedes resumir los datos de las citas del modo siguiente.

He quedado con _____
para _____
Hemos quedado en _____ a las _____
Tengo que _____

14-14 **Salir por la noche**
¿Qué se puede hacer por la noche en la ciudad donde están ustedes? Escriban entre todos/as siete actividades diferentes que han encontrado al hacer la actividad.

LES SERÁ ÚTIL...

¿Dónde y cuándo?
El concierto **es** a las 8h.
El concierto **es** en el Teatro Real.

Para concertar una cita

¿Cómo
¿A qué hora } quedamos?
¿Dónde

¿**Quedamos** en mi hotel?
¿Te/os/le/les va bien...
...delante del cine?
...a las seis?
...el sábado?

Para proponer otro lugar u otro momento
(Me iría) mejor...
Preferiría...
...un poco más tarde.
...por la tarde.
...en el centro.

Para hablar de una cita
He **quedado** a las 3h **con** María **en** su hotel **para** ir al Prado.

Sugerencias para la actividad 14–13
Los alumnos tendrán que trabajar según el esquema conversacional que se ofrece en el ejercicio y utilizando los contenidos de la columna LES SERÁ ÚTIL.
    Para formar las parejas o grupos que harán planes, un alumno puede empezar diciendo lo que ha decidido según el modelo de la página 223:
    Pues a mí lo que me apetece hacer el sábado por la mañana es ir de compras al barrio de Salamanca. ¿A alguien más le apetece?
    Los alumnos que coincidan con él se levantarán y formarán un grupo con el alumno que ha lanzado la propuesta.
    Los grupos se forman por afinidades de intereses. Nadie debería quedarse solo.
    Formados los grupos o parejas, deberán ponerse de acuerdo sobre el lugar y la hora del encuentro.
    Finalmente, cada alumno deberá rellenar la ficha que aparece en el ejercicio.

Sugerencias para la actividad 14–14
Esta actividad está concebida como un complemento opcional de la anterior. Podría usted llevar documentos reales (folletos, revistas de ocio, carteleras del periódico...) y preparar, en grupos, diferentes planes para el sábado en la ciudad en que los alumnos están estudiando español.

224

Sugerencias para la actividad 14–15

Las imágenes se corresponden con informaciones que proporciona el texto.

Los alumnos, en grupos, comentan las fotografías, y cambian impresiones sobre aquellos aspectos que más les llaman la atención. ¿Se darían las mismas situaciones en su lugar de origen?

Sugerencias para la actividad 14–16

Los alumnos leen el texto e intentan relacionar las imágenes con diferentes fragmentos de éste.

Tal vez alguno de sus alumnos conoce España y es posible que tenga una visión distinta a la que transmite el texto. Si es así, invíteles a manifestarse al respecto.

El título del texto describe en cierto modo su contenido: los españoles pasan el fin de semana fuera de casa. ¿Qué es lo más característico del fin de semana en el país o la ciudad de sus alumnos? Pídales que escriban un título para un posible artículo sobre ese tema. Elijan los tres títulos que más les gusten. Cada alumno podrá escribir un breve texto sobre uno de estos títulos. También pueden optar por hacerlo en equipos.

Si el texto tuviera que ir acompañado de unas fotografías, invite a los alumnos a pensar en qué tipo de imágenes representaría mejor al país en el que viven.

Una sugerencia para el desarrollo de la escritura en el aula:

Si realiza frecuentes trabajos de expresión escrita en equipos, o bien trabajos individuales que salen elegidos como los mejor logrados, puede hacer una carpeta en la que ir archivando estos trabajos. A medida que la carpeta va engrosando su contenido, esta puede convertirse en un dossier del grupo, que será susceptible de ser organizado en diversos apartados. También podrá convertirse, de este modo, en una herramienta de trabajo, al suministrar documentos a partir de los cuales generar nuevos textos que se añadan a los existentes: introducciones a las secciones, introducción y presentación general del dossier, hojas de comentarios con las reacciones a su lectura, etc.

Sugerencias para la actividad 14–17

Los alumnos comentan las diferencias que perciben entre las fotos y el texto que han leído, y las actitudes y costumbres del país donde viven.

Fin de semana en la calle

A los extranjeros que visitan España les llama mucho la atención la cantidad de gente que hay en la calle. Y la cantidad de bares.

Es seguramente la versión urbana moderna de la tradición mediterránea del ágora, de la plaza como lugar de encuentro. Y es que el "hobby nacional" es, sin duda alguna, hablar. Se habla en la calle, en los restaurantes, en las terrazas, con los amigos o con la familia. Y se habla generalmente en torno a una mesa, o en una barra de bar, casi siempre bebiendo o comiendo.

Los fines de semana mucha gente huye de las grandes ciudades. Son muchos los que tienen una segunda residencia, en el campo o en la playa. Muchas familias se reúnen en la antigua casa familiar, en el pueblo. El problema es la vuelta a casa el domingo. Sufrir un atasco impresionante para entrar en la ciudad es casi inevitable.

Los que se quedan en la ciudad, salen. Y salen mucho. Por ejemplo, al mediodía, antes de comer, van a tomar el aperitivo. Un paseo, unas cañas y unas tapas en una terraza, al sol, son para muchos el máximo placer de un domingo. Luego, se come en familia, muy tarde, sobre las tres o pasadas las tres. Se come en la propia casa, en la de los abuelos, o en casa de los tíos o de los hermanos. O si no, en un restaurante.

Por las tardes hay larguísimas colas en los cines y las calles céntricas están llenas de paseantes.

Las noches de los viernes y de los sábados las ciudades están también muy animadas y hay tráfico hasta la madrugada: gente que va o que viene de los restaurantes, gente que entra o sale de los espectáculos y grupos de jóvenes que van a bailar o a tomar algo.

Otra de las cosas que puede sorprender al visitante es lo poco planificado que está el ocio. Muchas veces nos encontramos con alguien, sin haber decidido muy bien qué vamos a hacer. Nos citamos a una hora no muy exacta ("a eso de las nueve", "sobre las diez", ...) y luego "ya veremos". Se toma algo en un sitio y, al cabo de un rato, el grupo se traslada a otro lugar, lo que también sorprende a muchos extranjeros. Y es que, para los españoles, es más importante con quién se está que dónde se está.

En los últimos años la práctica de deportes se ha puesto de moda y son muchos también los que organizan su tiempo libre y sus fines de semana en torno a su deporte favorito: la bicicleta o el tenis, el esquí o el golf, el jogging, el fútbol o la vela... Pero, ojo, siempre con amigos... Y hablando.

14-15 Observa las fotos y coméntalas con tus compañeros/as. ¿Hay algunas cosas que les sorprenden? ¿Cuáles?

14-16 Lee el texto. ¿Puedes relacionar las imágenes con algunas de las informaciones que da?

14-17 ¿Qué es igual y qué es diferente en tu cultura?

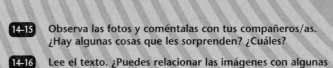

mi *gente* Uruguay

ESTRATEGIAS DE LECTURA:
La entrevista

An interview is a series of questions and answers in which the person who prepares the interview asks the questions and the person who is being interviewed provides the answers. An interview provides a window into a topic of interest or expertise of the interviewee or even of the person himself. The interviewer (and sometimes spectators) may even discover surprising facts about the interviewee!

The written version of an interview can be either an exact transcription of the whole conversation or a close approximation. In magazines and newspapers, the written version of an interview might also be part of a longer article. Often these interviews contain only some of the original questions and have amplified answers.

When reading an interview, you can find two types of questions:

Closed questions: questions with just one answer. For example: "**¿En qué año vino usted a los Estados Unidos?**"

Open-ended questions: questions with several possible answers. For example: "**¿Qué opina usted de la situación económica del país?**"

Some important interviewer skills:

Rapport building – the interviewer's ability to create a comfortable environment in which the respondent in likely to answer all questions openly, to feel like the interviewer is "on the interviewee's side.

Interpersonal communication – these are people skills: the ability to empathize with the interviewee, to demonstrate one's understanding of others, to be able to put oneself in the place of others and to understand their situations.

Being articulate – explain clearly the purpose of the interview, do it without hesitating, use words the respondent understands, avoid jargon, don't use up talk, too many inappropriate pauses, and avoid jargon when explaining issues.

Being persistent – an interviewer must be tenacious but not aggressive to obtain the interviewee's cooperation and good answers.

Paying attention to these features should help you understand what the author's intention was when writing the interview.

📖 GENTE QUE LEE

ANTES DE LEER

14-18 **Tu tiempo libre**
Marca con una cruz (X) en la siguiente tabla las actividades que haces normalmente en tu tiempo libre. Después compara tus respuestas con las de un/a compañero/a.

___ ir al cine	___ jugar al fútbol	___ pasear
___ ir al teatro	___ ir a restaurantes	___ leer
___ ir a la disco	___ jugar al billar	___ viajar
___ ir de compras	___ jugar al tenis	___ dormir
___ ir a fiestas	___ salir con amigos/as	___ tocar el piano
___ participar en alguna actividad comunitaria	___ patinar	___ _____

14-19 **¿Les apetece?**
Basándose en la actividad anterior, preparen una conversación en la que uno/a de ustedes invite al/a la otro/a a hacer algo esta noche. Si necesitan ayuda, fíjense en la conversación del modelo.

EJEMPLO:
● ¿Qué haces esta noche? ¿Tienes planes?
○ No, ¿por qué?
● Es que me han invitado a la fiesta de la cerveza.
  ¿Quieres venir?
○ Ah, vale. De acuerdo.

A LEER

14-20

Medio siglo de fiesta
Lee el siguiente texto para conocer sobre una fiesta muy popular que se celebra en Uruguay desde hace más de medio siglo. Después contesta las preguntas.

Respuestas a la actividad 14-21

1. Las personas son:

   Andrea Parra = una persona que ofreció un recital en 1970.

   Gustavo Ibarburu = el entrevistado, empleado de Cervecería Montevideo. Él trajo y defendió la idea de la fiesta anual de la cerveza.

   José Luis Rodríguez = un artista que actuó en el festival de la cerveza

   Enrique Echenique = director de "Cervezuru" en los años 50

   Marisa Robles = entrevistadora para El Planeta

   Matías Nocetti = director de "Cervezuru" en los años 50

   Mercedes Sosa = una artista que actuó en el festival de la cerveza

2. Se fue de vacaciones a Argentina, a una fiesta de cumpleaños en donde lo único que se servía era cerveza.

3. La primera semana de marzo.

4. En la Cervecería Montevideo.

5. Tomaron la iniciativa con estusiasmo y se lo plantearon a las autoridades municipales.

6. Fueron modestos y se hacía en la plaza de España.

7. Piensa que es un honor muy grande y les agradece mucho que quieran participar en su fiesta.

8. Porque hubo una visita presidencial y Andrea Parra ofreció un recital que todavía hoy se recuerda.

9. De nada. Se siente muy satisfecho.

10. Las respuestas varían.

14 gente que lo pasa bien ◆ MI GENTE

UNA SEMANA HISTÓRICA: Más de medio siglo ininterrumpido de fiesta

Marisa Robles, Montevideo

Cuando Gustavo Ibarburu, el empleado de Cervecería Montevideo, embotelladora de la cerveza "Cervezuru" se fue de vacaciones a Argentina en 1952 a una fiesta de cumpleaños, todo cambió.

Era el principio de los años cincuenta, y era una época difícil, con problemas económicos y con inestabilidad de precios. La vida era como siempre.

En medio de todo eso, Gustavo Ibarburu trajo y defendió una idea original: la de organizar la Primera Semana de la Cerveza de Montevideo. Los entonces directores de "Cervezuru", Enrique Echenique y Matías Nocetti, tomaron la iniciativa con entusiasmo. El gobierno municipal enseguida la apoyó y la comunidad hizo lo mismo. La famosa fiesta se celebra todos los años la primera semana de marzo. Desde aquel instante, han pasado ya cincuenta años. Han venido otros hombres, otras mujeres y los años han ido marcando las transformaciones de la Semana de la Cerveza de Montevideo.

EL PLANETA: Señor Ibarburu, ¿cómo se le ocurrió esta idea?

GUSTAVO IBARBURU: Pues, fue en un viaje a la Argentina. Allí se celebraba una fiesta de cumpleaños de un amigo mío. Había unos setenta invitados y lo único que se servía era cerveza. Así que pensé que sería una buena idea para la compañía tener una fiesta anual en la que lo único que se sirviera fuera cerveza.

EP: ¿Cómo fueron los inicios?

GI: Los primeros años, como suele suceder, fueron modestos y el lugar elegido para los festejos centrales fue la plaza de España, en pleno centro, pero pronto supimos que la fiesta sería todo un éxito pues la gente se divertía y cada vez asistían más y más personas.

EP: ¿Pensó alguna vez que su idea iba a tener tanto éxito?

GI: Sí, la verdad. Si no, no hubiera presentado mi idea a mis superiores y éstos a las autoridades.

EP: ¿Cómo se sintió cuando su idea fue aceptada por el gobierno municipal?

GI: Muy feliz. Era mi sueño, mi ilusión. Tenga en cuenta que yo trabajaba en una empresa cervecera y la cerveza es y ha sido siempre mi vida.

EP: ¿Qué piensa usted de que artistas como Mercedes Sosa, José Luis Rodríguez, Chayanne o Christian Castro hayan actuado en la fiesta de la cerveza, en *su* fiesta de la cerveza?

GI: Pues un honor muy grande. Les agradezco mucho que quieran participar en una fiesta como ésta, la fiesta que yo he creado.

EP: ¿Qué momento fue para usted el más importante?

GI: Fue en 1970. Hubo una visita presidencial y Andrea Parra ofreció un recital que todavía hoy se recuerda.

EP: ¿Hay algo de lo que se arrepienta?

GI: De nada. Si algo puedo decir es que me siento muy satisfecho. Ya me puedo morir tranquilo.

EP: Pues, felicitaciones, señor Ibarburu y muchas gracias.

GI: Gracias a ustedes.

DESPUÉS DE LEER

14-21 **¿Entendiste?**

Contesta las preguntas siguientes según el texto que acabas de leer.

1. ¿Quiénes son estas personas?

   - Andrea Parra
   - Gustavo Ibarburu
   - José Luis Rodríguez
   - Enrique Echenique
   - Marisa Robles
   - Matías Nocetti
   - Mercedes Sosa

2. ¿Cómo y dónde se le ocurrió la idea de la fiesta de la cerveza al señor Ibarburu?

3. ¿En qué fecha se celebra todos los años esta fiesta?

4. ¿Dónde trabajaba el señor Ibarburu?

5. ¿Cuál fue la reacción de los directores de "Cervezuru" cuando Gustavo les planteó la idea?

6. ¿Cómo fueron los principios de la fiesta?

7. ¿Qué piensa Gustavo de que artistas internacionales hayan actuado en la fiesta de la cerveza?

8. ¿Por qué fue 1970 el momento más importante para Gustavo?

9. ¿De qué se arrepiente hoy Gustavo? ¿Cómo se siente?

10. ¿Cuál es tu opinión sobre esta fiesta? ¿Tendría éxito en tu comunidad?

GENTE QUE ESCRIBE

14-22 Tu fiesta

ANTES DE ESCRIBIR

La fiesta de la cerveza uruguaya te ha hecho recordar las fiestas y tradiciones que hay en tu ciudad. Cada una de ellas es diferente y sirven para conmemorar diferentes cosas. Piensa en una fiesta de la que te apetezca hablar. Prepara una entrevista para hacer a tu compañero/a de clase en la que obtengas información sobre una fiesta o una tradición de su comunidad. Después compara la información con una fiesta o tradición que tú conoces.

Antes de empezar a escribir la entrevista, prepara las preguntas que le quieres hacer.

- Lugar y fecha de la fiesta/tradición
- Descripción sobre el origen
- Cambios producidos a lo largo del tiempo
- Personas relacionadas con este evento

- Participación popular
- Información específica sobre esta fiesta
- Otros hechos que consideres importantes e interesantes

Despúes anota las respuestas de tu compañero/a para que te sirvan de borrador.

A ESCRIBIR

Escribe la entrevista completa que le has hecho a tu compañero/a de clase siguiendo el modelo de la del periódico *El Planeta*.

DESPUÉS DE ESCRIBIR

Revisa tu primer borrador y comprueba:

CONTENIDO

- ¿Te gusta?
- ¿Necesitas incluir algo más?
- ¿Está bien organizado?

GRAMÁTICA Y VOCABULARIO

- ¿Hay errores?
- ¿Has usado gramática y vocabulario de este capítulo?

Pasa tu texto a tu compañero/a y pídele sugerencias.

Por último, pasa a limpio tu texto y entrégaselo a tu profesor/a.

GENTE EN LA RED

14-23 Salir en Montevideo

ANTES DE NAVEGAR

Estás en Montevideo, es sábado y quieres salir. Haz una lista de los sitios a los que te gustaría ir y de las actividades que te gustaría hacer.

LUGARES	ACTIVIDADES

A NAVEGAR

Ahora ve a la dirección (*www.prenhall.com/gente*) y lee la guía del ocio de Uruguay.

VOCABULARIO

Las actividades en el tiempo libre

asistir a un concierto en vivo	*to attend a live concert*
ir a un cóctel	*attend a cocktail*
estar a dieta	*to be in a diet*
ir a casa de amigos	*to visit friends*
jugar a los bolos	*bowling*
jugar al billar	*to play billiard*
navegar a vela	*sailing*
patinar	*to skate, to roller blade*
preparar una carta astral	*to prepare an astrological chart*
recorrer una ciudad a pie	*to take a walking tour around the city*
remar en el lago	*to row in the lake*
salir a cenar	*to go out for dinner*
tocar el piano	*to play the piano*
tomar unas copas	*to have a drink*

El cine y la televisión

(la) cartelera	*movie guide*
(la) ciencia ficción	*science fiction*
(el) clásico	*film classic*
(la) guía del ocio	*entertainment guide*
(la) película de acción	*action movie*
(la) película del oeste	*western*
(la) película policíaca	*police film*
(la) película de terror	*thriller*
(el/la) protagonista	*main actor/actress*
(la) cadena	*channel*
(la) caja tonta	*slang for television*
(el) capítulo	*chapter*
(el) concurso	*game, contest*
(la) hora de mayor audiencia	*prime time*
(el) noticiario	*news*
(la) programación	*programming*
(la) retransmisión	*broadcasting*
(la) serie	*series*
(el) telediario	*news*
(la) temporada	*season*

Los espectáculos y la oferta cultural

(la) actuación	*performance*
(la) animación	*animation*
(las) artes adivinatorias	*the art of fortune-telling*
(la) colección de arte	*art collection*
(la) coreografía	*choreography*
(la) diversión	*enjoyment*
(el) espectáculo de magia	*magic show*
(la) liga de campeones	*league of champions*
(la) música en vivo	*live music*
(la) obra de arte	*work of art*
(la) obra de teatro	*play*
(el) parque de atracciones	*amusement park*
(el) partido de fútbol	*soccer game*
(el) patio de tango	*the place to dance tangos*
(la) pinacoteca	*art gallery*
(la) plaza de toros	*arena, bullfighting ring*

Para describir y valorar espectáculos

ser un rollo	*it's an awful drag*
(el) ambiente	*atmosphere, ambiance*
(el) lugar de encuentro	*meeting point*
(el) placer	*pleasure*
animado/a	*lively*
bohemio/a	*bohemian*
buenísimo/a	*very good*
encantador/a	*charming*
espectacular	*spectacular*
esperado/a	*expected*
gustoso/a	*tasty*
impresionante	*impressive*
innovador/a	*innovative*
larguísimo/a	*very long*
lindo/a	*nice*
literario/a	*literary*
malísimo/a	*very bad*

Para planificar actividades y concertar citas

concertar (ie) una cita	*to make an appointment*
dar media vuelta	*to turn half way around*
dar una excusa	*to make an excuse*
dar una opinión	*to give an opinion*
echar un vistazo a	*to take a quick look*
expresar un deseo	*to make a wish*
prepararse para salir	*to get ready to go out*
proponer un plan	*to propose a plan*
rechazar una invitación	*to reject an invitation*
sacar una entrada	*to buy a ticket*

Verbos

acudir (a)	*to come along*
agradecer	*to thank*
amanecer	*to dawn, to begin to get light*
arrepentirse	*to regret*
deducir (zc)	*to deduce, to infer*
divertirse	*to enjoy; to have a good time*
excusarse	*to excuse oneself*
hallarse	*to be, to find oneself*
huir	*to escape*
modificar	*to modify*
planear, planificar	*to plan*
reunirse	*to meet*
romper con	*to break up with*
servir (i)	*to serve*
sorprender	*to surprise*
tener en cuenta	*to have in mind, to take into consideration*

Vamos a crear una campaña para la prevención de problemas de salud o accidentes. Para ello practicaremos maneras de:

- ✔ dar consejos y recomendaciones,
- ✔ referirnos a estados físicos y enfermedades,
- ✔ advertir de peligros.

gente
sana

15-1 **Consejos para un corazón sano**
Un periódico español publicó estos consejos para prevenir problemas cardiovasculares. Léelos y decide si estás cuidando bien tu corazón.

¿CUIDA USTED SU CORAZÓN?

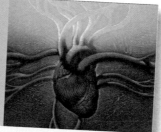

¿FUMA?
Si fuma, déjelo.
No será fácil. Al 50% de los fumadores les cuesta mucho.
Hay tratamientos que ayudan (chicles, parches, acupuntura...), sin embargo la voluntad es lo más importante.

¿TIENE LA TENSIÓN ALTA?
Si las cifras de tensión son superiores a 140 de máxima y 90 de mínima, visite al médico. La hipertensión es peligrosa. No causa molestias pero poco a poco va deteriororando las arterias y el corazón. Si le han recetado pastillas, no deje el tratamiento.

¿TIENE EL COLESTEROL ALTO?
Si tiene el colesterol superior a 240 mg/dl, reduzca el consumo de grasas animales y aumente el de frutas y verduras.

¿BEBE ALCOHOL?
Un poco de vino es bueno para el corazón. Pero más de dos vasos al día dejan de ser saludables y más de cuatro pueden ser peligrosos.

¿TIENE EXCESO DE PESO?
Divida su peso en kilos por el cuadrado de su altura.
Si el resultado está entre 25 y 29, debe reducir peso. Si está por encima de 30, debe visitar a un especialista.
Si desea adelgazar, no haga dietas extremas.

Ejemplo: usted mide 1´73 metros y pesa 78 kilos.

Operaciones:
  1. El cuadrado de su altura: 1´73 x 1´73 = 3.
  2. El peso dividido entre el cuadrado de su altura: 78 : 3 = 26.
Conclusión: Debe usted reducir peso.

¿HACE EJERCICIO?
Un paseo diario de 45 minutos es el mejor ejercicio a partir de una cierta edad.
Los deportes violentos pueden tener efectos negativos para su corazón.

¿TIENE ALGÚN RIESGO COMBINADO?
Si tiene varios de los factores de riesgo anteriores, debe vigilarlos mucho más.

UN FUMADOR DE 40 AÑOS QUE DEJA DE FUMAR GANA CINCO AÑOS DE VIDA CON RESPECTO A OTRO QUE SIGUE FUMANDO. A LOS DOS AÑOS DE DEJARLO, SU CORAZÓN ES COMO EL DE UN NO FUMADOR.

☐ Cuido bien mi corazón.

☐ Tengo que cuidarme un poco más.

☐ ¡Tengo que cambiar urgentemente de vida!

Sugerencias para la actividad 15–1
El documento puede contener estructuras gramaticales desconocidas para sus alumnos. Si le hacen alguna pregunta al respecto, responda explicando su significado, pero indíqueles que no son objeto de trabajo en la lección.

En cuanto al vocabulario, pídales que cada uno seleccione el que más le interese conocer.

Anime a sus alumnos a utilizar el diccionario cuando lo crean conveniente.

Empiece con el título de la lección, preguntando a sus alumnos:

¿Qué entendemos por "gente sana"?

¿Qué cosas hace ese tipo de gente?

Si no hacemos esas cosas, ¿qué nos puede pasar?

Utilice las imágenes para ayudarse en esta actividad.

Pídales que respondan a las preguntas que encabezan cada apartado y que están en letras mayúsculas y tinta roja, sin leer aún el comentario.

Cada uno lee individualmente el resto del apartado para responder a la pregunta que plantea el texto: *¿Cuida usted su corazón?*

Los alumnos deberán comprobar si tienen exceso de peso, utilizando las operaciones del texto.

Aproveche esta occasión para explicarles a sus estudiantes el sistema métrico.

Si quiere que sus alumnos trabajen con kilos, dígales que pueden utilizar la red para convertir libras en kilos y vice versa.

Sugerencias para la actividad 15–2

Haga a sus alumnos las preguntas que se plantean en el libro. Deje que trabajen en pequeños grupos, y luego haga una puesta en común con toda la clase.

Sugerencias para la actividad 15–3

Cada alumno busca en el texto las respuestas. Se trata de una lectura guiada por la pregunta, para buscar directamente la información requerida, sin detenerse en las partes del texto que no sean pertinentes.

Proponga a los alumnos que comprueben por parejas el resultado de su lectura.

Respuestas para la actividad 15–3

Si tomas el sol, utiliza cremas con filtros solares. Además, ponte una gorra y busca zonas de sombra en las horas del mediodía.

Si comes en un restaurante en verano, no tomes alimentos con huevos crudos o poco hechos.

Si te pica una garrapata, extráela y consulta a un médico. Para extraerla puedes usar gasolina como lubricante.

Si tienes diarrea, haz dieta absoluta el primer día, toma únicamente limonada alcalina. El segundo día puedes tomar un poco de arroz blanco, yogur, algo de plátano o manzana golden, o zanahoria…

Si, después de una picadura tienes vómitos, ve inmediatamente al servicio de urgencias más próximo.

Sugerencias para la actividad 15–4

Para esta actividad deje que los alumnos realicen una segunda lectura de los textos. Esto quiere decir, nuevamente, que la lectura va guida por ese motivo y que se centra fundamentalmente en el contenido de los textos. Las estructuras y expresiones que presenten dificultades de comprensión se explicarán únicamente para resolver estas dificultades, pero no para que los alumnos las utilicen activamente.

Finalizada la lectura, los alumnos, en parejas, se explican entre sí lo que les ha pasado. Dígales que presten atención porque, finalizada la actividad, tendrán que explicar ante la clase lo que le pasó a su compañero.

---

15 gente sana ◆ CONTEXTOS

15–2 Unas vacaciones tranquilas

La compañía aseguradora GENSEGUR ha elaborado esta campaña informativa para evitar los problemas típicos del verano a sus asegurados.

Antes de leer los textos, piensa…

- ¿Qué problemas puedes tener en vacaciones? Hagan entre todos una lista.
- ¿Qué hay que hacer para evitarlos o para combatirlos?

15–3 Consejos

Después de leer los textos, podrás terminar estos consejos.

- Si tomas el sol…
- Si comes en un restaurante en verano, …
- Si te pica una garrapata, …
- Si tienes diarrea, …
- Si, después de una picadura, tienes vómitos, …

15–4 Problemas en vacaciones

¿Has tenido en vacaciones alguno de estos problemas? ¿Cómo fue? Cuéntalo a tus compañeros/as.

EJEMPLO:
- Yo una vez en la costa me comí unas ostras y…

15–5 ¿Qué pasa?

 Escucha la audición y completa el cuadro.

¿Qué le ha pasado?	¿Qué tiene que hacer?
1. _____	_____
2. _____	_____
3. _____	_____

GENSEGUR, gente prevenida,

ASEGÚRESE UN VERANO

TRANQUILO

El verano es una época para disfrutar. Pero esas vacaciones que todos esperamos traen también, a veces, enfermedades y problemas muy molestos. Hemos elaborado una serie de consejos para evitar problemas de salud frecuentes en esta época del año. Si, a pesar de nuestros consejos, sufre alguno de estos problemas durante sus vacaciones, recuerde que el SERVICIO MÉDICO TELEFÓNICO de GENSEGUR está a su disposición las 24 horas del día. Tel.: 91-567 77 77

LESIONES PROVOCADAS POR EL SOL

Tomar el sol moderadamente es beneficioso: el sol proporciona vitamina D. Sin embargo, si se toma en exceso, el sol se puede convertir en un peligro.

de hora y procure descansar en un lugar fresco.
Si es grave, debe llamar al médico. A un paciente que está inconsciente, no se le debe dar nada de beber, hay que refrescarlo con paños húmedos y trasladarlo al hospital.

¿QUÉ HACER?

QUEMADURAS

Para calmar el dolor es conveniente aplicar agua fría, usar un hidratante sin grasa y no poner nada en contacto con la piel durante unas horas.

INSOLACIÓN

Si es ligera, apliquense paños húmedos por el cuerpo y la cabeza, beba tres o cuatro vasos de agua salada (una cucharadita de sal en un litro de agua), uno cada cuarto

Para prevenir quemaduras es aconsejable utilizar cremas con filtros solares. Aun sin llegar a producir quemaduras, el exceso de calor solar también es peligroso. Un exceso de rayos solares puede producir insolación. Ponernos una gorra o buscar zonas de sombra, especialmente en las horas del mediodía, puede evitarnos un buen susto.

Sugerencias para la actividad 15–5

Hágales escuchar a sus alumnos por separado cada una de las intervenciones. Es recomendable una primera audición para identificar el problema, y una segunda para saber qué debe hacer.

Respuestas para la actividad 15–5

¿Qué le ha pasado? ¿Qué tiene que hacer?

1. Le ha sentado mal algo que ha comido.
   Tomarse una manzanilla.

2. Ha tomado demasiado el sol en la playa.
   Ponerse crema o tomarse una aspirina.

3. Le ha picado un bicho.
   Ponerse amoníaco.

INFECCIONES ALIMENTARIAS

El calor hace proliferar frecuentemente gérmenes en algunos alimentos, lo que puede provocar diarreas, vómitos y fiebre. No tome alimentos con huevo crudo o poco hecho. Controle también las fechas de caducidad de las conservas.

Las intoxicaciones más comunes son las producidas por:
a. La salmonella (se encuentra en aves, huevos y carne de vacuno)
b. El estafilococo aureus (en aves, carne, jamón y repostería)
c. La shigella (en ensaladas y frutas crudas)
d. El clostridium botulinum (en carne ahumada, conservas y miel)

¿QUÉ HACER?

Tras una intoxicación de este tipo, haga dieta absoluta el primer día. Tome únicamente limonada alcalina (1litro de agua hervida, 3 limones exprimidos, una pizca de sal, una pizca de bicarbonato y 3 cucharadas soperas de azúcar). El segundo día puede tomar ciertos alimentos en pequeñas cantidades: arroz blanco, yogur, plátano, manzana golden, zanahoria, etc..

PICADURAS

En verano son frecuentes las picaduras. Aquí tiene algunas informaciones sobre las más comunes: qué síntomas producen y cuál es su tratamiento.

DE ABEJA Y AVISPA
Las más graves son las picaduras que provocan reacciones alérgicas y las masivas. Es especialmente peligroso si el insecto pica en la cabeza. Los síntomas más frecuentes son inflamación, dolor y escozor. En algunos casos pueden aparecer diarreas, vómitos, dificultad al tragar, convulsiones, etc. En este caso, hay que llevar al paciente al servicio de urgencias más próximo.

DE ARAÑA
El lugar de la picadura se enrojece y produce bastante dolor. Puede ponerse una pomada en la zona afectada.

DE ESCORPIÓN
Las picaduras de escorpión pueden ser mortales. Causan dolor intenso, inflamación y quemazón. El paciente suda, tiene náuseas y padece dolor muscular y abdominal. Conviene aplicar un torniquete en la zona afectada y trasladar inmediatamente al paciente a un hospital.

DE GARRAPATA
La picadura no duele pero puede transmitir enfermedades. Es aconsejable extraer la garrapata (la gasolina es muy útil ya que actúa como lubricante) y consultar a un médico.

15-6 **¿Qué hacer?**

¿Y si te pica una medusa? ¿Qué hay que hacer? ¿Qué no se debe hacer?

HAY QUE	NO SE DEBE	
		1. sacar a la persona del agua
		2. dejar a la persona en el agua
		3. lavar la zona afectada con agua limpia, amoniaco o vinagre
		4. transladar a la persona al hospital si la picadura ha afectado una gran superficie
		5. acostar a la persona afectada si la picadura es grave
		6. frotar la zona de la picadura
		7. lavar la picadura con agua de mar
		8. dejar los restos de medusa en la piel

1. Hay que 2. No se debe 3. Hay que 4. Hay que 5. Hay que 6. No se debe 7. No se debe 8. No se debe

---

Sugerencias para la actividad 15–6

No todos sus alumnos estarán familiarizados con el peligro de las medusas, ni siquiera con la existencia de estos animales, pero eso no es problema. Todo el mundo puede imaginarse una situación en la playa, en que alguien sufre la picadura de este animal desconocido: *¿Cómo reaccionarías?* La actividad consiste en un juego de adivinanza, para el que se dan las respuestas en el mismo libro. Se introducen así las expresiones HAY QUE y NO SE DEBE.

Los alumnos leen las frases y marcan con una cruz la columna que consideran correcta.

Expansión para la actividad 15–6

Utilice las expresiones HAY QUE y NO SE DEBE para que sus alumnos den instrucciones en otros casos de accidentes. Escriba en la pizarra:

En un accidente de moto...

En caso de quemaduras graves...

Si un niño se bebe una botella de lejía / se traga un alfiler / se atraganta con una espina de pescado... *Etc.*

Para esta actividad los alumnos necesitarán el contenido de la primera parte de la columna ESTADO FÍSICO Y SALUD.

Los alumnos dibujan en una hoja una ficha parecida a la de la página 236. En ella escriben datos relacionados con su historial médico. Recuérdeles que no tienen que ser necesariamente reales.

A continuación, preparan las preguntas que van a hacer al compañero para averiguar sus datos. Pueden ayudarse utilizando la información de la columna ESTADO FÍSICO Y SALUD.

Finalmente los alumnos hacen preguntas a los compañeros para averiguar los datos sobre su salud.

Expansión para la actividad 15–7

Entre todos podrían imaginar cómo se ha producido la caída del paciente al que corresponde esta ficha. En pequeños grupos se inventan un posible accidente.

Amplíe el vocabulario relacionado con las enfermedades que figuran en la ficha. *¿Qué órganos se ven afectados por ellas?*:

Meningitis: *el cerebro.*

Hepatitis: *el hígado.*

Apendicitis: *el intestino.*

Menisco: *la rodilla.*

Sugerencias para la actividad 15–8

Algunos de los nombres de enfermedades son idénticos en muchas lenguas, mientras que otros no (la migraña, la gripe...). Asegúrese de que sus alumnos conocen el vocabulario de este ejercicio.

En él utilizarán los contenidos de la segunda mitad de la columna ESTADO FÍSICO Y SALUD.

Los alumnos preparan la descripción de las enfermedades en parejas o en pequeños grupos. Si toman notas o escriben la descripción completa, el ejercicio luego transcurrirá con más agilidad. Mientras realizan esta preparación, circule entre los grupos para prestar ayuda con el vocabulario y la gramática.

A continuación, un representante de cada pareja o grupo describe en voz alta ante la clase una de las enfermedades que ha preparado. Los demás deberán adivinarla.

Información para la actividad 15–9

En alguno de los diálogos de esta audición hay determinadas palabras clave. Puede haber dificultades en la resolución del ejercicio si sus alumnos no las conocen.

La segunda columna de la ficha de respuesta se contesta según la opinión de los alumnos.

---

15 gente sana ◆ FORMAS Y RECURSOS

15-7 La historia clínica

Juan José Morales Ramos ha tenido que ir a urgencias porque se ha caído. La enfermera ha rellenado esta ficha. Léela y después haz tú una igual con tus datos. Luego haz preguntas a un/a compañero/a para hacer la suya. Si lo prefieren, pueden inventar la información.

Nombre: Juan José   Apellidos: Morales Ramos   Nº Seguridad social: 456666231
Edad: 31 años   Peso: 85 kilos   Estatura: 1'81
Grupo sanguíneo: A +   Enfermedades: meningitis, hepatitis
Operaciones: apendicitis, menisco   Alergias: ninguna
Observaciones: paciente hipertenso, fumador
Medicación actual: cápsulas contra la hipertensión
Motivo de la visita: dolor agudo en la rodilla izquierda producido por una caída

15-8 Cuando tienes conjuntivitis...

¿Conoces estas enfermedades? Elige una que conozcas y describe los síntomas, lo que hay que hacer y lo que no se debe hacer. Tus compañeros/as tratarán de adivinar cuál es. Aquí tienes algunas.

la anemia   el lumbago   el asma   la tortícolis

la diabetes   la migraña   la bronquitis   la gripe   la gastritis

la conjuntivitis   la otitis

EJEMPLO:

● Te duelen los ojos. No se debe tomar el sol, ni ver la tele...
   Y hay que lavarse los ojos con una infusión de manzanilla...
○ ¡La conjuntivitis!
● ¡Sí!

¹ También "la gripa".

ESTADO FÍSICO Y SALUD

¿Cuánto pesa/s?
¿Cuánto mide/s?
¿Cuál es su/tu grupo sanguíneo?
¿Es/eres alérgico/a a algo?
¿Ha/s tenido alguna enfermedad grave?
¿Lo/la/te han operado alguna vez?
¿De qué lo/la/te han operado?
¿Toma/s algún medicamento?
¿Qué le/te pasa?

Lo han operado del riñón.

No me encuentro bien.
No me siento bien.
Estoy cansado/enfermo/mareado/ resfriado...

Me/te/le duele la cabeza.
                        el estómago.
                        una muela.
                        aquí.

Me/te/le duelen los ojos.
                        los pies.

Tengo dolor de muelas.
                        cabeza.
                        barriga.

Tengo un resfriado.
        una indigestión.
        la gripe¹.
        diarrea/paperas/ anginas/...

Tomo unas pastillas para el insomnio.
        un jarabe para la tos.
Me pongo...
   ...unas inyecciones para la anemia.
   ...unas gotas para el oído.

TÚ IMPERSONAL

Si **comes** demasiado, **engordas.**
Cuando **tienes** la gripe, **te sientes** fatal. (=cualquier persona, todo el mundo)

Algunas de las personas que hablan tienen acento latinoamericano y usan expresiones propias de sus países.

Sugerencias para la actividad 15–9

Déjeles escuchar a sus alumnos, por separado, cada uno de los diálogos. Pídales que identifiquen las palabras clave.

Luego, pueden buscarlas en el diccionario, o puede usted traducirlas o explicar su significado y pedir a sus alumnos que digan el equivalente en su lengua. Son las siguientes:

Alicia: Le dio una *puntada*, en la *ingle*. Puede tener inflamado un *ganglio*. Se le *acalambra* la pierna.

Fabi: Tiene *tenso* el cuello y las *cervicales*.

Amalia: Tiene *pinchazos* en las espalda. Se ha quedado *clavada*. Le ha cogido como un *tirón*.

Cada alumno decidirá qué consejos les dará a estas personas; en pequeños grupos intercambiarán opiniones, usando la columna RECOMENDACIONES.

RECOMENDACIONES

Si tienes la tensión alta...
...no tomes sal.
...no debes tomar sal.
Cuando se tiene la tensión alta...
...no hay que tomar sal.
...no es conveniente tomar sal.
...conviene tomar poca sal.

MANDATOS

FORMAS REGULARES

	TOMAR	
tú	toma	no tomes
usted	tome	no tome

	BEBER		VIVIR	
tú	bebe	no bebas	vive	no vivas
usted	beba	no beba	viva	no viva

FORMAS IRREGULARES

	HACER	
tú	haz	no hagas
usted	haga	no haga

	IR	
tú	ve	no vayas
usted	vaya	no vaya

PODER (RECOMENDACIONES Y ADVERTENCIAS)

Si tomas tanto el sol, te **puedes** quemar.
Póngase una chaqueta. **Puede** resfriarse.
Pueden tomar unas hierbas. Les sentarán bien.
Algunos deportes **pueden** ser peligrosos para el corazón.

15-9 **¿Qué les pasa?**

Escucha la audición y anota qué problemas tienen estas personas. Después de oír lo que les pasa, ¿qué crees que deberían hacer?

	¿QUÉ LE PASA?	DEBERÍA...
A Alicia		
A Fabi		
A Amalia		

15-10 **Problemas de salud**

Imagina que tienes algún problema de salud. Anota los síntomas y, luego, explícaselos a la clase. Algunos/as compañeros/as deberán darte consejos.

¿QUÉ TE PASA?   ESPECIALMENTE CUANDO...
Me pican los ojos   leo o veo la tele

EJEMPLO:
- Me pican mucho los ojos. Especialmente si leo o veo mucho la tele.
○ Pues debes ir al oculista. A lo mejor necesitas llevar gafas.
■ Y no veas tanto la tele.

15-11 **A dieta**

Estas amigas comentan diversas dietas para adelgazar. ¿En qué consisten? ¿Cuál te parece mejor? ¿Por qué?

	SE PUEDE	NO SE PUEDE	PROBLEMAS
dieta de las disociaciones			
dieta del "sirop"			
dieta del astronauta			

¿Y tú? ¿Haces o has hecho dieta alguna vez para adelgazar? Cuéntasela a tus compañeros/as.

Hay que..   No se debe...   Sin embargo se puede...

15-12 **Se puede, no se puede...**

Escribe una cosa que se puede hacer, una que no se puede hacer y una que hay que hacer en cada uno de estos lugares.

	SE PUEDE	NO SE PUEDE	HAY QUE
en un cine	comer palomitas	cantar	pagar para entrar
en un hospital			
en la clase de español			
en un aeropuerto			
en un monasterio			
en una discoteca			
en una biblioteca			

15-13 **¿Dónde...?**

En grupos, piensen en un lugar (supermercado, consulta del médico, cárcel...). Sus compañeros/as van a intentar averiguar cuál es. Para ello les harán preguntas: ¿Se puede...?, ¿Hay que...? Ustedes sólo podrán contestar sí o no.

237
doscientos treinta y siete

Respuestas para la actividad 15-9

¿Qué le pasa?

A Alicia: Ha sentido un pinchazo (una puntada) en la ingle, le duele mucho y tiene calambres en las pierna.

A Fabi: Le duele mucho (un montón) la cabeza y tiene tenso el cuello y las cervicales.

A Amalia: Tiene pinchazos en la espalda, no puede moverse, se ha quedado inmóvil (clavada, como tiesa), no puede sentarse y le duele mucho.

Sugerencias para la actividad 15-10

Para la primera parte de la actividad (imaginar algún problema de salud), pueden pensar en su propia experiencia o en personas que conozcan.

Cada alumno escribe síntomas de una dolencia real o imaginaria.

Seguidamente, con toda la clase o en pequeños grupos, un alumno lee sus síntomas y los demás le dan consejos para su curación.

Si cree que los alumnos necesitan ayuda, proponga una lluvia de ideas sobre posibles síntomas y escríbalos en la pizarra.

Sugerencias para la actividad 15-11

Comience con preguntas de predicción de contenidos:

¿En qué puede consistir una dieta que lleva el nombre de "dieta de las disociaciones", "dieta del sirop" o "dieta del astronauta"?

Estimule la imaginación de sus alumnos con pistas:

¿Qué cosas disociará una dieta? (Ingredientes, alimentos)

¿Conocen algunas asociaciones de alimentos que sean poco recomendables?

¿Qué sera un "sirop" o "jarabe"? ¿En qué consistirá la dieta?

¿Hacen dieta los astronautas? ¿Por qué? ¿Para adelgazar o por otro motivo?

Pase por separado la audición de cada una de las tres dietas y deje tiempo para que los alumnos escriban.

Respuestas para la actividad 15-11

Dieta de las disociaciones: Se puede comer fruta, cosas desnatadas y comida light. No se puede ligar proteínas con carbohidratos, comer carne con espagueti ni con patatas; Ni pan ni pasta ni patatas. Problemas: la comida light no es muy sabrosa.

Dieta del sirop: No se puede comer nada en diez días, ni beber café. Sólo el jarabe. Problemas: es como estar ayunando, se pasa hambre, puede haber problemas con la presión sanguínea y te pueden dar mareos y dolores de cabeza.

Dieta del astronauta: Se puede tomar líquidos y cualquier tipo de alimento con tal de que esté en estado líquido.

No se puede comer sólidos el día del mes en que se hace la dieta (que es el día en que cambia la luna).

Sugerencais para la actividad 15–14

Sugerencais para la actividad 15–14

Este ejercicio pretende ser una ayuda para la formación de grupos de trabajo afines por sus intereses. No obstante, puede utilizarlo para repasar y reforzar vocabulario asociado con cada uno de los tres temas.

Pida a sus alumnos que cada uno de ellos ordene los tres temas de mayor a menor interés personal.

A continuación, buscarán a aquellos compañeros con los que formar un grupo de trabajo. Sería conveniente que todos los temas quedaran cubiertos.

Una manera de formar grupos podría ser disponer de etiquetas adhesivas, para que cada alumno anote en una de ellas el tema que quiere tratar y se la pegue en algún lugar visible.

Cuando todos lo han hecho, los alumnos se levantan y buscan a las personas que tienen en la etiqueta el mismo tema que ellos han seleccionado, y se sientan juntos para realizar la tarea.

Sugerencias para la actividad 15–15

Puede servirse de las imágenes de la doble página. Utilice técnicas distintas para cada uno de los temas con el fin de que el trabajo resulte variado y ameno, por ejemplo: asociogramas (el tabaco), relatos de experiencias conocidas (accidentes), causas y origen de la dolencia (dolor de espalda); u otras que usted considere más apropiadas. Del mismo modo, puede alternar el trabajo de la clase en conjunto (asociograma) con el de pequeños grupos (relato) o individual (origen y causas).

El ejercicio va acompañado de tres textos grabados que reproducen un programa de radio en el que se tratan los tres temas relativos a la salud que serán objeto de la campaña. Cada grupo de trabajo encontrará en el fragmento del programa, correspondiente a su tema elegido, más ideas que incorporar a sus campaña. Sin embargo, puede aprovechar los tres fragmentos para realizar actividades de comprensión auditiva dirigidas a toda la clase.

238

---

 gente sana ◆ TAREAS

15-14 Más vale prevenir que curar

En pequeños grupos, vamos a desarrollar una campaña de prevención de accidentes o de algún problema de salud. ¿Cuál de los siguientes temas te parece más interesante? Busca a los/las compañeros/as que se interesan por el mismo, para formar un grupo de trabajo con ellos/as.

LOS ACCIDENTES DE TRÁFICO

EL DOLOR DE ESPALDA

EL TABACO

15-15 Temas para tratar

Aquí tienen imágenes y listas de vocabulario que les servirán para preparar las campañas. Pueden añadir otros puntos que quieran tratar recordando sus experiencias. También pueden inspirarse en los fragmentos de programas sobre la salud emitidos por RADIOGENTE.

LES SERÁ ÚTIL

Relacionar ideas
La nicotina tiene efectos muy nocivos, **sin embargo**, muchas personas fuman.

A pesar de que el tabaco es peligroso, mucha gente no puede dejarlo.

Muchas personas luchan contra el tabaco **ya que** saben que es peligroso.

Adverbios en -mente
ADJETIVO FEMENINO + **-mente**
moderadamente
excesivamente
especialmente
frecuentemente
...

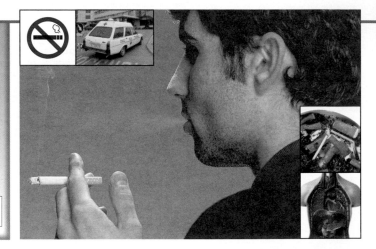

DEJAR DE FUMAR
los efectos nocivos del tabaco
la tos
la nicotina
los riesgos
el cáncer
el pulmón
los problemas respiratorios
las enfermedades cardiovasculares
el corazón
los fumadores pasivos
la dependencia física y psíquica
los métodos para dejar de fumar

Las Autoridades Sanitarias advierten que el tabaco perjudica seriamente la salud

EL DOLOR DE ESPALDA

los trabajos sedentarios
el coche
trabajar con el ordenador
las posturas
agacharse
levantarse
nadar
hacer ejercicio
consultar a un especialista
levantar pesos
sentarse
llevar zapatos/ropa...
los masajes
los estiramientos
los medicamentos
cambiar nuestros hábitos

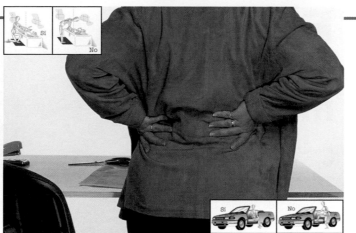

LOS ACCIDENTES DE TRÁFICO

el estado del coche: frenos,
neumáticos
abrocharse el cinturón de seguridad
el casco
el mal tiempo
las señales de tráfico
la velocidad
el riesgo de accidentes
parar
los alimentos pesados
el alcohol
los síntomas de cansancio
los medicamentos: análgésicos,
tranquilizantes y antihistamínicos
distraerse (hablar por teléfono,
consultar un mapa, poner la radio...)

En grupos tienen que...

■ escribir una pequeña introducción de la campaña con la descripción del problema, sus causas y consecuencias principales,

■ recopilar una serie de recomendaciones (qué hay que hacer y qué no se debe hacer) para combatir o evitar estos problemas sanitarios,

■ inventar un eslogan para la campaña.

15-16 Trabajo final

Cuando todo esto esté hecho, presenten su trabajo al resto de los/las compañeros/as en forma oral o en forma de folleto, cartel, etc.

Más sugerencias para la actividad 15-15

Realice una primera audición general del programa completo, con los tres textos, y pídales a sus alumnos que resuman en una frase el contenido de cada uno de ellos.

A continuación, realice una segunda audición. Cada alumno prestará especial atención al fragmento que le corresponda por su tema, y esta vez deberá intentar obtener el máximo de información detallada sobre el mismo, seleccionando únicamente aquellos datos que le parezcan relevantes.

Los alumnos trabajan sobre la campaña en los distintos grupos que se han formado. Déjeles libertad para organizarse a su modo y para tomar las decisiones que consideren oportunas.

Preste atención, en primer lugar, a aquellos grupos en los que observe dificultades para organizarse y poner en marcha la campaña.

Cuando todos los grupos estén organizados y tengan claro el tipo de campaña que van a realizar, procure que realicen una primera actividad de acopio de ideas, intentando obtener un máximo de información; en esta fase, se trabajará haciendo que los distintos miembros del grupo presenten todas aquellas informaciones y datos que se les ocurran.

Aquí podrán utilizar los contenidos de la columna LES SERÁ ÚTIL.

En una segunda fase, se trabajará de manera más crítica, seleccionando las ideas que se desean incorporar a la campaña y distinguiendo entre datos objetivos y recomendaciones que se derivan de ellos.

Con las instrucciones que proporciona el libro, podrá completarse la campaña de cada grupo.

Si los temas que propone el libro no motivan al grupo de clase, los alumnos podrían pensar y decidir otros temas relacionados con la salud.

Comente con todo el grupo de clase el contenido del collage de imágenes que acompaña el texto.

¿Qué relación les sugiere cada una de las imágenes con el título del texto?

Seguidamente, los alumnos leen el texto y contestan a preguntas como:

¿Cuáles de las cosas que se acaban de comentar aparecen en el texto?

¿Qué informaciones de las que contiene el texto les eran ya conocidas?

¿Cuáles les parecen inverosímiles?

Los alumnos podrían comparar el uso del ajo en la cocina española y en la de sus países. Si no utilizan ese ingrediente, podrían hacer una lista de los elementos básicos con los que suelen cocinar.

---

15 **gente sana** ◆ **CONTACTOS**

El ajo, remedio mágico

Cada cultura tiende a atribuir propiedades mágicas a los productos que consume. Es el caso del ajo, tan importante en las cocinas de España y de América Latina.

Un diente de ajo al día ya formaba parte de la dieta de los esclavos egipcios que construyeron la gran pirámide de Keops. Viajó en los barcos fenicios, cartagineses y vikingos y se convirtió en remedio para innumerables males: para alejar vampiros, para aumentar la virilidad, o para eliminar las pecas. Unas veces ha sido talismán contra la muerte y otras simple condimento.

En nuestros días, bioquímicos norteamericanos han confirmado científicamente creencias ancestrales. La alicina, el componente más activo del ajo, es un potente antibiótico y fungicida. El ajo reduce el colesterol y es un revitalizador general. Es también un relajante del corazón, antireumático, diurético y digestivo. Limpia el aparato digestivo de parásitos, previene gripes y resfriados y tonifica la libido. Se puede afirmar, pues, que el consumo diario de ajo fresco protege contra muchas enfermedades y combate la bajada de defensas.

15-17 ¿Conoces tú algún remedio casero?
Coméntalo con tus compañeros/as.

Para el insomnio...
Para las digestiones pesadas...
Para las náuseas...
Para la tos...
Para las agujetas...
Para el dolor de cabeza...
Para el estreñimiento...
Para otros problemas...
Para la resaca...

EJEMPLO:

• Si has bebido demasiado,
puedes tomar café con sal y...
○ Y oler amoniaco, también va bien.

15-18 Éste es un fragmento de un artículo de una
revista que se publica en España. ¿Pasa lo
mismo en tu país? ¿Qué crees que hay que
hacer para tener una dieta sana?

A nuevos gustos, nuevos hábitos

Las actuales costumbres y los gustos estéticos (todos queremos estar delgados y todos vamos con prisas) han provocado la caída en picado del pan, la pasta y las patatas. En los últimos treinta años, el consumo de estos productos se ha reducido a la mitad. La energía aportada por dichos hidratos se ha sustituido por otra proveniente de proteínas animales, cuyas grasas se acumulan estratégicamente en las zonas menos deseables y son más difíciles de eliminar. El doctor Miguel Ángel Rubio, de la unidad de Nutrición Clínica del Hospital Universitario San Carlos de Madrid, insiste en que "los cambios experimentados en la dieta de los españoles se

Los actuales gustos estéticos de los españoles hacen disminuir el tradicional consumo de pan, pasta y patatas

traducen en una disminución del pan, las legumbres, las pastas, el arroz, las verduras, el aceite de oliva y el vino, aumentando los derivados lácteos, las carnes, los embutidos, los bollos, las galletas y otras grasas no deseables, como los aceites de coco y palma. Esto conduce a una mayor incidencia del colesterol y las grasas saturadas y a la disminución de la fibra, los antioxidantes y los carbohidratos". O sea que, después de exportar las bondades de la dieta mediterránea a medio mundo, los españoles adoptan los malos hábitos practicados en otros países, como la indiscriminada ingestión de grasas saturadas con la llamada "comida rápida".

241

Sugerencias para la actividad 15–17

Tal vez sus alumnos conozcan remedios caseros para problemas de salud que no figuran en la lista. También podrían hablar de remedios caseros para problemas no específicos de la salud, pero relacionados con la cocina, la alimentación, el mantenimiento del hogar...

Sugerencias para la actividad 15–18

Fíjese únicamente en el título del texto y el pie de foto de la página 241 y haga que los alumnos comenten la situación en su país:

alimentación tradicional y moderna.

formas de compra.

razones del cambio.

Después de leer el texto, cada alumno debe realizar una síntesis del contenido del texto, guiado por las preguntas.

15

mi *gente* Costa Rica

ESTRATEGIAS DE LECTURA:

La descripción

A description is a word picture, which is intended to convey a mental image of something experienced or conceived of by the writer.

Descriptive words and phrases give writing life and create interest for the reader. Description is rarely used alone; it is almost always combined with other patterns. By carefully choosing descriptive details, the author can create pictures in the readers' minds, engage their interest, and give them a sense of "being there."

Description is a familiar means of self-expression that we frequently use in conversation, for example, to tell a friend about a movie you have seen, a book you have read, a person you care about, or a place you have been. You describe your symptoms to a doctor. You describe previous work experience to a prospective employer. There is always the chance for the listener to ask questions or respond. Readers, however, do not have opportunities for questions; they have only the writer's words on a piece of paper. The descriptions must enable them to "see" clearly what the author is talking about.

When describing something, the writer should try to involve as many sensory details—sight, sound, touch, taste, and smell—as possible. They can be objective and report information without bias or emotion, or they can be subjective and explain by expressing their feelings and impressions. Whether a writer chooses to be objective or subjective, s/he needs to include in the thesis a controlling idea that provides an overall impression of whatever is being described. Finally, a writer must support that idea with details.

GENTE QUE LEE

ANTES DE LEER

15-19 **Mente sana en cuerpo sano**
Marca con una cruz (X) en la siguiente tabla los problemas de salud que has tenido. Después compara tus repuestas con las de un/a compañero/a.

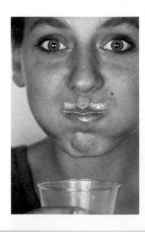

___ resfriado	___ dolor de oídos	___ bronquitis
___ diarrea	___ dolor de cabeza	___ faringitis
___ quemaduras	___ apendicitis	___ sinusitis
___ osteoporosis	___ ataque al corazón	___ conjuntivitis
___ rotura de huesos	___ fiebre alta	___ migraña
___ vómitos	___ neumonía	___ _____

15-20 **¿Cómo te sientes?**

Basándose en la actividad anterior, preparen una conversación en la que uno/a de ustedes es un/a médico/a y el/la otro/a un paciente. Describa la enfermedad. Si necesitan ayuda, fíjense en el modelo.

EJEMPLO:

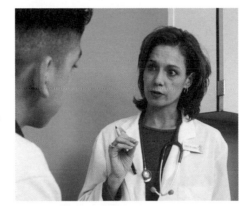

- ¿Ha tenido usted alguna enfermedad?
- Sí he tenido muchas pero la peor fue neumonía.
- ¿Qué le pasó?
- Pues, fui de viaje a la ciudad de México y no me llevé demasiada ropa de abrigo. Estuvo nevando tres días y pasé mucho frío.
  Cuando regresé, empecé a sentirme horrible.
- ¿Y qué síntomas tuvo?
- Fiebre, dolor de pecho, debilidad y muchísima tos. Estuve malísimo/a.

A LEER

15-21 **Un viaje curativo**

No te encuentras bien y el médico te ha recomendado unas vacaciones en un lugar tranquilo donde puedas descansar unos días. Alguien te ha dicho que en Costa Rica existe un lugar ideal donde puedes encontrar variedad de climas. Lee el siguiente texto para saber más sobre este lugar. Después contesta las preguntas.

Respuestas a la actividad 15–22

1. Está situado en la provincia de Guanacaste, en el Pacífico Norte, 36 kilómetros al norte de la ciudad de Liberia. El parque fue creado el 5 de junio de 1991.
2. Uno muy húmedo tropical, otro húmedo tropical, uno nuboso y uno seco tropical.
3. Alrededor de 3.000 especies de plantas, alrededor de 300 de aves y alrededor de 5.000 especies de mariposas.
4. El río Ahogados y el Colorado.
5. ACG es el Área de Conservación Guanacaste. Su principal tarea es conservar la biodiversidad de los ecosistemas y el patrimonio cultural presentes en él como modelo de desarrollo que integra el manejo del área a la sociedad.
6. Los objetivos son desarrollar actividades de protección de las características de los ecosistemas y facilitar y fomentar la integración de la comunidad local, nacional e internacional en el uso y manejo del area a través de procesos de investigación y educación.
7. Las respuestas varían.

Parque Nacional Guanacaste

El Parque Nacional Guanacaste está situado en la provincia de Guanacaste, en el Pacífico Norte de Costa Rica, 36 kilómetros al norte de la ciudad de Liberia, con una extensión de 32.512 hectáreas. Fue creado el 5 de junio de 1991 y contiene una gran diversidad ecológica distribuida en los bosques: muy húmedo tropical, húmedo tropical, nuboso y seco tropical.

La congregación de estas áreas constituye una gran diversidad de ecosistemas, donde se encuentra representado desde el bosque húmedo del Caribe, con una precipitación anual promedio de más de 3.000 milímetros, hasta las zonas más secas y viejas de Costa Rica, que están representadas principalmente por la Península de Santa Elena, con más de 80 millones de años de antigüedad y una precipitación anual de 900 milímetros. Además, la zona cuenta con el bosque nuboso de menor altura en Costa Rica (1.500 metros sobre el nivel del mar); bosque seco en diferentes etapas de regeneración, manglar y una rica y diversa zona marino-costera.

Por su extensión, diversidad y ubicación, tanto en la vertiente atlántica como en la pacífica, el parque posee una gran diversidad bioló-

gica en su bosque húmedo siempreverde con una gran variedad de plantas, alrededor de 3.000 especies. Asimismo, sobresale la diversidad de aves, alrededor de 300, y algunos mamíferos como el venado, el jaguar, el puma y el armadillo. Según estimaciones acerca del número de especies de mariposas diurnas y nocturnas, hay alrededor de 5.000 especies.

Las partes altas del parque están representadas por los macizos de los volcanes Orosí y Cacao. Entre el cerro Orosilito y el volcán Cacao nace el río Tempisque que, luego, con otros ríos como el Ahogados y el Colorado, formarán el río Tempisque, principal colector de Guanacaste.

La misión del Área de Conservación Guanacaste es conservar la biodiversidad de los ecosistemas y el patrimonio cultural presentes en el ACG, como modelo de desarrollo que integra el manejo del área a la sociedad. Los objetivos planteados para cumplir con la misión son desarrollar actividades de protección de las características de los ecosistemas y facilitar y fomentar la integración de la comunidad local, nacional e internacional en el uso y manejo del área a través de procesos de investigación y educación.

DESPUÉS DE LEER

15-22 **¿Entendiste?**
Contesta las preguntas siguientes según el texto que acabas de leer.

1. ¿Dónde está situado y cuándo fue creado este parque?
2. ¿Cuáles son los tipos de bosques que se pueden encontrar en este parque?
3. ¿Cuántas especies de plantas, aves y mariposas se pueden encontrar en el bosque húmedo?

4. ¿De qué otros ríos está formado el río Tempisque?

5. ¿Qué es ACG? ¿Cuál es su principal tarea?

6. ¿Qué objetivos tiene esta área?

7. ¿Existe un lugar parecido en tu país? Descríbelo.

GENTE QUE ESCRIBE

15-23 **El lugar ideal**

ANTES DE ESCRIBIR

Describe tu lugar ideal. Antes de hacerlo, ten en cuenta algunas de las siguientes características:

- ubicación: playa/montaña, campo/ciudad, país, etc.
- descripción física y geográfica del lugar escogido
- características peculiares
- propiedades y recursos
- otros rasgos que consideres importantes e interesantes

A ESCRIBIR

Escribe un texto descriptivo en el que describas con detalle el lugar real o imaginario que has elegido.

DESPUÉS DE ESCRIBIR

Revisa tu primer borrador y comprueba:

CONTENIDO

- ¿Te gusta?
- ¿Necesitas incluir algo más?
- ¿Está bien organizado?

GRAMÁTICA Y VOCABULARIO

- ¿Hay errores?
- ¿Has usado gramática y vocabulario de este capítulo?

Pasa tu texto a tu compañero/a y pídele sugerencias.

Por último, pasa a limpio tu texto y entrégaselo a tu profesor/a.

(www) **GENTE EN LA RED**

15-24 **Más sobre el parque Guanacaste**

ANTES DE NAVEGAR

Definitivamente el parque de Guanacaste en Costa Rica te atrae. Sin embargo, no tienes demasiada información sobre este lugar. Lee las siguientes preguntas y marca con una cruz (X) de las que te gustaría tener respuesta. Después escribe tus propias preguntas.

_____ Una vez en Costa Rica, ¿cómo puedo llegar?

_____ ¿Qué horarios tiene el parque?

_____ ¿Qué atractivos (museos, playas, bosques, etc.) tiene este lugar?

_____ ¿Hay áreas para acampar?

_____ ¿Qué servicios (gasolineras, farmacia, hospitales, alojamiento, alimentación) hay en este lugar?

Mis preguntas:

_____

_____

A NAVEGAR

Ahora ve a la dirección (*www.prenhall.com/gente*), comprueba las repuestas a las preguntas que te han interesado y descubre otras cosas sobre este lugar.

VOCABULARIO

Los accidentes

(el) ataque al corazón	heart attack
(la) fractura	fracture
(la) indigestión	indigestion
(la) infección alimentaria	food poisoning
(la) insolación	exposure
(la) intoxicación	intoxication
(la) picadura de avispa/abeja /garrapata	wasp/bee/tick bite
(la) quemadura	burn
(la) reacción alérgica	allergic reaction
caerse	to fall
cortarse una mano	to get a cut in the hand
desmayarse	to faint
marearse	to get dizzy
quedarse inconsciente	to lose consciousness
resfriarse	to get a cold
romperse un hueso	to break a bone

sentir escalofríos	to have chills
tener un accidente	to have an accident
torcerse un tobillo/una muñeca	to sprain an ankle/a wrist

Las enfermedades y los estados de salud

(la) alergia	allergy
(la) apendicitis	appendicitis
(el) asma	asthma
(la) bronquitis	bronchitis
(la) conjuntivitis	conjunctivitis
(la) diarrea	diarrhea
(el) dolor de cabeza	headache
(el) dolor de muelas	teeth pain
(el) dolor de oídos	ear pain
(la) faringitis	pharyngitis
(la) gripe	flu
(el) insomnio	sleeplessness, insomnia
(la) migraña	migraine

(las) paperas	*mumps*
(la) tortícolis	*torticollis; stiff neck*
(la) varicela	*chickenpox*
(las) agujetas	*stitches; twinges*
(el) cansancio	*tiredness*
(la) convulsión	*convulsion*
(la) dificultad al tragar	*difficulty to swallow*
(el) dolor agudo	*deep pain*
(el) escozor	*smart, sting*
(el) estreñimiento	*constipation*
(el) exceso de peso	*overweight*
(la) fiebre alta	*high fever*
(la) inflamación	*inflammation*
(la) lesión	*injury, lesion*
(el) mal, (la) enfermedad	*illness, sickness*
(la) molestia	*annoyance, discomfort*
(la) resaca	*hangover*
(el) síntoma	*symptom*
(la) tensión alta	*high blood pressure*
(la) tos	*cough*
(el) vómito	*vomit*

Los remedios y las medicinas

(la) acupuntura	*acupuncture*
(el) estiramiento	*stretching*
(el) masaje	*massage*
(la) operación	*surgery*
(la) prevención	*prevention*
(el) remedio casero	*domestic remedy*
(el) tratamiento	*treatment*
(el) analgésico	*analgesic*
(el) antibiótico	*antibiotic*
(el) bicarbonato	*bicarbonate of soda*
(la) cápsula	*capsule*
(el) chicle de nicotina	*nicotine gum*
(el) hidratante	*moisturizing cream*
(la) infusión de manzanilla	*chamomile tea, infusion*
(el) jarabe	*syrup*
(el) paño húmedo	*warm compress*
(el) parche	*patch*
(el) tranquilizante	*tranquilizer*
(la) vitamina	*vitamin*

Para dar consejos y recomendaciones

(la) altura	*height*
(la) estatura	*stature*
(el) grupo sanguíneo	*blood type*
adelgazar	*to lose weight*
dejar el tratamiento	*to discontinue treatment*
engordar	*to gain weight*
frotar con linimento	*to rub with liniment*
levantar pesos	*to lift weights*
operar (de)	*to have surgery, to operate*
poner una pomada	*to apply a cream*
recetar pastillas	*to prescribe pills*
sudar	*to sweat*

Otras palabras y expresiones útiles

(la) advertencia	*warning*
(la) compañía aseguradora	*insurance company*
(el) consumo	*consumption*
(la) creencia ancestral	*ancestral belief*
(la) cucharada (sopera)	*spoonful*
(la) época del año	*season*
(el) factor de riesgo	*risk factor*
(la) fecha de caducidad	*expiration date*
(las) grasas animales	*animal fat*
(el/la) fumador/a	*smoker*
(el) riesgo	*risk*
abrocharse el cinturón de seguridad	*to fasten the seat belt*
convertirse (ie) en un peligro	*to become a danger*
estar a su disposición	*to be at your disposal*
a pesar de	*in spite of, despite*
científicamente	*scientifically*
en exceso	*excessively*
moderadamente	*moderately*
poco a poco	*bit by bit*
un (buen) susto	*a (big) scare*

Verbos

advertir (ie) (de)	*to notice, to point out, to advise, to warn*
combatir	*to fight*
cuidarse	*to take care*
dejar de + Inf.	*to discontinue*
deteriorar	*to deteriorate*
distraerse	*to get distracted*
enrojecerse (zc)	*to blush*
medir (i)	*to measure*
padecer (zc)	*to suffer*
perjudicar	*to harm, to damage*
pesar	*to weight*
picar	*to itch*
poner en contacto	*to put in contact*
prevenir	*to prevent*
proporcionar	*to give*
recopilar	*to collect*
refrescar	*to refresh*
tonificar	*to strengthen*
tumbar	*to knock down*
vigilar	*to watch*

Información para las imágenes

De los tres gestos que se reproducen en las fotografías de la página 249, el de *llevarse el dedo índice a los labios* para pedir u ordenar silencio es tal vez el más universal.

Tocarse la mejilla con el dorso de la mano (o también con la palma, dándose ligeros palmetazos) equivale a decir que alguien (el interlocutor o una tercera persona) "tiene la cara muy dura", es decir, que se aprovecha de los demás.

Finalmente, *tocarse la sien con el dedo índice* equivale a decir de alguien que está loco, o que "le falta un tornillo" (de ahí que, en muchas ocasiones, se haga girar el dedo sobre la sien).

Sugerencias para las imágenes

Trabaje primero con la imagen:

¿Qué cosas hace o dice esta persona?

¿Qué mano usa en cada caso?

Comente con sus alumnos las posibles dificultades que las personas zurdas pueden encontrar para desenvolverse en cuestiones prácticas de la vida. En qué situaciones creen que pueden tropezar inesperadamente con un obstáculo. Invíteles a pensar en otros grupos de personas que, por sus características físicas, encuentran obstáculos semejantes.

Introduzca, a continuación, el tema de la tarea: inventar objetos que hagan más fácil la vida a personas de estos grupos u otros similares.

Puede pedirles que ejecuten otros gestos que conozcan, utilizando las manos u otras partes del cuerpo. Infórmeles sobre cuáles son iguales a los que se hacen en España o en otros países de Latinoamérica; cuáles son distintos y tienen un equivalente para el mismo significado, y, finalmente, cuáles de ellos no tienen equivalente en nuestros países.

También puede mencionarles la existencia de expresiones asociadas a los gestos, como las anteriores: *"tener la cara (muy) dura", "ser un caradura", "tener mucha cara", "faltarle un tornillo", "estar hasta las narices"*...

También los hay que tienen un término que los describe, por ejemplo *"guiñar un ojo". ¿Sucede lo mismo en su lengua?*

OBJETIVOS
16

Vamos a inventar objetos especiales para personas con necesidades particulares. Para ello practicaremos distintas maneras de:

✔ describir las características de los objetos ya existentes y de los que deseamos,
✔ referirnos a formas, materiales, partes y usos.

*gente*y**cosas**

16-1 **¿Con la derecha o con la izquierda?**
Rellena esta encuesta: marca tus respuestas
en la primera columna.

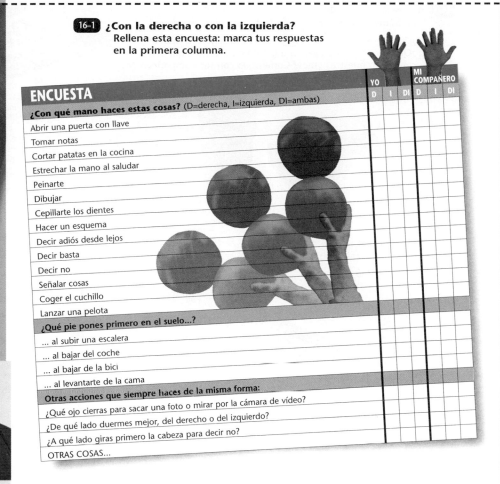

ENCUESTA	YO			MI COMPAÑERO		
¿Con qué mano haces estas cosas? (D=derecha, I=izquierda, DI=ambas)	D	I	DI	D	I	DI
Abrir una puerta con llave						
Tomar notas						
Cortar patatas en la cocina						
Estrechar la mano al saludar						
Peinarte						
Dibujar						
Cepillarte los dientes						
Hacer un esquema						
Decir adiós desde lejos						
Decir basta						
Decir no						
Señalar cosas						
Coger el cuchillo						
Lanzar una pelota						
¿Qué pie pones primero en el suelo...?						
... al subir una escalera						
... al bajar del coche						
... al bajar de la bici						
... al levantarte de la cama						
Otras acciones que siempre haces de la misma forma:						
¿Qué ojo cierras para sacar una foto o mirar por la cámara de vídeo?						
¿De qué lado duermes mejor, del derecho o del izquierdo?						
¿A qué lado giras primero la cabeza para decir no?						
OTRAS COSAS...						

Hazle ahora la encuesta a tu compañero/a y marca sus
respuestas en la segunda columna.

EJEMPLO:
• *¿Con qué mano dibujas?*
○ *Con cualquiera de las dos.*

16-2 **De manera diferente**
Ahora cada pareja representa ante la clase los gestos o acciones
de aquellas cosas que hacen de manera diferente. Alguien de la
clase debe explicarlo en palabras.

EJEMPLO:
• *Meghan dice "basta" con la mano derecha y Tony con la izquierda.*

Si tienen algún comentario, pueden añadirlo.

EJEMPLO:
• *Pues en mi país, todo el mundo dice "basta" con las dos manos a
la vez.*

249
doscientos cuarenta y nueve

Sugerencias para la actividad 16–1
En primer lugar, los alumnos
responden de forma individual a
la encuesta.

Si surgen dudas de
vocabulario, anímeles a que
deduzcan el significado de un
término por el contexto ("lanzar"
una pelota), que observen
expresiones distintas en sus
lenguas ("estrechar" la mano al
saludar, "subir" y "bajar" de un
vehículo), o que recurran al
diccionario si las estrategias
anteriores no resuelven sus
problemas.

A continuación, cada alumno
entrevista a un compañero para
rellenar la segunda columna. Es
aconsejable que el entrevistado
cierre el libro, de modo que tenga
que comprender las preguntas de
sus compañero sin apoyo del texto.

Sugerencias para la actividad 16–2
Cada pareja, que ha trabajado con el
test, representa ante la clase con
gestos las acciones que realiza cada
componente de forma diferente. Los
demás deben interpretar los gestos y
explicarlos con palabras tal y como
se refleja en el modelo del ejercicio.

Trabajando en primer lugar a partir únicamente de las imágenes, pregunte a los alumnos si están de acuerdo en que los objetos ahí representados han cambiado, efectivamente, la vida de la humanidad en el siglo XX.

¿Cuáles de ellos lo ha hecho en mayor medida? ¿Cuáles en menor medida?

¿Cuáles les parecen más importantes? ¿Cuáles menos?

¿Cuáles valoran más cada uno de ustedes? ¿Cuáles menos?

En grupos, los alumnos amplían el título de cada fragmento añadiendo un adjetivo u otro tipo de complemento al nombre. Puede escribir algunos ejemplos en la pizarra:

Los pañuelos de papel: para usar y tirar.

La cremallera: en amistosa coexistencia con los botones.

El bolígrafo: la democratización de la estilográfica.

El chicle: el caramelo sin fin.

Etc.

Al final, entre todos eligen los títulos más ocurrentes para cada objeto.

Sugerencia para la actividad 16–4

Los alumnos escriben los tres textos que faltan. Para ello pueden servirse de los correspondientes titulares elaborados en la actividad anterior.

Información para la actividad 16–5

La relación entre el uso de la mano derecha o izquierda con el desarrollo de los hemisferios cerebrales se produce de forma cruzada. Las personas zurdas tienen más desarrollado el hemisferio derecho y las diestras, el izquierdo.

Sugerencias para la actividad 16–5

El texto no se pronuncia explícitamente sobre la mayor parte de las preguntas de comprensión. Las opiniones y los valores que se mencionan en estas afirmaciones, sin embargo, pueden ser objeto de debate, para el cual el texto puede aportar datos e informaciones. Una función semejante puede desempeñar el contenido de la grabación. Anime a sus alumnos a expresar sus opiniones al respecto.

Antes de leer el texto, los alumnos se pronuncian sobre cada una de las afirmaciones de la actividad. Seguidamente, leen el texto y con la información nueva pueden modificar o no sus impresiones primeras.

16 **gente y cosas** ◆ **CONTEXTOS**

16-3 **Inventos para todos**

Estos inventos han cambiado nuestras vidas, ¿no crees?

¿Cuál de los inventos es más necesario según tu opinión? ¿Qué otras cosas añadirías a la lista de inventos que han cambiado nuestras vidas? Coméntalo con tus compañeros/as.

LOS PAÑUELOS DE PAPEL

_____
_____
_____
_____

LA CREMALLERA
Desde que hay cremalleras, todo cierra mejor y más deprisa: carteras, abrigos, bolsillos, pantalones... Pero, si hay que cambiarla porque se ha estropeado, siempre resulta más fácil el botón tradicional.

EL CAFÉ INSTANTÁNEO
Hoy tenemos café para todos, a cualquier hora, en cualquier sitio y al instante, gracias a los investigadores del Instituto Brasileño del Café, que en 1938 hicieron posible su producción, llevada a cabo por la casa suiza Nestlé.

EL BOLÍGRAFO
Conocido en Argentina como "la birome", por el nombre de su inventor, el señor Biro, fue patentado y popularizado por el señor Bic.

LA MOTO
_____
_____
_____
_____
_____

EL CHICLE
Un fotógrafo estadounidense, de nombre Thomas Adams, inventó el chicle para sustituir la costumbre de masticar tabaco. Vio que los indios usaban una planta llamada chicle, y con ella fabricó la goma de mascar.

EL TELÉFONO
¿Te imaginas tu vida sin teléfono? Bueno, ahora tal vez sí, con Internet...

LA GUITARRA ELÉCTRICA
_____
_____
_____
_____

16-4 **¿Y los pañuelos de papel, la moto y la guitarra eléctrica?**
¿En qué han cambiado estos inventos nuestras vidas? Escribe los textos correspondientes.

16-5 **Zurdos**
Antes de leer el siguiente texto, escribe tu opinión sobre cada uno de los puntos de esta lista:

1. Ser zurdo tiene más inconvenientes que ventajas.
2. Las personas zurdas y las diestras se diferencian también por su carácter.
3. Una buena educación familiar y escolar puede evitar que una persona sea zurda.
4. La sociedad moderna trata por igual a unos y otros.
5. La zurdera es una característica que se transmite por herencia de padres a hijos.
6. No es bueno obligar a los niños zurdos a usar siempre la mano derecha.

Ahora, comenta tu opinión con tus compañeros/as y luego consulten el texto del artículo para ver si dice algo al respecto.

Aproveche la aparición en este texto de términos como *abrelatas* y *sacacorchos* para explicar este mecanismo de formación de palabras en español y la espontaneidad con que lo usan los hablantes ocasionalmente para crear efectos expresivos, aplicándolo a cualidades personales:

Rompecorazones (un donjuán).

Matasanos (un mal médico).

Sacamuelas (un dentista, despectivamente).

Pinchadiscos (un disck-jockey).

Comecuras (un anticlerical).

Más términos frecuentes: *rompecabezas, rompeolas, elevalunas*

(eléctrico, en los coches), pararrayos, salvamanteles, posavasos, matarratas,... A usted se le ocurrirán muchos más.

Pídales que creen nuevas palabras con efectos divertidos. Los demás compañeros deberán adivinar el objeto, la profesión o la cualidad personal que se está describiendo.

16-6 **Zurdos y diestros**

Aquí tienes un texto sobre los zurdos y una grabación en la que algunas personas zurdas cuentan sus experiencias.

Escucha las experiencias que cuentan algunas personas zurdas. ¿Conoces casos semejantes?

¿Problemas para abrir una lata?

Un 10% de las personas tiene dificultades para usar un abrelatas o un sacacorchos, abrir el grifo de la ducha, tocar el violín, manejar el ratón de un ordenador o simplemente servir la sopa sin tirarla fuera del plato. Son los zurdos. Actualmente sabemos que ser diestro o zurdo es un hecho natural, que depende de la especialización de los dos hemisferios del cerebro. Pero no siempre ha sido así; hasta fechas recientes, en España (y en otros muchos países) se consideraba bueno ser diestro y malo ser zurdo. Esta discriminación se refleja en el lenguaje: diestro significa hábil; siniestro, malvado.

Por eso, los padres y los maestros obligaban a los niños a usar la derecha: todo el mundo tenía que ser diestro. Ahora esto no ocurre y, sin embargo, la mayor parte de los aspectos prácticos de la vida aún están pensados sólo para los diestros.

Pero no todo son inconvenientes: por ejemplo, está comprobado que un tenista o un boxeador zurdos son más hábiles que sus rivales diestros; el zurdo está acostumbrado a enfrentarse a los diestros y conoce bien su comportamiento, cosa que no sucede a la inversa. También se dice que los zurdos tienen más capacidad creativa, debido al comportamiento de sus hemisferios cerebrales.

FUNCIONES DE LOS HEMISFERIOS CEREBRALES

HEMISFERIO IZQUIERDO
La percepción de los sonidos del lenguaje.
La expresión oral.
La crítica y elaboración de opiniones.
La memoria auditiva.
La tendencia a fijarse en los detalles.
El análisis de las letras que componen la escritura.

HEMISFERIO DERECHO
El control de la expresión emocional.
El lenguaje de los gestos.
La lectura por palabras o frases enteras.
El reconocimiento de la música.
El baile.
La percepción de la profundidad y el volumen.
La percepción y el reconocimiento de las caras.

ZURDOS CÉLEBRES

Pablo R. Picasso, Charles Chaplin, Marilyn Monroe, Robert Redford, Albert Einstein, Harpo Marx, Napoleón Bonaparte, Leonardo da Vinci, Martina Navratilova, Diego A. Mararadona, Woody Allen, M. Gandhi, Carlos de Inglaterra.

Información obtenida de El País

251

Respuestas para la actividad 16–5

Para la compresión lectora,

1. *Sí*: "la mayor parte de los aspectos prácticos de la vida aún están pensados para los diestros".

2. *Se puede argumentar en los dos sentidos.*

3. *No.*

4. *No* (Véase 1).

5. *No.*

6. *Sí, no es bueno.*

Sugerencias para la actividad 16–6

Antes de la audición, si en la clase alguno de los alumnos es zurdo, podría relatar experiencias y dificultades de su condición.

Después de la audición, los alumnos comentan casos semejantes de personas que conocen.

Información para la actividad 16–7

Para realizar esta actividad, los alumnos necesitarán conocer bien el vocabulario que utilizan, tanto el nombre de los objetos como las características que describirán.

Puesto que se trata de adivinar el nombre de un objeto determinado, perfectamente identificado, se usará el indicativo columna CUALIDADES Y REQUISITOS).

Aparecerán expresiones en las que el verbo se conjuga en forma impersonal con el pronombre SE. Puede optar por explicar sus valores (columna SE: IMPERSONALIDAD) o bien señalar su uso y aplazar la explicación para otro ejercicio. No olvide que el *Manual de actividades* incluye ejercicios para trabajar este apartado de la columna y el siguiente (SE ME/TE...: INVOLUNTARIEDAD).

Sugerencias para la actividad 16–7

Forme grupos de cuatro alumnos. Uno de ellos va a ser el que dirija el ejercicio. Los otros tres componentes del equipo completan la tabla de la página 252 con seis objetos, seleccionados entre los que aparecen en los dibujos (es aconsejable que usen lápiz para poder borrar y utilizar la misma tabla varias veces).

El alumno director va describiendo objetos (de qué están hechos, qué forma tienen...), los demás componentes del grupo marcan en su casilla el objeto que han seleccionado, si éste coincide con el que describe el compañero. Gana el estudiante que marca antes todas las casillas.

Se repite el procedimiento cuatro veces, hasta que todos los miembros del grupo hayan actuado como directores.

Expansión para la actividad 16–7

Puede proponer una práctica inversa a la que acaban de realizar: los alumnos formulan preguntas, a las que el alumno que dirige el ejercicio responde con SÍ/NO.

16 gente y cosas ◆ **FORMAS Y RECURSOS**

16-7 Bingo: objetos conocidos

Jugaremos al bingo en grupos de cuatro. Uno/a es el director del juego y va describiendo los objetos (de qué están hechos, qué forma tienen, para qué sirven...), pero sin decir el nombre. Gana el/la que marca antes todas las casillas de su tarjeta.

Escribe los nombre de seis de estos objetos. Hazlo con lápiz para poder repetir el juego.

EJEMPLO:
● De plástico, redondo y sirve para escuchar
○ ¿El disco compacto?
● ¡Sí!

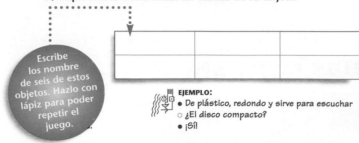

sartén
bolígrafo
lápiz
bombilla
gafas de sol
rueda de un coche
enchufe
linterna
máquina de afeitar
radiocasete
tostadora de pan
periódico
sobre de papel
plato de papel
maleta
disco compacto

Repetimos el bingo cuatro veces, hasta que todos los miembros del grupo han actuado de directores.

16-8 Inventos prácticos, divertidos o imposibles

Relaciona las dos columnas con flechas e invéntate las que faltan. ¿Cuáles de estas cosas crees que son necesarias?

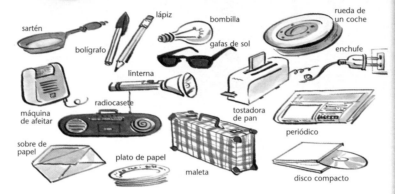

Una máquina	que no tenga lunes.
Un coche	que no ocupe más espacio que un libro.
Una moto	que vaya a comprar el periódico.
Un periódico	que tenga más horas por la noche.
Un libro	que no haga ruido.
Un calendario	que responda a las órdenes de la voz humana.
Un reloj	que no pueda superar los 100 Km/hora.
Un perro	que pase las páginas él solo.
Un ordenador	que...
Un teléfono	que...
Unas gafas	que...
Un...	que...

EJEMPLO:
● Yo creo que actualmente se necesita una máquina que responda a las órdenes de la voz humana.
○ Pues yo creo que también es necesario un coche que no pueda superar los 100 Km/hora.

CUALIDADES Y REQUISITOS

Tengo un coche...
...pequeño.
...con un maletero grande.
...que **consume** muy poco.
Busco un coche...
...pequeño.
...con un maletero grande.
...que **consuma** muy poco.

Formas
Es   alto/a   bajo/a
      largo/a   redondo/a
      cuadrado/a   plano/a

Material
una lámpara **de** tela
                  plástico
                  madera
                  cristal
                  papel
                  metal

Partes y componentes
una bolsa **con** dos asas
(= que **tiene** dos asas)
una sartén **con** mango largo
(= que **tiene** mango largo)

Utilidad
Sirve para cocinar.
Se usa para escribir.
Lo usan los cocineros.

Funcionamiento
Se enchufa a la corriente.
Se abre solo/a.
Va con pilas.
Funciona con gasolina.
                energía solar.

Propiedades
Se puede/No se puede...
...comer.
...romper.
...utilizar para cocinar.

PRESENTE DE SUBJUNTIVO

VERBOS REGULARES

HABLAR	COMER	VIVIR
hable	coma	viva
hables	comas	vivas
hable	coma	viva
hablemos	comamos	vivamos
habléis	comáis	viváis
hablen	coman	vivan

Sugerencias para la actividad 16–8
Los alumnos utilizarán verbos en subjuntivo, tanto regulares como irregulares. Sin embargo, el ejercicio se puede realizar sin que los alumnos tengan que recordar la forma del verbo ni tampoco elegir entre el indicativo y el subjuntivo. Deben enfocar su atención hacia el significado, la forma se la suministra el libro.

Decida usted el nivel de exigencia que puede demandar a sus alumnos en la realización de esta actividad.

Puede empezar trabajando únicamente con las frases que aparecen escritas en el libro y, en una segunda fase, pedirles que completen aquellas que faltan. Para ello, déles unos minutos de preparación que les permita encontrar el vocabulario necesario y la forma verbal adecuada.

En esta segunda fase, en la que deben completar las frases, presénteles la columna PRESENTE DE SUBJUNTIVO.

253

VERBOS IRREGULARES

SER	IR	PODER
sea	vaya	pueda
seas	vayas	puedas
sea	vaya	pueda
seamos	vayamos	podamos
seáis	vayáis	podáis
sean	vayan	puedan

HABER	hay-	TENER	teng-
PONER	pong-	DECIR	dig-
HACER	hag-	SALIR	salg-
VENIR	veng-	SABER	sep-

LO / LA / LOS / LAS

- María siempre lleva el reloj en la derecha.
- Pues hoy lo lleva en la izquierda.

¿Verdad que el reloj lo lleva en la derecha?

SE: IMPERSONALIDAD

Lo hace todo el mundo, o no importa quién lo hace

Se dice que...   Se usa para...

Procesos que suceden sin que intervengan las personas

Hay unas puertas que **se** abren y **se** cierran solas.
Esta planta **se** ha secado.
Los vasos de cristal **se** rompen muy fácilmente.

SE ME/TE...: INVOLUNTARIEDAD

Se me ha caído al suelo y **se me** ha roto. (= Lo he tirado al suelo y lo he roto sin querer.)

- Huele mal, ¿**se te** ha quemado algo?
- No, **se me** ha estropeado la cafetera.

16-9 **¿De qué están hablando?**

Escucha a estas personas que juegan a adivinar objetos. Señala cuál de ellos crees que describen en cada caso.

16-10 **¿El reloj lo lleva en la izquierda?**

Todas llevan las mismas cosas, pero cada una es diferente.

María Laura

María Eugenia

María Emilia

María de la O

En grupos de cuatro: uno/a de ustedes elige mentalmente una de estas mujeres, y los/las otros/as tres deben averiguar cuál es. Tienen que hacerle preguntas, por turnos. Sólo puedes proponer la solución después de oír la respuesta a tu pregunta.

EJEMPLO:

- ¿El reloj lo lleva en la izquierda?
- Sí.
- ¿El sombrero lo lleva en la mano derecha?
- Sí.
- ¿Las gafas las lleva en el bolsillo izquierdo?
- No.
- ¿El billete lo ha comprado en Gentiviajes?
- Sí.
- ¿Es...

Sugerencias para la actividad 16–9

Los personajes de los diálogos adivinan finalmente el objeto. Lo que se pide a los alumnos es que lo adivinen ellos antes de que surja el nombre en la grabación.

Antes de la audición, anime a sus alumnos a expresar ideas sobre los objetos representados en el dibujo de la página 253.

¿Qué cosas se pueden decir para hablar de estos cuatro objetos de la imagen?

Durante la audición, trabaje cada diálogo por separado. Indique a sus alumnos que levanten la mano en cuanto sepan la respuesta. Pare la audición cuando un alumno levante la mano, pregúntele la repuesta y continúe con la audición hasta el final.

Expansión para la actividad 16–9

Puede hacer una segunda audición e indicar a sus alumnos que seleccionen nuevas palabras y expresiones que aparecen en los diálogos y que les llamen la atención. Entre todos se pueden comentar e intentar explicar su significado.

Respuesta para la actividad 16–9

1. Sacapuntas.
2. Pañuelo de papel.
3. Dado.
4. Goma de borrar.

Sugerencias para la actividad 16–10

Las preguntas se formulan con el nombre del objeto en la primera posición de la frase.

Forme grupos de cuatro alumnos. Uno de ellos elige uno de los dibujos. Los demás le hacen preguntas siguiendo el modelo de lenguaje del libro.

Los otros componentes del grupo tienen que adivinar qué dibujo ha elegido el compañero.

Información para la actividad 16–11

Esta actividad sirve como preparación para la realización de la tarea, que se efectuará en la actividad 16–13. Su cometido consiste en aportar ideas y sugerencias, aunque ninguna de ellas será requisito necesario para la tarea que decidan los alumnos.

Los objetos que se describen no son de ciencia-ficción: los textos han sido tomados de una página del suplemento dominical de *El País* en la que se presentan nuevos productos elaborados con las modernas tecnologías.

Sugerencias para la actividad 16–11

Antes de la lectura, comente con sus alumnos los avances de las nuevas tecnologías. Compare los nuevos productos con los que se trataron en la página 250 ("Inventos que han cambiado nuestras vidas").

En una primera lectura, los alumnos marcan con una cruz el objeto al que se refiere cada texto.

Se podría proponer una segunda lectura para que cada alumno trabaje el vocabulario que le parezca interesante aprender. Anímeles a utilizar el diccionario y a comentar el significado de las palabras nuevas con el compañero.

Expansión para la actividad 16–11

Puede pedirles a sus alumnos que, tras la segunda lectura, redacten otro título para cada apartado, o bien para las casillas de las respuestas.

Puede proponer también que imaginen el objeto que les gustaría que la tecnología produjera en los próximos años.

Respuestas para la actividad 16–11

Habitaciones inteligentes: texto A.

Libros electrónicos: texto B.

Objetos sensibles: texto C.

Sugerencias para la actividad 16–12

Esta actividad, al igual que la anterior, suministra ideas para la elección del objeto que se propondrá en la tarea.

Los alumnos necesitarán nuevo vocabulario para esta actividad. Puede introducirlo con preguntas que lo contengan:

¿Cuál de estos objetos tiene...

- *teclas*
- *pantalla*
- *mina*
- *goma*
- *agujas*
- *hebilla*
- *hoja (de papel)*

- *hoja (de cortar)*
- *cables*
- *agujeros*
- *agujas*
- *caracteres gráficos (letras y números)...?*

Hasta este momento se ha estado trabajando con diversos objetos y sus características, y con un solo grupo de personas que pueden tener problemas, los zurdos. En la tarea que deben realizar en este ejercicio, cada grupo de alumnos tiene que decidir, en primer lugar, a qué tipo de personas irá destinado el equipo especial que van a idear. Para ello, se trabaja el ejercicio de comprensión auditiva, en el que se describen las dificultades prácticas de dos tipos de personas: los daltónicos y los despistados.

---

16 gente y cosas ◆ TAREAS

16–11 El mundo que viene

¿A cuál de estas tres cosas corresponden las siguientes descripciones? Lee los textos y después marca la respuesta en las cajas correspondientes.

☐ habitaciones inteligentes ☐ libros electrónicos ☐ objetos sensibles

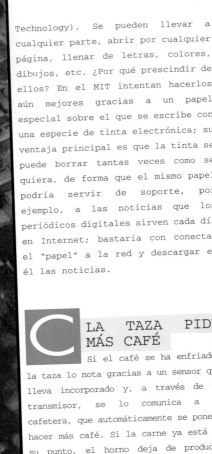

A HAL YA ESTÁ AQUÍ

HAL oye, ve, habla y ejecuta. Por algo se llama igual que la computadora de la película *2001: Una odisea en el espacio*. En sus paredes, dos enormes pantallas de cristal líquido hacen de monitores de un gran cerebro informático, capaz de entender gestos y palabras. Basta pedirle "Muéstrame un mapamundi", y aparece uno iluminado en una de las pantallas; si luego señalamos un país del mapa y preguntamos "¿Qué tiempo hace aquí?", HAL nos da la previsión meteorológica para la zona. También puede hacernos sugerencias: "¿Te apetece escuchar a Mozart?", y si respondemos con un gesto afirmativo, la pantalla nos presentará una selección para que elijamos. Hasta puede hacer de vigilante: "Aquí ha entrado alguien y ha mirado en tus papeles".

B ¿ADIÓS A GUTENBERG?

"Si hubieran aparecido antes que los ordenadores portátiles, diríamos que son un gran avance", opina N. Gershenfeld, del MIT (Massachussets Institute of Technology). Se pueden llevar a cualquier parte, abrir por cualquier página, llenar de letras, colores, dibujos, etc. ¿Por qué prescindir de ellos? En el MIT intentan hacerlos aún mejores gracias a un papel especial sobre el que se escribe con una especie de tinta electrónica; su ventaja principal es que la tinta se puede borrar tantas veces como se quiera, de forma que el mismo papel podría servir de soporte, por ejemplo, a las noticias que los periódicos digitales sirven cada día en Internet; bastaría con conectar el "papel" a la red y descargar en él las noticias.

C LA TAZA PIDE MÁS CAFÉ

Si el café se ha enfriado, la taza lo nota gracias a un sensor que lleva incorporado y, a través de un transmisor, se lo comunica a la cafetera, que automáticamente se pone a hacer más café. Si la carne ya está en su punto, el horno deja de producir calor. Si en la estantería falta un libro, ella recuerda quién se lo ha llevado de allí...

(Información obtenida de *El País*)

16-12 Equipo para zurdos

Observa todos estos objetos. Algunos están diseñados especialmente para zurdos. ¿Cuáles son? ¿Para qué sirven? ¿Qué tienen de especial? Háblalo con tu compañero/a.

16-13 Concurso de ideas: equipo especial para...

Escucha este programa de radio. Después, elige uno de los dos grupos de personas de los que se habla. Busca a otros/as compañeros/as que hayan elegido el mismo grupo. Juntos inventarán un equipo útil de objetos para esas personas. En la lista de abajo pueden encontrar objetos e ideas. Añadan otras cosas que ustedes imaginen.

Un estuche de lápices de colores que llevan escrito el nombre del color.

Un juego de parchís que sustituye los cuatro colores por rayas de distintas formas.

Una cerradura que avisa cuando la puerta de casa queda abierta.

Unas gafas que leen los colores y los traducen a otros sistemas: rayas, puntos...

Un llavero que responde con el eco cuando lo llamas.

Una agenda que llama a su dueño media hora antes de cada cita.

LES SERÁ ÚTIL...

Es una máquina para...
Es una herramienta que sirve para...
Es un aparato con el que se puede...

¿Y cómo funciona?
Con energía solar.

Ahora expliquen a la clase lo que contiene su equipo. El resto de tus compañeros/as tiene que adivinar para quién es.

EJEMPLO:

● En nuestro equipo hay: un semáforo con una forma geométrica distinta para cada color. Y un parchís... y...

Ahora inventen objetos para otros grupos: los muy bajitos, los niños, los tímidos, los alérgicos a algo, etc.

Sugerencias para la actividad 16–13

Empiece con la comprensión auditiva.

Antes de la audición, anime a sus alumnos a adivinar qué características (físicas o psíquicas) tienen las personas que pueden beneficiarse de los inventos que aparecen brevemente descritos en los textos escritos del ejercicio (*"Un estuche de lápices de colores..., Una agenda que llama a su dueño media hora antes de cada cita"*).

Seguidamente, escuchando la audición, los alumnos verifican las hipótesis avanzadas en la preaudición.

Después, los alumnos se agrupan según preferencias de trabajo (sería aconsejable formar grupos de cuatro personas) y realizan la tarea: un equipo de objetos e inventos especial para daltónicos o bien para despistados.

Sugiérales el uso del diccionario para resolver las dificultades de vocabulario con que se encontrarán al describir sus inventos.

A continuación, cada grupo comunica a la clase la lista de objetos que ha inventado. El resto de los compañeros adivina a qué grupo van destinados.

Finalmente, anime a sus alumnos a inventar objetos para otro grupo de personas con dificultades.

Más sugerencias para la actividad 16–13

Tenga presente que en la presentación pública de los inventos puede aparecer vocabulario desconocido por el resto de la clase. Aproveche la ocasión para entrenarles en estrategias de comprensión de vocabulario y de interacción oral.

Los alumnos deberán, en primer lugar, intentar deducir el significado del término por el contexto en que aparece; quienes presenten sus inventos deberán recurrir a la gestualidad, a las paráfrasis y a comparaciones como en (A) (en donde "xxx", "yyy" representan términos conocidos por los alumnos), quienes escuchan podrán hacer preguntas como en (B):

A: *Es una especie de xxx que sirve para yyy.*

Es parecido a un/una xxx o una yyy, pero no es igual porque...

Es una pieza / un mecanismo que...

Es como un...

B: *¿Qué es eso que has dicho? ¿Cómo se dice en nuestra lengua?*

No entiendo bien a qué te refieres. ¿Puedes explicarlo de otra forma?

¿Es lo mismo que en nuestra lengua se llama nnn?

Respuestas para la actividad 16–13

Daltónicos: *1ª, 2ª, y 4ª de la columna izquierda.*

Despistados: *3ª de la columna izquierda y 1ª y 2ª de la columna derecha.*

Información para las Greguerías y Poemas objeto

Joan Brossa era dibujante y escritor. Español nacido en Barcelona en 1919, murió en 1998. Su obra teatral y poética está muy vinculada al movimiento surrealista. Con su poesía visual crea sorprendentes mutaciones en los objetos.

Ramón Gómez de la Serna nació en Madrid en 1888 y murió en Buenos Aires en 1963. Se le considera un vanguardista. Inventó la greguería y en su ingeniosa y prolífica obra cultivó todos los géneros: artículos, teatro, cuentos, novelas, ensayos, biografías y memorias.

Tanto en las greguerías de R. Gómez de la Serna como en los poemas-objeto de J. Brossa aparecen palabras e imágenes de gran fuerza evocadora. Comente esto a los alumnos para prepararles a la recepción de estas brevas piezas poéticas.

GREGUERÍAS Y POEMAS-OBJETO

Las "greguerías" las inventó el escritor español Ramón Gómez de la Serna. Con ellas habla de distintas cosas conjugando el humor, la fantasía y la poesía. Por ejemplo: "A la luna sólo le falta tener marco."

Los poemas-objeto, por su parte, son creación del artista catalán Joan Brossa. En ellas, la fantasía y la poesía se unen a la imagen y muchas veces a la crítica social.

Ramón Gómez de la Serna

Greguerías

*L*as serpientes son las corbatas de los árboles.

. . .

*D*ebía de haber unos gemelos de oler para percibir el perfume de los jardines lejanos.

. . .

*L*as máquinas fotográficas quieren ser acordeones, y los acordeones, máquinas fotográficas.

. . .

*L*as gaviotas nacieron de los pañuelos que dicen ¡adiós! en los puertos.

. . .

*L*a jirafa es un caballo alargado por la curiosidad.

. . .

*L*os ceros son los huevos de los que salieron las demás cifras.

*E*l cerebro es un paquete de ideas arrugadas que llevamos en la cabeza.

. . .

*T*an pequeño era el tiempo en su reloj de pulsera que nunca tenía tiempo para nada.

. . .

*P*sicoanalista: sacacorchos del inconsciente.

. . .

*E*l Coliseo en ruinas es como una taza rota del desayuno de los siglos.

. . .

*L*a ametralladora suena a máquina de escribir de la muerte.

. . .

*E*n los hilos del telégrafo quedan, cuando llueve, u lágrimas que ponen tristes los telegramas.

Burocracia

Ballet

Poema visual
(Llave con letras)

Poema visual dedicado
a Federico García Lorca

Charlie

Cucurucho

**Sugerencias para las actividades
16–14 y 16–15**

Asegúrese de que los alumnos
entienden todo el vocabulario antes
de pedirles que resuelvan las tareas.
Traduzca o explique aquellas
palabras que no conocen (muy
probablemente, *gemelos, gaviotas,
cucurucho, ardilla, soltarse el pelo,
trenza, cola, cascadas...*).
En algunos casos de la tarea, puede
pedirles que adivinen el significado
por el contexto (*gaviotas, cifras,
arrugadas, lágrimas...*) o que se
apoyen en el uso del diccionario.

Respuestas para la actividad 16–15

El libro es el salvavidas de la soledad.

*La ardilla es la cola que se ha
independizado.*

*El etc., etc. etc., es la trenza de lo
escrito.*

*El agua se suelta el pelo en las
cascadas.*

*El reuma es el dolor de cabeza en
los pies.*

16-14 ¿Qué te dice la greguería de la luna? Y, de las otras, ¿cuál te gusta más?
¿Por qué?

16-15 Ahora intenta reconstruir estas cinco greguerías combinando un elemento de
cada columna.

El libro	es el dolor de cabeza	en las cascadas.
La ardilla	se suelta el pelo	en los pies.
El etc., etc., etc.	es el salvavidas	que se ha independizado.
El agua	es la trenza	de la soledad.
El reuma	es la cola	de lo escrito.

16-16 ¿Cómo interpretas los poemas-objeto de Joan Brossa? ¿Qué te sugieren?
Comparte tu opinión con otro/a compañero/a de clase.

mi *gente* Cuba

ESTRATEGIAS DE LECTURA:

Punto de vista

In writing, point of view is the perspective from which a work is written. In fiction, the perspective can be from the point of view of a person outside of the story or from the point of view of one of the characters. In academic writing, the point of view is that of the student.

A story can be told from one person's point of view. When the writer decides to be a character in the story, this is called first person narration. We can assume, as readers, that only one perspective will be represented because the writer will have knowledge of the thoughts, feelings and memories of one character only.

If all the characters' thoughts and feelings are described, or the narrator is an observer with insight into the lives of all the characters included in the story, then this narration is written in what we call the third person.

A point of view is personal. It is influenced by life experience or circumstances at a specific point in time. For example, if you attend a private school and are requested to write an article on private school education, your article will probably reflect your experience, be it positive or negative, and your point of view will probably not be shared by all your readers.

If you take these aspects into consideration, you will be able to understand the author's point of view better. With this strategy, you will soon discover how well you understand Spanish texts.

 GENTE QUE LEE

ANTES DE LEER

16-17 **Prendas de vestir**
En la siguiente tabla, señala con una cruz (X) las prendas de vestir que te gustan. Si no conoces algunas de ellas, puedes consultar la lista de vocabulario al final del capítulo. Después compara tus respuestas con las de un/a compañero/a de clase.

_____	poncho	_____	botas de vaquero	_____	guayabera
_____	falda escocesa	_____	kimono	_____	sari
_____	túnica	_____	fez	_____	babuchas
_____	turbante				

Respuestas a la actividad 16–18
1. B; 2. F; 3. G; 4. D; 5. H;
6. E; 7. A; 8. C

16-18 **Los objetos y sus países**

Empareja la lista de objetos de la columna izquierda con los países correspondientes de la columna derecha.

OBJETOS
1. ____ poncho
2. ____ guayabera
3. ____ kimono
4. ____ túnica
5. ____ botas de vaquero
6. ____ falda escocesa
7. ____ sari
8. ____ fez

PAÍSES
a. India
b. México
c. Marruecos
d. Países Árabes
e. Escocia
f. Cuba
g. Japón
h. los Estados Unidos

16-19 **Definiciones**
Sin mirar al diccionario, intenta escribir una definición en español para las siguientes palabras. Después comparte tus definiciones con un/a compañero/a de clase para ver quién tiene la mejor.

1. poncho:
2. fez:
3. kimono:
4. túnica:
5. sari:

A LEER

16-20 **La guayabera**

Lee los dos textos siguientes para conocer la historia y el origen de esta prenda de vestir típicamente cubana. Después, contesta las preguntas.

LA HISTORIA OFICIAL DE LA GUAYABERA

La guayabera es una de las prendas de vestir masculinas más populares de Cuba. Se confecciona con tejido de lino, generalmente de color blanco, y es una prenda muy fresca y cómoda para las temperaturas en Cuba.

La guayabera es una camisa de faldones largos que se usa por fuera del pantalón. Tiene cuatro bolsillos al frente, dos hileras de alforzas en el pecho y tres en la espalda, rematadas por pequeños botones.

Se cuenta que un campesino de la zona de Sancti Spíritus, en la región central de Cuba, le pidió a su esposa que le hiciera una camisa cómoda para las tareas del campo. La señora confeccionó la camisa de cuatro bolsillos que hoy conocemos y que pronto se popularizó entre los campesinos de la zona.

El nombre original de esta peculiar camisa fue *yayabera*, porque se usaba en la región del río Yayabo. El uso de esta prenda se generalizó entre los campesinos de la zona, quienes recogían guayabas y las cargaban en los bolsillos de la "yayabera". Por eso, pronto su nombre cambió a *guayabera*, tal y como se conoce hoy.

Los políticos cubanos empezaron a usar la guayabera en sus recorridos políticos por el interior de Cuba y la llevaron a la capital en los años cincuenta. Fue precisamente en este mismo año cuando el presidente Carlos Prío dictó un decreto prohibiendo que se usara la guayabera para actos oficiales en el palacio presidencial, pues, según se explicó, quitaba dignidad a las funciones de gobierno.

LA OTRA HISTORIA DE LA GUAYABERA

¿Nunca ha visto una guayabera? Bueno, entonces eso significa que usted no está al tanto de la moda y no tiene los ojos abiertos. Durante años, mis abuelos de la Pequeña Habana de Miami y los del Harlem español de la ciudad de Nueva York han considerado como su uniforme a esta prenda ligera de algodón y poliéster.

"Las guayaberas son una prenda de vestir muy cercana a nuestros corazones", comenta Pedro Castro, director de servicios informativos de la cadena hispana *Doblevisión*. "Nosotros, los ejecutivos del Caribe, somos un poco adictos a ella. Muchas veces las uso en otoño pero especialmente las uso en el verano."

Los modistos y las compañías de ropa tenemos grandes planes para esta camisa cuadrada con bolsillos al frente, pliegues verticales y encaje, que se usa arremangada. Ya muchas compañías de ropa, entre ellas la mía, presentamos guayaberas elaboradas con materiales que van desde el lino hasta la seda. En el pasado las vendíamos especialmente en colores ligeros y tropicales, pero ahora las vendemos en todos los colores, incluyendo el negro.

Desde Miami hasta Puerto Rico, México y Cuba, pasando por Filipinas, las guayaberas son desde hace mucho tiempo la prenda de vestir favorita. Y es que es "no sólo una camisa, sino un estilo de vida", afirma Pedro Castro.

Durante años, la guayabera ha conseguido mantener su popularidad mundial, al mismo tiempo que encuentra formas de infiltrarse en la cultura popular. La guayabera apareció en la edición de 1999 de *Cigar Aficionado* como la prenda de vestir histórica de Cuba.

Como sucede con la mayoría de las cosas legendarias, hay una historia detrás de la guayabera. En realidad hay muchas, pero la versión más popular y la que yo aprendí es la siguiente.

Las guayaberas fueron creadas cuando un hombre rico se sintió atraído por un material ligero de algodón llamado batista, un día que hacía compras en La Habana. Así que le pidió a su esposa que con ese material le hiciera una camisa con varios bolsillos, y pronto sus trabajadores le copiaron el estilo. La historia dice que llamaron a la camisa *guayabera* por la guayaba, fruto del árbol de guayabo bajo cuya sombra se sentaban a comer los trabajadores para evitar el sol caribeño del mediodía. Se dice que la camisa fue creada en Cuba hace más de 200 años pero muchas otras versiones circulan en México, Colombia y el Caribe.

Como cubano y consumidor de guayaberas durante muchos años, sólo les puedo decir que en cuanto usen una guayabera ya no podrán prescindir de ella.

DESPUÉS DE LEER

16-21 **¿Entendiste?**

Contesta las preguntas siguientes según los textos que acabas de leer.

Según el primer texto...

1. ¿Cuáles son las características de la guayabera? Escribe una breve definición.

2. ¿De qué materiales está hecha?

3. ¿Dónde específicamente y quién fue el creador de esta prenda de vestir?

4. ¿Cuál fue el nombre original de esta camisa? ¿Por qué? ¿Cómo llegó a llamarse tal y como lo conocemos hoy?

5. ¿Quién era Carlos Prío? ¿Por qué prohibió el uso de estas prendas en los actos oficiales?

Según el segundo texto...

6. ¿Quién es Pedro Castro? ¿Cuál es su profesión? ¿Cuál es su opinión sobre las guayaberas?

7. ¿Cuáles eran los colores originales de esta prenda? ¿De qué colores se venden hoy?

8. ¿En qué lugares se usa esta prenda? Nombra por lo menos cuatro que se mencionan en el texto.

9. ¿Cuál es la versión más popular de la guayabera?

Comparación...

10. Nombra algunas diferencias entre las dos versiones que has leído. ¿Qué versión te parece más creíble? ¿Por qué?

GENTE QUE ESCRIBE

16-22 **Tu objeto o producto favorito**

ANTES DE ESCRIBIR

Todos tenemos una prenda, objeto o producto favorito. Piensa cuál es y escribe una descripción.

Antes de empezar a escribir, prepara una lista con las características de este objeto o producto y los diferentes puntos de vista e ideas que quieres exponer.

- cualidades
- requisitos
- forma
- material
- partes y componentes
- utilidad

- funcionamiento
- propiedades
- historia y origen del producto u objeto que has elegido
- tu punto de vista
- otras ideas que tú creas importantes

A continuación, prepara preguntas para adivinar el objeto de tu compañero/a.

EJEMPLO: *¿Se pone en la cabeza?*   *¿Es redondo?*   *Etc.*

261

doscientos sesenta y uno

Respuestas a la actividad 16–21

Según el primer texto...

1. La guayabera es una camisa de faldones largos que se usa por fuera del pantalón. Tiene cuatro bolsillos al frente, dos hileras de alforzas en el pecho y tres en la espalda, rematadas por pequeños botones.

2. De tejido de lino, generalmente de color blanco.

3. Fue un campesino de la zona de Sancti Spíritus, en la región central de Cuba.

4. El nombre era yayabera, porque se usaba en la región del río Yayabo. El uso de esta prenda se generalizó entre los campesinos de la zona, quienes recogían guayabas y las cargaban en los bolsillos de la "yayabera". Por eso, pronto su nombre cambió a guayabera, tal y como se conoce hoy.

5. Era el presidente y prohibió el uso de la guayabera para actos oficiales en el palacio presidencial porque, según él, quitaba dignidad a las funciones de gobierno.

Según el segundo texto...

6. Es el director de servicios informativos de la cadena hispana Doblevisión. Él opina que "Las guayaberas son una prenda de vestir muy cercana a los corazones".

7. En el pasado se vendían especialmente en colores ligeros y tropicales, pero ahora se venden en todos los colores, incluyendo el negro.

8. Miami, Puerto Rico, México, Cuba y Filipinas.

9. Las guayaberas fueron creadas cuando un hombre rico se sintió atraído por un material ligero de algodón llamado batista, un día que hacía compras en La Habana. Así que le pidió a su esposa que con ese material le hiciera una camisa con varios bolsillos, y pronto sus trabajadores le copiaron el estilo. La historia dice que llamaron a la camisa guayabera por la guayaba, fruto del árbol de guayabo bajo cuya sombra se sentaban a comer los trabajadores para evitar el sol caribeño del mediodía.

Comparación...

10. Las respuestas varían.

A ESCRIBIR

La clase va a hacer un catálogo de objetos curiosos del mundo y lo va a publicar en la página de la red *www.objetoscuriosos.com*. Escribe una descripción de tu objeto teniendo en cuenta donde va a ser publicado.

DESPUÉS DE ESCRIBIR

Revisa tu primer borrador y comprueba:

CONTENIDO
- ¿Te gusta?
- ¿Necesitas incluir algo más?
- ¿Está bien organizado?

GRAMÁTICA Y VOCABULARIO
- ¿Hay errores?
- ¿Has usado gramática y vocabulario de este capítulo?

Pasa tu texto a tu compañero/a y pídele sugerencias.

Por último, pasa a limpio tu texto y entrégaselo a tu profesor/a.

(www) GENTE EN LA RED

16-23 ¡Otras cosas cubanas!

ANTES DE NAVEGAR

Además de las guayaberas, la música es también algo muy especial de Cuba: Celia Cruz, Buenavista Social Club, maracas y bongos son algunos músicos y objetos representativos de la música cubana.
Mira la tabla siguiente y marca los tipos de música que generalmente incluyen maracas y bongos.

_____	rock	_____	clásica
_____	salsa	_____	samba
_____	merengue	_____	pop

A NAVEGAR

A continuación, ve a la dirección (*www.prenhall.com/gente*) para conocer más sobre la reina de la salsa cubana, Celia Cruz.

VOCABULARIO

Los materiales y las formas

(el) algodón	*cotton*
(el) cartón	*cardboard*
(el) cristal	*glass*
(el) cuero	*leather*
(la) lana	*wool*
(el) lino	*linen*
(la) madera	*wood*
(el) metal	*metal*
(la) pana	*corduroy*
(el) papel	*paper*

(el) plástico	plastic
(el) poliéster	polyester
(la) seda	silk
(la) tela	cloth

Los objetos de uso cotidiano

(el) abrelatas	can opener
(la) bombilla	light bulb
(el) calendario de pared	wall calendar
(el) enchufe	plug
(el) estuche	box, case
(la) herramienta	tool
(los) juegos de mesa	board games
(la) lata	can
(la) linterna	lantern, lamp
(el) llavero	key chain
(el) mango	handle
(la) máquina de afeitar	electric razor
(la) rueda	wheel
(el) sacacorchos	corkscrew
(las) tijeras	scissors
(la) tostadora (de pan)	toaster
(la) agenda electrónica	electronic agenda
(la) fibra óptica	optical fiber
(la) impresora	printer
(el) monitor	monitor
(el) ordenador de bolsillo	hand-held PC
(el) ordenador portátil	portable computer, laptop
(la) pantalla	screen
(el) ratón de la computadora	computer mouse
(el) teclado	keyboard

Las prendas de vestir y los complementos

(las) babuchas	heelless slippers
(las) botas de vaquero	cowboy boots
(la) falda escocésa	kilt
(el) fez	fez
(la) gorra	cap
(la) guayabera	man's light shirt
(el) kimono	kimono
(el) poncho	poncho
(el) sari	sari
(el) sombrero	hat
(la) túnica	tunica
(el) turbante	turban
(el) bolsillo	pocket
(el) bolso	purse, handbag
(el) botón	button
(la) cartera	wallet
(la) cremallera	zipper
(el) pañuelo (de papel)	tissue

Los hábitos y acciones caseras

abrir con llave	to unlock
abrir el grifo	to open the faucet
cargar la lavadora	to load the washing machine
cepillarse los dientes	to brush your teeth

enchufar la aspiradora	to plug in the vacuum cleaner
limpiar las habitaciones	to clean the rooms
manejar la casa	to manage the house
quitar el polvo	to dust
subir y bajar escaleras	to go up and downstairs

Para describir objetos y aparatos

complicado/a	complicated
corto/a	short
económico/a	inexpensive
eficaz	effective, efficient
espacioso/a	spacious
iluminado/a	illuminated
importado/a	imported
largo/a	long
lento/a	slow
ligero/a	light
moderno/a	modern
pesado/a	heavy
práctico/a	convenient, handy
rápido/a	fast
roto/a	broken
viejo/a	old

Otras palabras y expresiones útiles

diestro/a	right-handed
zurdo/a	left-handed
causar furor	to be all the rage
decir basta	to say enough
estar en su punto	to be just right
hacer posible	to make it possible
soltarse el pelo	to let one's hair down
tratar por igual	to treat equally
a cualquier parte	anywhere
debido a	due to
por turnos	in turns
sin querer	involuntarily
¿Verdad?	Right?

Verbos

averiguar	to find out
avisar	to warn, to inform
componer	to compose
diferenciar	to differentiate
enfrentarse (a)	to confront
enfriarse	to get cold
estropearse	to damage
hacer de	to stand in for
independizarse	to become independent
llevar a cabo	to execute
masticar; mascar	to chew
ocurrir	to happen
percibir	to perceive
prescindir de	to leave aside
responder (a)	to answer
soltar (ue)	to let go of, to drop
superar	to surpass, excel

En esta secuencia investigaremos un caso muy misterioso. Para ello tendremos que:

✔ leer y escuchar textos en forma de relato,
✔ referirnos al pasado, informando sobre sucesos y circunstancias.

¿Dónde estaba usted...?

gente **de novela**

17-1 **¿Dónde estaba usted ayer a las dos en punto?**
Tener buenas coartadas no es fácil. Mira qué difícil es responder a la pregunta
"**¿Dónde estaba usted?**". En el cuadro de abajo tienes algunas respuestas.

EJEMPLO:

- Yo, el 25 de diciembre, a esa hora, estaba en casa
  de mis suegros, comiendo con toda la familia.
- Yo estaba de vacaciones en Tenerife, con mi novia.
  A esa hora estaba en la playa, supongo.

¿DÓNDE ESTABA USTED...?

... el domingo pasado a las 4h de la tarde
... el día 25 de diciembre a las 18h
... el día de su cumpleaños a las 12h de la noche
... ayer a las 7.30h de la mañana
... el pasado día 15h a las 20h
... el 1 de enero de 1997 a las 15h
... anoche, a las 23.30h

YO ESTABA...

viendo la tele
estudiando
descansando
durmiendo
trabajando
jugando con los niños
...

en Cuba
de vacaciones en...
viajando por...
...

con unos amigos
con mi mujer/marido
         compañero/compañera
con un primo mío
...

en casa
en el trabajo
en casa de unos amigos
en el cine
en un restaurante
...

Me parece que...
(Pues) no me acuerdo.
..., supongo.

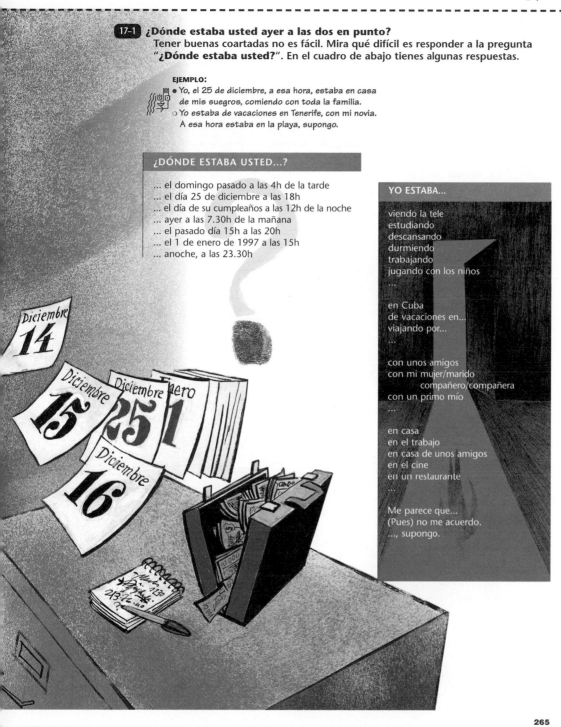

Información para la actividad 17-1

La tarea de este capítulo gira en torno a la novela policíaca y a la resolución de un caso misterioso. La actividad introductoria que se propone en esta doble página trabaja sobre la "coartada", la información de actividades realizadas por el sujeto interrogado en el momento en que se cometía el delito; de ahí, el uso del imperfecto en estas oraciones.

Sugerencias para la actividad 17-1

Puede empezar trabajando la imagen; pida a sus alumnos que describan lo que aparece en la imagen y que intenten imaginar lo que no ven: quién es el sujeto que interroga, dónde se encuentra, qué representan el maletín, los archivos, las hojas del calendario...

Anime a sus alumnos a que completen la frase del detective *"¿Dónde estaba usted...?"* de distintas formas: con un adverbio, con una frase introducida por "cuando", "en el momento en que"..., etc.

A continuación, hágales las preguntas. Indíqueles que, para dar sus respuestas, podrán servirse de las estructuras que se les facilitan en el recuadro azul.

Expansión para la actividad 17-1

En grupos de tres o cuatro, podrían repetir esta misma actividad. Uno será el detective y los demás, los entrevistados. El detective puede cambiar las fechas por otras que él se invente.

Llame su atención sobre el uso del pronombre sujeto cuando a una misma pregunta responden diversas personas sucesivamente:

Yo estaba de vacaciones en Tenerife.

Información para la actividad 17–2, 17–3

Los documentos de las dos páginas se refieren al mismo tema, la imagen de la página 266 corresponde a la tarde del día 13 de abril y el texto de prensa de la otra página recoge una noticia publicada al día siguiente.

Sugerencias para la actividad 17–2

Los alumnos podrían trabajar en pequeños grupos. Para la realización del ejercicio utilizan únicamente las claves que ofrece la imagen. Si de este modo la actividad resulta demasiado complicada para sus alumnos, guíeles con preguntas que les hagan reparar en las claves que le facilitamos unas líneas más abajo, en el apartado de respuestas. En la actividad 17–4, volverán a encontrar los mismos personajes y nuevas claves que confirmarán las respuestas.

Sugerencias para la actividad 17–3

En esta actividad se realiza un trabajo gramatical.

Los alumnos subrayan en el recuadro de la página 266 los verbos en pretérito y las expresiones temporales.

Escriben en una hoja aparte una columna con los pretéritos y otra con su correspondiente infinitivo.

Para la corrección, un alumno podría salir a la pizarra y escribir en ella los verbos.

Hágales notar la diferencia entre los pretéritos regulares y los irregulares. Resalte la importancia del acento para distinguir entre pretérito, 1ª pers. Singular (llegué), y presente de subjuntivo, 1ª y 3ª pers. Singular (llegue), o pretérito 3ª pers. Singular (llegó), y presente de indicativo, 1ª pers. Singular (llego).

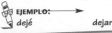

17–2 Hotel Florida Park

¿Quién dijo qué? El martes 13 de abril a las 16h todo parecía normal en el Hotel Florida Park de Palma de Mallorca. Pero, aquella misma noche, unas horas después, sucedió algo muy extraño: una famosa "top model" desapareció de forma misteriosa. Observando y escuchando, podemos averiguar muchas cosas sobre los clientes del hotel.

Observa muy bien los once personajes que están en el vestíbulo del hotel y lee las once frases del cuadro. El primero que sepa qué personaje dijo cada frase gana un punto.

EJEMPLO:
- ● "Dejé de fumar el mes pasado."
- ○ Eso lo dijo Valerio Pujante. Mira cómo está oliendo el humo del cigarrillo en la imagen.

17–3 ¿Qué te pasó?

Fíjate en los verbos de las once frases que están en pretérito. Haz una lista y busca a qué infinitivos corresponden. Haz también una lista de las expresiones temporales.

✐ EJEMPLO:
dejé → dejar

- Dejé de fumar el mes pasado.
- Tuve un accidente de coche la semana pasada. Por suerte, no muy grave.
- Ayer vine con dos de mis hombres a Palma a una reunión de negocios.
- Sí, ayer gané.
- El año pasado estuve varias veces en este hotel. Cada año vengo a Mallorca en verano y hago entrevistas a los ricos y famosos que pasan sus vacaciones aquí.
- Me quedé viuda el mes pasado.
- Yo viajo mucho. El mes pasado, por ejemplo, estuve en París, en Londres y en El Cairo.
- Ayer llevé en coche a Laura al club de tenis.
- Ayer llegó un grupo muy grande de turistas y hoy tenemos mucho trabajo.
- Ayer tuve un desfile de moda y hoy tengo una sesión de fotos en Sóller.
- Anteayer me llamó el jefe y me dijo que tenía un trabajo para mí, algo fácil y limpio.

Hotel Florida Park, martes 13 de abril a las 16h.

Respuestas para la actividad 17–2

Frase:	Personaje:	Clave:
Dejé de fumar...	Valerio Pujante	Ejemplo proporcionado por el libro.
Tuve un accidente...	Pablo García Cano	Pierna escayolada.
Ayer vine con dos...	Enrique Ramírez	Con dos de sus hombres.
Sí, ayer gané.	Laura Toledo	Equipo de tenista.
El año pasado estuve...	Clara Blanchart	Maleta de viaje.
Me quedé viuda...	Sonia Vito	Vestida de luto.
Yo viajo mucho...	Santiago Puértolas	Pegatinas de la maleta.
Ayer llevé en coche...	Carlos Rosales	Por exclusión y también por lógica.
Ayer llegó un grupo...	Juana Ferret	Empleada del hotel.
Ayer tuve un desfile...	Cristina Rico	Firmando autógrafos.
Anteayer me llamó el jefe...	Leonardo Oliveira	Detrás de su jefe, Ramírez.

Respuestas para la actividad 17–3

Verbos en pretérito:	Verbos en infinitivo:	Expresiones temporales:
Dejé	Dejar	El mes pasado
Tuve	Tener	La semana pasada
Vine	Venir	Ayer
Gané	Ganar	El año pasado
Estuve	Estar	Cada año
Me quedé	Quedarse	El mes pasado
Llevé	Llevar	Anteayer
Llegó	Llegar	
Llamó	Llamar	
Dijo	Decir	

17-4 **Misterio en el Florida Park: noticias y llamadas telefónicas**

Busca en la ilustración a los personajes que se mencionan en el artículo de *El Planeta*. Muchos tienen alguna relación con la modelo desaparecida. Anótalo. Va a tener importancia para tu investigación.

EJEMPLO:
Valerio Pujante: chófer y guardaespaldas de Cristina.

EL PLANETA

Miércoles 14 de abril

Misteriosa desaparición de la "top model" Cristina Rico en un lujoso hotel de Palma de Mallorca

Palma de Mallorca / EL PLANETA

Según fuentes bien informadas, la policía no dispone todavía de ninguna pista ni ha realizado ninguna detención. El inspector Palomares, responsable del caso, ha declarado que piensa interrogar a clientes y personal del hotel, en busca de alguna pista que aclare el paradero de la modelo.

A la 1h de esta madrugada pasada, el chófer y guardaespaldas de Cristina Rico,

La modelo Cristina Rico

Valerio Pujante, avisó a la policía de la misteriosa desaparición de la famosísima "top model" española. Valerio Pujante, de nacionalidad chilena, la estuvo esperando en la recepción del hotel donde ésta se alojaba. La modelo le había dicho que iba a cenar con un amigo, por lo que iba a salir del hotel sobre las 22.30h. A las 23.30h, extrañado ante el retraso de Cristina, la llamó desde recepción pero no obtuvo respuesta. En ese momento decidió avisar a la dirección del hotel y, tras comprobar que no se encontraba en la habitación, el director comunicó la extraña desaparición a la policía.

Últimamente Cristina Rico se ha convertido en una de las más cotizadas modelos españolas. El mes pasado firmó un contrato millonario con la firma de cosméticos "Bellísima". También ha sido noticia en los últimos meses por su

relación con Santiago Puértolas, banquero y propietario de varias revistas del corazón. El conocido hombre de negocios también se encontraba en el mencionado hotel la noche de la desaparición.

La agente de la modelo, Sonia Vito, ha declarado a este periódico: "Es muy extraño. Todo el mundo la quiere. Estamos muy preocupados."

También se aloja en el hotel la tenista Laura Toledo, íntima amiga de la modelo, que disputa estos días el Trofeo Ciudad de Palma de Mallorca, acompañada por su novio y entrenador, el peruano Carlos Rosales. Laura Toledo ha declarado estar consternada y no encontrar ninguna explicación a la misteriosa desaparición de su amiga. Probablemente fue la tenista quien vio por última vez a Cristina, ya que estuvo con ella hasta las 22h en su habitación.

La popular Clara Blanchart, periodista de la revista *15 segundos*, ha comentado que la noche de la desaparición también fue visto en el hotel el conocido hombre de negocios Enrique Ramírez, que fuentes bien informadas vinculan a una mafia que actúa en las Islas Baleares.

17-5 **Conversaciones telefónicas**

 Ahora escucha las conversaciones telefónicas. ¿Quiénes crees que hablan? Todos están en la imagen y en el artículo de El Planeta se habla de todos menos de uno. Completa el cuadro con tus hipótesis.

Pueden ser...
CONVERSACIÓN 1 _____
CONVERSACIÓN 2 _____
CONVERSACIÓN 3 _____

Me parece que hablan de...
CONVERSACIÓN 1 _____
CONVERSACIÓN 2 _____
CONVERSACIÓN 3 _____

17-6 **Averiguaciones**

Debes averiguar todo lo posible sobre la infacia de un/a compañero/a de clase. ¿Qué preguntas puedes hacer? Prepáralas por escrito.

Ahora, haz tus preguntas a un/a compañero/a y cuéntale después a la clase lo que te ha parecido más interesante.

Respuestas para la actividad 17–5

Pueden ser...

Conversación 1:   Leonardo Oliveira llamando a Enrique Ramírez.

Conversación 2:   El propietario de la revista 15 segundos llamando a Clara Blanchart.

Conversación 3:   Santiago Puértolas llamando a Cristina.

Me parece que hablan de...

Conversación 1:   Cristina y su guardaespaldas.

Conversación 2:   Cristina y un reportaje periodístico.

Conversación 3:   Un extraño plan de negocios a espaldas de Sonia Vito y problablemente en su perjuicio.

Los alumnos trabajan con el texto de la página 267. Tienen que localizar y subrayar en él los personajes que han visto antes en las imágenes de la página 266.

A continuación, en una hoja aparte, anotan la relación de cada uno de ellos con la modelo.

A partir de las notas que hayan tomado pueden empezar a hacer unas primeras hipótesis en la investigación del caso.

Respuestas para la actividad 17–4

Valerio = Chófer y guardaespaldas de Cristina.

Pablo García Cano = Director de marqueting de la firma para la que trabaja Cristina.

Enrique Ramírez = Ninguna relación con Cristina.

Laura Toledo = Amiga íntima de la modelo.

Clara Blanchart = Ninguna relación con Cristina.

Sonia Vito = Agente de la modelo.

Santiago Puértolas = Relación sentimental con Cristina.

Carlos Rosales = Posible relación sentimental con Cristina.

Juana Ferret = Ninguna relación con Cristina.

Leonardo Oliveira = Ninguna relación con Cristina.

Sugerencias para la actividad 17–5

Para motivar a los alumnos, anímeles a hacer hipótesis sobre las conversaciones que escucharán:

¿Entre cuáles de estos personajes es posible imaginar conversaciones telefónicas? ¿Con qué motivo se pueden llamar? ¿A qué hora del día?

En una primera audición, los alumnos se concentran, en primer lugar, en identificar a los interlocutores de las conversaciones telefónicas.

En la segunda audición, los alumnos centran su atención en el tema de la conversaciones.

Recoja en clase las impresiones de los alumnos.

Tras la audición, los alumnos amplían sus hipótesis sobre la desaparición de Cristina Rico, a partir de la información obtenida en estas grabaciones.

Sugerencias para la actividad 17–7

Empiece con un trabajo fragmentario, con algunas frases o párrafos aislados a los que los alumnos añadirán las expresiones temporales y las frases en imperfecto o pluscuamperfecto que resulten aceptables en el contexto de ese párrafo y oración aislada. Ejemplos:

Aquella noche el inspector Palomares *estaba cansado* y se acostó temprano, sobre las 10h. *Había tenido un día difícil y le dolía la cabeza.* Pero a las 6h de la mañana sonó el teléfono. *Era su jefe.*

La intención del ejercicio es que los alumnos reescriban el texto en una hoja aparte. Si los alumnos prefieren una ejecución más sencilla, podrían numerar las frases escritas bajo el texto y situar en éste los números que correspondan a la frase seleccionada.

1. Estaba cansado
2. Le dolía la cabeza
3. ...

Respuestas para la actividad 17–7

He aquí una posible solución del ejercicio:

Aquella noche el inspector Palomares *había tomado demasiado whisky y estaba cansado*, y se acostó temprano, sobre las 10h. *Había tenido un día difícil y le dolía la cabeza.* Pero a las 6h de la mañana sonó el teléfono. Como siempre: una llamada urgente de la comisaría. *Era su jefe.* Salió inmediatamente a la calle y buscó su viejo coche. A aquella hora *ya había salido el sol y hacía buen tiempo*. Pero *no había nadie* en la calle.

A las 6,30h llegó al Hotel Florida Park. *Estaba cerca.* El director, Cayetano Laínez, le recibió después. Palomares fue directo al grano:

¿Sospecha de alguien? - preguntó Palomares.

No, -respondió el director-, en absoluto.

¿Alguien vio algo raro anoche? ¿Hay testigos?

No... Bueno creo que no... Fue una noche normal. El día anterior *había llegado un grupo de turistas italianos* en aquel momento *había una fiesta*. Al cabo de un rato llegaron nuevos clientes, hubo bastante gente en el restaurante... (Así que) Tuvimos mucho trabajo. Pero todo fue normal hasta las 24h. cuando el chófer vino a verme y a explicarme la desaparición. (Estaba muy nervioso).

¿A qué hora fue exactamente?
A las doce menos cuarto, creo recordar...
Muy bien. Quiero interrogar inmediatamente a todo el personal.
¿A todos? Sí, a todos.

---

17 gente de novela ◆ FORMAS Y RECURSOS

17-7 Aquella noche...

Con un/a compañero/a, vuelve a escribir el texto con las frases en imperfecto y pluscuamperfecto de abajo. Añadan conectores (**y, pero, entonces, así que...**) si es necesario.

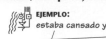

EJEMPLO:
estaba cansado y

Aquella noche el inspector Palomares se acostó temprano, sobre las 10h. Pero a la 6h de la mañana sonó el teléfono. Como siempre: una llamada urgente de la comisaría. Salió inmediatamente a la calle y buscó su viejo coche.
A las 6.30h llegó al Hotel Florida Park. El director, Cayetano Láinez, lo recibió. Palomares fue directo al grano:
-¿Sospecha de alguien?-preguntó Palomares.
-No -respondió el director-, en absoluto.
-¿Alguien vio algo raro anoche? ¿Hay testigos?
-No... Bueno, creo que no... Fue una noche normal. Llegaron nuevos clientes, hubo bastante gente en el restaurante... Tuvimos mucho trabajo. Pero todo fue normal hasta las 24h, cuando el chófer vino a verme y a explicarme lo de la desaparición.
-¿A qué hora fue exactamente?
-A la doce menos cuarto, creo recordar...
-Muy bien. Quiero interrogar a todo el personal.
-¿A todos?
-Sí, a todos.

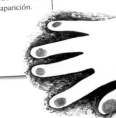

Estaba cansado.	Había una fiesta.
Le dolía la cabeza.	Había tomado demasiado whisky.
Hacía buen tiempo.	No había dormido casi nada.
Estaba muy nervioso.	Había tenido un día difícil.
Era su jefe.	No había nadie.
Estaba cerca.	Había llegado un grupo de turistas italianos.
Ya había salido el sol.	

Ahora añadan estas expresiones temporales.

enseguida	la noche anterior	el día anterior
en aquel momento	a aquella hora	al cabo de un rato
media hora después	inmediatamente	

PLUSCUAMPERFECTO E IMPERFECTO

Ambos tiempos pueden servir para evocar circunstancias que sitúan o explican un acontecimiento.

El pluscuamperfecto hace referencia a circunstancias anteriores.

La noche anterior **había dormido** *poco y se acostó pronto.*

Cuando se levantó, ya **había salido** *el sol.*

había		
habías		estado
había	+	ido
habíamos		dicho
habíais		
habían		

El imperfecto hace referencia a circunstancias simultáneas.

*Estaba cansado y se acostó pronto.
Cuando se levantó, **hacía** sol.*

Estaba muy cansado y me acosté a las 9 de la noche.

¿A las 9?

Sí, es que me había levantado a las 5 de la mañana.

SITUAR EN EL TIEMPO

Momento mencionado
en aquel momento
aquel día
a aquella hora

Momento anterior
un rato
dos horas } antes
unos días

la noche anterior
el día anterior

Momento posterior
al cabo de un rato

una hora
unos días } después
unos minutos } más tarde

el día siguiente

Momentos consecutivos
enseguida
inmediatamente

SABER, RECORDAR, SUPONER

- ¿Dónde estaba a aquella hora?
○ Estaba en casa.
  En casa, **supongo.**
          creo.
          me parece.

  No me acuerdo (de dónde estaba).
  No tengo ni idea.

- ¿Está **seguro/a** de que estaba en casa?
○ Sí, (estoy) **seguro/a.**
          segurísimo/a.
  Sí, creo que sí.

HORAS APROXIMADAS

sobre las 10h
a las 10h, **aproximadamente**
a las 10h **más o menos**

Serían las 10h.

PREGUNTAS

¿Qué hizo anoche?
¿Dónde estuvo anoche?
¿A dónde fue anoche?
¿Cuándo llegó al hotel?
¿A qué hora se despertó?
¿Con quién estuvo anoche?

17-8 ¿Qué hizo Cristina el martes?

El inspector Palomares está investigando qué hizo el martes 13 la "top model" secuestrada. En la habitación de la modelo ha encontrado estas pistas. ¿Pueden ayudarla? A ver quién escribe más frases (afirmativas o negativas) utilizando el pretérito.

17-9 Un interrogatorio

El inspector Palomares ha interrogado a varios clientes del hotel. Entre ellos a Pablo García Cano. Toma notas de su declaración. Formula luego más preguntas para comprobar si dice la verdad. Ojo: tendrás que elegir entre el imperfecto y el pretérito.

269
doscientos sesenta y nueve

Información para la actividad 17–8

En el español coloquial actual algunas palabras de varias sílabas se abrevian en las dos primeras. En la agenda de la modelo aparece la forma abreviada *pelu* para referirse a la peluquería. Otras muy frecuentes son *la tele* (televisión), *el cole* (colegio), *la bici* (bicicleta), *el/la profe* (profesor/a), la *mili* (el servicio militar), etc.

Sugerencias para la actividad 17–8

Utilice primero las imágenes para que los alumnos interpreten la información que de ellas se puede derivar. Escriba en la pizarra una frase a modo de ejemplo:

...problamente no estuvo sola en el bar "Orient Express", en el recibo de caja consta que se consumieron dos tés y una coca-cola: ¿dos personas?, ¿tres?

Información para la actividad 17–9

El interrogado miente al decir que acompañó a la modelo hasta su hotel y él regresó solo al Florida Park. Todos sabemos que ella se alojaba en este hotel.

La imagen de la página 269 nos muestra a P. García Cano con la pierna escayolada. Sobre este aspecto también cabe hacer preguntas para ver si se le escapa alguna mentira.

Sugerencias para la actividad 17–9

Antes de la audición, consulten las páginas 266 y 267 para recordar mejor los datos relativos a P. García Cano y el tipo de relación que puede tener con la modelo. Pregunte a sus alumnos sobre esta relación.

Pase la grabación, cada alumno toma las notas que le parezcan oportunas.

Después de la audición, en grupos, elaboran una lista de preguntas para ver si P. García Cano miente. Aquí puede introducir los recursos de la columna gramatical de la página 269.

A continuación, pueden trabajar por parejas, representando los papeles de inspector e interrogado.

Respuestas para la actividad 17–9

Director de marketing de Laboratorios Bellísima.

A las 9:30 salió del hotel para ir a cenar con una amiga; cenaron juntos en una marisquería del puerto de la ciudad.

La amiga es una modelo que había llegado de San Francisco el día anterior y se alojaba en un hotel, distinto al Florida Park. Hoy se ha marchado, se ha ido a Singapur.

Después de la cena, tomaron una copa en un pub, y luego él la acompañó hasta su hotel y regresó solo al Florida Park, hacia las 12:30.

270

Sugerencias para la actividad 17–10

Pase la grabación y realice primero la actividad de obtención de datos de cada uno de los entrevistados. Cada alumno los anota en una hoja de papel. Sería útil dibujar una tabla en la pizarra como la que recoge los datos en las respuestas.

Luego, pídales que los comenten en pequeños grupos.

A continuación, puede hacer una puesta en común toda la clase.

Sugerencias para la actividad 17–11

En parejas, los alumnos pueden preparar un interrogatorio como los que acaban de escuchar en la audición del ejercicio 17–10.

Tienen que escribir preguntas y respuestas.

El número de preguntas y respuestas variará de una pareja otra. Dependerá de su habilidad para construir frases coherentes con el vocabulario indicado. Por ejemplo:

¿Con quién habló por teléfono desde su habitación?

Pues no lo recuerdo.

Sugerencias para la actividad 17–12

Con toda la información precedente, cada alumno puede haber elaborado ya una hipótesis sobre lo que efectivamente sucedió; pero también puede haber alumnos que todavía no hayan llegado a ninguna conclusión. Si sucede esto último, no importa. Los alumnos pueden rellenar las frases con alguna explicación que les parezca razonable.

Puede organizar un pequeño debate en el que cada uno argumente a favor de su propuesta de resolución del caso.

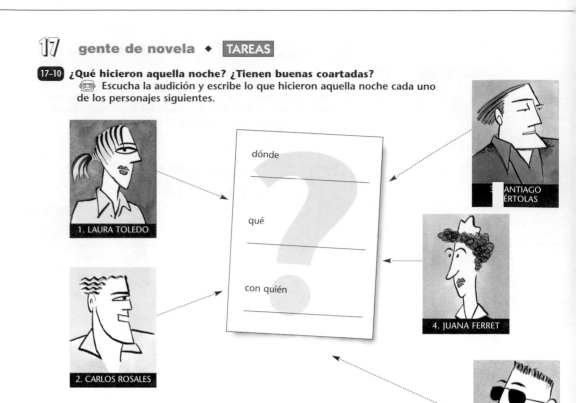

17 **gente de novela** ◆ **TAREAS**

17-10 **¿Qué hicieron aquella noche? ¿Tienen buenas coartadas?**
Escucha la audición y escribe lo que hicieron aquella noche cada uno de los personajes siguientes.

dónde

qué

con quién

1. LAURA TOLEDO

2. CARLOS ROSALES

3. SANTIAGO PÚERTOLAS

4. JUANA FERRET

5. VALERIO PUJANTE

17-11 **¿Qué hizo usted ayer?**
Con un/a compañero/a prepara un interrogatorio como los del inspector Palomares, y escríbelo. Pueden inventar un personaje o buscar alguno e imaginar también sus respuestas. Una condición: tiene que salir el máximo número de palabras de esta lista.

barco	cenar	aeropuerto	habitación	maleta	teléfono	alquilar
ir	quedar	marcharse	recordar	volver	venir	
el día anterior	alguien	así que	aquella noche	al cabo de un rato		

Ahora, representen el interrogatorio ante toda la clase.

17-12 **Tus hipótesis**
¿Por qué desapareció Cristina Rico del Hotel Florida Park? Intenta formular hipótesis terminando estas afirmaciones.

- ☐ Cristina había decidido romper el contrato con los laboratorios Bellísima y...
- ☐ La tenista había descubierto que su novio estaba enamorado de Cristina y...
- ☐ La representante estaba enamorada de Santiago, el banquero y...
- ☐ El chófer y ella habían decidido fugarse a una isla desierta y...
- ☐ Era todo una trama publicitaria que...
- ☐ Un extraterrestre se enamoró de ella y...
- ☐ La mafia la secuestró para...
- ☐ Otras explicaciones:...

¿Cuáles de las posibles explicaciones te parecen mejor, más lógicas en relación con lo que sabemos de la historia? Señálalo.

270
doscientos setenta

Respuestas para la actividad 17–10

	Dónde	Qué	Con quién	Cuándo
LAURA TOLEDO	En la habitación de Cristina	Hablando y viendo un vestido que había comprado Cristina	Con Cristina	Hasta las 10
	En su habitación		Con su novio	A las 10.30
CARLOS ROSALES	En su habitación	Viendo la tele en su habitación		Hastas las 11
	En la habitación de su novia	Hablando	Con su novia	A las 10.30
		Dando una vuelta	Solo	Hasta las 11.15

	Dónde	Qué	Con quién	Cuándo
SANTIAGO PUÉRTOLAS	En Deià	En una fiesta	Con unos amigos	Hasta las 2
JUANA FERRET	En la lavandería	Trabajando	Vio a un desconocido y a Pili, la camarera, con una chica muy guapa.	
VALERIO PUJANTE	En el bar	Esperando a Cristina		A las 9.30

LES SERÁ ÚTIL...

A mí me parece que *ZZZ* es...

No puede ser porque...

Aquí dice que...

Fue WWW quién la llevó...
       la *esperó*...
       pagó...
       vio...

Fíjate en que *UUU* es una mujer.

No sé quién es *GGG*.

17-13 Las hipótesis de Palomares

Lee las notas que ha escrito el inspector Palomares en su cuaderno. Pero verás que el inspector no ha escrito los nombres de los implicados. Discute con varios/as compañeros/as qué personaje corresponde a cada letra.

Creo que ya lo tengo todo claro.

No la secuestró nadie el martes 13 en el hotel. Estoy seguro de que todo fue un montaje, y creo que puedo demostrarlo.

Había muchos interesados en su desaparición. Ella misma, por ejemplo. He averiguado que estaba enamorada de ZZZ. Los dos habían comprado, la semana anterior, billetes para las Islas Bahamas. Harta del mundo de la moda, había comentado a un amigo que se sentía muy deprimida y que quería cambiar de vida.

También me he enterado de que el martes por la mañana Cristina se reunió con YYY en un céntrico despacho de Palma. YYY, que está vinculada profesionalmente a XXX, le entregó a Cristina 10 millones en efectivo. ZZZ los llevó al banco y los transfirió a una cuenta suiza. Creo que Cristina ha firmado un contrato con XXX. ¿Un libro de memorias? ¿Un reportaje muy especial para la revista de XXX sobre la desaparición? Todavía no tengo pruebas.

A XXX también le interesaba por otras razones la desaparición de Cristina. Durante las últimas semanas se ha rumoreado que estaba saliendo con Cristina, y parece ser que su mujer le ha pedido el divorcio y muchísimo dinero. Además ahora él sale con YYY.

También colaboró WWW. A WWW no le gustaban mucho las relaciones de su novio RRR con su amiga. WWW no estuvo con Cristina en su habitación la noche de la desaparición como declaró. Pero sí que estuvo con ella en otro sitio. La acompañó al puerto, en su coche. Allí las esperaban, en un barco de vela, los hombres de VVV. Son profesionales. Los conozco muy bien.

¿Cómo salió del hotel? ¿Nadie la vio? Sí, yo tengo un testigo: UUU vio como otra camarera del hotel conducía a la modelo, vestida de camarera, a la lavandería por un pasillo del servicio. Cristina fue trasladada dentro de una cesta de ropa a un coche por DDD, un hombre de VVV, disfrazado también con el uniforme del hotel. El coche lo conducía WWW. A las 23.30h la llevó al puerto y volvió al hotel.

Sospecho que GGG también tuvo alguna relación con la desaparición. La marca "Dellísima" está pasando un mal momento. Todo el mundo lo sabe. El caso Rico es una excelente publicidad. ¡Publicidad gratis conseguida por GGG para su marca!

Un muy buen plan, pero no perfecto...

17-14 Otra historia

Ahora, en grupo, con los datos y personajes que tenemos, y otros que pueden añadir, inventen otra hipótesis u otra historia.

Sugerencias para la actividad 17–13

Para resolver este ejercicio hay que tener presente todo el contenido informativo que se ha visto hasta ahora.

En la columna LES SERÁ ÚTIL los alumnos tienen expresiones para argumentar sus puntos de vista.

Hágales leer el texto tal como está, con los nombres en clave, con la instrucción de que en esta primera lectura se trata únicamente de entender los datos básicos de las hipótesis de Palomares: *¿Qué sucedió?*

Antes de pasar a una segunda lectura, pregúnteles si tienen ya alguna propuesta de solución para alguna de las claves:

¿De quién es más verosímil que se haya enamorado secretamente la modelo?

¿Qué claves son más transparentes?

Etc.

Pídales que efectúen una segunda lectura, escribiendo ya los nombres que parezcan ser definitivos.

A continuación, entre todos discuten sobre los personajes sobre los que todavía tengan dudas.

Respuestas para la actividad 17–13

ZZZ: Valerio Pujante.
YYY: Clara Blanchart.
XXX: Santiago Puértolas.
WWW: Laura Toledo.
RRR: Carlos Rosales.
VVV: Enrique Ramírez.
UUU: Juana Ferret.
DDD: Leonardo Oliveira.
GGG: P. García Cano.

Sugerencias para la actividad 17–14

Esta actividad puede realizarla en el aula, si sus alumnos están interesados, en un trabajo cooperativo.

Otra opción es que escriban el texto individualmente en casa.

PEPE CARVALHO, MÁS QUE UN DETECTIVE

Fue miembro del Partido Comunista y agente de la CIA, vive en las colinas que rodean Barcelona, y trabaja en el Barrio Chino, al lado de las Ramblas. Es un gran gourmet, le gusta cocinar y quema libros para encender su chimenea. Sus mejores interlocutores son un limpiabotas, un expresidiario y una prostituta. Viajó a Bangkok, se metió en los laberintos del deporte profesional y de los premios literarios, participó en las crisis del Partido Comunista, en las Olimpiadas de Barcelona y en la búsqueda de un exdirector corrupto de la Guardia Civil. Trabajó en los bajos fondos y para la alta burguesía. Investigó los entresijos de los medios de comunicación y de la guerra sucia argentina, entre otras muchas aventuras. Hace años que es uno de los personajes más populares de la literatura española y el protagonista de la serie más traducida a otras lenguas.

Y es que Carvalho, ese detective tan atípico, es más que un personaje de serie negra. Y sus historias son mucho más que simples tramas policíacas. Se trata de una lúcida y compleja crónica de la sociedad española y de su transformación. Su creador, Manuel Vázquez Montalbán, siempre comprometido con la realidad que lo rodea, la ha ido construyendo durante más de dos décadas: las historias de Pepe Carvalho (*Tatuaje, La soledad del manager, Los mares del sur, Asesinato en el Comité Central, Los pájaros de Bangkok, El delantero centro fue asesinado al atardecer, La rosa de Alejandría, Quinteto de Buenos Aires,...*) son libros indispensables para todos aquellos que quieran conocer y entender la España contemporánea.

M. Vázquez Montalbán es, además de novelista, poeta, ensayista y periodista.

—Soy bastante buen cocinero.
—Y lector.
—Apenas si ojeo los libros, sin hache. Hojearlos, con hache, representaría un esfuerzo excesivo. Me gusta guardarlos y quemarlos.

(*Quinteto de Buenos Aires*)

—¿No eres policía?
—Detective privado.
—¿No es lo mismo?
—La policía garantiza el orden. Yo me limito a descubrir el desorden.

(*Quinteto de Buenos Aires*)

Luego empezó a (...) moverse entre materias concretas en busca de la magia de la transformación de los sofritos y las carnes, esa magia que convierte al cocinero en ceramista, en brujo que gracias al fuego consigue convertir la materia en sensación. (...) Telefoneó al gestor Fuster, su vecino.
—Me pillas en la puerta. ¿Es por lo de los impuestos?
—Ni por asomo. Te invito a cenar.
—Pues piensa en los impuestos. Te cae el segundo plazo el mes que viene. Menú.
—Pimientos rellenos de marisco. Espalda de cordero rellena. Leche frit
—Demasiado relleno, pero no está mal. Iré.

(*El delantero centro fue asesinado al atardecer*, texto ada

CONTACTOS ◆ gente de novela **17**

17-15 Después de leer los tres fragmentos, ¿cómo imaginas que es Carvalho? Y en la literatura de tu país, ¿existe algún personaje de novela tan popular? ¿Cuál es? ¿Se parece a Carvalho?

17-16 ¿Has leído recientemente alguna novela? Si recuerdas el argumento, resúmelo brevemente para tus compañeros/as. Prepáralo primero por escrito. Fíjate en que el argumento de los libros se explica en presente.

EJEMPLO:
● Trata de un chico que un día conoce a una chica en un parque y...

273

Información para la actividad 17-15

Manuel Vázquez Montalbán es un escritor español. Nació en 1939. Colabora como articulista en varios periódicos.

Ha escrito poesía y especialmente narrativa. El género que más ha desarrollado es la novela policíaca con la figura del detective Carvalho. Recibió el Premio Nacional de Narrativa en 1991, y el Premio Nacional de las Letras Españolas en 1995.

La imagen contiene una caricatura de M. Vázquez Montalbán, paseando por callejones típicos del Barrio Chino barcelonés. Los establecimientos llevan nombres que se corresponden con otros tantos títulos de novelas de la serie de Pepe Carvalho.

Sugerencias para la actividad 17-15

Puede empezar trabajando la imagen:

¿Qué tipo de barrio representa?

¿Qué ciudades suelen tener estos barrios?

¿Quiénes suelen vivir en ellos?
¿Quiénes suelen trabajar en ellos?
¿Quiénes suelen visitarlos?

¿Qué tipo de establecimientos suele haber en ellos?

¿Qué hacen allí los detectives? ¿Qué hace la policía?

Luego pueden pasar a comentar las características de la novela policíaca:

¿Les gusta este tipo de novela? ¿O de cine?

¿Alguien ha leído novelas o ha visto películas famosas de este género?

¿Cómo es el detective-protagonista de esas películas o novelas? ¿Qué carácter tiene? ¿Qué actitud ante la sociedad?

¿Qué quiere decir el título de la columna principal de la página 272? ¿Por qué se puede decir de alguien que es "más que un detective"?

Después de la lectura del texto, los alumnos comentan sus impresiones *¿Por qué creen que es Pepe Carvalho más que un detective?*

Expansión para la actividad 17-15

Escriba dos columnas en la pizarra: una para **DESCRIPCIÓN FÍSICA** y otra para **CARÁCTER**.

Algún voluntario puede salir a la pizarra a escribir sus impresiones sobre el personaje. Los demás expresarán su acuerdo o desacuerdo.

Sugerencias para la actividad 17-16

Hable a sus alumnos sobre algún libro que haya leído recientemente. Cuente el argumento y hagan un comentario sobre el tiempo verbal que se suele utilizar (presente) y si ocurre lo mismo en la lengua de origen del alumno.

mi *gente* Ecuador

ESTRATEGIAS DE LECTURA:

La narración

A narration tells a story of some kind. For example, whenever we relate what happened during our day to someone, we are using a narrative. In other words, whenever we tell a story, we are narrating. Narrations call on the writer to provide a clear context, appropriate details, and description to help the readers understand the story. Following are some narration guidelines and criteria for the written narrative.

1. Strong thesis statement or point

A thesis statement should appear very early in paragraph one. It will direct the reader's attention to the specific point that they will read about. A thesis performs three important functions for the writer and reader: 1) it controls the content that will appear in the writing, 2) it obligates the writer to produce what he/she has promised, and 3) it predicts for the reader what will follow the thesis statement in the writing.

2. Narrations depend on pacing to keep the audience interested

Pacing is the art of glossing over the insignificant details while focusing on the significant ones. If the author starts a narrative as close to the beginning of the action as possible, and finishes as soon as the significant/important action is completed, he/she will have a useful organizational pattern.

3. Consistent point of view

As you now know (see Chapter 16), point of view is the perspective from which the story is told. A first-person narrative uses I, while a third-person narrative uses he, she, or they in the narration.

4. Appropriate details in the text

After considering the pacing, the author will include enough details so that the event being described is clear to the reader. For example, in the following example: "We were going down Spring Street when…" Who is we? Authors should identify all necessary elements.

5. Occasionally, the feelings of the writer may be expressed in a narration

This is one of the few forms of writing that allows the writer to subjectively express him/herself as it relates the author's own thoughts.

Following these rules, you will be able to understand narrative text in Spanish better.

GENTE QUE LEE

ANTES DE LEER

17-17 **Momentos (in)olvidables**
Describe con una sola oración los siguientes momentos de tu vida. Después comparte tus respuestas con un/a compañero/a de clase.

- el momento o la situación más triste
- el momento más feliz
- el momento más vergonzoso
- el momento o la situación más difícil
- el momento más maravilloso

17-18 **La vida es una novela**
De los momentos que has descrito en la actividad anterior, elige uno de ellos. Después explica brevemente a tu compañero/a lo siguiente:

- por qué has elegido éste particularmente
- cuándo ocurrió
- dónde ocurrió
- quiénes fueron sus protagonistas
- cómo comenzó
- qué pasó
- cómo terminó todo

A LEER

17-19 **Dos ecuatorianos en Durham**
Lee el texto siguiente para conocer la historia y los momentos inolvidables de dos inmigrantes ecuatorianos al venir a los Estados Unidos. A continuación, contesta las preguntas.

Respuestas a la actividad 17–20

1. En 1989. Tenía 27 años.

2. Ecuatoriana. Llegó por primera vez a Durham, Carolina del Norte. Ha vivido en 2 lugares de este país, Durham, en Carolina del Norte, y Ramsey, en Nueva Jersey.

3. Rodrigo = el hijo del autor y Marisol

   Marisol = la novia, la compañera del autor

   Teresa = la hija del autor y Marisol

   Marta = la tía del autor

4. El autor encontró trabajo, compró un carrito viejo y rentaba a medias con otra persona un departamento. Tuvo un hijo con Marisol y se reunió con ella en los Estados Unidos.

5. Porque tuvo que abandonar a Rodrigo de meses, hacer de ama de casa (sin empleada para hacerle las cosas) y tuvo una crisis emocional al tener que comprar ropa usada.

6. Marisol trabajaba en el restaurante mexicano de unos amigos y el autor era jardinero en una zona elegante.

7. Ganaban el sueldo mínimo y con ese dinero compraron un Lincoln de segunda y una cámara de video en cuotas, sacaron licencias de manejo y encaminaron a otros parientes que vinieron después de ellos.

8. No. Iban a la clases a la Cruz Roja.

9. Fueron los más sufridos y dolorosos de su vida, pero también los más hermosos.

10. Las respuestas varían.

DOS ECUATORIANOS EN DURHAM

En 1989, antes de cumplir 28, me fui a vivir a una pequeña ciudad llamada Durham en Carolina del Norte. Atrás dejé mi Guayaquil querido, a mis padres, a mi hermana menor y a mi hermosa novia, Marisol, embarazada de cinco meses.

En menos de un año tenía trabajo, un carrito viejo y rentaba a medias con otra persona un departamento; en eso, Marisol tuvo a nuestro hijo Rodrigo y a pesar de todos los negativos, decidió venirse conmigo a Durham. Ni que decir lo doloroso que fue vivir sin nuestro hijo.

Para ahorrar cada centavo, dejé de fumar (hasta ahora) y de beber, y le enseñé a Mari lo que había aprendido en mi primer año de estar aquí: a adaptar mi cuerpo a resistir y superar los dolores físicos y psicológicos que te imponen la distancia y la separación de tus seres más queridos.

Mari sufrió muchísimo al tener que abandonar a Rodrigo de meses y hacer de ama de casa (sin empleada para hacerle las cosas). Tuvo una crisis emocional al tener que comprar ropa usada. Ni que decir de la dieta rigurosa que hasta ahora hacemos para evitar gastos médicos.

Un año después de la llegada de Marisol tuvimos una bebita, Teresa, y siempre recordaremos que antes de tenerla, nos mudamos a una casita independiente, se nos murió el carro y tuvimos que caminar entre pilas de nieve con tremenda barriga a tomar el bus o ir de compras.

Vivíamos en un barrio pobre y fue desesperante no saber inglés. Por eso decidimos asistir a un curso que ofrecía la Cruz Roja, mientras yo tomaba un curso de computación en la Universidad local a la vez que trabajaba como jardinero en lujosas residencias de la mejor zona de Durham.

Así aprendimos a vivir independientemente, a dejar a la bebita en la guardería mientras trabajábamos cuanto más podíamos para enviar dinero al Ecuador para nuestro niño, pagar los estudios y nuestros gastos; y eso que sólo recibíamos el sueldo mínimo.

Mari empezó a trabajar en el restaurante mexicano de unos amigos (donde yo echaba una mano los sábados y domingos también). Así, Mari comía allí a diario y nos evitábamos ese gasto.

Nuestros éxitos fueron comprar un Lincoln de segunda y una cámara de video en cuotas, sacar licencias de manejo y encaminar a otros parientes que vinieron después de nosotros; de esta manera, aprendimos la humildad de ser solidarios y a ayudarnos mutuamente.

Al año de tener la bebita, nos mudamos a Ramsey, Nueva Jersey, para procesar nuestra documentación con amigos de la familia. Allí la misma familia nos ayudó a conseguir trabajo, mientras esperábamos que el proceso terminara para regresar a nuestro añorado y extrañado Guayaquil. El proceso nos retuvo casi otro año.

Sabiendo que nuestra estadía era temporal, rentamos un departamento en el edificio donde vivía mi tía Marta.

En contra de toda crítica, me dediqué a estudiar a tiempo completo y trabajar a medio tiempo. Estos dos años de estudios se hicieron eternos pero me dieron fuerza para conseguir mi objetivo, la estima de los profesores y la pena de rechazar las invitaciones a festejos y salidas.

Los cinco años que pasé en este país fueron los más sufridos y dolorosos de mi vida, pero también los más hermosos. Ahora veo que el dolor refuerza el propósito de progresar y el sacrificio de mi pareja lo hizo más intenso todavía. Con mi título bajo el brazo, volvimos a Ecuador pensando en un mejor futuro.

DESPUÉS DE LEER

 ¿Entendiste?

Contesta las preguntas siguientes según el texto que acabas de leer.

1. ¿Cuándo vino a los Estados Unidos el autor de la historia? ¿Cuántos años tenía?

2. ¿Cuál es su nacionalidad? ¿A qué ciudad de los Estados Unidos llegó por primera vez? ¿En cuántos lugares de este país ha vivido?

3. ¿Quiénes son las siguientes personas del texto?
   - Rodrigo
   - Marisol
   - Teresa
   - Marta

4. ¿Qué cosas pasaron en menos de un año? ¿Qué cosas logró el autor?

5. ¿Por qué sufrió Marisol tanto? Nombra por los menos dos razones.

6. ¿Dónde trabajaba Marisol? ¿Y el autor de la historia?

7. ¿Cuánto dinero ganaban? ¿Qué hacían con ese dinero que recibían? ¿Qué cosas compraron?

8. ¿Sabían inglés Marisol y su compañero? ¿Cómo y dónde lo aprendieron?

9. ¿Cómo describe el autor los cinco años que vivieron en los Estados Unidos?

10. ¿Cuál crees tú que fue el momento más feliz y el más doloroso del autor de esta historia?

GENTE QUE ESCRIBE

17-21 Otras historias

ANTES DE ESCRIBIR

Seguro que tú también conoces a alguien que tiene una historia interesante y que por una razón u otra nunca vas a olvidar. Antes de empezar a escribir la historia, prepara una lista de los detalles que vas a incluir en la narración.

- protagonista de la historia
- fechas
- horas
- lugares
- circunstancias
- hechos
- detalles específicos
- otras ideas que tú creas importantes

A ESCRIBIR

Narra la historia de esta persona e intenta describir con todo detalle lo que pasó.

DESPUÉS DE ESCRIBIR

Revisa tu primer borrador y comprueba:

CONTENIDO
- ¿Te gusta?
- ¿Necesitas incluir algo más?
- ¿Está bien organizado?

GRAMÁTICA Y VOCABULARIO
- ¿Hay errores?
- ¿Has usado gramática y vocabulario de este capítulo?

Pasa tu texto a tu compañero/a y pídele sugerencias.

Por último, pasa a limpio tu texto y entrégaselo a tu profesor/a.

www **GENTE EN LA RED**

17–22 **Cuentos e historias de inmigrantes ecuatorianos**

ANTES DE NAVEGAR

Después de leer la historia sobre este inmigrante ecuatoriano, sientes curiosidad por conocer más casos de cómo algunas personas se sienten cuando vienen a este país. Un amigo ecuatoriano te ha dicho que en la red existe una página donde los ecuatorianos expresan sus sentimientos y cuentan sus propias historias.

Antes de consultar esta página, marca con una cruz (X) los sentimientos que crees que estas personas sienten cuando están lejos de su país. Piensa en cómo te sentirías tú al estar lejos de tu familia y amigos, y en condiciones económicas no muy favorables.

_____	tristeza	_____	depresión
_____	alegría	_____	estrés
_____	emoción	_____	orgullo
_____	angustia	_____	dolor
_____	soledad	_____	vergüenza

A NAVEGAR

Ahora ve a la dirección (*www.prenhall.com/gente*) y lee algunos de los cuentos de inmigrantes ecuatorianos.

VOCABULARIO

Los personajes protagonistas y secundarios

(el/la) agente	*manager, agent*	(el/la) jardinero/a	*gardener*
(el/la) chófer	*chauffeur*	(el) marido	*husband*
(el/la) empleado/a (doméstico/a)	*domestic employee*	(el/la) millonario/a	*millionaire*
		(el/la) modelo	*model*
(el/la) ensayista	*essayist*	(el/la) novelista	*novelist*
(el/la) entrenador/a	*trainer*	(el/la) portavoz	*spokesperson*
(el/la) ex-presidiario/a	*ex-convict*	(el/la) propietario/a	*owner*
(el/la) guardaespaldas	*bodyguard*	(el/la) prostituto/a	*(male) prostitute*
(el/la) hombre/mujer de negocios	*businessman/woman*	(los/las) protagonistas	*main characters*
		(el/la) representante	*representative*
(el/la) implicado/a	*person involved*	(los) suegros	*parents-in-law*
(el/la) cómplice	*accomplice*	(el/la) testigo	*witness*
(el/la) inspector/a	*inspector*		

El relato novelesco

(los) bajos fondos	*underworld*
(la) búsqueda	*search*
(la) coartada	*alibi*
(la) comisaría	*police station*
(la) declaración	*statement, confession*
(la) desaparición	*disappearance*
(la) detención	*detention*
(los) entresijos	*secrets, hidden aspects*
(las) fuentes (bien informadas)	*(good) sources*
(la) huella	*footprint, footmark*
(el) interrogatorio	*questioning*
(la) investigación	*investigation*
(la) marca	*mark*
(el) misterio	*mystery*
(el) montaje	*set up, plot*
(el) paradero	*whereabouts, location*
(la) pista	*clue*
(la) prueba	*proof, evidence*
(el) suceso misterioso	*mysterious incident*
disfrazarse	*to disguise oneself as*
fugarse	*to escape*
interrogar	*to question*
investigar	*to investigate*
quedarse viudo/a	*to become a widow(er)*
resolver un caso	*to solve a case*
secuestrar	*to kidnap*
sospechar (de)	*to suspect*

Algunas actividades para una agenda moderna

(el) desfile de moda	*fashion show*
(la) recepción	*reception*
(la) reunión de negocios	*business meeting*
(la) sesión de fotos	*photo session*
disputar un trofeo	*to dispute a trophy*
estar de vacaciones	*to be on vacation*
hacer referencia a	*to make reference to*
romper un contrato	*to break a contract*

Las situaciones personales

(la) alegría	*happiness*
(la) angustia	*anguish*
(la) añoranza	*longing*
(el) desconcierto, (la) turbación	*embarrassment*
(la) depresión	*depression*
(el) dolor	*pain*
(la) emoción	*emotion*
(la) estima	*esteem*
(el) estrés	*stress*
(la) humildad	*humbleness, humility*
(el) orgullo	*pride*
(la) pena	*grief, sadness, sorrow*
(la) soledad	*loneliness*
(el) sacrificio	*sacrifice*
(la) tristeza	*sadness*
(la) vergüenza	*embarrassment*

Otras palabras y expresiones útiles

(el) atardecer	*dusk*
(el) éxito	*success*
(el) laberinto	*labyrinth*
(el) plazo	*deadline*
(el) tatuaje	*tattoo*
(un) contrato cotizado	*(very) valued contract*
harto/a (de)	*to be tired of, to be fed up with*
comprar de segunda	*to buy used things*
echar una mano	*to help, to lend a hand*
ir directo al grano	*to go to the point*
pensar en + inf.	*to think about + gerund*
como era de esperar	*as expected*
en efectivo	*cash*
por suerte	*luckily*

Verbos

aclarar	*to clarify*
alojarse, quedarse (en)	*to stay*
comentar	*to comment*
comunicar	*to communicate*
demostrar (ue)	*to demonstrate*
firmar	*to sign*
hojear	*to skim/glance through*
ojear	*to eye, to stare at*
pillar	*to catch*
rehacer	*to redo*
salir con	*to go out with*
suponer	*to suppose*
vincular (a)	*to link*

OBJETIVOS
18

Vamos a crear una empresa y a diseñar un anuncio para la televisión. Para ello practicaremos formas de:

✔ valorar propuestas y sugerencias,
✔ argumentar sobre las ventajas o inconvenientes.

gente con **ideas**

18-1 En apuros

¿Te has encontrado alguna vez en una situación como las de la imagen?

Necesitaba...		no había nada en el frigorífico
No tenía...	y	todo estaba cerrado
Quería comprar...		hacía mucho frío
Tenía invitados		...
...		

EJEMPLO:

- Una vez, era de noche, necesitaba un medicamento y no podía salir de casa...
- ○ ¿Y qué hiciste? ¿Saliste a la calle?
- No, llamé a unos amigos.

18-2 GENTE A PUNTO: la solución a sus emergencias

Traza tu itinerario en este anuncio interactivo.

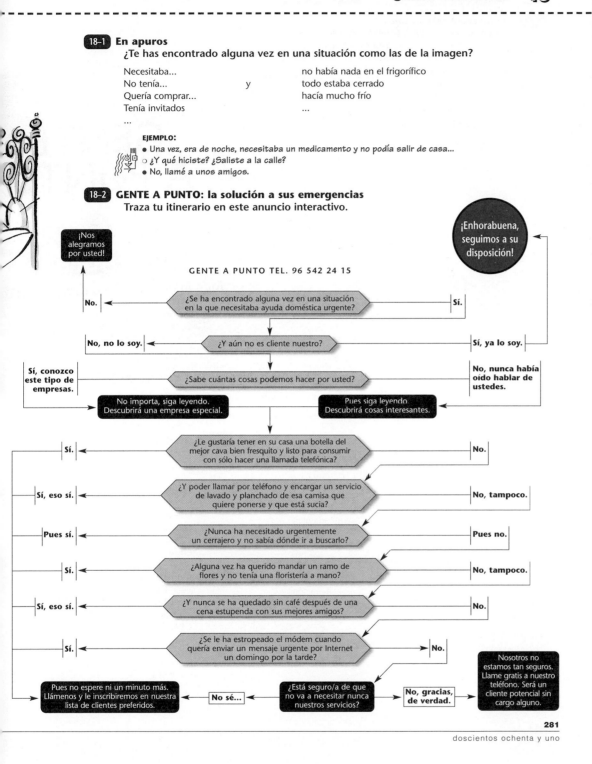

281

doscientos ochenta y uno

Expansión para la actividad 18–2

Formando nuevas parejas, pídales que resuelvan el ejercicio de forma oral: un alumno le hace a su compañero las preguntas y sigue el itinerario que corresponda a las respuestas. En esta actividad, pídales que se fijen en las distintas partículas y expresiones que pueden acompañar el SÍ o el NO (y que están introducidas en el texto del libro: *Sí, eso sí/No, eso no./No, tampoco.* Etc.)

Pídales que amplíen el anuncio con otros posibles servicios.

Sugerencias para la actividad 18–1

La imagen de la página 280 no es más que una muestra de diversas situaciones en que varias personas se encuentran en apuros. Los alumnos en principio trabajan en la descripción de las imágenes.

Empiece el trabajo pidiendo a los alumnos que describan la imagen. De esa forma podrá activar vocabulario conocido e introducir nuevas palabras. Esta actividad será aún más completa si pide a los estudiantes que sugieran soluciones:

¿Qué problemas tiene cada una de esas personas?

¿Cómo podrían resolverlos?

A continuación, en parejas, los alumnos pueden explicar experiencias propias, diferentes a las que sugiere la imagen.

En el diálogo que se ofrece como muestra, los interlocutores intervienen interesándose por la resolución de la situación mediante preguntas relativas a la forma de resolverla:

¿Qué hiciste?

Expansión para la actividad 18–1

Puede ampliar el relato de estas anécdotas si incluyen otras que sepan que les han sucedido a personas conocidas suyas. Así se trabajarán, además, los tiempos del pasado en tercera persona del singular.

Información para la actividad 18–2

La imagen reproduce un anuncio de una empresa imaginaria, "GENTE A PUNTO", que presta servicios a domicilio. La empresa anuncia algunos de sus servicios mediante preguntas a las que los lectores responden en forma afirmativa o negativa.

Sugerencias para la actividad 18–2

Comente, en primer lugar, el anuncio y el tipo de empresa de que se trata. Para ello, puede trabajar las tres primeras preguntas.

Llegados a la tercera pregunta indique a los alumnos que cubran la continuación del anuncio con una hoja de papel. Pídales que sugieran cuántas cosas se les ocurren que una empresa como ésta puede ofrecer. Si no se les ocurre nada, hágales preguntas que indirectamente les lleven a servicios como los que se ofrecen en el anuncio; así introducirá el vocabulario nuevo:

¿Sería una buena idea ofrecer refrescos? ¿Pasteles? ¿Chocolate calentito con churros?

Seguidamente, deje que ahora cada alumno trace su itinerario personal por el anuncio, leyéndolo individualmente.

Luego, en parejas o grupos de tres, podrán comentar dónde ha finalizado el recorrido de cada uno.

281

Información para la actividad 18–3

La actividad describe una situación imaginaria en la que el alumno es el destinatario de una campaña publicitaria.

Se van a trabajar varios documentos pertenecientes a dicha campaña:

La carta de presentación del folleto.

Un folleto que contiene a su vez una encuesta y un apartado explicativo.

Un anuncio radiofónico.

Sugerencias para Gente a punto.

Estructure su trabajo por documentos y sus partes: primero, la carta y la portada del folleto (página 282); a continuación, la encuesta y el apartado *¿Cómo funciona Gente a punto?* (página 283), y finalmente, el anuncio radiofónico.

La carta y la portada del folleto: pida a sus alumnos que lean individualmente estos dos documentos.

A continuación, invíteles a que cierren los libros y vayan diciendo en voz alta toda la información que recuerden haber leído:

La empresa ya trabaja en la ciudad desde hace dos años.

El folleto contiene una encuesta.

Pide a los vecinos que respondan a la encuesta y les informa de que pasarán a recogerla dentro de unos días.

La empresa realiza servicios a domicilio las 24 horas del día.

Llevan a las casas cualquier cosa, tanto productos como servicios.

El cliente deber hacer su pedido por teléfono llamando al 96 542 24 15.

Sugerencias para la actividad 18–4

En primer lugar cada alumno responde individualmente a la encuesta.

A continuación, en grupos de cuatro, comentan cuáles son los servicios más solicitados.

Finalmente, con todo el grupo de clase, se ponen en común los resultados de la encuesta para saber qué servicios tienen más demanda.

18 gente con ideas ◆ CONTEXTOS

18-3 ¿Te interesa este anuncio?
La empresa GENTE A PUNTO ofrece muchos servicios a domicilio. Ahora está haciendo una campaña publicitaria mediante anuncios en la radio y buzoneo. Tú has oído uno de los anuncios y en el buzón de tu casa has encontrado estos folletos.

Responde individualmente a la encuesta de la página 283.

GENTE A PUNTO,
le pone las cosas fáciles

Distinguido/a vecino/a:

Hace ya más de dos años que trabajamos en la ciudad intentando prestar un servicio ágil y efectivo.

Probablemente usted ya ha oído hablar de nosotros. Incluso puede que sea uno de nuestros clientes.

Con el fin de mejorar nuestros servicios, queremos saber la opinión de nuestros clientes actuales y futuros. Por eso, hemos elaborado esta encuesta, que pasaremos a recoger por su domicilio dentro de unos días.

Muchas gracias por su amable colaboración.

GENTE A PUNTO

SERVICIO A DOMICILIO
24 HORAS

Todo lo que necesite a cualquier hora del día

LLÁMENOS, realice su pedido de cualquier producto o servicio, y en breve lo recibirá en su domicilio.

GENTE A PUNTO le pone las cosas fáciles.

☎ **96 542 24 15**

18-4 Servicios
Ahora formen grupos de cuatro. ¿Cuáles de los servicios de la empresa GENTE A PUNTO les interesan más? ¿Cuáles menos?

Después, todos los grupos juntos, comprueben cuáles son los servicios que tienen más demanda en la clase.

18-5 Nuevos servicios
Escucha el anuncio radiofónico: ¿en qué consisten los nuevos servicios que ofrece GENTE A PUNTO?

Sugerencias para la actividad 18–5

Los alumnos escuchan la audición y anotan los nuevos productos que ofrece la empresa.

Podría sugerir a los alumnos que comparen el funcionamiento en servicio de día, y en servicio de noche.

Algunos productos se ofrecen sólo de día; el servicio de noche tiene menos oferta.

Para el servicio de día, se puede llamar a GENTE A PUNTO o bien ir directamente a la tienda; GENTE A PUNTO lleva el producto a domicilio. Para el servicio de noche, hay que llamar a GENTE A PUNTO.

Respuestas para la actividad 18–5

Desayuno y periódico a domicilio.

Cuidado del perro en sesiones de mañana y tarde, en fines de semana y en períodos de vacaciones.

Venta de flores (frescas y secas) y de plantas.

18-6 **Servicios solicitados**

Cuatro personas llaman a la empresa GENTE A PUNTO para encargar distintas cosas.

Marca en la encuesta los servicios que solicitan en cada caso.

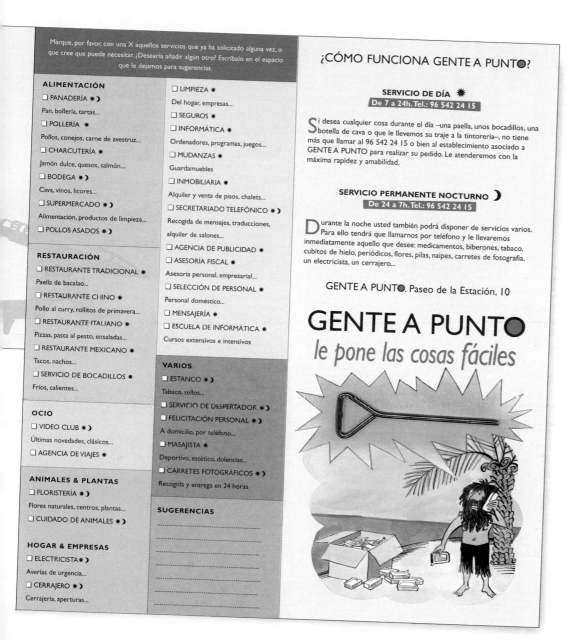

Marque, por favor, con una X aquellos servicios que ya ha solicitado alguna vez, o que cree que puede necesitar. ¿Desearía añadir algún otro? Escríbalo en el espacio que le dejamos para sugerencias.

ALIMENTACIÓN
- ☐ PANADERÍA ☀ ☽
Pan, bollería, tartas...
- ☐ POLLERÍA ☀
Pollos, conejos, carne de avestruz...
- ☐ CHARCUTERÍA ☀
Jamón dulce, quesos, salmón...
- ☐ BODEGA ☀ ☽
Cava, vinos, licores...
- ☐ SUPERMERCADO ☀ ☽
Alimentación, productos de limpieza...
- ☐ POLLOS ASADOS ☀ ☽

RESTAURACIÓN
- ☐ RESTAURANTE TRADICIONAL ☀
Paella de bacalao...
- ☐ RESTAURANTE CHINO ☀
Pollo al curry, rollitos de primavera...
- ☐ RESTAURANTE ITALIANO ☀
Pizzas, pasta al pesto, ensaladas...
- ☐ RESTAURANTE MEXICANO ☀
Tacos, nachos...
- ☐ SERVICIO DE BOCADILLOS ☀
Fríos, calientes...

OCIO
- ☐ VIDEO CLUB ☀ ☽
Últimas novedades, clásicos...
- ☐ AGENCIA DE VIAJES ☀

ANIMALES & PLANTAS
- ☐ FLORISTERÍA ☀ ☽
Flores naturales, centros, plantas...
- ☐ CUIDADO DE ANIMALES ☀ ☽

HOGAR & EMPRESAS
- ☐ ELECTRICISTA ☀ ☽
Averías de urgencia...
- ☐ CERRAJERO ☀ ☽
Cerrajería, aperturas...

- ☐ LIMPIEZA ☀
Del hogar, empresas...
- ☐ SEGUROS ☀
- ☐ INFORMÁTICA ☀
Ordenadores, programas, juegos...
- ☐ MUDANZAS ☀
Guardamuebles
- ☐ INMOBILIARIA ☀
Alquiler y venta de pisos, chalets...
- ☐ SECRETARIADO TELEFÓNICO ☀ ☽
Recogida de mensajes, traducciones, alquiler de salones...
- ☐ AGENCIA DE PUBLICIDAD ☀
- ☐ ASESORÍA FISCAL ☀
Asesoría personal, empresarial...
- ☐ SELECCIÓN DE PERSONAL ☀
Personal doméstico...
- ☐ MENSAJERÍA ☀
- ☐ ESCUELA DE INFORMÁTICA ☀
Cursos extensivos e intensivos

VARIOS
- ☐ ESTANCO ☀ ☽
Tabaco, sellos...
- ☐ SERVICIO DE DESPERTADOR ☀ ☽
- ☐ FELICITACIÓN PERSONAL ☀ ☽
A domicilio, por teléfono...
- ☐ MASAJISTA ☀
Deportivo, estético, dolencias...
- ☐ CARRETES FOTOGRÁFICOS ☀ ☽
Recogida y entrega en 24 horas

SUGERENCIAS
....
....
....
....
....
....
....

¿CÓMO FUNCIONA GENTE A PUNTO?

SERVICIO DE DÍA ☀
De 7 a 24h. Tel.: 96 542 24 15

Si desea cualquier cosa durante el día –una paella, unos bocadillos, una botella de cava o que le llevemos su traje a la tintorería–, no tiene más que llamar al 96 542 24 15 o bien al establecimiento asociado a GENTE A PUNTO para realizar su pedido. Le atenderemos con la máxima rapidez y amabilidad.

SERVICIO PERMANENTE NOCTURNO ☽
De 24 a 7h. Tel.: 96 542 24 15

Durante la noche usted también podrá disponer de servicios varios. Para ello tendrá que llamarnos por teléfono y le llevaremos inmediatamente aquello que desee: medicamentos, biberones, tabaco, cubitos de hielo, periódicos, flores, pilas, naipes, carretes de fotografía, un electricista, un cerrajero...

GENTE A PUNTO. Paseo de la Estación, 10

GENTE A PUNTO
le pone las cosas fáciles

283

doscientos ochenta y tres

Sugerencias para la actividad 18–6

Los alumnos escuchan la audición y marcan las respuestas en la encuesta con un número que corresponde al orden de los diálogos que aparecen en la audición. (1 2 3 4).

Expansión para la actividad 18–6

Se podría proponer una segunda audición. Pida a los alumnos que tomen más datos relativos al pedido: motivo, finalidad, urgencia, etc., o relativos a la respuesta de la empresa: qué dicen, cómo reaccionan, qué prometen hacer...

Respuestas para la actividad 18–6

Cliente nº 1:
Alimentación: bodega (dos botellas de vino blanco).
Alimentación: supermercado (queso fresco y salmón ahumado).
Alimentación: panadería (dos barras).

Cliente nº 2:
Animales & Plantas: floristería (un ramo de flores).

Cliente nº 3:
Varios: masajista (necesita un masaje en el tendón de Aquiles).

Cliente nº 4:
Hogar & Empresas: electricista (avería de luz).

284

Información para la actividad 18–7

La práctica de la interacción oral está guiada por la muestra de conversación, en rojo, y por los dos recuadros adjuntos (Previsiones de futuro y Condiciones para el éxito).

Asimismo, dispone de ayuda en la columna gramatical ACONTECIMIENTOS O SITUACIONES FUTURAS.

"*Manitas*" es un término con el que coloquialmente se designa a una persona con gran habilidad manual para actividades de bricolaje; "manazas", por el contrario, designa a una persona con muy poca habilidad manual.

"*Canguro*", "*Hacer un canguro*", son expresiones habituales en España para referirse al servicio de cuidar a los niños pequeños mientras sus padres se ausentan de la casa (por motivos de trabajo o por actividades de ocio; por la noche y en fines de semana).

El Euro, unidad monetaria de la Unión Europea, equivale a 166 pts.

Sugerencias para la actividad 18–7

Empiece trabajando la imagen que acompaña el ejercicio:

¿A quién le gustaría trabajar en esta empresa "(Manitas y manazas", "El canguro ", etc.) ¿Por qué?

¿Quién llamaría a alguna de estas empresas? ¿Por qué?

Luego, practique un par de veces el diálogo haciendo usted la pregunta y pidiendo a alguno de sus alumnos la respuesta. Pídales en primer lugar que completen la frase que da título al ejercicio (Tendrá éxito si...). Adviértales sobre la exigencia del tiempo presente de indicativo en esta subordinada.

Finalmente, deje que practiquen en parejas tal como propone el ejercicio. Circule entre ellos comprobando que realizan correctamente el ejercicio.

Información para la actividad 18–8

Seguimos utilizando las mismas imágenes del ejercicio anterior. Los alumnos han de elegir dos de los anuncios para completarlos con más información y datos publicitarios.

En el ejemplo que sirve de muestra tienen una estructura que les permite seguir introduciendo libremente las variaciones que deseen.

En la columna lingüística de la página 284 tienen ayuda gramatical para este ejercicio.

---

18 **gente con ideas** ◆ **FORMAS Y RECURSOS**

18-7 **Tendrá éxito si...**

En el periódico de tu ciudad se han publicado estos anuncios de unas empresas recién creadas. Tú quieres invertir dinero en una de ellas. ¿Crees que tendrán éxito? Dale a cada una entre 0 y 3 puntos.

Ahora, en parejas, discutan su punto de vista sobre las posibilidades de cada empresa. ¿En cuáles invertirían dinero? Pueden tener en cuenta las siguientes ideas sobre previsiones de futuro y condiciones para el éxito.

EJEMPLO:

● ¿Qué te parece la escuela de bricolaje? ¿Crees que tendrá éxito?
○ Yo creo que sí. Pero sólo si ofrece horarios de tarde y noche.

PREVISIONES DE FUTURO

- Tener muchos clientes
- Ser un éxito
- Recibir muchos pedidos
- Ser un buen negocio
- Dar mucho dinero
- ...

CONDICIONES PARA EL ÉXITO
- Un servicio rápido
- Un catálogo muy amplio
- Las últimas novedades
- Precios no muy caros
- Productos o servicios de

18-8 **Iremos a cualquier hora que nos llame**

Elijan dos anuncios: para cada uno tienen que crear un pequeño texto. Fíjate en cómo se usan el futuro y el subjuntivo en el ejemplo.

EJEMPLO:

EL CANGURO DIVERTIDO: A cualquier hora que nos llame, en menos de una hora tendrá en su casa la mejor persona para cuidar a su niño. Estaremos con él todo el tiempo que usted necesite. Jugaremos con él, le contaremos cuentos...

284
doscientos ochenta y cuatro

ACONTECIMIENTOS O SITUACIONES FUTURAS

FUTUROS REGULARES

HABLAR	hablar-
LEER	leer-
ESCRIBIR	escribir-

FUTUROS IRREGULARES

TENER	tendr-
SALIR	saldr-
VENIR	vendr-
PONER	pondr-
HABER	habr-
DECIR	dir-
HACER	har-

+ é / ás / á / emos / éis / án

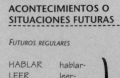
¿Tú crees que esta idea puede ser interesante?

Sí, será un éxito. Ya lo verás.

El futuro se usa para transmitir confianza y dar ánimos.

Ya lo **verás.**
Ya **verás** cómo todo va bien.

Para expresar la condición.
SI + *INDICATIVO* + *FUTURO*

● Este hotel, **si ofrece** buen servicio, **tendrá** muchos clientes.
○ Y **si** los precios no **son** muy caros.

Para comprometerse a hacer algo, hacer promesas.

Tendrá su pedido en su casa en menos de 30 minutos.

Sugerencias para la actividad 18–8

Los alumnos crean un pequeño texto como el que aparece en la página 284.

Es recomendable que trabajen en parejas o en grupos de tres.

Pida a cada grupo que lea en voz alta su texto sin decir el nombre de la empresa para la que lo han escrito: el resto de la clase deberá adivinarlo.

Para ofrecerse a hacer algo dejando que decida el otro.

Futuro/Presente + **cuando/donde/ (todo) lo que** + *Subjuntivo*

Le llevamos **todo lo que** usted necesite.
Se la llevaremos a donde nos diga.

CUALQUIER(A), TODO EL MUNDO, TODO LO QUE

Todo el mundo ha oído hablar de nuestra nueva empresa.
Llámenos a **cualquier** hora, pídanos **cualquier** cosa, se la llevaremos a **cualquier** sitio.

Todo generalmente va con artículo:

todo el dinero
toda la pizza
todos los pedidos
todas las botellas
todo lo que hemos pedido

Además, **todo/a/os/as** sin sustantivo exigen su correspondiente pronombre de OD: **lo, la, los, las**.

● ¿Y el cava?
○ Me **lo** he bebido **todo**.

● ¿Y la pizza?
○ Me **la** he comido **toda**.

● ¿Y los pollos?
○ **Los** hemos vendido **todos**.

● ¿Y las botellas?
○ **Las** he repartido **todas**.

PRONOMBRES OBJETO DIRECTO (OD) + OBJETO INDIRECTO (OI): SE

Cuando se combinan los pronombres de OI **le** o **les** con los de OD **lo, la, los, las**, los primeros se convierten en **se**.

● ¿Y el pollo?
○ **Le lo** llevaré ahora mismo.
  Se lo llevaré ahora mismo

FORMAS Y RECURSOS ◆ **gente con ideas** 18

18-9 Un juego

En este establecimiento de GENTE A PUNTO hay que organizar el reparto de los siguientes encargos.

PRODUCTO	CLIENTE
Paella	Marisa Aguirre
Nachos	Sres. Frontín
Ensaimada[1]	Carmelo Márquez
Vino	Nuria París
Cava	Gloria Vázquez
Cervezas	Rafael Ceballos
2 Pollos	Sra. Escartín
Pizza	Rosamari Huertas
Tacos	Óscar Broc
Rollitos de primavera	Gemma Alós

En pequeños grupos, y por turnos, formen frases con estas tres estructuras:

Los nachos **se los** llevas a los Sres. Frontín. (1 punto)
Los nachos hay que llevár**selos** a los Sres. Frontín. (2 puntos)
Los nachos lléva**selos** a los Sres. Frontín. (2 puntos)

Si un/a alumno/a usa las tres formas correctamente recibe un punto suplementario.

18-10 Esto no es lo que yo he pedido

El mensajero ha llevado un paquete y se ha ido. El cliente, al abrirlo, comprueba que no es lo que ha pedido. Escucha lo que dicen y anótalo.

	Nº 1	Nº 2
les han llevado		
habían pedido		

Ahora vuelve a escuchar las conversaciones telefónicas y observa qué estructuras usan los interlocutores para decir las siguientes cosas.

En parejas pueden hacer ahora un diálogo semejante a los que han oído. El alumno A es uno de los clientes de la actividad 18-9, pero no le han llevado lo que había pedido. El alumno B atiende su llamada desde GENTE A PUNTO.

PROTESTAR POR EL ERROR (CLIENTE)
_____
_____
_____

RECLAMAR EL PEDIDO (CLIENTE)
_____
_____
_____

DISCULPARSE (EMPLEADO)
_____
_____
_____

[1] La **ensaimada** es un postre típico de las Islas Baleares en España.

285

Información para la actividad 18-9

El ejercicio consiste en la formación de frases en las que se combinan un producto de la primera columna con un cliente de la segunda; ello sucede sobre una base arbitraria: cada alumno puede establecer las combinaciones que quiera.

Sin embargo, las imágenes que acompañan el ejercicio pueden servir como una primera decisión ya facilitada por el libro, y en ellas se ha optado por una relación directa entre las dos columnas.

En el juego competitivo que se propone se ha asignado una puntuación mayor a las dos formas de expresión más complejas (perífrasis o imperativo, con combinación de pronombres pospuesta) y una menor a la expresión más fácil (presente de indicativo con combinación antepuesta).

Sugerencias para la actividad 18-9

Trabaje con el ejemplo que propone el libro. Asegúrese de que los alumnos conocen la formación de frases con pronombres átonos.
Forme grupos de tres alumnos.
Por turnos, cada alumno trata de formar frases correctas con las tres estructuras.
Entre ellos mismos se corrigen y llevan el recuento de puntos.
Pase por los grupos para comprobar que realizan correctamente el ejercicio.
Para el recuento de puntos podría llevar pequeñas tarjetas en dos colores, azul y verde. Las azules valen 1 punto y las verdes, 2. Cada grupo tiene varias tarjetas que se van otorgando a los alumnos que completen las frases según la puntuación que merezcan.

Sugerencias para la actividad 18-10

En este ejercicio, una vez realizadas las audiciones e identificados los recursos lingüísticos, los alumnos podrán volver a utilizar los pronombres átonos de complemento directo e indirecto.
En una primera audición, los alumnos completan la tabla con anotaciones sobre los malentendidos que se han producido.
Se comentan entre todos los alumnos.
En una segunda audición, los alumnos toman nota de las estructuras que se utilizan para protestar, reclamar, etc. En este caso es conveniente ir parando la audición para dar tiempo a los alumnos a escribir.

Respuestas para la actividad 18-10

Nº1:
  Les han llevado: una paella.
  Habían pedido: dos pollos.

Nº2:
  Les han llevado: unas cervezas.
  Habían pedido: cava.

Protestar por el error (cliente):
  Es que me acaban de traer... Yo soy...
  No es eso (lo que yo había pedido).
  Es que yo había pedido...

Reclamar el pedido (cliente):
  Yo quiero... Y tráiganos rápido, por favor, que...
  ...pero tráiganlas deprisa.

Disculparse (empleado):
  Ahora mismo se los envío... y perdone el despiste ¿eh?

285

Información para la actividad 18–11

Información para la actividad 18–11

Los anuncios de la doble página sirven para sugerir ideas que serán útiles para la tarea del ejercicio 18–13.

Al propio tiempo, facilitan también expresiones y recursos lingüísticos útiles para esa misma tarea.

Sugerencias para la actividad 18–11

Los alumnos, individualmente, leen los anuncios y seleccionan los que más les gustan.

Puede hacer este trabajo desde una doble perspectiva:

¿Cuál es la empresa que les parece más interesante?

¿Cuál es el anuncio que les parece mejor elaborado?

Comente con todo el grupo de clase cuáles son las preferencias de los alumnos y las razones que les han llevado a seleccionar un anuncio en concreto.

A continuación, los alumnos forman los grupos de trabajo, según sus afinidades y gustos manifestados sobre estos anuncios.

Expansión para la actividad 18–11

Los textos de los anuncios contienen muchos de los recursos lingüísticos trabajados. Pida a sus alumnos que los subrayen y observen.

Podría sugerirles transformar el texto de todos los anuncios tuteando al destinatario. Así trabajarán los pronombres átonos.

18 gente con ideas ◆ TAREAS

18-11 Crear una empresa

Vamos a trabajar en grupos. En el periódico hemos visto estos cuatro anuncios. Cada grupo decide crear una empresa. Puede ser una de éstas u otra diferente que ustedes inventen. ¿Cuál les parece más interesante? ¿Por qué?

Hotel Don Peque

Todo para los niños, todo a su medida.

¿No quiere regalarles un fin de semana especial a sus hijos?

Lo tenemos todo para que sea una experiencia inolvidable: desde el menú hasta las fiestas, desde el mobiliario hasta la piscina, desde la decoración hasta la música. Cualquier cosa que nuestros pequeños clientes puedan desear, nosotros se la facilitamos al instante.

El Gato feliz

RESIDENCIA PARA ANIMALES DE COMPAÑÍA

¿Tiene usted que salir de viaje? Deje su gato con nosotros. Puede irse tranquilo. Lo trataremos casi tan bien como usted mismo. Pasamos por su domicilio a recogerlo y se lo devolvemos cuando usted nos lo diga.
O si lo prefiere, vamos a donde usted nos indique: al aeropuerto, a la estación, al centro de la ciudad...

EL CHEF AMBULANTE

¿ESTÁ USTED HARTO de la comida rápida? ¿Ha decidido no comer más pizzas heladas, arroces recalentados en el horno, comida con sabor a envase de papel o de plástico? Nosotros tenemos la solución: no pida la comida, pida el cocinero. Vamos a su domicilio cuando usted nos diga y le preparamos la comida para la hora que quiera. Si lo desea, también le hacemos la compra en el mercado.

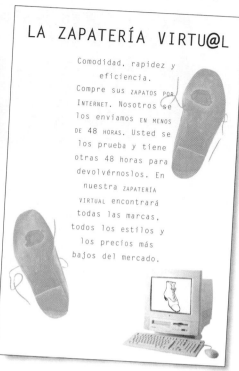

LA ZAPATERÍA VIRTU@L

Comodidad, rapidez y eficiencia.
Compre sus ZAPATOS POR INTERNET. Nosotros se los enviamos EN MENOS DE 48 HORAS. Usted se los prueba y tiene otras 48 horas para devolvérnoslos. En nuestra ZAPATERÍA VIRTUAL encontrará todas las marcas, todos los estilos y los precios más bajos del mercado.

LES SERÁ ÚTIL...

Para referirse a la cantidad de personas

todo el mundo
la gente
la mayoría (de las personas)
mucha gente
casi nadie
nadie

Ventajas e inconvenientes

lo que pasa es que...
el problema es que...
lo bueno/malo es que...

Expresar impersonalidad

En la zapatería Virtual...
...puedes elegir entre...
...uno puede elegir entre...
...se puede elegir entre...

18-12 **¿Qué piensan los consumidores?**
Ahora tienen que pensar en las ventajas y las desventajas de este tipo de servicios frente a los tradicionales. Tienen que ponerse en el lugar de los consumidores, adoptar su punto de vista. De este modo tendrán más ideas para su anuncio.

18-13 **Elaborar un anuncio audiovisual**
Seguimos con los mismos grupos. Vamos a dar a conocer la empresa que hemos creado por medio de un anuncio para la televisión y para las salas de cine. Hay que tomar las siguientes decisiones.

- Tipo de empresa, nombre y eslogan
- Información que dará el anuncio:
  servicios que ofrecerá
  formas de pago y facilidades
  posibles descuentos (jóvenes, tercera edad, socios...)
- Forma del anuncio: entrevista, breve historia, personajes con voz en off...
- Ideas para convencer a los telespectadores

18-14 **Representación de los anuncios. ¿Cuál nos gusta más?**
Cada grupo representa ante la clase su anuncio, como si fuera la grabación en vídeo para la TV. La clase decide cuál es el mejor por votación.

287
doscientos ochenta y siete

Sugerencias para la actividad 18–12

Seguimos trabajando sobre los mismos anuncios, pero ahora en pequeños grupos.

Además, y a diferencia del ejercicio anterior, aquí los alumnos adoptarán los puntos de vista de los consumidores.

Los alumnos, en pequeños grupos, discuten las ventajas e inconvenientes del producto que han elegido. Tienen que intentar ponerse en el lugar de los consumidores. Hacen una lista en dos columnas VENTAJAS/INCONVENIENTES.

Expansión para la actividad 18–12

Podría proponer a sus alumnos que en el interior de cada grupo se distribuyan unos papeles ficticios:

- uno puede ser el representante de la empresa, que solo presentará las ventajas,
- otro puede ser el abogado del diablo: debe aportar el máximo número de inconvenientes que pueda imaginarse,
- un tercero puede ser el cliente optimista y deslumbrado por la novedad,
- finalmente, puede haber uno que adopte el papel de un conservador, desconfiado ante las innovaciones, partidario de las cosas conocidas y poco amigo de los experimentos.

Pídales que hagan una lista de todas las reacciones que hayan salido en la actividad anterior.

A continuación, deberán escribir una frase dirigida a cada uno de los cuatro personajes caracterizados en los procedimientos que le hemos indicado; estas frases tendrán por objeto darle publicidad a la empresa ante ese tipo de personas. Por ejemplo:

La gente como usted es la que ha hecho avanzar a la humanidad (al optimista).

Información para la actividad 18–13

La propuesta del ejercicio consiste en elaborar un anuncio audiovisual; ello no comporta necesariamente la necesidad de grabarlo en vídeo o cine: puede ser representado ante la clase, como se indica en el ejercicio 18–4. Sin embargo, existe también la posibilidad de elaborar un anuncio para la prensa impresa.

Tiene que fijar la duración que el anuncio debería tener. Por ejemplo entre uno o dos minutos.

Sugerencias para la actividad 18–13

En los grupos ya formados los alumnos elaboran el anuncio considerando los puntos que se indican en el libro.

Ya que es un anuncio audiovisual, una de las decisiones más importantes es la de seleccionar las imágenes que quieren que aparezcan acompañando el texto.

Sugerencias para la actividad 18–14

Cada grupo representará ante la clase el anuncio elaborado. Ello comporta la necesidad de tener un guión bien elaborado y de ensayarlo previamente; especialmente teniendo en cuenta que se hará una votación para elegir el mejor.

Sugerencias para la actividad 18–15

Este ejercicio servirá como actividad de prelectura del texto COMERCIO MUNDIAL JUSTO, con la intención de motivar a los alumnos por el tema.

Anime a los alumnos a pensar en productos procedentes de Latinoamérica.

Haga una lista en la pizarra con esos productos y el país o países en que se producen.

Sugerencias para la actividad 18–16

Leído el texto de la página 288, este ejercicio servirá como actividad de poslectura.

Los alumnos leen el texto. Pídales que centren su antención en las condiciones que deben reunir las tiendas de "comercio justo".

¿Añadirían alguna más?

Sugerencias para la actividad 18–17

Los alumnos, en pequeños grupos, piensan en nuevas asociaciones "Sin fronteras".

Elaboran una lista de las posibles acciones que llevarían a cabo.

Cada grupo expone sus ideas a los demás. Entre todos se podría pensar en nuevas acciones para cada una de las asociaciones.

COMERCIO MUNDIAL JUSTO

Las relaciones comerciales internacionales son claramente desfavorables a los países menos industrializados. Los problemas que obstaculizan el desarrollo de muchos países están asociados a las condiciones en que elaboran y venden su productos a los países ricos: monocultivo (café, té, plátanos, azúcar...), dependencia de monopolios en su distribución, etc. En los últimos años han surgido algunas iniciativas para ayudar a combatir estos problemas.

En el año 1972, las Naciones Unidas aprobaron una resolución según la cual los países desarrollados tienen que destinar el 0,7 % de su producto interior bruto (PIB) a aquellos otros que están en vías de desarrollo. Diversas ONG (Organizaciones No Gubernamentales) han hecho suya esta propuesta y realizan actividades destinadas a sensibilizar a la población en general y a presionar a las instituciones para que apliquen esta medida. En España se ha constituido una ONG exclusivamente para promover esta idea: se llama la "Plataforma del 0,7%" y tiene representación en la mayor parte de las ciudades. Así se ha conseguido que muchos ayuntamientos y otras instituciones adopten resoluciones para incluir en su presupuesto anual el 0,7% destinado a la ayuda al desarrollo.

Otras organizaciones han desarrollado el llamado "comercio justo". En las últimas décadas, desde que se inauguró en Holanda en 1969 la primera tienda solidaria, se han multiplicado en muchos países este tipo de establecimientos: se trata de tiendas en las que comprar un kilo de café o una pieza de artesanía tiene un trasfondo ideológico. Productos y tiendas tienen que cumplir una serie de condiciones: respetar el medio ambiente, unificar criterios laborales para hombres y mujeres, no utilizar a niños en la producción, y tener una estructura de empresa solidaria y participativa. El resultado es una red comercial en crecimiento que se enfrenta, de un modo nuevo, a la injusta relación económica entre unos países y otros.

Otra respuesta solidaria a la pobreza son las organizaciones "Sin fronteras": médicos, enfermeras, ingenieros e incluso payasos que han decidido trabajar como voluntarios en el Tercer Mundo en proyectos de cooperación o en situaciones de emergencia.

18–15 ¿Existen productos procedentes de países latinoamericanos en el mercado donde tú compras? ¿Qué precio tienen? ¿Qué parte de ese dinero calculas que le llega a quien los produce en el país de origen?

18–16 ¿Qué opinan de iniciativas como la del 0,7% y la del "comercio justo"?

18–17 ¿Qué asociaciones "Sin fronteras" podrían crear en su círculo de amigos o conocidos?

MILES DE CIUDADANOS SE SOLIDARIZAN EN MADRID CON EL 0,7% CONTRA LA MISERIA

EL 66% DE LOS ESPAÑOLES, A FAVOR DE DESTIN EL 0,7% DEL PIB NACIONAL AL TERCER MUND

MÁS DE UN CENTENAR DE PANADEROS COLABORAN CON PAN SIN FRONTERAS

PAYASOS SIN FRONTERAS

INGENIERIA SIN FRONTERAS

VETERINARIOS SIN FRONTERAS

Economistas sin Fronteras

18
mi *gente* Bolivia

ESTRATEGIAS DE LECTURA:
Comparación y contraste

When you compare things, you show their similarities; when you contrast things, you show their differences.

We can really understand only those things that are familiar to us or similar to things we already understand, so comparing and contrasting the unfamiliar with the familiar is one of the most important techniques in writing.

When comparing and contrasting two ideas, for example, most writers structure their essays in one of three ways.

1. First they compare; then they contrast (or vice versa).
2. First they elaborate one idea; then they do the other.
3. They only compare or only contrast.

There are some general principles to consider before we begin to read a comparison and contrast essay.

1. Generally, comparisons should be fair. Is it fair to compare the social nightlife of a small rural town in Oklahoma to the nightlife of Manhattan? Possibly, but probably not; the answer depends on the point that the writer wants to make.

2. Authors need to have a good reason to make the comparison. Why should he/she compare this to that? What's the point of the comparison?

3. Finally, the objective of comparing and contrasting is frequently (but not always) to demonstrate a preference for one thing over another.

Familiarity with these concepts will help you recognize them in Spanish as well as in English.

 GENTE QUE LEE

ANTES DE LEER

18-18 **Comparaciones y contrastes**
Piensa en dos empresas de servicios, una más tradicional y otra más moderna. Escribe algunas de sus características comunes y sus diferencias. Después comparte esta información con un/a compañero/a de clase.

Respuestas a la actividad 18–19

	máquina de escribir
x	computadora
x	teléfono celular (móvil)
x	internet
x	correo electrónico
	coche
x	agenda electrónica
x	impresora

Sugerencias para la actividad 18–20

Anime a sus estudiantes a seguir leyendo incluso si no entienden todo el texto. Si lo hacen descubrirán que en muchas ocasiones la respuestas a sus posibles preguntas pueden encontrarlas en el párrafo o en la oración siguiente.

_____ y _____

SIMILARIDADES	DIFERENCIAS

18-19 Cambios tecnológicos

Piensa en la nueva tecnología y en los cambios que se han producido desde que tus abuelos eran jóvenes. ¿Qué cosas existían y cuáles no? Marca con una cruz (X) lo que no existía en su época. Compara después tus respuestas con las de tu compañero/a para ver en qué cosas están de acuerdo.

_____ máquina de escribir   _____ computadora

_____ teléfono celular (móvil)   _____ Internet

_____ correo electrónico   _____ coche

_____ agenda electrónica   _____ impresora

A LEER

18-20 Tecnologías en Bolivia

Lee el texto siguiente para conocer qué se está haciendo en Bolivia con respecto a la tecnología. A continuación, contesta las preguntas.

Respuestas a la actividad 18–21

1. Las respuestas varían.
2. Por un lado, la economía global se digitaliza y, por otro, los bolivianos apenas pueden acceder a la tecnología.
3. Marcelina Pérez = una boliviana que vende empanadas en una de las esquinas de la avenida Villazón.
Raquel = hija de Marcelina
José Antonio Rebolledo = experto en Economía.
Ana Alcocer = Presidenta de la compañía Corporación de Tecnología Boliviana (CTB)
4. Porque tiene un empleo informal y es una de las mujeres de la feminización acelerada del trabajo.
5. En el sector rural se está produciendo la descampesinización junto con la importancia creciente de actividades no agrícolas. En el sector urbano, la pérdida de importancia de la fuente de trabajo pública, unido a que el autoempleo ha empezdo a jugar un papel protagónico en la oferta laboral.
6. CTB = Corporación de Tecnología Boliviana y DWDM = Dense WideLength Division Multiplexing.
7. Porque DWDM incrementa enormemente la capacidad para ofrecer nuevos servicios, reduce costos y hace posible que una mayor población tenga acceso.
8. 180 millones de dólares en total.
9. 1 Gbps puede transmitir el equivalente a 1.000 libros por segundo, 1 Tbps puede transmitir en ese mismo segundo los periódicos que diariamente se publican en un país industrializado durante 300 años; o puede transmitir 20 millones de conversaciones telefónicas simultáneas y 3.276.800 fotografías de alta resolución, en sólo un segundo.
10. Las respuestas varían.

EL MUNDO Y BOLIVIA SE DIGITALIZAN

Bolivia es un país de contrastes y eso no es nada nuevo. Por un lado, la economía global se digitaliza y, por otro, los bolivianos apenas pueden acceder a la tecnología.

Marcelina Pérez tiene 29 años. Vende empanadas en una de las esquinas de la avenida Villazón y así es como puede dar de comer a sus dos hijos: Raquel de cinco años y Rodolfito de uno.

Marcelina trabaja trece horas al día, todos los días del año, haciendo y vendiendo sus empanadas. Instala su puesto a las 7 de la mañana y lo cierra cuando toda su mercadería se ha vendido. A ratos se dedica a los chicos, a la casa. Tres veces por semana lava ropa en algunas casas de Sopocachi.

Su caso es un claro ejemplo de la más fuerte tendencia laboral en Latinoamérica: el crecimiento del empleo informal y la feminización acelerada del trabajo, según José Antonio Rebolledo, experto en Economía.

Según Rebolledo, en Bolivia se detecta un proceso generalizado de descampesinización junto con la importancia creciente de actividades no agrícolas. En cuanto al empleo urbano, lo más destacado es la pérdida de importancia de la fuente de trabajo pública, todo esto unido a que el autoempleo ha empezado a jugar un papel protagónico en la oferta laboral.

Por otro lado, en Bolivia hoy es noticia que la empresa Corporación de Tecnología Boliviana (CTB) presentó en Cochabamba la tecnología DWDM. La CTB instaló en Cochabamba la tecnología DWDM, la que junto a su red de fibra óptica pone a la empresa a la vanguardia tecnológica del país permitiéndole ofre-cer un servicio con una capacidad 320 veces superior a cualquier otro operador.

DWDM, cuyas siglas significan *Dense WideLength Division Multiplexing* y su traducción en español es "Multiplexación por División de Longitud de Onda", es una nueva tecnología que permite mezclar distintas longitudes de onda por una misma fibra óptica y transmitir una gran cantidad de señales.

La tecnología inaugurada forma parte de la inversión de 80 millones de dólares que ya realizó en Bolivia esta empresa, la cual prevé invertir 100 millones hasta el 2003. "El impacto de la tecnología DWDM en las telecomunicaciones es impresionante porque incrementa enormemente la capacidad para ofrecer nuevos servicios, reduce costos y hace posible que una mayor población tenga acceso", dijo Ana Alcocer, presidenta de CTB.

Con esta nueva tecnología la capacidad de la red de fibra óptica se incrementará de 2,5 Gbps (lo que se usa actualmente en Bolivia) a 1,28 Tbps.

Para explicar las ventajas de esta nueva tecnología, Alcocer puso como ejemplo que 1 Gbps puede transmitir el equivalente a 1.000 libros por segundo, 1 Tbps puede transmitir en ese mismo segundo los periódicos que diariamente se publican en un país industrializado durante 300 años; o puede transmitir 20 millones de conversaciones telefónicas simultáneas y 3.276.800 fotografías de alta resolución, en sólo un segundo.

Como se puede ver, Bolivia es un país de contrastes, abierto a las nuevas ideas y tecnología, y con espíritu de superación constante.

DESPUÉS DE LEER

18-21 **¿Entendiste?**
Contesta las preguntas siguientes según el texto que acabas de leer.

1. ¿Qué significa el título de este artículo? Explica brevemente.
2. ¿De qué contrastes habla el texto? Menciona uno.
3. ¿Quiénes son las siguientes personas del texto?
   - Marcelina Pérez
   - Raquel
   - José Antonio Rebolledo
   - Ana Alcocer

4. ¿Por qué es Marcelina un ejemplo de la tendencia laboral de Latinoamérica?

5. Según Rebolledo, ¿qué proceso se está detectando en Bolivia en el sector rural? ¿Y en el sector urbano?

6. ¿Qué representan las siglas CTB y DWDM?

7. Según Ana Alcocer, ¿por qué DWDM tiene tanto impacto en las telecomunicaciones?

8. ¿Cuántos millones de dólares habrá invertido en total la empresa CTB para el año 2003 en Bolivia?

9. ¿Qué ejemplo puso Alcocer para explicar las ventajas de esta nueva tecnología?

10. ¿Cuál es tu opinión de este artículo?

GENTE QUE ESCRIBE

18-22 **Más comparaciones y contrastes**

ANTES DE ESCRIBIR

Te has asociado con una empresa boliviana de servicios y necesitas preparar un texto informativo para tus futuros clientes en el que se comparen y contrasten servicios. Antes de empezar a escribir, prepara una lista de los aspectos y características que vas a comparar y contrastar. Aquí tienes algunas ideas que te ayudarán a escribir tu texto.

- tipos de servicios
- descripción
- características especiales
- otros aspectos que consideres importantes

A ESCRIBIR

Escribe un texto informativo para tus clientes en el que compares y contrastes los servicios que hayas elegido.

DESPUÉS DE ESCRIBIR

Revisa tu primer borrador y comprueba:

CONTENIDO	GRAMÁTICA Y VOCABULARIO
■ ¿Te gusta?	■ ¿Hay errores?
■ ¿Necesitas incluir algo más?	■ ¿Has usado gramática y vocabulario de este capítulo?
■ ¿Está bien organizado?	

Pasa tu texto a tu compañero/a y pídele sugerencias.
Por último, pasa a limpio tu texto y entrégaselo a tu profesor/a.

293

GENTE EN LA RED

18-23 **Más tecnología en Bolivia**

ANTES DE NAVEGAR

El texto que acabas de leer sobre Bolivia te ha resultado muy interesante. Con un/a compañero/a, piensen en algunas noticias de carácter tecnológico que hayan leído o visto en las noticias y hagan una lista con una breve descripción. Si no han visto o leído nada últimamente, investiguen sobre este tema en la red o en los periódicos.

A NAVEGAR

¿Hay las mismas noticias en Bolivia? Ve a la dirección (*www.prenhall.com/gente*), pulsa en la sección "Tecnología", y lee algunas de las noticias sobre tecnología en este país.

VOCABULARIO

Los servicios y las empresas

(el) almacén de muebles	*storage room*
(la) asesoría	*consulting service*
(el/la) canguro	*babysitter*
(la) cerrajería	*locksmith's (shop)*
(el) cuidado de animales	*animal care*
(el/la) electricista	*electrician*
(la) ferretería	*hardware*
(la) inmobiliaria	*property company, developers*
(la) lampistería	*electrical shop*
(el/la) masajista	*masseur/masseuse*
(la) mensajería	*courier service*
(el) seguro	*insurance*
(el) servicio a domicilio	*home delivery*
(el) servicio de despertador	*wake-up service*
(la) tintorería	*dry cleaner*

Los trabajos y las herramientas caseras

(la) avería	*failure, damage*
(el) bricolaje	*housework*
(la) cocina	*cooking*
(el) lavado	*washing*
(el) planchado	*ironing*
(el) alambre	*wire*
(los) alicates	*pliers, pincers*
(la) bombilla	*bulb*
(el) clavo	*nail*
(el) desatascador	*plunger*
(el) destornillador	*screwdriver*
(el) detergente	*detergent*
(el) estropajo	*scrubber*
(la) fregona	*mop*
(la) herramienta	*tool*
(la) lejía	*bleach*
(la) llave inglesa	*adjustable spanner*
(el) martillo	*hammer*
(el) producto de limpieza	*cleaning product*

Los términos económicos y mercantiles

(el) buzoneo	*delivery door-to-door*
(el/la) consumidor/a	*consumer*
(el) descuento	*discount*
(la) entrega	*delivery*
(las) facilidades (de pago)	*payment terms*
(el) monopolio	*monopoly*
(la) novedad	*novelty*
(la) oferta laboral	*job offer*
(el) producto interno bruto (PIB)	*gross domestic product*
(la) producción	*production*
(la) productividad	*productivity*
(el) recado	*errand*
(la) recogida	*pick up*
(el) reparto, la distribución	*distribution, delivery*
(el) trámite	*procedure*
aprobar (ue) una resolución	*to approve a resolution*
prestar un servicio	*to provide service*
realizar un pedido	*to order*
solicitar un servicio	*to request a service*
tener más demanda	*to be in demand*
tomar una decisión	*to make a decision*

Para describir y valorar empresas y servicios

amable	*friendly*
anticuado/a	*antiquated, out-of-date*
cómodo/a	*comfortable*
deshonesto/a	*dishonest*
eficiente	*efficient*
extensivo/a	*extensive*
innovador/a	*innovative*
justo/a	*fair*
novedoso/a	*novel, new*
ocupado/a	*busy*
permanente	*permanent*
rápido/a	*quick, fast*
solidario/a	*joint, common*
suplementario/a	*supplementary, extra, additional*
temporal	*temporary*

Otras palabras y expresiones útiles

(el) medio ambiente	*environment*
(el/la) voluntario/a	*voluntary*
(el) trasfondo	*background*
bien fresquito/a	*rather fresh*
industrializado/a	*industrialized*
dar ánimos	*to cheer up*
poner las cosas fáciles	*to make things easy*
tener a mano	*to be handy*
transmitir confianza	*to evoke trust*
a punto, listo	*ready*
claramente	*clearly*
en apuros	*to be on the spot, in a jam*
en breve	*briefly*
en crecimiento	*growing*

Verbos

argumentar	*to argue, to contend*
constituir (y)	*to constitute*
convencer	*to convince*
destinar	*to destine, to assign*
devolver (ue)	*to return*
disculparse	*to apologize*
diseñar	*to design*
facilitar	*to facilitate*
inventarse	*to invent, to make up*
mejorar	*to improve, to make better*
obstaculizar	*to hinder, to hold up*
presionar	*to pressure, to put pressure*
promover (ue)	*to promote*
protestar	*to protest*
reclamar	*to claim*
sensibilizar	*to sensitize, to make aware of*
solidarizarse	*to support*
surgir	*to emerge*
trazar	*to plan, to outline*

OBJETIVOS
19

Vamos a elaborar un programa de actuación para preparar la sociedad del futuro. En el debate que mantendremos, practicaremos:

✔ formas de tomar y ceder la palabra y de iniciar y finalizar una intervención,
✔ maneras de expresar opiniones y de argumentar.

gente que opina

19-1 La vida dentro de 50 años

¿Cómo será la vida a mediados del siglo XXI? Señala en cuáles de estos ámbitos crees que habrá cambios importantes. ¿Qué cosas crees que pasarán en relación a esos temas? Escribe cinco frases.

 EJEMPLO:
Yo creo que muy pronto podremos comunicarnos con otras civilizaciones.

La conservación del medio ambiente
- La contaminación de los mares
- La deforestación del planeta
- El agujero de la capa de ozono
- El cambio climático

Los adelantos científicos y tecnológicos
- La manipulación genética
- La informática
- La sanidad
- Los efectos de la medicina en la esperanza de vida
- La hibernación de seres humanos

Las relaciones personales y familiares
- La tercera edad
- Las nuevas formas de relaciones familiares
- Las madres de alquiler

La exploración del espacio
- Las bases habitadas en la luna
- La explotación agrícola del suelo lunar o de otros planetas
- Los contactos con civilizaciones extraterrestres

Las relaciones internacionales
- Las guerras y conflictos locales
- Los movimientos migratorios
- El crecimiento de la población
- La relación económica entre países ricos y países pobres

Otros: _____

_____

_____

Ahora busca en la clase a dos compañeros/as que tengan opiniones similares a las tuyas.

EJEMPLO:

● Yo creo que habrá grandes avances en la exploración del espacio.
○ Yo también. Pero creo que serán más importantes los cambios en la tierra.
■ Sí. El agujero de la capa de ozono será muy grande, y eso afectará a la salud de las personas.

Y ahora, los/las tres se ponen de acuerdo: ¿qué consecuencias traerán todos estos cambios? Compartan su opinión con la clase.

EJEMPLO:
● Nosotros pensamos que habrá grandes avances en la exploración del espacio.
○ Sí, podremos ir de vacaciones a la luna.
■ Y también habrá bases científicas en marte.

297

doscientos noventa y siete

Información para la actividad 19–1

Los ámbitos sobre los que se deben manifestar los alumnos están enunciados en el texto del ejercicio ("La conservación del medio abiente, Los adelantos científicos y técnicos... Las relaciones internacionales, Otros"). En cada uno de estos ámbitos se especifican una serie de temas que pueden ayudar a los alumnos en su actividad.

Sugerencias para la actividad 19–1

Empiece trabajando la imagen y pidiendo a los alumnos que cubran con un hoja de papel el texto de la página 297:

¿Creen que en estas imágenes se representa lo que puede ser la sociedad del futuro?
¿En qué otras cosas creen que habrá cambios?

Pregúnteles cómo se imaginan la vida a mediados del siglo XXI, léales solamente los cinco ámbitos:

¿Creen que habrá cambios en la conservación del medio ambiente? ¿Cuáles?

¿Y en los adelantos científicos y tecnológicos? ¿Cuáles?

Etc.

Seguidamente, pueden destapar la página 297 y trabajar individualmente escribiendo las cinco frases que pide el libro, una por cada ámbito.

Ahora busca en la clase a...

Si el número de alumnos lo permite, éstos se levantan y hablan con los compañeros hasta encontrar a dos de ellos que tengan opiniones próximas a las suyas.

Y ahora, los/las...

En grupos de tres, los alumnos hablan sobre las consecuencias que traerán los cambios futuros.

Escriben una frase que resuma sus puntos de vista.

Finalmente, cada grupo expone ante la clase sus ideas. Los demás manifiestan su acuerdo o desacuerdo con las conclusiones del grupo.

Información para la actividad 19–2

La imagen de la página 298 trabaja sobre la idea de que vamos metiendo en baúles las cosas que los avances técnicos convierten en obsoletas. Por eso el baúl del año 2010 está aún vacío.

Sugerencias para la actividad 19–2

Comente con sus alumnos las imágenes de la página 298:

¿Qué objetos de los que ven en las imágenes han ido desapareciendo?

¿Hay otros objetos que han utilizado y que ya casi nadie utiliza? ¿Cuáles?

Anote en la pizarra los objetos que los alumnos proponen.
Invíteles a leer la lista.

¿Qué creen que pasará con estos objetos?

Sugerencias para la actividad 19–3

Los alumnos leen el texto de la página 298.

Seguidamente escuchan la audición del programa de radio. Con la información de que disponen podrán completar los datos sobre objetos que desaparecerán y las razones que la autora del libro expone.

19 gente que opina ♦ CONTEXTOS

19–2 Palabras, objetos y costumbres que tienen los días contados

Acaba de salir al mercado el libro *Palabras, objetos y costumbres que tienen los días contados* de Isabel Morán. Ahora una locutora de radio se lo comenta a sus oyentes. Aquí puedes leer, además, una de sus páginas.

Fíjate en los baúles de los años 50 y 90. En ellos hay algunas cosas que ya no usamos. ¿Y en el futuro? Comenta con tus compañeros/as cuáles de los objetos de la ilustración podemos meter en el tercer baúl. También pueden pensar en otras cosas que a lo mejor dejarán de existir:

el dinero en metálico   las gafas
el teléfono móvil   los libros
los periódicos en papel   los pasaportes
los teatros y los cines   las llaves de metal

EJEMPLO:

● A mí me parece que el dinero en metálico desaparecerá.
○ Sí, yo también lo creo, dejaremos de pagar en metálico y sólo usaremos tarjetas de crédito o monederos electrónicos.

EJEMPLO:
● Los periódicos seguirán existiendo.
○ Sí, sí, la gente seguirá leyendo periódicos.

19–3 **El libro de Isabel Morán**

Ahora, lee la página del libro y escucha el programa de radio para completar esta ficha:

PALABRAS, OBJETOS Y COSTUMBRES QUE DESAPARECERÁN	RAZÓN QUE DA ISABEL MORÁN
_____	_____
_____	_____
_____	_____
_____	_____

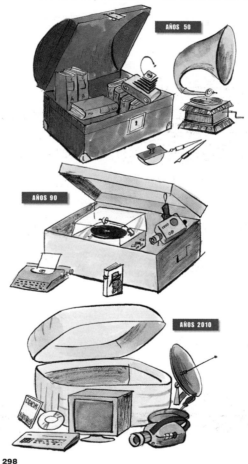

Palabras, objetos y costumbres que tienen los días contados

LOS DISCOS Y LOS CDs
Desaparecerán. Uno podrá recibir en su casa o en su trabajo cualquier música que quiera, a la carta. Por ejemplo, uno podrá suscribirse sistemáticamente a tangos de Gardel, a óperas italianas, a *blues* de los años 50 o a todas las canciones que grabe determinada cantante. O a un servicio sorpresa que ponga música de todos los géneros.

EL ORDEN ALFABÉTICO
Por desgracia, este útil invento de un monje francés del siglo XII perderá casi todo su uso cuando guías telefónicas, obras de referencia y directorios estén en soporte electrónico. Para buscar BORGES, por ejemplo, no habrá ya que recordar si la "g" va antes o después de la "j", sino sencillamente pulsar las teclas correspondientes. O ni siquiera eso: pronunciar el nombre será suficiente porque el programa sabrá reconocerlo.

LOS ATLAS
La nueva cartografía electrónica a la medida del usuario desterrará los mapas impresos: en clase, los escolares usarán sistemas multimedia y los automóviles llevarán sistemas de información geográfica que, por ejemplo, indicarán la distancia y la ruta hasta un restaurante con menú del día inferior a 15 euros.

36

298
doscientos noventa y ocho

Respuestas para la actividad 19–3

Desaparecerán	Razón que da Isabel Morán
Los discos	Podremos recibir en casa o en el trabajo música "a la carta" a través de Internet.
El orden alfabético	El soporte electrónico lo hará innecesario para buscar en listas.
Los atlas	Quedarán sustituidos por otros productos informáticos.
La máquina de escribir	Ha sido sustituida por los ordenadores.
La semana laboral de 40 horas	Se extenderá el teletrabajo y habrá nuevos tipos de contrato.
Los ratones de ordenador	Son poco precisos y provocan lesiones en el brazo.
Los vídeos	Se recibirán las películas por cable y satélite.

CONTEXTOS ◆ **gente que opina** 19

19-4 **Cambios de valores: la calidad de vida**

En el periódico de hoy se publica un artículo sobre los cambios en la sociedad moderna. Es un reportaje sobre una conferencia de un escritor y filósofo alemán contemporáneo.

Haz una lista con los valores (materiales y no materiales) que se citan en el artículo. ¿Cuáles son para ti los más importantes?

HOY

El lujo superfluo y exhibicionista entra en crisis

El pensador alemán Helmut Magnus advierte de un peligro que nos amenaza: lo más necesario empieza a ser escaso. En un futuro cercano, lo más valioso serán unas condiciones de vida elementales: vivir en tranquilidad, tener tiempo para uno mismo o disponer de espacio suficiente.

En la actualidad, los deportistas, los banqueros y los políticos disponen de dinero, de espacio para vivir y, hasta cierto punto, de seguridad, pero son muy pobres en tiempo y en tranquilidad. Por el contrario, los parados[1], las personas mayores o los refugiados políticos tienen en general mucho tiempo, pero no pueden disfrutarlo por falta de dinero, de espacio vital o de seguridad.

Seguramente, los lujos del futuro no consistirán ya en tener muchas cosas sino en una serie de bienes aparentemente muy básicos: tiempo, espacio, tranquilidad, medio ambiente sano y libertad para escoger lo que nos interesa.

En las sociedades desarrolladas, el ritmo de vida actual puede terminar provocando un cambio de prioridades: "En la época del consumo desenfrenado, lo raro, lo caro y codiciado no son los automóviles ni los relojes de oro, tampoco el champán o los perfumes —cosas que pueden comprarse en cualquier parte— sino unas condiciones de vida elementales: tener tranquilidad, agua pura y espacio suficiente."

19-5 **El Ritmo de Vida**

¿Conoces personalmente a alguien que viva como describe Magnus? Cuenta a tus compañeros/as cómo es un día en su vida.

[1] Otra palabra para "parado" es "desempleado".

299

Sugerencias para la activdad 19–4

A partir del título y la entradilla del artículo, pregúnteles a los alumnos:

¿Cuáles consideran lujos superfluos?

¿Por qué el autor las califica de exhibicionistas?

¿Qué puede ser lo más necesario a que se refiere el autor y qué considera que comienza a ser escaso?

Los alumnos leen el texto y confeccionan una lista con los valores que se citan en el artículo.

Comparan con algún compañero para comprobar o completar sus respuestas.

Cada alumno elige y numera los tres valores que considera más importantes.

En parejas o grupos de tres comentan y argumentan la razón de sus prioridades.

Podría recoger, en todo el grupo de clase, los valores más importantes para la mayoría de alumnos.

Respuestas para la actividad 19–4

Dinero.

Tiempo.

Espacio vital.

Seguridad.

Tranquilidad.

Medio ambiente sano.

Libertad para escoger lo que nos interesa.

Agua pura.

299

Información para la actividad 19–6

El ejercicio contiene dos actividades claramente diferenciadas, aunque relacionadas: lectura de la descripción de los diversos inventos del catálogo, y posterior discusión sobre su autenticidad o su falsedad.

Además sugiere una tercera, más independiente, que podrá realizarse según el interés de sus alumnos y al grado de inventiva que estén en condiciones de aplicar.

Sugerencias para la actividad 19–6

Los alumnos leen los distintos textos sobre inventos y deciden si creen en su existencia o si piensan que se trata de una broma.

Luego hágales observar el esquema conversacional que proporciona el ejercicio, así como los recursos de expresión de opiniones que contiene y que se amplían en la columna lingüística de la página del libro.

Practíquenlo con todo el grupo de clase con el ejemplo de la jirafa-bonsai, haciendo que cada alumno manifieste su opinión y no se limite a reproducir literalmente el contenido del esquema conversacional.

Finalmente, los alumnos, en grupos de tres, ponen en común sus impresiones.

Información para la actividad 19–7

También este ejercicio trabaja con actividades relacionadas. En este caso, el origen de la primera actividad es la comprensión auditiva de una serie de opiniones relacionadas con el futuro, como la que aparece a modo de ejemplo encabezando la primera de las dos muestras de producción que ofrece el libro.

El texto de la comprensión auditiva consiste en la recopilación do ocho opiniones, todas ellas independientes entre sí, tanto temática como textualmente: no existe un diálogo ni una entrevista ni un discurso que las unifique. Cabe trabajarlas, por tanto, separadamente.

Algunas fases suponen una práctica de CUANDO + SUBJUNTIVO.

Sugerencias para la actividad 19–7

Para la primera audición, pase la grabación y párela después de cada opinión.

Los alumnos escriben una frase que refleje cada una de las opiniones.

Escriba en la pizarra las frases que correspondan a cada una de las opiniones y numérelas del uno al ocho.

En una segunda audición, pida a los alumnos que marquen aquellas opiniones con las que están de acuerdo, aquellas de las que disienten y aquellas sobre las que no se pronuncian (Puede ser con un mecanismo tan sencillo como escribir la sucesión de números del 1 al 8, seguidos de los signos (+), (-) o 0)

Después convendrá presentar los recursos lingüísticos que van a usar (columna LA EXPRESIÓN DE OPINIONES); puede hacerlo sirviéndose del esquema conversacional que se presenta y pidiendo que lo apliquen sus alumnos, utilizando diversos recursos de la columna.

Finalmente, en grupos de tres, comentan sus puntos de vista sobre los diferentes temas.

El la segunda parte del ejercicio, en los mismos grupos de trabajo, los alumnos discuten entre sí y escriben frases sobre las consecuencias que provocarían estos cambios si llegaran a realizarse.

---

19 gente que opina ◆ FORMAS Y RECURSOS

19-6 Progresos de la tecnología: ¿son verdad o son una broma?
Imaginemos que los científicos del Instituto Internacional de Tecnología Aplicada han presentado un catálogo de inventos. ¿Crees que existen realmente?

Máquina para viajar en el tiempo: permite visitar el pasado y el futuro y volver al presente con la información y las experiencias obtenidas. Por el momento, nadie se atreve a usarla.

Organismos vivos que combaten la contaminación: plantas que limpian el subsuelo después de un desastre químico, el aire después de un accidente nuclear o que eliminan los metales pesados en el mar.

Mascotas de encargo: una jirafa-bonsai

Un mini-helicóptero individual para desplazarse por la ciudad sin atascos. Sólo falta que el Ministerio de Industria lo autorice.

La máquina de la verdad: puede detectar inmediatamente si alguien dice la verdad o miente. No se usa aún (al menos oficialmente) porque presenta serios problemas éticos.

EJEMPLO:

● A mí me parece que esto sí existe.
○ Pues yo no creo que exista.
■ Quizá todavía no, pero pronto existirá.

Ahora describan en parejas inventos reales o imaginarios. Sus compañeros/as deberán decidir si existen o no.

19-7 Y tú, ¿qué dices?
 Escuchen lo que dicen estas personas. En grupos de tres, reaccionen expresando su opinión personal.

Las centrales de energía nuclear no serán necesarias.

EJEMPLO:

● Desde luego. No serán necesarias.
○ Pues yo no estoy muy seguro de eso.
■ Yo, tampoco.

¿Qué consecuencias tendrán estos cambios? Describe algunas usando **cuando**.

EJEMPLO:

Cuando las centrales de energía nuclear no sean necesarias, viviremos más tranquilos.

19-8 ¿Seguiremos haciendo lo mismo?
¿Cuáles de estas cosas crees que seguirás haciendo en 2050? ¿Cuáles ya no harás? Señálalo.

ir en coche a trabajar
comprar en el supermercado
ver las películas en una sala de cine

hablar por teléfono
dormir siete horas diarias
escribir cartas

estudiar idiomas
comer carne
tomar medicinas

Compara tu lista con la de tu compañero/a. Explícale tus razones. ¿Puedes utilizar algunos de los recursos de la argumentación?

EJEMPLO:

● Sobre lo de hablar por teléfono, yo creo que seguiremos haciéndolo. Ahora bien, los teléfonos serán diferentes.

300
trescientos

LA EXPRESIÓN DE OPINIONES

Presentar la propia opinión
(Yo) creo que...
(Yo) pienso que...
En mi opinión,...
Estoy seguro/a de que...
Me da la impresión de que...
Tal vez...

+ INDICATIVO
...el futuro **será** mejor.

(Yo) no creo que...
Dudo que...
No estoy seguro/a de que...
(No) es probable/posible que...
Tal vez...

+ SUBJUNTIVO
...el futuro **sea** mejor.

Clarificar las opiniones
Lo que quiero decir es que...
No, no, lo que quería decir no es eso.
¿Lo que quieres decir es que...?

Aprobar otras opiniones
Sin duda.
Sí, claro.
Desde luego.

Mostrar duda
Sí, es probable.
Sí, puede ser.

Mostrar escepticismo
(Yo) no lo creo.
No estoy (muy) seguro/a de eso.

Mostrar rechazo
No, qué va.
No, en absoluto.
No, de ninguna manera.

CONECTORES: ARGUMENTACIÓN

Aportar más razones
Además,
Incluso...

Sacar conclusiones
Así que...
Entonces,
Total, que...

Presentar un nuevo argumento o una conclusión
De todas maneras,
En cualquier caso,

FORMAS Y RECURSOS ◆ **gente que opina** 19

Contraponer razones
Ahora bien/Ahora, que
Pero...
Bueno,
Sin embargo,

Aludir a un tema ya planteado
En cuanto a (eso de que)...
(Con) respecto a (eso de)...
Sobre...

Respecto a eso que ha dicho Tere, que no habrá tantas guerras, yo no estoy tan segura.
Yo tampoco. Ahora, lo que sí es probable es que sean muy locales.

CONTINUIDAD E INTERRUPCIÓN

Seguir	+ GERUNDIO
Seguir + sin	+ INFINITIVO
Dejar de	+ INFINITIVO
Ya no	+ PRESENTE

¿Sigues yendo de vacaciones a Saturno?
No, dejé de ir el año pasado.
Pues yo sigo sin tener vacaciones.

CUANDO CON IDEA DE FUTURO

Cuando llegue el año 2045 habrá bases habitadas en la Luna. **Cuando haya** bases habitadas en la luna podremos ir allí de vacaciones. **Cuando** podamos **ir** allí...

19-9 Y además...

Escucha lo que dicen estas personas a propósito de Nutristan. ¿Qué argumentos dan a favor? ¿Cuáles en contra?

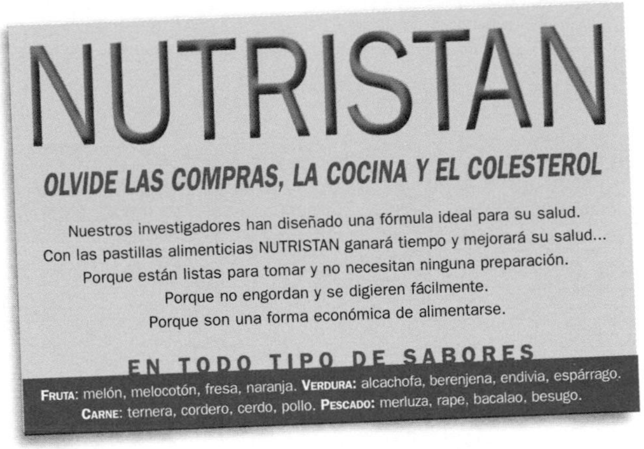

NUTRISTAN
OLVIDE LAS COMPRAS, LA COCINA Y EL COLESTEROL
Nuestros investigadores han diseñado una fórmula ideal para su salud.
Con las pastillas alimenticias NUTRISTAN ganará tiempo y mejorará su salud...
Porque están listas para tomar y no necesitan ninguna preparación.
Porque no engordan y se digieren fácilmente.
Porque son una forma económica de alimentarse.
EN TODO TIPO DE SABORES
FRUTA: melón, melocotón, fresa, naranja. VERDURA: alcachofa, berenjena, endivia, espárrago.
CARNE: ternera, cordero, cerdo, pollo. PESCADO: merluza, rape, bacalao, besugo.

A FAVOR	EN CONTRA
______________	______________
______________	______________
______________	______________

Fíjate en los recursos que usan para argumentar sus puntos de vista.

19-10 Profecías para el futuro

Lee este texto y escribe en cada espacio el conector más apropiado.

ahora bien
bueno
incluso
de hecho
en cualquier caso
sin embargo
además

¿Y tú? ¿En qué estás de acuerdo con lo que dice? ¿En qué cosas no lo estás?

EJEMPLO:
- *Yo no creo que la humanidad vaya a seguir mejorando.*

En todas las épocas la gente ha querido conocer el futuro. Brujas, adivinos, videntes y artistas han descrito el futuro a sus contemporáneos. ______, hacer predicciones no es fácil y todos ellos se han equivocado. ______, todos no: casi todos. Algunos han acertado; por ejemplo, Julio Verne, que en el siglo pasado ya previó el submarino, la televisión y los viajes espaciales. ______, J. Verne es también una excepción por su optimismo: un optimista entre los pesimistas.

______, la mayor parte de las predicciones eran una mezcla de pesimismo, desconfianza hacia el progreso, y nostalgia del pasado. ¿Muestras de toda esta desconfianza? Muchas: en el s. XVII la iglesia católica consideraba la cirugía un método antinatural para aliviar el dolor; 200 años más tarde, algunos científicos respetables decían que la luz eléctrica nos dejaría ciegos a todos; ______ se llegó a decir que la velocidad del tren era peligrosa para la circulación de la sangre.

Actualmente las cosas no son muy distintas. Si miramos a nuestro alrededor, comprobaremos que hay cantidad de razones para el optimismo: la medicina ha demostrado su eficacia al servicio de una vida más sana, más larga y con menos dolor; ______, sus costes se han abaratado y sus beneficios se han extendido a todas las clases sociales. ______ sigue habiendo muchos desconfiados hacia la ciencias y la tecnologías.

______, yo me atrevo a hacer aquí dos predicciones: la humanidad seguirá mejorando en todas los sentidos. Y los seres humanos continuaremos quejándonos y pensando que "era mejor cuando era peor".

Luis Rojas Marcos
(*El País Semanal*, texto adaptado)

Sugerencias para la actividad 19–9

En la primera audición, los alumnos escuchan con la intención de captar el sentido general de la conversación.

En la segunda audición toman notas de los argumentos a favor y en contra.

Podrían comparar sus notas con un/a compañero/a.

Pase la grabación nuevamente, los estudiantes anotan los recursos de argumentación que usan los interlocutores.

Respuestas para la actividad 19–9

Argumentos: A FAVOR

No dejan de ser un avance.
Contiene todas las proteínas necesarias.
Tienen mucha oferta, con muchos sabores.
Es un sistema muy práctico y permite ganar tiempo.
Condensa productos naturales.
Supone una liberación para la mujer.
Se digieren con facilidad.
No necesitas ir a comprar.

EN CONTRA

No se pueden comparar con una buena chuleta.
Comer es un placer y también una manera de relacionarse.
La vida no puede ser tan mecánica: comer, amar, pasear son actividades que requieren tiempo.

Recursos de argumentación:

Hombre, porque no se puede comparar...
Hombre, sí, contiene...
Pero no deja de ser...
Y además...
Sí, eso es lo que dicen, pero mira, en cualquier caso...
Yo creo...
Pero ten en cuenta que...
Actualmente tampoco tenemos tanto tiempo como para...
Claro, sí, pero si hacemos...
Al final es que...
Quiero decir...
Oye, de todas maneras, yo insisto en que...
Por lo que he leído, yo pienso que...
Pero, claro...

Información para la actividad 19–10

Hay siete conectores y ocho huecos: uno estará repetido. Además, en algunos huecos es posible más de una opción.

Sugerencias para la actividad 19–10

Antes de leer y a partir de título organice un pequeño intercambio de impresiones, con datos y opiniones relativos al conocimiento del porvenir.

Asegurada la comprensión del texto, los alumnos pasan a rellenar los espacios con los conectores que se indican en el libro.

Respuestas para la actividad 19–10

1. Ahora bien/Sin embargo
2. Bueno
3. Sin embargo/Ahora bien
4. De hecho
5. Incluso
6. Además
7. Sin embargo
8. En cualquier caso

Sugerencia para la actividad 19–11

Lleve un dado a la clase para hacer este juego-actividad. El propósito es que los alumnos opinen pero se sentirán más motivados si lo hacen en forma de juego.

19 **gente que opina** ◆ **FORMAS Y RECURSOS**

19-11 **Las opiniones de Martina**

En grupos de cuatro, y con un dado, recorran el tablero. Deben reaccionar a las opiniones de Martina. ¡No se queden callados/as!

EJEMPLO:

● Tal vez Julio Iglesias sea el mejor cantante pero su hijo Enrique me gusta más.

Julio Iglesias es el mejor cantante del mundo. **1**	El dinero es mucho más importante que la salud o el amor. **2**	Tú eres la persona más inteligente de la clase. **3**	Aprender español no es muy útil: lo importante es saber inglés. **4**	España es el mejor lugar del mundo para pasar las vacaciones. **5**

Algún día no será necesario salir de casa para comprar. **6**

Es importante invertir dinero en la investigación espacial. **17**

Todos los vicios son malos. Sin excepción. **7**

Eso de las energías alternativas es una tontería. **16**

Es mejor cambiar de pareja de vez en cuando. Una sola es algo muy aburrido. **8**

La tele es indispensable. Además, hay programas muy buenos. **15**

Los amigos son más importantes que la familia. **9**

Tener perros o gatos en un piso es una crueldad. **14**	La energía nuclear es mejor porque es más barata. **13**	Los hombres gorditos y calvos son los más atractivos. **12**	La edad no depende de los años, sino del espíritu. **11**	Las mujeres son muchísimo más inteligentes que los hombres. **10**

19-12 El Robot ideal

Vamos a imaginar un robot que solucione nuestros problemas cotidianos.
Elige las tres prestaciones que debe tener tu robot ideal. Puedes añadir otras.

planchar	ir al colegio a recoger a los niños	preparar el desayuno
lavar los platos	llevar las cuentas de la casa	hacerte ropa a medida
preparar tartas	sacar a pasear al perro	hacer la cama
ir de compras	leer el periódico en voz alta	recitar poemas
regar las plantas	ordenar la ropa en los armarios	despertar por la mañana a tu compañero/a
		Otras cosas

 EJEMPLO:
● Yo quiero un robot que planche, que prepare el desayuno y
que cuide a los niños cuando yo salgo.

¿Cuáles son las cinco características que más piden en clase? Si leen su selección, un alumno-
secretario hará una estadística.

19-13 El progreso

¿Qué cosas ha cambiado el progreso? Piensa en cómo se hacían las cosas antes y
en cómo se hacen ahora. Piensa, por
ejemplo, en los siguientes temas.

 EJEMPLO:
● Antes muy poca gente viajaba
de Europa a América, lo hacían
en barco. Ahora viaja mucha
más gente, y lo hacen en avión.

LOS TRANSPORTES   LA SALUD
LA EDUCACIÓN   *LA COMUNICACIÓN*
LA FAMILIA   **EL OCIO**

303

trescientos tres

Información para la atividad 19–14

La tarea consiste en la celebración de un debate entre toda la clase, en el cual los alumnos expondrán y defenderán sus propios puntos de vista.

La imagen en la que aparecen representados distintos personajes caracterizados por su indumentaria y aspecto físico, no es más que una ayuda para la preparación del debate.

Fíjese también en que el debate no se agota en el intercambio de pareceres; desemboca en unas conclusiones, que consisten en la creación de un programa de 5 puntos de actuación que se deberá pactar entre todos los alumnos.

Sugerencias para la actividad 19–14

Empiece describiendo la imagen: los alumnos deberán asignar una edad, profesión y actitudes a cada uno de los personajes.

¿Cómo creen que puede reaccionar cada uno de ellos a la lectura de los titulares de prensa que hay en esa misma página?

Sugerencias para la actividad 19–14

Si los temas que se proponen en el libro no suscitan el suficiente interés entre sus alumnos, se podría proponer una lluvia de ideas en un primer momento, en la que los estudiantes expresen aquellos temas sobre los que les apetece discutir.

A partir de sus propuestas, siga los procedimientos indicados con anterioridad.

 gente que opina ◆ **TAREAS**

19–14 El futuro a debate

El Centro de Investigaciones para un Futuro Mejor reúne a una serie de personas de procedencias y características muy diferentes. El tema del que hablarán nos interesa a todos: ¿cómo debemos actuar hoy para preparar el mundo del mañana?

LES SERÁ ÚTIL...

Cuando te ceden el turno
Bien,
Mmm, pues...

Si quieres intervenir
Una cosa,
Yo quería decir que...

Para mantener la atención
del otro
...¿no?
...¿verdad?

Contradecir
moderadamente
No sé, pero yo creo que...
No, si yo no digo que...
Sí, ya, pero...
Puede que sí, pero...
          sea así,
          tengas razón,

Contradecir abiertamente
Pues yo no lo veo así, yo
creo que...
En eso no estoy (nada) de
acuerdo.

¿Que no habrá tante energía? Pues claro que habrá.

Yo no he dicho eso. He dicho que tendremos que ahorrar energía.

19-15 ¿Cómo piensan ellos?

Elige dos de los personajes de la ilustración e imagina cuáles pueden ser sus ideas. Coméntalo con tus compañeros/as.

EJEMPLO:

● Para Alba Páramo lo más importante es la paz mundial y la conservación del medio ambiente.

Los TEMAS PRIORITARIOS son:
- El trabajo y el desempleo
- Las relaciones internacionales entre países ricos y pobres
- La paz mundial
- El desarrollo tecnológico
- La conservación del medio ambiente
- Unas condiciones de vida dignas (salud, educación) en todo el planeta

Los PRINCIPALES PROTAGONISTAS en la evolución de la humanidad son:
- Las personas, los individuos
- Las asociaciones diversas (de vecinos, de profesionales...)
- Las organizaciones no gubernamentales
- Los poderes políticos y económicos
- Los formadores de opinión (intelectuales, periodistas, líderes religiosos)
- La familia

Si queremos conseguir nuestros propósitos, los CAMPOS DE ACTUACIÓN en los que debemos influir son:
- La moral, los valores y las actitudes de las personas
- Las estructuras económicas y políticas de los estados actuales
- Las leyes y la justicia, a nivel nacional e internacional
- La enseñanza: la escuela y la universidad
- Los medios de comunicación

¿Y tú? ¿Cuáles son tus opiniones al respecto? Márcalas.

19-16 Preparemos el debate

Busca a una o dos personas de la clase que tengan el mismo TEMA PRIORITARIO que tú. También tendrán que llegar a un principio de acuerdo sobre los PRINCIPALES PROTAGONISTAS y los CAMPOS DE ACTUACIÓN. Preparen una lista de ideas y puntos de vista sobre el tema elegido. Aquí tienen unas pautas que los pueden ayudar.

- Problemas que ya existen en la actualidad
- Ejemplos o casos concretos de esos problemas
- Evolución previsible de los problemas si no se toman medidas
- Medidas que conviene tomar
- Argumentos y razones en las que se basan esas opiniones

19-17 El debate y las conclusiones

El/la profesor/a conducirá el debate y hará una primera pregunta para romper el hielo. Entre todos deben llegar a crear un programa de 5 puntos de actuación pactado mayoritariamente.

Uno/a o dos compañeros/as actúan de secretarios/as. Tomarán nota de los puntos con mayor acuerdo. Al final los expondrán a toda la clase.

Sugerencias para la actividad 19–15

Ahora es el momento de formar pequeños equipos de trabajo, aglutinados por afinidades de opinión.

Los alumnos, de pie, y si las condiciones lo permiten, buscan a una o dos personas que hayan elegido el mismo tema prioritario que ellos.

Formados los grupos, los estudiantes preparan los datos y argumentos que quieran aportar al debate.

A continuación se han previsto tres grandes ejes para la preparación del debate:

los que cada persona considera como TEMAS PRIORITARIOS en la preparación del mundo del mañana,

los PRINCIPALES PROTAGONISTAS en la evolución de la Humanidad, en opinión también de cada persona,

los CAMPOS DE ACTUACIÓN en los que cada uno considera que se debe influir.

Un primer trabajo sobre cada uno de estos tres ejes consistirá en asignar unas determinadas opiniones a los personajes de la página anterior. Siguiendo el modelo de expresión oral que proporciona este recuadro, los alumnos se familiarizarán con el vocabulario y la temática de la actividad.

Finalizada esa primera fase, cada alumno marca sus opiniones personales en cada uno de los tres ejes.

Sugerencias para la actividad 19–16

Llame la atención de sus alumnos, en primer lugar, sobre la columna LES SERÁ ÚTIL. A lo largo del debate puede usted invitarles, cuando lo considere oportuno, a que utilicen alguno de los recursos de esta columna.

Intente que en el debate participen todos los alumnos, aunque en la preparación se hayan formado grupos de trabajo; lógicamente, los alumnos de un mismo grupo se apoyarán mutuamente, (en ningún caso se trata de que un alumno individual se erija en portavoz de su grupo).

Recuerde que hay que crear un programa de actuación pactado mayoritariamente. A este respecto, el profesor, en su calidad de moderador, podrá cortar la fase de intercambio de pareceres y debate de argumentos si ve que se prolonga demasiado, y abrir la fase de propuestas y decisiones.

Asigne el papel de secretarios a dos compañeros que actúen como tales durante la realización del debate.

UN MUNDO QUE AGONIZA
DE MIGUEL DELIBES

Ecología, ensayo literario, filosofía y sociología en un solo libro: *Un mundo que agoniza* resume el pensamiento de Miguel Delibes. A través de sus novelas ha intentado hacernos comprender sus ideas sobre el progreso, y en este libro nos explica cuál es el pensamiento que le movió a crear los personajes de sus novelas, héroes del mundo rural. Leer *Un mundo que agoniza* significa comprender profundamente toda la obra de Delibes y su lucha contra el falso progreso. Éstos son algunos de sus párrafos.

Todos estamos de acuerdo en que la Ciencia ha cambiado, o seguramente sería mejor decir revolucionado, la vida moderna. En pocos años se ha demostrado que el ingenio del hombre, como sus necesidades, no tienen límites. En la actualidad disponemos de cosas que no ya nuestros abuelos, sino nuestros padres hace apenas unos años, no hubieran podido imaginar: automóviles, aviones, cohetes interplanetarios. Tales invenciones aportan, sin duda, ventajas al dotar al hombre de un tiempo y una capacidad de maniobra impensables en su condición de bípedo, pero, ¿desconocemos acaso que un aparato supersónico que se desplaza de París a Nueva York consume durante las seis horas de vuelo una cantidad de oxígeno aproximada a la que, durante el mismo tiempo, necesitarían 25.000 personas para respirar?

A la Humanidad ya no le sobra el oxígeno, pero es que, además, estos reactores desprenden por sus escapes infinidad de partículas que dificultan el paso de las radiaciones solares, hasta el punto de que un equipo de naturalistas desplazado durante medio año a una pequeña isla del Pacífico para estudiar el fenómeno, informó en 1970 al Congreso de Londres, que en el tiempo que llevaban en funcionamiento estos aviones, la acción del Sol -luminosa y calorífica- había disminuido aproximadamente en un 30%, con lo que, de no adoptarse las medidas correctivas, no se descartaba la posibilidad de una nueva glaciación.

• • •

La Medicina en el último siglo ha funcionado muy bien, de tal forma que hoy nace mucha más gente de la que se muere. La demografía ha estallado, se ha producido una explosión literalmente sensacional. Si este progreso del que hoy nos enorgullecemos no ha conseguido solucionar el hambre de dos tercios de la Humanidad, ¿qué se puede esperar el día, que muy bien pueden conocer nuestros nietos, en que por cada hombre actual haya catorce sobre la Tierra? La Medicina ha cumplido con su deber, pero al posponer la hora de nuestra muerte, viene a agravar, sin quererlo, los problemas de nuestra vida. Pese a sus esfuerzos, no ha conseguido cambiarnos por dentro; nos ha hecho más pero no mejores. Estamos más juntos —y aún lo estaremos más— pero no más próximos.

• • •

En treinta años hemos multiplicado por diez el consumo de petróleo. Nuestra próspera industria y nuestra comodidad dependen de unas bolsas fósiles que en unos pocos años se habrán agotado. En un siglo nos habremos bebido una riqueza que tardó 600 millones de años en formarse. En cualquier caso, prever que las reservas de plomo y mercurio durarán ochenta años y las de estaño y cinc, cien, no es precisamente abrir para la Humanidad unas perspectivas muy optimistas.

(Texto adaptado)

19-18 El texto de Miguel Delibes se escribió en 1979. ¿Crees que desde entonces han cambiado mucho las cosas? ¿Modificarías sus afirmaciones en algún sentido? Discútelo con tus compañeros/as.

19-19 Aquí tienen los resultados de una encuesta que publicó El País sobre lo que opinan los españoles de la ingeniería genética. ¿Qué responderías tú a cada una de las preguntas? Comparen los resultados de la clase con los porcentajes de los españoles.

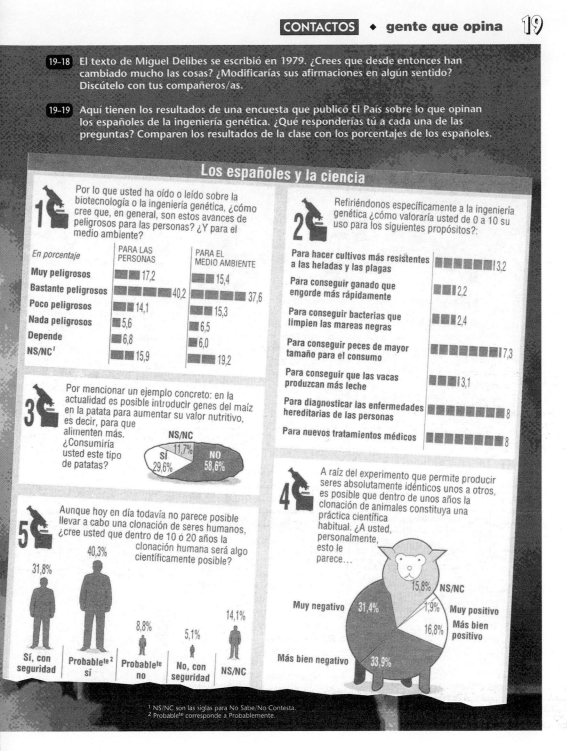

Los españoles y la ciencia

1 Por lo que usted ha oído o leído sobre la biotecnología o la ingeniería genética, ¿cómo cree que, en general, son estos avances de peligrosos para las personas? ¿Y para el medio ambiente?

En porcentaje	PARA LAS PERSONAS	PARA EL MEDIO AMBIENTE
Muy peligrosos	17,2	15,4
Bastante peligrosos	40,2	37,6
Poco peligrosos	14,1	15,3
Nada peligrosos	5,6	6,5
Depende	6,8	6,0
NS/NC¹	15,9	19,2

3 Por mencionar un ejemplo concreto: en la actualidad es posible introducir genes del maíz en la patata para aumentar su valor nutritivo, es decir, para que alimenten más. ¿Consumiría usted este tipo de patatas?

NS/NC 11,7%
SÍ 29,6%
NO 58,6%

5 Aunque hoy en día todavía no parece posible llevar a cabo una clonación de seres humanos, ¿cree usted que dentro de 10 ó 20 años la clonación humana será algo científicamente posible?

31,8% Sí, con seguridad
40,3% Probableᵗᵉ² sí
8,8% Probableᵗᵉ no
5,1% No, con seguridad
14,1% NS/NC

2 Refiriéndonos específicamente a la ingeniería genética ¿cómo valoraría usted de 0 a 10 su uso para los siguientes propósitos?:

Para hacer cultivos más resistentes a las heladas y las plagas — 3,2
Para conseguir ganado que engorde más rápidamente — 2,2
Para conseguir bacterias que limpien las mareas negras — 2,4
Para conseguir peces de mayor tamaño para el consumo — 7,3
Para conseguir que las vacas produzcan más leche — 3,1
Para diagnosticar las enfermedades hereditarias de las personas — 8
Para nuevos tratamientos médicos — 8

4 A raíz del experimento que permite producir seres absolutamente idénticos unos a otros, es posible que dentro de unos años la clonación de animales constituya una práctica científica habitual. ¿A usted, personalmente, esto le parece…

15,8% NS/NC
Muy negativo 31,4%
1,9% Muy positivo
16,8% Más bien positivo
Más bien negativo 33,9%

¹ NS/NC son las siglas para No Sabe/No Contesta.
² Probableᵗᵉ corresponde a Probablemente.

Sugerencias para la actividad 19-19

Introduzca la actividad con una conversación espontánea entre el grupo de clase sobre los temas que aparecen en las preguntas de la encuesta: la ingeniería genética, los alimentos transgénicos, la clonación de animales y de humanos, etc. Pregúnteles qué información tienen sobre estos temas y qué piensan al respecto.

Los alumnos, individualmente, leen las preguntas y marcan sus respuestas.

Efectúen después el recuento de las diversas respuestas dadas por el grupo y calculen los porcentajes, que luego compararán con los porcentajes obtenidos en la encuesta a los españoles.

Puede finalizar esta actividad con un comentario general sobre los temas que han surgido en esta sesión.

Información para la actividad 19-18

El texto de Delibes contiene tres temas diferentes, relativos todos ellos a la acción del ser humano sobre la naturaleza. Cada fragmento es independiente de los otros dos.

Miguel Delibes: escritor español nacido en Valladolld en 1920. La muerte, la pobreza y la infancia son algunos de los temas recurrentes en su narrativa, que describe el mundo de las gentes humildes, especialmente de los ambientes rurales o provincianos. Fue Premio Nacional de las Letras Españolas en 1991 y Premio Cervantes en 1993. Fue nombrado miembro de la Real Academia en 1974. "Un mundo que agoniza" es el discurso de entrada de M. Delibes en la Real Academia de la Lengua Española y fue editado posteriormente en forma de libro.

Sugerencias para la actividad 19-18

Como preparación a la lectura, hable a sus alumnos de M. Delibes y de la presencia del mundo rural, de la naturaleza y del campo de Castilla en sus novelas.

Con estos antecedentes, anime a los estudiantes a manifestar sus opiniones sobre cómo interpretan el título de su discurso "Un mundo que agoniza", y cuál creen que puede ser su contenido.

Puede pedirles que busquen la respuesta a las preguntas anteriores en los fragmentos del libro reproducidos.

Finalmente, cada alumno toma partido en relación a las preguntas que formula el libro en este ejercicio, y discute sus puntos de vista con los compañeros, en pequeños grupos o bien en toda la clase.

Puede sustituir la lectura completa de los tres fragmentos del libro por un reparto de fragmentos: divida a los alumnos en grupos de tres, cada alumno lee uno de los fragmentos e informa de su contenido a los otros dos.

Información para la actividad 19-19

Se trata de una encuesta auténtica publicada recientemente en la prensa sobre un tema de actualidad científica.

El trabajo que se pide a los alumno es doble: no únicamente entender el contenido de la encuesta y sus resultados numéricos, sino también responder a sus preguntas como si ellos fueran parte del grupo entrevistado.

ESTRATEGIAS DE LECTURA:

Conectores extraoracionales

Transitional words and phrases provide coherence in a text by helping the reader to understand the relationship between sentences. Transition words and phrases link ideas and they act as signposts that help the reader follow the movement of the discussion. Transitional expressions, then, can be used between sentences, between paragraphs, or between entire sections of a work.

This is a list of "relationships" that supporting ideas may have, followed by a list of "transitional" words and phrases that can connect those ideas:

Addition:
también, además, de nuevo, asimismo, igualmente, al mismo tiempo, encima

Consequence:
de acuerdo con, como resultado, por tanto, como consecuencia, de otro modo, de otra manera, así

Summarizing:
en suma, de cualquier modo/manera, en conclusión, para finalizar, para concluir, como conclusión

Generalizing:
generalmente, por lo general, por la mayor parte

Restatement:
en otras palabras, esto es, es decir

Contrast and Comparison:
por otra parte/lado, en lugar de, por el contrario, al contrario, más bien, sin embargo, todavía, del mismo modo, de la misma manera

Sequence:
al principio, primero, para empezar, en primer lugar, mientras tanto, después, a continuación, luego, simultáneamente, al mismo tiempo, por último

Illustration:
por ejemplo, como ejemplo

Similarity:
del mismo modo, de la misma manera, igualmente

Recognizing these transitional words and expressions will help you to understand texts in Spanish better.

GENTE QUE LEE

ANTES DE LEER

19-20 **Preocupaciones**
Piensa en algunos temas (sociales, políticos, económicos, etc.) que te preocupan en este momento y haz una lista de los mismos. Después compara tu lista con la de un/a compañero/a de clase para ver si han coincidido en algún tema.

TEMAS QUE ME PREOCUPAN	

19-21 **El tema más importante**
De la lista que has escrito para la actividad anterior, elige el tema que te parezca más importante. Después contesta las preguntas y comparte la información con tu compañero/a.

- ¿Qué tema has elegido?
- ¿Por qué lo has elegido? ¿Por qué piensas que es el más importante de todos?
- ¿Cuándo empezó a interesarte este tema?
- ¿Cuándo empezó este problema? Explica el origen.
- ¿Cuáles son algunos problemas relacionados con este tema?
- ¿Cuáles creen que pueden ser algunas soluciones?
- ¿Qué puedes hacer o qué estás haciendo tú personalmente para aliviar este problema?

A LEER

19-22 **Los guatemaltecos opinan**

Lee las siguientes cartas al director que aparecieron en un famoso periódico de Guatemala para conocer la opinión de los guatemaltecos sobre algunos temas que les preocupan. A continuación, contesta las preguntas.

VOCES GUATEMALTECAS

Salvemos el lago Izabal

La concesión otorgada a la petrolera Petromala, S.A., la cual consiste en entregarle el 60% del lago de Izabal para que busque petróleo, es una amenaza y un crimen contra el planeta y la humanidad de parte del Estado.

El lago de Izabal está catalogado como uno de los más bellos del mundo, además de que es una de las joyas ecológicas con que aún cuenta Guatemala, sin mencionar que es una fuente potencial de agua y un atractivo turístico. Recordemos que la horrible situación en Jocotán se debe a la inmoderada tala de árboles, lo que ha terminado con nuestras fuentes de agua.

No creo que los izabalenses permitan semejante decisión, ni soy capaz de pensar que los guatemaltecos estemos dispuestos a aceptar amenaza semejante contra nuestros recursos naturales.

Si dejamos que esto suceda, es porque ya no tendremos conciencia de patria.

Maribel Jiménez

Nuestro lago

Debemos impedir que nuestros bosques, lagos y ríos sean destruidos al ser tratados como objetos de lucro por el capitalismo internacional que enriquece a unos cuantos y empobrece a las mayorías. Todos los guatemaltecos debemos manifestar nuestro rechazo ante la decisión del actual gobierno de otorgar la explotación de petróleo y gas en el lago de Izabal.

Además me parece que no sólo los guatemaltecos sino los ecologistas de todo el mundo deben mostrar dicha indignación. Creo que el lago de Izabal es uno de los lugares paradisíacos que aún quedan en el planeta Tierra; una reserva natural que alberga y da vida no sólo a seres humanos sino a innumerables especies de animales y plantas; una fuente de vida y belleza que podría aprovecharse para el ecoturismo, que contribuiría a la economía de los habitantes de aquel espléndido lugar y sería una sana fuente de ingresos para Guatemala.

Sin duda, el lago de Izabal no tiene precio, no le pertenece ni al gobierno ni a nadie. El lago de Izabal le pertenece a Guatemala, a los guatemaltecos. Nadie tiene derecho a darle muerte y con ello contribuir a la destrucción de un área natural llena de vida y belleza insólita.

Desde mi punto de vista, que los guatemaltecos permanezcamos en silencio mientras se comete un crimen en contra de nuestra Naturaleza es inconcebible.

Marta Asensio

Lugar privilegiado

Las colonias residenciales que colindan con el sitio arqueológico Kaminaljuyú, zona 7, están ubicadas en un área privilegiada. Así, este pulmón debe ser protegido. A todos nos gusta disfrutar de este lugar privilegiado pero debemos ser conscientes de lo que botamos. La municipalidad capitalina colabora con su programa "Limpia ahora nuestra ciudad" a mantener los bulevares en buen estado, pero es necesario también que los vecinos no tiren basura ni otros materiales.

Mario Rojas

Bendición de Pachipup

La semana pasada se llevó a cabo la ceremonia de bendición del agua de los nacimientos de Pachipup, en Chimaltenango. Hubo marimba y cohetes, así como un holocausto maya (sacrificio de un animal), como ofrenda a Ru Cux Caj y la Madre Tierra. No se trata sólo de cortar árboles o beber agua, primero debemos pedir permiso a la madre naturaleza.

Muchos mayas han olvidado las tradiciones ancestrales y han adoptado costumbres extranjeras, lo cual ocasiona que vayamos destruyendo nuestros recursos. Es importante que demos ofrendas al Corazón del Cielo y al Corazón de la Madre Tierra, para que haya abundancia y nunca nos falte nada.

Si agradecemos a la Tierra todo cuanto nos da, los frutos serán evidentes: no habrá hambrunas, ni sequías, ni olas de calor o de frío. Además debemos tomar sólo lo necesario.

Carlos Godoy

DESPUÉS DE LEER

19-23 **¿Entendiste?**

Contesta las preguntas siguientes según el texto que acabas de leer.

1. ¿Qué es Petromala, S.A.? ¿Qué ha obtenido del gobierno?

2. ¿Cuáles son algunos de los encantos del lago de Izabal?

3. ¿Cuál es la opinión de Maribel Jiménez?

4. Según Marta Asensio, ¿cuánto cuesta el lago de Izabal? ¿A quién le pertenece?

5. ¿Cuál es la opinión de Marta sobre este tema?

6. Nombra algunas diferencias y similitudes entre las opiniones de Maribel y Marta sobre este tema.

7. ¿Cuál es el lugar privilegiado al que se refiere Mario Rojas? ¿Qué campaña está llevando a cabo el gobierno en este lugar?

8. ¿En qué consiste la Bendición de Pachipup?

9. Según Carlos Godoy, ¿qué debemos hacer?

10. ¿Qué tema te ha parecido más interesante? ¿Por qué?

GENTE QUE ESCRIBE

19-24 **Tu tema**

ANTES DE ESCRIBIR

Basándote en el tema que elegiste en la Actividad 19-21, vas a escribir una carta a un periódico en el que expreses tu opinión. Antes de empezar a escribir, prepara una lista de los aspectos que vas a tratar y las argumentaciones que vas a ofrecer para cada punto. A continuación tienes algunas ideas que te ayudarán a escribir tu texto.

- puntos a favor
- puntos en contra
- clarificaciones
- ejemplos
- razones
- conclusiones
- argumentos
- contradicciones
- otras

A ESCRIBIR

Escribe una carta a un periódico sobre el tema que hayas elegido.

Respuestas a la actividad 19–22

1. Petromala, S.A. es una compañía petrolera guatemalteca que ha obtenido el 60% del lago de Izabal para que busque petróleo.

2. El lago es uno de los más bellos del mundo, una de las joyas ecológicas con que aún cuenta Guatemala y es una fuente potencial de agua y un atractivo turístico.

3. Piensa que es una amenaza y un crimen contra el planeta y la humanidad de parte del Estado.

4. Marta dice que el lago de Izabal no tiene precio, no le pertenece ni al gobierno ni a nadie. El lago de Izabal le pertenece a Guatemala, a los guatemaltecos.

5. Piensa que todos los guatemaltecos deben manifestar el rechazo ante la decisión del actual gobierno de otorgar la explotación de petróleo y gas en el lago de Izabal.

6. Las respuestas varían.

7. Las colonias residenciales que colindan con el sitio arqueológico Kaminaljuyú, zona 7. El gobierno está llevando a cabo el programa "Limpia ahora nuestra ciudad" que consiste en mantener los bulevares en buen estado.

8. Es la ceremonia de bendición del agua de los nacimientos de Pachipup, en Chimaltenango. Hubo marimba y cohetes, así como un holocausto maya (sacrificio de un animal), como ofrenda a Ru Cux Caj y la Madre Tierra.

9. Debemos dar ofrendas al Corazón del Cielo y al Corazón de la Madre Tierra para que haya abundancia y nunca falte nada.

10. Las respuestas varían.

311

DESPUÉS DE ESCRIBIR

Revisa tu primer borrador y comprueba:

CONTENIDO
- ¿Te gusta?
- ¿Necesitas incluir algo más?
- ¿Está bien organizado?

GRAMÁTICA Y VOCABULARIO
- ¿Hay errores?
- ¿Has usado gramática y vocabulario de este capítulo?

Pasa tu texto a tu compañero/a y pídele sugerencias.

Por último, pasa a limpio tu texto y entrégaselo a tu profesor/a.

(www) GENTE EN LA RED

19-25 **Guatemala opina**

ANTES DE NAVEGAR

Seguramente, los temas y las opiniones de los guatemaltecos que acabas de leer te han parecido muy interesantes. Además del tema del medioambiente, ¿te gustaría saber de qué otros temas opinan y qué otros asuntos les preocupan a los habitantes de este país? La red puede ayudarte a resolver tus dudas pero antes de consultarla, prepara primero una lista de los temas sobre los que en estos momentos opinan las personas de tu país.

A continuación, prepara otra lista con los temas sobre los que tú crees que estarán opinando los guatemaltecos.

A NAVEGAR

Ahora ve a la dirección (*www.prenhall.com/gente*), pulsa en la sección "Opinión" y lee algunas de las opiniones de los guatemaltecos.

VOCABULARIO

Las personas y grupos sociales

(el/la) adivino/a	*fortune teller*
(el/la) filósofo/a	*philosopher*
(el/la) locutor/a	*anchor*
(las) madres de alquiler	*surrogate mother*
(el/la) naturista, naturalista	*naturist*
(el/la) oyente	*listener*
(el/la) parado/a	*unemployed person*
(el/la) pensador/a	*thinker*
(la) persona mayor	*senior*
(el/la) político/a	*politician*

(el/la) refugiado/a	*refugee*
(el/la) usuario/a	*user*
(el/la) vidente	*viewer, seer*

La tecnología y el medio ambiente

(el) adelanto científico	*scientific advance*
(la) biotecnología	*biotechnology*
(la) ingeniería (genética)	*(genetic) engineering*
(la) manipulación genética	*gene manipulation*
(el) progreso tecnológico	*technologic progress*
(el) agujero de la capa de ozono	*hole in the ozone layer*

(el) aire	air
(el) cambio climático	climatic changes
(la) conservación (de la energía)	energy preservation
(la) contaminación	pollution
(la) deforestación	deforestation
(el) espacio vital	living space
(la) explotación agrícola	farm
(la) hibernación de seres humanos	hibernation of human beings
(las) mareas negras	oil spill, large oil slick
(la) sequía	drought
(el) subsuelo	underground
(la) tala de árboles	tree felling
(el) viento	wind

Las materias primas

(el) aluminio	aluminum
(el) arroz	rice
(el) cinc	zinc
(el) cobre	copper
(el) estaño	tin
(el) hierro	iron
(el) maíz	corn
(el) mercurio	mercury
(el) petróleo	oil, petroleum
(el) plomo	lead
(las) radiaciones solares	solar radiations
(los) recursos naturales	natural resources

Otros temas de conversación

(el) accidente nuclear	nuclear accident
(el) bien común/público	common good
(la) cirugía plástica	plastic surgery
(la) clonación	cloning
(los) conflictos fronterizos	frontier conflicts
(el) desastre químico	chemical disaster
(el) desempleo, el paro	unemployment
(la) esperanza de vida	life expectancy
(la) exploración del espacio	space exploration
(la) fidelidad (conyugal)	loyalty (in married life)
(la) guerra y los conflictos locales	war and local conflicts
(el) hambre, (las) hambrunas	hunger
(la) industria del automóvil	automobile industry
(la) justicia social	social justice
(el) movimiento migratorio	migration
(la) paz mundial	world peace
(la) relación entre ricos y pobres	interaction between the poor and the rich
(la) sanidad	health, healthiness
(los) viajes espaciales	space travels
(la) vida extraterrestre	extraterrestrial life

Para expresar opiniones y participar en debates

codiciado/a	coveted
desconfiado/a	distrustful, suspicious (of)
desenfrenado/a	unbridled
digno/a	(praise)worthy, appropriate
escaso/a	rare
escéptico/a	skeptical
ético/a	ethical
impensable	unthinkable
valioso/a	valuable
agravar la situación	to make the situation worse, to aggravate
contradecir	to contradict
contraponer ideas	to set ideas against each other
mantener un debate	to have a debate
plantear un tema	to introduce/present an issue
reaccionar con ardor	to react courageously
rechazar un argumento	reject/refuse an argument
romper el hielo	break the ice
sacar conclusiones	to come to conclusions

Otras palabras y expresiones útiles

(el) acuerdo de paz	peace agreement
(el) almacén de muebles	storage room
(la) broma	joke
(el) ingenio	talent
(la) mascota	pet
(la) obra de referencia	reference book
(el) orden alfabético	alphabetical order
(la) predicción	prediction
(la) prioridad	priority
(la) profecía	prophecy
(el) rebrote	new outbreak, reappearance
impreso/a	printed
a la carta	à la carte
por desgracia	unfortunately
profundamente	deeply

Verbos

agonizar	to agonize
agotarse	to deplete
ahorrar	to save
albergar	to shelter
alimentar	to feed
amenazar (zc)	to threaten
atreverse	to dare
autorizar	to authorize
colindar	to be adjacent
descartar	to discard
desterrar (ie)	to exile
diagnosticar	to diagnose
exhibir	to exhibit
iniciar, comenzar, empezar	to start
mentir (ie)	to lie
posponer	to postpone
prever	to foresee
pulsar	to press
reinar	to prevail
tirar, botar	to throw away

Vamos a convertirnos en un gabinete de psicólogos. Investigaremos los problemas y conflictos de una serie de personas y propondremos soluciones. Aprenderemos a:

✔ describir relaciones entre las personas,
✔ expresar sentimientos y hablar de ellos.

gente con

carácter

gente con carácter 20

20-1 **Todo el mundo tiene problemas**

En grupos, escojan a uno de los personajes de la imagen. ¿Qué le pasa?
¿Qué problemas tiene? Aquí tienen una lista para elegir.

- En el trabajo nadie valora lo que hace. Y lo pasa fatal.
- Sus padres no le entienden. Y se enfadan por cualquier cosa.
- Cree que su pareja se ha enamorado de otra persona.
- Su mujer/marido y él/ella discuten por cualquier cosa.
  Quizá acaben separándose.
- Está bien en su trabajo pero no aguanta a su jefe/a.
- Está muy disgustado/a con su hija: no le gusta nada el chico
  con quien sale.
- Le da miedo quedarse viudo/a.
- No soporta a la familia de su pareja.
- Los vecinos de su escalera son insoportables. Se lleva fatal con ellos.
- Su marido/mujer está muy pesado/a. Tiene celos de todo el mundo.
- Se siente solo/a. No tiene ningún amigo íntimo.
- Sus hijos no le hacen caso.
- Le da vergüenza hablar en público.
- Se lleva bien con su hermana mayor pero dice que es una mandona.
- Se quieren pero siempre están peleándose.
- Su hijo/a mayor le tiene muy preocupado/a: no se entiende con
  su madre/padre.

**Ahora, un/a alumno/a va a ser el personaje que ha elegido su grupo.
Tiene que hablar ante el resto de la clase, en primera persona.
Explicará sus problemas y sus compañeros/as le darán consejos.**

EJEMPLO:

- En el trabajo no aguanto a mi jefe; en casa, mis hijos no me hacen caso,
  y encima mi pareja tiene unos celos terribles.
- ○ Lo que tienes que hacer es no darle tanta importancia al trabajo.
- ■ Sí, y mirar el lado positivo de las cosas: seguramente tu mujer/marido tiene
  celos porque te quiere mucho.

315
trescientos quince

Información para la actividad 20–1

La imagen de la página 314 representa a una familia: abuelo, matrimonio y dos hijos.

En las imágenes de la página 315 se presentan tres situaciones diferentes de relaciones personales: laborales, de grupo de amigos jóvenes y de pareja.

Ambas imágenes sirven de soporte para introducir el tema general de este capítulo: las relaciones entre personas, sus sentimientos y su carácter.

Sugerencias para la actividad 20–1

Trabajando con todo el grupo de clase, describan la familia de la página 314:

¿Qué edades pueden tener estas personas?

¿Qué carácter imaginan para cada uno de ellos?

¿Cuáles suelen ser las relaciones entre individuos de este grupo: padres e hijos, abuelo y nietos, hermanos entre sí, etc.

Luego puede trabajar de forma parecida las tres imágenes de la página 315. Puede hacerlo con toda la clase, o bien formando pequeños grupos, cada uno elige una foto, la trabaja y luego presenta a la clase el resultado de su trabajo.

Seguidamente, forme grupos de trabajo de tres o cuatro alumnos. Cada grupo debe elegir a uno de los personajes de la página 314. Asegúrese de que existe suficiente variedad entre los grupos en la elección de los personajes. Trabajando de forma intuitiva, seleccionarán de entre la lista que ofrece el libro en la página 315 aquellos problemas que más verosímilmente puede tener la persona elegida.

A continuación, cada grupo leerá la lista de problemas, sin decir cuál es su personaje. El resto de la clase deberá adivinarlo.

Antes de realizar la última fase, presente el esquema conversacional con los recursos que en él se ejemplifican.

Por último, cada grupo lee nuevamente su lista de problemas, pero ahora uno por uno. Siguiendo las indicaciones del libro, un alumno representa al personaje y se dirige al resto de la clase en primera persona. Sus compañeros le dan consejos para solucionar su problema.

Información para la actividad 20–2

Rosa Montero es una novelista y periodista, que suele publicar en la prensa columnas y artículos sobre diversos temas, especialmente de política, de asuntos sociales y de relaciones personales.

Luis Rojas Marcos es un psiquiatra sevillano, que ocupa un alto cargo de responsabilidad en el departamento de salud pública del ayuntamiento de Nueva York, y que también suele publicar artículos en la prensa española.

Sugerencias para la actividad 20–2

A partir de los términos del título del ejercicio (amores, pasiones, química, relaciones humanas) y de los títulos de los artículos (Ellos y ellas, Amor y pasión), pida a sus alumnos que se imaginen qué tipo de conceptos pueden aparecer en los textos, y qué diversas opiniones se suelen tener sobre esos conceptos.

Cada alumno lee los textos y subraya en ellos las frases con las que está de acuerdo y, en otro color, con las que está en desacuerdo.

En grupos, los alumnos comentan y contrastan sus puntos de vista sobre los diferentes temas.

Expansión para la actividad 20–2

Los alumnos podrían buscar la idea principal de cada uno de los dos artículos y escribirla en una hoja aparte.

A continuación, podrían relacionar en un esquema las ideas complementarias, los argumentos a favor y en contra, y los ejemplos en que se apoya esa idea principal.

Finalmente, se pueden poner en común todas esas ideas entre los alumnos de la clase.

20 **gente con carácter** ◆ **CONTEXTOS**

20-2 **Amores y pasiones: la química en las relaciones humanas**

Lee los textos de Rosa Montero y de Luis Rojas Marcos. Subraya aquellas frases con las que estás más de acuerdo. Señala también, en otro color, aquéllas con las que no estás de acuerdo. Comenta con tus compañeros/as tus puntos de vista sobre lo que dicen.

ELLOS Y ELLAS
ROSA MONTERO

Para nosotras, "ellos" son desconcertantes y rarísimos, del mismo modo que nosotras somos siempre un misterio absoluto para ellos. He tardado muchos años en llegar a comprender que si me gustan los hombres es precisamente porque no los entiendo. Porque son unos marcianos para mí, criaturas raras y como desconectadas por dentro, de manera que sus procesos mentales no tienen que ver con sus sentimientos; su lógica con sus emociones, sus deseos con su voluntad, sus palabras con sus actos. Son un enigma, un pozo lleno de ecos. Y esto mismo es lo que siempre han dicho ellos de nosotras: que las mujeres somos seres extraños e imprevisibles.

Y es que poseemos, hombres y mujeres, lógicas distintas, concepciones del mundo diferentes; somos polos opuestos que al mismo tiempo se atraen y se repelen. ¿Qué es el amor sino esa gustosa enajenación; el salirte de ti para entrar en el otro o la otra, para navegar por una galaxia distante de la tuya? De manera que ahora, cada vez que un hombre me exaspera y me irrita, tiendo a pensar que esa extraña criatura es un visitante del planeta Júpiter, al que se debe tratar con paciencia científica y con curiosidad y atención antropológicas (...) Hombres, (...) ásperos y dulces, amantes y enemigos; espíritus ajenos que, por ser "lo otro", ponen las fronteras a nuestra identidad como mujeres y nos definen.

(El País Semanal, texto adaptado)

AMOR Y PASIÓN
LUIS ROJAS MARCOS

La pasión romántica es una emoción primitiva, a la vez sublime y delirante. Está en los genes y se alimenta de fuerzas biológicas muy poderosas. Se han identificado compuestos específicos como la feniletilamina y la dopamina que acompañan a este frenesí que es el enamoramiento.

El flechazo entre dos personas es algo similar a la reacción química entre dos sustancias que al ponerse en contacto se transforman. Es una fiebre infrecuente y fugaz. Sacude a los hombres y a las mujeres un promedio de tres veces a lo largo de la existencia, y su duración no pasa de un puñado de meses. La razón de que nos seduzca ciegamente una persona y no otra es nuestro "mapa del amor" particular, que determina las características del hombre o la mujer que nos va a atraer, a excitar sexualmente, a fascinar. Esta guía mental, inconsciente y única, se forma en los primeros 12 años de la vida, a base de los atributos físicos y temperamentales de figuras importantes de nuestro entorno.

(El País Semanal, texto adaptado)

20-3 **Problemas y conflictos**

Sugerencias para la actividad 20–3

Antes de la audición, los alumnos pueden hacer una predicción sobre el tipo de problemas que podrían tener los personajes de las viñetas.

En una primera audición, los alumnos relacionan cada una de las conversaciones con las viñetas de la imagen. Podrían asignar nombres a cada una de las personas que aparecen en ellas.

En una segunda audición, los alumnos completan la tabla. Deje tiempo entre los diálogos para que los alumnos puedan escribir las respuestas.

Sugerencias para la actividad 20–4

Los alumnos eligen uno de los adjetivos que propone la actividad para describir a cada uno de los personajes.

Anime a los alumnos a añadir otros adjetivos a la lista.

Escucha a estas personas, que hablan de problemas de conocidos suyos. ¿Qué les pasa? Trata de resumir el conflicto.

QUIÉNES TIENEN EL PROBLEMA	QUÉ RELACIÓN TIENEN ENTRE SÍ	QUÉ LES PASA
1		
2		
3		
4		

20-4 **Sentimientos**

¿Cómo crees que se siente cada una de las personas de las que se habla en la audición? ¿Cómo están?

preocupado/a   enfadado/a   triste   sorprendido/a
deprimido/a   contento/a   tranquilo/a   ...

317

trescientos diecisiete

Respuestas para la actividad 20–3

QUIÉNES TIENEN EL PROBLEMA	QUÉ RELACIÓN TIENEN ENTRE SÍ	QUÉ LES PASA
Juan y Ana	Son (eran) pareja	Ana estaba embarazada de Juan y lo ha dejado por Francisco, que era íntimo amigo suyo. Pero Francisco vivía con ellos, y ahora siguen viviendo los tres en la misma casa. No sabemos qué harán cuando nazca el niño.
Luci y Juan Víctor	Pareja	Las cosas no van bien entre los dos desde que ella ha conseguido un buen trabajo; él no consigue un empleo y se siente deprimido.
Juan y Álex	Padre e hijo	El chico, de dieciocho años, quiere hacerse un piercing y el padre no se lo permite; la madre quiere mediar ante el padre, pero no lo consigue.
Ana y Nicolás	Novios	Una antigua novia de Nicolás ha llegado de México, éste y Ana le han dejado su casa, y la antigua novia se ha instalado allí mientras ellos dos tienen que estar alojados en casa de otro amigo.

Sugerencias para la actividad 20–5

La expresiones del mimo de la imagen pueden ser interpretadas de maneras ligeramente diversas por sus alumnos. No se trata de dar con la respuesta correcta, sino de entender el vocabulario mediante su utilización en frases que representen la propia interpretación; eso sí, asegúrese de que el vocabulario se entiende correctamente.

Aquí se trabaja únicamente con el verbo ESTAR. Los otros verbos que aparecen en las columnas gramaticales se trabajarán en los siguientes ejercicios.

Los alumnos pueden aportar otros adjetivos añadidos a los que ofrece la lista del ejercicio.

Los alumnos, en parejas, dan su opinión sobre las fotografías.

Finalmente, se pone en común con todo el grupo de clase.

Información para la actividad 20–6

El verbo PASAR se presenta con tres significados, asociados a la presencia de pronombres átonos:

Pasarle algo a alguien: ¿Qué te pasa?

Pasarlo bien o mal: ¿Cómo lo has pasado?

Pasársele a alguien una sensación física o un sentimiento: ¿No se te pasa el dolor de cabeza?

Se introducen oraciones subordinadas de diverso tipo y régimen:

Cuando + INDICATIVO.

Si + INDICATIVO.

Que + SUBJUNTIVO.

Sugerencias para la actividad 20–6

Efectúe, en primer lugar, una preparación de la actividad con toda la clase. Así se facilitará la generación de ideas para tener suficiente material con el que escribir luego las fichas, al tiempo que se trabajarán los aspectos gramaticales y de vocabulario.

A tal efecto, prepárese usted en casa un conjunto de frases equivalentes a las cuatro que da como muestra el ejercicio, en las que usted dará información sobre sí mismo.

Léaselas a los alumnos en voz alta, ellos deben adivinar cuáles son verdaderas y cuáles falsas. Esto servirá de ejemplo para la actividad que ellos tendrán que preparar más tarde.

Invíteles a leer las cuatro que ofrece el ejercicio, y pregúnteles a quiénes de ellos les pasan esas cosas u otras parecidas.

Seguidamente, los alumnos formulan frases en los términos que están en el libro, tres verdaderas y una falsa.

---

 gente con carácter ◆ FORMAS Y RECURSOS

20–5 ¿Qué le pasa?
Habla con tus compañeros/as sobre cómo se siente Kepa, el mimo, en cada foto.

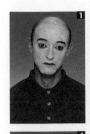  

de mal humor
decepcionado
asustado
indeciso
contento
nervioso
preocupado
triste
de buen humor
harto
enfadado
sorprendido

EJEMPLO:
● Yo creo que en la foto 2 está de mal humor.
○ Sí, y un poco triste, ¿no?

20–6 ¿Y a ti? ¿Qué cosas te pasan?
En pequeños grupos, cada uno/a escribe en un papelito cuatro frases sobre cómo se siente en determinadas situaciones: tres verdaderas y una falsa. Luego se las lee a sus compañeros/as y ellos/as tienen que decir cuáles son verdad y cuál no.

 EJEMPLO:
- Lo paso fatal cuando tengo que ir al dentista.
- Me pongo de mal humor si mis amigos no me llaman por teléfono. Pero se me pasa enseguida.
- Me pongo muy nervioso cuando tengo que hablar en público.
- Me duele que me digan mentiras.

20–7 Antes no era así. Se ha vuelto un poco...
Estos adjetivos forman pares opuestos. En parejas, encuentren cuáles son.

abierto/a	alegre	altruista	antipático/a	autoritario/a
cerrado/a	flexible	dialogante	egocéntrico/a	egoísta
inflexible	generoso/a	irresponsable	falso/a	
modesto/a	orgulloso/a	perezoso/a	retraído/a	simpático/a
sociable	trabajador/a	triste	responsable	sincero/a

Ahora piensa en dos personas que conozcas que hayan cambiado mucho en su forma de ser. Explícaselo a tus compañeros/as.

EJEMPLO:
 ● El padre de una amiga mía era una persona muy alegre, muy comunicativa. Pero ha tenido una enfermedad. Se ha quedado sordo y ha cambiado mucho. Se ha vuelto más serio.

318
trescientos dieciocho

SENTIMIENTOS Y ESTADOS DE ÁNIMO

me		vergüenza...
te	da	miedo...
le		risa...
...		...
	duele...	

... + INFINITIVO
... si/cuando + INDICATIVO
... que + SUBJUNTIVO

Me da miedo estar solo.
(A MÍ) (YO)

Me da pena cuando/si los niños **lloran.**
(A MÍ) (LOS NIÑOS)

Me da lástima que la gente **discuta.**
(A MÍ) (LA GENTE)

Me duele que María no me **llame.**
(A MÍ) (MARÍA)

PONERSE

me	pongo
te	pones contento/a...
se	pone
nos	ponemos
os	ponéis nerviosos/as...
se	ponen

La niña **se pone** nerviosa...
Me enfado mucho...
Luis **se siente** fatal...
Lo pasamos muy mal...

INDICATIVO
...cuando la gente discute.
...si la gente discute.

Preguntar por el estado de ánimo
● ¿Qué le pasa?
○ Está preocupado por su novia.
nervioso por el examen.
de mal humor.
enfadado conmigo.
contigo.
con él/ella.

EL CARÁCTER

¿Cómo es?

Es **muy** amable.
antipático/a.

Es **bastante** agradable.
desagradable.

En pequeños grupos, cada alumno lee las frases a los compañeros y éstos deben descubrir la información falsa.

Sugerencias para la actividad 20–7

La muestra de expresión oral que ofrece el ejercicio trabaja el vocabulario y los tiempos verbales. Llame la atención de sus alumnos sobre el contraste entre el imperfecto y el presente perfecto, y sobre la conveniencia de sustituir éste por el pretérito según el tipo de información que den.

Aunque algunos de estos adjetivos pueden utilizarse en frases con el verbo ESTAR, en una actividad como la que aquí se propone deben ir con el verbo SER.

Los alumnos, en parejas, escriben dos columnas con los pares de opuestos de los adjetivos del recuadro.

Seguidamente, piensan en dos personas que conocen y que han cambiado mucho en su forma de ser, y escriben dos frases sobre ellos. Siguen la muestra de lengua del ejercicio.

A continuación, en pequeños grupos, leen sus frases.

318

Es **poco** generoso/a. *(ADJETIVOS POSITIVOS)*

Es **un poco** egoísta. *(ADJETIVOS NEGATIVOS)*

No es **nada** celoso/a.
         guapo/a.

Para criticar a alguien
Es un egoísta.
   una estúpida.

CAMBIOS EN LAS PERSONAS

Cambios de estado de ánimo
Se ha puesto   nervioso/a.
               contento/a.
Se ha quedado   preocupado/a.
               angustiado/a.
               satisfecho/a.
               molesto/a.

¿Aún siguen enfadados?

No, ya se les ha pasado.

Cambios de carácter, personalidad y comportamiento
Se ha vuelto   un sentimental.
               muy tímido.
               más sensible.

Desarrollo o evolución personal
Se ha hecho   toda una mujer.
               muy mayor.

CONSEJOS Y VALORACIONES

Impersonales: con Infinitivo
Es bueno/interesante/necesario
escuchar a los hijos.

Personales: con Subjuntivo
Es bueno/interesante/necesario que
escuches a tus hijos.

20–8 **¿Qué le ha pasado?**

Imagina con dos compañeros/as qué les ha podido pasar, y en qué situación, a las personas de las que hablan estas frases.

1. Cuando las vio se puso nerviosísimo.
2. Se quedaron más tranquilos cuando les dijeron que habían hablado con el niño.
3. Antes era muy idealista pero con lo que le pasó se ha vuelto un poco más realista.
4. Se puso muy contenta. No se lo esperaba.
5. ¿Has visto cómo ha reaccionado? Se ha hecho muy mayor, ¿no?
6. Su hermana ya lo dice: se ha vuelto muy egoísta.
7. Se ha quedado muy preocupado por lo que le han dicho.

EJEMPLO:

 Cuando las vio se puso nerviosísimo.
 ● Estaba Juan en una fiesta y llegaron su novia y su exnovia juntas.

20–9 **¿Hacer eso es bueno o malo? ¿Por qué?**

Lee estos dos textos y señala, en cada uno, los tres consejos que te parecen más importantes.

HIJOS

Manual del hijo perfecto

① Recuerda que tus padres son humanos y que tienen defectos, como todo el mundo. Y no los compares nunca con los padres de tus amigos.

② Con la edad, todos nos volvemos más rígidos: no esperes que entiendan siempre tus puntos de vista.

③ Disfruta de su compañía. Cuando no los tengas, los echarás en falta.

④ Llámalos por teléfono siempre que vayas a llegar tarde. No les des motivos de preocupación innecesariamente.

⑤ Consulta con ellos las decisiones importantes que vayas a tomar.

⑥ Recuerda que son tus padres, no tus amigos.

⑦ Exígeles respeto a tu intimidad y a tus decisiones. Recuerda que tu futuro lo decides tú.

PADRES

Manual de los padres perfectos

① No tengan miedo a prohibirles cosas a sus hijos. Tienen que saber decir no.

② Prémienlos cuando hacen algo bien; no comenten los pequeños fallos que cometan.

③ Busquen todos los días unos momentos para hacer algo con ellos.

④ Escúchenlos cuando hablan, no los interrumpan, muestren interés por lo que dicen.

⑤ No los comparen con sus hermanos o con los hijos de otros amigos.

⑥ Respeten su personalidad y su forma de ser. Son sus hijos, no una copia de sus sueños.

⑦ Respeten su vida privada y su intimidad. Ser padres no da derecho a intervenir en todos sus asuntos.

Ahora trabaja con un/a compañero/a y compara tus opiniones con las suyas. Tienen que llegar a un acuerdo para elegir los tres consejos más importantes de cada texto.

EJEMPLO:

 ● Yo creo que escuchar a los hijos cuando hablan es muy importante.
○ Sí, y sobre todo es necesario que los padres se interesen por lo que dicen.

Respuestas para la actividad 20–7

Abierto/a	*Cerrado/a*
Alegre	*Triste*
Altruista	*Egocéntrico/a*
Antipático/a	*Simpático/a*
Autoritario/a	*Dialogante*
Flexible	*Inflexible*
Egoísta	*Generoso/a*
Irresponsable	*Responsable*
Falso/a	*Sincero/a*
Modesto/a	*Orgulloso/a*
Perezoso/a	*Trabajador/a*
Retraído/a	*Sociable*

Sugerencias para la actividad 20–8

El ejercicio trabaja el uso de los distintos verbos de cambio y recurre a la imaginación de los alumnos. Éstos deben imaginar personajes y situaciones que han dado pie a las distintas frases que presenta el ejercicio.

Trabaje, en primer lugar, la comprensión de las siete frases. Los alumnos subrayan los verbos de cambio y razonan en cada caso su elección.

En esta primera fase ya pueden imaginar la situación y los personajes de alguna de las frases. Si alguno de los alumnos tiene una idea al respecto, pídale que la exponga en voz alta.

En la segunda fase, en grupos de tres, imaginan y escriben las situaciones que pueden haber provocado las diferentes actitudes. No es necesario que cada grupo de alumnos agote las siete frases; basta con que trabaje tres o cuatro de ellas.

Finalmente, los diferentes grupos ponen en común sus impresiones.

Expansión para la actividad 20–8

Puede pedirles a sus alumnos que, sin indicar a cuál de las frases se refieren las situaciones, las lean en voz alta; el resto de la clase debe descubrir la frase correspondiente.

También se pueden escenificar las situaciones, haciendo que los alumnos representen a los personajes.

Sugerencias para la actividad 20–9

Los alumnos leen los textos y subrayan en cada uno de ellos los tres consejos que les parecen más importantes.

Seguidamente, en parejas, comparan los consejos seleccionados. Los alumnos tienen que llegar a un acuerdo para elegir los tres consejos más importantes, así que tendrán que convencer al compañero con argumentos sobre las prioridades establecidas.

Expansión para la actividad 20–9

La discusión entre alumnos podría proponerse en pirámide, es decir, formando grupos cada vez más numerosos (de cuatro, de ocho...) hasta llegar a un acuerdo con todo el grupo de clase.

Todos los consejos están formulados en imperativo. Pida a sus alumnos que los subrayen y que escriban la forma correspondiente de infinitivo.

20-10 **El cosmopolita**
La revista El Cosmopolita ha publicado este artículo. ¿Estás de acuerdo con todo lo que dice?

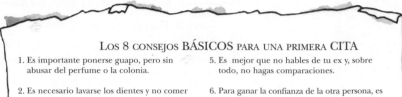

LOS 8 CONSEJOS BÁSICOS PARA UNA PRIMERA CITA

1. Es importante ponerse guapo, pero sin abusar del perfume o la colonia.

2. Es necesario lavarse los dientes y no comer ajos ni fumar: a la otra persona quizás no le guste el olor.

3. Es aconsejable que el chico lleve dinero suficiente para invitar a la chica.

4. No es necesario que le cuentes todo sobre ti en la primera cita, pero sí que te muestres como una persona segura y con carácter.

5. Es mejor que no hables de tu ex y, sobre todo, no hagas comparaciones.

6. Para ganar la confianza de la otra persona, es útil hablar de asuntos personales, de la infancia, mostrar en general una imagen sincera.

7. También es recomendable no decirle que te gusta: espera que la otra persona lo diga primero.

8. Y, para terminar, es bueno dejar que él o ella te llame por teléfono al día siguiente. Así la responsabilidad no recae sobre ti.

Ahora, subraya todas las contrucciones **Es** + adjetivo + infinitivo y señala con un círculo todas las construcciones **Es** + adjetivo + **que** + presente de subjuntivo.

¿Puedes escribir dos consejos más para una primera cita?

Es importante que _____

Es aconsejable _____

20-11 **Consejos prácticos**
Escojan, en parejas, uno de los siguientes temas y escriban cinco o seis consejos prácticos. Después se los van a leer al resto de la clase. A ver si todo el mundo está de acuerdo.

- Consejos para tener éxito en una entrevista de trabajo.
- Consejos para salir de una depresión.
- Consejos para tener éxito social.
- Consejos para organizar una buena fiesta.
- Consejos para la primera visita a los suegros.
- Consejos para llevarse bien con los vecinos.

20-12 Problemas de convivencia

Estos cuatro amigos viven juntos, pero tienen algunos problemas de convivencia. Lee los textos y escribe todos los problemas que imagines.

PEPE

Le gusta muchísimo ver fútbol en televisión; es del Real Madrid. Fuma mucho y le gusta comer hamburguesas y escuchar música hasta muy tarde. Es bastante tacaño en los gastos de la casa. Los animales, según él, deben vivir en el campo.

ALEJANDRO

Es un gourmet y un excelente cocinero, pero nunca friega los platos. Le encanta hacer fiestas en casa con muchos amigos y ver películas de miedo y los partidos del Barça en la televisión. Odia el olor del tabaco.

RICARDO

Es muy despistado: siempre se olvida de pagar su parte del alquiler y de limpiar el cuarto de baño cuando le toca. Tiene un perro, Bafú, al que le encanta comer hamburguesas crudas. Es bastante miedoso y nunca sale de casa sin su perro.

JOAQUÍN

Es el más sano de todos: sólo come verduras y frutas. No le gusta nada la tele, sobre todo cuando ponen fútbol, y es un maniático del orden y la limpieza. Se pasa horas al teléfono hablando con novias y amigos. Se acuesta todos los días muy pronto y no soporta el ruido.

- Pepe se enfada cuando el perro de Ricardo *se come sus hamburguesas.*
- Joaquín se pone nervioso si Ricardo...
- A Ricardo le da miedo cuando Alejandro...
- A Alejandro le da rabia que Pepe...
- Joaquín no soporta que Pepe...

20-13 Más problemas

Cada uno de ustedes va a leer uno de estos problemas y después se lo va a contar a sus compañeros/as. Ellos/as van a tener que dar consejos. ¿Cuál es el mejor?

Necesitas dinero: tienes que pagar el alquiler del piso mañana y no te queda nada en el banco. Hoy te has encontrado una cartera en la calle con 25 euros, y la documentación dice que pertenece a un conocido millonario de tu ciudad. La verdad es que no sabes qué hacer.

Tu hija se ha quedado embarazada del chico más vago e inútil de tu ciudad. No trabaja ni tiene intención de trabajar. Pero los dos están muy enamorados y quieren casarse. Has intentado hablar con tu hija varias veces pero ella sólo piensa en la boda y en su futuro hijo, y no te escucha. Necesitas consejo de tus amigos.

Tu suegra se ha mudado a una casa al lado de la tuya. Ahora se pasa todo el día en tu casa diciendo lo que tienes que hacer y lo que no, dando instrucciones a todo el mundo y cocinando unos pasteles enormes. Estás ya bastante desesperado/a.

Has descubierto que un alumno de la clase es cleptómano. Ha robado ya varios bolígrafos, libros y cuadernos. El problema es que es muy amigo del profesor y no sabes a quién contárselo.

Información para la actividad 20–14

Todos los nombres y referencias que aparecen en el anuncio de la página 322 son inventados, con excepción de: los nombres de los periódicos (ABC, El Mundo, El Periódico), los nombres de los cines, que corresponden a salas de Madrid y la mención a los premios Goya.

Los premios GOYA son el equivalente español de los premios OSCAR a la producción cinematográfica de cada año: premio a la mejor película, a la mejor dirección, a la mejor interpretación de papeles protagonistas masculina y femenina, etc.

Sugerencias para la actividad 20–14

Trabaje primero a partir del anuncio de la página 322; teniendo en cuenta el título de la película, las citas de los críticos de prensa y la autorización para todos los públicos:

¿Qué temas y conflictos pueden aparecer en la película?

En los guiones de la página 323 tenemos ya mucha información sobre los personajes, sus relaciones y sus conflictos.

Los alumnos leen los textos del guión y comprueban si sus predicciones sobre la película eran ciertas.

Utilice el diagrama del ejercicio 20–15 para establecer esta trama de identidades y relaciones.

  gente con carácter ◆ **TAREAS**

20-14 Como en cualquier familia

Se acaba de estrenar esta película. Los personajes quieren ser un retrato de la sociedad española actual. Lee el anuncio que se publica en la prensa.

Estos dibujos pertenecen al guión con el que trabajó la directora.

Gloria sólo vive para sus hijos. Apenas sale con su marido. Esta noche, sí; esta noche van al teatro con otra pareja, un compromiso de Eduardo. Paloma ha venido a "hacerles un canguro".
Gloria dando instrucciones a Paloma: *Mira, Carlitos tarda mucho en dormirse. Léele un cuento y déjale la luz encendida. En el entreacto te llamaré para ver cómo va todo.*
Eduardo: *Vamos, date prisa, que se hace tarde.*

Eduardo tiene muchos problemas en su trabajo. Y está hecho un mar de dudas. Últimamente se siente atraído por Asun, una secretaria de su empresa. Ella lo sabe.
Eduardo: *¿Y a quiénes afecta la reducción de plantilla?*
Director: *Al personal de secretaría...*
Eduardo: *¿A Asun también?*
Director: *Sí, a Asun también.*

Chelo, la hermana de Gloria, es viuda. Últimamente no sabe lo que le pasa, se siente triste y piensa que la vida no vale la pena.
Gloria: *No sé qué hacer. Eduardo está cada día más cerrado en sí mismo. Sólo habla del trabajo, sólo piensa en la empresa...*
Chelo: *Pero a ti, ese Tomás, ¿te gusta de verdad?*
Gloria: *No, ¡qué va! Pero si sólo lo he visto un par de veces, en dos cenas de la empresa de Eduardo.*

Julián estudia en un instituto de enseñanza media. Su mundo: rock y fútbol. Ahora está en la organización de una marcha juvenil antimilitar.
Julián: *Sí, sí. Sábado y domingo... la marcha llega a Madrid el sábado por la mañana, a las 12 concentración ante el Ministerio de Defensa...*
Paloma: *Sí, sí; claro. No sabes lo que me apetece... Pero no sé qué dirán en casa...*

Paloma está enamorada de Julián. Pero sus padres no quieren que salga con él. Su padre trabaja con Eduardo, y éste le ha hablado muy mal del chico.
Paloma: *Está metido en un montón de actividades; no sé, creo que es algo pacifista, contra el ejército y los gastos militares... Mira, y es divertido... De momento no sabe qué va a hacer cuando termine el bachillerato. El sábado viene a la fiesta... ya verás...*

Sugerencias para la actividad 20-15 y 20-16

Entre todos repasen los datos del diagrama de que disponen hasta el momento.

Pase la grabación una primera vez. Los alumnos podrían escuchar las tres primeras réplicas de cada una de las conversaciones e imaginar el ulterior desarrollo.

Seguidamente, los alumnos escuchan la audición de nuevo y completan los datos del diagrama con la nueva información obtenida.

Por último, en grupos de tres, comparan si han llegado a las mismas conclusiones.

Respuestas para la actividad 20-15

Gloria y Eduardo: marido y mujer. Problemas en su relación. Eduardo se siente atraído por Asun, una compañera de trabajo. Gloria le reprocha que no presta a su familia la suficiente atención. Tienen dos hijos, uno de ellos se llama Carlitos. Paloma les hace canguros, su padre trabaja con Eduardo.

Eduardo y Asun: trabajan en la misma empresa. Asun sabe que Eduardo se siente atraído por ella. El puesto de trabajo de Asun peligra y ella no lo sabe; Eduardo sí lo sabe, y esto es para él otro motivo de preocupación. En la empresa todo el mundo está al corriente de los sentimientos de Eduardo.

Gloria y Tomás: en la empresa de Eduardo hay quienes dicen que Gloria siente también cierta atracción por Tomás, un compañero de trabajo de Eduardo. Pero otros lo desmienten; Gloria y Chelo: hermanas. Chelo es viuda y últimamente se siente triste.

Paloma y Julián: amigos. Paloma está enamorada de él. Él está metido en movimientos de protesta, y ella le ayuda. Paloma quiere ir con él a una manifestación antimilitarista a Madrid, pero teme que sus padres no le dejen. Acude a Gloria para ver si Eduardo puede interceder ante su padre.

LES SERÁ ÚTIL...

Relaciones entre personas
A está enfadado/a con B.
A tiene problemas con B.
A se lleva bien/mal con B.
A se entiende bien con B.
A se ha peleado con B.

A y B están enfadados/as.
A y B tienen problemas.
A y B se llevan bien/mal.
A y B se entienden muy bien.
A y B se han peleado.

A está enamorado/a de B.
A y B están enamorados.

A se ha enamorado de B. A y B se han enamorado.

Se quieren mucho.

Recomendar comportamientos
Lo que tiene/n que hacer es...
Debería/n...
... + INFINITIVO
Lo mejor es que + SUBJUNTIVO

20-15 **No te pongas así**
¿Qué relaciones hay entre los distintos personajes? Márcalo en este diagrama y escribe notas sobre quiénes están enamorados, quiénes se llevan bien, quiénes...

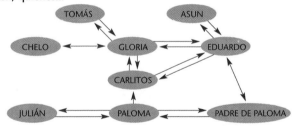

20-16 **Escucha a los personajes**
Ahora escucha las conversaciones para ampliar tu información. Después comenta tus notas con dos compañeros/as. ¿Han llegado a las mismas conclusiones?

20-17 **Diagnósticos y recomendaciones**
Cada grupo se convertirá ahora en un gabinete de psicólogos. Van a hacer un análisis de las relaciones que tienen los diferentes personajes y un diagnóstico de sus problemas. Luego preparen un informe con una serie de consejos.

323

trescientos veintitrés

Sugerencias para la actividad 20-17

Divida la clase en grupos de trabajo. Cada grupo se puede ocupar de uno o dos personajes, pueden decidir trabajar con personajes individuales, o bien con parejas cuando ésta sea el caso:

Gloria

Eduardo

Eduardo y Gloria

Chelo

Paloma

Padres de Paloma

Paloma y sus padres

Julián

Cada grupo analiza los sentimientos de algunos personajes y describe los problemas que éstos pueden generar.

Entre los componentes del grupo discuten y elaboran un informe con una serie de consejos para las personas en conflicto.

Puede hacer una presentación pública de los informes, con una discusión sobre los consejos y recomendaciones. Entre todos los alumnos decidirán qué consejos son los más adecuados.

MARIO BENEDETTI

Mario Benedetti nació en Paso de los Toros, Uruguay, en 1920. Se educó en un colegio alemán y se ganó la vida como taquígrafo, cajero, vendedor, contable, funcionario público, periodista y traductor. Tras el golpe militar de 1973, renunció a su cargo en la Universidad y tuvo que exiliarse, primero en Argentina y luego en Perú, Cuba y España.

Su obra comprende géneros tan diversos como la novela, el relato corto, la poesía, el teatro, el ensayo, la crítica literaria, la crónica humorística y el guión cinematográfico. Ha publicado más de 40 libros y es uno de los escritores en lengua española más traducido.

Compañera
usted sabe
que puede contar
conmigo
no hasta dos
ni hasta diez
sino contar
conmigo
...
pero hagamos un trato
yo quisiera contar
con usted
                es tan lindo
saber que usted existe
uno se siente vivo
y cuando digo esto
quiero decir contar
aunque sea hasta dos
aunque sea hasta cinco
no ya para que acuda
presurosa en mi auxilio
sino para saber
a ciencia cierta
que usted sabe que puede
contar conmigo.

USTEDES CUANDO AMAN
EXIGEN BIENESTAR
UNA CAMA DE CEDRO
Y UN COLCHÓN ESPECIAL
NOSOTROS CUANDO AMAMOS
ES FÁCIL DE ARREGLAR
CON SÁBANAS QUÉ BUENO
SIN SÁBANAS DA IGUAL

Soñamos juntos
juntos despertamos
el tiempo hace o deshace
mientras tanto

no le importan tu sueño
ni mi sueño

Mi táctica es
                mirarte
aprender como sos[1]
quererte como sos

mi táctica es
                hablarte
y escucharte
construir con palabras
un puente indestructible

mi táctica es
quedarme en tu recuerdo
no sé cómo   ni sé
con qué pretexto
pero quedarme en vos

Tus manos son mi caricia
mis acordes cotidianos
te quiero porque tus manos
trabajan por la justicia

si te quiero es porque sos
mi amor mi cómplice y todo
y en la calle codo a codo
somos mucho más que dos

tus ojos son mi conjuro
contra la mala jornada
te quiero por tu mirada
que mira y siembra futuro

tu boca que es tuya y mía
tu boca no sé equivoca
te quiero porque tu boca
sabe gritar rebeldía

[1] **Sos** es la forma del verbo **Ser** correspondiente al pronombre **vos**. El uso de **vos** en lugar del pronombre **tú** es característico de amplias zonas de América, por ejemplo: Argentina, Uruguay y Costa Rica.

20–18 Lee los fragmentos de poemas de amor de Benedetti y elige los que más te gustan.

20–19 ¿Qué relación crees que mantienen los protagonistas de las películas de estos carteles? Imagina cuál es el argumento de alguna de ellas.

Información para la actividad 20–18

Los textos poéticos son fragmentos de poemas, no son poemas completos y están incluidos en el libro: *El amor, las mujeres y la vida.*

Mario Benedetti: escritor uruguayo. Nació en 1920. Siempre ha estado muy comprometido con la izquierda. Es autor de cuentos, novelas, poesías y ensayos.

Sugerencias para la actividad 20–18

Cada alumno elige los fragmentos de poemas que más le gustan.

Aquellos que han elegido un mismo fragmento lo leen en voz alta, dándole cada uno la interpretación (entonación, ritmo, énfasis...) que el poema le inspira. El resto de la clase comenta y valora la diferencias de interpretación.

Expansión para la actividad 20–18

Invíteles a sus alumnos a observar las distintas formas de tratamiento del interlocutor: usted, vos, sos.

Puede llamar también su atención sobre las expresiones idiomáticas, los juegos de palabras y otros recursos expresivos de los poemas. Primero, pídales que los encuentren ellos mismos; luego, señáleles aquellas que no hayan visto y coménteselas:

Contar con alguien / Contar hasta X
Saber a ciencia cierta
(Con sábanas) Qué bueno / Da igual
Construir con palabras un puente indestructible
Quedarme en tu recuerdo / en vos
Tus manos son... mis acordes cotidianos
Codo a codo
Tu mirada... siembra futuro

Información para la actividad 20–19

Las imágenes de esta página son, todas ellas, reproducción de carteles de películas españolas estrenadas en los últimos años.

La resolución de este ejercicio es totalmente abierta y no tiene por qué coincidir con el guión original de las películas.

Mensaka es un neologismo, perteneciente a la jerga juvenil, para designar a los mensajeros, jóvenes que trabajan en empresas de mensajería o correo y que se desplazan en moto por la ciudad yendo a recoger cartas y pequeños paquetes para llevarlos a sus destinatarios.

Últimamente ha tenido gran fortuna entre los jóvenes el procedimiento de formar nuevas palabras con sufijo en -ata o en -aca: bocata (bocadillo), segurata (guardia de seguridad), mensaka (mensajero), tocata (tocadiscos), etc.

Sugerencias para la actividad 20–19

Indique a sus alumnos que formen grupos de trabajo. Cada grupo elegirá uno o dos carteles y, a partir de lo que le sugieran las imágenes y el título, imaginará cuál puede ser el tema de la película y cuáles las relaciones entre los personajes. Puede ayudarles con estas preguntas:

¿Lugar en que transcurre la acción: campo, ciudad?

¿Tiempo de la acción: actual, pasado, futuro?

¿Protagonistas: individuales, parejas, grupos sociales?

¿Temática: social, psicológica, histórica...?

¿Género: comedia, drama, bélico, terror, ciencia ficción...?

ESTRATEGIAS DE LECTURA:

Textos de persuasión

In persuasive writing, we try to convince others to agree with the facts as we see them, share our values, accept our arguments and conclusions, and adopt our way of thinking. To help you evaluate the effectiveness of persuasive texts, you should ask yourselves these questions:

1. What is the thesis or claim of the writer? Is the thesis stated directly and clearly? Is it well focused?

2. If the thesis or claim is not stated, can the reader recognize it?

3. What background information is provided?

4. What reasons are given in support of the thesis? Are they organized in order of importance to build the argument?

5. What assumptions support the claim? Has the writer clarified relevant values for the intended audience?

6. Are there any fallacies in argumentation?

7. Is appropriate attention paid to opposing viewpoints? How are counterarguments acknowledged and addressed?

8. How does the text conclude? Does it summarize the argument, make emotional appeals, elaborate on its implications?

Understanding these techniques of persuasive argumentation will help you to analyze and understand these types of texts and to persuade others in Spanish.

 GENTE QUE LEE

ANTES DE LEER

20-20 **Carácter**
Define brevemente lo que significa para ti la palabra carácter. Busca luego la palabra en el diccionario y comprueba si tu definición es acertada.

20-21 **Personas con carácter**

De la lista de personas famosas que aparece a continuación, marca con una cruz (X) las que, según tu opinión y las definiciones de la actividad anterior, tienen un carácter fuerte. Añade otras más a la lista. Después comparte esta información con tu compañero/a para ver en cuáles han coincidido.

_____	**La madre Teresa**	_____	**Donald Trump**
_____	**Fidel Castro**	_____	**Evita Perón**
_____	**Carlos Menem**	_____	**Gandhi**
_____	**Napoleón**	_____	**Madonna**
_____	**Hillary Clinton**	_____	**Muhammad Ali**
_____ _____		_____ _____	

20-22 **Conocidos con carácter**

Haz una lista de las personas que conoces (familiares, amigos, vecinos, profesores, etc.) que, según tú, tienen mucho carácter y explica con algún ejemplo por qué.

A LEER

20-23 **Los jóvenes panameños se organizan**

Lee el texto siguiente para conocer más el carácter de algunas personas y organizaciones panameñas y, a continuación, contesta las preguntas.

Respuestas a la actividad 20–24

1. El texto está dirigido a los jóvenes panameños.

2. Lo firma Ana Pérez y es la promotora de Asuntos Sociales.

3. Porque ha habido crímenes y estos conciertos sirven como una denuncia a estos crímenes.

4. Serán el mes de diciembre: el día doce en Bocas del Toro, el día quince en Tonosí, el día diecisiete en Miguel de la Borda, los días dieciocho y diecinueve en la ciudad de Panamá y el día veintiuno en Narganá.

5. Los organizadores son la municipalidad capitalina, representantes de la Organización de Naciones Unidas (ONU) en Panamá y la Asociación Contra la Violencia Panameña.

6. El asesinato de un sacerdote panameño a manos de un hombre que colaboraba frecuentemente en actividades parroquiales. Otros hechos, son asaltos en las calles y casos de delincuencia en menores de edad.

7. Actuarán grupos favoritos locales de rock y reggae, entre ellos: Os Almirante, Océano, Tierra de Nadie, Los 33 y los solistas Darío y Jacqueline. Interpretarán temas alusivos a los problemas sociales como la corrupción y la violencia, porque repercute en la juventud y la niñez de nuestro país.

8. La autora le pide a los jóvenes panameños que vayan a los conciertos, que participen, colaboren y denuncien los crímenes que afectan a la sociedad panameña.

9. El tono es de persuasión para que los jóvenes participen.

10. Las respuestas varían.

20 · gente con carácter ◆ MI GENTE

Conciertos de rock y reggae en Panamá

¡Ven, participa!
Tú también puedes ayudar

Ustedes, jóvenes panameños, tendrán la oportunidad de manifestar su rechazo a la creciente ola de violencia y de denuncias de corrupción durante varios conciertos de grupos locales de rock y reggae que tendrán lugar en diferentes ciudades de Panamá.

Los conciertos, tus conciertos, están planeados para los próximos días del mes de diciembre: día doce en Bocas del Toro, día quince en Tonosí, día diecisiete en Miguel de la Borda, días dieciocho y diecinueve en la ciudad de Panamá y día veintiuno en Narganá. La serie de conciertos está organizada por la municipalidad capitalina, representantes de la Organización de Naciones Unidas (ONU) en Panamá y la Asociación Contra la Violencia Panameña.

Como sabes, los panameños nos hemos visto perturbados en las últimas semanas por el aumento de crímenes violentos, entre ellos el asesinato de un sacerdote panameño a manos de un hombre que colaboraba frecuentemente en actividades parroquiales. Otros hechos, como asaltos en las calles y casos de delincuencia en menores de edad, nos preocupan también a los panameños, por eso debemos hacer algo para evitar estos crímenes y asaltos.

En los conciertos, participarán tus grupos favoritos locales de rock y reggae, entre ellos: Os Almirante, Océano, Tierra de Nadie, Los 33, y los solistas Darío y Jacqueline.

En los eventos, los artistas interpretarán temas alusivos a los problemas sociales, lo cual repercute en la juventud y la niñez de nuestro país.

Tú también puedes hacer algo.
No lo pienses.
Ven, participa, colabora y denuncia.
No te quedes con los brazos cruzados.

Ana Pérez
Promotora de Asuntos Sociales

DESPUÉS DE LEER

20–24 ¿Entendiste?
Contesta las preguntas siguientes según el texto que acabas de leer.

1. ¿A quién está dirigido este texto?

2. ¿Quién lo firma y en qué trabaja?

3. ¿Por qué y para qué van a tener estos conciertos en Panamá?

4. ¿Qué días y en qué lugares serán los conciertos?

5. ¿Quién(es) son los organizadores?

6. ¿Qué crimen violento ha ocurrido en Panamá recientemente? Nombra un ejemplo.

7. ¿Quién(es) actuarán en estas actividades? ¿Qué tipo de canciones interpretarán? ¿Por qué?

8. ¿Qué les pide la autora a los jóvenes panameños?

9. ¿Cuál es el tono de este texto? ¿Cuál es la intención de la autora?

10. ¿Cuál es tu opinión? ¿Por qué?

GENTE QUE ESCRIBE

ANTES DE ESCRIBIR

 20-25 **Tu causa**

El texto de Ana Pérez te ha llenado de inspiración porque hay algunos problemas en la comunidad donde vives y quieres hacer algo para denunciarlos. Prepara un panfleto como el de Ana para animar a algunas personas de tu comunidad a colaborar en tu proyecto. Antes de prepararlo, escribe una lista con los puntos que quieres cubrir.

- Determina el problema que quieres denunciar
- Establece los hechos para apoyar tu causa
- Piensa en el público a quién estará dirigido el texto
- Establece cómo puedes persuadir y convencer a tu público
- Determina qué quieres hacer y cómo quieres que tu público participe: conciertos, fiestas, juegos, lotería, etc.
- Piensa en recursos lingüísticos que te hagan mantener tu voz activa
- Crea una conclusión que te ayude a cerrar el mensaje
- Otros puntos

A ESCRIBIR

Escribe un texto de persuasión (tipo panfleto) sobre el problema y el tipo de denuncia que hayas elegido.

DESPUÉS DE ESCRIBIR

Revisa tu primer borrador y comprueba:

CONTENIDO

- ¿Te gusta?
- ¿Necesitas incluir algo más?
- ¿Está bien organizado?

GRAMÁTICA Y VOCABULARIO

- ¿Hay errores?
- ¿Has usado gramática y vocabulario de este capítulo?

Pasa tu texto a tu compañero/a y pídele sugerencias.

Por último, pasa a limpio tu texto y entrégaselo a tu profesor/a.

GENTE EN LA RED

20–26 **Otras iniciativas en Panamá**

ANTES DE NAVEGAR

Además de estos conciertos para crear conciencia, existen otras personas reconocidas internacionalmente que luchan contra las desigualdades sociales existentes y reivindican un país mejor. Una de ellas, es Rubén Blades. ¿Cuánto sabes de él? Contesta las preguntas siguientes y compruébalo.

1. Rubén Blades es :

   a. panameño

   b. brasileño

   c. venezolano

2. Una de sus canciones más famosas es:

   a. La Macarena

   b. Living la vida loca

   c. Pedro Navaja

3. Ha recibido un:

   a. Grammy

   b. Oscar

   c. Tony

A NAVEGAR

Ahora ve a la dirección (*www.prenhall.com/gente*) para aprender más sobre Rubén Blades y comprobar la solución a las preguntas anteriores.

VOCABULARIO

Algunos "problemas" personales

(la) enajenación	*alienation*	(la) identidad	*identity*
(el) enamoramiento	*fall in love*	(la) rebeldía	*rebellion*
(el) flechazo	*love at first sight*	aguantar a	*to put up with*
(la) forma de ser	*the way someone is, behavior*	estar metido/a en	*to be involved in*
		hacer el tonto	*to be stupid, to act silly*
(el) frenesí	*frenzy*	ponerse celoso/a	*to get jealous*

quedar fascinado/a con	to become fascinated with
quedarse sordo/a	to become deaf
sentirse incomprendido/a	to feel misunderstood, not appreciated
ser polos opuestos	to be opposites
sufrir molestias en el cuerpo	to feel pain
tener miedo a la soledad	to be afraid of being alone
tener preocupado/a a alguien	to have someone worried
tener vergüenza de hablar en público	to feel ashamed of speaking in public
no tener sustancia	to lack substance

Los sentimientos y las emociones

ajeno/a	unaware, inappropriate
apresurado/a, presuroso/a	hasty, prompt
áspero/a	rough, harsh
de buen/mal humor	in a good/bad mood
decepcionado/a	disappointed
delirante	delirious
desconcertante	disconcerting, upsetting
dialogante	open, open-minded
disgustado/a (con)	to be angry with
distante	distant
dulce	sweet
fugaz	transitory
imprevisible	unpredictable, unforeseeable
insoportable	unbearable, intolerable
maravilloso/a	wonderful
molesto/a	troublesome, tiresome
poderoso/a	powerful
primitivo/a	primitive
profundo/a	profound
rígido/a	rigid, inflexible
romántico/a	romantic

Los estados de ánimo

dar pena/lástima	to be pitiful, to rouse to pity
echar en falta	to miss
estar hecho/a un mar de dudas	to have (many) doubts
llevarse fatal (con)	not to get along (with)
ponerse contento/a	to get happy
quedarse con los brazos cruzados	to do nothing
sentirse angustiado/a	to feel anguish/stress
tener celos (de)	to be jealous (of)

Para expresar sentimientos y estados de ánimo

me da vergüenza...	I feel embarrassed...
me da miedo...	I am afraid...
me da risa...	I feel like laughing...
me da pena...	I feel sad...
me enfado...	I get mad...
me duele...	I feel hurt...
me pongo nervioso/a...	I get nervous...
me quedo preocupado/a...	I stay worried...
me vuelvo sensible...	I get sensitive...
me he hecho más juicioso/a...	I have become more sensible...

Otras palabras y expresiones útiles

(los) asaltos	attacks, assaults
(el) bienestar	well-being
(la) crisis de madurez	midlife crisis
(el) espíritu	spirit
(la) fuerza	strength
(el/la) mandón/mandona	bossy
(el) pozo	well
(el) puñado	handful
(el) tapujo	deceit, subterfuge
darse prisa	to hurry, to rush
estar compuesto de	to be composed of
hacer caso a	to obey
hacer un trato	to make a deal
hacerse tarde	to be tardy, to be late
a ciencia cierta	to know for certain, well-founded
innecesariamente	unnecessary

Verbos

alabar	to praise
atraer(se)	to attract
desconectar	to disconnect
exasperar	to exasperate, to infuriate
gritar	to shout
pelearse	to fight
perturbar	to disturb
ponerse en contacto	to get in touch with
prohibir	to forbid
renunciar a	to renounce, to give up
repeler(se)	to repel
repercutir	to have repercussions
sacudir	to shake
sembrar (ie)	to sow
transformarse	to transform

En esta secuencia vamos a enviar y a transmitir mensajes a nuestros/as compañeros/as de clase. Para ello aprenderemos a:

✔ escribir notas y cartas,
✔ referir lo dicho o escrito por otros.

*gente*y
mensajes

21-1 Ha llamado Alberto

🔊 Escucha estas conversaciones telefónicas. Las personas que han respondido a las llamadas han dejado escritos estos mensajes. ¿A cuál corresponde cada conversación? Completa el cuadro.

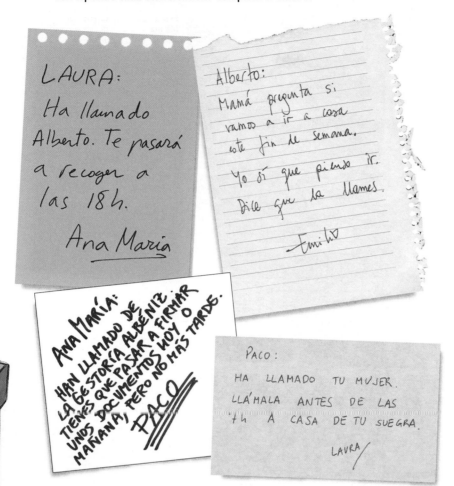

> LAURA:
> Ha llamado Alberto. Te pasará a recoger a las 18h.
> Ana María

> Alberto:
> Mamá pregunta si vamos a ir a casa este fin de semana.
> Yo sí que pienso ir. Dice que la llames.
> Emilio

> Ana María:
> Han llamado de la gestoría Albéniz. Tienes que pasar a firmar unos documentos hoy o mañana, pero no más tarde.
> PACO

> PACO:
> HA LLAMADO TU MUJER. LLÁMALA ANTES DE LAS 4h A CASA DE TU SUEGRA.
> LAURA

LLAMADA Nº	HABLAN		EL MENSAJE ES DE	PARA
___	___	y ___	___	___
___	___	y ___	___	___
___	___	y ___	___	___
___	___	y ___	___	___

333

trescientos treinta y tres

Información para la actividad 21–1

Las cuatro notas son una versión escrita de un mensaje telefónico que el destinatario no pudo recibir por estar ausente en el momento de la llamada, y que ha recogido otra persona.

Sugerencias para la actividad 21–1

Antes de la audición, los alumnos podrían leer cada una de las notas e imaginar cuál es la relación que existe entre las personas involucradas en ellas.

A continuación, en pequeños grupos, eligen dos de las notas e imaginan el desarrollo de la conversación telefónica que las ha motivado y escriben el diálogo. Procure que cada nota y conversación sea trabajada por más de un grupo.

Pase entre los grupos ayudándoles en su trabajo.

Se representarán ante la clase las conversaciones correspondientes a una misma nota y se discutirán las variantes que se comprueben entre las versiones de los distintos grupos.

Seguidamente, pase la grabación con cada una de las conversaciones por separada, deje tiempo para que los alumnos escriban las respuestas y completen la ficha de la página 333.

Expansión para la actividad 21–1

Podría proponer a sus alumnos que escucharan de nuevo cada conversación y tomaran nota de la forma en que los interlocutores hacen estas cosas:

Preguntar por la persona con la que quieren hablar.

Identificarse.

Ofrecerse a tomar un recado para la persona ausente.

Pedir que el interlocutor tome un recado para la persona ausente.

Responder a la solicitud anterior.

Cerrar la conversación telefónica.

Respuestas para la actividad 21–1

Llamada nº	1
Hablan	Laura y Ana María.
El mensaje es de	Ana María.
Para	Paco.

(Corresponde a la nota inferior-derecha de Laura a Paco).

Llamada nº	2
Hablan	Ana María y Alberto.
El mensaje es de	Alberto.
Para	Laura.

(Corresponde a la nota superior-izquierda de Ana María a Laura).

Llamada nº	3
Hablan	Lola de la gestoría y Paco.
El mensaje es de	Lola.
Para	Ana María.

(Corresponde a la nota inferior-izquierda de Paco a Ana María).

Llamada nº	4
Hablan	Emilio y su madre.
El mensaje es de	la madre.
Para	Alberto.

(Corresponde a la nota superior-derecha de Emilio a Alberto).

En algunos casos puede haber más de un motivo por el que las diferentes personas han escrito un mensaje al señor Mariano.

En primer lugar, trabaje la imagen de la página 334. Pregunte a sus alumnos:

¿Es un puesto importante el que ocupa Mariano en su empresa?

¿De quiénes puede recibir mensajes escritos un día cualquiera?

Sin prestar atención al contenido ni a la firma de los mensajes, digan quiénes pueden enviarle un escrito en cada uno de estos soportes: un fax, un correo electrónico, una carta en un sobre con membrete y escrita a máquina, una nota en papel impreso, una tarjeta postal, un post-it, un hoja de un cuaderno... Puede trabajar este tema en forma de respuesta abierta, o bien puede servirse de la columna central de la actividad, en la que se detallan las personas que han escrito los mensajes, e ir leyendo a sus alumnos los componentes de esta columna, para que digan el soporte en el que cada uno lo ha escrito.

A continuación, los alumnos leen los mensajes y relacionan los componentes de las tres columnas que aparecen en la actividad.

21 gente y mensajes ◆ CONTEXTOS

21–2 Querido Mariano

Mariano es el gerente de DEPRISA, una empresa de automoción. Hoy ha recibido en su despacho y en su casa mensajes de todo tipo.

¿De quiénes son los mensajes para Mariano? ¿Por qué le escriben? Márcalo.

ESCRIBE	ES/SON	EL MOTIVO PRINCIPAL DEL MENSAJE ES
Pedro	su exmujer	invitarlo
Marina	su actual compañera	felicitarlo
Maite	un amigo	avisarlo
T. Anasagasti	sus suegros	preguntarle algo
B. Valerio	su hija	pedirle algo
Matilde	su socio	proponerle algo
Carmen	un agente de seguros	enviarle algo
Sebas	una secretaria de DEPRISA	explicarle algo
Virginia y Alfredo	el director de un centro cultural	contarle algo
		recordarle algo

334

trescientos treinta y cuatro

Respuestas para la actividad 21–2

ESCRIBE	ES/SON	EL MOTIVO PRINCIPAL...
Pedro	su socio	pedirle algo.
Marina	su hija	recordarle algo.
Maite	su exmujer	preguntarle algo y felicitarlo.
T. Anasagasti	el director de un centro...	invitarlo.
B. Valerio	un agente de seguros	enviarle algo.
Matilde	una secretaria de DEPRISA	explicarle algo.
Carmen	su actual compañera	avisarlo.
Sebas	un amigo	proponerle algo.
Virginia y Alfredo	sus suegros	contarle algo.

21-3 **Dígame**

Begoña trabaja de secretaria en DEPRISA. Y hoy es un día complicado: algunos ordenadores se han estropeado y es el cumpleaños de Mariano, el jefe. Ah... y Pili, otra de las secretarias, se ha peleado con el novio. El problema es que todos le piden cosas a Begoña. Ahora son las 10h de la mañana.

21-4 **Mensajes**

Vuelve a la actividad 21-2 y observa todos los mensajes que ha recibido Mariano: ¿están escritos en el mismo estilo, en el mismo tono? ¿En qué se diferencian unos de otros? ¿Por qué crees que eso es así? ¿Pasa lo mismo en tu lengua?

21-5 **Tomo Nota**

Toma nota de todo lo que le piden por teléfono a Begoña. Luego, marca en qué orden harías tú todo lo que le han pedido.

LLAMA	BEGOÑA TIENE QUE	ORDEN
1. Julio, el jefe de contabilidad	_____	☐
2. Manuela, una compañera	_____	☐
3. Bibiana, una amiga	_____	☐
4. Mariano, el gerente	_____	☐
5. Juana, la jefa de ventas	_____	☐
6. Pili, otra compañera	_____	☐
7. Miguel, un compañero	_____	☐

21-6 **Jefes**

Por parejas. A será un empleado y B el jefe.

ALUMNO A

Tu compañero/a es tu jefe en el trabajo. Ahora están en la oficina y quieres pedirle permiso para hacer estas cosas:

• bajar un momento a comprar algo para comer
• hacer unas fotocopias
• usar el teléfono móvil
• poner la radio
• usar su coche para ir al aeropuerto mañana

EJEMPLO:
¿Le importa si bajo un momento a comprar algo en la panadería? Es que no he desayunado nada en casa.

Después tu jefe te va a pedir que hagas algunas cosas.

ALUMNO B

Tu compañero/a es un/a empleado/a de tu empresa. Va a pedirte permiso para hacer algunas cosas. Dáselo, pero pídele a cambio que él/ella haga estas cosas:

• recoger a un cliente en el aeropuerto
• pasar a máquina un informe
• enviar dos e-mails y tres faxes
• traerte un café del bar
• ordenar un poco la oficina

EJEMPLO:
¿Podría recoger al señor Starr esta tarde en el aeropuerto? Es que yo tengo una reunión.

Sugerencias para la actividad 21–3

Los alumnos leen de nuevo los mensajes y centran su atención en el estilo y el tono de cada uno de ellos; qué características tienen, etc.

En todo el grupo de clase, los alumnos intercambian sus impresiones al respecto.

Comente cómo unos mensajes están redactados en las formas propias del tuteo, mientras que en otros se trata de usted al interlocutor. Comprueben qué fórmulas de saludo y despedida son propias de cada caso. Observen también que los escritos más familiares suelen consistir en frases cortas separadas por puntos, mientras que los más impersonales o protocolarios tienen períodos más largos y oraciones subordinadas; en éstos, también aparece un vocabulario y unas formas de expresión más cuidadas.

Sugerencias para la actividad 21–4

En la segunda columna (la central) se recoge objetivamente el contenido de las conversaciones. Para la tercera columna no hay clave de respuestas única, pues cada alumno tomará las decisiones que quiera en cuanto a la prioridad que adjudique a cada una de las tareas que Begoña debe realizar.

Los alumnos escuchan la audición y anotan lo que cada persona pide a Begoña. Déjeles tiempo entre los diálogos para que tomen notas.

Cada alumno toma una decisión sobre el orden en que Begoña debe realizar las diferentes tareas, teniendo en cuenta la urgencia que requieren y la jerarquía de la persona que se la ha encomendado.

Seguidamente, en parejas, discuten sus prioridades e intentan llegar a un acuerdo.

Finalmente, cada pareja justifica y defiende sus opciones ante las de compañeros que haya establecido prioridades diferentes.

Respuestas para la actividad 21–4

Llamada nº Begoña tiene que...

1. Hacer urgentemente unas fotocopias.
2. Ir a comprar papel para envolver un regalo.
3. Devolver la llamada a Bibiana.
4. Ir al despacho de Mariano para copiar unas cartas.
5. Llevarle el ordenador al despacho de Juana.
6. Ir a tomar un café con Pili.
7. Ir a comprar papel de impresora.

Sugerencias para la actividad 21-7

Antes de empezar con la producción, observen la imagen y comenten la situación de Basilio:

¿Por qué está la habitación tan desordenada?
¿Qué cosas puede hacer solo y cuáles no puede?

Cada alumno escribe frases en las que Basilio pide favores y los justifica a las personas que han ido a visitarle.

Seguidamente, preparan las frases para pedir permiso para llevar a cabo las diferentes actividades que se proponen.

Los alumnos podrían formular las posibles respuestas a cada una de las cosas que han dicho en el ejercicio anterior.

Sugerencias para la actividad 21-8

Los alumnos escuchan la grabación y escriben en su cuaderno tres mensajes que recojan los recados que tienen que dar a Marta Elizalde.

Respuestas para la actividad 21-8

1. *Ha llamado Encarna.*

   Quiere que la llames esta noche.

2. *Ha llamado Catalina Gámez.*

   Quiere que te acuerdes de llevar los disquetes a la Universidad.

3. *Ha llamado Celia Ibáñez.*

   Quiere saber si has visto sus análisis.

---

 gente y mensajes ◆ **FORMAS Y RECURSOS**

21-7 **Por favor**

Basilio está en la cama y no para de pedir cosas a todo el mundo. Prepara las frases que dice. A ver quién inventa más.

EJEMPLO:

 ● Oye, ¿me pasas el mando a distancia[1]?
Es que quiero ver las noticias de la tele.

Si van a visitar a Basilio, tal vez tendrán que pedirle permiso para hacer estas cosas. ¿Cómo lo dirán?

- subir un poco la persiana para tener más luz
- llamar por teléfono
- poner la tele para ver las noticias
- mirar unas fotos que están sobre la mesa
- beber agua
- bajar la calefacción
- hacer un café
- comer un plátano

EJEMPLO:

 ● Oye, ¿te importa si subo la persiana un poco?
Está un poco oscuro.

21-8 **No está**

Eres la secretaria de Marta Elizalde. Escucha las conversaciones y escribe tres mensajes como éste.

MENSAJE

Sr./Sra. *Marta Elizalde*

MIENTRAS NO ESTABA

Ha llamado *Marisa Sánchez*

Quiere *que pase a verla por la tarde y que no olvide asistir a la reunión* _____

[1] Otra expresión para **mando a distancia** es **control remoto**.

PEDIR Y DAR COSAS

- ¿Tienes un bolígrafo?
      una goma?
- Sí, toma.
  No, no tengo (ninguno/a).

- ¿Me dejas el paraguas?
- Sí, cógelo tú mismo.

PEDIR A ALGUIEN QUE HAGA ALGO

- ¿Puede/s ayudarme un momento?
  ¿Podrías pasarme las fotocopias?
  ¿Te importaría atender esta llamada?

- Sí, ahora mismo.
   claro.

Lucía, ¿puedes venir?

Un mome... que est... hablando... teléfon...

PEDIR Y DAR PERMISO

- ¿Puedo hacer una llamada?
- Sí, sí; llama/e, llama/e.

- ¿Te/le importa si uso el teléfono?
- No, claro, llama/e.
  Es que estoy esperando una llamada.

REFERIR LAS PALABRAS DE OTROS

Me ha escrito Iván...
  Envía muchos saludos para ti.
  Me invita a su casa.
  Me cuenta una serie de problemas.
  Me felicita por mi nuevo trabajo.
  Nos da las gracias por las revistas.

Informaciones (+ *INDICATIVO*)
  Me **dice que** le va muy bien.
  Me **comenta que** ha visto a Eva.
  Me **cuenta que** ha estado enfermo.

Sidebar (left column)

Peticiones, propuestas (+ *SUBJUNTIVO*)
Quiere que le mande un libro.
Me pide que pase a verlo.
Dice que le llames.

Preguntas
Me pregunta   si vamos a ir.
              qué queremos.
              cuándo vamos a ir.
              dónde vives ahora.

Oye, que me han traído a mi casa un paquete para ti. Ven a buscarlo.

Dice que le han llevado a su casa un paquete para mí y que vaya yo allí a buscarlo.

Dile que que lo traiga él aquí.

POSESIVOS

Luis, ¿me dejas tu llave? La mía no va bien.
Me ha pedido mi llave. La suya no va bien.

mi/mis
el mío   la mía   los míos   las mías

tu/tus
el tuyo   la tuya   los tuyos   las tuyas

su/sus
el suyo   la suya   los suyos   las suyas

nuestro/a/os/as
el nuestro   la nuestra
los nuestros   las nuestras

vuestro/a/os/as
el vuestro   la vuestra
los vuestros   las vuestras

su/sus
el suyo   la suya   los suyos   las suyas

Main content

21-9 **¿Tienes unas tijeras?**
De todos estos objetos, imagina que tienes tres, sólo tres. Señálalos.

martillo	tijeras	taladro	cinta métrica	tornillos
aguja de coser	botón	plato	lazos	papel de regalo
clavos	taco	batidora	cuchara	cuchillo
cinta adhesiva	hilo	molde		

Imagina ahora que estás haciendo una de las siguientes cosas. ¿Qué objetos necesitas?

PARA	NECESITAS
arreglar una chaqueta que te está grande	_____
colgar un cuadro	_____
preparar una tarta de fresas	_____
envolver un regalo	_____
montar un mueble de cocina	_____

¿Los tienes? Si no, a ver quién te los presta.

EJEMPLO:
● Víctor, ¿tienes unas tijeras?
○ Sí, pero, lo siento, ahora las estoy utilizando. Es que estoy arreglando una chaqueta.
● Y tú, María, ¿tienes unas tijeras?
■ Sí, toma.

21-10 **Dice María que...**
En parejas tienen que escribir tres notas como ésta. Pero dan la nota a otro/a compañero/a que tiene que transmitir el mensaje a Carlos.

el nombre del destinatario •   sus nombres •

Pueden escribir:
■ una petición
■ una información interesante
■ un agradecimiento
■ una disculpa
■ una invitación •
■ Otras cosas

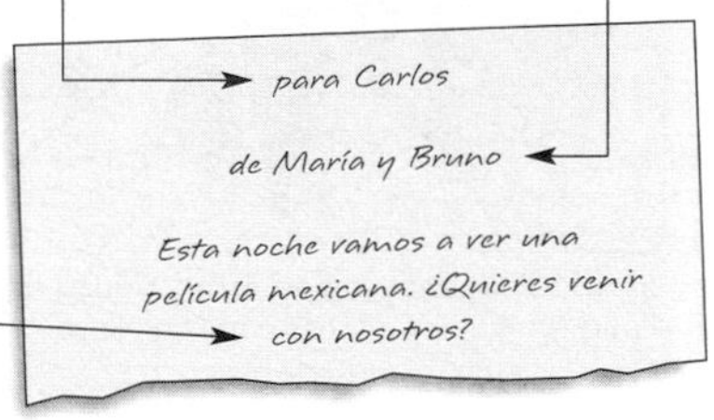

para Carlos
de María y Bruno
Esta noche vamos a ver una película mexicana. ¿Quieres venir con nosotros?

EJEMPLO:
● Carlos: te han dejado una nota María y Bruno. Dicen que esta noche van a ir a ver una película mexicana. Te invitan a ir con ellos.

Right margin notes

Sugerencias para la actividad 21-9

Trabaje primero el vocabulario, a partir de la imagen. Para ello puede servirse de la segunda actividad del ejercicio: ¿Qué cosas de las que hay en la imagen necesitamos si queremos *arreglar una chaqueta, colgar un cuadro, etc.?*

En primer lugar, cada alumno tiene que elegir tres de los objetos dibujados y señalarlos.

A continuación escriben los objetos que necesitan para realizar las acciones que se proponen en la segunda fase del ejercicio.

Finalmente, los estudiantes, en pequeños grupos, intentan conseguir todos aquellos objetos que les faltan ya que sólo se supone que tienen los tres que han elegido en la primera fase.

Expansión para la actividad 21-9

Para la práctica de POSESIVOS, puede repetir ahora la actividad anterior, con esta variación: cada alumno debe pedir una de las cosas que tiene, justificando su petición en estos términos:

Víctor, ¿tienes unas tijeras? Es que las mías no van bien.

Haga antes una preparación general pidiéndoles que imaginen otras razones para la justificación de la petición:

Víctor ¿tienes...? Es que las mías no las encuentro, están estropeadas, las he perdido, las tiene Sara...

Información para la actividad 21-10

Los nombres que se dan en el ejemplo deben ser sustituidos por nombres de alumnos del grupo: María y Bruno, por los nombres de los dos componentes que forman las parejas de trabajo. Carlos, por el de quien elija la pareja para cada nota que escriba.

Bottom notes

Sugerencias para la actividad 21-10

Forme primero las parejas y anímeles a escribir la primera nota, con una petición. Utilice estas notas para ejemplificar el mecanismo del ejercicio:

Cada pareja escribe dos notas para dos de los compañeros de clase, con una intención determinada que pueden elegir de la lista que propone el ejercicio.

Circule entre las parejas ayudándoles en su trabajo.

Recoja todas las notas y repártalas entre los componentes de la clase, teniendo cuidado de que ninguna de ellas le toque ni a quienes la han escrito ni a su destinatario.

Déles tiempo para que lean el contenido de las notas que han recibido y para que preparen lo que van a decir.

Finalmente, transmiten el mensaje al compañero destinatario de la nota. El resultado sería como indica el modelo de lengua del libro de curso:

AAA, BBB y CCC te han dejado una nota y dicen que si les puedes dejar unos discos para la fiesta del sábado.

Información para la actividad 21–11

Cada imagen va acompañada de su correspondiente grabación del mensaje en un contestador.

En la instrucción del libro se habla de grabar y escuchar los mensajes; otra alternativa puede consistir en leerlos en voz alta ante la clase.

Sugerencias para la actividad 21–11

Pase, en primer lugar, la audición para que los alumnos tengan una idea de los mensajes grabados en diferentes contestadores.

Seguidamente, trabaje por separado cada una de las imágenes. Puede repartirlas entre sus alumnos, de manera que cada pareja trabaje únicamente dos situaciones.

Cada pareja escribe el mensaje que le parece adecuado dejar en el contestador según la situación que han elegido.

Finalmente, cada pareja lee en voz alta su mensaje. El resto de la clase deduce a qué situación corresponde.

Siga luego con las instrucciones del libro. Para esta segunda actividad puede resultar útil elaborar previamente una lista de personajes famosos con los que se va a trabajar.

21 gente y mensajes ◆ TAREAS

21-11 **Puede dejar su mensaje después de la señal**

 Ustedes se encuentran en las situaciones que ilustramos en estos seis dibujos. Escuchen las grabaciones y en parejas preparen mensajes para dejar en los seis contestadores correspondientes. Luego, pueden grabarlos y escucharlos.

1. Tu gato está enfermo y llamas al veterinario.

2. Quieres invitar a Luis Eduardo, un amigo español, a tu fiesta de cumpleaños.

3. Quieres pedir hora con la oculista.

4. Quieres informarte sobre los cursos de verano de la Escuela Hispania.

5. Acabas de llegar en avión a la ciudad donde viven unos amigos tuyos y no sabes donde alojarte.

6. Estás enfermo en casa y llamas a un amigo para anular una cita que tienes con él.

Inventa ahora el mensaje del contestador automático de algún personaje famoso. A ver si tus compañeros/as adivinan de quién es.

El buzón de la clase

Cada uno/a de nosotros/as escribe una postal o una pequeña carta a toda la clase.

A ESCRIBIMOS LA CARTA

- La carta o postal está dirigida a toda la clase. No la firmes.

- Tienes que elegir entre estas situaciones para imaginar desde dónde escribes:
  - desde la playa, donde estás pasando las vacaciones.
  - desde una estación de esquí, donde estás descansando.
  - desde una casa de campo, donde estás descansando.
  - desde un balneario de aguas termales, donde estás haciendo una cura antiestrés.
  - desde una ciudad española, donde estás haciendo un cursillo intensivo de español.
  - Otros.

- Tienes que contar qué estas haciendo, explicar por qué estás ahí, imaginar que te ha pasado una cosa buena y una mala, y pedir un pequeño favor.
  - Primero, planifica el texto y escribe un guión de lo que vas a contar. Luego, escribe un borrador, revísalo y después pásalo a limpio.
  - Entrega el texto al/a la profesor/a. Éste/a los recogerá todos y los redistribuirá.

B EN GRUPOS LEEMOS LAS CARTAS...

- Cada grupo recibirá algunas cartas que debe leer.
- Tienen que intentar adivinar quién ha escrito cada carta.

 EJEMPLO:
- Yo creo que ésta es de Paul. Escribe desde la nieve y a él le gusta mucho esquiar...
- No, no puede ser. Es de una chica, dice que está muy "contenta".
- Ah, sí, es verdad.

- Entre todos pueden corregir las faltas, si las hay.
- Tienen que transmitir a toda la clase el contenido de la carta más divertida.

 EJEMPLO:
- Nos ha escrito un compañero. Dice que...

C DESPUÉS...

- Podemos escribir algunas respuestas.
- Cada autor recupera su carta para ver las correcciones y recibe la respuesta, si la hay.

Queridos amigos:

Les escribo desde un lugar maravilloso. Estoy de vacaciones en La India. Delhi es una ciudad...

Recuerdos a la profesora.

Un fuerte abrazo,

Señor
Ángel Viola
Doctor Valls 17-19 Ático 1ª
08026 Barcelona
España (SPAIN)

LES SERÁ ÚTIL...

Yo creo que esto no está bien escrito.

Esto no se dice así.
　　no es correcto.

Hay que poner...

Aquí hay una falta.

Esta frase no me suena bien.

¿Se dice ski o esquí?

¿Es correcto decir ski?

¿(Esto) se dice así?
　　　se escribe así?

339
trescientos treinta y nueve

Información para la actividad 21–12

La secuencia de actividades para la tarea está detallada en las tres fichas, A, B y C.

En el recuadro LES SERÁ ÚTIL disponen de recursos para algunas de las fases de la Ficha B.

Sugerencias para la actividad 21–12

En la sección A, se propone un trabajo individual de escritura de la carta. Algunas de las actividades que sugiere pueden realizarse en grupo, con el fin de disponer de más ideas, que luego cada uno individualmente seleccionará e incluirá en su carta. Así, por ejemplo, puede trabajarse conjuntamente una lista de cosas buenas y cosas malas que pueden pasar y otra lista con los favores que se pueden pedir.

La fase de elaboración y redacción definitiva de la carta puede llevar bastante tiempo, ya que habrá que escribir un guión inicial, un borrador y una versión definitiva. Mientras hacen todo esto, usted puede circular entre ellos prestando ayuda cuando se la soliciten.

Recoja los textos que han escrito los alumnos y redistribúyalos en la clase.

En la sección B los alumnos trabajan en pequeños grupos. Cada grupo lee las cartas que se le entreguen con un triple objetivo: por un lado, adivinar quién puede haber escrito cada una de ellas, por otro, fijarse en la forma del escrito y corregir posibles errores, y finalmente, informar oralmente al resto de la clase del contenido de la carta. Para este tercer objetivo es importante que los alumnos hagan una presentación sintética del contenido. No se trata de que transformen cada una de sus frases en estilo indirecto, sino de que transmitan la información que contiene, insista en este aspecto.

En la sección C se plantean dos actividades. Una de ellas, la de escribir algunas respuestas a las cartas que han recibido, es opcional, la otra, en la que los alumnos recuperan sus cartas, es recomendable. Sería útil que los estudiantes tuviesen la oportunidad de comentar las correcciones con la persona que las ha efectuado.

ESCRIBIR y NO ESCRIBIR

Escribir no es fácil. Y menos aún en una lengua extranjera. Lo más cómodo y lo más rápido es hablar; también es lo más seguro: la mirada y los gestos nos ayudan a expresarnos mejor. Y, si vemos que hay un malentendido, lo podemos corregir inmediatamente. Hablar por teléfono ya no es tan fácil porque no vemos la cara de la otra persona, aunque oímos su voz. La voz es un excelente termómetro para percibir las emociones de la otra persona. Cuando escribimos, en cambio, no vemos la cara de la otra persona, tampoco oímos su voz, ni podemos corregir los malentendidos. Por eso es más difícil escribir bien. Además, hay que ser más cuidadosos con la gramática y el vocabulario.

Aprender a comunicarse por escrito en una lengua extranjera puede ser tan importante como hacerlo oralmente: ¿Cómo se dicen las cosas por escrito? ¿Cómo se empieza y se termina una carta? ¿Cómo se envían esas señales de amabilidad de las que oralmente se encargan la mirada, el tono de voz, los gestos...?

Y una pregunta especialmente importante: ¿cuándo escribir? No sólo hay que saber qué escribir y cómo hacerlo. Hay que saber cuándo, porque cada sociedad refleja en la lengua escrita, al igual que en la oral, muchos aspectos de su estructura social, de sus hábitos y de sus valores. Y aprender un idioma es ir descubriendo la relación que hay entre el modo en que se dicen las cosas y los contextos sociales en los que se dicen. En España, por ejemplo, es muy poco frecuente dar las gracias por escrito, que es una cosa habitual, a veces incluso obligada, en otras culturas. Sólo hacen invitaciones por escrito las empresas y las instituciones. Y los novios para las bodas. Además, como regla general, se escribe lo menos posible. Aprender español es también aprender en qué situación escriben los hispanohablantes, o entender por qué no escriben.

21-13 En tu país, ¿qué textos escribe la gente en su vida cotidiana? Y tú, ¿qué sueles escribir? Imagina cinco situaciones en las que sea normal escribir a alguien.

21-14 Aquí tienes dos cartas de Federico García Lorca a su amigo Jorge Guillén. La mitad de la clase lee la primera y la otra mitad la segunda. Luego, en parejas, y sin mirar el texto, cada uno/a cuenta a un/a compañero/a del otro grupo el contenido de la que ha leído.

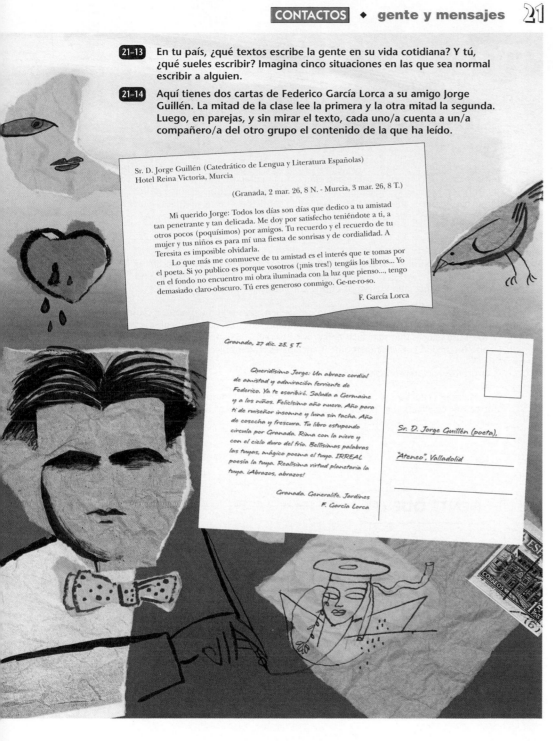

Sr. D. Jorge Guillén (Catedrático de Lengua y Literatura Españolas)
Hotel Reina Victoria, Murcia

(Granada, 2 mar. 26, 8 N. - Murcia, 3 mar. 26, 8 T.)

Mi querido Jorge: Todos los días son días que dedico a tu amistad tan penetrante y tan delicada. Me doy por satisfecho teniéndote a ti, a otros pocos (poquísimos) por amigos. Tu recuerdo y el recuerdo de tu mujer y tus niños es para mí una fiesta de sonrisas y de cordialidad. A Teresita es imposible olvidarla.

Lo que más me conmueve de tu amistad es el interés que te tomas por el poeta. Si yo publico es porque vosotros (¡mis tres!) tengáis los libros... Yo en el fondo no encuentro mi obra iluminada con la luz que pienso..., tengo demasiado claro-obscuro. Tú eres generoso conmigo. Ge-ne-ro-so.

F. García Lorca

Granada, 27 dic. 28. 5 T.

Queridísimo Jorge: Un abrazo cordial de amistad y admiración ferviente de Federico. Ya te escribiré. Saluda a Germaine y a tus niños. Felicísimo año nuevo. Año para ti de ruiseñor insomne y luna sin tacha. Año de cosecha y frescura. Tu libro estupendo circula por Granada. Rima con la nieve y con el cielo duro del frío. Bellísimas palabras las tuyas, mágico poema el tuyo. IRREAL poesía la tuya. Realísima virtud planetaria la tuya. ¡Abrazos, abrazos!

Granada. Generalife. Jardines
F. García Lorca

Sr. D. Jorge Guillén (poeta),

"Ateneo", Valladolid

Sugerencias para la actividad 21–13

Esta actividad puede realizarla como prelectura del texto de la página 340.

Los alumnos, en parejas, piensan en cinco situaciones en las que suelen escribir. Podrían elaborar diferentes listas: *¿qué tipo de textos?, ¿en qué formatos?, ¿a qué personas?*

A continuación, los alumnos leen el texto, cada uno de los tres párrafos por separado; pregúnteles qué opiniones o qué experiencias personales tienen al respecto.

Información para la actividad 21–14

El texto de ambas cartas está escrito en un estilo muy cuidado y personal. Coménteselo a sus alumnos. Esto les servirá también para distinguir entre los recursos y el vocabulario que deberán dominar como conocimiento activo, y aquellos otros que solo aprenderán para reconocerlos y entenderlos.

Sugerencias para la actividad 21–14

Asigne un texto a la mitad de los alumnos de la clase y el otro a la otra mitad.

Cada uno de los estudiantes debería intentar sintetizar la intención y el contenido de la carta que lee.

Seguidamente, los alumnos, en parejas, se cuentan el contenido de la carta que han leído y comentan aquellos aspectos del lenguaje que más les han llamado la atención.

mi *gente* Honduras

ESTRATEGIAS DE LECTURA:

Textos de causa y efecto

Good academic writing uses logical patterns of development. One of the logical patterns is cause and effect. In cause and effect argumentation, it is very important that the tone be reasonable, and the presentation be factual and believable. Sources are often required in cause/effect argumentation, and the choice of these sources is important as they reflect on the validity of the text.

Features

1. A presentation of the event, phenomenon, or trend. The reader must first understand what the writer is talking about and be given a thorough background. The degree of explanation depends on the complexity of the issue.

2. A convincing argument is necessary to persuade readers that the proposed causes or results are at least as plausible as their own. To present such an argument, the writer must use sources that state facts and provide evidence. Examples and anecdotes can also be used. A convincing argument anticipates reader objections in advance.

3. A professional, reasonable voice.

The cause and effect essay can end in a number of ways. It might be enough to point out causes or effects that people might not have thought of before, or to sort out those causes or effects so that people can grasp them with fresh insight or in a newly organized fashion.

 GENTE QUE LEE

ANTES DE LEER

21-15 **Preparando mensajes**

Piensa en algo personal que te importe o que te preocupe en este momento. Decide cómo lo expresarías (por teléfono, por carta, por correo electrónico, etc.). Después piensa en la persona o personas a las que quieres darle tu mensaje.

Tema que me preocupa: _____

Medio por el que lo voy a expresar: _____

A quién se lo voy a enviar: _____

Compartiendo mensajes
Comparte ahora esta información con un/a compañero/a y pídele consejos.
A continuación, pídele que te cuente su mensaje y dale algunos consejos.

Mi mensaje:

Consejos de mi compañero/a:

Mensaje de mi compañero/a:

Mis consejos:

A LEER

21-17 **Mensajes desde Honduras**
Has recibido una beca para ir a estudiar a Honduras y dos universidades te han escrito describiéndote cuáles son los principios, la visión y la misión de cada una de ellas. Lee las siguientes cartas y, a continuación, contesta las preguntas.

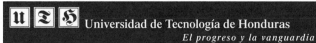
Universidad de Tecnología de Honduras
El progreso y la vanguardia

Estimado futuro estudiante:

La Universidad de Tecnología de Honduras (UTH), situada en la zona norte del país en San Pedro Sula, es una institución educativa que cumple su misión a través de programas académicos que responden a las necesidades de la formación de recurso humano calificado.

Esta universidad inició sus actividades académicas en 1986, en la áreas de Mercadeo y Ventas, y posteriormente amplió sus opciones educativas hacia otras áreas empresariales como Relaciones Industriales y Administración de Oficinas.

En nuestra universidad, todas la carreras se desarrollan bajo una modalidad de enseñanza presencial, con una gran aceptación de nuestros profesionales en el mercado laboral. En la actualidad, se imparten tres períodos anuales, donde el alumno puede cursar como máximo seis asignaturas en cada uno, pudiendo finalizar su licenciatura en cuatro años. También contamos con un campus en la ciudad de Copán, donde se imparten las Licenciaturas en Mercadotecnia, Gerencia de Negocios y Turismo.

La Universidad de Tecnología de Honduras tiene como misión estar a la vanguardia de la educación tecnológica, impulsando el desarrollo económico, social y cultural. La UTH está orientada y dirigida a la sociedad con el fin de formar profesionales preparados para integrarse al mercado ocupacional y contribuir a la transformación y desarrollo del país con fines de mejorar continuamente la calidad de vida de sus ciudadanos.

Secretaria administrativa

343

Primera carta: Universidad de Tecnología de Honduras (UTH)

1. La Universidad de Tecnología de Honduras (UTH) está situada en la zona norte del país en San Pedro Sula.

2. Esta universidad inició sus actividades académicas en 1986, en la áreas de Mercadeo y Ventas, y posteriormente amplió sus opciones educativas hacia otras áreas empresariales como Relaciones Industriales y Administración de Oficinas.

3. Su visión es que todas la carreras se desarrollen bajo una modalidad de enseñanza presencial, con una gran aceptación de profesionales en el mercado laboral.

4. Su misión es estar a la vanguardia de la educación tecnológica, impulsando el desarrollo económico, social y cultural.

5. Mercadotecnia, Gerencia de Negocios y Turismo.

Segunda carta: Universidad Autónoma Tecnológica de Honduras (UATECH)

6. Fue una calurosa tarde de septiembre de 1989 en la Facultad de Ciencias Económicas de la Universidad Autónoma de Tegucigalpa (UAT), en una conversación entre licenciados. El 7 de diciembre de 1991, se presentó el proyecto en la sesión del Consejo Universitario de la UAT donde se aprobó la creación de la Universidad Autónoma Tecnológica de Honduras (UATECH).

7. Su visión es ser una universidad de excelencia, líder en la formación integral de personas que desarrollen su ser, profundicen su saber, perfeccionen su hacer, amplíen su convivir y dejen una huella positiva y duradera en la sociedad.

8. Su misión es formar profesionales con niveles de excelencia, capaces de crear, transformar y dirigir empresas, contribuyendo al fortalecimiento de la ciencia, la tecnología y la cultura para el desarrollo sostenible y el mejoramiento de la calidad de vida de la sociedad.

9. Sus valores son honestidad, creatividad e innovación, superación y logro, disciplina, orden, respeto, servicio, compromiso y verdad.

Comparación

10. Las respuestas varían.

343

UATECH

Universidad Autónoma Tecnológica de Honduras

Independencia, superación y compromiso a tu alcance

Estimado estudiante norteamericano,

Una calurosa tarde de septiembre de 1989 en la Facultad de Ciencias Económicas de la Universidad Autónoma de Tegucigalpa (UAT), se llevó a cabo una conversación entre el licenciado Román Barrios y el licenciado Mauricio Ibarra. Charlaban sobre la importancia que tendría el fundar una nueva universidad en Honduras diferente de las que ya existían. Decidieron convocar a un equipo de profesionales que estuvieran interesados en participar en una aventura de esa naturaleza. El grupo comenzó a reunirse semanalmente con la idea de crear un instituto tecnológico.

El 7 de diciembre de 1991, se presentó el proyecto en la sesión del Consejo Universitario de la UAT donde se aprobó la creación de la Universidad Autónoma Tecnológica de Honduras (UATECH). A partir de ese momento se aceleraron las gestiones para la nueva universidad y se contrató el primer local en la ciudad de Tegucigalpa. Los mismos fundadores asumieron el papel de profesores y los alumnos comenzaron a llegar. Hoy contamos con más de dos mil estudiantes y tenemos convenios de cooperación académica con otras universidades nacionales e internacionales.

NUESTRA MISIÓN

Formar profesionales con niveles de excelencia, capaces de crear, transformar y dirigir empresas, contribuyendo al fortalecimiento de la ciencia, la tecnología y la cultura para el desarrollo sostenible y el mejoramiento de la calidad de vida de la sociedad.

NUESTRA VISIÓN

Ser una universidad de excelencia, líder en la formación integral de personas que desarrollen su ser, profundicen su saber, perfeccionen su hacer, amplíen su convivir y dejen una huella positiva y duradera en la sociedad.

NUESTROS VALORES

Honestidad	Respeto
Creatividad e innovación	Servicio
Superación y logro	Compromiso
Disciplina	Verdad
Orden	Calidad

¡Te esperamos!

DESPUÉS DE LEER

21-18 ¿Entendiste?
Contesta las preguntas siguientes según el texto que acabas de leer.

Primera carta: Universidad de Tecnología de Honduras (UTH)

1. ¿Dónde está situada esta universidad?

2. ¿Cúando y cómo fueron sus orígenes?

3. ¿Cuál es su visión?

4. ¿Cuál es su misión?

5. ¿Qué carreras se pueden estudiar en el campus de Copán?

Segunda carta: Universidad Autónoma Tecnológica de Honduras (UATECH))

6. ¿Cuándo y cómo fueron los orígenes de esta universidad?

7. ¿Cuál es su visión?

8. ¿Cuál es su misión?

9. ¿Cuáles son sus valores?

Comparación

10. ¿Cuál de las dos universidades prefieres? ¿Por qué?

 GENTE QUE ESCRIBE

ANTES DE ESCRIBIR

 Tu mensaje

Ahora que ya has elegido la universidad hondureña a la que asistirás el próximo curso, escribe una carta a tus padres en la que expliques y describas esta universidad y las razones por las que has decidido estudiar allí. Antes de escribir la carta prepara un esquema con lo que vas a decir.

- Presenta brevemente los hechos (por qué vas a Honduras a estudiar, cómo te enteraste de esta posibilidad, qué universidades te han escrito, etc.)
- Compara brevemente las dos universidades
- Aporta las razones de tu elección
- Piensa en tus padres y decide qué datos les interesarán más
- Decide qué quieres crear o conseguir con este mensaje
- Añade otros datos o ideas que creas importantes

A ESCRIBIR

Escribe la carta a tus padres describiendo las universidades y exponiendo las causas y las consecuencias de tu elección.

DESPUÉS DE ESCRIBIR

Revisa tu primer borrador y comprueba:

CONTENIDO
- ¿Te gusta?
- ¿Necesitas incluir algo más?
- ¿Está bien organizado?

GRAMÁTICA Y VOCABULARIO
- ¿Hay errores?
- ¿Has usado gramática y vocabulario de este capítulo?

Pasa tu texto a tu compañero/a y pídele sugerencias.

Por último, pasa a limpio tu texto y entrégaselo a tu profesor/a.

GENTE EN LA RED

21-20 **La elección está casi hecha**

ANTES DE NAVEGAR

Estás casi decidido por una de las dos universidades pero una se encuentra en San Pedro Sula y la otra en Tegucigalpa. Como vas a pasar varios años allí, quieres informarte sobre qué cosas te ofrece cada ciudad. Antes de ir a la red para averiguarlo, haz una lista de las actividades que te gusta hacer y de los sitios a los que te gusta ir para que tu decisión sea más fácil.

ACTIVIDADES	LUGARES
_____	_____
_____	_____
_____	_____
_____	_____

A NAVEGAR

Ahora ve a la dirección (*www.prenhall.com/gente*) y comprueba qué hay en cada una de estas dos ciudades.

VOCABULARIO

Las herramientas de uso cotidiano

(la) aguja de coser	*needle*	(la) llave	*key*
(la) batidora	*mixer*	(el) molde	*mould*
(la) cinta adhesiva	*adhesive tape*	(el) papel de regalo	*paper wrap*
(la) cinta de goma	*rubber band*	(el) taco	*stopper, wooden peg*
(la) cinta de pelo	*hair band*	(el) taladro	*drill*
(la) cinta métrica	*tape measure*	(las) tijeras	*scissors*
(el) congelador	*freezer*	(el) tornillo	*screw*
(el) lazo	*bow*		

Las personas y las tareas en una oficina

(el/la) agente de seguros	*insurance agent*
(el) equipo de entrenamiento	*training team*
(el/la) gerente	*manager*
(el/la) inversionista	*investor*
(el/la) jefe/a de ventas	*sales director*
(el/la) socio/a	*partner, associate*
(el/la) técnico/a	*technician*
colgar (ue) un cuadro	*to hang a painting*
enviar un correo electrónico	*to send an e-mail*
hacer fotocopias	*to make photocopies*
llamar a la gestoría	*to call the agency*
llevar la contabilidad	*to do accounting, bookkeeping*
ordenar la oficina	*to organize the office*
participar en un taller	*to participate in a workshop*
pasar una llamada	*to transfer a call*
pedir permiso (para)	*to ask permission (for)*
pedir respaldo financiero	*to request economic support*
recoger a un cliente en la estación	*to pick up a client at the station*
traer café del bar	*to bring coffee from the cafeteria*
transmitir un dato	*to transmit a bit of information*
tratar un asunto	*to discuss a matter*
usar el coche de la empresa	*to borrow the company's car*

Los compromisos personales y sociales

(la) inauguración	*inauguration, opening*
envolver (ue) un regalo	*to wrap a gift*
felicitar (a los empleados)	*to congratulate (the employees)*
pedir hora	*to ask for an appointment*
tener el placer (de) asistir	*to have the pleasure of attending*
tener hora para el médico	*to have an appointment with the doctor*
tener lugar (un acto)	*to take place (an event)*

Otras palabras y expresiones útiles

(un) abrazo	*hug*
(una) amenaza	*threat*
(un) rato	*a while*
(un) rescate	*ransom*
(la) admiración	*admiration*
(la) cordialidad	*cordiality*
(la) disculpa	*apology*
(el/la) ginecólogo/a	*gynecologist*
(la) sonrisa	*smile*
adjunto/a	*enclosed*
incluido/a	*included*
como regla general	*generally*
relativo a	*related to*
Atentamente	*Sincerely*

Verbos

agradecer (zc)	*to thank*
anular	*to cancel*
arreglar	*to fix*
conmover (ue)	*to touch*
contratar	*to contract for, to hire*
corresponder (a)	*to correspond*
devolver (ue)	*to return*
ilustrar	*to illustrate*
localizar	*to locate*
pasar	*to pass*
prometer	*to promise*
referir (ie)	*to refer*
regar (ie)	*to water*
remitir	*to remit*

Información para la actividad 22–1

En este último capítulo se trabajan conocimientos de cultura general sobre el mundo hispano.

Las imágenes y fotografías de la página 348 corresponden a:
La foto superior-derecha es una vista de la ciudad uruguaya de Colonia del Sacramento desde la catedral.

El personaje del gaucho, propio de Argentina y Uruguay, representa el hombre de campo que corría junto a las manadas de ganado, a caballo.

La montaña que aparece nevada es el Volcán Nevado Ojos del Salado.

El edificio de piedra es el Palacio de la Moneda en Santiago de Chile.

Las imágenes de la página 349 corresponden a:

Las dos fotos situadas en el margen superior-izquierda son de Uruguay: una escena de campo y la celebración de San Cono en la ciudad de Florida.

Las casas de colores están en el barrio de la Bocca, en Buenos Aires.

La foto inferior-izquierda es una vista de una plaza en Buenos Aires.

Sugerencias para la actividad 22–1

Apóyese en las imágenes para introducir esta actividad:

¿Qué fotografías reconocen?

Anime a los alumnos a elaborar una lista con los datos que obtengan a partir de las imágenes. Se trata de suscitar interés por los temas sobre los que más tarde recibirán información.

Seguidamente, los alumnos forman grupos de tres personas, cada uno de ellos proporcionará a su grupo aquellos datos de los que personalmente disponga.

Entre todos intercambian la información y completan la tabla del ejercicio. Marcan solamente las casillas de aquellos aspectos sobre los que pueden aportar algún dato.

OBJETIVOS
22

En esta secuencia vamos a hacer un concurso en equipos sobre conocimientos culturales. Para ello aprenderemos a:

✔ buscar información y reaccionar ante información nueva,
✔ dar información con diferentes grados de seguridad.

gente que **sabe**

gente que sabe 22

22-1 **¿Qué sabemos sobre Argentina, Chile y Uruguay?**
Trabajaremos en grupos de tres. Por cada dato que puedan aportar
pongan una señal (✔) en la casilla correspondiente.

	GEOGRAFÍA	POLÍTICA	HISTORIA	ARTE Y CULTURA	COSTUMBRES	OTROS
ARGENTINA	✔					
CHILE	✔					
URUGUAY						

EJEMPLO:
 ● La capital de Chile es Santiago.
○ Sí, y la de Argentina, Buenos Aires.

22-2 **Nuestros conocimientos en común**
¿Qué grupo tiene más datos? ¿Hay datos de los que no están seguros?
¿De qué temas no tienen información? ¿Tienen interés en algún tema
en particular? Informen a la clase.

Nosotros sabemos que _____

Creemos que _____ , pero no estamos seguros.

No sabemos nada sobre _____

Estamos interesados en saber cosas sobre _____

EJEMPLO:
● Nosotros no sabemos nada sobre la economía
chilena: qué produce, qué exporta...

22-3 **Saber más**
Busquen más información (en enciclopedias,
en libros, en Internet...) y tomen notas sobre
los temas que les interesan más.

Sugerencias para la actividad 22–2
En los mismos grupos en que han
trabajado en la actividad anterior, los
alumnos deciden el grado de certeza
que tienen sobre cada una de las
informaciones con las que cuentan.

Antes de realizar el informe oral,
cada grupo elabora una lista de los
datos que se incluirán en cada uno
de los cuatro apartados que se
indican en el libro.

Finalmente, un portavoz de cada
grupo expone ante los demás los
datos que ha recogido en su ficha.

Si algún componente de otro
grupo disiente sobre la veracidad de
la información aportada, puede
iniciar una discusión e intentar
aportar otro data alternativo.

Podría pedir a los alumnos que, a
medida que los grupos vayan
presentando sus informes, los
demás tomen nota de aquellos
datos que no conocían o sobre los
que no habían llegado a un
acuerdo.

Información para la actividad 22–3
Las actividades comprendidas en
este ejercicio son voluntarias.
Cada alumno decidirá acerca de
su realización.

Están pensadas para que los
alumnos las lleven a cabo fuera del
aula, pero también podrían
realizarse durante el tiempo de
clase: en la biblioteca o en la sala
de ordenadores.

Otra opción sería llevar al aula
fotocopias de las páginas de una
enciclopedia o de pantallas de
Internet.

Sugerencias para la actividad 22–3
Anímeles a realizar estas actividades.
Los mismos grupos de trabajo
pueden distribuirse los temas de
búsqueda de información, así como
los lugares desde los que realizar
esta búsqueda: bibliotecas, Internet,
oficinas de turismo...

Finalmente, podrían exponer
ante la clase la información recabada.
Podría revisar y corregir los
textos escritos por los alumnos antes
de su exposición en clase. De esta
forma se facilitará la comprensión
por parte de los demás alumnos.

Sugerencias para la actividad 22-4

Cada alumno debe responder individualmente a este cuestionario que, más que verificar los conocimientos que se poseen, pretende proporcionar información a los alumnos y despertar su interés por un país de habla hispana, en este caso Chile.

22 gente que sabe ◆ CONTEXTOS

22-4 **¿Qué tal tus conocimientos sobre Chile?**

Responde al test. Si tienes dudas, márcalo con un signo de interrogación (?).

1. Su superficie es de...

- ☐ poco más de 4 millones de km².
- ☐ 760.000 km².
- ☐ casi 30.000 km².

2. Limita con...

- ☐ Brasil, Argentina, Bolivia y el Polo.
- ☐ Perú, el Polo, Bolivia, Argentina y el Océano Pacífico.
- ☐ el Polo, Bolivia, Argentina y el Océano Pacífico.

3. También forman parte de su territorio...

- ☐ casi 2000 islas.
- ☐ 5.800 islas e islotes y una porción de la Antártida.
- ☐ 95 islas y una porción de la Antártida.

4. Nevado Ojos del Salado, situado en Chile, es...

- ☐ el lago más grande de Suramérica.
- ☐ el pico más alto de los Andes.
- ☐ el volcán más alto del mundo.

5. Chile tiene una densidad de población de...

- ☐ 18 hab/km².
- ☐ 210 hab/km².
- ☐ 56 hab/km².

6. El país tiene territorios en...

- ☐ tres continentes.
- ☐ dos continentes.
- ☐ un continente.

7. Es el primer productor mundial de...

- ☐ plata.
- ☐ cobre.
- ☐ mercurio.

8. Obtuvo la independencia...

- ☐ de Francia en 1895.
- ☐ de España en 1818.
- ☐ de Portugal en 1680.

9. Tiene una población de...

- ☐ más de 14 millones de habitantes.
- ☐ casi 56 millones de habitantes.
- ☐ 6 millones de habitantes.

10. El 11 de marzo de 1990...

- ☐ un golpe de estado militar puso término al gobierno del presidente Allende e interrumpió la centenaria tradición democrática.
- ☐ ganó las elecciones Salvador Allende.
- ☐ mediante plebiscito, los ciudadanos rechazaron la prolongación del régimen del general Augusto Pinochet y empezó la transición a la democracia.

11. En la isla de Pascua hay...

- ☐ especies animales en vías de extinción.
- ☐ pirámides como las aztecas.
- ☐ enormes esculturas de piedra.

12. Es el único país latinoamericano que cuenta con dos Premios Nobel de Literatura:

- ☐ Gabriela Mistral y Pablo Neruda.
- ☐ Pablo Neruda y Vicente Huidobro.
- ☐ Nicanor Parra y Antonio Skármetta.

13. Uno de los platos más característicos es el pastel de choclo, que es un pastel de...

- ☐ patatas.
- ☐ fruta.
- ☐ maíz.

14. La danza más típica de Chile es...

- ☐ el merengue.
- ☐ el tango.
- ☐ la cueca.

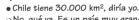 **CONTEXTOS** ◆ **gente que sabe**

22-5 Comparemos

Compara tus respuestas con las de dos compañeros/as. Deberás exponer las tuyas con distintos grados de seguridad. Después, corrígelas si crees que estabas equivocado.

EJEMPLO:
- Chile tiene 30.000 km², diría yo.
- No, qué va. Es un país muy grande. Tiene muchas islas y una parte de la Antártida.
- ¿Estás seguro?
- Sí, sí, seguro.

22-6 Chile escucha

Escuchen una emisión radiofónica sobre Chile. Con los datos que oigan, comprueben sus hipótesis y cambien las respuestas si es necesario.

EJEMPLO:
Nosotros nos hemos equivocado en la número 1. Creíamos que Chile tenía 30.000 km².

22-7 Gente sabionda

En el concurso de la tele "Gente sabionda" hay dos equipos que han de responder a preguntas sobre países de habla hispana. El tema de hoy es Chile.

Escucha ahora las discusiones de los concursantes sobre algunas preguntas. Los equipos ganan un punto por cada pregunta acertada. Señala los aciertos en el cuadro. ¿Qué equipo obtiene más puntos en estas preguntas?

Pregunta	4	5	6	7
Equipo A				
Equipo B				

Expansión para la actividad 22-7

Podría poner de nuevo la audición y revisar el lenguaje que usan los hablantes para expresar acuerdo, desacuerdo, diferentes grados de seguridad, etc. Sería útil recogerlo en la pizarra en una tabla, a modo de resumen de la unidad.

Puede comentar con sus alumnos los distintos conocimientos que han adquirido sobre Latinoamérica. Puede usar el imperfecto de los verbos SABER, CREER, PENSAR...

¿Sabías que...
Yo creía que...
...

Respuestas para la actividad 22-7

Pregunta	4	5	6	7
Equipo A				✔
Equipo B		✔	✔	✔

Sugerencias para la actividad 22-5

Presénteles la columna GRADOS DE SEGURIDAD y AL DESCUBRIR LOS PROPIOS ERRORES que se encuentran en la columna gramatical de la página 353. Puede hacerlo utilizando como ejemplo el esquema conversacional que se presenta en esta actividad; los alumnos deberán introducir en este esquema variantes de seguridad.

Seguidamente, los alumnos, en grupos de tres, comparan sus respuestas. Anímeles a mostrar diferentes grados de seguridad, acuerdo, desacuerdo, etc. y a discutir entre ellos las diferentes opciones.

Después de la puesta en común, cada alumno rectifica, si fuera necesario, sus respuestas.

Sugerencias para la actividad 22-6

Los alumnos escuchan la audición y con la información que reciben comprueban la certeza de sus respuestas y, en caso necesario, las cambian.

Finalmente, entre todos comentan lo que más les ha sorprendido, las suposiciones que tenían y las que han resultado incorrectas, etc.

Respuestas para la actividad 22-6

1. 760 000 Km².
2. El Polo, Bolivia, Argentina y el Océano Pacífico.
3. 5800 islas e islotes y una porción de la Antártida.
4. El volcán más alto del mundo.
5. 18 hab/Km².
6. Dos continentes: América, Antártida.
7. Cobre.
8. De España en 1818.
9. Más de 14 millones de habitantes.
10. Mediante plebiscito, los ciudadanos.
11. Enormes esculturas de piedra.
12. Gabriela Mistral y Pablo Neruda.
13. Maíz.
14. La cueca.

Sugerencias para la actividad 22-7

En primer lugar, describa y comente con sus alumnos la imagen; entre todos pongan en común sus conocimientos acerca de los procedimientos de este tipo de programas.

Pase la audición, primero de las respuestas del equipo A y después de las del B, los alumnos deben marcar solamente los aciertos que cada equipo consigue.

Antes de la puesta en común, los alumnos comentan en parejas sus impresiones.

Los dos *archipiélagos* mayores de España son las Baleares y las Canarias. Las Baleares forman una comunidad autónoma, cuya capital, Palma de Mallorca, se halla en la isla de Mallorca; otras islas más pequeñas son Menorca, Ibiza y Formentera. Las Canarias forman una comunidad autónoma cuya capital, Las Palmas de Gran Canaria, se halla en la isla de Gran Canaria. Otras islas son Tenerife, Lanzarote, Fuerteventura, Palma, Gomera y Hierro. La comunidad autónoma está repartida en dos provincias: Gran Canaria y Tenerife (capital, Santa Cruz de Tenerife).

España tiene un buen número de *centrales nucleares,* aunque también existen muchas centrales térmicas e hidroeléctricas.

La *montaña más alta* de España es el Teide, y está situada en la isla de Tenerife. La más alta de la península es el Mulhacén, en Granada.

Madrid es la ciudad más grande de España, con más de tres millones de habitantes; le sigue Barcelona con cerca de dos millones. Con poco menos de un millón, Valencia y Sevilla.

La mayoría de los españoles suele *cenar* entre las nueve y las once de la noche.

La mayoría de los españoles *se jubila* a los 65 años.

España es el segundo país más *montañoso* de Europa, después de Suiza. Produce *petróleo* en proporciones reducidas.

En los últimos años hay una creciente entrada de inmigrantes procedentes de países africanos, pero también de otros lugares del mundo.

Por otra parte, numerosos turistas visitan España cada verano, hasta alcanzar una cantidad superior al propio número de habitantes del país (tiene actualmente cerca de cuarenta millones).

Sugerencias para la actividad 22–8

En la fase de trabajo individual, cada alumno deberá rellenar primero las columnas del cuadro del ejercicio con las respuestas que conoce.

A continuación, rellena la segunda columna con la formulación de preguntas introducidas por ¿*Sabes...?* Para hacerlo podrá recurrir a la información gramatical que se le proporciona en la columna lingüística PEDIR INFORMACIÓN.

Finalmente, en grupos de tres, los alumnos comentan e intercambian los datos que poseen sobre los diferentes aspectos de España planteados en el cuestionario.

Si considera que sus alumnos

---

22 gente que sabe ◆ FORMAS Y RECURSOS

22–8 Yo no lo sé

Aquí tienes algunas preguntas sobre España. Seguramente muchas de las respuestas no las sabes. Contesta las que sí sabes y prepara preguntas para obtener la información que te falta. Usa **¿Sabes si/cuántas/qué...?**

	RESPUESTA	NO LO SABES
¿Hay muchos extranjeros?		
¿Cuántas islas tiene?		
¿Hay muchas centrales nucleares?		
¿Cuál es la montaña más alta?		
¿Madrid es la ciudad más grande?		
¿A qué hora suelen cenar los españoles?		
¿A qué edad se jubilan los españoles?		
¿Va a haber elecciones pronto?		
¿Qué partido gobierna?		
¿España es un país muy montañoso?		
¿España tiene petróleo?		
¿Tiene problemas de sequía?		

EJEMPLO:
● ¿Sabes si en España viven muchos extranjeros?
○ No lo sé.
■ Yo sí lo sé. Hay bastantes, sobre todo árabes y jubilados europeos.

22–9 No es cierto

¿Cuáles de estas afirmaciones son verdaderas y cuáles son falsas?

1. En España ya no quedan ni osos ni águilas.
2. Los jóvenes españoles viven con sus padres hasta los 20 años, como promedio.
3. El turismo es la segunda industria de España.
4. La mayoría de españoles se casan por la iglesia.
5. En España hay varios volcanes.
6. Los españoles son bastante aficionados al esquí.
7. España es el primer productor mundial de corcho.
8. España es el tercer productor mundial de vino.
9. España tiene dos ciudades en el continente africano.
10. En España se cosechan suficientes aceitunas al año para dar 70 a cada habitante del planeta.
11. Actualmente, España es uno de los países del mundo con mayor índice de natalidad.

EJEMPLO:
● Yo no creo que el turismo sea la segunda industria.

Ahora contrasta tus hipótesis con las de tus compañeros/as.

Preguntas sin partícula interrogativa

¿Sabe/s   si...

Preguntas con partícula interrogativa

¿Sabe/s   cuál...
           cuándo...
           cuántos...
           quién...
           qué...
           cómo...
           dónde...

Preguntas con partícula interrogativa y preposición

¿Sabes **de dónde** es Marcelo Ríos?
¿Sabes **desde cuándo** España es una democracia?

¿Sabes quién es el presidente de Panamá?

No lo sé, no lo recuerdo.

RECORDAR

● ¿Recuerdas...
  ¿Te acuerdas de...
      ...cuál es la capital de Perú?

○ No lo recuerdo.
  No me acuerdo.

Lo sabía, pero ahora no me acuerdo.

---

están más interesados por otro país de habla hispana, podría preparar un cuestionario con el mismo formato sobre ese otro país.

Respuestas para la actividad 22–9

1. **Falsa**. Quedan pocos, pero no se han extinguido.

2. **Falsa**. Cada vez los jóvenes se marchan más tarde de casa de sus padres, entre los 23-26 años sería el promedio. Se ha producido un cambio en las costumbres, debido a muchos factores. Por ejemplo: la dificultad para encontrar trabajo, para independizarse y formar una familia; la mayor tolerancia de los padres en relación con la libertad de costumbres de sus hijos.

3. **Cierta**.

4. **Cierta**. Ha descendido enormemente la práctica religiosa pero los españoles siguen casándose mayoritariamente por la iglesia y bautizando a sus hijos. Los porcentajes, sin embargo, son muy distintos en las zonas rurales y en las grandes ciudades.

GRADOS DE SEGURIDAD

- ¿Cuál es la capital de Perú?
- Yo diría que es Lima.
  Debe de ser Lima.

- ¿(Estás) seguro/a?
- No, no estoy del todo seguro/a.
  Sí, segurísimo/a.

Pedir confirmación
- Es Lima, ¿verdad?
            ¿no?
- Sí, Lima.

DESACUERDO

- La capital de Perú es Bogotá.
- No. Bogotá, no.
  No, qué va. Es Lima.
  ¿Bogotá?, no creo.

Insistir
Que sí, que sí.
Que no, que no.

Que no, que no..., que estás
equivocado/a. Te digo que es Lima.

AL DESCUBRIR
LOS PROPIOS ERRORES

- La capital de Perú es Lima.
- Sí, sí, es verdad.
  No me acordaba. tienes razón.
  (Ah, ¿sí?) Yo creía que era...
            Yo pensaba que era...
            No lo sabía.

Yo no sabía que en el Mediterráneo había ballenas.

Yo tampoco lo sabía. Creía que sólo vivían en los océanos.

FORMAS Y RECURSOS ◆ **gente que sabe** 22

22-10 Palabras raras

Nunca hemos estudiado estas palabras pero... ¿tienes intuición para adivinar su significado? Discútelo con dos compañeros/as.

quisquilloso	¿Un árbol, un adjetivo o un pescado?
chanquete	¿Una herramienta, un adverbio o un pescado?
ardilla	¿Una profesión, un árbol o un animal?
frágil	¿Una profesión, un adjetivo o un animal?
araucaria	¿Una profesión, un árbol o una fruta?
bogavante	¿Un marisco, una flor o un objeto?
cerrajero	¿Una profesión, un verbo o un animal?
abanico	¿Un objeto, una planta o una fruta?

EJEMPLO:

- Yo diría que es un animal.
- No, qué va. Yo creo que es una planta.
- Yo tampoco creo que sea un animal.
- Pues ponemos "planta", ¿no?
- Vale, una planta.

Después de que el/la profesor/a diga las respuestas correctas, escribe tus errores.

Yo creía que un abanico era una planta.

22-11 ¿Cómo somos? ¿Cómo son?

Vas a oír a unos latinoamericanos que viven en España. Hablan de cómo son los españoles. Luego, un grupo de españoles nos explican cómo se ven a sí mismos. Completa el cuadro. Luego comenten las contradicciones entre sus opiniones.

¿QUIÉN LO DICE?			
	los latinoamericanos	los españoles	los dos grupos
A los españoles les gusta comer bien.			
Salen mucho.			
No saben divertirse.			
No saben conversar.			
Son muy abiertos.			

353
trescientos cincuenta y tres

---

5. **Cierta**. Hay varios, sobre todo en las Islas Canarias.

6. **Falsa**. Aunque hay muchas personas que practican este deporte, no son la mayoría.

7. **Cierta**.

8. **Cierta**.

9. **Cierta**. Ceuta y Melilla, que están en la costa norte de Marruecos. Tienen el estatuto de comunidad autónoma.

10. **Cierta**.

11. **Falsa**. Es el primer país con índice más bajo.

Información para la actividad 22–10

Todas las palabras de la lista existen en español, pero lo de menos en este caso es el significado que puedan tener, sólo sirven de pretexto para el trabajo de los recursos lingüísticos de las columnas centrales.

Sugerencias para la actividad 22–10

En principio, cada alumno lee y decide qué es cada una de las palabras en negrita. Tiene que optar por una de las posibilidades que se proponen en la misma línea.

A continuación, en grupos de tres, comentan e intercambian sus intuiciones, tal como se propone en la muestra de lengua.

Finalmente, dé las respuestas correctas a sus alumnos. Éstos escriben frases sobre las intuiciones inexactas.

Expansión para la actividad 22–10

Puede proponerles a sus alumnos juegos con estas palabras.

Uno de los juegos puede consistir en utilizar únicamente las palabras del ejercicio, unidas mediante preposiciones. Por ejemplo:

Un bogavante quisquilloso con un frágil abanico en una araucaria sin cerrajero.

Los alumnos proponen sus frases. Se vota la mejor. Por cada palabra de la lista usada en la frase se añaden dos puntos a los votos obtenidos.

Respuestas para la actividad 22–10

Quisquilloso	-	*un adjetivo*
Chanquete	-	*un pescado*
Ardilla	-	*un animal*
Frágil	-	*un adjetivo*
Araucaria	-	*un árbol*
Bogavante	-	*un marisco*
Cerrajero	-	*una profesión*
Abanico	-	*un objeto*

Sugerencias para la actividad 22–11

Antes de la audición, los alumnos dan su opinión sobre los cinco aspectos de los españoles que aparecen en el cuadro; pueden ampliarla con otros aspectos de su visión de los españoles.

También pueden hablar sobre la forma en que los españoles se ven a sí mismos.

Pase por separado la audición de

las dos conversaciones. Ponga cada una de ellas dos veces.

En una tercera audición, propóngales que tomen nota de los argumentos y de los ejemplos que los interlocutores aducen en apoyo de sus opiniones.

Comente con sus alumnos:

¿Todos los españoles responden a este estereotipo? ¿Conocen sus alumnos a personas españolas que no son así?

Respuestas para la actividad 22–11

A los españoles les gusta comer bien, Lo dicen: los españoles.

Salen mucho. Lo dicen: los dos grupos.

No saben divertirse. Lo dicen: algunos de los latinoamericanos.

No saben conversar. Lo dicen: los latinoamericanos.

Son muy abiertos. Lo dicen: los españoles.

Los alumnos, individualmente, intentan responder a las 28 preguntas que plantea el cuestionario.

Seguidamente, forme tres grupos en la clase, los componentes del grupo ponen en común la información de que disponen. Entre todos intentan contestar el máximo de preguntas.

Finalmente, revise las respuestas de cada equipo para averiguar cual de ellos ha conseguido más aciertos.

Comente a toda la clase solamente aquellas cuestiones en las que haya percibido que sus alumnos tienen más lagunas.

Respuestas para la actividad 22–12

Posibles respuestas:

1. Málaga.

2. Miguel Delibes, García Lorca, Camilo José Cela.

3. Paco de Lucía.

4. Goya, Picasso.

5. Felipe González.

6. La tortilla de patatas.

7. La Cibeles en Madrid, La Sagrada Familia en Barcelona.

8. El Museo Reina Sofía en Madrid.

9. *La Colmena de Camilo José Cela.*

10. *Mujeres al borde de un ataque de nervios*, dirigida por Pedro Almodóvar.

11. La Rioja.

12. Aceite de oliva.

13. Una sopa.

14. En el sur.

15. Un político.

16. Cuatro.

17. Modernista.

18. En el 75.

19. Una región.

20. El norte.

21. Sí.

22. Sí.

23. Sí.

24. En Valencia.

25. ...

26. En Galicia.

27. En Andalucía.

28. 34.

22 · gente que sabe ◆ TAREAS

22-12 Un concurso sobre cultura española

Primero trata de responder individualmente a las preguntas. No importa si sólo sabes algunas respuestas.

Ahora se forman equipos en la clase. Por ejemplo, podemos dividir la clase en tres equipos. Los miembros de cada grupo compararán y discutirán sus respuestas, las escribirán y las darán al/a la profesor/a, quien dirá qué grupo ha ganado.

1. Una ciudad que empiece por M, que no sea Madrid: _____

2. Tres escritores: _____

3. Un músico: _____

4. Dos pintores: _____

5. Un político: _____

6. Un plato típico: _____

7. Dos monumentos importantes: _____

8. Un museo: _____

9. El título de una novela: _____

10. Una película: _____

11. Una región donde se produce vino: _____

12. Un producto que exporta España: _____

13. ¿Qué es el gazpacho? ¿Un pescado o una sopa? _____

14. ¿Dónde se baila flamenco? ¿En el norte o en el sur? _____

15. ¿Quién es Adolfo Suárez? ¿Un político o un pintor? _____

16. ¿Cuántas lenguas oficiales hay en España? ¿Una, dos, tres o cuatro? _____

17. ¿Qué es la Sagrada Familia? ¿Una iglesia gótica o modernista? _____

18. ¿En qué año terminó la dictadura del General Franco? ¿En 1975 o en 1983? _____

19. ¿Qué es Asturias? ¿Una ciudad o una región? _____

20. ¿Qué es más industrial, el norte o el sur de España? _____

21. ¿Se fabrican coches en España? _____

22. ¿Comen mucho pescado los españoles? _____

23. ¿Estuvieron los romanos en España? _____

24. ¿Dónde se cultivan naranjas? _____

25. ¿Quién es actualmente el presidente del gobierno español? _____

26. ¿Dónde está Santiago de Compostela? _____

27. ¿En qué parte de España está Granada? _____

28. ¿Cuál es el prefijo telefónico para llamar a España? _____

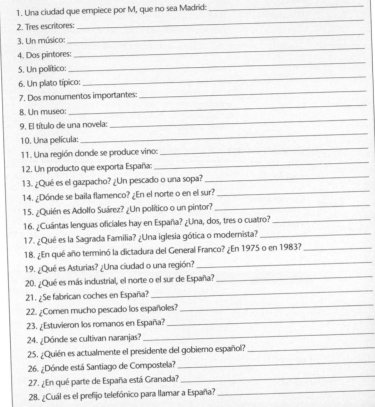

TAREAS ◆ **gente que sabe**

LES SERÁ ÚTIL...

Podemos preguntarles...
  ...si...
  ...quién...
  ...cómo...
  ...dónde...

- ¿Les preguntamos el nombre de un plato típico?
- ○ Yo no me acuerdo de ninguno.
  Yo no recuerdo ninguno.

- ¿Alguien sabe dónde está Bilbao?
- ○ Yo no tengo ni idea.
- ■ Sí, hombre/mujer, en el País Vasco.

22-13 **Preparamos un concurso**

Vamos a seguir jugando pero ahora ustedes deben preparar nuevas preguntas para los otros equipos. Lean bien la ficha con las reglas del juego.

EJEMPLO:
- Podemos preguntarles el nombre de un deportista español.
- ○ Buena idea, un tenista, por ejemplo.
- ■ Es muy fácil, ¿no?
- ○ No tan fácil. Yo ahora no me acuerdo de ninguno.

22-14 **Otro país, otras preguntas**

Podemos hacer el mismo juego con sus estados de origen o con un país que les interese especialmente.

PREPARACIÓN DE LAS PREGUNTAS

- Cada equipo recopila información para formular preguntas sobre temas variados, cuyas respuestas cree conocer.

- Después, cada equipo prepara 5 preguntas para cada uno de los otros equipos. Miren las imágenes: les pueden sugerir temas para formular preguntas.

- Pregunten sobre historia, población, geografía, economía, arte y cultura, personajes famosos, costumbres, etc.

REGLAS DEL JUEGO

- Cada equipo entrega por escrito los cuestionarios (al profesor con las respuestas y a los equipos adversarios sin ellas).
- Luego, cada equipo busca las soluciones. Pueden discutir durante unos 15 minutos.
- Un/a delegado/a de cada grupo leerá las preguntas y dará las respuestas que haya decidido el grupo.
- El/La profesor/a dirá si la respuesta es correcta o no.
- Si un grupo no sabe alguna respuesta, o da una falsa, puede haber "rebote": los otros equipos pueden responder a esa pregunta.

PUNTUACIÓN

Respuesta acertada: +3 puntos

Rebote: +5 puntos

Si un grupo hace una pregunta pero no sabe la respuesta correcta, multa: -5 puntos

355
trescientos cincuenta y cinco

Información para la actividad 22–13

Quizás los alumnos no cuentan con información suficiente para preparar el cuestionario. Sería útil, para la primera fase, que pudieran consultar enciclopedias, Internet u otras fuentes de información en las que recabar datos.

Al igual que en otras tareas de lecciones anteriores, las tres fichas de la parte inferior de la página le suministran instrucciones para su ejecución.

Para la fase de preparación, los alumnos disponen de un esquema conversacional y una columna lingüística (LES SERÁ ÚTIL), mediante los cuales pondrán en práctica los recursos que ambas contienen.

Sugerencias para la actividad 22–13

Explique bien en qué consiste la actividad que vamos a realizar y las distintas fases de que consta:

PREPARACIÓN DE LAS PREGUNTAS
REGLAS DE JUEGO
PUNTUACIÓN

En primer lugar, los alumnos en tres equipos, preparan las preguntas sobre diferentes aspectos de España que creen conocer.

Deje tiempo para que discutan las preguntas, cinco en total, que van a realizar. Pase por los equipos para verificar si las intuiciones o informaciones con las que cuentan los alumnos son correctas.

Seguidamente, cada equipo entrega al profesor una copia del cuestionario elaborado con las correspondientes respuestas. Entregan también una copia a los otros equipos, en este caso sin las respuestas.

A continuación, cada equipo intenta contestar las preguntas formuladas por los adversarios.

Finalmente, un delegado de cada grupo lee las preguntas y da la respuesta decidida en equipo. El profesor corrobora la información.

Si un grupo falla en la respuesta, los otros equipos tienen la oportunidad de contestar y obtener así la puntuación de rebote.

Si un grupo ha propuesto una pregunta de la que desconoce la respuesta, recibe una penalización de -5 puntos.

Sugerencias para la actividad 22–15

Las tres partes del texto son independientes. Distribúyalas entre sus alumnos, de manera que cada uno lea únicamente una de ellas. O bien, forme equipos de trabajo de dos o tres alumnos cada uno, y asigne a cada grupo uno de los tres textos.

El alumno, individualmente (o, en su caso, el grupo que ha leído uno de los textos), elabora preguntas para sus compañeros.

Forme grupos de tres personas, cada uno de los componentes tiene información sobre uno de los textos.

Cada estudiante formula las preguntas que ha elaborado a sus compañeros. Estos deberán copiarlas por escrito para luego buscar las respuestas leyendo los textos correspondientes.

Sugerencias para la actividad 22–16

Si ninguno de sus alumnos puede facilitar espontáneamente información sobre alguna de estas islas, con toda seguridad podrán hacerlo sobre Chile o el Pacífico, sobre Cuba o el Caribe, o sobre las Islas Canarias o el Atlántico. Anime a sus alumnos a hablar sobre ello.

Sugerencias para la actividad 22–17

Esta actividad es completamente abierta en cuanto a sus posibles respuestas, pero todos los alumnos deberán elegir una de las islas y aducir un motivo.

Los alumnos, en pequeños grupos, manifiestan sus preferencias y comentan las razones que les han llevado a elegir una isla u otra.

Expansión para la actividad 22–17

Puede realizar una estadística sobre las islas preferidas y los motivos más frecuentes.

En lugar de elegir una única isla, cada alumno podría ordenarlas por orden de preferencia, aduciendo motivos favorables y desfavorables.

TRES ISLAS MUY ESPECIALES

La Isla de Pascua, en la Polinesia, fue declarada Patrimonio Cultural de la Humanidad por la UNESCO el año 1995 por el enorme interés arqueológico de los vestigios de la cultura *Rapa Nui*. Los *moais*, el más espectacular legado de dicha cultura, le dan a la isla un atractivo único: se trata de más de trescientas enormes esculturas de piedra repartidas por toda la isla. Además, fue también la Isla de Pascua el único lugar de América donde se desarrolló escritura, como lo testimonian unas tablillas llamadas *rongo rongo*. Estos testimonios están tallados en madera de toromiro, árbol autóctono de la isla casi desaparecido pero cuya recuperación se está intentando en la actualidad. La isla tiene una superficie de 160 Km^2 y forma triangular. Cada ángulo corresponde a un volcán, Poike, Rano Kau y Maunga Terevaka, todos ellos inactivos.

La Isla de la Juventud, en Cuba, es una pequeña y acogedora isla que sus primeros habitantes llamaron Camargo, Guanaja o Siguanea. Cristóbal Colón la nombró La Evangelista y Diego Velázquez le puso Santiago; Isla del Tesoro, Isla de las Cotorras o Isla de Pinos fueron otros de los nombres que tuvo este lugar. Se dice que la Isla de la Juventud sirvió de escenario a la célebre novela de Robert Louis Stevenson *La isla del tesoro*, y así quedó para siempre llena de interesantes leyendas.

El Festival de la Toronja es la mayor celebración de la Isla. Al compás del sucu sucu, el son y otras modalidades de la música popular, se puede degustar lo mejor de la cocina cubana.

Páginas importantes de la historia de Cuba se han gestado en la Isla de la Juventud. En la Finca El Abra, vivió José Martí en un momento decisivo de su vida; y en el Presidio Modelo fueron encarcelados intelectuales y revolucionarios cubanos.

Su fauna y su flora tropical, las playas y sus fondos marinos de coral la han convertido, en los últimos años, en un paraíso para turistas.

La Palma, una de las islas Canarias, también llamada la Isla Bonita, es extraordinariamente verde y escarpada. En el centro está el mayor cráter que se conoce: La Caldera del Taburiente, declarada Parque Nacional. Su perímetro es de 9 Km y en algunas zonas llega hasta los 770 metros de profundidad. La altura máxima de la isla es el Roque de los Muchachos (2.423 m) donde se encuentra un observatorio astrofísico.

Paisajes extraordinarios, bonitas playas y pueblecitos pintorescos hacen de La Palma una isla muy especial.

22–15 Cierra el libro y pregúntale algo a tus compañeros/as sobre lo que has leído de la isla de Pascua, de la Isla de la Juventud o de La Palma.

22–16 ¿Conoces alguna de estas islas? ¿Sabes más cosas sobre alguna de ellas? Explícaselo a tus compañeros/as.

22–17 ¿En cuál de las tres preferirías pasar unas vacaciones? ¿Por qué?

mi *gente* Los hispanos en otros países

ESTRATEGIAS DE LECTURA:

Ideas subordinadas

Using subordination allows a writer to distinguish major points from minor points or to bring in supporting details. Subordination also helps establish logical relationships among ideas. Often thesis sentences will utilize a subordinate structure because the independent clause can state the thesis and the dependent clause can provide some of the reasoning behind it. Subordinating ideas also helps to make smooth transitions between sentences and paragraphs.

Suppose an author wants to combine these ideas:

Todos los días hay más personas que hablan español en los Estados Unidos.
Estudiar español es cada vez más necesario.

The writer can combine the statements to emphasize the increasing number of **hablantes** (which becomes the primary idea):

Todos los días hay más personas que hablan español en los Estados Unidos; por eso estudiar español es cada vez más necesario.

In this example, the primary idea could stand alone as a complete sentence, whereas the subordinate ideas begin with subordinating conjunction **por eso**. These words indicate that what follows receives less weight in the sentence.

Similarly, the writer could have chosen to emphasis the need to study Spanish. In this case, this structure would be appropriate:

Estudiar español es cada vez más necesario porque todos los días hay más personas que hablan español en los Estados Unidos.

Some subordinating conjunctions:

Contrast: **aunque, incluso, mientras**
Cause: **porque, debido a, por eso, por esa razón**
Time: **cuando, antes, después, desde, hasta, tan pronto como**
Condition: **si, en caso de**
Place: **donde**
Negative Condition: **a menos que, a no ser que**

Understanding these subordinating connectors will help you to understand the importance of ideas in an argument in Spanish texts.

Respuestas a la actividad 22–18

— Filipinas
— Guinea Ecuatorial
— Argentina
— España

📖 GENTE QUE LEE

ANTES DE LEER

22-18 **Países donde se habla español**
Marca con una cruz (X) en la tabla siguiente los países donde se habla
español y después compara tus respuestas con las de tu compañero/a.

_____ Filipinas

_____ Guinea Ecuatorial

_____ Argentina

_____ Brasil

_____ Israel

_____ España

22-19 **¿Cuánto sabes ahora?**
Después de este curso de español, ¿cuánto sabes? Selecciona la respuesta
más apropiada y después comparte esta información con tu compañero/a.

Después de este curso me siento capaz de:

SÍ   **NO**

_____   _____   llevar una conversación sobre temas que conozco.

_____   _____   comprender más o menos un 75 por ciento a un hablante nativo.

_____   _____   tomar notas y responder por escrito a preguntas personales.

                    escribir cartas sencillas, sinopsis y resúmenes biográficos.

_____   _____   narrar y describir sucesos en el pasado.

_____   _____   dar y recibir consejos y recomendaciones.

_____   _____   expresar mis sentimientos.

_____   _____   comprender un 80 por ciento de textos escritos.

_____   _____   usar algunos elementos de cohesión
                    (pronombres, sinónimos, ejemplos, adverbios y conjunciones).

_____   _____   hablar sobre la cultura de la mayoría de los países hispanos.

A LEER

22-20 **El español en Filipinas**
Lee el texto siguiente sobre la situación del español en Filipinas y, a
continuación, contesta las preguntas.

Respuestas a la actividad 22–21

1. Que se le acercó un español y le preguntó si hablaba español.

2. Que sí lo hablaba.

3. De que no todos los filipinos hablen español. Además unos hablan español y otros no.

4. El autor se preguntaba si había muerto el español en Filipinas y se contestaba "Puede ser", recordando a Emeterio Barcelón.

5. Es un académico de la Academia Filipina.

6. En su discurso de 1965 dijo:

   Puede ser. Quedarán gloriosas ruinas en todos los dialectos del país;

   ¡cuántas voces de hispánica raíz!

   Las interpretaciones varían.

7. El tagalo es una lengua vernácula con mezcla del castellano.

8. En en su discurso de 1968, Barcelón dijo:

   Y al hablar de la pérdida del castellano no me contradigo; porque cuando hablo de esa pérdida me refiero al lenguaje literario o al castellano como unidad lingüística hablada en su totalidad. Porque en otro sentido, puede afirmarse [...] que el español no puede morir en Filipinas, por la sencilla razón de que se ha infiltrado [...]en el tagalo y en otros idiomas vernáculos del país.

   Las interpretaciones varían.

9. Los hispanistas filipinos, la Academia de la Lengua Española, y todos los que todavía sostienen hasta ahora la prensa en castellano en Filipinas que siguen publicando periódicos y semanarios en español, como la Nueva Era y El Nuevo Horizonte.

10. Las opiniones varían.

22 · gente que sabe ◆ MI GENTE

¿Español en Filipinas?

Estaba en un restaurante con unos amigos, cuando un español que estaba al lado de nuestra mesa, al oír que hablábamos español, se acercó, se dirigió a mí y me preguntó:

—¿Es usted filipino?

—Sí, le dije.

—Pues qué sorpresa que usted hable español. De todas las personas con quienes he hablado en Manila, pocos hablaban español. Cuando me dirigía a un filipino me contestaba en inglés y cuando hablaba con otra persona en inglés, me contestaba en español. ¡Qué extraño, ¿no?!

—¿Qué le vamos a hacer, amigo —le dije. —No todos los filipinos hablan español.

—Parece mentira que no todos hablen castellano —me dijo el pobre hombre.

—Es que el pueblo filipino nunca habló totalmente español —le dije.

—Eso sí que no lo entiendo—me dijo el hombre, que cada vez estaba más confundido.

—Pues, sí amigo,—le dije.—El español es un recuerdo. Pero no ha muerto.

—¡Qué extraño! —volvió a repetir.

Al salir del restaurante, yo decía por mis adentros: ¿Ha muerto el español en Filipinas? "Puede ser", como lo dijo en su discurso de 1965 Don Emeterio Barcelón de la Academia Filipina.

"Puede ser. Quedarán gloriosas ruinas en todos los dialectos del país; ¡cuántas voces de hispánica raíz!"

¿Se había equivocado el señor Barcelón al hablar de la pérdida del castellano? No, ciertamente no. Había dicho la verdad con la respuesta de "puede ser". Para el señor Barcelón, el español no ha muerto porque todavía queda la herencia lingüística de España en Filipinas a través de las múltiples lenguas nativas filipinas.

Barcelón opinaba así sobre el tagalo: "la lengua tagala es una mezcla del castellano y el tagalo". En 1968, en un nuevo discurso nos dijo:

"Y al hablar de la pérdida del castellano no me contradigo; porque cuando hablo de esa pérdida me refiero al lenguaje literario o al castellano como unidad lingüística hablada en su totalidad. Porque en otro sentido, puede afirmarse [...] que el español no puede morir en Filipinas, por la sencilla razón de que se ha infiltrado [...] en el tagalo y en otros idiomas vernáculos del país."

Afortunadamente, el castellano vive y pervive gracias a los hispanistas filipinos que todavía quedan y trabajan por su conservación y difusión en Filipinas.

Además, no siendo un país hispanohablante, Filipinas tiene aún una Academia de la Lengua Española, formada en 1926 para "afianzar el mantenimiento del español o ayudar a su desarrollo".

A esto tengo que añadir nuestro agradecimiento a todos los que todavía sostienen hasta ahora la prensa en castellano en Filipinas que, con grandes sacrificios, siguen publicando periódicos y semanarios en español tales como la Nueva Era y El Nuevo Horizonte.

DESPUÉS DE LEER

22-21 **¿Entendiste?**

Contesta las preguntas siguientes según el texto que acabas de leer.

1. ¿Qué pasó cuando el autor del texto estaba en un restaurante con unos amigos? ¿Quién le habló? ¿Qué le preguntó?

2. ¿Cuál fue la respuesta del autor?

3. ¿De qué está sorprendido el español? ¿Por qué?

4. ¿Qué pasó al salir del restaurante? ¿Qué y en quién pensaba el autor?

5. ¿Quién es Don Emeterio Barcelón?

6. ¿Qué dijo en su discurso de 1965? ¿Cómo lo interpretas tú?

7. ¿Qué es el tagalo?

8. ¿Qué dijo Barcelón en su discurso de 1968? ¿Cómo lo interpretas tú?

9. ¿Qué personas e instituciones hacen posible que todavía hoy el castellano se mantenga en Filipinas?

10. ¿Cuál es tu opinión sobre la situación del castellano en Filipinas? ¿Piensas que debe mantenerse o desaparecer? ¿Por qué?

 ## GENTE QUE ESCRIBE

 Tu opinión

ANTES DE ESCRIBIR

Después de este curso de español y de todas las cosas que sabes, quieres escribir tu opinión sobre la lengua que has aprendido. Escribe un texto en el que expreses tu opinión sobre el español y/o tu experiencia durante este curso. Antes de escribir el texto piensa cómo vas a hacerlo y qué opiniones quieres dar. Aquí tienes algunos puntos que te ayudarán a ordenar tu escrito.

- Determina la idea principal
- Añade otras ideas (subordinadas) que te ayuden a apoyar la idea principal
- Combina las ideas
- Aporta hechos, datos, ejemplos, anécdotas, etc.
- Escribe otras opiniones similares para apoyar la tuya o selecciona opiniones diferentes para contrastar la tuya
- Piensa en la/s persona/s a quién va dirigido tu mensaje
- Otros puntos

A ESCRIBIR

Escribe ahora tu texto y expresa tu opinión sobre el español y/o tu experiencia durante este curso.

DESPUÉS DE ESCRIBIR

Revisa tu primer borrador y comprueba:

CONTENIDO
- ¿Te gusta?
- ¿Necesitas incluir algo más?
- ¿Está bien organizado?

GRAMÁTICA Y VOCABULARIO
- ¿Hay errores?
- ¿Has usado gramática y vocabulario de este capítulo?

Pasa tu texto a tu compañero/a y pídele sugerencias.

Por último, pasa a limpio tu texto y entrégaselo a tu profesor/a.

gente que sabe ◆ MI GENTE

 GENTE EN LA RED

22–23 **Otros países donde se habla español**

ANTES DE NAVEGAR

Tal y como has aprendido, en algunos países como Filipinas todavía se mantiene el castellano. Ahora tienes curiosidad por saber si hay otros países en donde también se habla español, además de los que ya conoces. Antes de visitar la red para explorar esta información y conocer más alguno de ellos, prepara una lista de los países dónde tu crees que se habla español.

A NAVEGAR

Ahora ve a la dirección (*www.prenhall.com/gente*) y aprende algo más sobre Guinea Ecuatorial.

VOCABULARIO

Los animales domésticos y salvajes

(el) águila	*eagle*
(la) ballena	*whale*
(el) bogavante	*lobster*
(el) caballo	*horse*
(el) chanquete	*whitebait*
(la) cotorra	*parrot*
(el) gato	*cat*
(el) oso	*bear*
(el) pájaro	*bird*
(el) perro	*dog*
(el) pez	*fish*
(el) ratón	*mice*
(la) serpiente	*snake*
(la) tortuga	*turtle*
(la) vaca	*cow*

Los datos geográficos y naturales

(la) caldera	*boiler*
(el) cobre	*copper*
(el) corcho	*cork*
(el) cráter	*crater*
(la) especie animal	*species*
(la) fauna	*fauna*
(la) finca	*farm, country state*
(la) flora	*flora*
(el) fondo marino de coral	*coral reef*
(el) islote	*small island, rocky isle*
(el) límite, la frontera	*border*
(el) mercurio	*mercury*
(la) montaña	*mountain*
(el) oro	*gold*
(el) paraíso	*paradise*
(el) parque nacional	*national park*
(el) pico	*peak*
(la) piedra	*stone*
(la) plata	*silver*
(las) ruinas	*ruins*
(la) sequía	*drought*
(la) superficie	*area*
(el) volcán	*volcano*

Los datos políticos, económicos y sociales

(la) central nuclear	*nuclear plant*
(la) clase social	*social class*
(la) democracia	*democracy*
(la) densidad de población	*density of population*
(la) dictadura	*dictatorship*
(las) elecciones	*elections*
(el) plebiscito	*plebiscite*
(el/la) productor/a	*producer*
(el) régimen	*regime*

Verbos

agradecer (zc)	*to thank*
contrastar	*to contrast*
cosechar	*to harvest*
degustar	*to taste*
divertirse (ie)	*to have a good time*
gestar	*to gestate*
jubilarse	*to retire*
nombrar	*to name*
testimoniar	*to testify*

Otras palabras y expresiones útiles

(el) acierto	*good guess, sensible choice*
(el) desacuerdo	*disagreement*
(la) enciclopedia	*encyclopedia*
(la) recuperación	*recovery*
quisquilloso/a	*touchy, oversensitive*
sabihondo/a	*know-all, pedantic*
estar equivocado/a	*to be wrong*
poner término a	*to end, to finish*

Verb Charts

REGULAR VERBS: SIMPLE TENSES

Infinitive Present Participle Past Participle	Indicative					Subjunctive		Imperative
	Present	Imperfect	Preterite	Future	Conditional	Present	Imperfect	
hablar hablando hablado	hablo hablas habla hablamos habláis hablan	hablaba hablabas hablaba hablábamos hablabais hablaban	hablé hablaste habló hablamos hablasteis hablaron	hablaré hablarás hablará hablaremos hablaréis hablarán	hablaría hablarías hablaría hablaríamos hablaríais hablarían	hable hables hable hablemos habléis hablen	hablara hablaras hablara habláramos hablarais hablaran	habla tú, no hables hable usted hablemos hablad vosotros no habléis hablen Uds.
comer comiendo comido	como comes come comemos coméis comen	comía comías comía comíamos comíais comían	comí comiste comió comimos comisteis comieron	comeré comerás comerá comeremos comeréis comerán	comería comerías comería comeríamos comeríais comerían	coma comas coma comamos comáis coman	comiera comieras comiera comiéramos comierais comieran	come tú, no comas coma usted comamos comed vosotros no comáis coman Uds.
vivir viviendo vivido	vivo vives vive vivimos vivís viven	vivía vivías vivía vivíamos vivíais vivían	viví viviste vivió vivimos vivisteis vivieron	viviré vivirás vivirá viviremos viviréis vivirán	viviría vivirías viviría viviríamos viviríais vivirían	viva vivas viva vivamos viváis vivan	viviera vivieras viviera viviéramos vivierais vivieran	vive tú, no vivas viva usted vivamos vivid vosotros no viváis vivan Uds.

REGULAR VERBS: PERFECT TENSES

Indicative											Subjunctive			
Present Perfect		**Past Perfect**		**Preterite Perfect**		**Future Perfect**		**Conditional Perfect**		**Present Perfect**		**Past Perfect**	
he	hablado	había	hablado	hube	hablado	habré	hablado	habría	hablado	haya	hablado	hubiera	hablado
has	comido	habías	comido	hubiste	comido	habrás	comido	habrías	comido	hayas	comido	hubieras	comido
ha	vivido	había	vivido	hubo	vivido	habrá	vivido	habría	vivido	haya	vivido	hubiera	vivido
hemos		habíamos		hubimos		habremos		habríamos		hayamos		hubiéramos	
habéis		habíais		hubisteis		habréis		habríais		hayáis		hubierais	
han		habían		hubieron		habrán		habrían		hayan		hubieran	

IRREGULAR VERBS

Infinitive / Present Participle / Past Participle	Indicative					Subjunctive		Imperative
	Present	**Imperfect**	**Preterite**	**Future**	**Conditional**	**Present**	**Imperfect**	
andar andando andado	ando andas anda andamos andáis andan	andaba andabas andaba andábamos andabais andaban	anduve anduviste anduvo anduvimos anduvisteis anduvieron	andaré andarás andará andaremos andaréis andarán	andaría andarías andaría andaríamos andaríais andarían	ande andes ande andemos andéis anden	anduviera anduvieras anduviera anduviéramos anduvierais anduvieran	anda tú, no andes ande usted andemos andad vosotros no andéis anden Uds.
caer cayendo caído	caigo caes cae caemos caéis caen	caía caías caía caíamos caíais caían	caí caíste cayó caímos caísteis cayeron	caeré caerás caerá caeremos caeréis caerán	caería caerías caería caeríamos caeríais caerían	caiga caigas caiga caigamos caigáis caigan	cayera cayeras cayera cayéramos cayerais cayeran	cae tú, no caigas caiga usted caigamos caed vosotros no caigáis caigan Uds.
dar dando dado	doy das da damos dais dan	daba dabas daba dábamos dabais daban	di diste dio dimos disteis dieron	daré darás dará daremos daréis darán	daría darías daría daríamos daríais darían	dé des dé demos deis den	diera dieras diera diéramos dierais dieran	da tú, no des dé usted demos dad vosotros no deis den Uds.

IRREGULAR VERBS (CONTINUED)

Infinitive / Present Participle / Past Participle	Indicative Present	Indicative Imperfect	Indicative Preterite	Indicative Future	Indicative Conditional	Subjunctive Present	Subjunctive Imperfect	Imperative
decir diciendo dicho	digo dices dice decimos decís dicen	decía decías decía decíamos decíais decían	dije dijiste dijo dijimos dijisteis dijeron	diré dirás dirá diremos diréis dirán	diría dirías diría diríamos diríais dirían	diga digas diga digamos digáis digan	dijera dijeras dijera dijéramos dijerais dijeran	di tú, no digas diga usted digamos decid vosotros no digáis digan Uds.
estar estando estado	estoy estás está estamos estáis están	estaba estabas estaba estábamos estabais estaban	estuve estuviste estuvo estuvimos estuvisteis estuvieron	estaré estarás estará estaremos estaréis estarán	estaría estarías estaría estaríamos estaríais estarían	esté estés esté estemos estéis estén	estuviera estuvieras estuviera estuviéramos estuvierais estuvieran	está tú, no estés esté usted estemos estad vosotros no estéis estén Uds.
haber habiendo habido	he has ha hemos habéis han	había habías había habíamos habíais habían	hube hubiste hubo hubimos hubisteis hubieron	habré habrás habrá habremos habréis habrán	habría habrías habría habríamos habríais habrían	haya hayas haya hayamos hayáis hayan	hubiera hubieras hubiera hubiéramos hubierais hubieran	
hacer haciendo hecho	hago haces hace hacemos hacéis hacen	hacía hacías hacía hacíamos hacíais hacían	hice hiciste hizo hicimos hicisteis hicieron	haré harás hará haremos haréis harán	haría harías haría haríamos haríais harían	haga hagas haga hagamos hagáis hagan	hiciera hicieras hiciera hiciéramos hicierais hicieran	haz tú, no hagas haga usted hagamos haced vosotros no hagáis hagan Uds.
ir yendo ido	voy vas va vamos vais van	iba ibas iba íbamos ibais iban	fui fuiste fue fuimos fuisteis fueron	iré irás irá iremos iréis irán	iría irías iría iríamos iríais irían	vaya vayas vaya vayamos vayáis vayan	fuera fueras fuera fuéramos fuerais fueran	ve tú, no vayas vaya usted vamos (no vayamos) id vosotros no vayáis vayan Uds.

IRREGULAR VERBS (CONTINUED)

Infinitive / Present Participle / Past Participle	Indicative Present	Indicative Imperfect	Indicative Preterite	Indicative Future	Indicative Conditional	Subjunctive Present	Subjunctive Imperfect	Imperative
oír oyendo oído	oigo oyes oye oímos oís oyen	oía oías oía oíamos oíais oían	oí oíste oyó oímos oísteis oyeron	oiré oirás oirá oiremos oiréis oirán	oiría oirías oiría oiríamos oiríais oirían	oiga oigas oiga oigamos oigáis oigan	oyera oyeras oyera oyéramos oyerais oyeran	oye tú, no oigas oiga usted oigamos oíd no oigáis Uds. oigan Uds.
poder pudiendo podido	puedo puedes puede podemos podéis pueden	podía podías podía podíamos podíais podían	pude pudiste pudo pudimos pudisteis pudieron	podré podrás podrá podremos podréis podrán	podría podrías podría podríamos podríais podrían	pueda puedas pueda podamos podáis puedan	pudiera pudieras pudiera pudiéramos pudierais pudieran	
poner poniendo puesto	pongo pones pone ponemos ponéis ponen	ponía ponías ponía poníamos poníais ponían	puse pusiste puso pusimos pusisteis pusieron	pondré pondrás pondrá pondremos pondréis pondrán	pondría pondrías pondría pondríamos pondríais pondrían	ponga pongas ponga pongamos pongáis pongan	pusiera pusieras pusiera pusiéramos pusierais pusieran	pon tú, no pongas ponga usted pongamos poned no pongáis Uds. pongan Uds.
querer queriendo querido	quiero quieres quiere queremos queréis quieren	quería querías quería queríamos queríais querían	quise quisiste quiso quisimos quisisteis quisieron	querré querrás querrá querremos querréis querrán	querría querrías querría querríamos querríais querrían	quiera quieras quiera queramos queráis quieran	quisiera quisieras quisiera quisiéramos quisierais quisieran	quiere tú, no quieras quiera usted queramos quiered no queráis Uds. quieran Uds.
saber sabiendo sabido	sé sabes sabe sabemos sabéis saben	sabía sabías sabía sabíamos sabíais sabían	supe supiste supo supimos supisteis supieron	sabré sabrás sabrá sabremos sabréis sabrán	sabría sabrías sabría sabríamos sabríais sabrían	sepa sepas sepa sepamos sepáis sepan	supiera supieras supiera supiéramos supierais supieran	sabe tú, no sepas sepa usted sepamos sabed no sepáis Uds. sepan Uds.
salir saliendo salido	salgo sales sale salimos salís salen	salía salías salía salíamos salíais salían	salí saliste salió salimos salisteis salieron	saldré saldrás saldrá saldremos saldréis saldrán	saldría saldrías saldría saldríamos saldríais saldrían	salga salgas salga salgamos salgáis salgan	saliera salieras saliera saliéramos salierais salieran	sal tú, no salgas salga usted salgamos salid no salgáis Uds. salgan Uds.

IRREGULAR VERBS (CONTINUED)

Infinitive / Present Participle / Past Participle	Indicative Present	Imperfect	Preterite	Future	Conditional	Subjunctive Present	Imperfect	Imperative
ser / siendo / sido	soy	era	fui	seré	sería	sea	fuera	sé tú,
	eres	eras	fuiste	serás	serías	seas	fueras	no seas
	es	era	fue	será	sería	sea	fuera	sea usted
	somos	éramos	fuimos	seremos	seríamos	seamos	fuéramos	seamos
	sois	erais	fuisteis	seréis	seríais	seáis	fuerais	sed vosotros
	son	eran	fueron	serán	serían	sean	fueran	no seáis / sean Uds.
tener / teniendo / tenido	tengo	tenía	tuve	tendré	tendría	tenga	tuviera	ten tú,
	tienes	tenías	tuviste	tendrás	tendrías	tengas	tuvieras	no tengas
	tiene	tenía	tuvo	tendrá	tendría	tenga	tuviera	tenga usted
	tenemos	teníamos	tuvimos	tendremos	tendríamos	tengamos	tuviéramos	tengamos
	tenéis	teníais	tuvisteis	tendréis	tendríais	tengáis	tuvierais	tened vosotros
	tienen	tenían	tuvieron	tendrán	tendrían	tengan	tuvieran	no tengáis / tengan Uds.
traer / trayendo / traído	traigo	traía	traje	traeré	traería	traiga	trajera	trae tú,
	traes	traías	trajiste	traerás	traerías	traigas	trajeras	no traigas
	trae	traía	trajo	traerá	traería	traiga	trajera	traiga usted
	traemos	traíamos	trajimos	traeremos	traeríamos	traigamos	trajéramos	traigamos
	traéis	traíais	trajisteis	traeréis	traeríais	traigáis	trajerais	traed vosotros
	traen	traían	trajeron	traerán	traerían	traigan	trajeran	no traigáis / traigan Uds.
venir / viniendo / venido	vengo	venía	vine	vendré	vendría	venga	viniera	ven tú,
	vienes	venías	viniste	vendrás	vendrías	vengas	vinieras	no vengas
	viene	venía	vino	vendrá	vendría	venga	viniera	venga usted
	venimos	veníamos	vinimos	vendremos	vendríamos	vengamos	viniéramos	vengamos
	venís	veníais	vinisteis	vendréis	vendríais	vengáis	vinierais	venid vosotros
	vienen	venían	vinieron	vendrán	vendrían	vengan	vinieran	no vengáis / vengan Uds.
ver / viendo / visto	veo	veía	vi	veré	vería	vea	viera	ve tú,
	ves	veías	viste	verás	verías	veas	vieras	no veas
	ve	veía	vio	verá	vería	vea	viera	vea usted
	vemos	veíamos	vimos	veremos	veríamos	veamos	viéramos	veamos
	veis	veíais	visteis	veréis	veríais	veáis	vierais	ved vosotros
	ven	veían	vieron	verán	verían	vean	vieran	no veáis / vean Uds.

STEM-CHANGING AND ORTHOGRAPHIC-CHANGING VERBS

Infinitive Present Participle Past Participle	Indicative					Subjunctive		Imperative
	Present	Imperfect	Preterite	Future	Conditional	Present	Imperfect	
incluir (y) incluyendo incluido	incluyo incluyes incluye incluimos incluís incluyen	incluía incluías incluía incluíamos incluíais incluían	incluí incluiste incluyó incluimos incluisteis incluyeron	incluiré incluirás incluirá incluiremos incluiréis incluirán	incluiría incluirías incluiría incluiríamos incluiríais incluirían	incluya incluyas incluya incluyamos incluyáis incluyan	incluyera incluyeras incluyera incluyéramos incluyerais incluyeran	incluye tú, no incluyas incluya usted incluyamos incluid vosotros no incluyáis incluyan Uds.
dormir (ue, u) durmiendo dormido	duermo duermes duerme dormimos dormís duermen	dormía dormías dormía dormíamos dormíais dormían	dormí dormiste durmió dormimos dormisteis durmieron	dormiré dormirás dormirá dormiremos dormiréis dormirán	dormiría dormirías dormiría dormiríamos dormiríais dormirían	duerma duermas duerma durmamos durmáis duerman	durmiera durmieras durmiera durmiéramos durmierais durmieran	duerme tú, no duermas duerma usted durmamos dormid vosotros no durmáis duerman Uds.
pedir (i, i) pidiendo pedido	pido pides pide pedimos pedís piden	pedía pedías pedía pedíamos pedíais pedían	pedí pediste pidió pedimos pedisteis pidieron	pediré pedirás pedirá pediremos pediréis pedirán	pediría pedirías pediría pediríamos pediríais pedirían	pida pidas pida pidamos pidáis pidan	pidiera pidieras pidiera pidiéramos pidierais pidieran	pide tú, no pidas pida usted pidamos pedid vosotros no pidáis pidan Uds.
pensar (ie) pensando pensado	pienso piensas piensa pensamos pensáis piensan	pensaba pensabas pensaba pensábamos pensabais pensaban	pensé pensaste pensó pensamos pensasteis pensaron	pensaré pensarás pensará pensaremos pensaréis pensarán	pensaría pensarías pensaría pensaríamos pensaríais pensarían	piense pienses piense pensemos penséis piensen	pensara pensaras pensara pensáramos pensarais pensaran	piensa tú, no pienses piense usted pensemos pensad vosotros no penséis piensen Uds.

STEM-CHANGING AND ORTHOGRAPHIC-CHANGING VERBS (CONTINUED)

Infinitive / Present Participle / Past Participle	Indicative					Subjunctive		Imperative
	Present	Imperfect	Preterite	Future	Conditional	Present	Imperfect	
producir (zc) / produciendo / producido	produzco	producía	produje	produciré	produciría	produzca	produjera	produce tú,
	produces	producías	produjiste	producirás	producirías	produzcas	produjeras	no produzcas
	produce	producía	produjo	producirá	produciría	produzca	produjera	produzca usted
	producimos	producíamos	produjimos	produciremos	produciríamos	produzcamos	produjéramos	produzcamos
	producís	producíais	produjisteis	produciréis	produciríais	produzcáis	produjerais	prducid vosotros
	producen	producían	produjeron	producirán	producirían	produzcan	produjeran	no produzcáis
								produzcan Uds.
reír (i, i) / riendo / reído	río	reía	reí	reiré	reiría	ría	riera	ríe tú,
	ríes	reías	reíste	reirás	reirías	rías	rieras	no rías
	ríe	reía	rio	reirá	reiría	ría	riera	ría usted
	reímos	reíamos	reímos	reiremos	reiríamos	riamos	riéramos	riamos
	reís	reíais	reísteis	reiréis	reiríais	riáis	rierais	reíd vosotros
	ríen	reían	rieron	reirán	reirían	rían	rieran	no riáis
								rían Uds.
seguir (i, i) (ga) / siguiendo / seguido	sigo	seguía	seguí	seguiré	seguiría	siga	siguiera	sigue tú,
	sigues	seguías	seguiste	seguirás	seguirías	sigas	siguieras	no sigas
	sigue	seguía	siguió	seguirá	seguiría	siga	siguiera	siga usted
	seguimos	seguíamos	seguimos	seguiremos	seguiríamos	sigamos	siguiéramos	sigamos
	seguís	seguíais	seguisteis	seguiréis	seguiríais	sigáis	siguierais	seguid vosotros
	siguen	seguían	siguieron	seguirán	seguirían	sigan	siguieran	no sigáis
								sigan Uds.
sentir (ie, i) / sintiendo / sentido	siento	sentía	sentí	sentiré	sentiría	sienta	sintiera	siente tú,
	sientes	sentías	sentiste	sentirás	sentirías	sientas	sintieras	no sientas
	siente	sentía	sintió	sentirá	sentiría	sienta	sintiera	sienta usted
	sentimos	sentíamos	sentimos	sentiremos	sentiríamos	sintamos	sintiéramos	sintamos
	sentís	sentíais	sentisteis	sentiréis	sentiríais	sintáis	sintierais	sentid vosotros
	sienten	sentían	sintieron	sentirán	sentirían	sientan	sintieran	no sintáis
								sientan Uds.
volver (ue) / volviendo / vuelto	vuelvo	volvía	volví	volveré	volvería	vuelva	volviera	vuelve tú,
	vuelves	volvías	volviste	volverás	volverías	vuelvas	volvieras	no vuelvas
	vuelve	volvía	volvió	volverá	volvería	vuelva	volviera	vuelva usted
	volvemos	volvíamos	volvimos	volveremos	volveríamos	volvamos	volviéramos	volvamos
	volvéis	volvíais	volvisteis	volveréis	volveríais	volváis	volvierais	volved vosotros
	vuelven	volvían	volvieron	volverán	volverían	vuelvan	volvieran	no volváis
								vuelvan Uds.

Spanish to English Vocabulary

a ciencia cierta *to know for certain, well-founded* **20**

a corto plazo *short term* **8**

a cualquier parte *anywhere* **16**

a dos niveles *two levels* **10**

a fuego lento *low heat* **7**

a izquierda *to the left* **5**

a la brasa *grilled* **7**

a la carta *à la carte* **19**

a la derecha *to the right* **5**

a largo plazo *in the long term* **8**

a mano *handwritten* **11**

a medio plazo *in the medium term* **8**

a menudo *often* **5**

a pesar de *in spite of, despite* **15**

a primera vista *at first sight* **11**

a punto listo, *ready* **18**

a tiempo completo *full-time* **11**

a tiempo parcial *part-time* **11**

a veces *sometimes* **4**

abogado/a *lawyer* **11**

abrazo *hug* **21**

abrelatas *can opener* **16**

abril *April* **3**

abrir *to open* **5**

abrir con llave *to unlock* **16**

abrir el grifo *to open the faucet* **16**

abrocharse el cinturón de seguridad *to fasten the seat belt* **15**

abuelo/a *grandfather/mother* **2**

abuelos *grandparents* **2**

abultado/a *bulky* **16**

aburrirse *to get bored* **9**

acabar *to finish* **11**

accidente nuclear *nuclear accident* **19**

acera *sidewalk* **9**

achatado/a *flattened* **16**

acierto *good guess, sensible choice* **22**

aclarar *to clarify* **17**

acogedor/a *cozy* **9**

acompañar *to accompany* **6**

acontecimiento, evento *event* **9**

acordarse (ue) de *to remember* **12**

acostumbrado/a *accustomed* **11**

actividad de ocio *past time* **14**

actor *actor* **2**

actriz *actress* **2**

actuación *performance* **14**

actualmente *at present* **3**

actuar *to perform* **13**

acudir (a) *to come along* **14**

acuerdo *agreement* **6**

acuerdo de paz *peace agreement* **19**

acupuntura *acupuncture* **15**

adelante *go ahead* **10**

adelanto científico *scientific advance* **19**

adelgazar (zc) *to lose weight* **5, 15**

adivinanzas *riddle* **12**

adivinar *to guess* **1**

adivino/a *fortune teller* **19**

adjunto/a *enclosed* **21**

administración pública *the Civil Service* **9**

administrativo/a *administrative* **11**

admiración *admiration* **21**

adoro… *I love/adore …* **13**

advertencia *warning* **15**

advertir (ie) (de) *to notice, to point out, to advise, to warn* **15**

agencia inmobiliaria *real-estate agency* **10**

agenda *calendar* **8**

agenda electrónica *electronic agenda* **16**

agente *manager, agent* **17**

agente de seguros *insurance agent* **21**

ágil *agile, flexible* **5**

agonizar *to agonize* **19**

agosto *August* **3**

agotarse *to deplete* **19**

agradable *pleasant* **2**

agradecer (zc) *to thank* **14, 21, 22**

agravar la situación *to make the situation worse, to aggravate* **19**

agregar *to add* **7**

agricultor/a *agriculturalist; farmer* **11**

agua mineral *mineral water* **4**

águila *eagle* **22**

aguja de coser *needle* **21**

agujero de la capa de ozono *hole in the ozone layer* **19**

agujetas *stitches; twinges* **15**

ahora *now* **1**

ahorrar *to save* **19**

aire *air* **19**

aire acondicionado *air conditioner* **8**

ajardinado/a *landscaped* **10**

ajeno/a *unaware, inappropriate* **20**

ajo *garlic* **7**

al día siguiente *the following day* **6**

al final, finalmente *finally* **6**

al horno *baked* **7**

al lado de… *next to …* **10**

al menos *at least* **12**

al mismo tiempo *at the same time* **5, 8**

al revés *opposite* **2**

alabar *to praise* **20**

alambre *wire* **18**

alargado/a *long* **16**

albañil *bricklayer* **11**

albergar *to shelter* **19**

albergue juvenil *youth hostel* **8**

alcalde *mayor* **9**

alegre *happy* **2**

alegremente *happily* **7**

alegría *joy* **9**; *happiness* **17**

alemán/ana *German* **2**

alergia *allergy* **15**

algo diferente *something different* **1**

algodón *cotton* **16**

alguien/nadie *someone, somebody/no-one, nobody* **4**

alicates *pliers, pincers* **18**

alimentar *to feed* **19**

almacén *warehouse* **11**

almacén de muebles *storage room* **18**

alojamiento *accommodation* **3**

alojarse *to lodge* **3**

alojarse, quedarse (en) *to stay* **17**

alquilar (un coche) *to rent (a car)* **3**

alrededores *surroundings, outskirts* **9**

altura *height* **15**

aluminio *aluminum* **19**

alusión *allusion* **10**

ama de casa *housewife* **2**

amable *kind, thoughtful, friendly* **2, 11, 18**

amanecer *to dawn, to begin to get light* **14**

amarillo/a *yellow* **4**

ambiente *atmosphere, ambiance* **14**

amenaza *threat* **21**

amenazar (zc) *to threaten* **19**

americana, cazadora *jacket* **4**

amistad *friendship* **6, 13**

amor *love* **6**

amueblado/a *furnished* **10**

analgésico *analgesic* **15**

anciano/a *elderly man/woman* **2**

andar *to walk* **5**

anécdotas *anecdotes* **12**

anfitrión/ona *host* **10**

angulas *young eel* **7**

angustia *anguish* **17**

angustiar *to distress* **13**

animación *animation* **14**

animado/a *lively* **14**

anoche *last night* **6**

anotar *to take notes* **7**

ante *before* **5**

anteayer *the day before yesterday* **6**

antena parabólica *satellite dish* **8**

antes *before* **6**

antibiótico *antibiotic* **15**

anticuado/a *antiquated, out-of-date* **18**

antiguo/a *old* **3**

antipático/a *unfriendly* **2**

anular *to cancel* **21**

anunciar *to announce* **6, 13**

anuncio *advertisement* **4**

añadir *to add* **7**

añoranza *longing* **17**

apellido *last name* **1**

apendicitis *appendicitis* **15**

aperitivo *aperitif* **7**

aportar *to contribute* **7**

apreciar *to notice, to appreciate* **13**

aprendiz *learner* **12**

apresurado/a, presuroso/a *hasty, prompt* **20**

aprobar (ue) una resolución *to approve a resolution* **18**

apropiado/a a las circunstancias *appropriate to the circumstances* **12**

aprovechar *to benefit from* **12**

aproximadamente *approximately* **13**

apuntarse a un cursillo *to register for a course* **12**

arañas y serpientes *spiders and snakes* **13**

área metropolitana *metropolitan area* **9**

argumentar *to argue, to contend* **18**

armario *closet* **10**

arquitecto/a *architect* **11**

arreglar *to fix* **21**

arrepentirse *to regret* **14**

arroz *rice* **7, 19**

arrugado/a *wrinkled* **16**

arte *art* **1**

artes adivinatorias *the art of fortune-telling* **14**

artículo periodístico *journalist article* **12**

artístico/a *artistic* **3**

asado/a *roasted* **7**

asaltos *attacks, assaults* **20**

asar *to bake* **7**

ascensor *elevator* **10**

aseo *toilet* **10**

asesinato *assassination* **6**

asesoría *consulting service* **18**

así que *so, therefore* **6**

asignatura pendiente *matter pending* **13**

asistente social *social worker* **11**

asistir a un concierto en vivo *to attend a live concert* **14**

asma *asthma* **15**

asociación de vecinos *neighbor association* 9
áspero/a *rough, harsh* 20
asunto *matter* 5
ataque al corazón *heart attack* 15
ataques de nervios *nervous attacks* 13
atardecer *dusk* 17
atascos de tráfico *traffic jams* 5, 9
atender un cóctel *attend a cocktail* 14
Atentamente *Sincerely* 21
atentamente *attentively* 12
atraer(se) *to attract* 20
atreverse *to dare* 19
audición *audition* 12
aumentar *to increase* 12
austriaco/a *Austrian* 2
autobús, autocar *bus* 3
autoevaluación *self-evaluation* 12
autónomo/a *autonomous* 11
autoritario/a *authoritarian* 13
autorizar *to authorize* 19
avaricia *greed* 13
avenida *avenue* 3
avería *failure, damage, breakdown* 8, 18
averiguar *to find out* 16
avión *plane* 3
avisar *to warn* 16
ayer *yesterday* 6
ayuntamiento *city hall* 3
azúcar *sugar* 5
azul *blue* 4
babuchas *heelless slippers* 16
bacalao *cod* 7
bailar *to dance* 2
baile contemporáneo *(contemporary) dance* 13
bajos fondos *underworld* 17
balcón *balcony* 10
ballena *whale* 22
banco *bank* 2
barato/a *cheap* 4
barco *boat* 3
barrio *neighborhood* 3
barrios marginales *marginal areas* 9
basura *trash* 9
batidora *mixer* 21
batir *to beat* 7
bebida *beverages* 4
beca *scholarship, fellowship* 11
belga *Belgian* 2
bello/a *beautiful* 13
beneficios adicionales *perks* 11
biblioteca *library* 10
bicarbonato de soda *bicarbonate of soda* 15
bicicleta *bicycle* 3
bien común/público *common good* 19
bien comunicado/a *well communicated* 8
bien fresquito/a *rather fresh* 18
bien/mal situado/a *well/badly located* 9
bienes raíces *real-estate* 10
bienestar *well-being* 20
billar *billiard* 10
billete de avión *plane ticket* 8
billete de ida y vuelta *round-trip ticket* 8
biólogo/a *biologist* 2
biotecnología *biotechnology* 19
blanco/a *white* 4
blando/a *smooth, flabby* 7
boca *mouth* 5
bocadillo *sandwich* 7
boda *wedding* 6
bodega *wine cellar, grocery store* 4, 10
bogavante *lobster* 22
bohemio/a *bohemian* 14

bolsa *bag* 4
bolsillo *pocket* 16
bolso *purse, handbag* 16
bombilla *(light) bulb* 16, 18
bondad *goodness* 13
borrar *to delete, to erase* 13
botas de vaquero *cowboy boots* 16
botella *bottle* 4, 7
botón *button* 16
brazo *arm* 5
bricolaje *housework* 18
broma *joke* 19
bronquitis *bronchitis* 15
buena presencia *good presence* 11
buenísimo/a *very good* 14
bueno/a *good* 2, 4
bufete de abogados *law office* 11
buscar *to look for* 1
búsqueda *search* 17
buzoneo *delivery door-to-door* 18
caballo *horse* 22
cabeza *head* 5
cabezota, tozudo/a *stubborn* 13
cadena *channel* 14
caer *to fall* 7
caerse *to fall* 15
café con hielo *iced coffee* 7
café con leche *white coffee* 7
café solo *espresso coffee* 7
cafetera *coffee pot* 4
caja de ahorros *savings bank* 3
caja fuerte *cashbox, safe* 8
caja tonta *slang for television* 14
calcetín *sock* 4
caldera *boiler* 22
caldo *broth* 7
calefacción *heat* 10
calendario de pared *wall calendar* 16
calentar *to heat* 7
calidad *quality* 4
calidad de vida *quality of life* 9
caliente *warm, hot* 7
callado/a *quiet* 2
callarse *to keep/remain quiet* 12
calle *street* 3
calma *calm; tranquility* 13
cámara de fotos *camera* 8
camarero/a, mesero/a *waiter/waitress* 2, 7
cambiar *to change* 10
cambiar de trabajo *to change jobs* 11
cambiar dinero *to exchange money* 8
cambio climático *climatic changes* 19
caminar por sitios oscuros *to walk around dark areas* 13
camino *path* 3 4
camión *truck* 11
camionero/a *truck driver* 11
camisa *shirt* 4
camiseta *t-shirt* 4
campana extractora *hood* 10
campo *countryside* 3
cancelación *cancellation* 8
canguro *babysitter* 18
cansancio *tiredness* 15
cantante *singer* 2
cantidad *quantity* 7
caos *chaos* 9
capacidad de trabajo *industriousness* 11
capítulo *chapter* 14
cápsula *capsule* 15
cara *face* 5
cargar la lavadora *to load the washing machine* 16

cariñoso/a *affectionate* 2
carne *meat* 5
carne de ternera *veal* 7
caro/a *expensive* 4
carpintería *carpenter shop* 11
carretera *road* 3
cartelera *movie guide* 14
cartera *wallet* 16
cartero/a *postman/woman* 11
cartón *cardboard* 16
cartón de leche *carton of milk* 7
casa adosada *semi-detached house* 10
casa de huéspedes *bed and breakfast* 8
casado/a *married* 2
casarse *to get married* 2
casco antiguo *old part of a city* 9
casi *almost* 2
castillo *castle* 8
catedral *cathedral* 8
causar furor *to be all the rage* 16
cava *champagne* 4
cazuela *casserole* 7
cebolla *onion* 7
ceder *to hand over* 12
cenar *to have dinner* 7
central nuclear *nuclear plant* 22
centro *city center, downtown* 3
centro comercial *mall* 4
centro de negocios *business center* 8
cepillarse los dientes *to brush your teeth* 16
cerca (de) *close, next to* 3
cereales *cereals* 7
cerrajería *locksmith's (shop)* 18
cerrar *to close* 5
cerro, colina *hill* 9
certificado de nacimiento *birth certificate* 8
certificado de salud *health certificate* 8
cerveza *beer* 4, 7
chalet unifamiliar *single chalet* 10
chanquete *whitebait* 22
cheque de viajero *traveler's check* 8
chicle de nicotina *nicotine gum* 15
chimenea *chimney* 10
chiringuito *outdoor bar* 9
chófer *chauffeur* 17
ciencia ficción *science fiction* 14
ciencias *sciences* 2
científicamente *scientifically* 15
cinc *zinc* 19
cinco *five* 1
cine *movies* 1
cinta adhesiva *adhesive tape* 21
cinta de goma *rubber band* 21
cinta de pelo *hair band* 21
cinta de vídeo *videocassette* 4
cinta métrica *tape measure* 21
cintura *waist* 5
cirugía plástica *plastic surgery* 19
ciudadano/a *citizen, inhabitant* 9
claramente *clearly* 18
clase social *social class* 22
clásico/a *classic* 4
clavos *nails* 18
clientela *clients* 10
clima *climate, weather* 9
clínica *clinic* 9
clínica dental *dental clinic* 11
clonación *cloning* 19
coartada *alibi* 17
cobarde *coward* 13
cobre *copper* 19, 22
coche *car* 3

cocido madrileño *stew 7*
cocina *kitchen 10, cooking 18*
cocinar *to cook 2, 7*
cocinero/a *cook 7*
codiciado/a *coveted 19*
código civil *civil code 11*
codo *elbow 5*
coherencia *coherence 13*
colapsado/a *collapsed 9*
colección de arte *art collection 14*
coleccionar sellos *to collect stamps 2*
colegio *school 9*
colgar (ue) un cuadro *to hang a painting 21*
colindar *to be adjacent 19*
colorido/a *colorful 9*
combatir *to fight 15*
comedor *dining room 10*
comentar *to comment 17*
comer *to eat 2*
comer fruta *to eat fruit 5*
comercio *commerce 9*
cometer errores *to make mistakes 12*
comida *food 1, 4*
comida basura *junk food 7*
comida rápida *fast food 7*
comisaría *police station 17*
comisión *commission 11*
como era de esperar *as expected 17*
como regla general *generally 21*
comodidad *comfort 4*
cómodo/a *comfortable 18*
compañero/a *classmate 1, partner 2*
compañero de viaje *fellow traveler 3*
compañía aseguradora *insurance company 15*
compartir casa *to share apartment 13*
competencia *competitors 10*
complejo/a *complex 12*
complicado/a *complicated 5, 16*
componer *to compose 16*
comportamiento *behavior 16*
comprar *to buy, to purchase 4*
comprar de segunda *to buy used things 17*
comprar los billetes *to buy the tickets 8*
comprar regalos *to buy gifts 8*
comprender *to understand 6*
compromiso *commitment 11*
comunicación no verbal *non verbal communication 12*
comunicar *to communicate 17*
comunicativo/a *communicative 11*
con *with 3*
con calma *calmly 5*
con duende *with a special appeal 14*
con frecuencia *often 9*
con más frecuencia *with more frequency 12*
concepto de realidad *the notion of reality 14*
concertar (ie) una cita *to make an appointment 14*
concurso *game, contest 14*
condiciones laborales *working conditions 11*
condominio *condominium 10*
conferencia *conference 6*
conflictos fronterizos *frontier conflicts 19*
congelador *freezer 21*
conjuntivitis *conjunctivitis 15*
conjunto histórico *historic area 8*
conmover (ue) *to touch 21*
conocer (zc) /saber *to know 1*
conocerse a uno/a mismo/a *to know oneself 12*
conocimiento *knowledge 11*
conseguir *to get, to obtain 5*
consejo *advice 5*

conservación (de la energía) *energy preservation 19*
conservador/a *conservative 13*
considerarse *to consider something about oneself 13*
consistir en *to consist of 11*
constitución *constitution 6*
constituir (y) *to constitute 18*
construcción *construction 11*
consumidor *consumer 11, 18*
consumo *consumption 15*
contable *accountant 11*
contaminación *pollution 9, 19*
contaminar *to contaminate 9*
contexto *context 1*
contra *against 6*
contradecir *to contradict 19*
contraponer ideas *to set ideas against each other 19*
contrastar *to contrast 22*
contratar *to contract for, to hire 21*
contrato *contract 10, 11*
contrato cotizado *(very) valued* contract *17*
convencer *to convince 18*
convertirse (ie) en un peligro *to become a danger 15*
convulsión *convulsion 15*
corazón *heart 5*
corbata *tie 4*
corcho *cork 22*
cordero *lamb 7*
cordialidad *cordiality 21*
coreografía *choreography 14*
coronación *coronation 6*
corregirse a sí mismo/a *to correct oneself 12*
correr *to run 2*
correr riesgos *to take risks 12*
corresponder (a) *to correspond 21*
correspondiente *correspondent 6*
corriente *electrical current 16*
cortado *coffee with a dash of milk 7*
cortar *to cut 7*
cortarse una mano *to get a cut in the hand 15*
corto/a *short 16*
cosa *a thing 2*
cosechar *to harvest 22*
cosméticos *cosmetics 4*
costa *coast 9*
costumbres regulares *regular habits I*
cotorra *parrot 22*
cráter *crater 22*
creativo/a *creative 11*
crecer (zc) *to grow 9*
creencia ancestral *ancestral belief 15*
creer(se) *to believe oneself 13*
cremallera *zipper 16*
crisis de madurez *midlife crisis 20*
cristal *glass 16*
criticar *to criticize 9*
cruzar *to cross 8, 10*
cuadrado/a *square 16*
cuadras, manzana *block 10*
¿cuál? *which? 4*
cuando *when 6*
cuarto (de litro) *quarter (liter) 7*
cuarto de baño *bathroom 10*
cuarto de lavado *laundry room 10*
cuatro *four 1*
cubiertos *silverware 4*
cuchara *spoon 7*
cucharada (sopera) *spoonful 15*
cuchillo *knife 7*

cuenta *check; bill 7*
cuero *leather 16*
cuidado de animales *animal care 18*
cuidarse *to take care 15*
cultura *culture 1*
cultura y ocio *culture and leisure 9*
cumpleaños *birthday 4*
cumplido *compliment 10*
cumplir años *to have a birthday 4*
currículum vitae *C.V., resume 11*
danés/esa *Danish 2*
dar ánimos *to cheer up 18*
dar media vuelta *to turn half around 14*
dar pena/lástima *to be pitiful, to rouse to pity 20*
dar recuerdos a alguien *to send regards 10*
dar sustos a la gente *to scare people 13*
dar un paseo *to take a walk 3, 5*
dar una excusa *to make an excuse 14*
dar una opinión *to give an opinion 14*
dar una sorpresa *to give a surprise 4*
darse cuenta de (que) *to realize 12*
darse prisa *to hurry, to rush 20*
datos personales *personal data 1*
de acuerdo *in agreement 3*
de buen gusto *in good taste 13*
de buen/mal humor *in a good/bad mood 20*
de dos maneras *in two ways 7*
de hecho *in fact 5*
de inmediato/a *immediately 11*
de maneras diferentes *in different ways 12*
de mi parte *from me 10*
de nuevo *again 2*
de postre *for dessert 7*
de repente *suddenly 6*
de vez en cuando *from time to time 5*
debido a *due to 16*
decepcionado/a *disappointed 20*
decir (irreg.) *to say 1*
decir basta *to say enough 16*
declaración *statement, confession 17*
declarar *to declare 8*
decorador/a *decorator 11*
deducir (zc) *to deduce, to infer 14*
defecto *fault, defect 13*
definir *to define 8*
deforestación *deforestation 19*
degustar *to taste 22*
dejar *to leave 7*
dejar de + Inf. *to discontinue 15*
dejar el tratamiento *to discontinue treatment 15*
dejar un recado *to leave a message 10*
del mismo modo *in the same way 12*
delante de... *in front of ... 10*
delgado/a *thin 5*
delincuencia *delinquency 9*
delirante *delirious 20*
demasiado *too much 4*
demasiado/a/os/as *too many 5*
democracia *democracy 6, 22*
demostrar (ue) *to demonstrate 17*
densidad de población *density of population 22*
dentista *dentist 11*
dependienta *store clerk 7, 11*
deportista *sportsman/woman 2*
depresión *depression 17*
deprimir *to depress 13*
deprisa *quickly 5*
derecho *law 2*
desacuerdo *disagreement 22*
desanimarse *to get discouraged 12*
desaparición *disappearance 17*
desarrollar(se) *to develop 12*

desastre químico *chemical disaster* 19
desatascador *plunger* 18
desayunar *to have breakfast* 5
descansar *to rest* 3
descartar *to discard* 19
desconcertante *disconcerting, upsetting* 20
desconcierto, turbación *embarrassment* 17
desconectar *to disconnect* 20
desconfiado/a *distrustful, suspicious (of)* 19
descubrir *to discover* 8
descuento *discount* 18
desde... hasta... *from ... until ...* 6
desdibujar *to become blurred* 9
desempleo, paro *unemployment* 19
desenfrenado/a *unbridled* 19
desfile de moda *fashion show* 17
deshonesto/a *dishonest* 18
desmayarse *to faint* 15
desodorante *deodorant* 4
desordenado/a *disordered* 9, 13
despacho *office* 8
despedida *farewell* 10
despertarse *to wake up* 5
despierto/a *awake* 11
despistado/a *absent-minded* 13
después, luego *afterwards, later* 6
desterrar (ie) *to exile* 19
destinar *to assign* 9, *to destine, to assign* 18
destino *destiny* 6
destino, punto de destino *destination* 8
destornillador *screwdriver* 18
detención *detention* 17
detergente *detergent* 18
deteriorar *to deteriorate* 15
detrás (de) *behind* 5, 10
devolver *to return* 11, 18, 21
diagnosticar *to diagnose* 19
diagonalmente, en diagonal *diagonally* 12
dialogante *open, open-minded* 20
diarrea *diarrhea* 15
días laborables *weekdays* 5
diciembre *December* 3
dictado *dictation* 12
dictadura *dictatorship* 22
diestro/a *right-handed* 16
diez *ten* 1
diferenciar *to differentiate* 16
dificultad al tragar *difficulty to swallow* 15
digno/a *(praise)worthy, appropriate* 19
dinámico/a *dynamic* 11
dinero *money* 4
dirección *address* 10, 8
director/a de cine *film director* 2
disculpa *apology* 21
disculparse *to apologize* 18
diseñar *to design* 18
disfrazarse *to disguise oneself as* 17
disfrutar del tiempo libre *to enjoy the free time* 5
disgustado/a (con) *to be angry with* 20
disimular *to pretend, conceal* 11
disponer (de) *to have* 9
disponibilidad *availability* 11
disponible *available* 4
disputar un trofeo *to dispute a trophy* 17
distancia física *physical distance* 12
distante *distant* 20
distraerse *to get distracted* 15
diversión *enjoyment* 14
divertido/a *funny* 13
divertirse (ie) *to enjoy; to have a good time* 14, 22
divorciado/a *divorced* 2

divorciar(se) *to divorce* 6
doblar/girar a la derecha/izquierda *turn to the right/left* 10
doble *double* 1
docena *dozen* 7
documento escrito *written document* 12
documentos legales *legal documents* 8
dólar *dollar* 4
dolor *pain* 17
dolor agudo *deep pain* 15
dolor de cabeza *headache* 15
dolor de muelas *teeth pain* 15
dolor de oídos *ear pain* 15
domingo *Sunday* 5
dominio del español *mastery of Spanish* 11
don de gentes *socially adept* 11
dormir (ue) *to sleep* 2
dormir la siesta *to take a nap* 5, 13
dormirse *to fall asleep* 5
dormitorio *bedroom* 10
dos *two* 1
droga *drug* 9
ducharse *to take a shower* 5
dulce *sweet, candy* 5, 20
dúplex *duplex* 10
durar *to last* 12
echar en falta *to miss* 20
echar un vistazo a *to glimpse* 14
echar una mano *to help* 17
economía *Economics* 2
económico/a *inexpensive* 16
edición *publishing* 2
editorial *publishing house* 2
educación *manners, education* 9, 12
educarse *to get education* 6
efectivamente *really, exactly* 12
efectivo/a *effective* 5
eficaz *effective, efficient* 16
eficiente *efficient* 18
egoísmo *egotism* 13
egoísta *egoist, selfish* 2
ejecutivo/a *executive* 11
ejercer *to practice* 11
ejercicio físico *physical exercise* 5
ejercicios de vocabulario *vocabulary activities* 12
el año pasado *last year* 6
él *he* 1
elección *choice* 3
elecciones *elections* 6, 22
electricista *electrician* 18
elegante *elegant* 4
elegir (i) *to choose* 1, 3
elemento paralingüístico *paralinguistic element* 12
ella *she* 1
ellas *they (feminine)* 1
ellos *they (masculine)* 1
emoción *emotion* 17
emocionar *to excite, to touch* 13
empezar (ie) *to start* 8
empinado/a *stiff* 9
empleado/a *employee* 11
empleado/a (doméstico/a) *domestic employee* 17
empleo, puesto de trabajo *job, employment* 11
empresa *company, firm* 2, 11
en apuros *to be on the spot, in a jam* 18
en blanco y negro *black and white* 14
en breve *briefly* 18
en crecimiento *growing* 18
en cuanto a *regarding* 5
en efectivo *cash* 17
en esa época *at that time* 6
en exceso *excessively* 15

en la esquina de... *at the corner of ...* 10
en otras palabras *in other words* 5
en primer lugar *first* 3
en realidad *actually* 3
en tránsito *in transit* 8
enajenación *alienation* 20
enamoramiento *fall in love* 20
enamorarse *to fall in love* 2, 6
encantado/a *my pleasure* 10
encantador/a *charming* 14
encanto *charm, enchantment* 9
encargado/a (de) *person in charge* 11
enchufar la aspiradora *to plug in the vacuum-cleaner* 16
enchufe *plug* 16
enciclopedia *encyclopedia* 22
encontrar (ue) *to find* 3
encontrarse con alguien *to meet* 6
encuesta *poll* 9
enero *January* 3
enfrentarse (a) *to confront* 16
enfrente (de) *in front of* 5
enfriarse *to get cold* 16
engordar *to gain weight* 5, 15
enlazar *to link* 12
enorme *huge* 14
enrojecerse (zc) *to blush* 15
ensalada *salad* 7
ensayista *essayist* 17
enseñanza secundaria *secondary school* 9
enseñar, mostrar *to show* 10
entendimiento *understanding* 12
entonces *then* 6
entorno *environment* 2
entrada *entrance* 3
entrante *appetizer* 7
entre... *between ...* 10
entrega *delivery* 18
entrenador/a *trainer* 17
entresijos *secrets, hidden aspects* 17
entrevistar *to interview* 7
enviar *to send* 11
enviar un correo electrónico *to send an e-mail* 21
envidia *envy* 13
envidioso/a *jealous* 13
envolver (ue) un regalo *to wrap a gift* 21
época del año *season* 15
equilibrio anímico *mental balance* 5
equipado/a *equipped* 10
equipo *team* 11
equipo de entrenamiento *training team* 21
Es urgente/importante... *It is urgent/important ...* 9
escalopa milanesa *escalope* 7
escasez de terrenos *lack of building land* 9
escaso/a *rare* 19
escéptico/a *skeptical* 19
escozor *smart, sting* 15
escribir cartas *to write letters* 2
escribir postales *to write postcards* 8
escrito/a *written* 11
escritor/a *writer* 2
escuchar *to listen to* 1
escuchar cintas (audio) *to listen to cassettes* 12
escuela *school* 3
escuela de idiomas *language school* 11
escuetamente *plainly, simply* 6
escurrir *to wring out* 7
esencial *essential* 7
esencialmente *essentially* 12
esfuerzo *effort* 12
espacio vital *living space* 19
espacioso/a *spacious* 16

espalda *back 5*
español/a *Spaniard 2*
especializarse (en) *to specialize (in) 13*
especias *spices 7*
especie animal *species 22*
espectacular *spectacular 14*
espectáculo de magia *magic show 14*
espectáculos *shows 9*
espejo *mirror 10*
esperado/a *expected 14*
esperanza *hope 9*
esperanza de vida *life expectancy 19*
esperar *to wait 8*
espíritu *spirit 20*
espontáneamente *spontaneously 12*
espuma de afeitar *shaving foam 4*
esta mañana *this morning 6*
esta semana *this week 6*
establecimiento comercial *business, store 8*
establecimientos *places of business 11*
estación (FF.CC.) *train station 3*
estacionamiento *parking space 10*
estadio *stadium 9*
estado *state 1*
estadounidense *U.S. 2*
estallar *to explode 6*
estancia *stay 8*
estantería *shelves 10*
estaño *tin 19*
estar (irreg.) *to be 2*
estar a dieta *to be on a diet 14*
estar a su disposición *to be at your disposal 15*
estar abierto/a (a) *to be open to 11*
estar atento/a a las explicaciones *to be attentive to the explanations 12*
estar compuesto de *to be composed of 20*
estar de camarero/a *to be working as a waiter 11*
estar de vacaciones *to be on vacation 17*
estar de vuelta *to be back 13*
estar dispuesto/a (a) *to be ready for 11*
estar en su punto *to be just right 16*
estar equivocado/a *to be wrong 22*
estar hecho/a un mar de dudas *to have (many) doubts 20*
estar interesado/a en la lengua *to be interested in the language 12*
estar listo/a (para) *to be ready (for) 8*
estar metido/a en un *to be involved in many activities 20*
estar sentado/a *to be seated 5*
estatura *stature 15*
estima *esteem 17*
estiramiento *stretching 15*
estirar *to stretch 5*
estrecho/a *narrow 9*
estrenar *to use for the first time 10*
estreñimiento *constipation 15*
estrés *stress 17*
estropajo *scrubber 18*
estropearse *to damage 16*
estuche *box, case 16*
estudiante *student 2*
estudiar *to study 1*
estudio *studio 10*
estudio de arquitectura *architectural firm 11*
estupendo/a/excepcional *wonderful 10*
estupidez *stupidity 13*
ético/a *ethical 19*
europeo/a *European 2*
evitar *to avoid 5*
exasperar *to exasperate, to infuriate 20*
exceso de peso *overweight 15*

exclusivamente *exclusively 12*
excusarse *to excuse oneself 14*
exhibir *to exhibit 19*
exigir *to demand 10*
éxito *success 17*
exótico/a *exotic 3*
experiencia *experience 11*
explicaciones gramaticales *grammar explanations 12*
explicar *to explain 2*
exploración del espacio *space exploration 19*
explotación agrícola *farm 19*
expresar un deseo *to make a wish 14*
ex-presidiario/a *ex-convict 17*
extensivo/a *extensive 18*
extenso/a *extended; vast 10*
extranjero/a *foreigner 8*
extraño/a *strange 6*
fábrica *factory 8*
fábulas *fables 12*
fabuloso/a *fabulous 3*
fácil/difícil *easy/difficult 4*
facilidades (de pago) *payment terms 18*
facilitar *key factor, to facilitate 12*
factor de riesgo *risk factor 15*
facturar las maletas *to check bags 8*
falda *skirt 4*
falso/a *false 13*
falta de intimidad *lack of intimacy 9*
faltar *to be lacking 9*
faringitis *pharyngitis 15*
farmacéutico/a *pharmacist 11*
farmacia *pharmacy 4*
fauna *fauna 22*
febrero *February 3*
fecha de caducidad *expiration date 15*
felicidad *happiness 13*
felicitar (a los empleados) *to congratulate (the employees) 21*
Feliz Navidad *Merry Christmas 4*
ferretería *hardware store 18*
fibra *fiber 5*
fibra óptica *optic fiber 16*
ficha *index card 2*
fidelidad (conyugal) *loyalty (in married life) 19*
fiebre alta *high fever 15*
fiel *faithful 13*
fiestas populares *popular festival 1, 9*
fijar *to fix 8*
fijar estructuras *to reinforce (grammatical) structures 12*
fijarse *to pay attention 6*
filósofo/a *philosopher 19*
fin de semana *weekend 5*
financiamiento *financing 10*
finanzas *finances 9*
finca *farm, country state 22*
finlandés/esa *Finnish 2*
fino/a *thin 7*
firma *signing 6*
firmar *to sign 17*
flechazo *love at first sight 20*
flor *flower 4*
flora *flora 22*
floristería *flower shop 4*
folleto *prospect, brochure 8*
fondo marino de coral *coral reef 22*
forma de pago *method of payment 8*
forma de ser *the way someone is, behavior 20*
formación profesional *professional training 11*
fórmula de cortesía *formula of courtesy 12*
fotografía *photography 2*

fotógrafo/a *photographer 2*
fractura *fracture 15*
francés/esa *French 2*
frecuentemente *frequently 5*
fregar (ie) (los platos) *to wash dishes 13*
fregona *mop 18*
freír *to fry 7*
frenesí *frenzy 20*
frente *forehead 5*
frente a frente *face to face 12*
frente a... *across from ... 10*
fresco/a *fresh 7*
frigorífico *fridge 10*
frío/a *cold 7*
frito/a *fried 7*
frotar con linimento *to rub with liniment 15*
frustrarse *to get frustrated 12*
fruta *fruit 5*
frutos secos *nuts 7*
fuente *platter 7*
fuentes (bien informadas) *(good) sources 17*
fuerte *strong 5, 7*
fuerza *strength 20*
fugarse *to escape 17*
fugaz *transitory 20*
fumador/a *smoker 15*
fumar *to smoke 5*
función principal *main reason 12*
funcionar *to function 9*
funcionario/a *public official 2*
gafas de sol *sunglasses 8*
galería-lavadero *laundry 10*
ganar *to win, to earn money 3, 11*
garaje *garage 10*
gasolina *gasoline 8*
gastos *costs; expenses 10*
gastos de servicio *service charges 8*
gastos pagados *paid expenses 11*
gato *cat 22*
gazpacho *cold soup 7*
generalmente *generally 3*
generosidad *generosity 13*
gente *people 1*
geografía *geography 1*
geométrico/a *geometric 16*
gerente *manager 21*
gestar *to gestate 22*
gimnasia *gymnastics 2*
gimnasio *gym 9*
ginecólogo/a *gynecologist 21*
girar *to turn 5*
giro postal *money order 8*
golpe de estado *coup d'état 6*
gordo/a *fat 5*
gorra *cap 16*
grabaciones *recordings 12*
gracias a *thanks to 12*
gracias por su visita *thank you for your visit 4*
grande *big, large 16*
grandes ciudades *big cities 1*
grasa *fat 5*
grasas animales *animal fat 15*
graso/a *greased 7*
gratis *free 8*
grave *serious 9*
griego/a *Greek 2*
gripe *flu 15*
gris *gray 4*
gritar *to shout 20*
grupo sanguíneo *blood type 15*
guapo/a *good looking 2*
guardaespaldas *bodyguard 17*

lectura de textos literarios *reading literature texts* 12
leer *to read* 1
leer novelas *to read novels* 2
legumbres *pulse* 7
lejía *bleach* 18
lejos (de) *far (from)* 3
lengua extranjera *foreign language* 12
lengua materna *mother tongue* 12
lengua segunda *second language* 12
lenguaje *language* 12
lenguas en contacto *languages in contact* 12
lento/a *slow* 16
lesión *injury, lesion* 15
levantar *to lift* 5
levantar pesos/as *to lift weights* 15
levantarse *to get up* 5
leyendas *legends* 12
libertad política *political freedom* 6
libra *sterling pound* 4
librería *bookstore* 4
libro *book* 4
libro de clase *textbook* 12
libro de ejercicios *workbook* 12
licencia de conducir *driver's license* 8
licores *spirits* 7
liga de campeones *champions league* 14
ligero/a *light* 16
límite, frontera *border* 22
limpiar las habitaciones *to clean the rooms* 16
lindo/a *nice* 14
lino *linen* 16
linterna *lantern, lamp* 16
literario/a *literary* 14
litro *liter* 7
llamada (telefónica) *phone call* 8
llamar *to call* 3
llamar a la gestoría *to call the agency* 21
llamar la atención *to attract attention, to be very attractive* 14
llave *key* 21
llave inglesa *adjustable spanner* 18
llavero *key chain* 16
llegada *arrival* 8
llegar a ser *to become* 11
llenar *to fill* 7
lleno/a *full* 3
llevar *to take, to carry* 4
llevar a cabo *to execute* 16
llevar la contabilidad *to do accounting, book-keeping* 21
llevarse fatal (con) *not to get along (with)* 20
llover *to rain* 9
lo peor *the worst* 9
lo siento *(I am) sorry* 4
localizar *to locate* 21
locutor/a *anchor* 19
los Reyes Magos *the Three Kings* 4
lugar de encuentro *meeting point* 14
luminoso/a *luminous* 10
lunes *Monday* 5
luxemburgués/esa *Luxemburgian* 2
macarrones *macaroni* 7
madera *wood* 16
madre *mother* 2
madres de alquiler *surrogate mother* 19
madrugar *to get up early* 10
maestro/a *teacher* 2
maíz *corn* 7, 19
mal, enfermedad *illness, sickness* 15
malentendido *misunderstanding* 8
malísimo/a *very bad* 14

malo/a *bad* 4
mandón/mandona *bossy* 20
manejar la casa *to manage the house* 16
maneras de vivir *the ways of living* 2
mango *handle* 16
manifestación *demonstration* 6
manipulación genética *gene manipulation* 19
mano *hand* 5
mantener *to maintain* 5
mantener un debate *to have a debate* 19
mantener una conversación *to have a conversation* 12
mantenerse en forma *to keep fit* 5
mantequilla *butter* 7
manzanilla *camomile* 7
mañana *morning, tomorrow* 4
mapa de carreteras *highway map* 8
mapamundi *globe, world map* 16
máquina de afeitar *electric razor* 16
mar *sea* 3
maravilloso/a *wonderful* 20
marca *mark* 17
marearse *to get dizzy* 15
mareas negras *oil spill, large oil slick* 19
marido *husband* 17
marisco *seafood* 7
marrón *brown* 4
martes *Tuesday* 5
martillo *hammer* 18
marzo *March* 3
más *more* 1
más tarde *later* 6
masaje *massage* 15
masajista *masseur/masseuse* 18
mascota *pet* 19
masticar; mascar *to chew* 16
matricularse *to register* 13
mayo *May* 3
mayoría *majority* 1
mecanografiado/a *typed* 11
medicamento *medicine* 4
medida *measure* 7
medio ambiente *environment* 18
medio kilo *half kilo* 7
medir (i) *to measure* 15
meditar *to meditate* 13
mejillones *mussels* 7
mejorar *to improve, to make better* 18
memorizar expresiones *to memorize (conversational) expressions* 12
mendigos *beggars* 9
menos *less* 1
mensajería *courier service* 18
mensajero/a *messenger* 11
mensual *monthly* 5
mentir (ie) *to lie, to tell lies* 11, 19
mercurio *mercury* 19, 22
merendar (ie) *to have an afternoon snack* 7
mes *month* 6
mesa *table* 10
mesilla de noche *bedside table* 10
metal *metal* 16
mezclar *to mix* 7
microondas *microwave* 4, 10
miedoso/a *fearful* 13
miércoles *Wednesday* 5
migraña *migraine* 15
millonario/a *millionaire* 17
mirada *look* 12
mirar *to look* 1
mismo/a *the same* 2
misterio *mystery* 17

misterioso/a *mysterious* 9
mitad *half* 1
mitos *myths* 12
mochila *backpack* 4, 8
modelo *model* 17
moderadamente *moderately* 15
moderno/a *modern* 16
modificar *to modify* 14
molde *mould* 21
molestarse *to bother* 10
molestia *annoyance, discomfort* 15
molesto/a *troublesome, tiresome* 20
monasterio *monastery* 8
moneda *currency* 4
monitor *monitor* 16
monopolio *monopoly* 18
monótono/a *monotonous* 11
montaje *set up, plot* 17
montaña *mountain* 3, 22
monumentos *monuments* 1
morderse las uñas *to bite one's nails* 13
morir *to die* 2, 6
moto *motorcycle* 3
moverse (ue) *to move* 12
movimiento migratorio *migration* 19
mucho gusto *nice to meet you* 10
muerte *death* 6
mujer *woman* 2
multilingüismo *multilinguism* 12
mundo *world* 1
músculo *muscle* 5
música en vivo *live music* 14
músico/a *musician* 2
Muy bien, gracias *Very good, thank you* 10
nacer (zc) *to be born* 2
nacimiento *birth* 6
nada/todo *nothing/everything* 4
nadar *to swim* 5
naranja *orange* 4
naturaleza *nature* 1
naturista, naturalista *naturist* 19
navegar a vela *sailing* 14
navegar por Internet *to surf the Internet* 13
necesario/a *necessary* 5
neceser *toilet case* 8
necesitar *to need* 4
negocio *business* 1, 8
negro/a *black* 4
niño/a *kid* 2
niños *children* 2
nivel del mar *sea level* 9
no *no* 1
no sé *I do not know* 1
no sólo... sino también *not only ... but also* 12
noche *evening, night* 4
Nochebuena *Christmas' Eve* 4
Nochevieja *New Year's Eve* 4
nombrar *to name* 22
nombre *first name* 1
normalmente *normally* 5
norteamericano/a *North American* 2
nosotros/as *we* 1
noticiario *news* 14
noticias *news* 1
novedad *novelty* 18
novedoso/a *novel, new* 18
novelista *novelist* 17
noviembre *November* 3
novio/a *boyfriend/girlfriend* 2
nueve *nine* 1
nuevo/a *new* 4

obra de arte *work of art* 14
obra de referencia *reference book* 19
obra de teatro *play* 14
obras (públicas) *work, construction* 9
obrero/a, trabajador/a *worker* 2
obsequio *present; gift* 10
obstaculizar *to hinder, to hold up* 18
ocho *eight* 1
ocio *leisure* 9
octubre *October* 3
ocultarse *to hide* 12
ocupado/a *busy* 18
ocuparse (de) *to take care of* 8
ocurrir *to happen* 16
odiar *to hate* 13
odio... *I hate...* 13
oferta *sale* 8
oferta laboral *job offer* 18
ofertas/rebajas *sales* 4
oficina de correos *post office* 3
oficina *office* 2
oficina de turismo *visitor center* 3
ofrecer *to offer* 11
ofrecimiento *offer* 10
ojear *to eye, to stare at* 17
ojo *eye* 5
olla *pot* 7
olor *smell* 9
olvidar *to forget* 4
operación *surgery* 15
operar (de) *to have surgery, to operate* 15
opinar *to give one's opinion* 7
oralmente, boca a boca (trad.) *orally* 12
orden alfabético *alphabetical order* 19
ordenador, la computadora *computer* 4
ordenador de bolsillo *palmtop* 16
ordenador portátil *portable computer, laptop* 16
ordenar la oficina *to put in order the office* 21
organizado/a *organized* 11
orgullo *pride* 17
oro *gold* 22
oso *bear* 22
otoño *Fall* 3
oyente *listener* 19
paciente *patient* 11
padecer (zc) *to suffer* 15
padre *father* 2
padres *parents* 2
pagar *to pay* 4
país *country* 1
paisaje *landscape* 1
pájaro *bird* 22
pan *bread* 4, 7
pana *corduroy* 16
pantalla *screen* 16
pantalones *pants, trousers* 4
paño húmedo *warm compress* 15
pañuelo (de papel) *tissue* 16
pañuelo *scarf* 4
papá/mamá *dad/mom* 2
Papá Noel *Santa Claus* 4
papel *paper* 4, 16
papel de regalo *paper wrap* 21
papelería *stationary store* 4
paperas *mumps* 15
paquete de cigarrillos *pack of cigarettes* 7
paradero *whereabouts, location* 17
parado/a *unemployed* 19
paradójicamente *paradoxically* 13
parador nacional *parador, state-owned hotel* 8
paraíso *paradise* 22
parche *patch* 15

parecerse *to be similar* 2
pareja *couple* 2
parque *park* 3
parque de atracción *amusement park* 14
parque de atracciones *fairground* 8
parque nacional *national park* 22
parque natural *nature reserve* 8
parrilla *grill* 7
participar *to participate* 1
participar en un taller *to participate in a workshop* 21
partido de fútbol *soccer game* 14
pasad, *come in* 10
pasaporte *passport* 8
pasar *to pass* 21
pasar a limpio *to prepare a final version of* 10
pasar por la aduana *to go through customs* 8
pasar una llamada *to transfer a call* 21
pasarlo bien, disfrutar *to enjoy* 6
pasear *to walk* 3
pasillo *corridor* 10
pasta *pasta* 7
pastel *pie* 4
pastelería *pastry shop* 4
patatas fritas *chips, fries* 4
patinar *to skate, to roll blade* 14
patines *roller blades* 4
patio de tango *the place to dance tangos* 14
pavimento *pavement* 9
paz mundial *world peace* 19
pedante *pedantic* 2
pedantería *pedantry* 13
pedido *order* 7
pedir hora *to ask for an appointment* 21
pedir permiso (para) *to ask permission (for)* 21
pedir respaldo financiero *to request economic support* 21
pelado/a *peeled* 7
pelearse *to fight* 20
película de acción *action movie* 14
película de terror *thriller* 14
película del oeste *western* 14
película policíaca *police film* 14
peligroso/a *dangerous* 11
peluquería *hairdresser's, barber's (shop)* 4
pena *grief, sadness, sorrow* 17
pendiente *earring* 4
pensador/a *thinker* 19
pensamiento *thought* 6
pensar en + inf. *to think about + gerund* 17
pensión *a lodging house* 8
pequeño/a *small* 4, 16
percibir *to perceive* 16
perder (ie) *to lose* 11
perder peso *to lose weight* 5
peregrino/a *pilgrim* 8
perezoso/a *lazy* 2
perfeccionar *to perfect* 11
perfume *perfume* 4
perfumería *perfumery* 4
periódico *newspaper* 1, 2
periodismo *Journalism* 2
periodista *journalist* 2
perjudicar *to harm, to damage* 15
permanente *permanent* 18
permiso de construcción *building permit* 9
permiso de trabajo *permission to work* 8
pero *but* 1, 6
perro *dog* 22
persona mayor *senior* 19
personas insolidarias *self-interested people* 13
personas mayores *senior people* 2

pertenecer *to belong* 6
perturbar *to disturb* 20
pesado/a *heavy* 16
pesar *to weight* 15
pescado *fish* 5
peso *weight* 7
petróleo *oil, petroleum* 19
pez *fish* 22
picado/a *choppy* 7
picadura de avispa/abeja/garrapata *bite of wasp/bee/tick* 15
picante *hot* 7
picar *to itch* 15
picar unas tapas *to have some tapas (snacks)* 8
pico *peak* 22
pie *foot* 5
piedra *stone* 22
pierna *leg* 5
pila *battery* 4
pillar *to catch* 17
pinacoteca *art gallery* 14
pinchazo *puncture tire* 8
pintar *to paint* 2
pintor/a *painter* 2
piscina *swimming pool* 3, 10
piso, apartamento *apartment* 10
pista *clue* 17
placer *pleasure* 14
planchado *ironing* 18
planchar *to iron* 13
planear, planificar *to plan* 14
plano/a *flat, even* 16
planta baja *first floor* 10
plantear un tema *to introduce/present an issue* 19
plástico *plastic* 16
plata *silver* 22
plato *plate* 4, *dish* 7
playas *beaches* 1
plaza *arena, square* 3
plaza de toros *bullfight ring* 3, 14
plazo *deadline* 17
plebiscito *plebiscite* 22
plomo *lead* 19
población *population* 1, 9
poco a poco *bit by bit* 15
poco/a/os/as *few* 5
poder (ue) *to be able* 4
poderoso/a *powerful* 20
policía *policeman/woman* 11
polideportivo *sports hall* 3
poliéster *polyester* 16
polígono industrial *industrial zone* 9
política *politics* 1
político/a *politician* 2, 19
pollo *chicken* 7
poncho *poncho* 16
poner *to put* 10
poner en contacto *to put in contact* 15
poner las cosas fáciles *to make things easy* 18
poner término a *to end, to finish* 22
poner una pomada *to apply a cream* 15
poner(se) nervioso/a *to make/get nervous* 13
ponerse a trabajar *to start working* 6
ponerse celoso/a *to get jealous* 20
ponerse contento/a *to get happy* 20
ponerse de moda *to be in fashion* 14
ponerse en contacto *to get in touch with* 20
por desgracia *unfortunately* 7, 19
por ejemplo *for example, for instance* 1
por eso *for that reason* 6
por excelencia *par excellence* 14
por la mañana *in the morning* 5

por la noche *in the evening/by night* 5
por la tarde *in the afternoon/evening* 5
por suerte *luckily* 17
por turnos *in turns* 16
porcentaje *percentage* 1
porque *because* 2
portavoz *spokesperson* 17
portugués/esa *Portuguese* 2
posada *inn* 8
posponer *to postpone* 19
postal *postcard* 4
postura *posture* 12
potenciar estrategias de aprendizaje *to develop learning strategies* 12
pozo *well* 20
práctica *practice* 5
practicar con personas conocidas *to practice with acquaintances* 12
práctico/a *convenient, handy* 16
precio *price* 4
precioso/a *beautiful* 4
precisar *to specify* 11
predicción *prediction* 19
preferencia *preference* 3
prefijo *area code* 8
preguntar/pedir el precio *to ask the price* 4
preocupar *to worry* 6, 13
preparado/a *prepared, ready* 3, 11
preparar una carta astral *to prepare an astrological chart* 14
prepararse para salir *to get ready to go out* 14
prescindir de *to leave aside* 16
presencia *presence* 13
presentar *to introduce* 10
presionar *to pressure, to put pressure* 18
prestar un servicio *to provide service* 18
presumido/a *conceited* 2
presupuesto *budget* 4, 9
prevención *prevention* 15
prevenir *to prevent* 15
prever *to foresee* 19
primavera *Spring* 3
primer plato *first course* 7
primitivo/a *primitive* 20
primo/a *cousin* 2
prioridad *priority* 19
privilegiado/a *privileged* 10
probarse (ue) *to try on* 4
problema *problem* 4
procurar/intentar + inf. *to try* 12
producción *production* 18
producirse, ocurrir *to happen* 9
productividad *productivity* 18
producto de limpieza *cleaning product* 18
producto interior bruto (PIB) *gross national product* 18
productor/a *producer* 22
profecía *prophecy* 19
profesor/a *professor* 2
profundamente *deeply* 19
profundo/a *profound* 20
programación *programming* 14
progresista *liberal* 13
progreso tecnológico *technologic progress* 19
prohibir *to forbid* 20
prometer *to promise* 21
promover (ue) *to promote* 18
pronto *soon* 5
propietario/a *owner* 17
proponer un plan *to propose a plan* 14
proporcionar *to give* 15
prostitución *prostitution* 9

prostituto/a *(male) prostitute* 17
protagonista *main actor/actress* 14
protagonistas *main characters* 17
protestar *to protest* 18
proverbios *proverbs* 12
proyecto *project* 11
prueba *proof, evidence* 17
psicólogo/a *psychologist* 11
pueblo *town* 3
puerta blindada *reinforced door* 10
puerto *harbor* 9
puerto deportivo *yachting port* 8
pulsar *to press* 19
punto (más) fuerte/débil *strong/weak point* 12
punto de partida *starting point* 8
punto de vista *point of view* 11, 12
puñado *handful* 20
quedar en *to meet* 10
quedar fascinado/a con *to become fascinated with* 20
quedarse con los brazos cruzados *to do nothing* 20
quedarse inconsciente *to lose consciousness* 15
quedarse sordo/a *to become deaf* 20
quedarse viudo/a *to become a widow(er)* 17
quemadura *burn* 15
querer (ie) *to want* 3
querido/a *dear* 3
queso *cheese* 5, 7
quincenal *biweekly* 5
quiosco *kiosk* 4
quisquilloso/a *touchy, oversensitive* 22
quitar el polvo *to dust* 16
quizá *perhaps* 7
radiaciones solares *solar radiations* 19
ramo de flores *bunch of flowers* 7
rápido/a *quick, fast* 16, 18
rascacielo *skyscraper* 9
rato *a while* 21
ratón *mice* 22
ratón de la computadora *computer mouse* 16
raza *race* 9
reacción alérgica *allergic reaction* 15
reaccionar con ardor *to react courageously* 19
realizar *to make* 5
realizar un pedido *to order* 18
rebasar *to exceed* 9
rebeldía *rebellion* 20
rebrote *new outbreak, reappearance* 19
recado *errand* 18
recepción *reception (desk)* 8, 17
recepcionista *receptionist, front desk attendant* 8, 11
recetar pastillas *to prescribe pills* 15
rechazar un argumento *reject/refuse an argument* 19
rechazar una invitación *to reject an invitation* 14
recibidor *entrance hall* 10
recibir *to receive* 9
reclamar *to claim* 18
reclamar el equipaje (perdido) *to claim (lost) luggage* 8
recoger *to pick up* 8
recoger a un cliente en la estación *to pick up a client at the station* 21
recoger las maletas *to pick up bags* 8
recogida *pick up* 18
recomendable *advisable* 5
recopilar *to collect* 15
recordar (ue) *to remember* 10
recorrer una ciudad a pie *to have a walking tour around the city* 14

recto *straight* 5
recuperación *recovery* 22
recursos económicos *economic resources* 9
recursos naturales *natural resources* 19
red *web/internet* 1
redacción *composition* 12
redondo/a *round* 16
referendum *referendum* 6
referir (ie) *to refer* 21
reflejarse *to reflect* 12
refrescar *to refresh* 15
refrescos *sodas* 4
refugiado/a *refugee* 19
regalo *gift* 4
regar (ie) *to water* 21
régimen *regime* 22
regresar *to come back* 2
rehacer *to redo* 17
reinar *to prevail* 19
relacionar *to relate* 6
relativo a *related to* 21
relatos *stories* 12
rellenar *to fill out* 2
reloj *watch* 4
remar en el lago *to row in the lake* 14
remedio casero *domestic remedy* 15
remitir *to remit* 21
remover *to stir* 7
renovado/a *renovated* 10
renunciar a *to renounce, to give up* 20
repartir *to distribute* 11
reparto, distribución *distribution, delivery* 18
repeler(se) *to repel* 20
repercutir *to have repercussions* 20
representante *representative* 9, 17
requisito *requirement* 7, 8
resaca *hangover* 15
rescate *ransom* 21
reserva *reservation* 8
resfriarse *to get a cold* 15
residencia de ancianos *nursing home* 9
resolver un caso *to solve a case* 17
responder (a) *to answer* 16
retirada *retirement* 6
retransmisión *broadcasting* 14
retraso *delay* 8
reunión de negocios *business meeting* 17
reunirse *to meet* 8, 14
revelar fotos *to develop pictures* 8
revista *magazine* 4
rico/a *tasteful* 7
riesgo *risk* 15
rígido/a *rigid, inflexible* 20
río *river* 3
ritmo *rhythm* 9
robo *theft* 8
rodaja *round slice* 7
rodear *to surround* 9
rodilla *knee* 5
rojo/a *red* 4
romántico/a *romantic* 20
romper con *to break up with* 14
romper el hielo *break the ice* 19
romper un contrato *to break a contract* 17
romperse un hueso *to break a bone* 15
roncar *to snore* 13
ropa *clothes* 4
ropa interior *underwear* 4
rosa *pink* 4
roto/a *broken* 16
rueda *wheel* 16
ruido *noise* 9

ruinas *ruins 22*
ruleta de la fortuna *wheel of fortune 14*
sábado *Saturday 5*
sabihondo/a *know-all, pedantic 22*
sacacorchos *corkscrew 16*
sacar *to take out 7*
sacar conclusiones *to come to conclusions 19*
sacar una entrada *to buy a ticket 14*
sacrificio *sacrifice 17*
sacudir *to shake 20*
sal *salt 7*
sala de juegos *game room 10*
salado/a *salty 7*
salar *to salt 7*
salida *departure 8*
salir *to go out 3*
salir a cenar *to go out for dinner 14*
salir con *to go out with 17*
salón *living room 10*
salsas *sauces 5*
saltar *to jump 5*
saludo *greetings 10*
sangre *blood 5*
sanidad *health, healthiness 9, 19*
sano/a *healthy 5*
sartén *frying pan 7*
Se dice que... *it is said/people say/they say that... 17*
se está haciendo tarde *it's getting late 10*
se habla español *Spanish is spoken 1*
Se rumorea que... *it is rumored that ... 17*
secador de pelo *hair-drier 4*
seco/a *dry 3*
secuestrar *to kidnap 17*
seda *silk 16*
sede *headquarters 11*
sede del gobierno *government headquarters 9*
seguir todo recto *to continue straight 10*
segundo plato *main course 7*
seguridad ciudadana *law and order 9*
Seguridad Social *Social Security 11*
seguro *insurance 18*
seguro médico *health insurance 5*
seis *six 1*
semanal *weekly 5*
sembrar (ie) *to sow 20*
sensibilidad *sensitivity 11*
sensibilizar *to sensitize, to make aware of 18*
sensible *sensitive 13*
sentarse (ie) *to sit down 5, 10*
sentido del humor *sense of humor 13*
sentir (ie) *to feel 8*
sentir escalofríos *to have chills 15*
sentirse angustiado/a *to feel anguish/stress 20*
sentirse incomprendido/a *to feel misunderstood, not appreciated 20*
sentirse motivado/a *to feel motivated 12*
septiembre *September 3*
sequía *drought 19, 22*
ser (irreg.) *to be 1*
ser expresivo/a *to be expressive 12*
ser polos opuestos *to be at opposite extremes 20*
ser un rollo *it's an awful drag 14*
serie *series 14*
serio/a *serious 2, 4*
serpiente *snake 22*
servicio *service 3*
servicio a domicilio *home delivery 18*
servicio de despertador *wake-up service 18*
servicio de traducciones *translation services 11*
servicio despertador *wake-up service 8*
servilleta *napkin 4*

servir (i) *to serve 14*
sesión de fotos *photo session 17*
sí *yes 1*
siete *seven 1*
siguiente *following 8*
silla *chair 4, 10*
sillón *armchair 10*
simpatía *warmth, charm 13*
simpático/a *nice 2*
sin complicaciones *uncomplicated 13*
sin duda alguna *without a doubt 14*
sin embargo, no obstante *however 6*
sin lugar a dudas *without a doubt 9*
sin querer *involuntarily 16*
sindicato *labor union 6*
síntoma *symptom 15*
sistemáticamente *systematically 19*
situación de comunicación *communicative situation 12*
situarse *to place 12*
sobrar *to exceed 11*
sobre *envelope 4*
sobre todo *above all 6*
socio/a *partner, associate 21*
sociólogo/a *sociologist 2*
sofá *sofa 10*
solar *lot; ground 10*
soleado/a *sunny 10*
soledad *loneliness 17*
solicitar *to apply 11*
solicitar un servicio *to request a service 18*
solicitar un visado *to apply for a visa 8*
solidario/a *joint, common 18*
solidarizarse *to support 18*
solo/a *alone 3*
soltar (ue) *to let go of, to drop 16*
soltarse el pelo *to let one's hair down 16*
soltero/a *single 2*
solucionar *to solve 7*
sombrero *hat 16*
sonrisa *smile 21*
soportar *to stand 13*
sorprendente *surprising 6*
sorprender *to surprise 14*
sorpresa *surprise 4*
soso/a *tasteless 7*
sospechar (de) *to suspect 17*
suavizar *to smooth 13*
subir y bajar escaleras *to climb stairs, to go up and downstairs 5, 16*
subsuelo *underground 19*
suceso misterioso *mysterious incident 17*
sudar *to sweat 15*
sueco/a *Swedish 2*
suegros *parents-in-law 17*
sueldo, salario *salary 11*
suelo *floor 5*
sueño *dream 14*
sufrir molestias en el cuerpo *to feel pain 20*
sufrir un atasco *to be in a traffic jam 14*
suizo/a *Swiss 2*
superar *to surpass, excel 16*
superficialidad *superficiality 13*
superficie *area 22*
superfluo/a *superfluous 19*
supermercado *supermarket 4*
suplementario/a *supplementary, extra, additional 18*
suponer *to suppose 17*
sur/norte/este/oeste *south/north/east/west 1*
surgir *to emerge 18*
taberna *tavern 9*

tácitamente *tacitly 12*
taco *stopper, wooden peg 21*
tala de árboles *tree felling 19*
taladro *drill 21*
talento *talent 13*
talismán *talisman 13*
talla *size 4*
tamaño *size 9*
también *also, as well 2*
tapujo *deceit, subterfuge 20*
tarjeta *card 4*
tarjeta de crédito *credit card 4, 8*
tarjeta de turismo *tourism card 8*
tarta, pastel *cake 10*
tatuaje *tattoo 17*
taxista *taxi driver 11*
taza *cup 7*
teclado *keyboard 16*
técnico/a *technician 11, 21*
tela *cloth 16*
telediario *news 14*
teléfono móvil *cellular phone 4*
televisión *television 1*
televisor *television set 10*
templado/a *warm 9*
temporada *season 9, 14*
temporal *temporary 18*
tenacidad *tenacity 13*
tenedor *fork 7*
tener (ie) *to have 4*
tener a mano *to be handy 18*
tener algo en común *to have something in common 13*
tener buena disposición *to have a good attitude 11*
tener celos (de) *to be jealous (of) 20*
tener confianza en sí mismo/a *to have self-confidence 12*
tener curiosidad *to be curious 12*
tener el placer (de) asistir *to have the pleasure of attending 21*
tener en cuenta *to have in mind, to take into consideration 14*
tener hora para el médico *to have an appointment with the doctor 21*
tener lugar (un acto) *to take place (an event) 21*
tener más demanda *to be in demand 18*
tener miedo a la soledad *to be afraid of being alone 20*
tener miedo de los compromisos *to be afraid of commitment 13*
tener preocupado/a a alguien *to have someone worried 20*
tener que (+ infinitivo) *to have to (+ infinitive) 4*
tener razón *to be right 8*
tener sustancia *to have substance 20*
tener un accidente *to have an accident 15*
tener vergüenza de hablar en *to feel ashamed of speaking in público *public 20*
tener voluntad (de) *to have the will to 11*
tensión *pressure 5*
tensión alta *high blood pressure 15*
terapia *therapy 13*
terminar de trabajar *to finish working 6*
terraza *terrace 10*
terreno *land 10*
test psicotécnico *response test 11*
testigo *witness 17*
testimoniar *to testify 22*
tienda de calzados *shoe store 4*
tienda de campaña *tent 8*

tienda de deportes *sport store 4*
tienda de muebles *furniture store 4*
tierno/a *tender; soft 13*
tijeras *scissors 16, 21*
tímido/a *shy 2*
tintorería *dry cleaner 18*
tío/a *uncle/aunt 2*
tirar, botar *to throw away 19*
título universitario, carrera *university degree 11*
tocar el piano *to play the piano 14*
tocar la batería *to play drums 2*
todas las semanas *every week 5*
todavía *still 8*
todavía no *not yet 8*
todo incluido/a *all-in 8*
todos los días *everyday 5*
tomar *to take 5*
tomar algo *to have a drink 6, 8*
tomar demasiado café *to take too much coffee 5*
tomar el sol *to sunbathe 3*
tomar la iniciativa *to take the initiative 12*
tomar nota(s) *to take note 2, 10*
tomar una decisión *to make a decision 18*
tomar unas copas *to have a drink 14*
tonificar *to strengthen 15*
torcerse un tobillo/una muñeca *to sprain an ankle/a wrist 15*
tornillo *screw 21*
tortícolis *torticollis; stiff neck 15*
tortilla española *Spanish omelet 7*
tortuga *turtle 22*
tos *cough 15*
tostadora (de pan) *toaster 16*
trabajador/a *hard-working 2*
trabajar *to work 2*
trabajar en grupo *to work in groups 12*
trabajar muchas horas *to work for many hours 5*
trabajo en equipo *team work 11*
tradicional *traditional 13*
tradiciones *traditions 1*
traducir de una lengua a otra *to translate from one language to the other 12*
traductor/a *translator 11*
traer café del bar *to bring coffee from the cafeteria 21*
trámite *procedure 18*
tranquilizante *tranquilizer 15*
tranquilo/a *calm, peaceful 3, 10*
transferencia bancaria *bank transfer 8*
transformarse *to transform 20*
transmitir confianza *to evoke trust 18*
transmitir un dato *to transmit a bit of information 21*
transportes (públicos) *(public) transportation 9*
trasfondo *background 18*
trasladarse *to move 6*
trastero *lumber room 10*
tratamiento *treatment 15*
tratar con *to deal with 11*
tratar por igual *to treat equally 16*
tratar un asunto *to discuss a matter 21*
trato exquisito *exquisite treatment, great service 14*
travieso/a *mischievous 2*
trazar *to plan, to outline 18*
tres *three 1*
triangular *triangular 16*
tristeza *sadness 17*
tropezar (ie) con *to run into 13*
tú *you (singular, informal) 1*
tumba *a tomb 8*
tumbar *to knock down 15*
túnica *tunica 16*

único/a *unique 12*
unirse a *to join 6*
universidad *university 2*
universitario/a *university student 11*
uno *one 1*
urbanismo *city planning 9*
urbanización *housing state 9*
urgentemente *urgently 11*
usted *you (singular, formal) 1*
ustedes *you (plural, formal) 1*
usuario *user 11, 19*
utensilios de cocina *utensils 7*
utilizar *to use 3*
vaca *cow 22*
vacuna *vaccine 5*
valiente *brave 13*
valioso/a *valuable 19*
valla, cartel *billboard 4*
vanidad *vanity 13*
varicela *chickenpox 15*
vaso *glass 4*
vecino/a *neighbor 10*
vegetariano/a *vegetarian 7*
vela *candle 4*
vendedor/a *salesman/woman 11*
vender *to sell 4*
venir *to come 3*
venir a la mente *to come to mind 12*
ventajas *advantages 4*
ver *to see 1, 8*
ver la tele(visión) *to watch the television 13*
ver películas *to watch movies 2*
verano *Summer 3*
¿verdad? *right? 16*
verdadero/a, falso/a *true, false 12*
verde *green 4*
verdura *vegetables 5, 7*
vergüenza *embarrassment 17*
vestíbulo *lobby; foyer 10*
vestido *dress 4*
viajar *to travel 3*
viajes espaciales *space travels 19*
vicio *vice 13*
vida extraterrestre *extraterrestrial life 19*
vida nocturna *nightlife 9*
vida sana *a healthy life 5*
vidente *person with sight 19*
viejo/a *old 16*
viento *wind 19*
viernes *Friday 5*
vigilar *to watch 15*
vincular (a) *to link 17*
vino blanco *white wine 7*
vino rosado *rose wine 7*
vino tinto *red wine 7*
violencia *violence 9*
violento/a *tough 5*
virtud *virtue 13*
visa, visado *visa 8*
visita guiada *guided tour 8*
visitante *visitor 8*
visitar *to visit 3*
vista *view 10*
vitamina *vitamin 15*
viudo/a *widower/widow 2*
vivienda *housing 9*
vivir *to live 1*
vivir juntos *to live together 14*
volcán *volcano 22*
voluntario/a *voluntary 18*
volver (ue) a la carga *to keep at it, to insist 14*
vómito *vomit 15*

vosotros/as *you (plural, informal) 1*
ya *already 8*
yo *I 1*
yogur *yogurt 7*
zapato *shoe 4*
zona peatonal *pedestrian zone 9*
zona residencial *residential area 10*
zona verde *green zone 9*
zoológico *zoo 8*
zurdo/a *left-handed 16*

English to Spanish Vocabulary

à la carte a la carta
above all sobre todo
absent-minded despistado/a
accommodation alojamiento
accompany acompañar
accomplice implicado, cómplice
accountant contable
accustomed acostumbrado/a
across from... frente a...
act silly hacer el tonto
action movie película de acción
actor actor
actress actriz
actually en realidad
acupuncture acupuntura
add agregar, añadir
address dirección
adhesive tape cinta adhesiva
adjustable wrench llave inglesa
administrative administrativo/a
admiration admiración
advantages ventajas
advertisement anuncio
advice consejo
advisable recomendable
affectionate cariñoso/a
afterwards después, luego
again de nuevo
against contra
agent agente
aggravate agravar la situación
agile ágil
agonize agonizar
agreement acuerdo
agriculturalist agricultor/a
air aire
air conditioner aire acondicionado
alibi coartada
alienation enajenación
allergic reaction reacción alérgica
allergy alergia
all-in todo incluido/a
allusion alusión
almost casi
alone solo/a
alphabetical order orden alfabético
already ya
also también
aluminum aluminio
amusement park parque de atracción
analgesic analgésico
ancestral belief creencia ancestral
anchor locutor/a
anecdotes anécdotas
anger indignar
anguish angustia
animal care cuidado de animales
animal fat grasas animales
animation animación
announce anunciar
annoyance molestia
annual income ingresos anuales
answer responder (a)
antibiotic antibiótico
antiquated anticuado/a
anywhere cualquier parte
apartment piso, apartamento
aperitif aperitivo
apologize disculparse
apology disculpa
appendicitis apendicitis
appetizer entrante, aperitivo
apply solicitar

apply a cream poner una pomada
apply for a visa solicitar un visado
appreciate apreciar
appropriate to the circumstances apropiado/a a
    las circunstancias
approve a resolution aprobar (ue) una
    resolución
approximately aproximadamente
April abril
architect arquitecto/a
architectural firm estudio de arquitectura
area superficie
area code prefijo
arena plaza de toros
argue argumentar
arm brazo
armchair sillón
arrival llegada
art arte
art collection colección de arte
art gallery pinacoteca
art of fortune-telling artes adivinatorias
artistic artístico/a
as expected como era de esperar
as well también
ask for an appointment pedir hora
ask permission (for) pedir permiso (para)
ask questions hacer preguntas
ask the price preguntar/pedir el precio
assassination asesinato
assign destinar
asthma asma
at first sight a primera vista
at least al menos
at present actualmente
at that time en esa época
at the corner of ... en la esquina de...
at the same time al mismo tiempo
atmosphere, ambiance ambiente
attacks, assaults asaltos
attend a cocktail atender un cóctel
attend a live concert asistir a un concierto en vivo
attentively atentamente
attract atraer(se)
attract attention llamar la atención
audition audición
August agosto
Austrian austriaco/a
authoritarian autoritario/a
authorize autorizar
automobile industry industria del automóvil
autonomous autónomo/a
availability disponibilidad
available disponible
avenue avenida
avoid evitar
awake despierto/a
babysitter canguro
back espalda
background trasfondo
backpack mochila
bad malo/a
bag bolsa
bake asar
baked al horno
balcony balcón
bank banco
bank transfer transferencia bancaria
barber (shop) peluquería
bathroom (cuarto de) baño
battery pila
be ser (irreg.), estar (irreg.)
be able poder (ue)

be adjacent colindar
be afraid of being alone tener miedo a la
    soledad
be afraid of commitment tener miedo de los
    compromisos
be all the rage causar furor
be angry with disgustado/a (con)
be at opposite extremes ser polos opuestos
be at your disposal estar a su disposición
be attentive to the explanations estar atento/a
    a las explicaciones
be back estar de vuelta
be born nacer (zc)
be composed of estar compuesto de
be curious tener curiosidad
be expressive ser expresivo/a
be fed up estar harto/a (de)
be handy tener a mano
be on a diet estar a dieta, hacer dieta
be in a traffic jam sufrir un atasco
be in demand tener más demanda
be in fashion ponerse de moda
be interested in the language estar
    interesado/a en la lengua
be involved in many activities estar metido/a
    en un
be jealous (of) tener celos (de)
be just right estar en su punto
be lacking faltar
be late hacerse tarde
be on the spot, in a jam en apuros
be on vacation estar de vacaciones
be open to estar abierto/a (a)
be pitiful, to rouse to pity dar pena/lástima
be ready (for) estar listo/a (para)
be right tener razón
be seated estar sentado/a
be similar parecerse
be stupid hacer el tonto
be tardy hacerse tarde
be tired of harto/a (de)
be very attractive llamar la atención
be working as a waiter estar de camarero/a
be wrong estar equivocado/a
beaches playas
bear oso
beat batir
beautiful bello/a, precioso/a
because porque
become llegar a ser
become a danger convertirse (ie) en un
    peligro
become a widow(er) quedarse viudo/a
become blurred desdibujar
become deaf quedarse sordo/a
become fascinated with quedar fascinado/a
    con
become independent independizarse
bed and breakfast casa de huéspedes
bedroom dormitorio
bedside table mesilla de noche
beer cerveza
before ante(s)
beggars mendigos
behavior comportamiento
behind detrás (de)
Belgian belga
believe in oneself creer(se)
belong pertenecer
benefit from aprovechar
between entre
beverages bebida
bicarbonate of soda bicarbonato de soda

bicycle bicicleta
big cities grandes ciudades
big, large grande
bike riding ir en bici
bill cuenta
billboard valla, cartel
billiard billar
biologist biólogo/a
biotechnology biotecnología
bird pájaro
birth nacimiento
birth certificate certificado de nacimiento
birthday cumpleaños
bit by bit poco a poco
bite of wasp/bee/tick picadura de
  avispa/abeja/garrapata
bite one's nails morderse las uñas
biweekly quincenal
black negro/a
black and white blanco y negro
bleach lejía
block cuadras, manzana
blood sangre
blood type grupo sanguíneo
blue azul
blush enrojecerse (zc)
boat barco
bodyguard guardaespaldas
bohemian bohemio/a
boil hervir
boiled hervido/a
boiler caldera
book libro
bookstore librería
border límite, la frontera
bossy mandón/mandona
bother molestarse
bottle botella
bow lazo
bowling jugar a los bolos
box, case estuche
boyfriend/girlfriend novio/a
brave valiente
bread pan
break a bone romperse un hueso
break a contract romper un contrato
break the ice romper el hielo
break up with romper con
breakdown avería
bricklayer albañil
briefly en breve
bring coffee from the cafeteria traer café del bar
broadcasting transmission
brochure folleto
broken roto/a
bronchitis bronquitis
broth caldo
brother/sister hermano/a
brown marrón
brush your teeth cepillarse los dientes
budget presupuesto
building permit permiso de construcción
bulb bombilla
bulky abultado/a
bullfight ring plaza de toros
bunch of flowers ramo de flores
burn quemadura
bus autobús, autocar
business negocio
business center centro de negocios
business meeting reunión de negocios
business, store establecimiento comercial
businessman/woman hombre/mujer de negocios
busy ocupado/a
but pero
butter mantequilla
button botón

buy a ticket sacar una entrada
buy gifts comprar regalos
buy, to purchase comprar
buy the tickets comprar los billetes
buy used things comprar de segunda
C.V., resume currículum vitae
cake tarta, pastel
calendar agenda
call llamar
call the agency llamar a la gestoría
calm, peaceful tranquilo/a
calm; tranquility calma
calmly con calma
camera cámara de fotos
camomile manzanilla
camomile tea, infusion infusión de manzanilla
can lata
can opener abrelatas
cancel anular
cancellation cancelación
candle vela
candy dulce
cap gorra
capsule cápsula
car coche
card tarjeta
cardboard cartón
carpenter shop carpintería
carton of milk cartón de leche
cash en efectivo
cashbox caja fuerte
casserole cazuela
castle castillo
cat gato
catch pillar
cathedral catedral
cellular phone teléfono móvil
cereals cereales
certainly indudablemente
chair silla
champagne cava
champions league liga de campeones
change cambiar
change jobs cambiar de trabajo
channel cadena
chaos caos
chapter capítulo
charm encanto
charming encantador/a
chauffeur chófer
cheap barato/a
check cuenta
check bags facturar las maletas
cheer up dar ánimos
cheese queso
chemical disaster desastre químico
chew masticar; mascar
chicken pollo
chickenpox varicela
childhood infancia
children niños
chimney chimenea
chips patatas fritas
choice elección
choose elegir (i)
choppy picado/a
choreography coreografía
Christmas' Eve Nochebuena
church iglesia
citizen ciudadano/a
city center centro
city hall ayuntamiento
city planning urbanismo
civil code código civil
Civil Service administracíon pública
Civil War guerra civil
claim reclamar

claim (lost) luggage reclamar el equipaje
  (perdido)
clarify aclarar
classic clásico/a
classmate compañero/a
clean the rooms limpiar las habitaciones
cleaning product producto de limpieza
clearly claramente
clerk dependiente/a
clients clientela
climate, weather clima
climatic changes cambio climático
climb stairs subir y bajar escaleras
clinic clínica
cloning clonación
close cerrar
close, next to cerca (de)
closet armario
cloth tela
clothes ropa
clue pista
coast costa
cod bacalao
coffee pot cafetera
coffee with a dash of milk cortado
coherence coherencia
cold frío/a
collapsed colapsado/a
collect recopilar
collect stamps coleccionar sellos
colorful colorido/a
come venir
come along acudir (a)
come back regresar
come in pasad, pasen
come to conclusions sacar conclusiones
come to mind venir a la mente
comfort comodidad
comfortable cómodo/a
comment comentar
commerce comercio
commission comisión
commitment compromiso
common good bien común/público
communicate comunicar
communicative comunicativo/a
communicative situation situación de
  comunicación
company fábrica
company, firm empresa
competitors competencia
complex complejo/a
complicated complicado/a
compliment cumplido
compose componer
composition redacción
computer ordenador, la computadora
computer mouse ratón de la computadora
computer sciences informática
conceited presumido/a
condominium condominio
conference conferencia
confesion declaración, confesión
confront enfrentarse (a)
congratulate (the employees) felicitar (a los
  empleados)
conjunctivitis conjuntivitis
conservative conservador/a
consider something about oneself considerarse
consist of consistir en
constipation estreñimiento
constitute constituir (y)
constitution constitución
construction construcción
consulting service asesoría
consumer consumidor
consumption consumo

contaminate contaminar
(contemporary) dance baile contemporáneo
contend argumentar
context contexto
continue straight seguir todo recto
contract contrato
contract for, to hire contratar
contradict contradecir
contrast contrastar
contribute aportar
convenient práctico/a
convince convencer
convulsion convulsión
cook cocinar
cook cocinero/a
cooking cocina
copper cobre
coral reef fondo marino de coral
cordiality cordialidad
corduroy pana
cork corcho
corkscrew sacacorchos
corn maíz
coronation coronación
correct oneself corregirse a sí mismo/a
correspond corresponder (a)
correspondent correspondiente
corridor pasillo
cosmetics cosméticos
costs; expenses gastos
cotton algodón
cough tos
country país
countryside campo
coup d'état golpe de estado
couple pareja
courier service mensajería
cousin primo/a
coveted codiciado/a
cow vaca
coward cobarde
cowboy boots botas de vaquero
cozy acogedor/a
crater cráter
creative creativo/a
credit card tarjeta de crédito
criticize criticar
cross cruzar
cross a street cruzar la calle
culture cultura
culture and leisure cultura y ocio
cup taza
currency moneda
cut cortar
dad/mom papá/mamá
damage estropearse, avería
dance bailar
dangerous peligroso/a
Danish danés/esa
dare atreverse
dawn amanecer
deadline plazo
deal with tratar con
dear querido/a
death muerte
deceit tapujo
December diciembre
declare declarar
decorator decorador/a
deduce deducir (zc)
deep pain dolor agudo
deeply profundamente
defect defecto
define definir
deforestation deforestación
delay retraso
delete borrar

delinquency delincuencia
delirious delirante
delivery entrega
delivery door-to-door buzoneo
demand exigir
democracy democracia
demonstrate demostrar (ue)
demonstration manifestación
density of population densidad de población
dental clinic clínica dental
dentist dentista
deodorant desodorante
departure salida
deplete agotarse
depress deprimir
depression depresión
design diseñar
destination destino, punto de destino
destine destinar
destiny destino
detention detención
detergent detergente
deteriorate deteriorar
develop desarrollar(se)
develop learning strategies potenciar
  estrategias de aprendizaje
develop pictures revelar fotos
diagnose diagnosticar
diagonally diagonalmente, en diagonal
diarrhea diarrea
dictation dictado
dictatorship dictadura
die morir
differentiate diferenciar
difficulty to swallow dificultad al tragar
dining room comedor
directions instrucciones
disagreement desacuerdo
disappearance desaparición
disappointed decepcionado/a
discard descartar
disconcerting desconcertante
disconnect desconectar
discontinue dejar de + Inf.
discontinue treatment dejar el tratamiento
discount descuento
discover descubrir
discuss a matter tratar un asunto
disguise oneself as disfrazarse
dish plato
dishonest deshonesto/a
dishwasher lavavajillas
disordered desordenado/a
dispute a trophy disputar un trofeo
distant distante
distress angustiar
distribute repartir
distribution reparto, la distribución
distrustful (of) desconfiado/a
disturb perturbar
divorce divorciar(se)
divorced divorciado/a
do accounting llevar la contabilidad
do exercise hacer ejercicio
do nothing quedarse con los brazos cruzados
do push-ups hacer flexiones
do yoga hacer yoga
do, make hacer (irreg.)
dog perro
dollar dólar
domestic employee empleado/a (doméstico/a)
domestic remedy remedio casero
double doble
double bed habitación
downtown centro
dozen docena
drain escurrir

dream sueño
dress vestido
drill taladro
driver's license licencia de conducir
drought sequía
drugs droga
dry seco/a
dry cleaner tintorería
due to debido a
duplex dúplex
dusk atardecer
dust quitar el polvo
Dutch holandés/esa
dynamic dinámico/a
eagle águila
ear pain dolor de oídos
earring pendiente
easy/difficult fácil/difícil
eat comer
eat fruit comer fruta
economic resources recursos económicos
economics economía
electrical shop lampistería
education educación
effective efectivo/a
efficient eficiente, eficaz
effort esfuerzo
egg huevo
egoist, selfish egoísta
egotism egoísmo
eight ocho
elbow codo
elderly man/woman anciano/a
elections elecciones
electric guitar guitarra eléctrica
electric oven horno eléctrico
electric razor máquina de afeitar
electrical current corriente
electrical shop lampistería
electrician electricista
electronic agenda agenda electrónica
elegant elegante
elevator ascensor
embarrassment desconcierto, turbación
  vergüenza
emerge surgir
emotion emoción
employee empleado/a
employment empleo, puesto de trabajo
enclosed adjunto/a
encyclopedia enciclopedia
end hasta el final, poner término a
energy preservation conservación (de la energía)
engineer ingeniero/a
english inglés/esa
enjoy pasarlo bien, disfrutar, divertirse
enjoy the free time disfrutar del tiempo libre
enjoyment diversión
entertainment guide guía del ocio
enthusiasm illusion, entusiasmo
entrance entrada
entrance hall recibidor
entry ingreso
envelope sobre
environment entorno, medio ambiente
envy envidia
equipped equipado/a
erase borrar
errand recado
escalope escalopa milanesa
escape fugarse, huir
espresso coffee café solo
essayist ensayista
essential esencial
essentially esencialmente
esteem estima
ethical ético/a

European europeo/a
even incluso
evening noche
event acontecimiento, evento
every week todas las semanas
everyday todos los días
everything todo
evoke trust transmitir confianza
exactly efectivamente
exasperate exasperar
exceed rebasar, sobrar
excel superar
excessively en exceso
exchange intercambio
exchange money cambiar dinero
excite emocionar
exclusively exclusivamente
ex-convict ex-presidiario/a
excuse oneself excusarse
execute llevar a cabo
executive ejecutivo/a
exhibit exhibir
exile desterrar (ie)
exotic exótico/a
expected esperado/a
expensive caro/a
experience experiencia
expiration date fecha de caducidad
explain explicar
explode estallar
exposure exposición
exquisite treatment trato exquisito
extended extenso/a
extensive extensivo/a
extraterrestrial life vida extraterrestre
eye ojo, ojear
fables fábulas
fabulous fabuloso/a
face cara
face to face frente a frente
failure avería
faint desmayarse
fair justo/a
fairground parque de atracciones
faithful fiel
fall caer, caerse
Fall otoño
fall asleep dormirse
fall in love enamoramiento, enamorarse
false falso/a
far (from) lejos (de)
farewell despedida
farm finca
farmer agricultor/a
fashion show desfile de moda
fast food comida rápida
fasten the seat belt abrocharse el cinturón de
  seguridad
fat gordo/a, grasa
father padre
fault defecto
fauna fauna
fearful miedoso/a
February febrero
feed alimentar
feel sentir (ie)
feel anguish sentirse angustiado/a
feel ashamed of speaking in public tener
  vergüenza de hablar en público
feel misunderstood sentirse incomprendido/a
feel motivated sentirse motivado/a
feel pain sufrir molestias en el cuerpo
fellowship beca
fellow traveler compañero de viaje
few poco/a/os/as
fiber fibra
fight combatir, pelearse

fill out rellenar
film classic clásico
film director director/a de cine
finally al final, finalmente
finances finanzas
financing financiamiento
find encontrar (ue)
find out averiguar
finish acabar
finish working terminar de trabajar
Finnish finlandés/esa
firm empresa
first en primer lugar
first course primer plato
first floor planta baja
first name nombre
fish pescado, pez
five cinco
fix arreglar, fijar
flat plano/a
flattened achatado/a
floor suelo
flora flora
flour harina
flower flor
flower shop floristería
flu gripe
following siguiente
food comida
food poisoning infección alimentaria
foot pie
footmark huella
footprint huella
for dessert de postre
for example por ejemplo
for instance por ejemplo
for that reason por eso
forbid prohibir
forehead frente
foreign language lengua extranjera
foreigner extranjero/a
foresee prever
forget olvidar
fork tenedor
formula of courtesy fórmula de cortesía
fortune teller adivino/a
forward hacia delante
four cuatro
foyer vestíbulo
fracture fractura
free gratis
freezer congelador
French francés/esa
frenzy frenesí
frequently frecuentemente
fresh fresco/a
Friday viernes
fridge frigorífico
fried frito/a
friendly amable
friendship amistad
fries patatas fritas
from ... until ... desde... hasta...
from me de mi parte
from time to time de vez en cuando
frontier conflicts conflictos fronterizos
fruit fruta
fry freír
frying pan sartén
full llenar, lleno/a
full-time a tiempo completo
function funcionar
funny divertido/a
furnished amueblado/a
furniture store tienda de muebles
gain weight engordar
game room sala de juegos

game, contest concurso
games juegos
garage garaje
garden jardín
gardener jardinero/a
garlic ajo
gasoline gasolina
gene manipulation manipulación genética
generally como regla general, generalmente
generosity generosidad
genetic engineering ingeniería genética
geography geografía
geometric geométrico/a
German alemán/ana
gestate gestar
get conseguir
get a cold resfriarse
get a cut in the hand cortarse una mano
get all mixed up (with) hacerse un lío (con)
get bored aburrirse
get cold enfriarse
get discouraged desanimarse
get distracted distraerse
get dizzy marearse
get education educarse
get frustrated frustrarse
get happy ponerse contento/a
get in touch with ponerse en contacto
get jealous ponerse celoso/a
get married casarse
get ready to go out prepararse para salir
get up levantarse
get up early madrugar
gift regalo
give proporcionar
give a surprise dar una sorpresa
give an opinion dar una opinión
give one's opinion opinar
give up renunciar a
glass cristal, vaso
glimpse echar un vistazo a
globe mapamundi
go ir (irreg.)
go ahead adelante
go for a walk dar un paseo
go on a trip hacer una excursión
go out salir
go out for dinner salir a cenar
go out with salir con
go through customs pasar por la aduana
go up and downstairs subir y bajar escaleras
gold oro
good bueno/a
good guess acierto
good looking guapo/a
good presence buena presencia
(good) sources fuentes (bien informadas)
goodness bondad
government headquarters sede del Gobierno
grammar explanations explicaciones
  gramaticales
grandfather/mother abuelo/a
grandparents abuelos
gray gris
greased graso/a
great service trato exquisito
greed avaricia
Greek griego/a
green verde
green zone zona verde
greetings saludo
grief pena
grill parrilla
grilled a la brasa
gross national product producto interior bruto (PIB)
grow crecer (zc)
growing en crecimiento

guess adivinar
guest invitado/a
guide guía
guided tour visita guiada
gym gimnasio
gymnastics gimnasia
gynecologist ginecólogo/a
habitable habitable
hair band cinta de pelo
hairdresser's (shop) peluquería
hair-dryer secador de pelo
half mitad
half kilo medio kilo
ham jamón
hammer martillo
hand mano
handbag bolso
hand over ceder
handful puñado
handle mango
handwritten a mano
handy práctico
hang a painting colgar (ue) un cuadro
hangover resaca
happen producirse, ocurrir
happily alegremente
happiness alegría, felicidad
happy alegre
harbor puerto
hardware ferretería
hard-working trabajador/a
harm perjudicar
harsh áspero/a
harvest cosechar
hasty apresurado/a, presuroso/a
hat sombrero
hate odiar
have disponer (de), tener (ie)
have a birthday cumplir años
have a conversation mantener una conversación
have a debate mantener un debate
have a drink tomar unas copas, tomar algo
have a good attitude tener buena disposición
have a good time divertirse (ie)
have a walking tour around the city recorrer una
    ciudad a pie
have an accident tener un accidente
have an afternoon snack merendar (ie)
have an appointment with the doctor tener hora
    para el médico
have breakfast desayunar
have chills sentir escalofríos
have dinner cenar
have in mind tener en cuenta
have (many) doubts estar hecho/a un mar de
    dudas
have repercussions repercutir
have self-confidence tener confianza en sí
    mismo/a
have some tapas (snacks) picar unas tapas
have someone worried tener preocupado/a a
    alguien ...
have something in common tener algo en común
have substance tener sustancia
have surgery operar (de)
have the pleasure of attending tener el placer
    (de) asistir
have the will to tener voluntad (de)
have to (+ infinitive) tener que (+ infinitivo)
he él
head cabeza
headache dolor de cabeza
headquarters sede
health certificate certificado de salud
health insurance seguro médico
health, healthiness sanidad
healthy sano/a

healthy life vida sana
heart corazón
heart attack ataque al corazón
heat calefacción, calentar
heavy pesado/a
heelless slippers babuchas
height altura
help echar una mano
heredity herencia
Hi, how are you? Hola, ¿qué tal?
hibernation of human beings hibernación de
    seres humanos
hide ocultarse
high blood pressure tensión alta
high fever fiebre alta
highway map mapa de carreteras
hill cerro, colina
hinder obstaculizar
historic area conjunto histórico
history historia
hitch-hike hacer autostop
hole in the ozone layer agujero de la capa de
    ozono
home delivery servicio a domicilio
honest honesto/a
hood campana extractora
hope esperanza
horse caballo
host anfitrión/ona
hostelry hostelería
hot picante
housewife ama de casa
housework bricolaje
housing vivienda
housing state urbanización
however sin embargo, no obstante
hug abrazo
huge enorme
humbleness humildad
humid húmedo/a
humility humildad
hunger hambre, hambrunas
hurry darse prisa
husband marido
hyperactive hiperactivo/a
hypocritical hipócrita
I yo
I cannot stand ... no aguanto...
I do not know no sé
I do not like ... no me gusta(n)
I feel embarrassed when/if ... me da vergüenza ...
I feel hurt when/if ... me duele...
I feel like laughing when/if ... me da risa...
I feel sad when/if ... me da pena...
I get mad when/if ... me enfado...
I get nervous when/if ... me pongo nervioso/a...
I get sensitive when/if ... me vuelvo sensible...
I hate ... odio...
I have become more sensible ... me he hecho
    más juicioso/a...
I keep worried when/if ... me quedo
    preocupado/a...
I like/I dislike ... me cae(n) bien/mal..., me
    gusta(n)...
I love/adore ... adoro..., me encanta(n)...
I think that ... Me parece que...
iced coffee café con hielo
identity identidad
illness mal, enfermedad
illuminated iluminado/a
illusion ilusión, entusiasmo
illustrate ilustrar
illustration ilustración
immediately de inmediato/a, inmediatamente
immitate the intonation imitar La intonación
impatience impaciencia
imported importado/a

impressive impresionante
improve mejorar
in a good/bad mood de buen/mal humor
in agreement de acuerdo
in different ways de maneras diferentes
in fact de hecho
in front of enfrente (de), delante de
in good taste de buen gusto
in other words en otras palabras
in spite of, despite a pesar de
in the afternoon/evening por la tarde
in the evening/by night por la noche
in the long term a largo plazo
in the medium term a medio plazo
in the morning por la mañana
in the same way del mismo modo
in transit en tránsito
in turns por turnos
in two ways de dos maneras
inauguration, opening inauguración
included incluido/a
increase aumentar
index card ficha
indigestion indigestión
(in)directly (in)directamente
industrial industrial
industrial zone polígono industrial
industrialized industrializado/a
industriousness capacidad de trabajo
industry industria
inexpensive económico/a
infer deducir (zc)
inflammation inflamación
information información
infuriate exasperar
ingredient ingrediente
inhabitant habitante
inheritance herencia
injury lesión
injustice injusticias
inn posada
innovative innovador/a
insecure inseguro/a
insecurity inseguridad
insist volver (ue) a la carga
inspector inspector/a
install instalar
insurance seguro
insurance agent agente de seguros
insurance company compañía aseguradora
integrally íntegramente
intelligent inteligente
interchange intercambio
interpreter intérprete
interrupt interrumpir
interview entrevistar
intimacy intimidad
intoxication intoxicación
introduce presentar
introduce/present an issue plantear un tema
invent, to make up inventarse
invest invertir (ie)
investigate investigar
investigation investigación
investor inversionistas
involuntarily sin querer
involve implicar, involucrar
Irish irlandés/esa
iron hierro, planchar
ironing planchado
Italian italiano/a
itch picar
itinerary itinerario
it's an awful drag ser un rollo
it's getting late se está haciendo tare
jacket americana, cazadora
January enero

jealous envidioso/a
jewel joya
jeweler's shop joyería
job empleo, puesto de trabajo
job offer oferta laboral
join juntar, unirse a
joint solidario/a
joke broma
journalism periodismo
journalist periodista
journalist article artículo periodístico
joy alegría
July julio
jump saltar
June junio
junk food comida basura
keep callarse
keep at it volver (ue) a la carga
keep fit mantenerse en forma
key llave
key chain llavero
key factor facilitar
keyboard teclado
kid niño/a
kidnap secuestrar
kilo kilo
kimono kimono
kind amable
kindergarten guardería
kiosk quiosco
kitchen cocina
knee rodilla
knife cuchillo
knit hacer punto
knock down tumbar
know conocer (zc) /saber
know for certain a ciencia cierta
know oneself conocerse a uno/a mismo/a
know-all sabihondo/a
knowledge conocimiento
labor union sindicato
labyrinth laberinto
lack of building land escasez de terrenos
lack of communication incomunicación
lack of intimacy falta de intimidad
lake lago
lamb cordero
land terreno
landscape paisaje
landscaped ajardinado/a
language lenguaje
language school escuela de idiomas
languages idiomas
languages in contact lenguas en contacto
lantern linterna
laptop ordenador portátil
last durar
last month el mes pasado
last name apellido
last night anoche
last week la semana pasada
last year el año pasado
later más tarde
Latin-American latinoamericano/a
laundry galería-lavadero
laundry room cuarto de lavado
law derecho
law and order seguridad ciudadana
law office bufete de abogados
lawyer abogado/a
lazy perezoso/a
lead plomo
leadership iniciativa
learner aprendiz
leather cuero
leave dejar, irse
leave a message dejar un recado

leave aside prescindir de
left izquierda
left-handed zurdo/a
leg pierna
legal documents documentos legales
legends leyendas
leisure ocio
less menos
let go of soltar (ue)
let one's hair down soltarse el pelo
liberal progresista
library biblioteca
lie mentir (ie)
life expectancy esperanza de vida
lift levantar
lift weights levantar pesos
light ligero/a
light bulb bombilla
linen lino
link vincular (a), enlazar
listen to escuchar
listen to cassettes escuchar cintas (audio)
listener oyente
liter litro
literary literario/a
live vivir
live music música en vivo
live together vivir juntos
lively animado/a
living room salon
living space espacio vital
load the washing machine cargar la lavadora
lobby vestíbulo
lobster bogavante, langosta
locate localizar
locksmith's (shop) cerrajería
lodge alojarse
lodging house pensión
loneliness soledad
long largo/a, alargado/a
longing añoranza
look mirar, mirada
look for buscar
lose perder (ie)
lose consciousness quedarse inconsciente
lose weight adelgazar (zc), perder peso
lot solar
love amor
love at first sight flechazo
low light a fuego lento
loyalty (in married life) fidelidad (conyugal)
luckily por suerte
lumber room trastero
luminous luminoso/a
Luxemburgian luxemburgués/esa
macaroni macarrones
magazine revista
magic show espectáculo de magia
main actor/actress protagonista
main characters protagonistas
main course plato principal
main reason razón principal
maintain mantener
majority mayoría
make realizar
make a deal hacer un trato
make a decision tomar una decisión
make a gift hacer un regalo
make a wish expresar un deseo
make an appointment concertar (ie) una cita
make an excuse dar una excusa
make it better mejorar
make it possible hacer posible
make mistakes cometer errores
make photocopies hacer fotocopias
make reference to hacer referencia a
make the situation worse agravar la situación

make things easy poner las cosas fáciles
make/get nervous poner(se) nervioso/a
mall centro comercial
man hombre
manage the house manejar la casa
manager gerente, agente
manners educación
man's short shirt guayabera
March marzo
marginal areas barrios marginales
mark marca
married casado/a
massage masaje
masseur/masseuse masajista
mastery of Spanish dominio del español
matter asunto
matter pending asignatura pendiente
May mayo
mayor alcalde
measure medir (i), medida
meat carne
medicine medicamento
meditate meditar
meet encontrarse con alguien, quedar en, reunirse
meeting point lugar de encuentro
memorize (conversational) expressions memorizar expresiones
mental balance equilibrio anímico
mercury mercurio
Merry Christmas Feliz Navidad
messenger mensajero/a
metal metal
method of payment forma de pago
metropolitan area área metropolitana
mice ratón
microwave microondas
midlife crisis crisis de madurez
migraine migraña
migration movimiento migratorio
milk leche
millionaire millonario/a
mineral water agua mineral
mirror espejo
mischievous travieso/a
miss echar en falta
misunderstanding malentendido
mix mezclar
mixer batidora
model modelo
moderately moderadamente
modern moderno/a
modify modificar
moisturizing cream hidratante
monastery monasterio
Monday lunes
money dinero
money order giro postal
monitor monitor
monopoly monopolio
monotonous monótono/a
monthly mensual
monuments monumentos
mop fregona
more más
morning mañana
mother madre
mother tongue lengua materna
motorcycle moto
mould molde
mountain montaña
mouth boca
move moverse (ue), trasladarse
movie guide cartelera
movies cine
multilinguism multilingüismo
mumps paperas
muscle músculo

musician músico/a
mussels mejillones
my pleasure encantado/a
mysterious misterioso/a
mysterious incident suceso misterioso
mystery misterio
myths mitos
nails clavos
name nombrar
napkin servilleta
narrow estrecho/a
national park parque nacional
natural resources recursos naturales
nature naturaleza
nature reserve parque natural
naturist naturista, naturalista
necessary necesario/a
need necesitar
needle aguja de coser
neighbor vecino/a
neighbor association asociación de vecinos
neighborhood barrio
nervous attacks ataques de nervios
new nuevo/a
new outbreak rebrote
New Year's Eve Nochevieja
news noticias, noticiario, telediario
newspaper periódico
next to junto a, al lado de
nice lindo/a, simpático/a
nice to meet you mucho gusto
nicotine gum chicle de nicotina
night noche
nightlife vida nocturna
nine nueve
no no
nobody nadie
noise ruido
non verbal communication comunicación no
  verbal
normally normalmente
North American norteamericano/a
notion of reality concepto de realidad
not only … but also no sólo ... sino también
not to get along (with) llevarse fatal (con)
not yet todavía no
nothing nada
notice apreciar, advertir (ie) (de)
novel novedoso/a
novelist novelista
novelty novedad
November noviembre
now ahora
nuclear accident accidente nuclear
nuclear plant central nuclear
nursing home residencia de ancianos
nuts frutos secos
obey hacer caso a
obtain conseguir
October octubre
offer ofrecer, ofrecimiento
office oficina, despacho
often a menudo, con frecuencia
oil spill mareas negras
oil, petroleum petróleo
old antiguo/a, viejo/a
old part of a city casco antiguo
one uno
one way trip ida
onion cebolla
onotonous monótono/a
open abrir
open the faucet abrir el grifo
open, open-minded dialogante
operate operar (de)
opposite al revés
optic fiber fibra óptica

optional price importe optativo/a
orally oralmente, boca a boca (trad.)
orange naranja
order pedido, realizar un pedido
organized organizado/a
outdoor bar chiringuito
outskirt alrededores
overweight exceso de peso
owner propietario/a
pack hacer la maleta
pack of cigarettes paquete de cigarrillos
paid expenses gastos pagados
pain dolor
paint pintar
painter pintor/a
palmtop ordenador de bolsillo
pants, trousers pantalones
paper papel
paper wrap papel de regalo
par excellence por excelencia
paradise paraíso
parador parador nacional
paradoxically paradójicamente
paralinguistic element elemento paralingüístico
parents padres
parents-in-law suegros
park parque
parking space estacionamiento
parrot cotorra
participate participar
participate in a workshop participar en un taller
partner compañero/a
partner, associate socio/a
part-time a tiempo parcial
pass pasar
passport pasaporte
past time actividad de ocio
pasta pasta
pastry shop pastelería
patch parche
path camino
patient paciente
pavement pavimento
pay pagar
pay attention fijarse
payment terms facilidades (de pago)
peace agreement acuerdo de paz
peak pico
pedantic pedante
pedantry pedantería
pedestrian zone zona peatonal
peeled pelado/a
people gente
perceive percibir
percentage porcentaje
perfect perfeccionar
perform actuar
performance actuación
perfume perfume
perfumery perfumería
perhaps quizá
perks beneficios adicionales
permanent permanente
permission to work permiso de trabajo
person in charge encargado/a (de)
person involved implicado/a, cómplice
person with sight vidente
personal data datos personales
pet mascota
pharmacist farmacéutico/a
pharmacy farmacia
pharyngitis faringitis
philosopher filósofo/a
phone call llamada (telefónica)
photo session sesión de fotos
photographer fotógrafo/a
photography fotografía

physical distance distancia física
physical exercise ejercicio físico
pick up recoger, recogida
pick up a client at the station recoger a un
  cliente en la estación
pick up bags recoger las maletas
pie pastel
pilgrim peregrino/a
pink rosa
place situarse
places of business establecimientos
plan planear, planificar, trazar
plane avión
plane ticket billete de avión
plastic plástico
plastic surgery cirugía plástica
plate plato
platter fuente
play obra de teatro
play billiard jugar al billar
play drums tocar la batería
play soccer/football jugar a fútbol
play the piano tocar el piano
pleasant agradable
pleasure placer
plebiscite plebiscito
pliers alicates
plug enchufe
plug in the vacuum-cleaner enchufar la
  aspiradora
plunger desatascador
pocket bolsillo
point of view punto de vista
point out advertir (ie) (de)
police film película policíaca
police station comisaría
policeman/woman policía
political freedom libertad política
politician político/a
politics política
poll encuesta
pollution contaminación
polyester poliéster
poncho poncho
popular festival fiestas populares
population población
portable computer ordenador portátil
Portuguese portugués/esa
post office oficina de correos
postcard postal
postman/woman cartero/a
postpone posponer
posture postura
pot olla
powerful poderoso/a
practice ejercer, práctica
practice with acquaintances practicar con
  personas conocidas
praise alabar
praise worthy digno/a
prediction predicción
preference preferencia
prepare a final version of pasar a limpio
prepare an astrological chart preparar una
  carta astral
prepare outlines hacer esquemas
prepared, ready preparado/a
prescribe pills recetar pastillas
presence presencia
present obsequio
press pulsar
pressure tension, presionar
pretend disimular
prevail reinar
prevent prevenir
prevention prevención
price precio

pride orgullo
prime time hora de mayor audiencia
primitive primitivo/a
printed impreso/a
printer impresora
priority prioridad
privileged privilegiado/a
problem problema
procedure trámite
producer productor/a
production producción
productivity productividad
professional training formación profesional
professor profesor/a
profound profundo/a
programming programación
project proyecto
promise prometer
promote promover (ue)
proof prueba
property company inmobiliaria
prophecy profecía
propose a plan proponer un plan
prospect folleto
prostitution prostitución
prostitute prostituto/a
protest protestar
proverbs proverbios
provide service prestar un servicio
psychologist psicólogo/a
public festivities fiestas populares
public official funcionario/a
public transportation transportes públicos
publishing edición
publishing house editorial
pullover jersey
pulse legumbres
puncture tire pinchazo
purse bolso
put poner
put in contact poner en contacto
put the office in order ordenar la oficina
put on weight engordar
quality calidad
quality of life calidad de vida
quantity cantidad
quarter (liter) cuarto (de litro)
question interrogar
questioning interrogatorio
quick, fast rápido/a
quickly de prisa
quiet callado/a
race raza
rain llover
ransom rescate
rare escaso/a
rather fresh bien fresquito/a
react courageously reaccionar con ardor
read leer
read novels leer novelas
reader lector
reading literature texts lectura de textos literarios
ready a punto, listo
real-estate bienes raíces
real-estate agency (agencia) inmobiliaria
realize darse cuenta de (que)
really efectivamente
reappearance rebrote
rebellion rebelión
receive recibir
reception (desk) recepción
receptionist recepcionista
recordings grabaciones
recovery recuperación
red rojo/a
red wine vino tinto
redo rehacer

refer referir (ie)
reference book obra de referencia
referendum referendum
reflect reflejarse
refresh refrescar
refugee refugiado/a
regarding en cuanto a
regime régimen
register inscribirse, matricularse
register for a course apuntarse a un cursillo
regret arrepentirse
regular habits costumbres regulares
reinforce (grammatical) structures fijar
    estructuras
reinforced door puerta blindada
reject an invitation rechazar una invitación
reject/refuse an argument rechazar un
    argumento
relate relacionar
related to relativo a
remain quiet callarse
remember acordarse (ue) de, recordar (ue)
remit remitir
renounce renunciar a
renovated renovado/a
rent (a car) alquilar (un coche)
repel repeler(se)
report informe
representative representante
request a service solicitar un servicio
request economic support pedir respaldo
    financiero
requirement requisito
reservation reserva
residential area zona residencial
response test test psicotécnico
rest descansar
retire jubilarse
retired person jubilado/a, retirado/a
retirement jubilación, retirada
return devolver (ue)
return trip ida y vuelta
rhythm ritmo
rice arroz
riddle adivinanzas
right derecha
right? ¿verdad?
right-handed diestro/a
rigid rígido/a
risk riesgo
risk factor factor de riesgo
river río
road carretera
roasted asado/a
roll blade patinar
roller blades patines
romantic romántico/a
rose wine vino rosado
rough áspero/a
round redondo/a
round slice rodaja
round-trip ticket billete de ida y vuelta
row in the lake remar en el lago
rub with liniment frotar con linimento
rubber band cinta de goma
ruins ruinas
run correr
run into tropezar (ie) con
rush darse prisa
sacrifice sacrificio
sadness tristeza
sailing navegar a vela
safe caja fuerte
salad ensalada
salary sueldo, salario
sale oferta
sales ofertas/rebajas

sales director jefe/a de ventas
salesman/woman vendedor/a
salt sal, salar
salty salado/a
same mismo/a
sandwich bocadillo
Santa Claus Papá Noel
satellite dish antena parabólica
Saturday sábado
sauces salsas
save ahorrar
savings bank caja de ahorros
say decir (irreg.)
say enough decir basta
scare people dar sustos a la gente
scarf pañuelo
schedule horario
scholarship beca
school colegio, escuela
science fiction ciencia ficción
sciences ciencias
scientific advance adelanto científico
scientifically científicamente
scissors tijeras
screen pantalla
screw tornillo
screwdriver destornillador
scrubber estropajo
sea mar
sea level nivel del mar
seafood marisco
search búsqueda
season época del año, temporada
second language lengua segunda
secondary school enseñanza secundaria
secrets entresijos
security guard guardia de seguridad
see ver
self-evaluation autoevaluación
self-interested people personas insolidarias
sell vender
semi-detached house casa adosada
send enviar
send an e-mail enviar un correo electrónico
send regards dar recuerdos a alguien
senior persona mayor
senior people personas mayores
sense of humor sentido del humor
sensitive sensible
sensitivity sensibilidad
sensitize sensibilizar
September septiembre
series serie
serious serio/a, grave
serve servir (i)
service servicio
service charges gastos de servicio
set ideas against each other contraponer ideas
set up montaje
settle down instalarse
seven siete
shake sacudir
share apartment compartir casa
shaving-foam espuma de afeitar
she ella
shelter albergar
shelves estantería
shirt camisa
shoe zapato
shoe store tienda de calzados
short corto/a
short term a corto plazo
shortly escuetamente
shout gritar
show enseñar, mostrar
shows espectáculos
shy tímido/a

sickness mal, enfermedad
sidewalk acera
sign firmar
signing firma
silk seda
silver plata
silverware cubiertos
Sincerely Atentamente
singer cantante
single soltero/a
single chalet chalet unifamiliar
sit down sentarse (ie)
six seis
six months ago hace seis meses
size talla, tamaño
skate patinar
skeptical escéptico/a
skim/glance through hojear
skirt falda
skyscraper rascacielo
slang for television caja tonta
sleep dormir (ue)
sleeplessness insomnio
slow lento/a
small pequeño/a
small island islote
smart escozor
smell olor
smile sonrisa
smoke fumar, humo
smoker fumador/a
smooth suavizar, blando/a
snake serpiente
snore roncar
so así que
soccer game partido de fútbol
social class clase social
social justice justicia social
Social Security Seguridad Social
social worker asistente social
socially adept don de gentes
sociologist sociólogo/a
sock calcetín
sodas refrescos
sofa sofá
solar radiations radiaciones solares
solve solucionar
solve a case resolver un caso
someone, somebody alguien
something different algo diferente
sometimes a veces
son/daughter hijo/a
soon pronto
sorrow pena
sow sembrar (ie)
space exploration exploración del espacio
space travels viajes espaciales
spacious espacioso/a
Spaniard español/a
spanish omelet tortilla española
speak hablar
speak in front of people hablar en público
specialize (in) especializarse (en)
species especie animal
specify precisar
spectacular espectacular
speech habla
spices especias
spiders and snakes arañas y serpientes
spirit espíritu
spirits licores
spoken hablado/a
spokesperson portavoz
spontaneously espontáneamente
spoon cuchara
spoonful cucharada (sopera)
sport store tienda de deportes

sports hall polideportivo
sportsman/woman deportista
sprain an ankle/a wrist torcerse un tobillo/una
    muñeca
Spring primavera
square cuadrado/a, plaza
stadium estadio
stand soportar
stand in for hacer de
stare at ojear
start iniciar, comenzar, empezar (ie)
start working ponerse a trabajar
starting point punto de partida
state estado
statement declaración
stationary store papelería
stature estatura
stay alojarse, quedarse (en), estancia
sterling pound libra
stew cocido madrileño, guisado/a
stiff empinado/a
stiffneck tortícolis
still todavía
sting escozor
stir remover
stone piedra
stopper taco
storage room almacén de muebles
store clerk dependiente/a
stories relatos
straight recto
strange extraño/a
street calle
strength fuerza
strengthen tonificar
stress estrés
stretch estirar
stretching estiramiento
strike huelga
strong fuerte
strong/weak point punto (más) fuerte/débil
stubborn cabezota, tozudo/a
student estudiante
studio estudio
study estudiar
stupidity estupidez
subterfuge tapujo
success éxito
suddenly de repente
suffer padecer (zc)
sugar azúcar
Summer verano
sunbathe tomar el sol
Sunday domingo
sunglasses gafas de sol
sunny soleado/a
superb inmejorable
superficiality superficialidad
superfluous superfluo/a
supermarket supermercado
supplementary suplementario/a
support solidarizarse
suppose suponer
surf the Internet navegar por Internet
surgery operación
surpass superar
surprise sorprender
surprise sorpresa
surprising sorprendente
surrogate mother madres de alquiler
surround rodear
surroundings alrededores
suspect sospechar (de)
suspicious desconfiado/a
sweat sudar
Swedish sueco/a
sweet dulce

swim nadar
swimming pool piscina
Swiss suizo/a
symptom síntoma
syrup jarabe
systematically sistemáticamente
table mesa
table games juegos de mesa
tacitly tácitamente
take tomar
take llevar
take a nap dormir la siesta
take a shower ducharse
take a walk dar un paseo
take care cuidarse
take care of ocuparse (de)
take into consideration tener en cuenta
take notes tomar nota(s), anotar
take out sacar
take pictures hacer fotos
take place (an event) tener lugar (un acto)
take risks correr riesgos
take the initiative tomar la iniciativa
talent ingenio
talent talento
talisman talismán
talk about sports hablar de deportes
tape measure cinta métrica
taste degustar, gusto
tasteful rico/a
tasteless soso/a
tasty gustoso/a
tattoo tatuaje
tavern taberna
taxi driver taxista
teacher maestro/a
team equipo
team work trabajo en equipo
technician técnico/a
technologic progress progreso tecnológico
teeth pain dolor de muelas
television television, televisor
tell lies mentir (ie)
temporary temporal
ten diez
tenacity tenacidad
tender tierno/a
tent tienda de campaña
terrace terraza
testify testimoniar
textbook libro de clase
thank agradecer (zc)
thank you for your visit gracias por su visita
thanks to gracias a
theft robo
then entonces
therapy terapia
therefore así que, por (lo) tanto
they (feminine) ellas
they (masculine) ellos
thin delgado/a, fino/a
thing cosa
think about + gerund pensar en + inf.
think nobody loves you creer que nadie te quiere
thinker pensador/a
this month este mes
this morning esta mañana
this week esta semana
thought pensamiento
thoughtful amable
thread hilo
threat amenaza
threaten amenazar (zc)
three tres
Three Kings los Reyes Magos
thriller película de terror
throw away tirar, botar

Thursday jueves
tie corbata
tin estaño
tiredness cansancio
tiresome molesto/a
tissue pañuelo (de papel)
toaster tostadora (de pan)
today hoy
toilet aseo
toilet case neceser
tomb tumba
tomorrow mañana
too many demasiado/a/os/as
too much demasiado
tool herramienta
torticollis tortícolis
touch conmover (ue)
touchy quisquilloso/a
tough violento/a
tourism card tarjeta de turismo
town pueblo
toy juguete
traditional tradicional
traditions tradiciones
traffic jams atascos de tráfico
train station estación (FF.CC.)
trainer entrenador/a
training team equipo de entrenamiento
tranquilizer tranquilizante
transfer a call pasar una llamada
transform transformarse
transitory fugaz
translate traducir
translation services servicio de traducciones
translator traductor/a
transmit a bit of information transmitir un dato
trash basura
travel hacer un viaje, viajar
traveler's check cheque de viajero
treat equally tratar por igual
treatment tratamiento
tree felling tala de árboles
triangular triangular
troublesome molesto/a
truck camión
truck driver camionero/a
true verdadero/a, falso/a
try procurar/intentar + inf.
try on probarse (ue)
t-shirt camiseta
Tuesday martes
tunica túnica
turn girar
turn half around dar media vuelta
turn to the right/left doblar/girar a la derecha/izquierda
turtle tortuga
two dos
two levels a dos niveles
two years ago hace dos años
typed mecanografiado/a
U.S. estadounidense
unaware ajeno/a
unbearable insoportable
unbridled desenfrenado/a
uncle/aunt tío/a
uncomplicated sin complicaciones
underground subsuelo
understand comprender
understanding entendimiento
underwear ropa interior
underworld bajos fondos
unemployed parado/a
unemployment desempleo, el paro
unemployment index índice de paro
unfairness injusticias
unfortunately por desgracia

unfriendly antipático/a
uninhabitable inhabitable
unique único/a
university universidad
university degree título universitario, carrera
university student universitario/a
unlock abrir con llave
unmethodical desordenado/a
unnecessary innecesariamente
unpredictable imprevisible
unthinkable impensable
upsetting desconcertante
urgently urgentemente
use utilizar
use for the first time estrenar
user usuario
utensils utensilios de cocina
vaccine vacuna
valuable valioso/a
valued contract contrato cotizado
vanity vanidad
vast extenso
veal carne de ternera
vegetables verdura
vegetarian vegetariano/a
very bad malísimo/a
very good buenísimo/a
very long larguísimo/a
vice vicio
videocassette cinta de vídeo
view vista
violence violencia
virtue virtud
visa visa, visado
visit visitar
visitor visitante
visitor center oficina de turismo
vitamin vitamina
vocabulary activities ejercicios de vocabulario
volcano volcán
voluntary voluntario/a
vomit vómito
waist cintura
wait esperar
waiter/waitress camarero/a, mesero/a
wake up despertarse
wake-up service servicio de despertador
walk andar, pasear
walk around dark areas caminar por sitios oscuros
wall calendar calendario de pared
wallet cartera
want querer (ie)
war guerra
warehouse almacén
warm templado/a, caliente
warm compress paño húmedo
warmth simpatía
warn avisar
warning advertencia
wash dishes fregar (ie) (los platos)
washer lavadora
washing lavado
watch reloj, vigilar
watch movies ver películas
watch television ver la tele(visión)
water regar (ie)
ways of living maneras de vivir
we nosotros/as
web/internet red
wedding boda
Wednesday miércoles
weekdays días laborables
weekend fin de semana
weekly semanal
weight pesar, peso
well pozo
well communicated bien comunicado/a

well/badly located bien/mal situado/a
well-being bienestar
well-founded a ciencia cierta
western película del oeste
whale ballena
wheel rueda
wheel of fortune ruleta de la fortuna
when cuando
whereabouts paradero
Which? ¿cuál?
While Rato
white blanco/a
white coffee café con leche
white wine vino blanco
whitebait chanquete
widower/widow viudo/a
win ganar (dinero)
wind viento
wine cellar bodega
Winter invierno
wire alambre
with con
with a special appeal con duende
with more frequency con más frecuencia
without a doubt sin duda alguna, sin lugar a dudas
witness testigo
woman mujer
wonderful estupendo/a/excepcional, maravilloso/a
wood madera
wooden peg taco
wool lana
work trabajar
work for many hours trabajar muchas horas
work in groups trabajar en grupo
work of art obra de arte
work, construction obras (públicas)
workbook libro de ejercicios
workday jornada de trabajo
worker obrero/a, trabajador/a
working conditions condiciones laborales
world mundo
worldmap mapamundi
world peace paz mundial
worry preocupar
worst lo peor
wrap a gift envolver (ue) un regalo
wrinkled arrugado/a
write letters escribir cartas
write postcards escribir postales
writer escritor/a
written escrito/a
written document documento escrito
yachting port puerto deportivo
yellow amarillo/a
yes sí
yesterday ayer
yogurt yogur
you (plural, formal) ustedes
you (plural, informal) vosotros/as
you (singular, formal) usted
you (singular, informal) tú
young eel angulas
young man/woman joven
youth jóvenes
youth hostel albergue juvenil
zinc cinc
zipper cremallera
zoo zoológico

Credits

Text Credits

p. 111 "Oda al tomate" and "Oda a la cebolla" by Pablo Neruda, Reprinted by permission of Fundación Pablo Neruda; p. 94 "Escenas de cine mudo" by Julio Llamazares, reprinted by permission of the author; p. 95 "El dinosaurio" by Augusto Monterroso, reprinted by permission of the author; p. 176 "Jovenes españoles a los 20 años" reprinted by permission of El País Internacional, S.A.; p. 192 "La lengua y las personas" by J.M. Castella, reprinted by permission of the author; p. 208 "Españoles de hoy" reprinted by permission of El País Internacional, S.A.; p. 251 "¿Problemas para abrir una lata?" reprinted by permission of El País Internacional, S.A.; p. 254 "Hal, ya está aquí", "¿Adiós a Guttenberg?" and "La taza pide más café" reprinted by permission of El País Internacional, S.A.; p. 256-257 "Poemas objeto" by Joan Brossa, reprinted by permission of the Artist's Rights Society (ARS), New York / VEGAP, Madrid; p. 272 Selections from "Quinteto de Buenos Aires and El delantero centro fue asesinado al atardecer" by M. Vazquez Montalban, reprinted by permission of Agencia Literaria Carmen Balcells; p. 301 "Profecías para el futuro" by Luis Rojas Mrcos, reprinted by permission of El País Internacional, S.A.; p. 306 Excerpt from "Un mundo que agoniza" by Miguel Delibes, reprinted by permission of Editorial Destino; p. 307 "Los españoles y la ciencia" reprinted by permission of El País Internacional, S.A.; p. 316 "Ellos y ellas" by Rosa Montero, reprinted by permission of El País Internacional, S.A.; p. 316 "Amor y pasión" by Luis Rojas Marcos, reprinted by permission of El País Internacional, S.A.; p. 324 "Intimidad", "Táctica y estrategía", "Hagamos un trato", "Ustedes y nosotros", and "Te quiero" by Mario Benedetti, all reprinted by permission of the author.

Photo Credits

p. 4 (top left) Iberdiapo; p. 4 (top right) Estudio Jordi Bardajil Ruiz; p. 4 (center left) Europa Press Reportajes, S.A.; p. 4 (center right) Iberdiapo; p. 4 (lower right) Iberdiapo; p. 8 (no. 1) AP/Wide World Photos; p. 8 (no. 2) AP/Wide World Photos; p. 8 (no. 3) Getty Images Inc.; p. 8 (no. 4) Rufus F. Folkks/ CORBIS; p. 8 (no. 5) Iberdiapo; p. 8 (no. 6) Europa Press Reportajes, S.A.; p. 8 (no. 7) AP/Wide World Photos; p. 8 (no. 8) Europa Press Reportajes, S.A.; p. 8 (no. 9) Europa Press Reportajes, S.A.; p. 8 (no. 10) Europa Press Reportajes, S.A.; p. 10 (no. 1) Iberdiapo; p. 10 (no. 2) Iberdiapo; p. 10 (no. 3) Ecuador Trade Center; p. 11 (no. 5) Nelson Souto; p. 11 (no. 6) Iberdiapo; p. 11 (no. 7) Iberdiapo; p. 11 (no. 8) Iberdiapo; p. 18; p. 30 (left) Art Resource/Reunion des Musees; p. 30 (right) Virginia Ferrero / D. Donne Bryant Stock Photography; p. 31 Art Resource, N.Y.; p. 33 Ben Blackwell / San Francisco Museum of Modern Art; p. 36 (top left) Iberdiapo; p. 36 (topright) Iberdiapo; p. 36 (left) Iberdiapo; p. 36 (center-left) Iberdiapo; p. 36 (bottom-right) Iberdiapo; p. 37 (top) Iberdiapo; p. 37 (center) Iberdiapo; p. 44 (top left) Iberdiapo; p. 44 (top right) Iberdiapo; p. 44 (center left) Iberdiapo; p. 44 (center) Iberdiapo; p. 44 (center right) Iberdiapo; p. 44 (bottom left) Iberdiapo; p. 44 (bottom right) Iberdiapo; p. 47 Iberdiapo; p. 48 Darrell Jones / CORBIS; p. 56 Difusión, Centro de Investigación y Publicación de Idiomas, S.L.; p. 61 p. 56 Difusión, Centro de Investigación y Publicación de Idiomas, S.L.; p. 65 Stuart Cophen / The Image Works; pp. 70 and 71 all photos by Estudio Jordi Bardajil Ruiz; p. 86 (top) Magnum Photos, NYC; p. 86 (left) Magnum Photos, NYC; p. 86 (center) Agencia Efe; p. 87 Firofoto; p. 96 Bill Lai / The Image Works; p. 97 Esbin-Anderson / The Image Works; p. 100 Topham / The Image Works; p. 104 Iberdiapo; p. 111 (top) Zardoya; p. 111 (bottom) Fotostock; p. 113 German Meneses Photography; p. 118 (center) Fotostock; p. 131 D. Donne Bryant Stock Photography; p. 136 (top) Firofoto; p. 136 (bottom) Iberdiapo; p. 137 (top) Iberdiapo; p. 137 (bottom) Paco Elvira; p. 139 (bottom) Firofoto; p. 144 (top) Paco Elvira; p. 144 (bottom) Firofoto Nelson Souto; p. 145 (top) Firofoto; p. 145 (top lower right) Nelson Souto; p. 145 (bottom lower right) Firofoto; p. 147 Rob Crandall / The Image Works; p. 152 all photos courtesy of Iberdiapo; p. 160 and 161 all photos courtesy of Iberdiapo; p. 163 (right) Jean-Yves Rabeuf / The Image Works; p. 163 (left) J.P. Courau / D. Donne Bryant Stock Photography; p. 191 Difusión, Centro de Investigación y Publicación de Idiomas, S.L.; p. 193 (right) Macduff Everton / The Image Works; p. 193 (center) Macduff Everton / The Image Works; p. 193 (left) Robert Frerck / Odyssey Productions, Inc.; p. 200 through 203 all photos courtesy of Difusión, Centro de Investigación y Publicación de Idiomas, S.L.; p. 207 (top left) Difusión, Centro de Investigación y Publicación de Idiomas, S.L.; p. 207 (left) UNEP / The Image Works; p. 207 (right) Network Productions / The Image Works; p. 208 (no. 1) Manuel Zambrana / CORBIS; p. 208 (no. 5) Europa Press Reportajes, S.A.; p. 209 (no. 3) Rafael Roa / CORBIS; p. 209 (no. 2) Elke Stolzenberg / CORBIS; p. 209 (no. 4) AP/Wide World Photos; p. 209 (no. 6) AP/Wide World Photos; p. 209 (no. 7) Manuel Zambrana/CORBIS / CORBIS; p. 222 (top) Estudio Jordi Bardajil; p. 222 (center top) Iberdiapo; p. 224 (top and bottom) courtesy of Estudio Jordi Bardajil; p. 225 (top-left backpacks) Estudio Jordi Bardajil Ruiz; p. 225 (top right) Estudio Jordi Bardajil Ruiz; p. 225 (top left) J.F. Macias; p. 225 (bottom right) Estudio Jordi Bardajil Ruiz; p. 225 (bottom center) J.F. Macias; p. 225 (center right) J.F. Macias; p. 227 Adam Woolfit/CORBIS / CORBIS; p. 232 all photos courtesy of Estudio Jordi Bardajil Ruiz; p. 235 Difusión, Centro de Investigación y Publicación de Idiomas, S.L.; p. 238 Difusión; 239 Difusión; p. 240 (top) David Simson / Stock Boston; p. 241 (top right) Stephen D. Cannerelli/Syracuse / The Image Works; p. 241 (center) Nik Wheeler / CORBIS; p. 242 AGE Fotostock America, Inc.; p. 243 Bob Daemmrich / The Image Works; p. 248 and 249 all photos courtesy of Difusión; p. 251 (left) Fashion Wire Daily / AP/Wide World Photos; p. 251 (top right) AP/Wide World Photos; p. 251 (bottom right) AP/Wide World Photos; pp. 256 and 257 all photos courtesy of VEGAP; p. 258 (left) Owen Franken / Stock Boston; p. 258 (center) Sonda Dawes / The Image Works; p. 258 (right) Joel Salcido / Stock Boston; p. 275 Peter Chartrand / D. Donne Bryant Stock Photography; p. 286 (bottom right) Hinata Haga / The Image Works; p. 289 (large photo) Cristina Morató; p. 289 (inset) Cristina Morató; p. 291 (left) German Meneses Photography; p. 291 (center) Bill Aron / PhotoEdit; p. 310 Bea Hunn / D. Donne Bryant Stock Photography; pp. 315 and 316photos courtesy of J. F. Macías; p. 322 Difusión; p. 327 photos by AP/Wide World Photos; p. 328 AP/Wide World Photos; pp. 348 and 349 photos by Difusión; p. 350 photos by Difusión; p. 352 photos by Estudio Jordi Bardajil; p. 354 (bottom left) Estudio Jordi Bardajil; p. 354 (bottom right) Reuters New Media Inc. / CORBIS; p. 354 (top right) AP/Wide World Photos; p. 355 (bottom left) Francis G. Mayer / CORBIS; p. 355 (center) Mike Mazzaschi / Stock Boston; p. 355 (right) AP/Wide World Photos; p. 357 (top left) Difusión; p. 357 (top right) Iberdiapo; p. 357 (center-left) Difusión; p. 357 (center-right) iberdiapo; p. 357 (center) Difusión; p. 357 Difusión.

Index